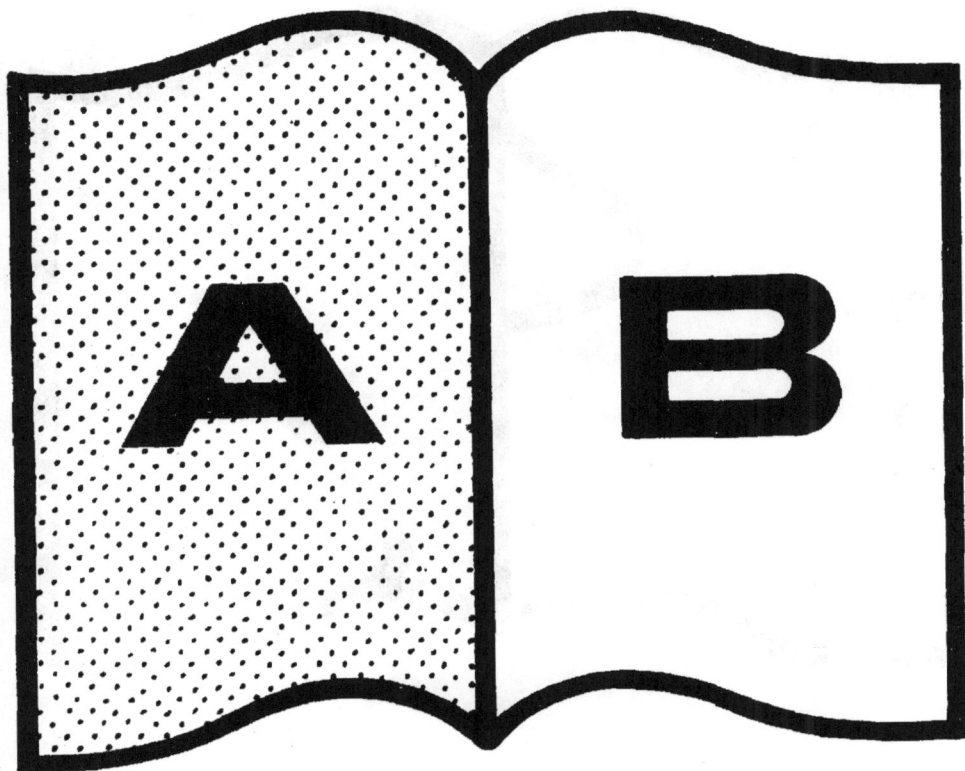

Contraste insuffisant

NF Z 43-120-14

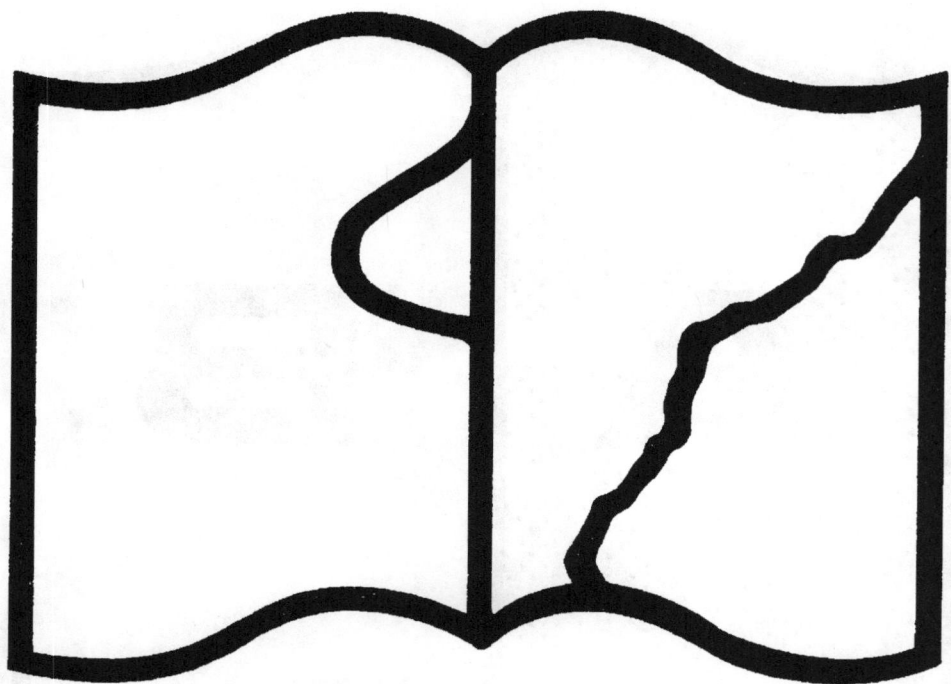

Texte détérioré — reliure défectueuse

NF Z 43-120-11

LE
NEGOCE
D'AMSTERDAM,

Contenant tout ce que doivent ſavoir

Les Marchands & Banquiers, tant ceux qui ſont établis à
Amſterdam, que ceux des Pays étrangers.

Tout ce qui ſe pratique dans les Achats & Ventes de tou-
tes ſortes de Marchandiſes, tant en public qu'en particulier, quelles ſont les
Tares, les bons Poids, les Deductions, & les Rabais qui ſe donnent ſur chacune en particulier, & tous les frais que doivent payer tant les Acheteurs
que les Vendeurs.

LE COMMERCE ET LES FABRIQUES
Des principales Villes du Monde, leur Correſpondance, & le raport de leurs
Poids, Meſures & Monnoyes avec celles d'Amſterdam.

DIVERSES ORDONNANCES
Pour les Aſſurances & Avaries, avec leur Explication abregée, pour la Chambre des
affaires Maritimes, le Fretement des Navires, les Pilotages &c.

LES TARIFS
Des Droits d'Entrée & de Sortie des Marchandiſes, des Droits du'Poids, un double
Tarif des Courtages, & des Droits que payent les Marchandiſes en paſſant
par le Sond avec les Vaiſſeaux Hollandois.

Avec un ample Traité des Compagnies des Indes Orientales &
Occidentales, & comment & à quelles conditions elles vendent leurs
marchandiſes.

Un autre Traité de la Banque d'Amſterdam, plus ample & plus exact qu'aucun
de ceux qui ont paru juſques à preſent.

Ce qu'il y a de plus important à obſerver dans le Commerce du Change.

Un Traité d'Arbitrage.
Le tout accompagné de pluſieurs obſervations & avis néceſſaires pour tous ceux
qui negocient à Amſterdam, ou qui y ont des Correſpondances.

Fait ſur le Plan de celui de Le Moine de l'Epine,

PAR JEAN PIERRE RICARD.

A AMSTERDAM,
Chez N. ETIENNE LUCAS, Libraire.

M. DCC. XXII.

PREFACE.

E n'eſt pas ſans raiſon que l'on a dit dans la ſeconde édition du Livre qui porte le même titre que celui-ci, qu'on ne ſe flatoit pas d'avoir conduit cet ouvrage à ſa perfection; car quoique j'en aye retranché pluſieurs choſes qui m'ont paru avoir moins de raport aux uſages établis à Amſterdam, que celles que j'ai miſes à leur place, & que malgré ce retranchement cette Édition ſe trouve augmentée du double de la precedente, je ne me flate pas non plus de l'avoir rendu parfait. Le Commerce d'Amſterdam eſt ſi étendu & embraſſe tant de matieres differentes, qu'on ne ſauroit le bien décrire ſans entreprendre un Traité univerſel de tout le Commerce du monde, puiſque l'on peut dire, ſans aucune exageration, qu'il n'y a preſque pas une ville, qui n'ait quelque Commerce, direct ou indirect, avec Amſterdam : ce qui rend cette matiere ſi abondante, qu'à peine j'eus entrepris cet ouvrage, que je m'apperçus que ſi je voulois le traiter dans un détail étendu, ſuivant le plan que je m'étois propoſé, je me trouverois bien-tôt dans la même impuiſſance où ſe trouveroit un homme qui, à la diſtance de quelques pas d'un grand arbre, dont il pourroit facilement compter quelques feuilles, voudroit entreprendre de les compter toutes. Cette idée me fit peur, & m'obligea de former un autre plan plus general & moins étendu. Celui qui me parut le meilleur & que j'ai ſuivi, ſe peut diviſer en trois parties principales, dans leſquelles ſe peut comprendre tout le Commerce d'Amſterdam.

Dans la premiere on trouvera le Negoce d'Amſterdam, borné & renfermé dans ſes murailles, s'il m'eſt permis de me ſervir de cette expreſſion.

On trouvera dans la ſeconde partie ce même Negoce étendu

* 2

du

du au déhors , & par toutes les parties du monde.

Et l'on verra dans la troifième ce qui regarde le Commerce du Change , & ce qu'il y a de principal à obferver tant au dedans qu'au déhors.

Quoique je n'aye pas feparé ces trois parties par autant de titres diftinguez , on les trouvera dans l'ordre que je viens de dire. La première partie eft contenuë dans les 20. premiers Chapitres , dans lesquels j'ai tâché de décrire, avec toute l'exactitude que diverfes occupations qui me font furvenues depuis que j'ai commencé cet ouvrage , m'ont pu permettre , tout ce que j'ai cru être neceffaire pour inftruire fuffifamment , tant les nouveaux Negocians qui veulent s'établir à Amfterdam , que les Etrangers qui veulent y faire quelques affaires pour leur compre , de toutes les coûtumes & de tous les ufages qui s'obfervent dans les principaux cas du Commerce , des Tares , des Deductions , des bons Poids & des Rabais qui fe donnent fur chaque forte , & de tous les fraix auxquels elles font fujettes , comme les Droits d'Entrée & de Sortie , les Droits du Poids, les Courtages & autres fraix qui fe peuvent faire depuis la reception ou l'achat , jufques à l'envoi ou à la vente, afin que les uns & les autres puiffent , à très-peu de chofe près , faire un jufte calcul à combien leur reviendront des marchandifes achetées à Amfterdam , & renduës chez eux , ou ce que leur pourront rendre de net celles qu'ils voudront y envoyer.

J'ai ajouté à tout cela les divers Reglements , & les diverfes Ordonnances que j'ai trouvé avoir le plus de raport aux principaux évenemens qui peuvent arriver dans le Commerce , comme ce qui regarde le Frétement des Navires , les Affurances, les Avaries , les Affaires maritimes , les Pilotages, les Faillites & Banqueroutes, avec quelques obfervations que j'ai faites fur les matieres qui m'ont paru meriter quelque éclairciffement. Je me fuis en particulier attaché , autant que les bornes que je me fuis prefcrites , me l'ont pu permettre , à expliquer l'Ordonnance des Affurances, par raport à l'ufage ordinaire , tant parce que c'eft la matiere la plus difficile du Commerce , & celle qui fouffre le plus d'exceptions, que

par-

parce que j'en fais ma principale affaire , & que je vois tous les jours arriver des difputes entre les Affureurs & ceux qui fe font fait affurer , fur des prétentions mal fondées , qui pour la plûpart du tems ne viennent que de l'ignorance de ceux qui fe mêlent de dreffer les Polices.

Si toutes les obfervations & les remarques , que je fais dans cette premiere partie, font utiles & neceffaires aux nouveaux Negocians , j'ofe dire qu'elles ne le feront pas moins pour un nombre d'autres , qui , établis depuis long-tems dans cette ville, n'ont pas eu fouvent occafion d'acheter certaines marchandi-fes , & qui ignorent les ufages & les conditions , auxquelles elles fe vendent : ce que je ne crois pas qu'on puiffe me con-tefter , lorfque l'on aura fait refleƈtion , qu'il y a peu de Ne-gocians à Amfterdam, qui en faifant pour leur propre compte, ne faffent auffi en Commiffion & pour compte d'autrui , & que par cela même ils font affez fouvent obligez d'acheter quantité de marchandifes , qu'on leur demande de dehors, ou d'en vendre d'autres qu'on leur envoye, defquelles ils n'ont pas la moindre connoiffance , & ne favent ni les ufages ni les conditions auxquelles elles fe vendent , de forte qu'ils font obligez de s'en informer à des gens qui bien fouvent ne les en inftruifent qu'autant que leur propre interêt les y porte ; car combien de fois n'eft-il pas arrivé à plufieurs Negocians, qu'après avoir vendu ou acheté à des conditions qu'on leur avoit affuré être ordinaires , ils fe font pourtant trouvez trompez, lorsqu'ils en ont eu une plus grande experience? Combien de fois n'eft-il pas arrivé à d'autres d'avoir manqué de bonnes Commiffions , pour n'avoir pas fu donner à leurs Correfpondans les avis qui leur étoient neceffaires pour fe deter-miner à leur commettre quelque marchandife ? Et enfin à combien d'autres n'eft-il pas arrivé de s'être attirez le blâme, & d'avoir perdu la correfpondance & la confiance de ceux, auxquels ils ont confeillé d'envoyer ici . ou d'en tirer des marchandifes fur lefquelles ils affeuroient qu'il y auroit du profit, là ou au contraire ils auroient trouvé de la perte , s'ils avoient fu calculer feulement les tares & les deduƈtions qu'elles don-nent. Ces trois veritez auxquelles j'en pourrois ajoûter plu-

fieurs autres , font fi évidentes , que je ne m'amuferai pas à les ap-
puyer de plufieurs exemples que je pourrois citer , pour faire voir
que cet ouvrage peut être auffi utile aux habitans même d'Amfterdam , qu'aux étrangers: mais pour ne me pas trop étendre dans
une Préface, qui ne fera peut-être que trop longue, je me contenterai de donner ici deux exemples des calculs que l'on doit
faire , lors qu'on veut favoir à quel prix pourront revenir des
marchandifes achetées à Amfterdam , & renduës à bord , ou
ce que pourront rendre de net des marchandifes que l'on a
deffein d'envoyer à Amfterdam , pour y être venduës , fur
lesquels exemples les moins intelligens pourront fe regler ,
pour faire les calculs de telles marchandifes qu'ils voudront.

PREMIER EXEMPLE.

*Pour favoir, à très-peu de chofe près, ce que coûteront des
marchandifes achetées à Amfterdam, avec tous les
fraix jufques à bord.*

fupofez qu'un Marchand de Bourdeaux veuille faire venir
d'Amfterdam , 10000. ℔. de Garance dont on lui a marqué
le prix à 25. florins les 100. ℔. & qu'il veuille favoir à combien elles lui reviendront renduës dans le navire qui pourra
les lui porter, ou, s'il veut même, renduës chez lui, il doit faire
le calcul comme fuit.

10000. ℔. de Garance à *f.* 25. les 100. ℔. monteront	*f.* 2500.	0.	0
Il trouvera dans la Table Alphabetique des prix, tares, & deduĉtions, qui commence à la page 63. & finit à la page 102. que la Garance donne 2. p^r. cent pour bon poids, & 1. p^r. cent pour prompt payement, ce qui fe deduit comme fuit.			
Deduit 2. p. cent bon poids	50.	0.	
	f. 2450.	0.	0
Deduit 1. p. cent prompt payement	*f.* 24.	10.	0
Suit en l'autre part	*f.* 2425	10	0.

II

	f.		
Vient de l'autre part	*f.* 2425.	10.	0

Il faut chercher enfuite dans le Tarif des Droits du Poids, qui commence à la page 240. où on trouvera que 1000. ℔. de Garance payent *f.* 3. 4. 8. qui eft *f.* 32. 5. pour 10000. ℔. dont la moitié que l'Acheteur doit payer, comme je le dis à la page 236. eft — *f.* 16. 2. 8

Il faut mettre enfuite les Droits de Sortie, dont le Tarif fe trouve à la page 144. où on trouvera que 100. ℔. Garance, du cru du pays, qui eft celle dont il s'agit ici, paye 12. fols par 100. ℔. de fortie, ce qui fait pour 10000. ℔. — *f.* 60. 0. 0

A quoi il faut ajoûter un tiers d'augmentation, comme je le dis à la page 227. — *f.* 20. 0. 0

Et demi p. cent de l'apreciation, comme je le remarque dans la même page & quelques fuivantes : que fi on la taxe à *f.* 2200. cela fera — *f.* 11. 0. 0

Ces Droits montant à 91. florins, le Paffeport coûtera, comme on le pourra voir à la page 231. — *f.* 1. 4. 0

On peut y ajoûter 6. fols par barique pour les Travailleurs du Poids, & 14. fols par barique pour port au logis, & autres menus fraix jufqu'à bord, & fupofé que les 10000. ℔. foient dans 20. bariques, cela fera — *f.* 20. 0. 0

Il faut y ajoûter encore le Courtage dont on trouvera le Tarif à la page 329. où on verra que la Garance paye fuivant le Tarif 1½ fol par 100. ℔. ce qui fait pour 10000. ℔. *f.* 7, 10. dont la moitié eft — *f.* 3. 15. 0

	f. 2557.	11.	8

A quoi il faut ajoûter la Commiffion à 2. p. cent, qui eft — *f.* 51. 3. —

Suivant ce calcul 10000. ℔. de Garance coûteront renduës à bord — *f.* 2608. 14. 8

Je

Je n'y ajoûte pas l'affurance qu'il eft libre de faire ou de ne point faire, qui coûte en Eté d'ordinaire 2. p. cent, & en Hiver 3. à 3½. p. cent, parce que ceux qui voudront fe faire affurer, pourront l'ajoûter fuivant le tems.

Si on veut pouffer ce même calcul, & favoir à combien reviendront ces 10000. ℔. de Garance renduës à Bourdeaux dans le magazin, il faut reduire, premierement, les *f*. 2608. 14. 8. argent d'Hollande, en argent de France, & alors, avant toutes chofes, il faut remarquer que ces *f*. 2608. 14. 8. font de l'argent courant qu'il faut reduire en argent de Banque. Pour le pouvoir reduire en argent de France, au cours du change, ceux qui ignorent comment fe font ces deux reductions, trouveront l'exemple de la premiere au Chapitre XXXVI. qui traite de la Banque, page 586. & l'exemple de la feconde au Chapitre XXXI. qui traite du Commerce de France, page 509. Que fi l'on fuppofe l'agio de Banque à 5. p. cent, on trouvera que les *f*. 2608. 14. 8. rendront en argent de Banque *f*. 2484. 10. 0. Si on fuppofe enfuite le Change à 42. §. par Ecu, on trouvera que cette fomme reviendra en argent de France, à *L*. 7098. 11. 5. Tournois, à laquelle fomme il faudra ajoûter ce qu'il faudra payer à Bourdeaux, pour le Frêt, les Avaries, les Droits d'entrée, & les autres fraix, & il fera très-facile alors de voir fur le prix que la Garance vaut à Bourdeaux, s'il y aura du profit à faire ou non.

SECOND EXEMPLE.

Pour favoir, à peu de chofe près, ce que rendront de net des marchandifes que l'on veut envoyer pour vendre à Amfterdam.

Supofé qu'un Marchand de Bourdeaux veuille envoyer, pour faire vendre à Amfterdam, un barique d'Indigo de St. Domingue, pefant 500. ℔. dont on lui a marqué le prix à 48. fols la ℔. & qu'il veuille favoir combien elle lui rendra de net venduë audit prix à Amfterdam, il doit faire le calcul comme fuit.

Les

PREFACE.

Les 500. ℔. Indigo se vendant à 48. s. monteront à — f. 1200. 0. 0

On trouvera dans la Table des prix, tares, & deductions, qui commence page 63. que l'on deduit premierement 2. pr. cent pour la poussiere, & 1. pr. cent, pour le prompt payement comme suit.

Deduit 2. p. cent pour la poussiere — f. 24. 0. 0

f. 1176. 0. 0

Deduit 1. p. cent prompt payement f. 23. 10. 8.
pour le ½ Droit du Poids. 5. 8. 8.

28. 19. 0

Vient pour le produit des 500. ℔. Indigo que l'Acheteur doit payer. — f. 1147. 1. 0

Nota que comme c'est l'Acheteur qui paye l'entier droit du Poids, & que cependant le Vendeur en doit payer la moitié, comme je le marque page 236. le Vendeur en deduit la moitié dans le compte, qu'il en delivre à l'Acheteur de la maniere ci-dessus.

Les Fraix des dites 500. ℔. Indigo se peuvent compter comme suit. Je supose le frêt à 6. florins par barique — f. 6. 0. 0

Les Avaries ordinaires se payent à 2. sols par florin — 12. 0

On trouvera dans le Tarif des Droits d'entrée & de sortie, que le droit d'entrée de l'Indigo, le meilleur, paye 5. florins par 100. ℔. fait pour 500. ℔. — f. 25. 0. 0

Le ⅓. d'augmentation marqué page 227. est — 8. 6. 8

Le un pour cent de l'apreciation marqué à la même page, & aprecié dans le Tarif à 240. florins les 100. ℔. fait pour 500. ℔. — f. 12. 0. 0

Ces Droits d'entrée montant à f. 45. 6. 8. le Passeport d'entrée coûtera comme page 231. — 1. 2. 0

Porté en l'autre part — f. 53. 0. 8

* *

Vient

	f.		
Vient de la page precedente	53.	o.	8
On peut mettre pour décharge à Amſter-dam, & monter au magazin	1.	o.	o
Pour décendre du magazin, port au Poids, & aux Travailleurs, lors qu'il ſera vendu 24. ſols, & 6. ſols au Tonnelier pour ouvrir & fermer la barique, fait enſemble	1.	10.	o
Le Courtage de f. 1200. qui font 200. Livres de Gros, à ⅓ ſol par Livre de Gros ſuivant le Tarif des Courtages, page 337. eſt.	5.	o.	o
La Commiſſion de la vente, qui monte à f. 1147. 1. 8. à 2. pr. cent eſt	22.	15.	o
Vient pour tous les fraix à faire à Amſter-dam, non compris l'aſſurance. f.	83.	5.	8

Lesquels f. 83. 5. 8. il faut deduire des f. 1147. 1. 8. qu'ont produit, ou que l'on peut compter que produiront les 500. ℔. d'Indigo, en argent courant d'Amſterdam, & il reſtera f. 1063. 16. qu'il faut reduire en argent de Banque, & enſuite en argent de France, de la maniere que j'ai indiquée dans le premier exemple ci-deſſus. Que ſi on veut pouſſer ce calcul juſques à ſavoir, s'il vaut mieux vendre ledit Indigo à Bourdeaux, que de l'envoyer à Amſterdam, il faut calculer tous les fraix que peuvent faire à Bourdeaux les 500. ℔. Indigo, juſques à bord, & les deduire de l'argent de France, que produiront lesdits f. 1063. 16. & ſi alors la ſomme reſte plus forte que celle que monteroit ledit Indigo vendu à Bourdeaux, tous fraix deduits, il eſt clair qu'il y aura plus de profit de l'envoyer à Amſterdam, que de le vendre à Bourdeaux, & ſi au contraire le net provenu de Bourdeaux eſt plus fort que celui d'Amſterdam, il vaut mieux le vendre à Bourdeaux.

il faut remarquer que le Poids de Bourdeaux étant égal à celui d'Amſterdam, il n'a pas été neceſſaire de faire aucune reduction de Poids, dans les deux exemples ci-deſſus, mais lorsque les Poids ou les Meſures des marchandiſes, dont on veut faire le calcul, different de celles d'Amſterdam, il faut en faire la reduction, auſſi bien que celle de l'argent, desquelles
re-

reductions des Poids & Mesures, on trouvera des exemples, page 23. & page 40.

Outre ces calculs qu'on peut nommer generaux, parce que presque toutes les marchandises sont sujettes, à peu près, aux mêmes fraix, il y en a encore de particuliers à faire suivant les sortes des marchandises; car il y en a, comme chacun sait, qui sont sujettes à couler, d'autres à diminuer ou de poids, ou de qualité, d'autres à s'échauffer & à se pourrir &c. Il faut avoir égard à tout cela pour pouvoir faire un juste calcul, & ajoûter toûjours à l'achat & aux fraix, ou diminuer du provenu, tant pour cent, suivant le coulage, le dechet, la diminution ou l'alteration qui peut arriver aux marchandises, en les faisant transporter d'un lieu à l'autre.

La seconde Partie de cet ouvrage, qui comprend le Negoce d'Amsterdam dans son étenduë au dehors, & qui est contenuë depuis le Chapitre XXI. jusques au Chapitre XXXV. inclusivement, meriteroit seule un plus grand volume que celui-ci pour être traitée dans quelque détail un peu circonstancié; mais j'avouë que je n'ai pas l'experience necessaire, ni les pieces qu'il m'auroit falu assembler de chaque pays ou de chaque ville dont je fais mention, pour en pouvoir traiter avec quelque precision. Ainsi je me suis borné, dans cette seconde Partie, à suivre l'Edition de Le Moine de l'Epine, & une Edition Hollandoise, imprimée en 1715. à laquelle on a ajoûté beaucoup de choses que je n'ai pas trouvé à propos d'inserer dans celle-ci, comme, par exemple, la description de la plûpart des Bâtimens publics d'Amsterdam; les lieux où se tiennent les divers Bureaux des Postes; le départ des bateaux pour toutes les Villes voisines, & plusieurs autres choses inutiles aux étrangers. J'avouë pourtant que ladite Edition contient beaucoup de choses bonnes & curieuses, & que j'en ai tiré ce qui m'a paru le plus propre à augmenter & à éclaircir, ce que Le Moine de l'Epine avoit tiré du Parfait Negociant de Savary. J'ai ajoûté seulement à tout ce que j'ai tiré de ces deux livres, les exemples necessaires pour apprendre à ceux qui ne le savent pas, à reduire l'argent des Pays & des Villes, qui ont change ouvert avec Amsterdam, en argent de ladite Ville, & l'argent de

** 2

ladite Ville en la monnoye des mêmes Pays & Villes, comme on le trouvera à la fin de chaque Chapitre qui traite du Commerce de quelque Ville particuliere, ou au commencement de chaque Chapitre qui traite du Commerce de tout un Royaume où la même monnoye a cours.

Dans la troisième Partie qui commence par le Traité de la Banque, je me suis appliqué à décrire, le plus exactement que j'ai pu, tout ce qu'il faut savoir & observer, lorsque l'on veut avoir, ou lorsque l'on a un Compte ouvert en Banque, comme aussi les principales choses qui s'observent & qui se pratiquent dans le Commerce du Change. On y trouvera ensuite le Traité des Arbitrages de Mr. Mondoteguy, qu'il a corrigé & augmenté lui-même depuis la definition que j'en ai mise à la tête de son Ouvrage, où il a ajoûté les explications que plusieurs Negocians ont souhaitées.

La demande qu'a eu ce Livre depuis que le Libraire l'a fait publier dans la Gazette Françoise d'Amsterdam, me fait esperer qu'il aura un bon succez, & qu'il sera reçu favorablement de tous les amateurs du Commerce ; & comme il n'est pas possible que dans les diverses occupations que j'ai eues depuis que j'ai commencé cet ouvrage, il ne s'y soit glissé quelques fautes, ou que je n'aye obmis quelque chose d'essentiel, ceux qui s'en appercevront me feront beaucoup de plaisir de vouloir m'en avertir, soit de bouche ou par écrit, je payerai avec plaisir le port des lettres que les Etrangers voudront bien prendre la peine de m'écrire pour cela, comme je me ferai aussi un sensible plaisir de leur donner les éclaicissemens qu'ils souhaiteront sur certains Articles qu'ils pourroient trouver n'être pas bien expliquez.

T A-

TABLE des CHAPITRES
Contenus dans cet Ouvrage.

** 3   Ch. XXIII.

TABLE des CHAPITRES.

Fin de la Table des Chapitres.

LE
NEGOCE
D'AMSTERDAM.

CHAPITRE PREMIER.

Description abregée de la Ville d'Amsterdam, & de son Commerce.

LA Ville d'Amsterdam, située dans le *Amstel-land*, ou Pays d'Amstel, qui fait partie de la Hollande Meridionale, est bâtie au confluent de la Riviere d'Amstel & du Y, que les François nomment ordinairement le Tey, à 26. degrez 44. minutes de Longitude, & à 52. degrez 40. minutes de Latitude Septentrionale, au fond du Golfe apellé Zuyder-Zée, qui communique avec la Mer du Nord par les Emboucheures du Texel & du Vlie, qui sont le premier à 13. lieuës, & le second environ 15. lieuës de ladite Ville, qui n'étoit en l'année 1204. qu'un petit Château apartenant aux Seigneurs d'Amstel. Un de ses Seigneurs y attira quelques Pécheurs qui s'y établirent, & réüssirent si bien dans leurs affaires, qu'ils y attirerent de nouveaux Habitans, qui commencerent à y bâtir quelques maisons, n'y ayant eu jusqu'alors que des cabanes couvertes de chaume & de roseau: de sorte que peu à peu ce lieu devint un Village, & de Village un Bourg assez considerable pour meriter qu'on y fît attention: aussi Florent IV. Comte de Hollande lui accorda des Priviléges en 1235. qui lui attirerent de nouveaux Habitans, qui agrandirent tellement ce Bourg, qu'il devint enfin une Ville, qu'on entoura de palissades, & on commença de la nommer

A   Am-

Amſteldam, du nom de *l'Amſtel* & du *Dam*, qui eſt le nom de la Place qui
ſe voit aujourd'hui devant la Maiſon de Ville, & qui ſignifie Ecluſe. Depuis,
cette petite Ville fut unie à la Comté de Hollande, & le Comte Guillaume
IV. lui donna pluſieurs nouveaux Priviléges en l'année 1312. & preſcrivit
les limites de ſa Juriſdiction. Mais comme avec le temps le nombre de ſes Habitans augmenta conſiderablement, Albert Comte de Baviére confirma ſes Priviléges, & étendit encore ſes limites, en ajoûtant une partie de terrein
de cent verges tout autour de ce qui étoit déja bâti ; & ſon fils qui lui ſuc-
ceda, voulut en 1390. que le droit de ſon Territoire s'étendit du côté de
l'eau juſques au *Voolewyk*, qui eſt une Preſqu'ile, vis à vis de la Ville, où
eſt maintenant le *Tolhuys*. En l'année 1482. on commença à l'entourer de
murailles, pour la défendre contre les guerres inteſtines qui troublerent tous
les Pays-Bas dans ce tems-là. La Ville de Bruges, qui depuis le douziéme
ſiécle étoit devenuë le Magazin général de l'Europe, étoit ſi puiſſante, que
ſes Habitans enorgueillis de leur proſperité, & ne faiſant pas attention que
ce n'étoit que le grand Commerce avec les Etrangers, qui leur avoit pro-
curé toutes leurs richeſſes, s'oublierent juſqu'à ce point, que de vouloir
oprimer les Etrangers qui y avoient leurs Magazins : non contens de cela ils
ſe ſouleverent contre leur Souverain l'Archiduc Maximilien, qui pour les
mettre à la raiſon fut obligé de leur faire la guerre en 1487. Alors les Villes d'Amſterdam & d'Anvers qui ne cherchoient que l'occaſion favorable pour
attirer chez elles le grand Commerce qui ſe faiſoit à Bruges, aiderent avec
plaiſir le Duc à la châtier ; & cette guerre qui dura dix ans entiers, fut
auſſi heureuſe pour ces deux Villes, qu'elle fut fatale à Bruges d'où on vit
en peu de tems deſerter quantité de Marchands & d'Artiſans pour s'aller
établir à Anvers, à Amſterdam & dans diverſes autres Villes de Hollande,
juſques-là qu'en 1516. les Villes Anſeatiques & la plûpart des Etrangers
qui avoient encore leurs Magazins à Bruges, les tranſporterent à Anvers.
Après la guerre dont je viens de parler, la Ville d'Amſterdam reçut les mêmes Priviléges dont Bruges avoit joüi, ce qui contribua beaucoup à lui attirer une nouvelle foule d'Habitans, tant Marchands qu'Artiſans de toutes
ſortes ; il s'en répandit auſſi un fort grand nombre dans la plûpart des autres
Villes de la Hollande ; & comme ce Pays ne produit preſque rien que du
Beurre & du Fromage, & que pour faire ſubſiſter tant de nouveaux Habitans, il étoit néceſſaire d'aller chercher dans les autres Pays ce qui manquoit
dans celui-ci, tant pour l'entretien de la vie que pour faire aller les Fabriques qui s'établiſſoient, les Habitans d'Amſterdam ne manquerent pas d'envoyer des Vaiſſeaux dans tous les Pays qui pouvoient leur fournir ce qui leur
étoit néceſſaire, & d'y porter en même temps de leurs Denrées & de leurs
Fabriques.

Par ce moyen la Ville d'Amſterdam devint le Magazin de la Province,
où tous les Fabriquans des autres Villes portoient leurs Marchandiſes pour
les

les envoyer hors du Pays; & comme si tout conspiroit dès-lors à rendre cette Ville l'une des plus florissantes du Monde, il s'éleva des Persecutions contre ceux qui avoient embrassé la Reformation, en Allemagne sous l'Empereur Charles V. & en Angleterre sous le Roy Philippe II. & la Reine Marie. La Ville d'Amsterdam toûjours attentive à ce qui pouvoit augmenter son Commerce, donna un sûr azile à tous ceux qui venoient s'y refugier, leur laissant toute liberté de conscience, ce qui augmenta encore considerablement le nombre de ses Habitans, de ses Fabriques & de son Commerce. Quelque tems après, Philippe II. Roi d'Espagne, s'avisa de vouloir introduire l'Inquisition dans tous les Pays-Bas, & de leur ôter leurs Privileges, ce qui causa de grandes guerres, & l'union des Sept Provinces qui secouerent le joug de ce Prince, & furent enfin declarées Libres & Souveraines, par la Paix de Munster en 1648. Mais pendant toutes ces guerres (qui durerent depuis l'année 1556. jusqu'à ladite Paix, si l'on en excepte une Tréve de 12. ans qui fut moyennée par Henri IV. Roi de France en 1609.) le Commerce d'Amsterdam alloit toûjours en augmentant, par les nouveaux essains d'Habitans qui y venoient. Ce qui y contribua le plus alors, fut la prise de la Ville d'Anvers par le Duc de Parme en 1584. le Prince non content d'avoir soumis la Ville qui avoit été le principal Magazin de l'Europe depuis la desertion de Bruges, se mit à persecuter ceux qui avoient embrassé la Reformation, ce qui en fit deserter un grand nombre, qui transporterent avec eux à Amsterdam tout le Commerce d'Anvers: c'est aussi pendant ces guerres que les Hollandois se rendirent Maîtres du Commerce des Indes, comme je le dirai en traitant de cette fameuse Compagnie.

Enfin vers l'an 1660. l'enceinte des murailles d'Amsterdam se trouvant trop petite, on fut obligé d'agrandir considerablement la ville; mais il y restoit beaucoup de vuide en 1686. qui, suivant les aparences, ne seroit pas encore rempli, si par les voyes secretes de la Providence, Louis XIV. Roi de France, n'y avoit beaucoup contribué, en persecutant ses sujets Reformez, dont un nombre infini trouva le moyen de sortir du Royaume malgré les rigoureuses défenses de ce Roi, ce qui attira une nouvelle foule d'Habitans dans cette Ville, & on vit bien-tôt remplir les vuides qu'enfermoient ses murailles, & augmenter le nombre de ses Manufactures, dont quelques unes ont été poussées par les François Refugiez au plus haut point de perfection qu'on puisse souhaiter.

Voilà en racourci l'origine d'Amsterdam & ses progrès dans le Commerce, voyons maintenant ce qui sert à l'entretenir.

Je pose en premier lieu la Franchise & la Liberté qu'y ont tous les Etrangers, qui peuvent de quelque endroit du Monde qu'ils soient, y venir vendre & acheter ce qui leur plaît, sans payer pour les droits d'entrée & de sortie, que ce que payent les Habitans Bourgeois eux-mêmes, & celle de pouvoir exer-

cer

cer leur Religion avec toute liberté. Il eſt aiſé de conclurre de tout ce qui a été dit ci-deſſus, que c'eſt cette Liberté, & cette Franchiſe qui ont attiré à Amſterdam ce grand commerce & toute ſa grandeur.

Secondement, la Bonne Foy, la Candeur & la Probité de ſes Habitans qui (à la reſerve de quelques fripons qui s'y trouvent comme par tout ailleurs) cherchent toujours l'avantage de leurs Correſpondans, & leur rendent toujours bon & fidelle compte de ce qu'ils font pour eux, & s'il y en a qui ne le faſſent pas, ils peuvent s'en faire faire juſtice à Amſterdam, tout comme s'ils en étoient Habitans & Bourgeois.

En troiſiéme lieu, la Richeſſe de ſes Habitans, par laquelle ils ſont en état, & comme dans la neceſſité d'étendre leur Commerce de tous côtez, pour faire valoir leur Argent, & acheter toutes les Marchandiſes qui y viennent de tous les endroits du Monde, ſoit pour les revendre dans la ville même, ou pour les envoyer dans les Pays, pour leſquels elles ſont propres.

Outre ces raiſons, on en pourroit alleguer pluſieurs autres, mais elles ſuffiſent pour donner une idée que rien n'empêche juſqu'à préſent l'entretien ni l'agrandiſſement du Commerce de cette Ville, puis que tout ce que le Commerce exige s'y trouve, Liberté, Bonne Foi, & Richeſſes, ce ſont en effet les plus grands fondemens du Commerce; paſſons aux commoditez qu'il trouve à Amſterdam.

Pour commencer par ſon Port, il eſt fait en demi-lune & peut contenir autour de 4000. Bâtiments tant grands que petits : ces derniers ſe rangent tout le long des quais, & les premiers entre 2. ou 3. rangées de groſſes poutres, fichées dans l'eau fort près les unes des autres, en ſorte qu'un homme a de la peine de paſſer entre deux. Ces poutres ſortent hors de l'eau de 8. ou 10. pieds, & ſervent comme de rempart à la Ville, du côté de l'eau, & en même tems briſent les vagues du Y ou Tey, & empêchent que les Navires qui ſe tiennent toujours entre ces rangées de poutres, à côté l'un de l'autre ne s'endommagent pas quand il fait de gros vents Le Y ſe communique avec les Canaux de la Ville par 8. ou 10. Ecluſes qui ſont le long du Port, & on a laiſſé aux 2. ou 3. rangées de poutres dont j'ai parlé, autant d'ouvertures qu'il y a d'Ecluſes, pour laiſſer paſſer & repaſſer les bâtimens qui vont & viennent dans la ville : ces Ouvertures s'appellent *Buom*, & ce ſont proprement les Portes du côté de l'eau, parce qu'on les ferme la nuit avec deux groſſes pieces de bois garnies de pointes de fer pour fermer le paſſage aux Bâteaux, & qu'il y a toujours un Corps-de-garde de quelques Soldats & un ou deux Commis de l'Amirauté, pour viſiter le jour tout ce qui entre dans la Ville & qui en ſort. Les 8. Ecluſes dont j'ai parlé portent l'eau de la Riviere dans une infinité de Canaux qui ſont dans la Ville, dans leſquels on voit continuellement aller & venir des Bâteaux de toutes grandeurs, chargez de toutes ſortes de Marchandiſes, ce qui eſt d'une commodité & d'un épargne incroyable; car il y a des Bâteaux, qui conduits par un ſeul homme,

peuvent

peuvent porter autant & plus que 50. Chevaux ne pourroient porter,& on a ces Bâteaux par foisà 40. ou à 50. fols par jour, & par fois auſſi il en faut payer 8. à 10. florins , ſuivant qu'il y a nombre de Vaiſſeaux à charger , ou à décharger , & nombre de Marchandiſes.

Il peut y avoir autour de 3. à 400. Bâteaux dans Amſterdam qui ne ſervent que pour le tranſport des Marchandiſes tant pour les porter à bord des Navires , ou pour les decharger, que pour le tranſport des perſonnes qui veulent aller à bord. Il y en a de 4. ſortes differentes : les plus grands ſont de gros Bâteaux couverts, qu'on apelle *Lichters* ou Aleges, qui peuvent porter 30. à 36. Laſts de Grains, ils ſervent à tranſporter toutes ſortes de Grains, Graines, Sels & ſemblables Marchandiſes. La ſeconde ſorte ſont de grands Bâteaux plats nommez *Vlot-ſchuiten*, qui peuvent porter de 20. à 25. Tonneaux de Vin; ils ſervent pour decharger les Vins , Eaux de vie, Sucres & quantité d'autres Marchandiſes. La troiſieme ſorte ſont ceux qu'on nomme *Styger-ſchuiten*, ils ne ſont ni ſi grands ni ſi plats que les *Vlot-ſchuiten*, ils peuvent porter 10. à 11. Tonneaux de Vin. La quatrieme ſorte, ſont des eſpeces de grandes Chaloupes, qui peuvent porter 15. à 20. Bariques de Vin, elles ſervent plus ordinairement à porter les gens à bord des Navires qu'à autre choſe ; mais on s'en ſert auſſi pour tranſporter les petites parties de marchandiſes qui ne demandent pas un plus grand Bâteau. Au reſte ce n'eſt pas ſans raiſon que je mets ici ces circonſtances, parce que j'eſtime que ces Bâteaux ſont une des grandes commoditez qu'on puiſſe ſouhaiter pour le Commerce, & outre qu'il en couteroit 20. fois davantage par des Trainaux ou des Chariots, ſi on n'avoit pas la commodité de ces Bâteaux, les ruës de la ville ſeroient pleines de ces voitures, qui ne ſont qu'incommoder les Paſſans, & ſalir les rues, qui ſont toujours fort propres à Amſterdam.

Comme il arrive journellement grand nombre de Bâtiments tant grands que petits à Amſterdam, il eſt aiſé de comprendre, qu'il y a un grand nombre de Magazins & de Caves pour mettre toutes les Marchandiſes que ces Vaiſſeaux portent : auſſi la Ville en eſt bien pourvûë, y ayant des quartiers entiers qui ne ſont que Magazins ou Greniers depuis 5. juſques à 8. étages, & outre cela la plûpart des maiſons qui ſont ſur les Canaux ont 2. à 3. Magazins & une Cave. Cependant on voit aſſez ſouvent arriver, qu'il y a une ſi grande abondance de Marchandiſes, qu'on ne trouve ni Caves ni Magazins pour les mettre, & que l'on eſt obligé de les laiſſer ſur les Bâteaux plus long-tems qu'on ne voudroit : auſſi voit-on preſentement beaucoup de gens bâtir des Magazins ſur pluſieurs fonds, où il y avoit de vieilles Maiſons, les Magazins donnant de très-bons revenus.

La plus grande partie du Commerce qui ſe fait à Amſterdam, ſe conclut ſur la Bourſe, qui eſt un beau Bâtiment de brique, orné de pierre de taille, long en dedans de 230. pieds, ſur 130. de large, qui renferme un vuide entouré d'une Galerie large de 20. pieds, ſoutenue par 46. Pilliers, numero-

tez depuis 1. jufqu'à 46. pour diftinguer les places où fe tiennent les Marchands : c'eft là que fe rendent tous les Marchands qui font quelques affaires, aufli bien que les Courtiers, tous les jours ouvrabies depuis Midi jufques
à une heure & demie ou 2. heures ; & pour maintenir le bon ordre de l'heure établie pour la Bourfe, on fonne toujours la cloche un peu avant Midi,
pour y apeller le monde ; à douze heures & demie on en ferme les portes, &
des gens commis pour cela s'y tiennent jufques à une heure, pour en empêcher l'entrée à ceux qui viénent trop tard, s'ils ne donnent quelque chofe
pour les pauvres. Chaque Marchand & chaque forte de Negoce a fa place affeétée fur la Bourfe, fans quoi il feroit impoffible de fe trouver les uns
les autres ; car quoi que cette Bourfe contienne autour de 4500. perfonnes,
elle eft prefque toujours pleine, excepté le Samedi que les Juifs n'y font pas,
& on y eft tellement preffé & pouffé, que fi un Marchand n'avoit pas fa
place fixe on le trouveroit fort dificillement.

Et comme il ne fe fait prefque aucune affaire que par l'entremife des
Courtiers, ceux-ci ne manquent pas de fe trouver à la Bourfe : on tient qu'il
y a du moins mille tant Courtiers jurez, qu'autres Entremetteurs, & il y en a
pour chaque forte de Negoce particulier, comme pour les Changes, pour les
Vins & Eaux de Vie, pour les Affurances, pour les Drogueries, pour les Epiceries, pour le Caffé, le Thé & le Cacao, pour les Draps, pour les Toiles, pour la Joaillerie, pour les Biens Fonds, & les Obligations ; pour la
Vente & le Changement des Vaiffeaux ; & enfin pour chaque forte de Marchandifes, de forte que lors qu'un Marchand defire de favoir les prix de diverfes Marchandifes, il faut qu'il parle en Bourfe à plufieurs Courtiers, qui
les lui difent, ce qui lui épargne fouvent autant de meffages qu'il a des
prix à demander.

Outre la Bourfe dont je viens de parler, il y a encore la Bourfe ou le Marché aux Grains, qui eft un Bâtiment de Bois foutenu par des Pilotis, où
s'affemblent les Marchands de Grain tant de la Ville que du dehors, tous
les Lundis, les Mecredis & les Vendredis depuis 10. heures du matin jufques
à Midi. Chaque Marchand y a fon Faéteur, qui a foin d'y porter les montres des Grains qu'il veut vendre, dans des facs qui en peuvent contenir une
ou deux livres, & les Marchands qui ne veulent pas fe charger eux-mêmes
de leurs montres, les donnent à leurs Courtiers, qui les font voir à ceux
qui y viennent pour acheter ; & comme le prix des grains fe regle autant
fur leur poids, que fur leur bonne ou mauvaife qualité, il y a fur le derriere de cette Bourfe diverfes petites balances, par lefquelles en pefant 3. ou 4.
poignées des grains qu'on marchande, on connoit la pefanteur du Sac &
du Laft. A juger par les affaires que j'ai faites moi-même fur cette Bourfe, je croi qu'il s'y negocie plus de Grains que dans tout autre endroit du
Monde, & j'ai admiré plus d'une fois que la Ville d'Amfterdam, autour
de laquelle il ne croît pas un Grain, en fourniffoit en tems de difette, aux
                                                                    Pays

Pays mêmes qui en produisent ordinairement en plus grande abondance.

Ce n'est pas seulement en Bourse que se font toutes les affaires; car il s'en conclut aussi beaucoup avant & après la Bourse, & cela avec toute la facilité qu'un Marchand peut desirer; car si, par exemple, quelqu'un veut acheter quelque Marchandise, quand il l'a une fois vûë avec le Courtier, il la marchande tant qu'il lui plait sans sortir de chez lui, par le moyen du Courtier qui va & vient pour tâcher de l'obtenir au prix qu'il souhaite, ou pour le porter à en donner celui qu'on demande.

Pour faire la declaration des Marchandises, tant à la sortie qu'à l'entrée, on n'a que faire d'envoier un Garçon ou un Commis au Bureau, & moins encore pour les faire visiter, comme on est obligé de le faire dans le plûpart des autres Pays, ce qui ocupe souvent une personne toute entiere, ici nous avons des gens, qu'on nomme *Convoy-loopers*, qui pour fort peu de chose ont soin de procurer les Passeports qu'on leur demande, & de les distribuer en Bourse ou de les porter chez les Marchands, j'en parlerai dans la suite où je donnerai la liste de leurs salaires.

La plûpart des Marchands ont des Bateliers, des Tonneliers, & des Travailleurs affectez, qui les soulagent extrémement; car s'ils ont des Marchandises à charger ou à decharger, qui soient sujettes au Tonnelage, ils ne font que donner les Passeports & les Connoissemens au Tonnelier qui a tout le soin necessaire de la Marchandise, jusques à ce qu'elle soit renduë à bord, ou mise en Cave ou en Magazin : mais si ce sont des Marchandises non sujetes au Tonnelage, on donne seulement le Passeport & le Connoissement au Batelier, qui a le soin d'aller chercher les Marchandises où elles sont, & de les porter à bord, ou celui de les decharger & de les porter devant la Cave ou le Magazin du Marchand, & d'avertir les Travailleurs, qui ont soin de les mettre en Cave, ou de les hisser dans le Magazin, par le moyen d'un tour ou rouet, qu'il y a presque dans chaque maison & dans tous les Magazins, avec lequel deux hommes seuls peuvent hisser des Tonneaux & Balles de 5. a 600. livres.

Il y a trois Poids publics dans la Ville pour peser toutes les Marchandises qui se vendent au poids: le principal est sur le Dam devant la Maison de Ville où il y a 7. Balances pour peser les Marchandises grossieres, comme Sucres, Prunes, Fanons, Laines & pareilles Marchandises, & une pour peser les Marchandises fines, comme les Soyes, la Cochenille, l'Indigo, le Safran & autres. Le second Poids est au Marché-neuf, où il y a 5. Balances, & le troisieme est au Marché au Beurre avec 4. Balances, je parlerai dans la suite, de l'ordre qui s'observe à l'égard du Poids.

La Banque dont je traiterai aussi amplement, est d'un soulagement incroyable pour les Banquiers & pour les Marchands, qui y payent & y reçoivent tous les jours de grosses sommes, sans presque aucune peine.

Les

Les Caiſſiers ſont auſſi d'un grand ſecours aux Marchands ; car pour ½ pour Cent (quelques uns le font même pour ⅛) ils reçoivent & payent les Aſſignations qu'on leur fournit , & celles qu'on tire ſur eux , & il n'y manque pas des Brouetteurs aſſez fidelles & entendus pour aller recevoir de l'Argent : auſſi pluſieurs Marchands s'en ſervent pour faire recevoir leur Argent, au defaut d'un Caiſſier ou d'un Garçon.

Et afin que rien ne manquât au bon ordre, & à tout ce qui peut faire fleurir le Commerce , Meſſieurs les Magiſtrats qui veillent toujours, avec une attention particuliere ſur tout ce qui le peut maintenir & augmenter, & à ce qui peut le rendre aiſé, ont fait & font de tems en tems des Ordonnances, ſur leſquelles chacun ſe doit regler pour éviter les diſputes & les procès ; c'eſt pour cela qu'ils ont établi une infinité d'Offices qu'ils diſtribuent gratuïtement , y ayant des gens établis en titre d'Office tant pour peſer, que pour meſurer toutes ſortes de Marchandiſes, comme Peſeurs , Jaugeurs , Meſureurs de Grains & de Sel, d'autres qu'on appelle *Keurmeeſters* qui ſont établis pour examiner les Laines , les Chanvres & les Cordages , & regler ce qu'il en faut rabatre pour ce qui s'y trouve d'endommagé ; d'autres pour marquer les Quarteaux, Pipes & Barils & leur apliquer la marque de la Ville, quand ils ſont de la contenance requiſe ; d'autres pour les Suifs, d'autres pour les Beurres & Chairs ſalées, & enfin un grand nombre d'autres ſur le raport deſquels les Juges ajoutent foi, lors qu'il arrive quelque diſpute, qui ne peut être terminée qu'en Juſtice.

Il y a dans la Maiſon de Ville, qui eſt l'un des plus riches bâtimens du Monde , pluſieurs Chambres pour exercer la Juſtice : la principale eſt la Chambre des Echevins, où ſe plaident en premiere inſtance, les Cauſes ordinaires dont les ſommes paſſent 600. florins, & les Apels de ceux qui ont apellé des Sentences des autres Chambres inferieures, qui ſont la Chambre des petites Cauſes, où on plaide pour les ſommes qui ne vont que juſques à 600. florins ; la Chambre des Aſſurances , dans laquelle ſe plaident tous les Procès entre les Aſſurez & les Aſſureurs, où ſe reglent toutes les groſſes avaries ; la Chambre des Fonds deſolez, où ſe plaident les affaires des Banqueroutiers ; celle des affaires de la Marine & pluſieurs autres pour d'autres affaires. La Juſtice y eſt adminiſtrée gratis, & il n'en coute aux Parties que les fraix des Citations, & ceux des Avocats, Procureurs & Solliciteurs. Ce qu'il y a de bon, eſt que chacun peut plaider ſa propre Cauſe dans les Chambres inferieures , ce qu'on ne peut faire devant les Echevins que par Procureurs & Avocats, qui auſſi-bien que par tout ailleurs , ſavent ſi bien tourner les affaires , qu'ils les font un peu trop traîner en longueur. A cela près qui eſt par tout Pays une épine fâcheuſe pour les Negocians qui ont des procès, on peut dire qu'à Amſterdam le Commerce trouve toute la liberté, tout le ſuport, & toute la facilité

qu'on

qu'on fauroit fouhaiter, & qu'un Marchand feul & fans aucun Garçon, y peut faire plus d'affaires, que d'autres ne peuvent faire ailleurs avec deux Garçons ou Commis, par le grand nombre des gens qu'il y a qui ne s'occupent qu'au fervice des Marchands.

CHAPITRE II.

Des Manufactures & Fabriques établies tant dans la Ville d'Amfterdam, que dans les autres Villes & Villages de Hollande.

SI l'on fait reflexion aux diverfes augmentations que la Hollande, & en particulier la Ville d'Amfterdam, ont reçûes de tems à autre, comme on a pu le voir dans le Chapitre précedent, on n'aura pas de peine à concevoir qu'il eft plus aifé de comprendre que de décrire le nombre de fes Manufactures, de fes Fabriques, & des Arts qui s'y exercent, fur tout fi on y ajoûte cette remarque, qu'un auffi grand nombre de gens qui y font venus de toutes parts, y ont aporté avec eux leurs talens, leur induftrie & leur favoir, & que forcez ou par les néceffitez qu'aportent avec foi un nouvel établiffement, ou par une généreufe émulation, ils n'ont pas manqué de les pouffer à une perfection égale, & même plus grande que celle des Pays d'où ils venoient. Auffi n'entreprendrai-je pas de faire l'énumeration de tout ce fe fait & fabrique dans cette riche Province; mais j'en indiquerai feulement une partie, pour faire juger du refte, & commencerai par la Ville d'Amfterdam comme la principale, & le canal par où paffe la plus grande partie des Fabriques des autres Villes.

AMSTERDAM.

Il fe fabrique des Etofes d'Or & d'Argent, des Damas, des Brocards, des Parterres, des Tafetas, des Moires, des Ras de Soye, des Armoifins, & de toutes les fortes d'Etoffes de Soye, qu'il faloit tirer autrefois de France & d'Italie; les Fabriquans d'Amfterdam peuvent les donner à meilleur marché, qu'en aucun autre endroit de l'Europe.

Il s'y fait une tres-grande quantité de Velours, des Tripes, & des Panes de Velours, des Gazes unies & à fleurs.

Des Bas & Bonnets, tant de Soye que de Fil, & de Laine.

Des Draps, des Serges, des Calaminques, des Etamines & quantité d'autres Etofes de Laine, de Poil de Chevre & de Chameau.

Des Rubans d'Or & d'Argent, de Soye, de Fil, de Coton, & de Fleuret de toutes fortes. Depuis quelque tems il s'y eft établi une Fabrique de Tapifferie de haute liffe qui s'y font tres-belles, & dont on commence d'envoyer

B

voyer quantité dans les Pays étrangers ; il s'y fait aussi beaucoup de Tapisseries de Toile colée avec de la Bourre ou Tonsure de Drap, & d'autres imprimées qui ressemblent beaucoup à la haute lisse.

Il y a un grand nombre d'Imprimeries de Coton, & des Imprimeurs qui
ont trouvé le secret de faire les couleurs aussi belles, que celles des plus belles Toiles peintes qui viennent des Indes.

Il y a aussi quantité d'Imprimeries pour les Livres & pour les Taille-dou-
ces, beaucoup de Teintureries dont celles en noir & en écarlate surpas-
sent en bonté & en beauté celles des autres Pays.

On y fait des très-beaux Cuirs dorez, & on y prepare de toutes sortes
de Peaux & Cuirs.

Il y a presentement plus de soixante Rafineries de Sucre.

Plusieurs Rafineries ou Fabriques
{ de Camphre,   de Sel,
   de Vermillon,   de Borax,
   de Soufre,   de Bray & de Resine.
   d'Azur,

Plusieurs Blancheries de Cire.   Des Savoneries de Savon noir.

Plusieurs Moulins à Poudre aux environs de la Ville, & bon nombre de
Branderies, où se fait l'Eau de Vie de Grain, des Brasseries en quantité,
& des Vinaigreries.

Il y a divers Chantiers où se construisent toutes sortes de Vaisseaux &
de Bateaux tant grands que petits, quantité de Corderies ; il s'y fabrique
aussi quantité d'Ancres pour les Navires.

Il y a une infinité de Moulins à vent autour de la Ville, qui servent à
divers usages, la plus grande partie servent à scier des Planches.

D'autres servent à moudre
{ Des Teintures,   Du Tan,
   Du Tabac,   A scier & polir du Marbre,
   Du Bois de Reglisse,   A moudre des Grains.

Il y a un Moulin à Vent, qui sert à percer les Canons des fusils.

Il y en a plusieurs à Foulon, & d'autres pour tirer les Huiles des Graines.
Plusieurs bonnes Chapeleries.

C'est aussi à Amsterdam que se tire la bonne Civette de Hollande, estimée la meilleure du Monde, y ayant plusieurs personnes qui nourrissent
des Civettes.

Il y a d'excellens Tourneurs d'Yvoire, d'habiles Peintres, Sculpteurs
& Architectes, enfin de très-habiles gens en toutes sortes d'Arts & de
Sciences.

Toutes les Marchandises des Indes s'y trouvent à foison & à meilleur
marché qu'ailleurs.

Il y a une Maison de Correction, qui s'apelle *le Rasphuys*, où on met
les Malfaiteurs. Cette Maison, par Privilége des Etats de Hollande & de
West-Frise du 11. May 1602. amplifié en 1646. & en 1660. a seule le droit
de

de faire raper, moudre & couper tous les Bois, qui servent à la Teinture, comme les Bois de Sandal, de Brezil, de Ste. Marthe, le Bois de Rose, de Campet, Sassafras & autres. Les plus forts de ceux qui sont condamnez à travailler dans cette Prison doivent en raper 50 ℔ par jour à deux, ce qu'ils ont fait ordinairement avant 11. heures ou midi ; ceux qui sont moins forts en doivent hacher une certaine quantité par jour en petits morceaux. Cette Maison a un Moulin à Vent près de la Ville, où elle fait aussi moudre de ces Bois. Les Marchands qui ont de ces sortes de Bois à raper, à moudre, on à hacher, l'envoyent au Maître du Rasphuis, & lui disent ce qu'ils en veulent faire : celui-ci le fait peser & en tient une note exacte, & quand le Bois est moulu, rapé ou haché, il le fait mettre dans de gros sacs, & le renvoye chez le Marchand, qui paye 30. sols par 100 ℔ pour la rapeure, ou 24. sols par 100 ℔ pour la monture, & 25. sols pour le sac, pour lequel on donne 5 ℔ de Tare.

Il n'est pas permis de faire moudre ni raper des Bois de Teinture dans aucun endroit de la Province de Hollande & de Westfrise hors de cette Maison, sur peine de 200. florins d'amende, excepté qu'il est seulement permis aux autres Villes de la Province où il y a de pareilles maisons, d'en faire raper autant que la ville en peut employer, sans plus, & à condition que ces villes-là n'en envoyeront point hors de chez elles, & dans le fond quand elles auroient ce Privilege, il ne leur serviroit de rien, à moins qu'on n'y eût soin, comme on a à Amsterdam, de rejetter le mauvais bois, & de n'en faire raper que du bon : ce qu'elles n'observent pas.

HAARLEM.

Il se fabrique à Haarlem, qui est à deux lieuës & demie d'Amsterdam, beaucoup de Velours de toutes sortes, des Peluches, des Tripes, & grand nombre de toutes sortes de petites Etoffes de Laine, des Rubans de Fil, de Coton & de Fleuret, des Cordons de toutes les sortes ; cette Ville est fort renommée par la bonté & blancheur du Fil, qu'elle fournit à plusieurs Pays étrangers, & pour le blanchissage des Toiles, qu'on nomme Toiles de Hollande, lesquelles y sont aportées de diverses Provinces des environs pour y être blanchies.

Il s'y fabrique aussi quantité de Toiles communes de couleur à carreaux : on voit encore aujourd'hui sur le Marché vis à vis la Poissonnerie la Maison de Laurens Coster qui inventa l'Imprimerie en 1420. avec une Inscription à sa louange Cette Ville est aussi fort renommée par la quantité des belles fleurs, que son Terrein produit, dont j'ai envoyé souvent des oignons en France & en Angleterre ; on y avoit poussé vers l'année 1637. la beauté des Tulipes à un si haut prix, qu'il y avoit des oignons qui se vendoient jusques à 3. 4 & 5000. florins la piéce, & comme plusieurs Artisans & Tisse-

rans

rans voyoient que bien des gens s'enrichissoient à ce Negoce, la plûpart quittoient leurs Metiers, pour s'attacher à élever de belles Tulipes; & ceux qui n'avoient pas les reins assez forts pour acheter des oignons de prix, s'associoient plusieurs ensemble; mais quand le Printems fut venu, & que les Tulipes furent en fleur, ils eurent lieu de se repentir de leur folie, les Tulipes s'étant trouvées fort communes, & elles diminuerent si fort de prix, que tous ceux qui en avoient acheté de cheres, perdirent presque tout leur capital, & furent obligez de retourner à leurs Metiers. Cependant cette manie pour les fleurs n'est pas si bien passée, qu'il n'y ait encore des Amateurs qui donnent de bonnes sommes pour une belle Tulipe, & il n'y a pas encore 3. mois qu'étant chez un Fleuriste de Haarlem, il m'offrit de me faire voir un oignon de Tulipe, duquel il avoit payé lui même 600. florins.

L E Y D E N.

Cette Ville est renommée par tout depuis long-tems pour le grand nombre & pour la beauté de ses Fabriques de Draps, & elle l'est particulierement en Hollande pour la bonté de son Beure, qui est le meilleur qui se fasse dans toutes les Sept Provinces; il s'y fabrique aussi une fort grande quantité de toutes sortes d'Etoffes tant de Laine que de Soye, elle est aussi fameuse par son Université, où il vient des Etudians, de tous les Pays de l'Europe.

D E L F T.

Cette Ville où est l'Arsenal & le Magazin du Pays, fabrique une quantité incroyable de fayance façon de Porcelaine, qu'on y contrefait admirablement bien, & beaucoup mieux qu'en aucun autre endroit, aussi s'en envoye-t-il dans tous les Pays de l'Europe; il s'y fabrique aussi quantité de Tapisseries & de Tapis de Table; il y reside une des Chambres de la Compagnie des Indes.

R O T T E R D A M.

La Ville de Rotterdam n'a presque point de Manufactures; mais elle est fort considerable pour son Commerce qu'elle porte à l'exemple d'Amsterdam dans toutes les parties du Monde; elle a même deux grands avantages qu'Amsterdam n'a pas, l'un qu'elle est fort près de la Mer qui n'en est qu'à 3 lieuës, & l'autre que ses canaux sont si larges & si profonds que les plus gros Navires s'y tiennent comme au milieu de la riviere; mais il y a aussi une grande incommodité, c'est que comme il n'y a ni digues ni écluses, quand les eaux sont grosses, on ne peut aller dans quelques ruës de la nouvelle

velle Ville qu'en bateau, & que la plûpart des Caves se remplissent d'eau ; mais cela arrive assez rarement.

Elle negocie beaucoup avec l'Angleterre, l'Ecosse & l'Irlande, avec la France & sur tout avec la Normandie, avec le Brabant, la Flandres, & plusieurs Villes d'Allemagne. Les Habitans envoyent deux fois l'année quantité de Buches à la pêche du Harang ; ce sont de petits Bâtimens d'environ 30. Lest, ou de 60. Tonneaux : ce qui leur raporte un profit fort considerarable ; il s'y fait aussi un fort grand Negoce en Garances robées, & non robées, cette Ville en étant l'entrepôt ; il y a une Banque & une Chambre de la Compagnie des Indes.

D O R T ou D O R D R E C H T.

Il se fabrique à Dort ou Dordrecht quantité de Toiles, il y a aussi de très-bonnes Blancheries pour les Toiles & pour le Fil, beaucoup de Rafineries de Sucre & de Sel.

Elle est l'étape ou l'entrepôt de tous les Vins du Rhin & de la Moselle de même que des Bois qui viennent de ces deux Rivieres, & des Ouvrages de Fer qui viennent de Liége.

G O U D A ou T E R G O U W.

Tergouw ou Gouda a pour son partage la fabrique des Pipes à fumer, dont il se debite une quantité incroyable ; il y a aussi un fort grand nombre de Corderies, il s'y fait beaucoup de Brique, & l'on y nettoye le lin dont il s'envoye beaucoup en France & ailleurs.

H O O R N.

Autres fois cette Ville faisoit un Negoce fort considerable, mais elle est beaucoup dechûë de son lustre, & quoi qu'il y ait pourtant encore des gens fort riches, on n'y negocie que peu, & il semble aujourd'hui que son plus grand lustre consiste à avoir une Chambre de la Compagnie des Indes, & un Negoce très-considerable en Fromages ; cette Ville peut en fournir à une bonne Partie de l'Europe.

E N K H U Y S E N.

La Ville d'Enkhuysen aussi bien que celle de Hoorn, est fort dechûë de son ancien lustre ; il ne lui est resté qu'une Chambre de la Compagnie des Indes & l'étape de la pêche du Harang, en quoi consiste à present son plus grand Commerce.

WE-

LE NEGOCE

WESOP.

Wesop est une petite Ville à deux lieuës d'Amsterdam, qui fleurit beaucoup plus en tems de guerre qu'en tems de paix, ou lors que les Eaux de Vie de France & d'Espagne sont cheres, parce qu'il y a quantité de Branderies où se fait l'Eau de Vie de Grain ; & pour employer le Marc qui en sort, on en nourrit une grande quantité de Cochons, qui se transportent de là dans toutes les Villes voisines & jusques dans le Brabant.

SARDAM.

Quoique Sardam ne soit qu'un Village, il se peut vanter d'être plus riche que beaucoup de Villes qui passent pour opulentes ; la plûpart de ses Habitans dont quelques-uns ont plus de 5. à 600. mille florins de bien, y sont Marchands & Artisans tout ensemble, & negocient avec beaucoup d'endroits de l'Europe; mais sur tout avec toutes les Places de la Mer Baltique & du Nord, d'où ils font venir quantité de Bois, des Grains & des Graines, ils envoyent tous les ans bon nombre de Navires à la pêche de la Baleine, & entendent si bien le Commerce, qu'ils en raisonnent en peu de mots mieux que beaucoup de Marchands, qui se croyent plus habiles qu'eux.

L'un de leurs grands Negoces est en Bois de Charpente & pour la construction des Navires, dont il s'en fait un si grand nombre dans ce Village, qu'il surpasse la croyance; aussi dit-on ordinairement que si on veut leur donner 3. mois d'avance, ils se peuvent obliger à livrer un Vaisseau de guerre par jour.

Il y a dans ce Village & aux environs un si grand nombre de Moulins à Vent, qu'il n'y a rien de plus agréable à la vûë, que de les voir tourner tous ensemble d'un peu loin lors qu'il fait un Vent passablement fort.

De tous ces Moulins les uns servent à scier des Planches, les autres à moudre des Teintures, du Tabac & de l'Amidon, d'autres pour tirer les Huiles des Graines, dont ils font un fort grand Commerce, il y en a aussi plusieurs où on fait de très-beau papier blanc, du bleu, du violet & du gris.

C'est dans ce Village que se fait l'Amidon qui est estimé le meilleur de l'Europe.

Outre ce Village qui est à peu près à 2. lieuës d'Amsterdam, il y en a encore beaucoup d'autres aux environs qui sont recommandables, tant par la richesse de leurs Habitans, que pour le grand Commerce qu'ils font, tels sont les Villages de Broek qui n'est pas si grand, mais qui n'est guere moins riche que Sardam, de Oostsane & de Westsane qui ont aussi un grand nombre de Moulins & font beaucoup de Negoce. Tous les Paysans de ces Villa-

ges

ges ne manquent guere de venir à Amsterdam le Lundi, le Mecredi & le Vendredi, où ils font leurs affaires sur la Bourse & au Marché aux Grains, & s'en retournent à 3. ou 4. heures chez eux.

CHAPITRE III.

Des Monnoyes, des Poids, & des Mesures d'Amsterdam avec trois Tables ou Tarifs du raport qu'elles ont avec celles des autres Pays.

Les Monnoyes réelles sont

LEs Ducats d'Or qui valent ordinairement 5 florins 5 sols, quelquefois plus & quelquefois moins, suivant l'abondance ou la rareté qu'il y en a : mais comme l'Or est fort sujet à être rogné, on ne s'en sert presque point pour les payemens des Marchandises, afin d'éviter la peine qu'il faudroit prendre de les peser à chaque fois qu'ils changeroient de main. Il y a aussi des Ducatons & des demi-Ducatons d'Or & des Roosenobels, ou Nobles à la Rose ; mais en si petite quantité qu'il ne vaut pas la peine d'en parler. Le Ducaton d'Or vaut 15 florins 15 sols ou 3 Ducats, & non 20 florins comme on l'a marqué dans la précédente Edition de ce Livre, Page 76. & le Roosenobel vaut 11 florins.

Les Ducatons	3 florins 3 sols	63 sols.
Les Pieces de 3 Florins ou Drieguldens	3 florins . . .	60 sols.
Les Rixdales ou Patacons	2 florins 10 sols	50 sols.
Les Daalders	1 florin 10 sols	30 sols.
Les Goud-Guldens, ou Florins d'Or	1 florin 8 sols	28 sols.
Les Guldens ou Florins. . .	1 florin . . .	20 sols.

qui valent ... ou ...

Il y a aussi des demi Rixdales qui valent 25 sols, & des quarts de Rixdales qui valent 12 sols & demi.

Des Schelins, ou Schellingen, dont il y en a qui valent 6 sols, & d'autres qui n'en valent que 5 & demi.

Des Sols ou Stuyvers dont les 20 font le florin, ils se divisent en 2 deniers de gros, en 8 duytes, ou en 16 penins.

Outre toutes ces monnoyes il y a des piéces de 10 sols, de 8 sols, de 4 & de 3 sols, mais en petit nombre par raport à la quantité trop incommode des pieces de 2 sols ou dubelties qui est trop grande.

Les Monnoyes imaginaires sont

Les Livres de gros qui valent 6 florins, elles se divisent en 20 schellins ou sols de gros, & le schellin ou sol de gros se divise en 12 deniers de gros.

Les

Les Deniers de gros, qui valent la ½ du fol commun, ou 4 duytes ou 8 penins; les Penins dont les 8 font le denier de gros, & les 16 font le fol commun.

Les Livres & les Comptes fe tiennent en florins, fols, & penins, auxquels on reduit toutes les autres efpeces, quand il s'agit de coucher les parties fur les livres ou de fournir des comptes, c'eft là dire que fi, par exemple, on a vendu le cent de fel a 30 livres de gros à N. on ne mettra pas dans les livres ni dans les comptes N. doit 30 livres de gros pour un cent de fel à lui vendu, mais on metra N. doit 180 florins pour un cent de fel à lui vendu à 30 livres de gros, parce qu'on reduit toutes les efpeces en florins, ce qui fe fait dans cet exemple en multipliant les 30 livres de gros par 6 florins, qui font la valeur de la livre de gros.

Et puis que l'ocafion fe prefente ici naturellement, voici de la maniere qu'on reduit ordinairement les autres efpeces en florins, fols & penins.

On multiplie le nombre des Rixdales par 2½ ou bien on met 2 fois le nombre des Rixdales & on prend la moitié, & les 3 fommes ajoûtées enfemble font des florins. Par exemple, je veux favoir combien de florins font 1200 Rixdales.

Je multiplie les 1200 Rixdales

Par . . . . 2½ florins valeur de la Rixdale.

               2400
La ½ de 1200 eft   600

Vient . . . 3000 florins, pour la valeur des 1200 Rixdales.

Ou autrement par l'Addition.

Une fois   .   1200
Encore autant   . . 1200
& la ½ de 1200   . .   600

Vient   . . 3000 florins comme deffus.

Pour reduire les Pieces de 28 fols ou Goutguldens en florins, on pofe une fois la fomme defdites Piéces & on en prend 2 fois la cinquiéme partie, qu'on ajoûte tout enfemble, & l'on a des florins. Par exemple, je veux favoir combien de florins font 1400 Pieces de 28 fols.

Je pofe les . . . 1400 Pieces
j'en prens le ⅕ . .   280
& encore le ⅕ . . .   280

Vient   . 1960 florins.

Pour

Pour reduire les Schellins ou Sols de gros, du montant d'un compte de Marchandiſes qu'on vend par Schellins, on peut les reduire en ſols communs, en les multipliant par 6, ou bien les reduire en Livres de gros qu'on multiplie enſuite par 6 florins. Par exemple, poſé que j'aye vendu 2500 ℔ de Prunes, à 24 Schelins les 100 Livres.

Je trouve que la partie monte à 600 Schelins.

Je les multiplie par   6 ſols valeur du Schelin.

Vient . .   360|0 ſols communs.

Qui reduits en florins font 180 florins.

Autrement.

60|0 Schelins.

Reduits en Livres de gros font   30   Livres de gros.
Multipliez par . .   6   florins valeur de la Livre de gros.

Vient   . . . 180 florins.

Pour reduire les Deniers de gros en florins, on n'a qu'à retrancher la derniere figure, & prendre le $\frac{1}{4}$ de la ſomme. Par exemple, je veux reduire en florins 10255 deniers de gros.

Je poſe mon nombre de deniers de gros & j'en retranche la derniere figure .   .   .   .   1025|5

Je prens enſuite le $\frac{1}{4}$ des figures non retranchées qui eſt   256-7 : 8
Vient pour produit 256 florins 7 ſols 8 penins. Il faut remarquer dans cette reduction, qu'il peut reſter 1, 2 & 3 de la derniere figure dont on a pris le $\frac{1}{4}$, que le 1. vaut 10, le 2. 20. & le 3. 30. qu'on joint à la figure retranchée, & au lieu qu'on a pris le $\frac{1}{4}$ des figures non retranchées, on ne prend que la $\frac{1}{2}$ de ce qui reſte, comme dans l'Exemple ci-deſſus après avoir pris le $\frac{1}{4}$ de 25 qui eſt 6, il me reſte 1. qui vaut 10. leſquels joint au 5. retranché font 15, qui doivent être conſiderez comme 15 demi ſols, qui font 7$\frac{1}{2}$ ſols, ou 7 ſols & 8 penins.

Au reſte, beaucoup de Banquiers tiennent leurs Livres en Argent de Banque, & d'autres les tiennent en Argent Courant, ce que chacun fait ſuivant les affaires qu'il fait, ou en Banque ou en Courant.

Toutes les Marchandiſes qui ſe vendent à Amſterdam

Se vendent ou
{ par Livres de gros,   par Sols de gros,
par Rixdales,   par Sols communs,
par Florins d'Or,   par Deniers de gros.
par Florins,

C   Et

Et afin de n'être pas obligé d'en coucher le nom tout du long dans les Livres & dans les Comptes, on les marque par les caractères suivans :

Ainſi pour
{
Livres de gros,
Rixdales,
Florins d'or,
Florins,
Sols de gros,
Sols communs,
Deniers de gros,
}
on marque
{
∝§. en Franç. & ∝vls. en Hollandois,
℞.
f d'or en Franç. & g̅g̅. en Hollandois,
f
ß
ſ en François, & ſt ÿ. en Hollandois,
§.
}

Je donnerai ailleurs, à meſure que l'occaſion s'en preſentera, les caractères qu'on donne à Amſterdam, tant aux Poids, qu'aux Meſures & aux Monnoyes de chaque Pays, parce que ſi on les ignore, on ne peut pas ſouvent comprendre les ordres qu'on reçoit d'un Correſpondant, & que cela eſt très-neceſſaire à ſavoir :

Les Poids d'Amſterdam ſont

Le Schippont, qui eſt de 20 Lyspont ou de 300 Liv. & ſon caract. eſt Schippᵗ.
Le Lyspont,   .   .   .   15 Livres,   .   .   Lpᵗ.
Le Cent ou Quintal,   .   .   100 Livres,   .   Cᵗ. ou ⅜
Le Steen, ou Pierre,   :   .   8 Livres,   .   .   Stᵤ
La Livre,   .   .   .   2 Marcs ou de 16 onces, ₶

La Livre ſe diviſe en 16 onces, l'Once en 8 Dragmes, la dragme en 3 deniers, & le Denier en 24 grains.

La Livre ſe diviſe auſſi en 32 loots, le Loot en 10 engels, l'Engel en 32 as.

Tous les Poids ci-deſſus ſont Poids de Marc, qu'on apelle en Hollandois *Troy-gewicht*, & on ne s'y ſert point d'autres Poids pour peſer les Marchandiſes comme on l'a dit abuſivement dans la précédente Edition de ce Livre pag. 47 ; mais comme les Soyes, la Cochenille & le Corail, ne s'y vendent qu'au poids de Brabant, cela a donné lieu à dire qu'on ſe ſervoit de ces deux ſortes de Poids ; mais la verité eſt que tout ſe peſe aux Poids de la Ville, au Poids de Marc, & qu'on ajoûte 4. pour cent au Poids des Soyes, de la Cochenille & du Corail, pour le reduire au Poids de Brabant, de ſorte que, ſi, par exemple, on a vendu une Balle de Cochenille, peſant au Poids 225 Livres, on fait le compte comme ſuit :

Une Balle Cochenille peſant   .   .   225 ₶ à 46 ß   f 3105:
Augmentation de 4 pʳ. Cᵗ.   .   .   .   f 124: 4:

fait enſemble   :   .   f 3229: 4:

Les

Les Poids pour les Diamans & les Perles sont

Le Marc qui est . . . de 8 onces, mais il n'y a que les Perles Baro-
ques, qui se vendent au Marc.

Le Carat . . . de 4 grains.

Le Grain se divise en huitiémes de grain, ou en trente-deuxiémes de Carat.

Les Mesures pour les Corps étendus sont

L'Aune d'Amsterdam, qui a deux pieds un pouce & deux lignes du Pied de
Roi de France, elle sert à mesurer toutes sortes d'Etoffes, tant de Soye que de
Laine, & généralement toutes les Toiles & Rubans qui se vendent à l'Au-
ne, par les Détailleurs.

L'Aune de Brabant ou d'Anvers, qui a deux pieds un pouce & 6 lignes
du susdit pied, à laquelle les Marchands achetent des Etrangers; & les
Détailleurs, des Grossiers.

L'Aune de Bruges, qui a deux pieds un pouce & 8 lignes du susdit pied,
à laquelle se vendent plusieurs sortes d'Etoffes de Soye, des Grossiers ou Fabriquans, aux Détailleurs.

Mais comme le nombre & la diversité de toutes les Manufactures sont in-
finis, & qu'il n'y a point de regle certaine pour chaque sorte, c'est à ceux
qui achetent en gros, à conditioner à quelle Aune ils prétendent acheter,
afin que le prix étant fait, il n'y ait aucune dispute.

Les Mesures pour les Navires, pour les Bâtimens, & pour les Bois, sont

Le Pied d'Amsterdam qui se divise en 11 pouces, & le Pouce en 4 quarts
ou quartiers, on s'en sert pour mesurer toutes sortes de Bâtimens, tant de
Massonnerie que de Charpente, & toutes sortes de Bois de Charpente, il
a 10 pouces & 4 lignes du pied de France susdit.

Le Pied du Rhin, qui est de 12 pouces.

La Palme, qui est de la longueur du tiers du pied d'Amsterdam, qui
sert à mesurer la grosseur des Mâts.

Les Mesures pour les Corps liquides sont

L'Aam qui contient 128 Mingles, servant de mesure aux Vins de Rhin
& Eaux de Vie de Grain.

Le Stekan - 16 Mingles, pour mesurer les Huiles de Graine &
de Poisson.

La Verje - - 6 Mingles, pour les Eaux de Vie.

La Mingle pese autour de 2 Livres 4 onces poids de Marc plus ou moins
selon la pesanteur des Liqueurs, elle se divise en 2 Pintes, en 4 demi-Pin-

tes,

tes, en 8 Mutfies, & en 16 demi-mutfies par les Détailleurs.

Les Vins de France fe vendent par Tonneaux de 4 Bariques ou de 6 Tierffons.

Les Vins d'Efpagne & de Portugal, fe vendent par Tonneaux de 2 Bottes ou Pipes, la Pipe doit contenir 340 Mingles.

Les Eaux de Vie fe vendent par 30 Verjes, excepté celles de Grain, qui fe vendent par Aams comme il eft dit ci-deffus.

Les Huiles d'Olive fe vendent par Tonneau de 717 Mingles.

Les Huiles de Poiffon & de Baleine fe vendent par Quarteaux de 12 Stekans.

Les Huiles de Graine, comme de Lin, de Navette & de Chanvre, fe vendent par Aams.

La Biere fe vend à la Tonne de 128 Mingles.

Les Beurres de Hollande & de Frife fe vendent auffi à la Tonne pefant 300 ℔ avec ou fans le bois.

Les Mefures pour les Grains font

Le Laft qui contient 27 Mudes, ou 36 Sacs.
La Mude contient   4 Schepels.
Le Sac contient   3 Schepels.

Le Laft du Haran, des Graines de Lin, de Chanvre, de Navette, du Goudron, de la Poix eft de 12 Barils; mais il y a du Goudron & de la Poix, dont on donne 13 Barils au Laft.

On exprime auffi la portée ou la capacité des Navires & autres Bâtimens par Laft qu'on compte pour 4000 ℔ pefant, ou pour 2 Tonneaux, c'eft-à-dire, que fi on dit qu'un Vaiffeau eft de 100 Laft, on entend qu'il peut porter 400 mille livres ou 200 Tonneaux, le Tonneau fe comptant ordinairement de 2000 ℔.

Le Sel fe vend au cent de 404 Mefures, le cent eft compté pour environ 7 Laft, ou de 28 à 30 mille livres.

Puisque j'ai montré dans ce Chapitre quelles font les Mefures & les Poids d'Amfterdam j'ai cru devoir y placer les Tables du raport qu'elles ont avec les principales Places de l'Europe, fur lefquelles on pourra fe regler, pour reduire les Poids & les Mefures de ces diverfes Places aux Poids & Mefures d'Amfterdam, & les Poids & Mefures d'Amfterdam aux Poids & Mefures des mêmes Places, & afin qu'on puiffe trouver d'un coup d'œuil les Villes qui y font contenuës, je les ai rangées par ordre Alphabetique.

TABLE

TABLE

Du raport des Poids d'Amsterdam avec celui des Places sousmentionnées.

100 ℔ d'Amsterdam sont égales à

108 ℔ d'Alicant.	163 ℔ de Genes poids de Caisse.
105 ℔ d'Anvers.	102 ℔ de Hambourg.
120 ℔ d'Archangel, ou 3 Poedes.	100 ℔ de la Rochelle.
105 ℔ d'Arschot.	106 ℔ de Leyden.
120 ℔ d'Avignon.	105 ℔ de Leipzic.
98 ℔ de Bâle en Suisse.	$105\frac{1}{4}$ ℔ de Liege.
100 ℔ de Bayonne de France.	114 ℔ de Lille.
169 ℔ de Bergame.	116 ℔ de Lion, poids de Ville.
97 ℔ de Bergopsom.	$106\frac{1}{2}$ ℔ de Lisbonne.
$95\frac{1}{4}$ ℔ de Bergue en Norwegen.	143 ℔ de Livourne.
111 ℔ de Berne.	109 ℔ de Londres, du grand Quin-
100 ℔ de Bezançon.	tal de 112 ℔.
100 ℔ de Bilbao.	105 ℔ de Louvain.
105 ℔ de Boisleduc.	105 ℔ de Lubeck.
151 ℔ de Bologne.	$141\frac{1}{2}$ ℔ de Luques, poids leger.
100 ℔ de Bourdeaux.	114 ℔ de Madrid.
104 ℔ de Bourg en Bresse.	105 ℔ de Malines.
103 ℔ de Bremen.	$123\frac{1}{2}$ ℔ de Marseille.
125 ℔ de Breslauw.	154 ℔ de Messine, poids leger.
105 ℔ de Bruges.	168 ℔ de Milan.
105 ℔ de Bruxelles.	120 ℔ de Montpellier.
106 ℔ de Cadix.	125 Bercheroots de Moscou.
105 ℔ de Cologne.	106 ℔ de Nancy.
125 ℔ de Coningsbergen.	100 ℔ de Nantes.
$107\frac{1}{2}$ ℔ de Coppenhague.	169 ℔ de Naples.
87 Rotes de Constantinople.	98 ℔ de Nuremberg.
$113\frac{1}{2}$ ℔ de Dantzik.	100 ℔ de Paris.
100 ℔ de Dort ou Dordrecht.	$112\frac{1}{2}$ ℔ de Revel.
97 ℔ de Dublin.	109 ℔ de Riga.
97 ℔ d'Edimbourg.	146 ℔ de Rome.
143 ℔ de Florence.	100 ℔ de Rotterdam.
98 ℔ de Francfort sur le Mein.	$96\frac{1}{2}$ ℔ de Rouen, poids de Vicomté.
105 ℔ de Gand.	100 ℔ de Saint Malo.
89 ℔ de Geneve.	100 ℔ de Saint Sebastian.

100 ℔ d'Amſterdam ſont égales à

$158\frac{1}{2}$ ℔ de Sarragoſſe.
106 ℔ de Seville.
114 ℔ de Smirne.
110 ℔ de Stetin.
81 ℔ de Stokholm.
118 ℔ de Toulouſe & Haut-Languedoc.
151 ℔ de Turin en Piemont.
$158\frac{1}{2}$ ℔ de Valence.
182 ℔ de Veniſe, poids ſubtil.

Quelque precaution que l'on prenne pour trouver la juſte égalité des Poids entre une Ville & une autre, on y trouve fort ſouvent des differences ſurprenantes, ce qui vient de la faute ou de la malverſation de ceux qui ſont commis pour peſer les Marchandiſes, tant dans les Villes d'où elles viennent, que dans les Villes où elles arrivent : il ſeroit à ſouhaiter pour le bien général des Negocians, que les Puiſſances ſuperieures n'établiſſent pour peſer les Marchandiſes que des gens droits & incorruptibles, qui ne ſe laiſſaſſent pas gagner par les preſens que certains Marchands leur font pour peſer à leur avantage tout ce qu'ils vendent & achetent, & alors un Marchand pourroit faire un juſte calcul, au lieu que pour ne ſe pas tromper, il doit toûjours faire ſon compte ſur 1. ou 2. pour cent de moins que la Table ci-deſſus.

TABLE

Du raport de l'Aune d'Amſterdam avec les diverſes Meſures des Places ſousmentionnées.

100 Aunes d'Amſterdam ſont égales a

$98\frac{3}{4}$ Aunes d'Anvers ou de Brabant.
$41\frac{3}{4}$ Canes de Barcelonne.
120 Aunes de Bâle & de Berne.
$102\frac{3}{4}$ Braſſes de Bergame.
110 Aunes de Bergue en Norwegue.
$58\frac{1}{2}$ Aunes de Bourdeaux.
$107\frac{1}{7}$ Braſſes de Boulogne.
80 Aunes de Breſlaw en Sileſie.
$101\frac{1}{3}$ Aunes de Bruges.
$100\frac{3}{4}$ Aunes de Bruxelles.
80 Barres de Caſtille.
120 Aunes de Cologne.
$102\frac{5}{7}$ Pics de Conſtantinople.
$114\frac{1}{2}$ Aunes de Copenhague.
$112\frac{1}{2}$ Aunes de Dantzick.
75 Verges de Dublin.
75 Verges d'Edimbourg.
$29\frac{5}{9}$ Canes de Florence de 8 Palmes.
$122\frac{22}{49}$ Braſſes dudit Florence.
120 Aunes de Francfort.
$93\frac{3}{4}$ Aunes de Gand.
$39\frac{5}{9}$ Canes de Genes de 9 palmes.
60 Aunes de Geneve.
120 Aunes de Hambourg.
150 Cavidos des Indes Orientales.
$58\frac{1}{2}$ Aunes de la Rochelle.
120 Aunes de Leipzic.
125 Aunes de Liege.
$96\frac{3}{4}$ Aunes de Lille.
57 Aunes de Lion.

61 Barres

100 Aunes d'Amſterdam ſont égales à

61 Barres de Lisbonne.
29½ Canes de Livourne de 8 palmes.
122²³⁄₄₉ Braſſes dudit Livourne.
75 Verges de Londres.
120 Aunes de Lubeck.
100¼ Aunes de Malines.
35 Canes de Marſeille.
166 Aunes de Meinden.
39²⁄₇ Canes de Meſſine.
128⁴⁄₇ Braſſes de Milan.
34²⁄₇ Canes de Montpellier.
58¼ Aunes de Naples.
30⅓ Canes dudit Naples.
100 Aunes de Norwegue.

120 Aunes de Nuremberg.
58¼ Aunes d'Osnabrug.
39²⁄₇ Canes de Palerme.
58½ Aunes de Paris.
114⁴⁄₇ Ras de Piemont.
33 Canes de Rome pour les Toiles.
58½ Aunes de Rouen.
112½ Roetels, qui font le Quintal de Smirne.
37½ Aunes de Toulouſe & Haut-Languedoc.
114⁴⁄₇ Ras de Turin.
74²⁄₇ Barres de Valence.
102 Braſſes de Veniſe.

Par le moyen de ces deux Tables on peut reduire tous les Poids & Meſures des Villes qui y ſont contenuës, aux Poids & Meſures d'Amſterdam, & les Poids & Meſures d'Amſterdam aux Poids & Meſures des mêmes Places, par le moyen de la Regle de Trois.

Par exemple, je veux ſavoir combien { 8950 ℔ poids } d'Amſterdam. feront à Marſeille . . . { 1575 Aunes }

Je dis par la Regle de Trois.

Si 100 ℔ d'Amſterdam font 123½ ℔ de Marſeille, combien font 8950 ℔ d'Amſterdam.

Vient 11053¾ ℔ de Marſeille.

Si 100 Aunes d'Amſterdam font 35 Canes de Marſeille, combien 1575 Aunes d'Amſterdam.

Vient 551¼ Canes de Marſeille.

Et ſi au contraire je veux ſavoir combien { 11053¾ ℔ } de Marſeille. feront à Amſterdam . . . { 551¼ Canes }

Je dis par la Regle de Trois.

Si 123½ ℔ de Marſeille font 100 ℔ d'Amſterdam, combien 11053¾ ℔ de Marſeille.

Vient 8950 ℔ d'Amſterdam.

Si 35 Canes de Marſeille font 100 Aunes d'Amſterdam, combien 551¼ Canes de Marſeille.

Vient 1575 Aunes d'Amſterdam.

Dij

Du raport des Mesures pour les Grains au Last d'Amsterdam.

J'ai déja dit que le Last d'Amsterdam est de 27 Muddes, & la Mudde de 4 Schepels. Il est aussi compté de 36 Sacs, & le Sac de 3 Schepels, & les Détailleurs divisent le Schepel en 4. *Vierdevat*, & le Vierdevat en 8 *Kops*.

Le Last { de Froment pese d'ordinaire de 4600 à 4800 ℔ } poids de Marc.
       { de Seigle . . . de 4000 à 4200 ℔ }
       { d'Orge. . . . de 3200 à 3400 ℔ }

Lors que l'on veut acheter ou vendre des Grains à Amsterdam, on va à la Bourse aux Grains qui se tient le Lundi, le Mecredi, & le Vendredi matin depuis 10. jusques à 12. heures. Tous les Courtiers, & la plûpart des Marchands y ont des montres des Grains qu'ils ont à vendre, & comme le prix se regle autant sur la pesanteur des Grains que sur leur bonne ou mauvaise qualité, on en pese des montres dans des Balances qui sont faites exprès pour cela, & qu'on tient toûjours sur le derriere de la Bourse aux Grains. Par le moyen de ces Balances on fait d'abord ce qu'un sac pese, & par conséquent on peut savoir aussi ce que pese le Last.

Le Last de Monnikendam, d'Edam & de Purmerent sont égaux au Last d'Amsterdam.

Le Last { de Hoorn, d'Enkhuysen, de Muyden, de Naarden, de Wesop, } est de 22 Muddes, ou de 44 Sacs, & le Sac est de 2 Schepels.

Le Last de Haarlem est de 38 Sacs, & le Sac de 3 Schepels, les 4 Schepels font 1 Hoed de Rotterdam, & les 14 Sacs font 1 Hoed de Delft.

Le Last d'Alkmaar est de 36 Sacs, le Hoed est de 4 Schepels; mais le Hoed est de ¼ plus grand que celui de Rotterdam.

Le Last de Leyden est de 44 Sacs, & le Sac de 8 Schepels.

Le Last de Rotterdam, de Delft & de Schiedam est composé de 29 Sacs, & le Sac de 3 Schepels, dont les 10¾ font un Hoed.

Le Last de Rotterdam pour la Graine de Chanvre est aussi de 29 Sacs, & pour la Graine de Lin de 24 Tonnes ou Barils.

Le Last de Dort ou Dordrecht est de 24 Sacs, le Sac de 8 Schepels, 8 Sacs font 1 Hoed. Tous les Grains s'y achetent & vendent au Hoed, qui fait 8 Barils ou 32 Schepels comptant 4 Schepels au Baril; les 3 Hoed font 1 Last d'Amsterdam.

Le

Le Laſt de Gouda ou Tergouw eſt de 28 Sacs, & le Sac eſt de 3 Schepels, les 32 Schepels font 1 Hoed.

Les 4 Hoed d'Oudewater, de Heuſden, de Gornichem, & de Leerdam font 5 Hoed de Rotterdam; 2 Hoed de Gornichem font 5 Achtendeelen, ou Huitiemes, & un Laſt & 4 Hoed font 5 Hoed de Delft.

28 Achtendeelen, ou Huitiemes de Aſperen font 32 Huitiemes de Rotterdam.

26 Huitiemes de Worcum font auſſi 32 Huitiemes de Rotterdam.

Le Laſt de Breda pour les Grains durs comme fromens, ſeigles, orges & ſemblables eſt de 33½ Viertelen ou Quartieres, & le Laſt pour les avoines eſt de 29 Viertelen, les 13 Viertelen de grain dur font 1 Chapeau de Delft, ou 14 Viertelen d'Anvers.

Meſures pour les Grains, de la Province d'Utrecht.

Le Laſt d'Utrecht eſt de 25 Muddes ou Sacs, les 6 Muddes font 5 Mouwers, les 10½ Muddes ou Sacs, fond 1 Hoed de Rotterdam.

Le Laſt d'Amerfort eſt de 16 Muddes ou de 64 Schepels, les 6 Muddes font 1 Sac, ou 1 Hoed de Rotterdam.

Le Laſt de Montfort eſt de 21 Muddes, la Mudde fait 2 Sacs, le Hoed contient 4½ Huitiémes de plus que celui de Rotterdam.

Le Laſt de Yſelſteyn eſt de 20 Muddes, la Mudde de 2 Sacs, & le Hoed contient 3 Huitiemes de plus que celui de Rotterdam.

Le Laſt de Vianen eſt auſſi de 22 Muddes, la Mudde de 2 Sacs, & le Hoed contient 2 Huitiemes de plus que celui de Rotterdam.

Meſures pour les Grains, de la Province de Friſe.

Le Laſt { De Leeuwarden. / De Haarlingen. / De Groningue. } eſt de 33 Muddes, de 18 Tonnes ou de 36 Loopers qui font 3 Hoed de Rotterdam.

Meſures pour les Grains, de la Province de Gueldre.

Le Laſt de Nimegue eſt de 21¼ Mouwers, & celui de Arnhem & de Doesburg eſt de 22 Mouwers, le Mouwer eſt de 4 Schepels, & les 8 Mouwers font 1 Hoed de Rotterdam.

Le Laſt de Thiel eſt de 21 Mudde, le Hoed de Rotterdam eſt d'un Achteling ou Huitiéme plus grand.

Le Laſt de Roermonde eſt de 68 Schepels, ou Achtelingen, 100 Viertelen ou Quartieres font 1 Hoed de Rotterdam.

D   Le

Le Laſt de Bommel eſt de 18 Muddes, il eſt plus grand que celui de Rotterdam de 6 Achtelingen ou Huitiémes.

Les 11 Muddes de Harderwyk en font 10 d'Amſterdam.

Meſures pour les Grains, de la Province d'Over-Yſſel.

Le Laſt de Campen eſt de 24½ Muddes pour les blez, les 9 Muddes font 1 Hoed de Rotterdam.

Le Laſt de Zwol eſt de 26 Sacs, ou 9 Muddes qui font 1 Hoed de Rotterdam.

Le Laſt de Deventer eſt de 36 Muddes, & la Mudde de 4 Schepel.

Meſures pour les Grains, de la Province de Zeelande.

Le Laſt de Middelbourg eſt compté de 41 Sacs & 1 Achtendeel, comptant le Sac de 2 Achtendeels.

Le Laſt de Vliſſingen ou Fleſſingue, & celui de Veer ou Terveer eſt de 39 Sacs.

Le Laſt de
{
Zirickzée
Ter-Goes
Bommene
Tertolen
Stavenes
Duyvelant
} eſt de 37½ Sacs.

Le Laſt de
{
Sommelsdyk
Dirksland
Middelharnes
Oeltiesplaat
Pays de Putten
La Brille
} eſt de 38½ Sacs.

Mais toutes les ſusdites meſures ſe reduiſent & font preſque égales au Laſt de Middelbourg, parce que les 2½ Achtendeels font le Sac de Zeelande ou de Middelbourg qui fait 2 Achtendeels, comme j'ay dit ci-deſſus.

Meſures pour les Grains, de la Province de Brabant.

Le Laſt d'Anvers pour les blez eſt de 37½ Viertels ou Quartieres, & le Laſt pour l'avoine eſt de 37 Viertels ou Quartieres, le Viertel ſe diviſe en 4 Mukens, les 14 Viertels font le Hoed de Rotterdam.

On compte à Bruxelles 25 Sacs pour un Laſt d'Amſterdam, pour les blez.   Le

Le Laſt de Malines eſt de 34½ Viertels, les 100 Viertels en font 108 d'Anvers, les 12 Viertels font 29 Achtendeels de Delft.

Le Laſt de Louvain eſt de 27 Muddes, & la Mudde de 8 Halſters.

Le Laſt de Breda pour le blé eſt de 33½ Viertels, & de 29 pour l'avoine, les 13 Viertels font 18 Sacs ou 1 Hoed de Rotterdam.

Le Laſt de Steenbergen eſt de 35 Viertels.

Le Laſt de Bergopſom eſt de 63 Siſters pour le blé, & de 28½ pour l'avoine.

Le Laſt de Boisleduc eſt de 20½ Mouwers, les 8 Mouwers font 1 Hoed de Rotterdam.

Meſures pour les Grains, de la Province de Flandre.

Le Laſt de Gand eſt de 56 Halſters pour le blé, & de 38 pour l'avoine, les 12 Halſters font 1 Mudde, ou 6 Sacs, chaque Sac eſt de 2 Halſters, & on y vend & achete les Grains par Muddes ou par Halſters.

Le Laſt de Bruges eſt de 17½ Hoed pour le blé, & de 14½ Hoed pour l'avoine, qui font 1 Laſt d'Amſterdam, le Hoed de Bruges fait 4 34/37 Achtendeel de Delft.

Le Laſt de St. Omer eſt de 22½ Razieres.

Le Laſt de Dixmude pour le blé eſt de 30½ Razieres, & de 24 Razieres pour l'avoine, la Raziere fait 2 Schepels de Rotterdam.

Le Laſt de Lille eſt de 38 Razieres pour le froment, & de 30 Razieres pour l'avoine, la Raziere fait auſſi 2 Schepels de Rotterdam.

Les 18 Razieres de Dunkerque font 1 Hoed de Rotterdam, la meſure de mer eſt de 9 Razieres, qui peſent 280 à 290 ℔ Poids de Marc chacune, mais la Raziere de Terre ne peze que 245 ℔ du même Poids.

On compte à Gravelines 22 Razieres au Laſt pour le blé, & 18¼ pour l'avoine.

Meſures pour les, Grains du Pays de Liege.

Le Laſt de Liege eſt de 96 Setiers, & le Setier de 8 Muddes.

Le Laſt de Tongres pour le blé eſt de 15 Muddes, & de 14 Muddes pour l'avoine.

Meſures pour les Grains, d'Angleterre, d'Ecoſſe & d'Irlande.

Le Laſt d'Angleterre ou de Londres eſt compté de 10½ Quarteaux, ou Bariques, le Quarteau fait 8 Boiſſeaux ou Galons, & le Boiſſeau ou Galon 4 Picotins, le Boiſſeau peze de 56 à 60 ℔.

Les 260 Quarteaux de Londres, à donner 21 pour 20 font 250 Quar-

teaux

teaux ou environ, qui font 25 Laſt d'Amſterdam, ſur ce pié les 10 Boiſſeaux ou Galons de Londres font 1 Laſt d'Amſterdam.

Le Laſt de Neucaſtel en Angleterre eſt compoſé de 10 Quartieres, &
la Quartiere de 10 Boiſſeaux ou Galons, le Galon y peze de 56 à 62 ℔.

On compte en Ecoſſe & en Irlande 10¼ Quarteaux au Laſt, ou bien 38
Boiſſeaux, le Boiſſeau fait 18 Galons.

Meſures pour les Grains, de diverſes Places du Nord.

Le Laſt de Dantzick eſt égal au Laſt d'Amſterdam, on compte ordinairement qu'il peze 16 Schippont de 340 ℔ chacun, ce qui fait 5440 Livres
pour le Laſt, Poids de Dantzick, mais le Laſt de ſeigle n'y eſt compté
que de 15 Schippont, qui font 5100 Livres.

Le Laſt de Coningsberg eſt auſſi égal à celui d'Amſterdam, & les
Grains s'y vendent auſſi bien qu'à Dantzick par Florins & gros Polon-
nois.

Le Laſt de Riga eſt de 45 Loopen qui font 1 Laſt d'Amſterdam, les
Grains ſe vendent à Riga par Rixdales de 3 Florins ou de 90
Gros.

Le Laſt de Coppenhague eſt de 42 Tonnes ou de 80 Schepels, & même
juſques à 96 Schepels ſuivant les ſortes des Grains.

Le Laſt de Suede & de Stokholm eſt de 23 Tonnes.

Le Laſt de Hambourg eſt de 90 Schepels, les 12 Laſt dudit Hambourg
font 13 Laſts d'Amſterdam.

Le Laſt de Lubeck eſt de 85 Schepels, dont les 95 font 1 Laſt d'Amſterdam.

Le Laſt de Embden eſt de 15¼ Tonnes.

Les 24 Laſts de Bremen en font 23 d'Amſterdam.

Des Meſures pour les Grains, de la France.

La principale Meſure pour les Grains eſt nommée à Paris & en diverſes
autres Villes du Royaume, Muid, qui ſe diviſe en 12 Setiers, & le Setier
en 12 Boiſſeaux.

Le Setier pour le froment ſe diviſe en 2 Mines, la Mine en 2 Minots,
& le Minot en 3 Boiſſeaux, le Setier de bon froment doit pezer de 244 à
248 ℔ Poids de Marc.

Le Setier d'avoine ſe diviſe en 24 Boiſſeaux, le Boiſſeau en 4 Picotins,
le Picotin en 8 Demi-quarts, & le Demi-quart en 2 Litrons.

Le Muid ou les 12 Setiers de Paris font 17 Muddes d'Amſterdam, & les
19 Setiers dudit Paris, font 1 Laſt dudit Amſterdam.

Le Muid de Rouen contient 12 Setiers, qui font 14 Setiers de Paris, le
Muid

Muid de Rouen doit pezer 3360 Livres Poids de Marc, les 4 Muids font égaux à 3 Lasts d'Amsterdam, les 6 Setiers font 10 Muddes, ou 1⅓ Muid qui font 1 Last d'Amsterdam.

Le Setier de Rouen peze autour de 280 ℔ Poids de Marc, il se divise en Mines, & la Mine en 4 Boisseaux.

Le Muid d'Orleans doit pezer 600 Livres, il se divise en 12 Mines, le Muid fait 2½ Setiers de Paris, 5 Boisseaux de Bourdeaux, ou 3⅔ Muddes d'Amsterdam.

La Mesure pour les Grains, dont on se sert à Lion s'apelle Asnée, elle se divise en 6 Bichets ou Boisseaux, qui font 1⅓ Setier de Paris, ou 2⅔ Boisseaux de Bourdeaux; les 4 Asnées font 7 Muddes d'Amsterdam.

Les 8 Boisseaux de Roane font 1 Setier de Paris, ou 1½ Mudde d'Amsterdam.

Trois Asnées de Macon font 7 Muddes d'Amsterdam.

Cinq Boisseaux d'Avignon font 4¼ Muddes d'Amsterdam.

Le Setier de Montpellier est de 2 Emines, & l'Emine de 2 Quartes, le Setier pese de 90 à 95 ℔ Poids de Montpellier, & les 3 Setiers font 1½ Mudde d'Amsterdam.

Le Setier de Castres en Languedoc est de 2 Emines, l'Emine de 4 Megeres, & la Megere de 4 Boisseaux, le Setier pese environ 200 ℔ Poids de ladite Ville, qui font 170 ℔ Poids de Marc, ainsi 100 Setiers font 4 Lasts d'Amsterdam, ou 1 Last d'Amsterdam fait 100 Setiers de Castres.

Les 38 Boisseaux de Bourdeaux font 1 Last d'Amsterdam, ou 19 Setiers de Paris, ledit Boisseau doit peser 122 à 124 ℔ Poids de Marc, lorsque le blé est bon

Les 4⅔ Setiers d'Amiens font 1½ Mudde d'Amsterdam, le Setier s'y divise en 4 Piquets & doit peser de 50 à 52 ℔.

Les 8 Setiers de Bologne en Bolonnois font 13 Muddes d'Amsterdam, le Setier doit peser 270 ℔ petit Poids.

Les 12 Setiers de Calais font 18½ Muddes d'Amsterdam, le Setier pese autour de 260 ℔, 12 Setiers de Calais en font 13 de Paris.

Les 19 Setiers de St. Valery font un Last
Les 18 Mines de Dieppe font 17 Muddes
Les 5¼ Boisseaux du Havre de Grace font 1½ Mudde
Les 14 Boisseaux d'Amboise font 1½ Mudde
Les 19 Setiers de Saumur font un Last
Les 14 Boisseaux de Tours font 1½ Mudde
Les 20 Boisseaux de Blois font 1½ Mudde
Les 5 Boisseaux d'Aubeterre font 1½ Mudde
Les 5 Boisseaux de Barbesieux font 1½ Mudde
Les 5 Boisseaux de Perigueux font 1½ Mudde.
} d'Amsterdam.

Les 49 Setiers d'Arles font un Last d'Amsterdam, le Setier pese 93 ℔ Poids de Marc, & l'on y compte la charge de 300 ℔ Poids dudit lieu.

Les 48 Setiers de Baucaire font un Last d'Amsterdam, la Charge y est plus forte de 2 pour cent que celle d'Arles.

La Cargue ou Charge de Marseille est de 4 Emines, l'Emine de 8 Sivadieres, la Charge y est aussi comptée de 300 ℔ Poids de Marseille, ce qui revient à 1½ Mudde d'Amsterdam pour une Cargue de Marseille.

Les 41 Charges de St. Gilles font un Last d'Amsterdam, la Charge y est aussi de 300 ℔ mais plus forte de 18 à 20 pour cent que celle d'Arles.

Les 51 Charges de Tarascon font un Last d'Amsterdam, la Charge y est aussi de 300 ℔ & de 2 pour cent plus forte que celle d'Arles.

Les 3 Emines de Toulon font 2 Muddes d'Amsterdam, la Charge y est comptée de 3 Setiers, & le Setier contient 1½ Emine, 3 desquelles font 2 Setiers de Paris.

Les 4 Boisseaux d'Auray font 1½ Mudde
Le Tonneau d'Audierne
Le Tonneau de Brest   fait 13½ Muddes   d'Amsterdam.
Le Tonneau de Morlaix.

83½ Boisseaux Mesure dudit Morlaix, ont rendu à Rotterdam un Last & 15 Sacs de 29 au Last, sur ce Pié les 83½ Boisseaux de Morlaix font à peu près 1½ Last d'Amsterdam.

Le Tonneau de Hannebon & de Port Louïs fait 17½ Muddes d'Amsterdam.

Le Tonneau de Quinpercorantin fait 13 Muddes d'Amsterdam.

Le Tonneau de Nantes fait 13¾ Muddes d'Amsterdam, il est composé de 16 Setiers, & le Setier de 16 Boisseaux, le Tonneau doit peser de 2200 à 2250 ℔ lors que la Mesure est comble, qui est 18 à 20 pour cent plus que la Mesure Radée.

Le Tonneau de Rennes & de St. Malo fait 14 Muddes d'Amsterdam, il doit pezer autour de 2400 ℔.

Le Tonneau de St. Brieux fait 15½ Muddes d'Amsterdam, & doit pezer autour de 2600 ℔.

Le Tonneau de la Rochelle & de Marans contient 42 Boisseaux, qui font 13 Muddes d'Amsterdam.

Mesures pour les Grains, de l'Espagne.

On compte à Seville 50 Fanegas pour un Last d'Amsterdam; 4 Cahys font la Fanegas & le Cahys 12 Anegras.

Les 50 Fanegas de Cadix font un Last d'Amsterdam, la Fanegas peze 93¾ ℔ Poids de Marseille.

Mesures pour les Grains, du Portugal.

Le 216 Alquieres ou les 4 Muids de Libonne font un Last d'Amsterdam, le Muid fait 54 Alquieres, on y divise aussi le Muid en 15 Fanegos, & la Fanego en 4 Alquieres.

Aux Iles Açores apartenant au Roi de Portugal & dans l'Ile de St. Michel on compte 60 Alquieres pour un Muid, les 240 Alquieres font un Last d'Amsterdam.

Les Grains qui se transportent dudit St. Michel à l'Ile de Madere, donnent 4 Alquieres de benefice sur 60 Alquieres, c'est à dire que les 60 de St. Michel en rendent 64 à Madere, ce qui est $2\frac{2}{7}$ pour cent.

Mesures pour les Grains, de l'Italie.

Les Grains se vendent à Genes à la Mine en Port Franc, c'est à dire Franc de Port ou de Droits pour le vendeur.

Les 25 Mines de Genes font un Last d'Amsterdam.

Les 40 Sacs de Livourne font un Last d'Amsterdam, & les 2 Sacs de froment font la Charge de 300 ℔ de Marseille moins 4 pour cent.

Le blé se vend à Venise par Staro ou Setier, les 2 Staro font la Charge de Marseille, de sorte que les 2 Staro font $1\frac{1}{2}$ Mudde d'Amsterdam.

Il suffit, ce me semble, d'avoir indiqué, comme j'ai fait ci dessus, les principales Mesures pour les Grains des principales Places de l'Europe, à quoi on peut avoir recours si on veut avoir une plus ample explication de leurs differentes divisions, que celle qu'on trouvera dans le Tarif suivant qui en contient un plus grand nombre, dans lequel on trouvera d'un coup d'œuil, le raport des Mesures de chaque Ville à celles d'Amsterdam, de Paris & de Bourdeaux, en cherchant dans la premiere colomne, le nom de la Ville dont on veut savoir la Mesure, les ayant toutes rangées pour cet effet par ordre alphabetique.

TA-

TARIF ET RAPPORT

De diverſes Meſures pour les Grains à celles d'Amſterdam, de Paris & de Bourdeaux.

Noms des Villes & Pays.	Differentes Meſures.	Meſure d'Amſterdam.	Setiers de Paris.	Boiſſeaux de Bourdeaux.
A				
Abbeville	6 Setiers -	7 Muddes	5 Setiers	10 Boiſſeaux
Agen	$33\frac{1}{3}$ Sacs - -	1 Laſt	19 - -	38 -
Aiguillon	41 Sacs - -	1 Laſt	19 - -	38 - -
Albi	25 Setiers -	1 Laſt	19 - -	38 -
Alkmaar	36 Sacs - -	1 Laſt	19 - -	38 - -
Amboiſe	14 Boiſſeaux	$1\frac{1}{2}$ Mudde	1 - -	2 -
Amersfort	16 Muddes	1 Laſt	19 - -	38 - -
Amiens	$4\frac{2}{3}$ Setiers -	$1\frac{1}{2}$ Mudde	1 - -	2 -
Amſterdam	1 Laſt - -	27 Muddes	19 - -	38 - -
Angleterre	$10\frac{1}{4}$ Quarteaux	1 Laſt	19 - -	38 -
Anvers	$32\frac{1}{2}$ Viertels	1 Laſt	19 - -	38 - -
Arles	49 Setiers -	1 Laſt	19 - -	38 -
Auray-le-Duc	$9\frac{1}{2}$ Boiſſeaux	$1\frac{1}{2}$ Mudde	1 - -	2 - -
Arnhem	22 Mouwers	1 Laſt	19 - -	38 -
Aſperen	$25\frac{3}{8}$ Sacs - -	1 Laſt	19 - -	38 - -
Aubeterre	5 Boiſſeaux	$1\frac{1}{2}$ Mudde	1 - -	2 -
Audierne	1 Tonneau	$13\frac{1}{2}$ Muddes	$9\frac{1}{2}$ -	19 - -
Auray	4 Boiſſeaux	$1\frac{1}{2}$ Mudde	1 - -	2 -
Auxone	1 Emine -	4 Muddes	$2\frac{2}{3}$ -	$5\frac{1}{3}$ - -
Avignon.	5 Boiſſeaux	$4\frac{1}{4}$ Muddes	3 - -	6 -
B				
Barbeſieux	5 Boiſſeaux	$1\frac{1}{2}$ Mudde	1 - -	2 - -
Baugenci	$3\frac{1}{6}$ Mines -	$1\frac{1}{2}$ Mudde	1 Setier -	2 Boiſſeaux
Bayonne	36 Sacs - -	1 Laſt	19 -	38 -
Baucaire	48 Setiers -	1 Laſt	19 - -	38 - -
Beaumont	38 Sacs - -	1 Laſt	19 - -	38 -
Beauvais	1 Tonneau	18 Muddes	$12\frac{2}{3}$ - -	$25\frac{1}{3}$ - -
Bellegarde	1 Bichet -	2 Muddes	$1\frac{1}{3}$ - -	$2\frac{2}{3}$ -
Bergerac	1 Pipe - -	5 Muddes	$3\frac{1}{2}$ - -	7 - -
Bergopſom	63 Siſters -	1 Laſt	19 - -	38 -
Bergue-St.-Winox	13 Raſieres	17 Muddes	12 - -	24 - -

Blois

Noms des Villes & Pays.	Differentes Mesures.	Mesure d'Amsterdam.	Setiers de Paris.	Boisseaux de Bourdeaux.
Blois	20 Boisseaux	1½ Mudde	1 - -	2
Bois-le-Duc	20½ Mouwers	1 Last	19 -	38
Boulogne en Picardie	8 Setiers	13 Muddes	9 - -	18
Bommel	18 Muddes	1 Last	19 -	38
Bourbon-Lancy	13½ Boisseaux	1½ Mudde	1 - -	2
Bourdeaux	38 Boisseaux	1 Last	19 -	38
Bourret	100 Sacs	3½ Lasts	66½ - -	133
Breau	100 Quartieres	3½ Lasts	66½ -	133
Breda	33½ Viertels	1 Last	19 - -	38
Bremen	24 Lasts	23 Lasts	437 -	874
Bresse	1 Quartal	1⁴⁄₇ Mudde	1⅓ - -	2⅔
Brest	1 Tonneau	13½ Muddes	9 -	18
Briare	11 Carses	1½ Mudde	1 -	2
Bruges	17½ Hoed	1 Last	19 -	38
Bruxelles	25 Sacs	1 Last	19 - -	38
Bueren	21 Muddes	1 Last	19 -	38
C				
Cadillac	33⅓ Sacs	1 Last	19 - -	38
Cadix	50 Fanegas	1 Last	19 -	38
Cahors	100 Quartes	1 Last	19 - -	38
Calais	12 Setiers	18½ Muddes	13 -	26
Campen	24½ Muddes	1 Last	19 -	38
Candie	1 Charge	1½ Mudde	1 - -	2
Canville	100 Sacs	3 Lasts	57 - -	114
Carcassone	35 Setiers	1 Last	19 -	38
Casteljaloux	100 Sacs	2 L. 23 Mud.	54 - -	108
CastelMauron	1 Pipe	5 Muddes	3½ -	7
Castelnau de Medoc	100 Quartieres	1 Last 10 Mud.	64 - -	128
Castelnaudari	41½ Setiers	1 Last	19 -	38
Castelsarazin	100 Sacs	3½ Lasts	67 - -	134
Castres en Languedoc	100 Setiers	4 Lasts	75 -	150
Caude-Coste	100 Sacs	3 Lasts	58½ - -	117
Chalais	5 Boisseaux	1½ Mudde	1 -	2
Châlons sur Saone	5 Bichets	8½ Muddes	6 - -	12

E

Cha-

Noms des Villes & Pays.	Differentes Mesures.	Mesure d'Amsterdam.	Setiers de Paris.			Boisseaux de Bourdeaux.
Charité	8 Boisseaux	1½ Mudde	1	-	-	2
Charlieu sur Loire	7 Boisseaux	1½ Mudde	1	-	-	2
Charolles	6⅓ Boisseaux	1½ Mudde	1	-	-	2
Châtauneuf sur Loire	7 Boisseaux	1½ Mudde	1	-	-	2
Clerac	34½ Sacs	1 Last	19	-	-	38
Cleves	16¼ Mouwers	1 Last	19	-	-	38
Concarneau	1 Tonneau	3 Muddes	9	-		18
Condom	41 Sacs	1 Last	19	-	-	38
Coningsberg	1 Last	1 Last	19	-	-	38
Coppenhague	42 Tonnes	1 Last	19	-	-	38
Corbie	3⅔ Setiers -	1½ Mudde	1	-	-	2
Cosne	9½ Boisseaux	1½ Mudde	1	-	-	2
Creon	100 Sacs	3¼ Lasts	62½	-		125
Cuylembourg	21 Muddes	1 Last	19	-	-	38
D						
Dantzick	1 Last	1 Last	19	-	-	38
Delft	29 Sacs	1 Last	19	-	-	38
Deventer	36 Muddes	1 Last	19	-	-	38
Dieppe	18 Mines	17 Muddes	12	-		24
Dixmude	30½ Rasieres	1 Last	19	-		38
Doesbourg	22 Mouwers	1 Last	19	-	-	38
Dort ou Dordrecht	24 Sacs	1 Last	19	-	-	38
Dunkerque	18 Razieres	1 Last	19	-	-	38
Dunes.	100 Sacs	3 Lasts	57	-		114
E						
Ecosse	10¾ Quarteaux	1 Last	19	-	-	38
Edam	27 Muddes	1 Last	19	-	-	38
Elbing	1 Last	1 Last	19	-		38
Embden	15¼ Tonnes	1 Last	19	-	-	38
Enckhuysen	44 Sacs	1 Last	19	-		38
Erfelsteyn	21 Muddes	1 Last	19	-		38
Espersac	100 Sacs	2 L. 17 Mud.	50	-	-	100
Etaffort.	100 Boisseaux	2 L. 24 Mud.	56	-		112
F						
Flessingue	40 Sacs	1 Last	19	-	-	38

Franc-

Noms des Villes & Pays.	Differentes Mesures.	Mesure d'Amsterdam.	Setiers de Paris.		Boisseaux de Bourdeaux.
Francfort	27 Malders	1 Last	19	-	38
Fronsac	28½ Sacs	1 Last	19	- -	38
Fronton.	100 Sacs	3 Lasts 14 Mud.	67	-	134
G					
Gaillac	21 Setiers	1 Last	19	- -	38
Gand	56 Halsters	1 Last	19	-	38
Gennes	25 Mines	1 Last	19	- -	38
Gensac	100 Sacs	2 Lasts 14 Mud.	68½	-	137
Gergeau	3½ Mines	1½ Mudde	1	- -	2
Gien	9¾ Carses	1½ Mudde	1	- -	2
Gimond	20 Sacs	1 Last	19	- -	38
Goes ou Te-					
goes	40 Sacs	1 Last	19	-	38
Gorcum	17¼ Muddes	1 Last	19	- -	38
Gouda ou					
Tergouw	28 Sacs	1 Last	19	-	38
Graveline	22 Razieres	1 Last	19	- -	38
Grenade	30 Sacs	1 Last	19		38
Grisoles	100 Sacs	3 L. 10 Mud.	64	- -	128
Groningue	33 Muddes	1 Last	19	-	38
H					
Haarlem	38 Sacs	1 Last	19	- -	38
Hambourg	12 Lasts	13 Lasts	247	-	494
Harderwyk	11 Muddes	10 Muddes	7	- -	14
Harlingen	33 Muddes	1 Last	19		38
Havre de					
Grace	5¼ Boisseaux	1½ Mudde	1	- -	2
Hennebon	1 Tonneau	17½ Muddes	12	-	24
Heusden	17¼ Muddes	1 Last	19	- -	38
Hoorn ou					
Horne	44 Sacs	1 Last	19	-	38
Husum.	20 Tonnes	1 Last	19	- -	38
I					
Irlande.	10¼ Quarteaux	1 Last	19	-	38
L					
La Brille	40 Sacs	1 Last	19	- -	38
La Gruere	100 Sacs	2 L. 23 Mud.	54	-	108
La Magistere	100 Sacs	2 L. 24 Mud.	56	- -	112
Lanion	1 Tonneau	14 Muddes	10	-	20

Noms des Villes & Pays.	Differentes Mesures.	Mesure d'Amsterdam.	Setiers de Paris.	Boisseaux de Bourdeaux.
La Réole	30 Sacs	1 Last	19 -	38
La Rochelle	1 Tonneau	13 Muddes	9 - -	18
Lavaur	21 Setiers	1 Last	19 -	38
Le Mas d'A-genois	100 Sacs	2 L. 20 Mud.	52½ -	105
Le Mas de Verdun	100 Sacs	3 L. 14 Mud.	67 - -	134
Les Adriens	1 Tonneau	13 Muddes	9 - -	18
Lespare	100 Sacs	5 L. 14 Mud.	67 - -	134
Leewarden	33 Muddes	1 Last	19 -	38
Leyden	44 Sacs	1 Last	19 - -	38
Leytoure	100 Sacs	3 Lasts	57 -	114
Libourne	35 Sacs	1 Last	19 - -	38
Liege	96 Setiers	1 Last	19 -	38
Lille en Fland.	38 Razieres	1 Last	19 - -	38
Limeul	1 Pipe	5 Muddes	3¼ -	7½
Lion	4 Aînées	7 Muddes	5 - -	10
Lisbonne	216 Alquieres	1 Last	19 -	38
Lisle en Albi-geois	100 Setiers	7 L. 5 Mud.	130 -	260
Lisle-Dieu	1 Tonneau	14¾ Muddes	10 - -	20
Livourne	40 Sacs	1 Last	19 -	38
Londres	10¼ Quarteaux	1 Last	19 - -	38
Louvain	27 Muddes	1 Last	19 -	38
Lubeck.	95 Schepels	1 Last	19 - -	38
M				
Macon	3 Aînées	7 Muddes	5 -	10
Malines	34½ Viertels	1 Last	19 - -	38
Marans	1 Tonneau	13 Muddes	9 -	18
Marseille	1 Charge	1½ Mudde	1 - -	2
Mas d'Agenois	100 Sacs	2 L. 20 Mud.	52½ -	105
Mas de Ver-dun	100 Sacs	3 L. 14 Mud.	67 - -	134
Middelbourg	41½ Sacs	1 Last	19 -	38
Miranbeau	100 Boisseaux	3 Lasts	57 - -	114
Mirandous.	100 Boisseaux	3 Lasts	57 -	114
Moissac	30 Sacs	1 Last	19 - -	38
Moncasin	100 Sacs	2 L. 13 Mud.	54 -	108
Montauban ⎰	100 Sacs	3¼ Lasts	62½ - -	125
Montauban ⎱	100 Setiers	7 L. 10 Mud.	140 -	280

Mon-

Noms des Villes & Pays.	Differentes Mesures.	Mesure d'Amsterdam.	Setiers de Paris.	Boisseaux de Bourdeaux.
Montendre	100 Boisseaux	3 L. 5 Mud.	62 -	124
Montfort	21 Muddes	1 Last	19 - -	38
Montpellier	3 Setiers	1½ Mudde	1 -	2
Montreuil	18 Boisseaux	1½ Mudde	1 - -	2
Morlaix	1 Tonneau	13½ Muddes	9½ -	19
Munikendam	27 Muddes	1 Last	19 - -	38
Muyden	44 Sacs	1 Last	19 -	38
N				
Naarden	44 Sacs	1 Last	19 - -	38
Nantes	1 Tonneau	13¼ Muddes	9⅓ -	18⅔
Naples, la Pouille & la Calabre	3 Tomolis	1½ Mudde	1 - -	2
Narbonne	32⅔ Setiers	1 Last	19 -	38
Narmoutier Ile	1 Tonneau	13½ Muddes	9½ - -	19
Negrepelisse	100 Setiers	8⅓ Lasts	158 -	316
	100 Sacs	4⅙ Lasts	79 - -	158
Nerac	33⅓ Sacs	1 Last	19 -	38
Nevers	8 Boisseaux	1½ Mudde	1 - -	2
Neucastel	10 Quartieres	1 Last	19 -	38
Nimegue	21¾ Mouwers	1 Last	19 - -	38
Nieuport.	17½ Razieres	1 Last	19 -	38
O				
Orleans	1 Muid	3½ Muddes	2½ -	5
Oudewater.	21 Muddes	1 Last	19 - -	38
P				
Pain d'Avoine	1 Tonneau	13 Muddes	9 -	18
Paris	1 Muid	17 Muddes	12 - -	24
	12 Boisseaux	1½ Mudde	1 -	2
Perigueux	5 Boisseaux	1½ Mudde	1 - -	2
Pont-l'Abbé	1 Tonneau	13½ Muddes	9½ -	19
Port-Louïs	1 Tonneau	17½ Muddes	12¼ - -	24½
Port-à-Port	180 Aiquieres	1 Last	19 -	38
Purmerent	27 Muddes	1 Last	19 - -	38
Puymirol.	100 Sacs	3 Lasts	57 -	114
Q				
Quiberon	1 Tonneau	13½ Muddes	9½ -	19
Quimpercorantin	1 Tonneau	13½ Muddes	9½ - -	19

Noms des Villes & Pays.	Differentes Meſures.	Meſure d'Amſterdam.	Setiers de Paris.	Boiſſeaux de Bourdeaux.
Quinperlay.	1 Tonneau	$17\frac{1}{2}$ Muddes	$12\frac{1}{4}$	$24\frac{1}{2}$
R				
Rabaſtens	17 Setiers	1 Laſt	19	38
Realmont	25 Setiers	1 Laſt $2\frac{1}{2}$ Mud.	$20\frac{2}{3}$	$41\frac{1}{3}$
Realville	25 Sacs	1 Laſt	19	38
Redon	1 Tonneau	$14\frac{1}{2}$ Muddes	$9\frac{2}{3}$	$19\frac{1}{3}$
Rennes	1 Tonneau	14 Muddes	$9\frac{1}{3}$	$18\frac{2}{3}$
Rhenen	20 Muddes	1 Laſt	19	38
Ribeyrac	5 Boiſſeaux	$1\frac{1}{2}$ Mudde	1	2
Riga	46 Loopen	1 Laſt	19	38
Roane	8 Boiſſeaux	$1\frac{1}{2}$ Mudde	1	2
Rotterdam	29 Sacs	1 Laſt	19	38
Rouen	6 Setiers	10 Muddes	7	14
	$1\frac{1}{3}$ Muid	1 Laſt	19	38
Royan	29 Quartieres	1 Laſt	19	38
Rurmonde.	68 Schepels	1 Laſt	19	38
S				
Saint Brieu	1 Tonneau	14 Muddes	10	20
Saint Cadou	1 Tonneau	13 Muddes	$9\frac{1}{2}$	19
Saint Gilles	40 Charges	1 Laſt	19	38
Saint Jean de Laune	1 Emine	$2\frac{2}{3}$ Muddes	3	6
Saint Malo	1 Tonneau	13 Muddes	$9\frac{1}{2}$	19
Saint Mathurin de l'Archant	$9\frac{1}{2}$ Boiſſeaux	$1\frac{1}{2}$ Mudde	1	2
Saint Michel, Ile des Açores	240 Alquieres	1 Laſt	19	38
Sainte Lieurade	100 Sacs	2 L. 18 Mud.	53	106
Saint Omer	$22\frac{1}{2}$ Razieres	1 Laſt	19	38
Saint Valery	19 Setiers	1 Laſt	19	38
Sardaigne, Ile	3 Eſtereaux	$1\frac{1}{2}$ Mudde	1	2
Saumur	19 Setiers	1 Laſt	19	38
Schiedam	29 Sacs	1 Laſt	19	38
Schoonhoven	21 Muddes	1 Laſt	19	38
Seville	50 Fanegas	1 Laſt	19	38
Sicile, Ile	$1\frac{3}{4}$ Salme	$1\frac{1}{2}$ Mudde	1	2

Steen-

Noms des Villes & Pays.	Differentes Mesures.	Mesure d'Amsterdam.	Setiers de Paris.	Boisseaux de Bourdeaux.
Steenbergen	35 Viertels	1 Last	19	38
Stokholm	23 Tonnes	1 Last	19	38
Sully	$9\frac{3}{5}$ Carses	$1\frac{1}{2}$ Mudde	1	2
T				
Tallemont	5 Sacs	$4\frac{1}{4}$ Mudde	3	6
Tarascon	51 Charges	1 Last	19	38
Tertollen	$37\frac{1}{2}$ Sacs	1 Last	19	38
Terveer	39 Sacs	1 Last	19	38
Thiel	21 Muddes	1 Last	19	38
Toulouse	26 Setiers	1 Last	19	38
Toneins	100 Sacs	2 L. 16 Mud.	49	98
Tongres	15 Muddes	1 Last	19	38
Tonningen	24 Tonnes	1 Last	19	38
Tornus	1 Bichet	$2\frac{2}{5}$ Muddes	$1\frac{3}{5}$	$3\frac{1}{5}$
Toulon	3 Emines	3 Muddes	2	4
Tournon	25 Sacs	18 Muddes	12	24
Tours	14 Boisseaux	$1\frac{1}{2}$ Mudde	1	2
Tunis en Barb.	1 Cassis	$3\frac{1}{2}$ Muddes	$2\frac{1}{3}$	$4\frac{2}{3}$
V				
Valence en Agenois	100 Sacs	$3\frac{1}{4}$ Last	$62\frac{1}{2}$	125
Vanes	1 Tonneau	14 Muddes	10	20
Venise	2 Staro	$1\frac{1}{2}$ Mudde	1	2
Venloo	$21\frac{3}{4}$ Mouwers	1 Last	19	38
Verdun	1 Bichet	$1\frac{7}{8}$ Mudde	$1\frac{1}{4}$	$2\frac{1}{2}$
Vianen	20 Muddes	1 Last	19	38
Villemeur	15 Sacs	24 Muddes	16	32
Villeneuve d'Agenois	100 Boisseaux	2 L. 21 Mud.	53	106
Utrecht	25 Muddes	1 Last	19	38
Wesop	44 Sacs	1 Last	19	38
Worcum	$23\frac{1}{2}$ Sacs	1 Last	19	38
Wyk te Deurstede.	20 Muddes	1 Last	19	38
Y				
Yselstein.	20 Muddes	1 Last	19	38
Z				
Zirickzée	$37\frac{1}{2}$ Sacs	1 Last	19	38
Zwol	26 Sacs	1 Last	19	38

Il eſt à remarquer que pour éviter les fractions incommodes je les ay miſes en demis, en En tiers, en quarts & en cinquiemes au plus aprochant de leurs veritables parties, ainſi on pourra faire les Reductions ſuivant ce Tarif, & on trouvera à très-peu de choſe près, le nombre des Meſures, que rendront dans quelque Ville que ce ſoit, tel nombre de Meſures d'une autre Ville que l'on ſouhaitera de ſavoir, par le moyen de la Regle Conjointe. Par exemple je veux ſavoir combien de Tonneaux me rendront à la Rochelle 25 Laſts de Hambourg, ce que je ne trouve pas dans le Tarif, mais je trouve que 12 Laſts de Hambourg font 13 Laſts d'Amſterdam, & que 13 Muddes d'Amſterdam font un Tonneau de la Rochelle, qui ſe diviſe en 42 Boiſſeaux, comme je l'ai dit à la Page 29, ce qui m'étant connu je reduis premierement les 13 Laſts d'Amſterdam en Muddes en les multipliant par 27 qui font 1 Laſt, me vient 351 Muddes, enſuite je dis

Multipliez l'un ⎧ 12 Laſts de Hambourg font - - 351 Muddes d'Amſterdam
par l'autre   ⎩ 13 Muddes d'Amſterdam font - - 1 Tonneau de la Rochelle

vient - - - 156 - - - - - - vient - 351

Multipliez 351 par 25 Laſts de Hambourg, & diviſez le produit par 156, viendra 56 & vous aurez de reſte 39 qu'il faut multiplier par 42 Boiſſeaux valeur du Tonneau de la Rochelle, & diviſer le produit par 156, viendra 10½. Ainſi 25 Laſts de Hambourg rendent à la Rochelle 56 Tonneaux 10½ Boiſſeaux. Ce ſeul exemple ſufit, à mon avis, pour faire telles autres Reductions que l'on voudra.

C H A P I T R E IV.

Des Ventes publiques & hors la main qui ſe font à Amſterdam.

Pour donner une idée la plus claire que je pourrai du nombre infini des ventes qui ſe font journellement à Amſterdam, je ne ſaurois m'empécher de faire quelques Remarques preliminaires, qui puiſſent faire juger à ceux qui ne le ſavent pas, la prodigieuſe quantité des Marchandiſes, qu'il doit y avoir, & qu'il n'eſt pas étonnant qu'il ſe faſſe tous les jours un très-grand nombre de ventes fort conſiderables tant publiques que particulieres.

J'avertirai donc ceux qui ne le ſavent pas, que la Ville d'Amſterdam eſt comme le Magazin général, non ſeulement de l'Europe, mais même des quatre Parties du Monde, car, à parler proprement, on peut dire que l'Art ni la Nature ne produiſent preſque rien, qui ne ſe trouve abondamment dans cette Ville, qui en cela ſemblable à la Mer qui reçoit dans ſon ſein par les Fleuves & les Rivieres, toutes les eaux dont la Terre regorge, en difere en ce que la Mer rend à la Terre, ses propres eaux, s'il faut ainsi dire, ou par des canaux souterrains, ou par les vapeurs qu'elle exale qui retombent en pluie sur elle, au lieu que la Ville d'Amsterdam, comme nourice & pourvoyeuse générale du Commerce, à su trouver l'art d'atirer chez soi, dans une très-grande abondance, de toutes les marchandises du monde, pour les distribuer, non aux Pays d'où elles sont venuës, (quoique cela arive assez souvent en tems de disette) mais aux Pays qui n'en produisent pas & qui en ont besoin.

Si l'on recherche les causes de ce concours universel, à remplir cette Ville de toutes les marchandises du monde, on en trouvera plusieurs, dont les trois ou quatre suivantes sont, à mon avis, les principales.

La premiere est le grand nombre de Navires, que cette Ville envoye dans tous les quartiers & ports de Mer du Monde, à beaucoup moins de fraix que la plûpart des autres Nations, ce qui rendant le fret pour Amsterdam beaucoup meilleur marché que pour ailleurs, fait que l'on se resout plutôt à y envoyer des marchandises, qu'ailleurs.

La seconde est qu'il arive souvent que les Marchands d'Amsterdam, ayant envoyé leurs Vaisseaux dans des Pays étrangers, & qu'il ne s'y trouve point de fret, ils sont obligez de les faire charger pour leur propre compte, tant pour gagner quelque chose sur les marchandises, que pour ne pas nourir & payer un Equipage inutilement, ainsi de quelque maniere que les choses tournent, les Vaisseaux revienent pleins & portent des marchandises dans Amsterdam.

La troisiéme est que l'on trouve toûjours & dans quelque tems que ce soit, à faire de l'argent comptant à Amsterdam, pour quelque marchandise que ce soit, ce qu'on ne peut pas faire dans la plûpart des autres Pays, où l'on ne vend qu'à des termes de 3, de 6 mois, d'un an, & quelquesfois de plus.

La quatriéme est la grande commodité, qu'on trouve à Amsterdam, de pouvoir emprunter de l'argent sur les marchandises qu'on n'a pas dessein de vendre de quelque tems, & dont on a quelque sujet d'esperer que le prix augmentera bien loin au delà des interêts que l'on paye.

Qu'on ajoute à ces quatre causes toutes celles qu'on pourra s'imaginer, mais sur tout qu'on y ajoute la necessité qui est très-étroitement attachée au Commerce, de faire rouler l'argent, ou le bien que l'on a, autant qu'il se peut, & on jugera sans peine, qu'il se doit faire un Commerce immense dans Amsterdam. En effet nous y voyons tous les jours faire tant de ventes publiques & particulieres, que ce n'est que la coutume que nous en avons, qui fait que nous n'admirons pas assez le bonheur de cette Ville.

Ces ventes se font, ou en public, ou en particulier.

Les ventes publiques, s'apellent ordinairement Ventes au Bassin, parce qu'on frape ordinairement sur un bassin de cuivre pour adjuger la partie au

der-

dernier encherisseur : elles se font volontaires, ou par execution ; les ventes volontaires sont celles que fait un Marchand de sa propre volonté, sans y être obligé par aucune autorité de Justice, auquel cas il lui est permis d'arrêter la vente qu'il a fait publier, s'il le trouve à propos, soit avant ou pendant la vente, lors qu'il a des raisons de ne pas passer outre, ou lors que le prix que l'on offre pour la marchandise ne lui convient pas.

Les ventes par execution sont celles qui sont ordonnées par l'autorité de la Justice, lors qu'il y a quelque procez au sujet de quelque marchandise, ou que celui qui a quelque marchandise en main, a des raisons particulieres pour demander que la marchandise soit venduë au plus offrant par autorité des Echevins, auqnel cas celui qui a demandé la vente ne peut pas l'arrêter ni retenir la marchandise pour son compte, lors qu'elle se vend, s'il n'en est pas le plus offrant, ou le dernier encherisseur, bien entendu que la vente peut être suspenduë & arrêtée, si les parties interessées viennent à s'acorder avant le tems de la vente.

Les ventes particulieres, qu'on apelle Ventes *hors la main*, sont celles qui se font de la main à la main, d'un Marchand à l'autre, soit entre eux deux seuls, soit par l'entremise d'un Courtier, mais comme j'en ferai un Chapitre separé à la suite de celui-ci, je vai faire voir ici tout ce qui s'observe dans les ventes publiques.

Des Ventes Publiques ou au Bassin.

Comme dans les ventes publiques par execution, on observe tout ce qui se pratique dans les ventes publiques volontaires, excpté qu'on met dans les afiches, que la vente se fait par execution, & que celui qui a demandé la vente ne peut pas l'arrêter comme je l'ai deja dit, je ne parlerai que des ventes volontaires, & voici comment s'y prend celui qui a dessein *de mettre quelque marchandise au Bassin*, car c'est le terme usité pour les ventes publiques.

Premierement celui qui veut mettre ses marchandises au Bassin, choisit le Courtier, ou les Courtiers qu'il croit lui être les plus favorables ou les plus propres à tirer un bon prix de sa marchandise, il leur dit le dessein qu'il a, & prend leur avis ; s'ils tombent d'acord de mettre les marchandises au Bassin, (ce qui arrive toûjours, à moins que les Courtiers ne soient comme assurez qu'ils en tireront un meilleur prix, en vendant hors la main) l'un des Courtiers se charge d'en demander la permission aux Bourguemaîtres. Pour cet effet il fait presenter une Requête tant en son nom qu'en celui des autres Courtiers que le Marchand a choisi pour vendre la partie : cette Requête contient seulement une demande, qu'il leur soit permis de vendre la partie dont il s'agit, en vente publique, ce que les Bourguemaîtres ne refusent jamais, à moins qu'il n'y

eût

eût des opofitions ou des raifons particulieres d'en empêcher la vente.

Lors que les Courtiers ont la Requête apointée, ou même avant, ils ont foin de faire imprimer les afiches de la vente refoluë; de les faire aficher aux divers quartiers de la Ville & à la Bourfe , & d'en diftribuer eux mê-me, foit en Bourfe ou ailleurs à leurs connoiflances, ou du moins de les a-vertir qu'à tel jour & à telle heure ils vendront dans un tel endroit, une telle quantité de marchandifes , qu'on pourra voir le jour de la vente ou un ou deux jours plutôt en un tel lieu, ce qui eft tout le contenu des afi-ches; que fi la vente qu'on doit faire confifte en plufieurs fortes de mar-chandifes on en fait aufli imprimer des notices, ou liftes qui contiennent les numeros de chaque forte & combien de balles, de pieces, de caifles, ou barils il y a à chaque Cavelin ou Lot.

Le jour qu'on peut voir la marchandife étant venu, les Courtiers ont foin de l'aflortir & de la marquer par Cavelins & numeros, (un Cavelin ou Caveling eft proprement ce qu'on apelie un Lot en France) & de faire ran-ger enfemble toutes les pieces qui apartiennent à chaque Cavelin, marquant fur chaque piece le numero de fon Cavelin, afin qu'il n'y ait aucune difpute à la livraifon; & comme il n'eft pas bon de laifler la marchandife feule, lors qu'elle eft ainfi expofée à la veuë & au goût de tout le monde, fi ce font des vins , des eaux de vie, des huiles ou autres liqueurs, le Tonnelier a foin de mettre un ou deux Garçons auprès, ou fi ce font des marchandifes non fujettes au tonnelage le Marchand y met un ou deux Travailleurs du Poids, ou feulement un Batelier fi elle eft fur un Bateau, tant pour prendre gar-de qu'on n'en vole point, que pour indiquer les Cavelins à ceux qui les de-mandent.

Lors qu'il y a plufieurs parties à vendre dans un même endroit en un même jour, les Courtiers qui doivent les faire, tirent aux dez , pour voir quels feront les prémiers , les feconds , les troifiémes, &c. Car il arrive fouvent qu'il y a jufques à 8 ou 10 parties à vendre à la fois, & le fort dé-cide qui font ceux qui iront devant; que s'il fe trouve, comme il arrive aufli fort fouvent, qu'il y ait trop de parties à vendre dans une foirée, & qu'il foit fi tard, qu'il faille en laifler quelqu'une pour le lendemain , celles qu'on a laiflées le jour précedent, fe vendent avant les parties qui n'étoient affi-chées que pour ce jour-là , fans qu'on foit obligé de tirer encore au fort pour elles.

Toutes ces ventes fe font dans des Cabarets ou Auberges que je nom-merai ci-après, & comme les Vendeurs pour diverfes raifons , ne fe peu-vent pas tenir parmi la foule des Acheteurs, ou de ceux , qui y viennent par curiofité, les Courtiers ont foin d'arrêter de bonne heure une cham-bre, le plus près du Baflin qu'ils peuvent, où ils fe rendent avec le Ven-deur à l'heure marquée, avec autant de Plok-Pennins ou *Plok-Penningen* , qu'il a de Cavelins à vendre. On appelle Plok-Pennins ce que l'on donne

au

au dernier encherisseur , lorsque personne n'offre rien davantage : les Plok-Pennins sont d'ordinaire des Piéces de 20 ou de 30 sols , & quelquefois aussi de 40 à 50 sols plus ou moins selon la valeur du Cavelin , ou la qualité des choses qui se vendent.

Aucune vente publique ne se peut faire que par un *Vendu-meester* , ou *Afflager* , c'est le nom qu'on donne a des personnes établies par les Bourguemaîtres pour présider aux ventes , & adjuger les parties à ceux qu'ils trouvent en être les prémiers qui en offrent le plus ; ils sont toûjours assistez par un Clerc de la Secretairie qui tient une note de la vente pour y avoir recours en cas de besoin, & si, par exemple, un Cavelin d'Eau de Vie a été poussé à 8 Livres de gros, & que deux en offrent à la fois $8\frac{1}{4}$ Livres, le Vendu-meester leur dit qu'ils sont deux qui offrent le même prix, & que celui qui offrira le prémier $\frac{1}{8}$ de plus l'aura. Si quelqu'un de ces deux-là, ou un autre l'offre, il la lui laisse aller , mais si personne n'offre davantage , le Vendu-meester est obligé d'adjuger la partie à celui , qu'il croit en conscience avoir entendu offrir le premier $8\frac{1}{4}$ Livres de gros. Ces Offices sont d'un très-bon revenu , mais il faut avoir souvent bonne tête , bonne oreille & bons yeux pour s'en bien aquiter.

L'heure pour la vente étant venuë, & les Acheteurs assemblez, le Vendu-meester vient à sa place, qui est le plus ordinairement dans une espéce de Comptoir élevé de 10 ou 12 marches, qui donne dans une grande Cour, où les gens sont assemblez , les Courtiers vont se mettre à côté de lui , & lui donnent des Plok-penins , il a un bassin de cuivre devant lui avec un bâton, duquel il frape quand il veut faire faire silence , ou qu'il voit que personne n'offre plus rien. La prémiére chose qu'il fait après avoir imposé silence , est de lire tout haut l'affiche de la marchandise qu'il va vendre, & les conditions, auxquelles le Vendeur la veut faire. Car comme il est permis aux Assistans d'acheter ou de ne point acheter, il est permis au Vendeur de faire telles conditions qu'il lui plaît , & quand le Vendu-meester les a une fois lûës, un Acheteur n'est pas reçu à dire , qu'il les ignoroit , & qu'elles ont été lûës avant son arrivée, puisque , si cela avoit lieu, beaucoup de gens prendroient ce prétexte pour se dédire de l'achat.

La lecture étant finie , il commence par demander ce que l'on offre pour le Cavelin numero un , il est permis aux Assistans d'offrir ce qui leur plaît, & au Vendeur de surfaire autant qu'il le trouve à propos, & il arrive souvent, qu'une chose mise, par exemple, à 100 florins, sera poussée à 4 ou 500 florins. Enfin, lorsque le Vendu-meester voit que personne n'offre rien au delà de ce qui a été offert, il frappe un coup sur le bassin pour adjuger la partie au dernier encherisseur, & jette un Plok-Penin dans un tuyau de bois, qui va dans la Cour, près duquel une servante se tient qui le prend, pour le porter à l'Acheteur , qui lui donne 2 sols pour sa peine.

Mais

Mais à l'égard des Vins , des Eaux de Vie & de quelques autres marchandiſes , il arrive ſouvent que celui qui a reçu le Plok-Penin ne demeure pas acheteur, parce que le Vendu-meeſter remet d'abord la même partie en vente au rabais , & qu'un autre l'attrappe , ce qui ſe fait de cette manière: ſuppoſé qu'un tonneau de vin ait été pouſſé à 40 Livres de gros, le Vendu-meeſter dira , le Cavelin numero tant vaut 40 Livres de gros & 6 Livres de plus en rabais , enſuite il va en diminuant , en diſant 5, 4, 3, 2½, 2, &c. juſques à ¼ de Livre , ſi quelqu'un crie *mijn* qui veut dire à moi, pendant qu'il prononce un de ces nombres , la partie lui demeure à autant de Livres de gros au delà de 40, que le Vendu-meeſter prononçoit dans le moment qu'il a crié *mijn*. En ce cas la partie n'eſt plus pour celui qui l'avoit pouſſée à 40 Liv. qui garde le Plok-Penin qu'il a reçû; mais ſi perſonne ne dit rien, pendant que le Vendu-meeſter crie le rabais , la partie reſte au premier Acheteur, & on continue à vendre les Cavelins ſuivans ; ſi cependant le Vendeur voit , que la marchandiſe ne ſe pouſſe pas au prix qu'il ſouhaite, il peut faire ceſſer la vente.

La vente étant finie , les Courtiers qui ont tenu une note des Acheteurs, & du prix de chaque Cavelin, les collationnent avec celle du Vendu-meeſter , qui en tient auſſi une note à meſure qu'il vend , & étant d'accord , chacun s'en retourne chez ſoi , & le lendemain les Acheteurs viennent recevoir la marchandiſe, ſi ce ſont des marchandiſes, qui ne ſont point ſujettes au Poids, car ſi elles y ſont ſujettes, il faut que le Vendeur les livre à un des Poids de la Ville , & de là l'acheteur les fait porter chez lui.

Il y a quantité de ſortes de marchandiſes , dont on fait les Cavelins auſſi grands ou petits qu'on veut, ſuivant leur valeur, ou la quantité, qu'on en veut vendre. Par exemple, ordinairement on fait les Cavelins

de la Cochenille , des Soyes & ſemblables marchandiſes fines , d'une Balle.

des Indigos , d'une Barrique , d'une ou 2 Caiſſes , ou d'un ou deux Serons.

du Poivre, de 10 Balles, du Caffé d'une ou de deux Balles.

du Sucre du Brezil, de 2 grandes ou de 2 petites Caiſſes.

des Prunes , de deux Piéces ou de 4 demi-Piéces , & ainſi des autres marchandiſes.

Mais à l'égard des Vins & des Eaux de vie, les Bourguemaîtres ont ordonné par leur Placat du 16. Janvier 1700., que dans les ventes publiques , chaque Cavelin pourra bien être compoſé de plus grandes, mais non pas de moindres parties que celles, qui ſont ſpecifiées cy deſſous, & ils ont reglé en même temps ce que l'on donneroit pour Plok-penin, pour chaque Cavelin comme ſuit.

F 3

Le

Le Cavelin des Vins de France tant blancs que rouges , de 2 Tonneaux ou 8 Barriques , & le Plok-penin de 2 florins.

Le Cavelin du Vin muſcat de Frontignan, de 2 Bariques , & le Plok-penin de 20 ſols.

Le Cavelin des Vins de Rhin & de la Mozelle , d'une piéce , ou de 2 demi-piéces, & le Plok-penin de 2 florins.

Le Cavelin de Rynſche Bleekert, ou Vin de Rhin gris, de 2 demi-piéces, & le Plok-penin de 2 florins.

Le Cavelin des Vins d'Eſpagne & d'Italie tant blancs que rouges, de 2 Bottes ou Pipes, & le Plok-penin de 20 ſols.

Le Cavelin de Vinaigres tant de France que du Rhin , d'Eſpagne , ou d'Italie, de 4 Barriques , de 2 Bottes, ou de 6 Aams , & le Plok-penin de 20 ſols.

Le Cavelin d'Eau de Vie de France, du Rhin , d'Eſpagne ou d'Italie , de 2 Pieces de 50 Verjes chacune , ou au deſſous : & des autres Piéces à proportion, & le Plok-penin de 30 ſols : mais cet ordre n'eſt pas ſuivi à l'égard des Eaux de Vie, car le Cavelin ne ſe fait que d'une piéce , & le Plok-penin reſte cependant à 30 ſols : ou bien de 8 Demi-aams d'Eau de Vie du Rhin , ou d'une Piéce d'Eau de vie de Grain faite dans ce Pays, dont le Plok-penin ſera de 20 ſols.

Au reſte il ne ſe donne point de Plok-penins pour toutes ſortes des choſes, mais comme la liſte en ſeroit trop longue, & ennuyeuſe , je n'en ferai point de tout ce qui en donne ou n'en donne point, chacun pouvant d'ailleurs s'informer de l'uſage , quand il a quelque marchandiſe à expoſer en Vente publique, & je dirai ſeulement, que les ventes des Biens fonds, & des Vaiſſeaux , ſe font un peu différemment de celle des marchandiſes, & qu'il en coute ſouvent beaucoup plus en Plok-penins , que les choſes ne meritent, puiſque j'ai reçu moi-même 80 florins en Plok-penins, d'une Galiote que j'achetai pour 4500 florins, ſans compter peut-être autant, que d'autres avoient déjà tiré, ce qui va à plus de 3½ pour cent du prix de la vente, outre les autres fraix: auſſi voit-on beaucoup de gens de toutes ſortes aller à ces ſortes de Ventes, plus pour atrapper des Plok-penins, que pour acheter ; & pour empêcher cet abus , les Seigneurs de la Juſtice ont fait une Loi, ſuivant laquelle ceux qui ſurfont dans les Ventes des Biens fonds, des Vaiſſeaux & ſemblables choſes, & qui ne peuvent pas donner ſur le champ , deux Cautions ſuffiſantes pour le payement de la choſe , dont ils ſont les derniers encheriſſeurs , ſont menez au Raſphuys pour 6 ſemaines: mais nonobſtant cela, il ſe trouve toûjours des gens, aſſez riches & aiſez, qui tirent plus au Plok-penin qu'à autre choſe & ſi une maiſon ou un Vaiſſeau leur demeure , ils ne manquent pas de trouver des Gens , qui cautionnent pour eux , mais ceux qui ne peuvent pas donner Caution,& qui ne ſont point connus, ſont ſur le champ conduits au Raſphuys.

Il y a 8 ou 10 Auberges, ou Cabarets à Amsterdam, auxquelles les Ventes publiques font affectées, aux unes par Privilege particulier, & aux autres par la coutume ou par l'usage.

La vente des Biens fonds, des Meubles précieux, des Tableaux, des choses rares & curieuses, de diverses Fabriques, & Toiles, tant des Indes que d'ailleurs, se fait le plus ordinairement dans le Vieux Heer-logement.

Celle des Vaisseaux, des Sels, des Chanvres, des Fanons & Huiles de Graines & Poissons, & des Grains, se fait au Nouveau Heer-logement.

Celle de Vins, Eaux de Vie, de plusieurs Manufactures de Laine, de Soye, de Fil, de Rubans, Dantelles, & autres, se fait dans le Keysers-Kroon.

Celle des Drogueries, Teintureries, Epiceries, Fruits secs, Huiles d'Olive, & de plusieurs Manufactures se fait dans le Brakke-Gront.

Celle des Bois de Charpente, Planches & Masts de Navire, & autres Bois, se fait au Cigne blanc.

Celle des Diamans, Pierreries & Perles, se fait au Colveniers-Doele.

Celle du Tabac en feuilles, en corde ou en poudre, & de quelques autres marchandises se fait dans le Burg, dans le Dyk-straat.

Celles des Suifs, des Beures étrangers, des Peleteries, des Verres à vitre, des Merceries & Quincailleries, se fait dans le Burg sur le Cingle.

Il n'y a que les Courtiers jurez, qui puissent exposer les marchandises en Vente publique, & c'est au Vendeur à payer leur Courtage, celui qui achette n'en payant point à moins qu'il n'ait donné ordre à un Courtier d'achetter pour lui, auquel cas il paye le Courtage au Courtier qu'il a employé, sans que pour cela le Vendeur soit moins obligé de payer de son côté le Courtage à ceux qu'il a employez.

Lors que la Vente Publique s'est faite à payer comptant, on accorde ordinairement un terme de 6 semaines aux Acheteurs pour le payement, si on les connoît bons, mais si le Vendeur se méfie de quelque Acheteur, il peut l'obliger de porter l'argent en venant recevoir la marchandise ; bien entendu que lorsque le Vendeur prétend absolument être payé sur le champ, il doit le faire mettre expressément dans les conditions, que le Vendu-meester lit avant la vente, afin d'éviter toute dispute à la livraison.

Comme la plûpart de ces sortes de ventes ne se font que le soir, depuis 6 jusques à 9 ou 10 heures, on ne peut pas livrer les marchandises ce jour-là, mais on commence à les livrer dès le lendemain matin, & chaque Acheteur vient lui-même ou envoye quelqu'un pour recevoir ce qu'il a acheté. Si ce sont des Vins, Eaux de Vie, Huiles ou autres Liqueurs.

queurs, on remplit les Barriques, Piéces, Pipes ou Futailles, & l'Acheteur les fait porter chez lui à ſes dépens : mais ſi ce ſont des marchandiſes ſujettes au Poids, le Vendeur n'a qu'à donner à ſes Travailleurs du Poids la note de tous les Cavelins avec le nom de ceux qui les ont achetez, & ces Travailleurs ont ſoin de les livrer aux Travailleurs de ceux qui les ont achetez, le Vendeur doit livrer la marchandiſe au Poids à ſes fraix, d'où l'Acheteur la fait porter chez lui aux ſiens.

Au reſte, s'il y a un Chanteau dans la partie des marchandiſes liquides, comme Vins, Eaux de vie, Huiles &c., le Chanteau appartient ordinairement au dernier Cavelin, à moins qu'on ne l'ait conditionné autrement à la Vente, & la coutume eſt de faire toûjours jauger le Chanteau après avoir rempli toutes les piéces, mais les Acheteurs tâchent toûjours d'avoir quelque benefice ſur le Chanteau ; & comme il y arrive ſouvent des diſputes ſur ce ſujet, l'Acheteur ſoutenant qu'il ne doit pas le payer tout entier, & le Vendeur ſoutenant le contraire ; dans tel cas, ſi le Vendeur ne veut pas desobliger tout-à-fait l'Acheteur, ni paſſer pour chicaneur, ils conviennent, par exemple, que s'il reſte ⅔ de Vin dans le Chanteau, l'acheteur le payera pour ½ Barrique, & ainſi à proportion.

Mais lors que la partie de la Marchandiſe eſt un peu conſiderable, & qu'elle n'eſt pas d'une aſſez grande valeur pour pouvoir ſupporter les fraix du tranſport au Poids, le Vendeur peut faire venir une Balance avec un Peſeur du Poids devant ſa porte ou celle de ſon magazin, pour épargner les fraix qu'elle fairoit de chez lui au Poids, & il n'en coute pour cette Balance qu'on fait venir chez ſoi, que 3 florins 3 ſols outre le port du Poids chez lui, & le retour, ce qui va de 18 à 24 ſols.

Pour ne rien omettre de ce qui peut donner tout l'éclairciſſement neceſſaire à ceux qui ignorent les fraix les plus ordinaires, qui ſe payent pour les Ventes publiques, j'en vais donner ici une note, en ſuppoſant que j'ai vendu au Baſſin 50 Piéces d'Eau de Vie de 50 Verjes chacune à 8 Livres de gros les 30 Verjes, l'une portant l'autre.

La Requéte dont j'ai parlé à la Page 42, qui doit être ſur un Sceau,

coute en tout *f* 10 :- la Minute & le ſceau coutent 15 ſols, fait enſemble, - - - - - - - *f* 10 : 15

Le papier & l'impreſſion de 100 affiches, coute - *f* 2 : 10

Pour les affiches par la Ville, 25 ſols, & pour une affiche à la Bourſe 6 ſols, fait - - - - *f* 1 : 11

Pour une chambre dans l'Auberge, où ſe fait la vente, il en coute 6 à 7 florins, & pour peu de depenſe qu'on y faſſe, cela va à - - - - - - *f* 10 :

Pour 50 Plok-penins à 30 ſols la Piéce, - - *f* 75 :

Suit en l'autre part - *f* 99 : 16

Vient de l'autre part   *f* 99 : 16

25000 Verjes à 8 Livres de gros, les 30 Verjes montent à 4000 florins, dont il faut payer 1½ pour cent au Vendu-Meester tant pour son droit, que pour celui de la maison des Aumoniers, ce qui fait - - - - *f* 60 :

Vient de fraix en tout sur 50 Piéces Eau de Vie -   - *f* 159 : 16

Je ne compte pas le courtage, parce que comme il se vend très-peu de marchandises hors la main sans Courtier, il faut toujours payer le courtage également. Mais comme on dira peut-être que ces fraix montent bien haut, je dirai premierement que pour en juger il faut savoir ce qu'il en couteroit dans les autres villes de Commerce, & en second lieu que ceux qui ont des marchandises à vendre, savent ou du moins doivent savoir les fraix qu'elles feront au Bassin, avant que de les y exposer, & que là-dessus ils peuvent faire leur compte si on leur en offre un prix plus ou moins avantageux hors la main: d'ailleurs le Vendeur est libre de faire cesser la vente, si on n'offre pas assez pour sa marchandise, auquel cas il ne paye qu'autant de plokpenins qu'il vend de Cavelins, & que le 1½ pour cent du droit du Vendu-Meester de ce qu'il a vendu.

Les ventes publiques ont cela de bon à l'egard des Commissionnaires, qu'ils ne peuvent être soupçonnez d'aucune mauvaise foi par leurs Correspondans, à l'égard du prix des marchandises qu'ils achetent ou qu'ils vendent pour compte d'autrui, parce qu'outre que le Public en est temoin, les Courtiers, le Vendu-Meester & les Clercs de la Secretairie en tiennent une note exacte, à laquelle un Correspondant peut toujours avoir recours, s'il se méfie de son Commissionaire, au lieu que dans les ventes hors la main, il est beaucoup plus facile à un Commissionaire de mauvaise foi, de tromper son Correspondant par plusieurs moyens qu'il est plus à propos de taire que de dire.

CHAPITRE V.

Des Ventes particulieres ou hors la main.

J'Ai déja dit, Page 41. ce que l'on entend par Ventes particulieres ou hors la main, lors qu'il s'en fait quelqu'une de Marchand à Marchand, sans entremise de Courtier, l'un & l'autre doivent bien faire leurs conditions, car si la marchandise diminuë ou augmente considerablement de prix, avant la livraison, il arive quelquefois des disputes fâcheuses auxquelles on ne s'étoit pas attendu, & on ne trouve que trop souvent de malhonnêtes gens, qui voyant le prix de la marchandise tourner à leur desavantage, cherchent à en eluder la livraison ou la reception, sous des pretextes frivoles,

G   &&

& comme il n'y a qu'eux deux qui fachent comment le marché s'eft fait, & que chacun le raconte à fon avantage, les Juges & les Arbitres font fouvent embarraffez à qui ils donneront le tort : Et pour faire voir la fineffe & la fubtilité de certaines perfonnes, & un exemple de ce que j'avance, je ne faurois m'empêcher d'en raporter un, pour lequel j'ai été apellé en témoignage avec deux autres amis qui étoient prefens, voici le fait.

Étant 5 ou 6 amis à caufer enfemble, l'un d'entre eux demanda à un autre de la troupe combien valoit le Caffé, l'autre répondit qu'il valoit 33 fols: le premier lui demanda là-deffus combien de mille Livres il lui en laiffoit à ce prix, le fecond dit quatre mille livres : le premier le prit au mot & dit qu'il les prenoit, (or le Caffé du Levant valoit ce jour-là 33½ fols, & le Caffé des Indes n'en valoit qu'environ 28) & celui qui avoit laiffé les 4000 ₶ à 33 fols, & qui avoit plus envie d'acheter que de vendre, crut pouvoir s'en dedire, en raillant & en difant, fort bien je vous livrerai du Caffé des Indes: mais l'Acheteur s'en moqua, & nous pria de nous fouvenir comme la chofe s'étoit paffée. Quelque tems après le Vendeur ne voulant livrer que du Caffé des Indes, l'Acheteur nous fit citer pour rendre témoignage du fait devant les Echevins, & on nous interrogea de quel Caffé on entendoit parler quand on n'expliquoit pas la forte : nous dîmes tous que quand on marchandoit une partie de Caffé, fans expliquer la forte, on entendoit parler du Caffé du Levant, & que lorfqu'on contractoit du Caffé des Indes, on le nommoit toûjours Caffé des Indes, fur quoi le Vendeur fut fort bien condamné à livrer 4000 ₶ de Caffé du Levant & à payer les fraix; fur cela je laiffe à penfer fi un Marchand qui vend ou qui achete d'un autre, une partie confiderable fans temoins, doit bien connoître fon homme, & faire fes conditions; on peut auffi conclurre de là, qu'il ne faut point railler ni goguenarder en concluant un marché.

Mais lorfqu'un Marchand vend hors la main par Courtier, c'eft à ce dernier à conditionner fi bien toutes chofes, qu'il n'y arive aucune difpute à la livraifon ou à la terminer s'il en arrive quelqu'une; que s'il ne peut pas y reüffir, & que l'une ou l'autre des parties aye tort, il eft obligé de donner à celle qui le lui demande une declaration de fa main, de la manière dont il a conclu le marché, & fi les chofes viennent en Juftice, le Courtier eft cru fur fa declaration.

Au lieu qu'aux ventes publiques le Vendeur donne des Plok-penins aux Acheteurs, il ne fe fait prefque pas une vente hors la main, que l'Acheteur ne donne au Vendeur un *denier à Dieu*, c'eft le plus fouvent une Piece de 6 de 20 ou de 30 fols plus ou moins fuivant l'importance de l'achat, laquelle le Vendeur met dans une boite aux pauvres qu'il a dans fon Comptoir, de laquelle les Diacres ou Regens des pauvres ont la clef, & qu'ils vont vuider de tems en tems : le *denier à Dieu* eft le fceau & la conclufion du marché, car lors qu'il eft une fois donné & reçu, il n'y a plus aucun

moyen

moyen d'annuller le marché, à moins que les deux parties n'en demeurent d'acord.

Si la marchandiſe venduë n'eſt point ſujette au poids, l'Acheteur eſt obligé de la recevoir dans le magazin, dans la cave, ou ſur le bâteau du Vendeur, & de la faire tranſporter chez lui à ſes riſques & depens ; & d'abord que l'Acheteur ou ſes gens ont reconnu & agréé la marchandiſe, elle eſt jugée livrée & eſt aux riſques de l'Acheteur.

Si la marchandiſe venduë eſt ſujette au poids, le Vendeur eſt obligé de l'envoyer au Poids à ſes depens, & l'Acheteur de la recevoir & de la faire tranſporter chez lui à ſes fraix & riſques; que s'il y a quelque defectuoſité aux marchandiſes, l'Acheteur doit la declarer en les recevant, & ne les recevoir qu'après être convenu du rabais que le Vendeur lui doit accorder: ſi on a quelque diſpute à cet égard le Courtier met les parties d'accord s'il peut, ſinon on prend deux connoiſſeurs à la deciſion deſquels on s'en raporte; cependant ſi dans un tonneau ou balle qu'on ne vuideroit pas au Poids, il ſe trouvoit de la fraude lors que l'Acheteur l'ouvriroit chez lui, il ſeroit en droit de proteſter, & il ſeroit cru ſur ſon ſerment, & ſur celui des Travailleurs du Poids.

Lors qu'en concluant un marché on ne dit rien du terme du payement, ni de la tare, on ſouſentend toujours que c'eſt pour payer au comptant ordinaire, ou au terme ordinaire qu'on a acoûtumé de donner pour la marchandiſe dont il s'agit, & à la même tare & à la deduction qui ſe donnent d'ordinaire pour cette ſorte de marchandiſe.

Le comptant ordinaire eſt de 6 ſemaines, à l'egard de la plupart des marchandiſes : mais il y en a d'autres comme le Poivre, & pluſieurs autres, qui ſe payent ſur le champ ou du moins 2 ou 3 jours après la livraiſon.

Il faut pourtant noter à l'égard du comptant ordinaire, que le Vendeur peut obliger l'Acheteur à porter l'argent au Poids, ou chez lui en venant recevoir la marchandiſe, parce qu'à le prendre à la rigueur tous marchez qui ſe font ſans convention d'un terme pour le payement, ſont ſenſez ſe devoir payer en recevant la marchandiſe; mais quand un Acheteur eſt un peu connu dans Amſterdam, le Vendeur ſe fairoit ſcrupule de lui demander de l'argent avant un mois ou 5 ſemaines, après la livraiſon, ou la concluſion du marché, & un Vendeur qui a beſoin d'argent, & qui vend à un homme bon & bien connu, doit lui dire avant que de conclurre qu'il veut être payé d'abord, afin qu'il prenne ſes meſures là-deſſus, & entre honnêtes gens l'Acheteur tâche d'obtenir $\frac{1}{2}$ pour cent de rabais extraordinaire pour le promt payement, mais le Vendeur ne s'aquiert ni honneur ni credit, en laiſſant rabatre ſouvent $\frac{1}{2}$ pour cent pour avoir l'argent d'abord, parce que cela fait voir qu'il eſt ſouvent court d'argent.

Je ne ſache pas qu'il y ait à Amſterdam aucune diference entre les Groſ-

ſiers

fiers & lesDetailleurs que dans le Commerce des Vins & des Eaux de vie, je veux dire qu'il est permis à tous Marchands en gros de vendre leurs marchandises en si grandes & si petites parties qu'il leur plait, excepté à ceux qui reçoivent des Vins, & des Eaux de Vie des Pays étrangers pour les vendre en parties, qu'on apelle Grossiers & qui ne sont pas reçus Marchands de Vin, il n'est pas permis à ces Grossiers de vendre moins de deux Tonneaux de Vin ou d'une Piece d'Eau de Vie à la fois, parce qu'il n'y a que ceux qui sont reçus Marchands de Vin qui puissent vendre par plus petites parties, à cause du tort que leur pourroient faire les Grossiers, s'ils pouvoient vendre en aussi petites parties qu'eux, cependant comme il n'en coute que 52 florins ou environ pour se faire recevoir Marchand de Vin, il est libre à chacun de le devenir pour ladite somme, mais comme le detail causeroit trop d'embarras à un Grossier, & que les Detailleurs n'acheteroient pas volontiers de lui, il y a très-peu de Grossiers qui se fassent recevoir Marchands de Vin, & il y a même beaucoup de Marchands de Vin qui ne s'amusent pas à vendre en detail.

C H A P I T R E VI.

Des Ventes à terme & à option, qui se font à Amsterdam.

OUtre les Ventes peubliques & particulieres, dont j'ai parlé dans les deux Chapitres precedens, il s'en fait encore de plusieurs autres sortes dans cette ville fertile en inventions, & où tout généralement est matiere à commerce, ainsi on y negocie fort souvent plusieurs sortes de marchandises en l'air, soit en vendant ce que l'on n'a pas, ou en achetant ce que l'on n'a pas dessein de recevoir, soit en s'obligeant de livrer ou de recevoir des marchandises que l'on n'a pas, ou qu'on sait bien par avance qu'on ne recevra pas. Ces sortes de ventes ou marchez se peuvent diviser en trois classes savoir,

En marché conditionel   }   Ces trois marchez se font toûjours *à terme,*
En marché ferme   }   ou *à tems* comme les nomment les Hollandois.
En marché à option.   }

Les marchez conditionels font ceux qui se font d'une ou de plusieurs sortes de marchandise que le Vendeur n'a pas encore, mais qu'il sait déja être achetées ou chargées dans quelque Pays à son adresse, lesquelles il s'obligé de livrer à leur arrivée à l'Acheteur au prix dont on convient.

Les marchez fermes font ceux par lesquels le Vendeur s'oblige de livrer à l'Acheteur dans un certain tems, une certaine quantité de marchandise stipulée au prix accordé.

Les marchez à option font ceux par lesquels un Marchand s'oblige moyenant une somme qu'il reçoit & que l'on appelle *Prime*, de livrer, ou de recevoir une certaine quantité de marchandise à certain prix dans un tems stipulé, & par lesquels les donneurs des primes ne font obligez en rien qu'à perdre leur prime s'ils ne trouvent pas à propos de recevoir ou de delivrer la marchandise dans le tems stipulé, je vais traiter de ces 3 fortes de Marchez ou Ventes feparement, pour en donner l'idée la plus juste que je pourrai à ceux qui ignorent ce qu'il est bon de favoir & d'obferver.

Des Marchez Conditionels.

Il est bon de remarquer d'abord que si quelque Marchand propose de vendre par avance une marchandise, qu'il n'a pas encore, mais qu'il attend, il doit avoir, (ou croire avoir) des raisons qui lui font apprehender que le prix de la marchandise qu'il attend diminuera dans le tems que la sienne arrivera, ou du moins qu'il le fait pour s'assurer un profit, ou pour fixer fa perte, au cas que le prix diminuë tandis qu'elles font en chemin; & par contre il faut remarquer que celui qui propose d'acheter une marchandise qu'un autre attend, doit avoir (ou croire avoir) des raisons qui lui font efperer, que la marchandise augmentera de prix avant son arrivée. C'est pourquoy ces fortes de marchez exigent beaucoup de circonspection, tant du côté du Vendeur que du côté de l'Acheteur, car s'il se trouve que la marchandise ait augmenté de prix quand elle arrive, les Vendeurs cherchent souvent des anicroches pour annuller le marché, & les Acheteurs ne manquent guere d'en chercher de leur côté, s'il se trouve que le prix de la marchandise ait baissé lors qu'elle arrive, & comme il n'arrive que trop souvent qu'en concluant de pareils marchez, on ne previent pas tous les accidens qui peuvent arriver à la marchandise, il ne se trouve que trop de pretextes, à son arrivée, pour annuller le marché s'il va beaucoup au dommage de l'une ou de l'autre partie.

Pour prevenir donc toute dispute dans ces fortes de marchez, on fait deux Contracts par l'un desquels le Vendeur confesse avoir vendu à l'Acheteur, une telle quantité de marchandise qu'il attend d'un tel endroit par un tel navire, (ou par quelque autre voye que ce soit) laquelle il s'oblige de lui livrer si elle se trouve bonne & livrable, à l'arrivée à un tel prix, à payer comptant ou aux autres conditions stipulées, mais avec cette claufe que si la marchandise vient à se perdre en chemin, il sera dechargé de son obligation & d'en livrer d'autre en place de celle qui est perduë, & que le contract fera de nulle valeur.

Par l'autre contract l'Acheteur confesse avoir acheté du Vendeur, une telle quantité de marchandise que ce dernier attend d'un tel endroit, par

un

un tel navire (ou autre voye) laquelle lui Acheteur s'oblige de recevoir à l'arrivée, fi elle fe trouve bonne & livrable, & de la payer aux conditions accordées, mais que fi la marchandife vient à fe perdre en chemin, le vendeur fera dechargé de fon obligation de la lui livrer, & le contract annullé.

On peut mettre encore dans ces fortes de Contracts, fi on en convient enfemble, que fi la marchandife fe trouve endommagée en quelque forte à l'arrivée, les 2 parties conviendront de la deduction qui fera donnée pour cela, ou que fi elles ne peuvent pas s'accorder, on prendra deux Arbitres ou trois s'il le faut, pour les mettre d'accord, & telles autres claufes qu'on trouve neceffaires pour éviter toute difficulté, & faire tenir le marché.

Le Vendeur garde le Contract que l'Acheteur a figné comme l'Acheteur garde celui que le Vendeur a figné, & la marchandife étant arrivée l'Acheteur la vifite, & fe trouvant bonne il doit la recevoir à quelque bas prix qu'elle foit tombée depuis l'achat, comme le Vendeur eft obligé de la livrer à quelque haut prix qu'elle foit montée depuis la vente ; mais je le repete encore, dans ces fortes de Contracts il faut être extrêmement fur fes gardes, & y bien conditionner toutes chofes, car j'ai vu plus d'une fois la marchandife augmentée, ou diminuée de 20 à 25 pour cent à l'arrivée, & chercher à l'Acheteur ou au Vendeur toutes fortes de pretextes pour éluder la reception ou la livraifon.

Lors que la marchandife eft arrivée & livrée, & que les conditions du Contract font accomplies, chacun reprend celui qu'il avoit figné, & le dechire n'étant plus utile à rien, de même auffi fi les marchandifes ainfi venduës viennent à fe perdre en chemin & qu'on en ait des preuves certaines, car fans cela le Contract fubfifte toujours.

Des Marchez fermes.

Ces fortes de marchez font plus fouvent fondez fur des apparences vagues & chimeriques que fur des realitez, ils font en géneral très-dangereux & ont de tems en tems ruiné & fait manquer beaucoup de monde : ce Commerce a cela de particulier, qu'il enchante & enforcele prefque tellement l'Efprit de ceux qui s'y adonnent, qu'ils n'en reviennent que lors qu'ils s'y font entierement ruinez. Il fe fait prefque toujours lors qu'il y a des apparences d'une guerre prochaine avec quelque Pays ; ou lors que la recolte de quelque marchandife a manqué dans quelque Pays ; ou bien lors qu'il y a quelque obftacle qui empêche de pouvoir tirer à droiteure des marchandifes du Pays d'où elles viennent ; ou bien enfin lors que quelques uns fe mettent en tête, que quelque marchandife augmentera confiderablement dans certain tems, & qu'ils en achetent de groffes parties, dans le deffein de ne les revendre qu'à un gros profit.

Pour

Pour donner une juste idée de ce Commerce, je vais prendre pour exemple une partie de Caffé, en supposant que le prix ordinaire est autour de 28 sols la Livre, là-dessus un Marchand reçoit un avis secret que la sortie du Caffé est defenduë en Egypte, ou que la recolte a manqué; si ce Marchand est un peu avisé, il ne manquera pas de conclurre que, si son avis est veritable, le Caffé pourra augmenter de 4 ou 5 sols par livre ou de plus, lors que cette nouvelle sera confirmée de tous côtez; & voulant faire un profit considerable de son avis, & n'ayant pas assez d'argent pour acheter beaucoup de Caffé, ou en ayant besoin pour autre chose, il en fera acheter autant qu'il pourra à terme, pour cet effet il n'a qu'à s'adresser à un Courtier en Caffé, & à lui donner ordre de voir à quel prix, on veut lui vendre du Caffé à livrer dans 3, dans 4 ou dans 6 mois, or comme il ne manque pas dans Amsterdam de bons Marchands qui ont du Caffé, qu'ils peuvent garder long tems sans s'incommoder, ou d'autres qui en attendent dans quelque tems, & qui ne sont pas obligez de le vendre à l'arrivée; lors qu'un Courtier leur propose de vendre à terme, ils se contentent d'un interêt raisonnable en vendant ainsi leur marchandise, & je suppose que le Caffé valant aujourdhui 28 sols, le Courtier trouvera des gens qui en vendront à 29 sols pour le livrer dans 6 mois, parce qu'un sol d'augmentation paye bien l'interêt de ces 6 mois, & que cela convient au Vendeur, qui s'asseure un profit sur son Caffé, & à l'Acheteur qui a tout lieu d'esperer que le Caffé pourra augmenter dans ces 6 mois de 4 ou de 5 sols par livre ou plus, ainsi le marché se conclut assez facilement, & l'Acheteur ordonne encore au Courtier de lui en acheter d'autres parties jusques à ce qu'il juge devoir s'en tenir où il en est. Le marché etant conclu, le Courtier en écrit deux Contracts dont il fait signer l'un au Vendeur & l'autre à l'Acheteur, qu'il échange ensuite en donnant celui que le Vendeur a signé, à l'Acheteur, & celui que l'Acheteur a signé, au Vendeur; ces Contracts se trouvent imprimez chez les Libraires, & les Courtiers n'ont qu'à remplir les vuides du nom de l'Acheteur ou du Vendeur, & du nom, de la quantité & du prix de la marchandise & du tems de la livraison, voici la maniere dont ils se font.

Contract que le Vendeur signe.

Je soussigné reconnois avoir vendu à *Monsieur* N. N. *quatre mille Livres Caffé du Levant*, sain & livrable, & cela au prix *de vingt - neuf sols* argent courant chaque livre, étant ce marché ferme pour recevoir *au premier Mai mille sept cens dix - neuf*, mais à condition que si l'Acheteur demande lesdites 4000 ₶ de Caffé avant ledit jour, le Vendeur sera prêt à les livrer, & que l'Acheteur les payera à la livraison en argent courant, ainsi fait à la bonne foi à Amsterdam, &c.

Con-

Contract que l'Acheteur figne.

Je fouffigné reconnois avoir acheté *de Monfieur* N. N. *quatre mille Livres Caffé du Levant*, fain & livrable, & cela au prix *de vingt - neuf fols* argent courant, chaque livre, étant ce marché ferme, pour recevoir *au premier Mai mille fept cens dix - neuf*, mais à condition que fi je fouffigné demande lefdites 4000 ℔ de Caffé avant ledit jour le Vendeur fera prêt à me les livrer, & moi à les payer en me les livrant, en argent courant, ainfi fait à la bonne foi à Amfterdam, &c.

Il y a de certains tems auxquels il fe fait un negoce prefque incroyable en Caffé de la maniere dont je traite, & les termes les plus ufitez font les premiers de Janvier, de May, de Juillet & d'Octobre, auxquels mois on fait les refcontres ou rencontres dont je parlerai tout à l'heure.

Les Contracts étant fignez & échangez de part & d'autre, le Vendeur n'a aucun droit de preffer l'Acheteur de recevoir le Caffé, ni de lui demander aucune feureté, quoi qu'il le voye baiffer confiderablement pendant le tems porté par le Contract; mais ce tems étant expiré, fi l'Acheteur tarde à recevoir fon Caffé, foit faute d'argent, ou parce qu'il y voit une groffe perte, au lieu du profit qu'il efperoit, le Vendeur après l'avoir fait avertir par le Courtier d'avoir à recevoir le Caffé, l'envoye au Poids avec un Notaire & deux temoins, qui déclare aux Travailleurs de l'Acheteur qu'il eft là de la part du Vendeur avec la partie de Caffé, qu'il lui a vendue fuivant le Contract, & qu'il eft prêt de le livrer fuivant fa teneur. Si les Travailleurs de l'Acheteur repondent qu'ils ont ordre de recevoir le Caffé, on le pefe & le Vendeur le livre, & l'Acheteur le paye foit fur le champ, fi on ne veut pas le lui confier, ou dans les 6 femaines après la livraifon. Si on le lui confie, & s'il y a quelques livres de plus ou de moins que ne porte le Contract, on regle le prix du plus ou du moins, fur le prix courant du jour de la livraifon.

Mais fi au contraire le Vendeur n'eft pas prêt à livrer le Caffé, lors que l'Acheteur le demande (ce qu'il peut faire à toute heure fuivant le contenu du Contract) ou lors que le terme eft expiré, l'Acheteur le fait avertir par le Courtier, d'avoir à lui livrer fon Caffé, & s'il tarde trop, foit qu'il n'ait point de Caffé pour livrer, foit parce qu'ayant monté confiderablement, il lui foit dur de livrer à bas prix, lors qu'il eft haut; l'Acheteur envoye au Poids avec un Notaire & deux Temoins, & à peu près autant d'argent qu'il faut pour payer la partie de Caffé portée par le Contract, & là le Notaire demande aux Travailleurs du Vendeur, s'ils ont ordre de lui, de livrer à l'Acheteur une telle partie de Caffé; s'ils repondent que oui, le Caffé fe livre & fe reçoit de la maniere fufdite, & les conditions des Contracts étant accomplies, chacun reprend celui qu'il avoit figné & le dechire.

Mais

Mais si dans l'un & l'autre cas les Travailleurs repondent au Notaire, les uns, qu'ils n'ont point ordre de recevoir, & les autres, qu'ils n'ont point ordre de livrer le Caffé en question, le Notaire proteste contre le defaillant de tous dommages, pertes & interêts que pourra causer le retardement de la reception, ou de la livraison dudit Caffé & en passe un Acte, sur lequel la Partie lesée presente Requête aux Echevins pour leur demander qu'il lui soit permis, s'il est Vendeur, de vendre la partie de Caffé au plus offrant, aux risques & aventures de l'Acheteur, ou s'il est Acheteur il demande qu'il lui soit permis d'acheter la partie de Caffé au mieux possible aux risques & aventures du Vendeur, c'est-à-dire que si le prix de cet achat ou de cette vente, different de celui du Contract, le defaillant soit obligé de payer cette difference avec tous les fraix, qu'il a causez au demandeur, pour n'avoir accompli les conditions auxquelles il s'étoit engagé par son Contract, ce que les Echevins accordent toujours.

Dans ces cas qui arrivent assez souvent dans cette sorte de Commerce, si le surplus ou la difference est considerable, & que le Vendeur veuille en avoir raison de l'Acheteur en Justice, il doit pouvoir prouver par le temoignage du Courtier ou des Courtiers que les Echevins ont nommé dans l'apointement de la Requête pour vendre, ou pour acheter la Partie en question, qu'il a effectivement & réellement vendu son Caffé sans aucune collusion avec personne & au cours du jour que la vente a été faite, & il en est de même à l'égard de l'Acheteur, qui doit donner les mêmes preuves de son achat.

Mais comme ce Commerce ne se fait, le plus souvent, pas tant pour livrer ou recevoir effectivement la marchandise, que pour y gagner sans debourser un sou, & que bien des gens qui n'ont pas dix mille florins, en achetent souvent pour plus de 100 mille pour un seul terme, & que d'autre côté les Courtiers qui font dans ce Commerce ne manquent pas d'animer ceux qui s'en mêlent, tantôt par une opinion, tantôt par une autre, & par des Nouvelles souvent inventées pour leur profit ; il se fait un nombre incroyable de parties, qui s'amortissent au bout du terme en se payant le surplus les uns aux autres : on apelle cela *rescontrer ou rencontrer* les parties, qui se rencontrent de la même maniere, que se fait le virement des parties aux Payemens de Lion ; mais les Marchands n'en ont aucune peine, parce que les Courtiers tant pour conserver leur pratique que pour avoir le Courtage des parties, qui leur manquent, ou celles qu'ils ont de reste, sont bien aises d'avoir autant de rencontres qu'ils peuvent, de sorte que le terme des Contracts étant échu, comme, par exemple, au mois de Janvier, supposé qu'un Marchand ait acheté pour ce mois-là 40 milliers de Caffé à divers prix, & qu'il n'en ait revendu que 36 milliers, il delivre tous ses Contracts tant d'achat que de vente à son Courtier avec une note de chaque partie comme suit.

H   Achat

Achat.				Vente.			
2000 ℔ de D.M. à 28 ft.	f 2800--			4000 ℔ à P.D. à 28½ ft.	f 5700--		
4000 du même à 28¼	5650--			6000 à G.D. à 29	8700--		
4000 de J.A. à 27¾	5550--			4000 à D.M. à 28¾	5750--		
6000 de F.G. à 28½	8550--			2000 au même à 29	2900--		
2000 de J.D. à 28	2800--			8000 à S.R. à 28⅞	11550--		
4000 de G.F. à 28⅜	5675--			6000 à P.G. à 29	8700--		
4000 de G.M. à 28½	5700--			6000 à J.B. à 28¾	8625--		
8000 de P.N. à 28¾	11500--						
6000 de P.L. à 28	8400--			36000 ℔ montant à	f 51925--		
40000 ℔ montant à	f 56625--						

Le Courtier tient un petit livre de Rencontres, & a soin d'indiquer à ceux desquels son Maître a acheté, qui sont ceux qui doivent recevoir en sa place; & à ceux auxquels son Maître a vendu, qui sont ceux qui doivent livrer pour lui; il a aussi soin de recevoir les surplus, & de les payer à son Maître; & comme dans l'exemple que je viens de donner dans la note precedente, il y a 4 milliers de plus en achat qu'en vente, si son Maître ne veut pas les recevoir, il les revend à un autre, ou les rencontre avec celui qui les doit livrer, & alors les 40 milliers d'achat étant tous revendus & ballancez, le Courtier passe en vente les 4000 ℔ qu'il a venduës, en les ajoutant aux 36 milliers qui l'étoient déja; on deduit ensuite un pour cent de côté & d'autre, & ce qui reste en credit, est le net du profit du Marchand, comme ce qu'il y a de plus en debit est sa nette perte. Ainsi suposé que dans cet exemple les 4 milliers qui restoient ayent été vendus ou rencontrez à 29 sols, on les ajoûte au credit comme suit.

Les 40000 ℔ d'achat montent à	f 56625 : - : -		Les 36000 ℔ venduës montent à	f 51925 - -
Deduit 1 pour cent	566 : 5 : -		4000 ℔ . . a 29 ft.	5800 - -
	f 56058 : 15 : -		40000 ℔ . . .	f 57725 - -
Le profit est net	1089 : - : -		Deduit 1 pour cent	577 5 -
	f 57147 : 15 : -			f 57147 : 15 -

Ces indications ou ces transports se font verbalement de l'un à l'autre Cour-

Courtier, & chacun le couche fur fon livre de rencontres, d'abord qu'il en eſt convenu avec celui qui doit livrer ou recevoir une partie, & tout étant fini & les ſurplus payez, on échange tous les Contracts que l'on rend à chacun de ceux qui les avoient ſignez.

Mais à l'égard des Eaux de Vie qui ſe vendent auſſi ſouvent de cette ma-niere, on indique les parties de l'un à l'autre à peu près à la maniere des endoſſemens des Lettres de Change, comme, par exemple, ſuppoſé que j'aye acheté de A. 25 Pieces d'Eau de Vie à 8 livres de gros, & que je les aye revenduës à B à 8¼ livres, que B les ait revenduës à C à 8⅓ livres, & que C les ait revenduës à D à 8½ livres.

Lors que le terme du Contract eſt échu, ou ſi B me demande les 25 Pieces Eau de Vie, j'écris un billet qu'on appelle en Hollandois *Overwyſing*, par lequel je prie A de livrer à B les 25 Pieces Eau de Vie qu'il m'a ven-duës à 8 livres de gros ſuivant ſon Contract d'un tel jour, & de les lui li-vrer ſur le pied de 8¼ livres, en me faiſant bon la ¼ livre de gros que je gagne ſur cette partie; B endoſſe mon billet ou *Overwyſing* à C avec la même diſtinction du prix, & C l'endoſſe à D. & ainſi de ſuite juſques à ce que le dernier Acheteur qui n'a pas revendu à perſonne reçoive les 25 Pieces d'Eau de Vie de A ou les rencontre avec lui, ce qui eſt beaucoup plus embaraſſant, que la maniere dont ſe font les rencontres du Caffé; car j'ay vu peſter mille fois des Marchands d'Eau de Vie, pour ne pas ſavoir quand, ni à qui ils livreroient l'Eau de Vie, qu'ils avoient ainſi venduë, & j'ai vu juſques à 36 endoſſemens pour une même partie de 25 Pieces d'Eau de Vie.

Je me ſuis un peu étendu ſur ces ſortes de marchez, parce que beau-coup de gens, qui en ont ſouvent entendu parler, m'ont paru ne pas pou-voir comprendre comment un homme oſe s'engager d'acheter ou de ven-dre pour 10 fois plus qu'il n'a vaillant, & cela pour recevoir ou pour li-vrer des marchandiſes, qu'il ſait bien qu'il n'eſt pas en état de recevoir ni de livrer; je l'ai fait auſſi, pour faire connoître à ceux qui l'ignorent, que l'eſprit du Commerce regne tellement à Amſterdam, qu'il faut abſolu-ment qu'on y negocie de quelque maniere que ce ſoit, & qu'on y peut negocier diverſes ſortes de marchandiſes de cette maniere, quand même il n'y en auroit point du tout en Ville, & que l'on n'y en attendroit point. Voions maintenant ce qui s'obſerve dans les marchez à option, qui ont beaucoup de relation aux marchez fermes, en étant ſouvent ou les precur-ſeurs ou la ſuite.

Des Marchez à option.

Il faut remarquer que ceux qui achetent marché ferme ne peuvent ja-mais ſavoir la perte, ou le profit qu'ils auront ſur la marchandiſe ache-

tée,

tée, que lors qu'ils la revendent ; & que la marchandife peut beaucoup
augmenter ou diminuer de prix à l'expiration des Contraĉts, que par conséquent ils peuvent perdre beaucoup, au lieu de faire le gros profit qu'ils
ont efperé lors qu'ils ont contraĉté les parties ; c'eft pourquoi ceux qui
font les plus prudens , & qui ne veulent rifquer de perdre qu'une certaine
fomme fur une marchandife qu'ils croient devoir augmenter ou baiffer
confiderablement, ne veulent ni acheter ni vendre à marché ferme, mais
fe contentent de donner une certaine fomme à quelqu'un pour qu'il s'oblige à livrer, ou à recevoir la marchandife en queftion , dans un certain
tems, & à un prix limité , s'ils trouvent à propos de la faire livrer ou recevoir à celui qui s'oblige ; à condition que fi dans le tems limité ils ne
demandent pas la partie à l'Obligé, ou s'ils ne lui anoncent pas de la recevoir, la fomme fera perduë pour eux, & l'Obligé dechargé de fon Obligation : on appelle cette fomme *Prime* , & la liberté qu'a le Donneur de la
Prime de faire livrer ou recevoir la marchandife ainfi contraĉtée, s'apelle
Option, on en paffe des Contraĉts au Porteur. Voici la Copie du premier
qui me tombe fous la main, d'une Prime que je donnai autrefois de 30 fols
par quintal pour 10 mille livres d'Amidon, qu'on s'obligeoit de me livrer
pendant toute une année à 16 florins le quintal.

Je fouffigné confeffe avoir receu du Porteur la fomme de *cent cinquante
florins* argent courant, pour laquelle Prime je m'engage & m'oblige *de
livrer* dès à prefent & à toute heure jufques *au premier Janvier mille fept
cens quinfe*, ce jour-là inclus, *dix mille livres Amidon de Hollande* bon & livrable, au prix de *feize florins argent courant les cent livres*, à payer comptant, & felon l'ufage ordinaire : mais fi le Porteur du prefent ne m'anonce pas de *lui livrer lefdites dix mille livres d'Amidon*, entre ce jourdhui
& *le premier de Janvier* 1715. & ce jour la inclus, je ferai libre & dechargé
du prefent Contraĉt, & la Prime me reftera, fans que je puiffe jamais être
obligé de la reftituer, ou que l'on puiffe me la redemander, ainfi fait à la
bonne foi à Amfterdam *ce 6 Janvier* 1714.

Signé G. V. H.

Ces Contraĉts fe trouvent auffi tous imprimez chez les Libraires , & on
n'a qu'à en remplir les vuides, par la fomme qu'on donne, par la qualité
& quantité de la marchandife, par le prix & par le tems de la livraifon,
comme tout ce qui eft en lettre Italique dans le Contraĉt-ci deffus, qui eft
un Contraĉt de *Prime à livrer*.

On voit par le contenu de ce Contraĉt que G. V. H. étoit obligé de
livrer au Porteur par toute l'année 1715. dix mille livres d'Amidon à 16
florins le quintal, moyenant les 150 florins de Prime qu'il avoit reçu,
de forte que fi l'amidon étoit monté au delà de 17 florins 10 fols le quintal

tal, tout ce qu'il auroit valu de plus auroit été à mon avantage, & supofé qu'il fût monté à 20 florins, j'aurois pu vendre ce Contract a 4 florins ou plus par quintal *de Prime*, ou bien j'étois en droit de me faire livrer les 10 mille livres d'Amidon à 16 florins; mais l'Amidon aiant diminué cette an-née-là, au lieu d'augmenter, comme je le croyois, ma Prime fut perduë, & le Contract nul, parce que le bon fens ne veut pas que je me faffe livrer de l'Amidon à 16 florins le quintal, fi je puis l'acheter dans le même tems à 12 ou 14 florins; mais fi l'Amidon étoit venu par exemple à $16\frac{1}{2}$ ou à 17 florins, j'aurois demandé l'Amidon, parce que quoi qu'il me fût reve-nu à $17\frac{1}{2}$ florins en comptant les 30 fols par quintal de Prime que j'avois donnez, j'aurois pu ratraper une partie de ma Prime en revendant l'Amidon à $16\frac{1}{2}$ ou à 17 florins.

Mais fi j'avois donné ma Prime à *recevoir* au lieu de livrer, le Contract auroit contenu ce qui fuit.

Je fouffigné confeffe avoir receu du Porteur *la fomme de cent cinquante florins*, argent courant, pour laquelle Prime je m'engage & m'oblige de *re-cevoir* dès à prefent & à toute heure jufques *au premier de Janvier mille fept cens quinfe*, ce jour-là inclus, *dix mille livres Amidon de Hollande* bon & livrable, *au prix de feize florins argent courant les cent livres*, à payer comp-tant & fuivant l'ufage ordinaire, mais fi le Porteur du prefent ne m'anon-ce pas de *recevoir lefdites dix mille livres d'Amidon*, entre ce jour & le pre-mier de Janvier 1715. & ce jour-là inclus, je ferai libre & decharge du prefent Contract, & la Prime me reftera, fans que je puiffe jamais être obligé de la reftituer, ou que l'on puiffe me la redemander, ainfi fait à la bonne foi à Amfterdam ce 6 Janvier 1714.

G. V. H.

Ce Contract eft tout contraire à l'autre, en ce que l'interêt de celui qui donne la Prime à livrer, eft que la marchandife augmente, & que l'in-terêt de celui qui donne la Prime à recevoir, eft que la marchandife di-minuë, ainfi fi j'avois donné la Prime ci-deffus à recevoir, tout ce que l'a-midon auroit baiffé au deffous de $14\frac{1}{2}$ florins, auroit été à mon avantage, & fût-il venu à 10 florins, j'aurois pu vendre mon Contract avec profit; ou obliger G. V. H. de recevoir & de me payer les 10 mille livres d'a-midon à 16 florins le quintal.

Ces Contracts fe vendent & revendent comme on veut fans aucun en-doffement ni garantie de ceux qui les revendent, lorfqu'ils font fignez par des gens bons & connus: Mais ceux qui donnent les Primes doivent, avant que de rien conclure, favoir le nom de ceux qui les ont fignez fans fe fier trop au dire des Courtiers qui difent fouvent, que les Contracts font fort bons, mais qu'ils ne peuvent les nommer que lors que la partie fera

concluë

concluë, il eſt vrai que ſi dans tel cas le Donneur de Prime ne trouve pas le Tireur aſſez bon, il peut fort bien le refuſer.

Il faut remarquer que les Tireurs des Primes s'engagent fort ſouvent à bien plus qu'ils ne penſent; car il arrive des coups ſi imprevus dans le Commerce, que les marchandiſes qu'ils s'obligent de livrer ou de recevoir, augmentent, ou diminuent de 25 ou 30 pour cent pendant le tems de leur engagement; car il y a dans ce Commerce mille & mille tours de fineſſe, & mê-me bien ſouvent de friponnerie, & il eſt comme impoſſible de ne s'y pas ruiner, ſi on s'y engage fort avant. Je pourrois faire un volume entier des pratiques, que j'y ai remarquées depuis 20 ans, mais ce n'eſt pas mon intention, & j'aime mieux pour finir ce Chapitre, faire remarquer qu'on fait mille fois mieux de donner des Primes, que d'en tirer, parce que celui qui donne ne ſe met dans aucun engagement, & qu'il en eſt quitte pour la perte de ſa Prime ſi la marchandiſe ne va pas au prix qu'il s'étoit imaginé.

On negocie tant en Marché ferme qu'en Primes,

Les Actions de la Compagnie des Indes Orientales, dans la Chambre d'Amſterdam.

Les Action de l'Oueſt, ou de la Compagnie des Indes Occidentales.

Les Actions de la Compagnie des Indes d'Angleterre, quoi qu'il ſoit defendu d'en negocier à Amſterdam.

On y negocie auſſi fort ſouvent de la même maniere en Poivre, en Sal-petre, en Caffé tant du Levant, que des Indes, en Cacao, en Cochenil-le, en Eaux de Vie, tant de Vin que de Grain, en Grains, en Fanons & Huiles de Baleine, en Amidon, en Borax, & en pluſieurs autres ſortes de marchandiſes, n'y en aiant preſque aucune ſorte qui puiſſe en être ex-emptée, lors qu'il commence d'en manquer, ou qu'il y en a en grande quantité, pourvu qu'elle ſe puiſſe taxer à un certain degré de bonté, qu'il faut neceſſairement établir dans pareilles occaſions.

C H A P I T R E VII.

Des Tares, des Rabats, & des Deductions qui ſe donnent à Amſterdam, ſur les principales marchandiſes qui s'y negocient, en quelle monnoye elles ſe vendent, & le prix qu'elles ont valu à la fin du mois de Juillet de cette année 1719.

LA matiere qui va faire le ſujet de ce Chapitre, eſt ſi neceſſaire à ſa-voir tant pour les Marchands même d'Amſterdam, que pour les étrangers; qu'il eſt ſurprenant qu'il ſe ſoit fait deux éditions de ce Livre en François & une en Hollandois, ſans que ceux qui y ont travaillé ayent

ayent pensé, ou ayent voulu se donner la peine d'y mettre ce que donnent les marchandises de Tare, de Rabat, de bon Poids, & de promt Payement, puis que ce sont des choses si essencielles & si necessaires à savoir, que si on les ignore, on peut fort mal faire son compte, en vendant des marchandises qui donnent des Tares, des Rabats ou des Deductions extraordinaires. On peut me repondre qu'il n'y a peut-être pas un Marchand dans Amsterdam, assez mal-avisé pour faire venir de dehors, ou pour vendre des marchandises, sans savoir premierement, ce qu'elles donnent de Tare, de Rabat, ou de Deduction. J'avouë que je ne croi pas qu'il y en ait effectivement aucun assez novice pour vendre une marchandise sans savoir premierement ce qu'elle donne pour les Deductions dont je viens de parler, ou du moins sans s'en informer & sans en convenir avec l'Acheteur avant que de conclure le marché ; mais je sai fort bien & je l'ai vu fort souvent, que des Marchands ont fait venir des marchandises de dehors, seulement parce qu'ils croyoient que d'autres y gagnoient, & sans savoir à combien elles leur reviendroient à Amsterdam, ni les Deductions qu'il faudroit donner en les vendant, ce qui est negocier à l'étourdie, car quoi qu'on réussisse quelquefois en negociant de cette maniere, il n'est pas seur de reüssir toûjours de même. Mais si cette observation est necessaire aux Marchands d'Amsterdam, elle l'est infiniment davantage aux étrangers qui y envoyent leurs marchandises à vendre, ou qui y en font acheter ; car si les premiers, je veux dire ceux d'Amsterdam qui sont sur le lieu, ne savent pas l'usage, ils peuvent s'en informer dans un moment, mais si les Etrangers l'ignorent ils peuvent fort mal faire leur compte, ou être trompez grossierement, s'ils ont à faire à certains Commissionaires qui ne cherchent qu'à s'enrichir du bien d'autrui. Pour donner un plus grand jour à cette observation, je suppose que deux Marchands, l'un d'Espagne & l'autre d'Allemagne s'adressent à un Marchand d'Amsterdam pour savoir le prix des Laines de Segovie, qui valent presentement de 36 à 41 sols la livre, si celui d'Amsterdam se contente d'écrire à l'un & à l'autre que les Laines de Segovie valent depuis 36 jusques à 41 sols la livre, sans aucune autre explication, il est certain que si celui d'Espagne ne sait pas la Tare, & le Rabat que ces Laines donnent à Amsterdam, il croira faire un bon profit en y envoyant des Laines, & que si celui d'Allemagne ne sait pas non plus ce qu'elles donnent de Tare & de Rabat, il trouvera que ces Laines lui reviendroient trop cher, & que s'il y en a chez lui il peut les avoir à beaucoup meilleur marché, & sur cela le Marchand Espagnol sera deceu de l'espoir de son profit, & aura sujet de se plaindre de celui d'Amsterdam, qui perdra la commission de l'achat pour l'Allemand, & peut-être ces deux correspondances à la fois, ce qui lui meritera bien par son peu d'attention & d'exactitude.

Mais si celui d'Amsterdam écrit à l'un & à l'autre, que les Laines de
Se-

Segovie valent depuis 36 jufques à 41 fols la livre, argent de Banque, & qu'outre la Tare du fac, on deduit 24 ₶ de Tare fur 175 ₶; puis 21 mois de Rabat, & un pour cent de promt payement, alors ces deux Correfpondans pourront faire leur compte au jufte à peu de chofe près, & l'Efpagnol ne comptera pas fur environ 29 pour cent de profit imaginaire, & l'Alleman trouvera que ces Laines lui coûteront environ de 29 pour cent de moins que fi elles ne donnoient ni Tare ni Rabat; ce qui, en paffant, eft un leçon tant pour les Marchands d'Amfterdam auxquels on demande les prix des marchandifes, que pour les Etrangers qui s'y adreffent, les uns & les autres devant être toujours exacts à donner ou à demander avis de tout ce qui fe pratique dans la vente des marchandifes dont on veut favoir ou écrire le prix.

Ces confiderations, jointes à ce que l'on me demande fouvent ce que l'on donne de Tare & de Deduction fur diverfes marchandifes, & qu'il arrive de frequentes difputes là deffus, m'ont incité à faire une lifte de la plûpart de marchandifes, par ordre Alphabetique, fuivie de quatre colomnes dont la premiere contient le prix & la monnoye en laquelle elles fe vendent, la feconde contient les Tares qu'elles donnent, la troifieme les Deductions qui fe donnent pour le bon poids, & la quatriéme les Deductions pour le promt payement, j'ai pris tout le foin poffible pour marquer le tout au plus jufte fuivant l'ufage le plus fuivi : mais il faut remarquer à l'égard des Deductions qui fe donnent pour le bon poids, que depuis qu'il eft defendu aux Pefeurs de mettre les mains à la Balance, comme je le dirai dans le Chapitre du Poids; qu'on chicane beaucoup fur le bon Poids, & que les Acheteurs qui étoient accoutumez de trouver 4, 5 à 6 pour cent de bon Poids par la corruption des Pefeurs, veulent avoir quelque chofe au delà du bon poids ordinaire, ce qui fait que l'on commence à s'acoutumer à donner 2 pour cent de trait ou d'extraordinaire fur les marchandifes groffieres comme Sucres bruts, Sirops, Miels & autres, ce que je ne marque pas dans la colomne du bon poids, parce que la coutume n'en eft pas tout à fait bien établie, & il eft bon d'avertir ceux qui ne le favent pas, d'en convenir avec les Acheteurs avant que de conclure le marché, & de fe fouvenir que les Deductions marquées dans la troifieme colomne, ne font que les Deductions ordinaires.

Je ne dois pas ometre non plus de faire remarquer que j'ai mis les diverfes fortes de marchandifes dont la plûpart font tirées du prix courant qui s'imprime toutes les femaines, telles qu'elles y font couchées, diftinguant une même forte de marchandife par le nom du Pays d'où elle vient, comme par exemple les Amandes, l'Anis, les Laines, les Soyes & autres : ce que j'ai fait pour faire remarquer par le prix qu'elles valent, la difference que l'on fait des unes aux autres; car quoi que toutes les Amandes foient des Amandes, en voyant dans la colomne des prix que celles de Valence

valent

valent 23 florins le cent, & que celles de Provence n'en valent que 12, on jugera facilement que celles-ci doivent être inferieures en bonté aux autres, ce qui a son utilité dans le commerce.

TABLE ALPHABETIQUE

Du prix de la plûpart des marchandises qui se negocient à Amsterdam, en quelle Monnoye elles se vendent, & ce qu'elles donnent de Tare, de Rabat, & de Deduction tant pour bon Poids que pour prompt Payement.

A.	Prix des Marchandises.	Tare.	Deduction pour bon Poids.	Deduction pour prompt Payement.
Acier de Dantzic, se vend par barils, le baril pese ordinairement autour de 102 ℔, & vaut . . f	10½	————	————	1 pour c.
Acier de Suede, le baril pesant comme dessus . f	9½	————	————	1 pour c.
Acier de Stiermarck, la botte qui contient 9 billes ou pieces pesant ensemble de 116 à 117 ℔, . . f	17	————	————	1 pour c.
Agnelins. Voyez Laines d'Espagne.				
Alun de Rome, les 100 ℔,	35 ß	4 ℔ p. sac	1 pour c.	1 pour c.
Alun de Liege, les 100 ℔,	30 ß	————	1 pour c.	1 pour c.
Alun d'Angleterre les 100 ℔, lors qu'il est en futailles on les tare, ou s'il est en sacs on donne 4 ℔ de Tare par sac.	28 ß	————	1 pour c.	1 pour c.
Amandes ameres, les 100 ℔, f La Tare des Amandes ameres se regle suivant la grosseur des bales. Celles de 150 à 200 ℔, donnent 4 ℔ de Tare, & celles de 400 à 500 ℔, donnent 6 ℔ de Tare par bale; & si elles sont en futailles elles se tarent au poids & deduisent, . .	9½ ... I	————	3 pour c.	1 pour c.

Amandes

	Prix des Marchandifes.	Tare	Deduction pour bon Poids.	Deduction pour promt Payement.
Amandes douces longues , les 100 ℔ la Tare comme deffus	f 40	——	2 pour c.	2 pour c.
Amandes de Valence, les 100 ℔	f 23	6 ℔ par Cabas.	2 pour cent	
Amandes de Prov., les 100 ℔	f 12			
Amandes de Barbarie, les 100 ℔ . . .	f 15	10 à 16 ℔ par Cabas felon qu' ils font grands ou petits.		2 pour c.
Ambre gris, l'once :	f 8 à 16	——	——	1 pour c.
Ambre noir, l'once . :	f 5 à 8	——	——	1 pour c.
Amidon , les 100 ℔ , la Tare eft fur les barils	f 8½	——	1 pour c.	1 pour c.
Anis d'Alicant les 100 ℔	f 18 à 19	8 pour c.	2 pour c.	2 pour c.
Anis de Venife les 100 ℔	} Comme il n'y en a pas en ville il n'y a point de prix.			
Anis de Malthe les 100 ℔				
Anis de Rome, les 100 ℔	f 15 à 16	6 pour c.	2 pour c.	2 pour c.
Anis de Magdebourg les 100 ℔, il fe tare au Poids	f 13	——	2 pour c.	2 pour c.
Argent fin en barres ou en lingots, le Marc .	f 25 : 9 fols	——	——	——
Argent vif, la livre en Argent de Banque . .	f 44 fols	——	——	——
On le pefe avec les peaux fans faire aucune deduction.				
Ardaffe & Ardaffete. Voyez Soyes d'Italie.				
Armoifins des Indes la piece	f 18 à 20	——	——	1 pour c.
Quand on les achete hors de la Compagnie , on peut les acheter à payer en courant ou en Banque , & deduire felon qu'on convient.				
Armoifins de Luque, l'aune	7 à 9 ℔	——	——	——
Ceux qui les revendent les				

achetent

	Prix des Marchandises.	Tare.	Deduction pour bon Poids.	Deduction pour promt Payement.

achetent à 18 mois de Rabat & 1 pour cent de promt payement : mais lors qu'ils les vendent aux détailleurs, ils ne leur deduifent que 2 pour cent pour promt payement. Toutes les Soyeries d'Italie fe vendent de la même maniere.

Marchandise	Prix des Marchandifes.	Tare.	Deduction pour bon Poids.	Deduction pour promt Payement.
Affa fetida, la ℔ .... fe tare au Poids . . .	30 à 36 fol.	▬▬▬	2 pour c.	2 pour c.
Aveinc ou Avoine à braffer, le Laft	53 à 58 fls. d'or	▬▬▬	▬▬▬	1 pour c.
Aveine pour les chevaux, le Laft (voy Grains)	43 à 48 fls. d'or	▬▬▬	▬▬▬	1 pour c.
Azur les 100 ℔. le baril peze ordinairement autour de 400 ℔. . . . . f 45		32 ℔ par baril.	1 pour c.	1 pour c.

On diftingue l'Azur par ces lettres. Le meilleur eft le F F C qui vaut f 45
Le fecond eft le F C 32
Le troifieme eft le M C 23
Il y a des fortes inferieures qui ne valent qu'autant qu'elles aprochent de cette derniere forte.

B.

Marchandise	Prix des Marchandifes.	Tare.	Deduction pour bon Poids.	Deduction pour promt Payement.
Baleine en fanons, de 4 ℔ piece qui eft la pefanteur ordinaire que doivent avoir les bons fanons, les 100 ℔ f	182	▬▬▬	1 pour c.	1 pour c.
Baleine coupée, les 100 ℔ f	186	▬▬▬	1 pour c.	1 pour c.

Elle fe coupe ordinairement de la longueur de 7 à 10 quarts de l'aune d'Amfterdam.

I 2

Banilles

	Prix des Marchandifes.	Tare	Deduction pour bon Poids.	Deduction pour promt Payement.
Banilles le paquet de 50 gouffes . . . f	10 à 20	—	—	1 pour c.
Barres d'Argent, voy Argent				
Baffins de Cuivre, les 100 ℔ f	68½	—	1 pour c.	1 pour c.
ils fe vendent au Poids d'Aix la Chapelle dont les 106 ℔ font 100 ℔ d'Amfterdam, c'eft-à-dire que pour f 68½ on n'a que 100 ℔ du Poids d'Aix, ou environ 94 ℔ du Poids d'Amfterdam.				
Beaume du Perou, la ℔. on ta- re les pots ou les bouteilles f	7 à 8	—	—	1 pour c.
Beurre de Hollande, la tonne de 320 ℔ avec le bois f	104	—	—	1 pour c.
Beurre de Leyde, la tonne de 320 ℔ fans le bois . f	120	—	—	1 pour c.
Beurre de Frife, la tonne de 320 ℔ avec le bois . f	66	—	—	1 pour c.
Beurre d'Irlande les 100 ℔ f	14 à 15	20 p.cent	—	1 pour c.
Beurre de Bretagne, il fe vend par 100 ℔ quand il y en a, & donne la même Tare & De- duction que celui d'Irlande				
Bezoar, voy. Pierres de Bezoar				
Blé. Voyez Froment.				
Blé Sa- razin {du Haut Pays d'Amersfort & du Gooy- land . . de Braband & de Flandres} le Laft Voyez Grains	∝ 14¼ à 15¼ / ∝ 14½ à 15 / ∝ 13¾ à 16	de gros	—	1 pour c.
Bleu. Voyez Azur				
Boeuf falé le baril . f	10 à 12	—	—	1 pour c.
Bois de Bimas les 100 ℔ en ar- gent de Banque . . f	8¼ à ½	—	—	1 pour c.
Bois de Caliatours, les 100 ℔ en argent de Banque f	29	—	—	1 pour c.
Bois de Campeche, les 100 ℔ f	6½	—	1 pour c.	1 pour c.

Bois

	Prix des Marchandises.	Tare.	Deduction pour bon Poids.	Deduction pour promt Payement.
Bois de Fernamboucq les 100 ℔ en argent de Banque *f*	22	——	——	1 pour c.
Bois de Gerofle, la ℔ .	10 ſols	10 pr. c.	2 pour c.	2 pour c.
Bois Jaune les 100 . *f*	4	⎬	1 pour c.	1 pour c.
Bois de St. Marthe, les 100 ℔ *f*	5 ½			
Bois de Sapan de Siam, les 100 ℔ en argent de Banque *f*	9	——	——	1 pour c.
Bois de Charpente. Voyez Poutres & Planches.				
Bois de Bouis ou Buis en batons, ſe vend de 10 à 20 florins les 100 batons, ſelon qu'il ſont gros & deduiſent		——	——	1 pour c.
Bois de Bouis, Gros bois les 100 ℔ . *f*	5 à 10	——	1 pour c.	1 pour c.
Borax brut, ou non rafiné la ℔ il ſe vend en Banque, & en Courant ſelon que l'on convient; il eſt contenu dans des poches ou bourſes de cuir qu'on apelle ici Dupperts, qui donnent . . .	14 ſols	——	1 pour c.	1 pour c.
		15 ℔	2 pour c.	1 pour c.
Borax Rafiné la ℔. on tare les caiſſons . . .	26 ſols	——	1 pour c.	1 pour c.
Bouges. Voyez Cauris.				
Bougies. Voyez Cire.				
Boulets de Canon, le Schippont de 300 ℔ . *f*	10	——	——	1 pour c.
Bray de Bayonne les 1000 ℔ *f*	40	120 ℔ par barique.	1 pour c.	1 pour c.
Bray de Bourdeaux les 1000 ℔ *f*	40	90 ℔ par barique.	1 pour c.	1 pour c.

C.

Cables. Voyez Cordages.				
Caca de Carraquas la ℔ lors qu'il eſt en tutailles on les tare, mais les bales donnent de Tare comme ſuit.	8 ½ ſols	——	2 pour c.	1 pour c.

Lors

	Prix des Marchandises.	Tare.	Deduction pour bon poids.	Deduction pour promt Payement.

Lors qu'elles pesent
depuis 100 ₶ jusques à 229 ₶ ——— 2 ₶ ⎫
depuis 230 ₶ jusques à 249 ₶ ——— 3 ₶ ⎬ par Bale.
depuis 250 ₶ & au deſſus ——— 4 ₶ ⎭
les Serons peſant juſques à 99
₶ donnent . . . ——— 8 ₶ parSeron ——— ———
& de 100 ₶ & au deſſus ——— 10 p.cent ——— ———

Cacao de la Martinique la ₶   6½ ſols   ———   2 pour c.   1 pour c.
il eſt ordinairement en futail-
les que l'on tare au Poids :
mais s'il eſt en ſacs ils donnent la même Tare que ceux
de Carraques.

Caffé du Levant la ₶   31 ſols   ———   2 pour c.   1 pour c.
On tare les Bales , ou les
Tonneaux au Poids , & on
l'évente pour en faire ſortir la pouſſiere : mais ſi on
en livre pluſieurs Bales à la
fois , on convient ſouvent
pour la Tare , lorſqu'on en
a peſé quelques Bales , & on
deduit 2 pour cent pour la
pouſſiere , ce qui ne ſe deduit
pas ſi on l'évente.

Caffé des Indes la ₶ . .   29½ ſols   ———   1 pour c.   1 pour c.
On l'achete auſſi ſouvent aux
conditions de la Compagnie,
& alors c'eſt en argent de
Banque , la Tare eſt ſur les
Tonneaux.

Camphre rafiné, la ₶ - - on
le Tare au Poids . .   45 ſols   ———   2 pour c.   1 pour c.
Canelle, la ₶ . . de 40à60 ſo.   17 ₶ par   ———   ———
                                          fardeau.

Capres les 100 ₶ . f 15   33 p.cent   2 pour c.   2 pour c.
Cardamome la ₶. on tare les
Caiſſes au Poids   52 à 54 ſo.   ———   2 pour c.   1 pour c.
Caſſe ou Caneſiche les 100 ₶
on tare les futailles f 8 à 15   ———   2 pour c.   1 pour c.

Caſſia

	Prix des Marchandi-ses.	Tare.	Deduction pour bon Poids.	Deduction pour promt Payement.
Caffia lignea la ℔, on tare les caiffes . . .	16à18 fo.	———	2 pour c.	1 pour c.
Cauris la ℔ en argent de Banque, la Tare eft fur les barils	28 ft.	———	———	1 pour c.
Cendres. Voyez Guedaffe & Potaffe				
Cerufe les 100 ℔ la Tare eft fur les barils . . ƒ 8		———	1 pour c.	1 pour c.

Chanvre, tous les Chanvres fe vendent par Schippont de 300 ℔ & lors qu'ils font au Poids, un Infpecteur qu'on apelle *Keur-meefter ou Tara-meefter*, les vifite & taxe le nombre de livres qu'il en trouve d'endommagé, dont il delivre un billet au Vendeur & un à l'Acheteur qui lui doivent payer pour cela chacun 5 duytes ou ¼ de fol par Schippont. Voici le prix que valent les Chanvres prefentement.

Chanvre				
net de Riga	ƒ 48			
de Konigsberg	ƒ 50			
de Peterbourg	ƒ 36			
de Mofcovie le	ƒ 26 à 39		1 pour c.	1 pour c.
de Codille Schip-	ƒ 18			
non net de Riga . . pont				
non net de Peterbourg	ƒ 28			
	ƒ 27			

Chauderons & Chaudieres de cuivre les 100 ℔ voy Baffine ƒ 69		———	———	1 pour c.
Cierges. Voyez Cire.				
Cinabre entier la ℔, la Tare eft fur les barils . .	46 fols	———	1 pour c.	1 pour c.
Cinabre broyé la ℔, on tare les barils . : .	48 à 52 fo.	———	1 pour c.	1 pour c.

Cire

	Prix des Marchandises.	Tare.	Deduction pour bon Poids.	Deduction pour promt Payement.
Cire Jaune de Pologne les 100 ℔ . . . . f	70	——	——	1 pour c.
Cire dito de Moscovie les 100 ℔ . . . f	69	——	——	1 pour c.
On la tire des futailles & on la pese net				
Cire du Pays ou de Deventer les 100 ℔ . . . f	72		——	½ pour c.
Les Vendeurs livrent cette derniere en Pains sans futailles ni envelopes ou embalage, & elle se paye d'abord. Les Cires blanches, Cierges & Bougies se pesent net, & donnent 2 ou 1 pour cent pour promt Payement selon qu'on convient				
Citrons salez, la Pipe f	50 à 55	——	——	1 pour c.
Civette d'Amsterdam, l'once . . . f	28 à 30	——	——	——
Ceux qui la tirent des Civettes ne deduisent rien aux Acheteurs, mais les Droguistes qui en vendent plusieurs onces à la fois, deduisent 2 pour cent pour le promt Payement.				
Cloux de Gerofle. Voyez Gerofle.				
Cloux de fer, par florins les 100 ℔ suivant qu'ils sont petits ou grands . .	——	——	——	1 pour c.
Cochenille, la ℔ . .	47 à 48 ß	——	——	——
Elle se vend au Poids d'Anvers, mais comme elle se pese au Poids d'Amsterdam qui est de 4 pour cent plus pesant, voici comment s'en fait le compte.				

Une

	Prix des Marchandises.	Tare.	Deduction pour bon Poids.	Deduction pour promt Payement.

Une bale Co-
chenille pe-
fant   115 ℔
Tare   1½ ℔
bon poids 1½ ℔

      —— 3 ℔

net   112 ℔ à 48 ß ƒ 1612 : 16 : -

Augmentation de 4 p. cent   64 : 10 : -

        ƒ 1677 : 6 : -
deduit 1 p. cent pr. payem.   16 : 15 : 8

        ƒ 1660 : 10 : 8

Cole d'Angleterre, les 100 ℔ / Cole du Pays les 100 ℔	On tare les futailles.	ƒ 24 à 26	—— 2 pour c.	1 pour c.
		ƒ 14 à 15	—— 2 pour c.	1 pour c.
Cole de Poiſſon la ℔	de 6 à 50 ſt.		—— 1 pour c.	1 pour c.
Coloquinte la ℔ on tare les futailles ou caiſſes		36 à 40 ſo.	—— 2 pour c.	1 pour c.
Cordages de chanvre net le Schippont de 300 ℔		ƒ 56	—— 1 pour c.	1 pour c.
Cordages de chanvre de Conigsberg, le Schippont		ƒ 58	—— 1 pour c.	1 pour c.
Cordages de chanvre de Moſcovie, le Schippont		ƒ 30 à 47	—— 1 pour c.	1 pour c.

Il y a des Inſpecteurs pour
les Cables & Cordages de
même que pour les Chanvres

Coton en lai-ne { de Chipre / d'Acre / de Smirne / de Curaçao / des Barbades blanc / des Barbades jaune / de St. Thomas.	la ℔	{ 17 à 18 ß / 15 à 18 ß / 12 à 15 ß / 22 à 26 ß / 24 à 25 ß / 20 à 24 ß / 22 à 26 ß }	6 pour c. 2 pour c.	1 pour c.

K   Coton

LE NEGOCE

	Prix des Marchandi-ses.	Tare.	Deduction pour bon poids.	Deduction pour promt Payement.
Coton filé. Voyez fil de Coton.				
Crepes N°. 18. l'aune	13 à 15 ⅞	——	——	2 pour c.
Crepes à l'ecume N° 18. l'aune	10 à 12 ⅞	——	——	2 pour c.
Crin de Moscovie, les 100 ℔ f	8 à 15	6 pour c.	1 pour c.	1 pour c.
Crin du Pays, les 100 ℔ on tare les facs . . f	18 à 50	——	1 pour c.	1 pour c.
Cruzades d'or, monnoye de Portugal, la piece f	15 : 1 fol	——	——	——
Cruzades d'argent, le Marc f	23 : 3 fols	——	——	——
Cubebe, la ℔. on tare les caiffes	65 à 70 fo.	——	2 pour c.	1 pour c.
Cumin, les 100 ℔. . . f	15	——		
La Tare des Bales avec les Cordes } eft par		12 ℔ }		
la Tare des Bales fans Cordes . . } bale		6 ℔ }	2 pour c.	2 pour c.
Cuirs apretez comme les fuivans.				
Marroquin	32 à 46 fol.			
Cordouan du Pays	36 à 40 fo.			
à femelles des dos du Pays	8 ½ à 9 fols			
à femelles des dos d'Angleterre . . la	8 ½ fols			
rouge de 7 à 8 ℔ le couple	17 fols		——	1 pour c.
dito de 10 à 12 ℔ le couple . . de	14 ½ fols			
dito de 13 à 14 ℔ le couple . .	13 ¼ fols			
de Veau de Colchefter	17 fols			
de Veau de Londres	15 ½ fols			
Cuirs non apretez. Voyez Peaux.				
Cuivre de Suede en feuilles les 100 ℔ . . f	70	——	——	1 pour c.
Cuivre de Suede en monnoye qu'on appelle Plates ou monnoye de cuivre les 100 ℔ f	57	——	——	1 pour c.
Cuivre de Norwegue les 100 ℔ . . . f	68	——	——	1 pour c.

Cuivre

	Prix des Marchandises.	Tare.	Deduction pour bon Poids.	Deduction pour promt Payement.
Cuivre du Japon , les 100 ₤ en argent de Banque *f*	70	——	——	1 pour c.
Cuivre Jaune ou Laiton les 100 ₤ . . . *f*	66	——	——	1 pour c.
Curcuma, les 100 ₤. la Tare est fur les barils . . *f*	36	——	1 pour c.	1 pour c.

D.

Damas des Indes la piece *f*	30 à 40	——	——	1 pour c.
Damas du Pays l'aune	50à70ſo.		——	2 pour c.
Damas de Luques l'aune à 18 mois de Rabat .	8 à 9 ₤	——	——	1 pour c.
Dattes les 100 ₤ ſe tarent au Poids . . . *f*	25 à 30	——	1 pour c.	1 pour c.
Diamans , les gros Diamans ſe vendent à tant de florins la piece ſuivant leur groſ-ſeur & beauté : mais les pe-tits ſe vendent au Carat à tant de florins le Carat , & donnent pour toute deduc-tion. . . .		——	——	1 pour c.

Draps d'Or & d'Argent , ſe vendent à tant de florins l'aune d'Amſterdam ſuivant qu'ils ſont riches,& donnent 1 ou 2 pour cent de deduc-tion pour promt Payement & quelquefois plus ſelon qu'on en convient.

Draps de laine , ſe vendent à tant de ſols ou de florins l'aune , ſuivant qu'ils ſont gros ou fins, les Fabriquans les vendent ſouvent aux detailleurs à 4 à 6 mois & à plus long terme , & leur deduiſent 3 , 4 à 6 pour cent

pour

	Prix des Marchandifes.	Tare	Deduction pour bon Poids.	Deduction pour promt Payement.

pour promt payement, ainfi chacun doit faire fes conditions en achetant.

Ducats d'or la piece . . ƒ 5¼ — — —

Il y a 2 grains de remede pour les Ducats neufs, c'eft-à-dire que quoi qu'un Ducat neuf pefe 2 grains moins que fon poids, on ne deduit rien pour cela; mais tout ce qu'il pefe de moins que lefdits 2 grains, fe deduit à raifon de 1¼ ou de 1½ fol par grain, & pour les Ducats vieux on compte 3 grains de Remede.

E.

Eau de vie
- de Cognac ∝ 9½
- de Nantes 8½
- de Bayonne 8½
- de la Rochelle 8½
- de Bourdeaux 8¼
- de Languedoc 7½
- de Provence 7¼ à 7½
- de Barcelonne 7¼ à 7½

les 30 verjes   Livres de gros   —   1 pour c.

Eau de vie de Grains l'Aam qui eft de 128 mingles   ƒ 23½ — — 1 pour c.

C'eft toujours le Vendeur qui fait verjer fes Eaux de vie à fes depens, ce qui lui coûte fuivant l'Ordonnance du 21 Janvier 1704.

Pour une piece jufques à 50 verjes . . . 3 fols

Pour une piece depuis 51 jufques à 79 verjes 6 fols

Pour une piece de 80 verjes & au deffus . 12 fols

Et

	Prix des Marchandi-ses.	Tare.	Deduction pour bon Poids.	Deduction pour promt Payement.

Et si l'Acheteur trouve la piece mal verjée après l'avoir vuidée, il peut la faire mesurer par un Mesureur Juré qui la mesure avec de l'eau , & là dessus l'Acheteur se peut faire faire la refaction de ce qui manquoit à la piece.

	Prix des Marchandi-ses.	Tare.	Deduction pour bon Poids.	Deduction pour promt Payement.
Encens la ℔ on convient pour la Tare . . .	9 à 11 sols	———	3 pour c.	1 pour c.
Etain d'Angleterre les 100 ℔ f	40	———	———	1 pour c.
Etain de Siam ⎫ les 100 ℔ f Etain de Malaca ⎬	45	———	1 pour c.	1 pour c.

Etoffes de soye des Indes, elles se vendent à la piece en florins courant ou de Banque , selon qu'on en convient.

Etoffes de soye , du Pays, comme il y en a d'une infinité de sortes aussi bien que des Etoffes de laine , il suffit de dire que quelques unes se vendent à la piece & les autres à l'aune, à tant de florins la piece , ou à tant de florins ou à tant de sols l'aune , & que les Fabriquans qui d'ordinaire donnent des credits de 4, de 6 mois ou plus , donnent encore 2, 3 à 4 pour cent de Deduction , dont il faut convenir en achetant.

F.

Fanons. Voyez Baleine.

K 3

Fer

	Prix des Marchandises.	Tare	Deduction pour bon Poids.	Deduction pour promt Payement.
Fer blanc double , ou à la Croix, le baril qui doit contenir 450 feuilles . ƒ	47½			1 pour c.
Fer blanc fimple le baril qui doit aufli contenir 450 feuilles . . . . ƒ	44½			1 pour c.
Fer de Suede en groffes barres les 100 ℔ . . ƒ	6¼			1 pour c.
Fer dito en barres ordinaires les 100 ℔ . . ƒ	6½			1 pour c.
Fer d'Efpagne, les 100 ℔ ƒ	7¼			1 pour c.
Fer en verges , de Liege les 100 ℔ . . . ƒ	6			1 pour c.
Feves pour les Chevaux , le Laft . . . œ	15 de gros			1 pour c.
Figues en barils, les 100 ℔ ƒ	7 à 9	10 p. cent	2 pour c.	2 pour c.
Figues en cabas, les 100 ℔ ƒ	8 à 9	4℔ p. cab.	2 pour c.	2 pour c.
Fil à cables , de Chanvre net le Schippont de 300 ℔ ƒ	53		1 pour c.	1 pour c.
Fil à cables de chanvre de Mofcovie, & de Hollande le Schippont de 300 ℔ ƒ	24 à 30		1 pour c.	1 pour c.
Fil à voile les 100 ℔ ƒ	20 à 21		1 pour c.	1 pour c.
Fil à coudre, fe vend à tant de fols ou à tant de florins la ℔ felon fa groffeur ou fa finef-fes, & deduit . .				2 pour c.
Fil de Coton de Tutucorin la ℔	56 a 60 fo.	1½ ℔ p. fac	1 pour c.	
Fil de Coton de Java, la ℔	27 à 42 fo.	2 ℔ p. fac	1 pour c.	
Fil de Coton de Bengale, la ℔	18 à 22 fo.	2 ℔ p. fac	1 pour c.	
Fil de Coton de Surate, la ℔	20 à 28 fo.	2 ℔ p. fac	1 pour c.	

Ces fortes de fils de Coton des Indes fe divifent en 3, 4 ou 5 fortes chacun, qui fe diftinguent par les lettres A, B, C, D, &c. ils fe vendent en argent de Banque ou en courant felon que l'on en convient.

Fil de Coton de Fielebas la ℔	15 à 16 fols	8 pour c.	2 pour c.	1 pour c.

Fil

	Prix des Marchandises.	Tare.	Deduction pour bon Poids.	Deduction pour promt Payement.
Fil de Coton d'Alep la ℔	8 à 10 ſols			
Fil de Coton de Jeruſalem, la ℔	12 à 13 ſo.	8 pour c.	2 pour c.	1 pour c.
Fil de Coton de Smirne	8 à 12 ſols			
Fil de fer, la torche qui doit peſer environ 9 ℔ _f_	31 à 34	———	———	1 pour c.
Fil de Laiton, les 100 ℔ _f_	64	———	———	2 pour c.
Fil d'or de Milan ordinaire le marc de 8 onces	104 à 110 ₰	———	la Tare eſt	
Fil d'or dito du Cocq ſur la branche le marc	115 à 115 ⅟₂ ₰	———	ſur les Bobines.	1 pour c.
Fil d'argent le marc	75 à 78 ₰	———		
Floreton de Segovie. Voyez Laines d'Eſpagne.				
Fro-ment { de Pologne	96 à 120			
de Warder, de Hengs & d'Elbing	88 à 98			
de Konigsberg	88 à 98			
de Stetin	85 à 95			
de Magdebourg & de ſa Marche	84 à 93	florins d'or le Laſt.		1 pour c.
de Voorlande	84 à 93	Voyez Grains.		
d'Angleterre	88 à 102			
de France	82 à 90			
de Flandres & Brabant	84 à 92			
du Haut Pays	86 à 94			
blanc de Flandres	92 à 98			
Futaines dites _Overkeykers_ à la Couronne la piece _f_	18	———	———	2 pour c.
Futaines, du double Lion, la piece	45 ₰	———	———	2 pour c.

G.

Galanga la ℔. on la tare au Poids	8 à 9 ſols	———	2 pour c.	1 pour c.
Gales. Voyez Noix de Gale.				

Garance

	Prix des Marchandises.	Tare.	Deduction pour bon l'oids.	Deduction pour promt Payement.
Garance fine de Zé-lande .	les 100⸱ la Tare eft fur les fu-tailles. ƒ 25 à 32			
Garance fine, non Robée .	ƒ 20 à 29	———	2 pour c.	1 pour c.
Garance inferieure	ƒ 8 à 16			
Garance courte, ou mulle .	ƒ 2 à 8			
Gerofle, la ℔ en argent de Banque . . .	75 fols	———	1 pour c.	———

La Tare eft fur les futailles qu'on apelle quarteaux ; & qu'on l'achete de la Compagnie ou des Particuliers on en paye également 75 fols de Banque de la ℔.

Gingembre blanc, les 100 ℔ ƒ 18 à 19		———	2 pour c.	1 pour c.
Gingembre bleu, les 100 ℔ 15 à 16				
les Ba- au deffous de 100 ℔ donnent 4 ℔				
les au deffus de 100 ℔ 6 ℔ de Tare.				
au deffus de 200 ℔ 8 ℔				
Gingembre confit la ℔	24 à 26 ℔	60 ℔ par baril	1 pour c.	1 pour c.
Gou-dron de Mofcovie le Laft de 13 barils de Stokholm de Wyburg de la Caroline	25 à 25½ 20 à 21 21 à 22 12 à 13	Livres de gros	———	1 pour c.
Gomme Arabique, ou de Barbarie les 100 ℔ . ƒ	21	———	1 pour c.	1 pour c.
Gomme de Senegal, les 100 ℔ ƒ	26	———	1 pour c.	1 pour c.
Gomme Adragan les 100 ℔	9 à 15 fols	———	2 pour c.	1 pour c.

On tare les futailles des Gommes au Poids.

Graine de Chanvre à batre ou à faire de l'huile de Riga, le baril ƒ	5 à 6¼	———	———	1 pour c.
de Mof-covie, le baril ƒ	4½ à 6	———	———	1 pour c.

Graine

		Prix des Marchandises.	Tare.	Deduction pour bon Poids.	Deduction pour promt Payement.
Graine de Chou	de Zélande , de Flandres & d'au delà de la Meuse, le Last . .	27 à 30½			
	d'Angleterre , le Last . .	27 à 30½	Livres de gros	—————	1 pour c.
	de Voorlande, (qui comprend les Iles de Voorn, de Goerée , & d'Overflack ,) le Last	27 à 30½			
	de Frise . . .	26 à 30			

Les Graines de Chou ci-dessus ne sont propres qu'à faire de l'huile ; car celles qui sont bonnes pour semer, se vendent à la livre, & j'ai payé pour la graine de Chou cabus à semer, depuis 14 jusques à 20 sols la ℔, deduit

				—————	1 pour c.
Graine de Lin à semer	de Riga	f 18 à 25			
	de Tiel	f 11 à 13	le	—————	1 pour c.
	de Libau	f 18 à 20	baril		
	de Memel	f 13 à 14			
Graine de Lin à battre	de Riga	f 5¼ à 6¼	les		
	de Konigsb.	f 6 à 8¼	Schepels	—————	1 pour c.

Graine de Lin à battre de France, le Last . de ℀ 27 à 33 de gros ————— 1 pour c.

Graine de Navette, le Last ℀ 26 à 29 de gros ————— 1 pour c.

Graine de Zedoar, la ℔ on la tare au Poids . . . 50 à 54 so. 2 pour c. 1 pour c.

Grains, j'ai rangé chaque sorte de Grains en leur place par ordre Alphabetique, & je les ai tous renvoyez à cet article pour éviter de repeter plusieurs fois la même chose, & pour dire ici ce qui s'observe dans les achats & ventes des grains, afin que les Acheteurs qui ne le savent pas, puissent faire à peu près un juste calcul de ce qu'ils coûtent de fraix, soit qu'on les veuille garder en grenier , soit qu'on les veuille envoyer hors du Pays.

L

II

Prix des Marchandises.	Tare.	Deduction pour bon Poids.	Deduction pour promt Payement.

Il faut donc savoir que le Vendeur ne paye que le seul Courtage de son côté qui est 6 sols par Last, & quand il a vendu une partie de Grains il donne un ordre par écrit signé de sa main à l'Acheteur ou à quelqu'un de ses Travailleurs, par lequel il ordonne de mesurer à un tel, une telle partie de Froment, de Seigle ou d'Avoine, &c. d'un tel grenier ou d'un tel vaisseau ou bateau, & lors que la Partie est mesurée, les Mesureurs lui renvoyent son ordre, après avoir mis au bas le nombre de Lasts, de Muddes, & de Schepels qu'ils ont mesuré, & le Vendeur paye 6 sols à celui qui lui raporte son billet, c'est là tout ce que paye le Vendeur.

Mais se tromperoit beaucoup si on s'imaginoit que l'Acheteur ne paye point d'autres fraix; car outre le courtage de son côté qui est aussi 6 sols par Last, il doit payer encore ce qui suit, savoir,

S'il veut mettre ses Grains en grenier il faut qu'il paye au Fermier ou *Pachter de Ronde-maat* pour les droits de la mesure ronde comme on les nomme,

du Last
{
de Froment   25 sols
de Seigle . . 16½ sols
d'Orge . . 16½ sols
d'Aveine . . 16½ sols
du Blé Sarazin 16½ sols
}
Il faut noter que l'Acheteur ne paye ce droit que lors qu'il met les grains en grenier; car il ne le paye pas s'il les envoye d'abord dehors; & que s'il a payé ce droit en mettant les grains en grenier, & qu'il les envoye ensuite hors du Pays, il s'en peut faire rembourcer par le Pachter, en lui faisant voir par le Passeport, qu'il les envoye effectivement hors du Pays.

Outre ce droit que l'Acheteur paye ou ne paye pas comme je l'explique cy-dessus, il doit compter sur les fraix suivans, qui sont à peu près égaux pour toutes sortes de Grains.

Pour sortir d'un bateau & mettre en grenier, ou sortir d'un grenier & mettre dans un bateau il en coûte suivant la hauteur du grenier depuis 20 jusques à 40 sols par Last, ainsi on peut faire son calcul à . . . . . *f* 1:10:-

Pour les fraix de bateau	-: 3:-
Pour les sacs & échelle .	-: 1:-
Pour droit qu'on apelle set gelt	-: 3:-
Pour les Mesureurs & Boisson	-: 2:-
Pour le Facteur .	-: 3:-

par Last, ce qui fait 2 florins 2 sols par Last outre le Courtage.

Voilà à peu près à quoi vont tout au moins les fraix qu'un Acheteur paye par Last de Grains, à quoy il faut ajouter, la depence des greniers qu'il est obligé de faire dans les navires par lesquels il veut les envoyer.

Guedasses

	Prix des Marchandises.	Tare.	Deduction pour bon poids.	Deduction pour promt Payement.
Guedasses de Dannemarck les 100 ℔ à 18 mois de rabat	12 à 16 ß			
de Danzick	₡50 à 70			
dito en petits barils	₡30 à 32			
de Konigsberg de la Grise d'ours	₡18 à 70	de gros	———	1 pour c.
de Riga, du miroir la meilleure	₡60à120			
dito moyenne	₡40 à 50			
dito simple	₡25 à 30			
de Moscovie bleuës dures	₡125à150			
dito blanches	₡90 à 100			
de Cassube double écurée . .	f 19 à 22			
dito simple écurée . .	f 14à15			
d'Elbing, de Stetin & de Colberg dures . .	f 16 à 20	———	———	1 pour c.
dito blanches	f 8 à 14			
d'Elbing dures bleuës	f 18 à 21			

(colonne de gauche avec accolade : Gue-dasses ; le Last à 18 mois de Rabat.)

Guinées d'or, monnoye d'Angleterre la piece . . f 11-12 so.
Guinées. Voyez Toiles de Coton.

H.

Harans	Prix des Marchandises.	Tare.	Deduction pour bon poids.	Deduction pour promt Payement.
pleins .	f 157	———	———	1 pour c.
vuidez .	f 150			
pour griller de la Marque de St. Barthemi .	le Last de 12 barils f160à165			
de la marque de Rouen	₡31 à 32	de gros	———	1 pour c.
de la Croix .	₡34 à 36			
	₡32 à 33	L 2		Harans

	Prix des Marchandises.	Tare.	Deduction pour bon Poids.	Deduction pour promt Payement.
Harans fumez, ou Harans fors le baril . . . f	10 à 11	———	———	1 pour c.

Il faut noter que lors qu'on achete le Haran on ne paye point les barils, lors qu'il eſt en futailles ordinaires de 12 au Laſt ; mais ſi on le veut faire mettre dans des barils plus grands ou plus petits, l'Acheteur les paye.

Huile de Baleine les 12 Stekans . . . f	55	———	———	1 pour c.
Huile de Chanvre, l'Aam de 128 mingles . f	44	———	———	1 pour c.
Huile de Laurier, les 100 ℔ f	70 à 80	20 p.cent	3 pour c.	1 pour c.
Huile de Lin, l'Aam . f	40 à 41	———	———	1 pour c.
Huile de Navette, l'Aam f	28 à 29	———	———	1 pour c.
Huile d'Olive de Genes le Tonneau de 717 mingles ∝	84 à 86	———	———	1 pour c.
Huile d'Olive de Seville le tonneau comme deſſus ∝	55 à 56	———	———	1 pour c.

I.

Jalap, la ℔, on le tare au Poids	32 à 34 ſo.	———	2 pour c.	1 pour c.
Indigo, cirquees la ℔ en argent de Banque ſe tare au Poids	25 à 35 ſo.	———	1 pour c.	1 pour c.
Indigo Guatimalo { en Caiſſes, la ℔	50 à 60 ſo.	45 ℔ par Caiſſe.	} 1 p. cent	1 pour c.
en Serons, la ℔	50 à 60 ſo.	28 ℔ par feron.		1 pour c.
en Barils, la ℔ on tare les barils	45 à 90 ſo.	———	1 pour c.	1 pour c.

Si les Serons font envelopez de nattes ils donnent 30 ℔ de tare au lieu de 28 ℔

Indigo de la Jamaïque la ℔, on le tare au Poids . .	45 à 55 ſo.	———	1 pour c.	1 pour c.

Indigo

	Prix des Marchandises.	Tare.	Deduction pour bon Poids.	Deduction pour promt Payement.
Indigo de Java, la ℔ en argent de Banque, se tare au Poids	40 à 75 so.	⸺	1 pour c.	1 pour c.
Indigo Lauro la ℔ en Banque, se tare au Poids . .	14½ à 15½ ß	⸺	1 pour c.	1 pour c.
Indigo de St. Domingue, la ℔ se tare au Poids . .	50 à 60 so.	⸺	1 pour c.	1 pour c.

Tous les Indigos donnent premierement 2 pour cent pour la poussiere, & ensuite on deduit le 1 pour cent de bon Poids & le 1 pour cent promt Payement marqué ci-dessus.

L.

			Prix	Tare	Deduction pour bon Poids	Deduction pour promt Payement
Laine d'agneaux d'Espagne dite Agnelins	de Segovie lavée	les 100 ℔ en argent courant à 21 mois de rabat	f 115 à 120		14 p. cent	1 pour c.
	Sor : de Segovie		f 105 à 110			
	de Soria		f 95 à 110			
	de Segovie non lavée		f 65 à 70			
	Sor: Segovie idem		f 60 à 64			
	de Soria id.		f 55 à 58			
	de Moline & de Castille .		f 35 à 46			
	d' Albassir & de Navarre .		f 30 à 45			
Laine d'Agnelins	de Pologne	la ℔ en courant, à 15 mois de rabat.	11 à 20 so.		5 pour c.	1 pour c.
	de Thoorn		10 à 10½ so.			

Laines

		Prix des Marchandises.	Tare.	Deduction pour bon Poids.	Deduction pour promt Payement.
Laines d'Allemagne	de Roftock & de Gripswalde .	ƒ 44 à 45			
	de Stralſond & d'Anclam .	{ il n'y en a pas preſentement			
	de Stetin	les 100 ℔ à 15 mois de Rabat.			
	de Thoorn de Dantzick	ƒ 46 à 51	ſ pour c.	———	1 pour c.
	& de Pruſſe de Colberg	{ il n'y en a pas.			
	de Lunebourg & de Breme .	ƒ 30 à 33			

Laine d'Eté de Pologne la ℔ à 15 mois de rabat   9 à 11 ſols   ſ pour c. ——— 1 pour c.

Laine de Carmenie rouge .   44 à 46 ſo. } ſ ℔ par
Laine dito blanche . .   32 à 39 ſo. } Bale.   1 pour c.   1 pour c.

Laines d'Eſpagne	de Segovie ſuperfin	30 à 41 ſ.	
	dito fine .	36 à 37 ſ.	
	dito ordinaire .	30 à 34 ſ.	
	fine de Burgos .	31 à 32 ſ.	
	dito ordinaire .	30 à 31 ſ.	la ℔ en argent de Banque à 21 mois de Rabat.
	Soria Segoviane .	32 à 33 ſ.	
	de los Rios de Lombreros .	32 à 33 ſ.	
	Alberſine grande	28 à 29 ſ.	
	dito fine	25 à 26 ſ.	
	dito petite	27 à 28 ſ.	
	Caſſeres	21 à 22 ſ.	
	Seguença	27 à 28 ſ.	
	Segoviane	30 à 31 ſ.	

On deduit premierement la Tare qui eſt marquée ſur les Bales, après quoi on donne 24 ℔ de Tare ſur 175 ℔. & on en deduit 21 mois de Rabat & 1 pour cent promt Payement. Les Vendeurs ne prétendent donner que 14 pour cent de Tare en tout pour les communes, c'eſt-pourquoy il faut conditioner la Tare, en achetant ſi on veut l'avoir comme je la marque ci-deſſus.

Lai-

| | Prix des Marchandises. | Tare. | Deduction pour bon poids. | Deduction pour promt Payement. |

Laines d'Espagne

- Seguença — 21 à 30 f.
- Quença . — 23 à 24 f.
- Cabeſſe de Buei . — 24 à 25 f.
- Serena . — 22 à 23 f.
- de Malaga — 19 à 20 f.
- Ordinaire
- de Puertos — 29 à 30 f.
- Cavalleros — 30 à 31 f.
- Molina . — 26 à 27 f.
- de Caſtille — 25 à 26 f.
- de Campo — 18 à 19 f.
- d'Eſtramadure . — 23 à 24 f.
- de Seville — 20 à 21 f.
- de Navarre — 13 à 14 f.
- d'Andalouſie . — 20 à 22 f.
- d'Eſtremadure . — 22 à 23 f.
- de Trixilo — 24 à 25 f.

la ℔ en argent de Banque à 21 mois de Rabat

On deduit premierement la Tare qui eſt marquée ſur les Bales, après quoi on donne 24 ℔ de Tare ſur 175 ℔. & on en deduit 21 mois de Rabat & 1 pour cent promt Payement.

Les Vendeurs ne prétendent donner que 14 pour cent de Tare en tout pour les communes, c'eſt-pourquoy il faut conditioner la Tare, en achetant ſi on veut l'avoir comme je la marque ci-deſſus.

Laines de Portugal, elles ſe vendent de 22 à 28 ſols la ℔ en argent de Banque & 21 mois de Rabat & 1 pour cent de promt Payement : mais il eſt bon d'en regler la Tare en achetant, parce que les Vendeurs ne prétendent donner que 14 pour cent de Tare pour tout, au lieu qu'elles ont donné ordinairement la même Tare que les Laines d'Eſpagne fines, c'eſt-à-dire 24 ℔ ſur 175 ℔ outre la Tare des ſacs.

Laiton. Voyez Cuivre jaune.

Lins , les Lins ſe vendent à tant de florins le Schippont

de

	Prix des Marchandises.	Tare	Deduction pour bon Poids.	Deduction pour promt Payement.
de 300 ℔ lors qu'ils ne font point peignez; celui de Memel vaut à present . *f*	46	————	2 pour c.	1 pour c.
Celui de trois cordons, ou drie bands . . . *f*	33 à 36	————	2 pour c.	1 pour c.
Mais les lins peignez fe vendent à tant de fols la ℔, & il y en a depuis 4 fols jufques à 4 florins la ℔ .	————	————	————	1 pour c.
Louïs d'or vieux ⎫ la piece . ⎬ avec 3 grains	*f* 9 : 8 ¾ ſt.	————	————	————
Louïs d'or neufs ⎭ de remede au foleil	*f* 11½ à *f* 11:11ſ.	————	————	————

M.

	Prix des Marchandises.	Tare	Deduction pour bon Poids.	Deduction pour promt Payement.
Macis ou Fleur de Mufcade la ℔ en banque . .	20 à 20⅛ß	————	————	1 pour c.
La Tare eſt fur les Tonneaux ou Quartaux				
Maniguete la ℔, la Tare qui eſt fur les bales . .	4½ß	————	2 pour c.	2 pour c.
Manne la ℔ on la tare au Poids de 26 à 65 ſ.		————	2 pour c.	1 pour c.
Maſtic la ℔ idem . .	25 à 27 ſ.	————	2 pour c.	1 pour c.
Méche les 100 ℔ .	*f* 6 : 10	————	————	1 pour c.
Merluche. Voyez Stokvis.				
Metil ou Meteil, Melange de Froment & Seigle le Laſt. Voyez Grains. . .	75 à 85 fl. d'or	————	————	1 pour c.
Mexicanes. Voyez Piaſtres.				
Miel de Bourdeaux, le Tonneau de 4 Bariques ou de 6 Tierſſons, qui ne fe pefent pas, fe vendant au Tonneau . . . ∝	36 dito	12 pour cent	————	1 pour c.
Miel ⎰ de Bayonne ⎱ de Bretagne ⎰ les 100 ℔ ⎰ de Marſeille ⎱	*f* 8¾ à 9 *f* 8¾ à 9 *f* 13½ à 15½	pour les Bariques & 14 p. cent pour les Tierſons. 20 pour cent	1 pour c. 1 pour c.	1 pour c. 1 pour c. 1 pour c.
Miel de Hambourg la Tonne de 330 ℔ brut . .	*f* 23 à 25	————	————	1 pour c.

Miel

	Prix des Marchandises.	Tare.	Deduction pour bon Poids.	Deduction pour promt Payement.
Miel du Pays ou de Hollande la Tonne de 330 ℔ brut *f*	25 à 25½	——	——	1 pour c.
Mini, les 100 ℔ . . *f*	7 à 7¼	3 pour c.	1 pour c.	1 pour c.
Mirrhe la ℔ on la tare au Poids	10 à 30 ſ.	——	2 pour c.	1 pour c.
Mitraille de cuivre rouge les 100 ℔. on tare les futailles *f*	58	——	——	1 pour c.
Mitraille de cuivre jaune les 100 ℔ idem . . *f*	47	——	——	1 pour c.
Monnoye de Suede. Voyez Cuivre.				
Moſcovades. Voyez Sucres du Brezil.				
Muets. Voyez Vins.				
Muſcade la ℔ en Banque, la Tare eſt ſur les quartaux	75 ſt.	——	——	1 pour c.

Muſc { de Tonquin, en Veſſies } l'once	*f* 5 à 6	——	——	1 pour c.
{ dito hors des Veſſies . }	*f* 8 à 9	——	——	1 pour c.
{ de Bengale }	*f* 4 à 5	——	——	1 pour c.

Il vient quelquefois du Muſc de Moſcovie qui a l'odeur extrêmement forte; mais elle s'évapore fort facilement, il vaut de 40 à 50 ſt. l'once.

N.

Noix de { d'Alep } les	*f* 40 à 44	6℔ p.bale	1 pour c.	1 pour c.
Galle { de Smirne } 100 ℔	*f* 38 à 41	8℔ p.bale	1 pour c.	1 pour c.

Noix Muſcade. Voyez Muſcade.

O.

Opium la ℔. on le tare au Poids . . .	75 à 80 ſt.	——	2 pour c.	1 pour c.
Or en lingots ou en barres le				

	Prix des Marchandises.	Tare	Deduction pour bon Poids.	Deduction pour promt Payement.

Marc fin en eſt reglé à
f 355, & on donne de 5
à 7 pour cent d'augmenta-
tion, qu'on appelle agio,
l'agio en eſt à preſent à 6
pour cent, c'eſt-à-dire,
que le Marc vaut f 376 : 6

Orge, comme il n'y a point
encore d'Orge nouveau, il
n'y a aucun prix dans le
prix courant, il vaut dans
un tems ordinaire de 50 à
70 florins d'or le Laſt, &
donne 1 pour cent pour
toute deduction. Voyez
Grains . . . — — — 1 pour c.

P.

Papier, le Papier ſe vend à
tant de ſols ou de florins la
Rame, ſuivant qu'il eſt
blanc, grand ou petit; on
en péſe une Rame ou deux
après en avoir examiné la
qualité, afin d'en mieux
connoître la force & la bonté, il donne pour toute deduction . . . — — — 1 pour c.

Peaux ou Cuirs non preparez
de Caraques, de 30 à 32 ℔ Piece — 6½ ſ.
dits de 26 à 28 ℔ — 6 à 6¼ ſ.
dits de Vache, de 18 à 22 ℔ la ℔ — 5¼ ſ. — 2 ℔ la piece — 1 pour c.
du Brezil coupez de 36 à 38 ℔ — 6½ à 6¾ ſ.
dits avec les Tetes de 46 à 48 ℔ — 5½ à 6¼ ſ.

de

		Prix des Marchandises.	Tare.	Deduction pour bon Poids.	Deduction pour promt Payement.
Peaux ou Cuirs non preparez	de la Havane de 36 à 38 ℔	6½ fols			
	dits de 26 à 28 ℔	6 fols			
	dits de 22 à 23 ℔	5½ fols			
	dits de vache de St. Domingue de 36 à 38 ℔	4 à 5½ fols			
		6 à 6½ fols			
	dits de 26 à 28 ℔	5½ fols			
	dits de vache de la Banque de Danzick d'Eté la ℔	4 à 5½ fols	2 ℔ la piece	————	1 pour c.
		5½ à 6 fols			
	dits d'Automne	5¼ à 5½ fol.			
	de Geniffes & Veaux	3½ à 4 fols			
	de Danemarck	3¾ à 4 fols			
	de Bœufs falez du Pays de 65 à 70 ℔	2½ à 2¾ fo.			
	de vaches falez du Pays de 60 à 65 ℔	2¾ à 2¼ fo.			
Peaux de Boeuf falées	de Corck d'Eté de 70 à 75 ℔	f 16 à 16½	8 ℔ la piece	————	1 pour c.
	dits d'Automne de 70 à 75 ℔ les 100 ℔	f 15 à 15½			
	dits de 60 à 65 ℔	f 13½			
	de Dublin de 70 à 75 ℔	f 12½ à 13			
	dits de 60 à 65 ℔	f 11½			
Peaux de Caftor la ℔		25 à 30 f.	2 ℔ par bale p. l'embalage. 1 ℔ p. bale p. les cordes	1 pour c.	1 pour c.
Peaux de Chien marin la Piece		9 à 12 fo.	————	————	1 pour c.
Peaux de veau de Bretagne				.	les

M 2

	Prix des Marchandises.	Tare.	Deduction pour bon Poids.	Deduction pour promt Payement.
les 100 de 104 . *f* 25 à 32		▬▬▬	▬▬	2 pour c.
Peaux d'Ours la Piece . *f* 24 à 30		▬▬▬	▬	1 pour c.

Peaux { de Lievres / blanches { de Mofcovie { le cent de 104 *f* 6 à 7

dito grifes { le cent de 104 *f* 24 à 28 ▬▬▬ ▬▬ 1 pour c.

de Renard } la piece 30 à 40 f.

Il y a des Peaux de Renard de Mofcovie qui valent jufques à 5 à 600 florins la piece, ainfi celles de 30 à 40 fols piece, ne font que des plus communes.

Perles, les groffes Perles fe vendent à la Piece ou au Colier, le prix s'en regle tant fur leur beauté que fur leur groffeur . . ▬▬▬ ▬▬▬ ▬▬ 1 pour c.

Perles à piler Orientales . . } l'once { *f* 9 à 10 ▬▬ ▬▬ 1 pour c.

Perles à piler Occidentales . } de 6 à 90 f. ▬▬ ▬▬ 1 pour c.

Piaftres dites Pilares, le Marc en courant . . *f* 23½ ▬▬ ▬▬ ▬▬

Piaftres dites Mexicanes, le Marc en Banque *f* 22: 10 f. ▬▬ ▬▬

Piftoles d'Efpagne, la Piece *f* 9: 6½ à 7 f. ▬▬

Planches de Chriftiaan le 100 de 126 Planches *f* 58 ▬▬▬ ▬▬

Planches de Cooperwyk, le 100 de 132 Planches *f* 65 ▬▬▬ } 1 p. c.

Planches du Nord, le 100 de 132 Planches . *f* 48 ▬▬▬

Planches de Wefterwyk, le 100 de 124 Planches . *f* 60 ▬▬▬ }

Plomb, les 100 ℔ . 21 ß ▬▬ ▬▬ 1 pour c.

Plumes à écrire brutes le millier . . . de 16 f. à *f* 4 ▬▬ ▬▬ 1 pour c.

Plumes

	Prix des Marchandises.	Tare.	Deduction pour bon poids.	Deduction pour promt Payement.
Plumes à écrire les 100 dc	8 à 40 fo.	———	———	1 pour c.
Plumes à lits les 100 ℔ f	25 à 38	6 pour c.	———	1 pour c.
Poeles de fer les 100 ℔ f	16	———	———	1 pour c.
Poil de Chameau d'Alep la ℔	24 à 35 f.	12 p.cent	1 pour c.	1 pour c.
Poil de Chameau de Smirne la ℔	12 à 16 f.	14 p.cent	1 pour c.	1 pour c.
Poivre blanc la ℔ en Banque	38 à 45 g	4 ℔ par b.	———	———
Poivre brun la ℔ en Banque	19 g	5 ℔ par b.	———	———
Poivre long la ℔ on le tare au Poids	16 à 18 f.	———	2 pour c.	1 pour c.

Poix, il en vient de divers endroits, comme de Stokholm,
de Wybourg, de Chriftiaan-
ftad, de Carelshave, de
Wefterwyk, de Calmar &
de la Caroline : elle fe vend
au Laft de 12 barils, à tant
de Livres de Gros le Laft,
celle de Stokholm eft la plus
eftimée, & la plus chere,
il n'y en a prefque point
à prefent que de Wefter-
wyk }
de Calmar } qui vaut { ∝15 à 16 d. } ——— ... 1 pour c.
de la Caroline }   { ∝15 à 16 d. }
                           { ∝12 à 12½ d. }

Poix Réfine rafinée jaune les 100 ℔   f   5 }
Poix Réfine rafinée brune les 100 ℔   f   4¾ }   2 pour c.   1 pour c.

Potaffe {
de Dantzick   38 à 58 ℔
de Conigsb.   38 à 50 ℔
de Riga   36 à 44 ℔
de Mofcovie
  la meilleure | les 100 ℔ à 18 mois de Rabat
dito moyenne
dito commu-
  ne
Calcinée d'-
  Allemagne   40 à 46 ℔
de Danemark
fine
}

M 3   Potin

	Prix des Marchandises.	Tare.	Deduction pour bon Poids.	Deduction pour promt Payement.
Potin jaune les 100 ℔ . on tare les	ƒ 41 : -	——	——	1 pour c.
Potin gris les 100 ℔ . futailles	ƒ 38	——	——	1 pour c.
Pots de fer les 100 ℔ .	ƒ 6 : 10	——	——	1 pour c.
Poudre à Canon les 100 ℔ l'Acheteur paye les barils que l'on tare avant que de les remplir . . . ƒ	24	——	——	1 pour c.
Poutres, les Poutres tant de bois de Chéne que de Sapin ou autres bois, se vendent à tant de florins la Piece, & deduisent 1 pour cent pour promt Payement.				
Prunes longues les 100 ℔	18 à 19 ß	18 p. cent	2 pour c.	1 pour c.
Prunes rondes les 100 ℔ ƒ	8½ à 9¼	18 p. cent	2 pour c.	1 pour c.

Q.

	Prix des Marchandises.	Tare.	Deduction pour bon Poids.	Deduction pour promt Payement.
Quinquina la ℔ . .	36 à 54 s.	12 & 14 par Seron	2 pour c.	1 pour c.

R.

	Prix des Marchandises.	Tare.	Deduction pour bon Poids.	Deduction pour promt Payement.
Raffade, ou grains de verre la ℔ . . .	4 à 12 so.	——	——	1 pour c.
Racine de Quina. Voyez Quinquina				
Rafinade. Voyez Sucres.				
Raisins de Corinthe les 100 ℔ ƒ	6 à 17	16 p. cent	2 pour c.	2 pour c.
Raisins { longs les 100 ℔ ƒ	11 à 11½	10 p. cent	2 pour c.	2 pour c.
Raisins { ronds de Cabas ƒ	7 à 8	——	——	1 pour c.
Résine. Voyez Poix Résine.				
Ris { de Milan . .	30 ß	4 ℔ par s.	2 pour c.	2 pour c.
Ris { submergé . les	33 ß	4 ℔ par s.	2 pour c.	2 pour c.
Ris { de Verone . 100	35 ß	4 ℔ par s.	2 p. cent	2 pour c.
Ris { de la Caroline, on ℔ tare les barils	28 ß	——	1 pour c.	1 pour c.
Rixdales d'Hollande à la Croix				

la

	Prix des Marchandises.	Tare.	Deduction pour bon Poids.	Deduction pour prompt Payement.

la Piece 50 sols courant & ¼ pour cent de surplus ou d'agio.

Rocou la ℔ . . . | 12 à 14 f. | 20 p.cent | 1 pour c. | 1 pour c.
Les 20 p.c. de tare se donnent pour les barils, & s'il est en pains on donne en outre 3 à 4 pour cent de tare pour les feuilles, selon qu'on en convient

Rubarbe du Levant la ℔ . . } on la tare au Poids | f 5 à 8 | —— | 2 pour c. | 1 pour c.

Rubarbe de Moscovie la ℔ . } re au Poids | f 3 à 5 | —— | 2 pour c. | 1 pour c.

S.

Safran { Gatinois nouveau / dito vieux / de Montauban / d'Espagne } la ℔, se tare au Poids | f 18½ à 19 / f 18 / f 18 / f 6½ à 8 | { ½ ℔ par sac de 50 ℔ ou ¼ p. cent par sac de 25 ℔ } | —— | 1 pour c.

Sal Armoniac la ℔ se tare au Poids . . . | 20 à 23 f. | —— | 2 pour c. | 1 pour c.

Salpetre les 100 ℔ en Banque, la Tare est sur les futailles | f 23 | —— | —— | 1 pour c.

Sal separeille la ℔, se tare au Poids . . . | 15 à 38 f. | —— | 2 pour c. | 1 pour c.

Satins des Indes, la Piece tant unis qu'à fleurs . f | 11½ à 13 | —— | —— | 1 pour c.

Satins d'Italie l'Aune, à 18 mois de Rabat. Voyez Armoisins de Luques . . | 7 à 8 s | —— | —— | 1 pour c.

Sa-von { d'Alicant les 100 ℔ f 21 à 22 | 30 ℔ par Caisse | 2 pour c. | 2 pour c.

de Marseille, les 100 ℔ on donne 2 ℔ de plus par caisse de Tare que celle qui est sur les caisses | f 21½ à 22 | —— | 2 pour c. | 2 pour c. Savon

	Prix des Marchandises.	Tare	Deduction pour bon Poids.	Deduction pour promt Payement.
Savon de Genes les 100 ℔, la Tare est comme des Caisses de Marseille . . *f*	21 à 22	▬▬▬	2½ pour c.	2 pour c.
Scammonée la ℔. se tare au Poids . . . *f*	6 à 9	▬▬▬	2 p. cent.	1 pour c.
Sec. Voyez Vins				
Séné, la ℔, se tare au Poids	10 à 12 s.	▬▬▬	2 pour c.	1 pour c.

Seigle { de Prusse / de Conigsberg / de Magdebourg / de France . / d'Angleterre / de Brabant & de Flandres . / Sec de Moscovie ou d'ailleurs } le Last. Voy. grains

	Prix des Marchandises.	Tare	Deduction pour bon Poids.	Deduction pour promt Payement.
	78 à 85			
	74 à 84			
	72 à 80			
	78 à 80	flor. d'or	▬▬▬	1 pour c.
	78 à 80			
	77 à 81			
	72 à 77			

Serges { blanches de Leyde / dites Overkeykers / dechuës . / à 3 Plombs / à 2 Plombs } la piece

	Prix des Marchandises.	Tare	Deduction pour bon Poids.	Deduction pour promt Payement.
	f 55 à 56			
	f 53 à 54	▬▬▬		2 pour c.
	f 32			
	f 32			

	Prix des Marchandises.	Tare	Deduction pour bon Poids.	Deduction pour promt Payement.
Seruse les 100 ℔, la Tare est sur les bariques . .	*f* 8	▬▬▬	1 pour c.	1 pour c.
Sirop blanc, ou de Sucre Royal la ℔, on tare les futailles	7¼ ℔	▬▬▬	1 pour c.	1 pour c.
Sirop brun du Pays, la Tare est sur la barique . .	20¾ ℔			
Sirop brun de France les 100 ℔	21 à 21½ ℔	10 p.cent	2 pour c.	2 pour c.
Sirop brun de Hambourg, la Tare est sur les bariques	20 ℔			
Soufre cru, les 100 ℔. se tare au Poids . .	*f* 6	▬▬▬	1 pour c.	1 pour c.
Soufre rafiné, les 100 ℔ se tare au Poids . .	*f* 7	▬▬▬	1 pour c.	1 pour c.

Soyes

	Prix des Marchandises.	Tare.	Deduction pour bon Poids.	Deduction pour promt Payement.

Organcin de Bologne premiere forte	58 à 60 ß
dito seconde forte . .	55 à 57 ß
Meliorati .	51 à 54 ß
troisieme forte	47 à 49 ß
Organcin de Turin premiere forte	56 à 58
dito seconde forte . .	51 à 53

Soyes d'Italie

Organcin de Bergame premiere forte	la ℔ Poids d'Anvers & 33 mois de rabat.	46 à 47
dito seconde forte . .		41 à 44
dito Trame		36 à 37
Organcin de Milan . .		36 à 38
dito Trame		33 à 35
Cartesiene à la Boulonoise 1. forte		47 à 49
dito seconde forte . .		44 à 45
dito Miliorati		40 à 42
de Venise, premiere forte		45 à 47
dito seconde forte . .		42 à 44
de Regio		40 à 45
de Plaisance .		38 à 41
Organcin de Modene .		45 à 48 ß

Les bales qui pesent de 100 à 149 ℔ donnent de Tare 3 ℔ de 150 à 199 ℔ . 5 ℔ de 200 ℔ & au dessus . 6 ℔ par bale, & 2 ℔ par bale pour bon Poids, & 1 pour cent promt Payement.

N

Soyes

			Prix des Marchandises.	Tare.	Deduction pour bon Poids.	Deduction pour promt Payement.

Soyes Crues du Levant	Cerbafi de Smirne		$31\frac{1}{2}$ ℔	Les bales donnent 12 ℔ de Tare lors qu'elles se pesent avec les cordes, ou 6 ℔ par bale fans les cordes, 1 pour cent bon poids & 1 pour c. promt Payement.		
	dito d'Alep		30 ℔			
	Burma Legios		27 ℔			
	Ardaffette		21			
	bonne Ardaffe	la ℔ Poids d'Amfterd. à 33 mois de Rabat.	11 à 12 ℔			
	dito commune		10			
	de Meffine		24 à 25			
	de Morée		19 à 21			
	de Valence		26 à 27			
	Birotine		32			
	de Tripoli		27			
	d'Antioche		26			
	de Chipre		25			
	de Biaffe		24			

Soyes des Indes Orientales	Tanni de Bengale lettre A		22 ℔	La Compagnie donne $1\frac{1}{2}$ ℔ par fac pour la Tare, exepté pour celles de la Chine qui se pesent fans facs, & deduit 1 pour cent pour bon Poids.		
	lettre B		$24\frac{1}{4}$ ℔			
	lettre C		23			
	lettre D		$20\frac{1}{2}$			
	lettre E	la ℔ Poids d'Anvers en argent de Banque	19			
	lettre F		17			
	Cabeffe de more		$21\frac{1}{2}$			
	dito ordinaire		$18\frac{1}{2}$			
	Bariga de more		$21\frac{1}{2}$			
	dito ordinaire		$16\frac{1}{2}$			
	de Perfe		19 à 21			
	de la Chine		$19\frac{1}{2}$ ℔			

Stokvis, qui eft un Poiffon fec, efpece de Moruë, dont on mange beaucoup fur les Navires, le rond les 100 ℔   f 8.9 à 10 —— 1 pour c.   1 pour c.

le long les 100 ℔   f 8 à 11 —— 1 pour c.   1 pour c.

le court dit Rootfchaar les 100 ℔   f 6 à 8 —— 1 pour c.   1 pour c.

                                                       Suc

	Prix des Marchandises.	Tare.	Deduction pour bon Poids.	Deduction pour promt Payement.
Suc de Reglisse les 100 ℔ se tare au Poids . .	f 19à22	———	2 pour c.	1 pour c.
Sucre du Brezil blanc la ℔. la tare en est comme du brun	11 à 13 ℔	———	1 pour c.	1 pour c.
Sucre du Brezil brun dit Moscovade la ℔ à 18 mois de Rabat . .	7 à 9 ℔	———	1 pour c.	1 pour c.
les Caisses longues donnent 240 ℔ de Tares — courtes . . . 190 ℔				
Sucre des Indes Orientales la ℔ . . .	10 ℔	———	1 pour c.	1 pour c.
les Caisses sont tarées & la tare y est dessus. mais les Canastes donnent 26 ℔ de tare.				
Sucre des Barbades la ℔ .	6¼à7½℔	———	1 pour c.	1 pour c.
les bariques pesent, jusques à 899 ℔. donnent 150 ℔ de tare par barique, & pesant 900 ℔ & au dessus, 16 pour cent les demi bariques donnent 20 pour cent de tare.				
Sucre { de St. Domingue / d'Antegoa / de la Martinique } la ℔	5¼à6¼℔ / 5 à 6℔ / 5¼à6℔	———	1 pour c.	1 pour c.
les bariques pesant 500 ℔ & au dessus donnent 18 pour cent de tare, & au dessous de 500 ℔ 90 ℔ par barique. les barils au dessus de 250 ℔ donnent aussi 18 p. c. & au dessous de 250 ℔ 45 ℔ par baril.				
Sucre de Surinam la ℔ .	5 à 7¼℔	———	1 pour c.	1 pour c.
les bariques pesant au dessus de 600 ℔ donnent 20 p. c.				

de

	Prix des Marchandises.	Tare.	Deduction pour bon Poids.	Deduction pour promt Payement.
de tare, & au dessus de 600 ℔ 120 ℔ par barique.				
Sucre en Pains la ℔. on tare les Tonneaux . .	11 à 16½ ß	———	1 pour c.	1 pour c.
Sucre Candi blanc la ℔ net	19 à 25 ß	———	1 pour c.	1 pour c.
Sucre Candi brun la ℔ net	14¼ à 15¼ ß	———	1 pour c.	1 pour c.
Suif du Pays les 100 ℔. les barils sont tous tarez . *f*	20	———	1 pour c.	1 pour c.
Suif d'Irlande les 100 ℔ *f*	17 à 18¼	16 p. cent	1 pour c.	1 pour c.
Suif de Moscovie les 100 ℔ *f*	14 à 19	16 p. cent	1 pour c.	1 pour c.
Suif d'Allemagne les 100 ℔ *f*	15 à 19	16 p. cent	1 pour c.	1 pour c.
Sumac de Port à Port les 100 ℔	21 à 23 ß	4 pour c.	1 pour c.	1 pour c.

T.

	Prix des Marchandises.	Tare.	Deduction pour bon Poids.	Deduction pour promt Payement.
Tabac en feuilles de Virginie la ℔. on tare les futailles . .	3 à 8 f.	8 pour c. pour les cotes.	2 pour c.	1 pour c.
Tabac en feuilles de la Havane les 100 ℔. on tare les futailles *f*	28 à 46	8 pour c. pour les cotes.	2 pour c.	1 pour c.
Tabac en feuilles du Pays, les 100 ℔ . *f*	5, 7, 12 à 25	———	1 pour c.	1 pour c.
Tabac en corde ou en rouleaux de Verines la ℔ . depuis	10 à 120 f.	1 ℔ par rouleau.	2 p. cent	1 pour c.
Tabac en corde du Brezil la ℔ . .	12 à 15 f.	6 ℔ par seron.	2 pour c.	1 pour c.
Tabac en corde du Pays les 100 ℔. on le tare. *f*	18 à 25	———	1 pour c.	1 pour c.
Tabac en Poudre la ℔ . . les bales où il y a double embalage donnent 8 ℔ de tare, mais s'il n'y a qu'un embalage, la bale ne donne que 4 ℔ de tare.	5 à 10 f.	8 ℔ p. bale.	2 pour c.	2 pour c.

Taffetas

	Prix des Marchandises.	Tare.	Deduction pour bon Poids.	Deduction pour promt Payement.

Taffetas
- de Bologne — 21 à 23 ß
- de Florence
- de ¾ de large dit Armoiſin — 33 à 38 ₰
- noir à la Genoiſe de 8 braſſes, ¾ de large (l'aune à 18 mois de Rabat. Voyez Armoiſins de Luques.) — 8¼ à 9¼ ß
- dit de 9 braſſes à la ℔ de ¾ — 8¼ à 8½ ₰
- dito de 10 braſſes à la ℔ de ¾ — 33 à 36 ß

... le tout : 2 pour c.

Tartre (les 100 ℔ ſe tare au Poids)
- d'Allemagne — f 21 à 24 — — — 1 pour c. — 1 pour c.
- d'Italie — f 9 à 13

Terbentine (les 100 ℔)
- de Venise — f 26 à 30 — 20 p. cent — 3 pour c. — 1 pour c.
- de Bourdeaux — 15 à 16 ₰ — 90 ℔ par barique — 2 pour c. — 2 pour c.
- de Bayonne — 14 à 15 ₰ — 120 ℔ par barique — 2 pour c. — 2 pour c.
- de Baſton — 11 à 12 — 60 ℔ par baril. — 1 pour c. — 1 pour c.

J'ai donné auſſi 65 ℔ de tare par baril pour celle de Baſton.

Thé, la ℔ — f 2 à 20 — 16 ℔ par canaſſe. — 1 pour c. — 1 pour c.

Toiles, comme il y a une grande quantité de ſortes de Toiles, il ſeroit ennuyeux de les mettre icy par ordre, je me contenterai de dire que les unes ſe vendent à l'aune, d'autres à la piece, à tant de florins la piece ou à tant de ſols l'aune en argent courant, avec 2 p. c. ou 1 p. c. de deduction pour promt payement ſelon qu'on l'accorde.

Toiles

	Prix des Marchandises.	Tare.	Deduction pour bon Poids.	Deduction pour promt Payement.

Toiles de Coton , les Toiles de Coton des Indes tant cruës que blanches, & peintes, se vendent à la piece en argent de Banque , lors qu'elles s'achetent en bales ou en parties, à tant de florins la piece, comme on le verra en detail au Chapitre où je parlerai de la Compagnie des Indes.

Toiles de Coton peintes dans ce Pays, elles se vendent à tant de sols courant l'aune depuis 6 à 8 sols, jusques à 30 ou 40 sols l'aune, & donnent 2 pour cent de deduction pour promt payement.

V.

	Prix des Marchandises.	Tare.	Deduction pour bon Poids.	Deduction pour promt Payement.
Vaches de Russie la ℔	6 à 16 sols			1 p. cent
Verd de gris, ou Verdet la ℔. les pains ne donnent point de tare	8 à 14 sols		1 p. cent	1 p. cent
Vermillon les 100 ℔. la tare est sur les barils	50 sols		1 p. cent	1 p. cent
Vins, tous les Vins de France se vendent par tonneaux de 4 bariques, depuis 8 à 10 jusques à 50 livres de gros le tonneau argent courant, & donnent 1 p. c. de deduction pour promt payement. les Vins d'Espagne les Vins du Rhin.				
Vitriol d'Angleterre les 100 ℔	62 à 65 s.	10 p. cent	2 pour c.	2 p. cent

J'ai

J'ai tâché de mettre dans cette Table la plûpart des Marchandises qui ont le plus de cours dans cette Ville, & comme je l'ai faite plus pour les Etrangers, que pour ceux qui y demeurent, je me flate que les Etrangers m'en auront autant d'obligation, qu'elle m'attirera de blame & de contradiction de la part de quelques Marchands, qui ne deduisent jamais rien à leurs Correspondans, lors qu'ils achetent quelque chose pour eux, comme j'en ai connu quelques uns. Mais comme je me suis proposé de donner une idée aussi claire que je puis, du Negoce d'Amsterdam, je n'ai pas dû omettre cette Table, afin que les Etrangers puissent sur les prix des marchandises qu'on leur marque, faire à peu près un compte juste de ce qu'elles leur couteront renduës chez eux, ou ce qu'elles pourront produire s'ils les envoyent à Amsterdam. Au reste si j'ai fait quelques abus dans les deductions tant pour le bon poids, que pour le promt payement, je ne les ai faits que sur les notes que les Courtiers m'ont données, que j'ai trouvé les plus justes, & j'en ai tiré une grande partie des comptes des marchandises que j'ai achetées & vendues moi même. Que si outre cette precaution il s'est glissé quelques fautes, j'espere qu'elles se corrigeront bien-tôt dans une seconde Edition de ce Livre. Mais comme il est parlé dans la Table qu'on vient de lire, de 15, 18, 21 & 33 mois de Rabat, je ne croi pas devoir finir ce Chapitre sans expliquer ce que ce c'est, à ceux qui ne le savent pas.

Quoi que le mot *Rabat* pris dans un sens general dans le Commerce designe toute sorte de deduction qui se fait d'une somme, il ne signifie cependant dans son sens propre & particulier, que *la somme qu'un Debiteur paye de moins à son Creancier, lors qu'il lui paye par avance, une somme qu'il ne devoit lui payer qu'au bout d'un tems limité.*

Il y a des gens qui confondent la Deduction & l'Excompte ou Disconte avec le Rabat, faisant ces trois calculs de la même maniere : plusieurs habiles Arithmeticiens soutiennent ce sentiment avec raison, & ils veulent que lors que l'on achete une marchandise à 2 pour cent de deduction, on deduise les 2 de 102 & non de 100. Mais comme j'en parlerai ci-après, je dirai seulement ici qu'à Amsterdam l'usage & la coutume prevalent sur cette opinion, & que suivant ce même usage, si on veut definir ces trois calculs tels qu'ils se font dans cette ville, il faut dire que *la Deduction est une soustraction pure & simple d'elle même qui se tire de 100 sans tems ni terme;* que l'Excompte ou Disconte, *est la soustraction d'un certain tems,* & que le Rabat *est la soustraction d'un interêt pour un tems limité qui se tire de l'interêt même ajouté à* 100, comme cela se verra plus clairement dans la suite de ce Chapitre.

Pour avoir une juste idée du Rabat, il faut savoir que dans la plûpart des Pays de la Chrétienté, l'interêt de l'argent est reglé à un prix limité, & que ceux qui exigent un interêt au delà de ce prix limité, sont

traitez

traitez & punis comme ufuriers, fi la chofe vient à la connoiffance de la
Juftice; mais comme il y a peu de Loix que l'avarice de certaines gens, a-
morcée par les befoins & les neceffitez d'autrui, ne foulent aux pieds, &
que les biens du Monde font partagez d'une maniere que beaucoup de gens en
ont plus qu'ils n'en fauroient faire valoir par eux mêmes ou par leur genie,
& qu'au contraire il s'en trouve quantité d'autres qui avec un genie particulier pour le Commerce, fe voyent fans argent & fans credit, & qu'il eft
fort naturel à ces derniers, foit par ambition foit par le defir qui eft fi naturel à tous les hommes, de fe rendre heureux, de rechercher ce qui peut
les rendre tels; ils ont recours à ceux qui font en état de leur prêter de
l'argent, ou de leur vendre des marchandifes, pour les rembourcer ou les
payer dans un certain tems, avec un interêt tel qu'ils peuvent accorder.
Or lors que ceux qui prêtent l'argent ou qui avancent les marchandifes, fe
contentent d'un interêt raifonnable & tel qu'il eft limité par les Loix, ils
ne font aucune difficulté de le faire inferer dans l'obligation ou la promeffe, qu'il font faire à celui à qui ils prêtent l'argent ou avancent la marchandife; mais lors que ceux qui font cette avance ne fe contentent pas de
l interêt ordinaire, & forcent, s'il faut ainfi dire, celui qui emprunte, à
leur accorder un interêt exorbitant dont ils auroient eux même honte s'ils
en étoient capables, & qu'ils n'oferoient faire paroître fi la chofe venoit à la
connoiffance des Juges, on a trouvé le moyen de prêter & d'emprunter de
l'argent à un interêt qui va fouvent au delà du prix limité, & cela fans
qu'il paroiffe en aucune maniere, au cas que le Prêteur foit obligé d'exiger par les voyes de la Juftice, la fomme prêtée on avancée avec ce même
interêt exorbitant, ce qui fe fait en cette maniere.

B a befoin de 1000 florins, & il s'adreffe à C pour lui prêter cette
fomme; C veut bien la lui prêter, mais non pas à raifon de 4 ou de 5
pour cent par an, tel qu'eft l'interêt permis par les Loix, mais à raifon
de 8 pour cent par an. B voyant qu'il ne peut pas trouver les 1000 florins dont il a befoin qu'à cette condition, foit par neceffité, ou par l'efperance qu'il a de faire un profit confiderable fur ces 1000 florins, les accepte à cette condition, & le marché étant conclu pour un an, B reçoit
les 1000 florins & en paffe fon obligation ou fa promeffe à C. Mais afin
qu'il ne paroiffe pas que l'interêt de cette fomme doit être payé à raifon
de 8 pour cent par an, fi C eft obligé au bout du terme, d'exiger par la
voye de la Juftice, la fomme prêtée avec l'interêt, il fait faire l'obligation
à B comme s'il avoit reçu de lui 1080 florins qu'il promet & s'engage
de lui rendre au bout d'un an, &c. Par ce moyen l'interêt exorbitant des
1000 florins à 8 p. cent eft compris pour toute l'année dans l'obligation
de B, qui eft condamné à la payer au bout de l'an par les Juges fi C eft
obligé d'exiger fon payement par cette voye, parce que les Juges ne peuvent juger que fur le contenu de l'obligation qui porte qu'il a reçu
1080

1080 florins qu'il promet de rendre ou de rembourser au bout d'un an.

C'est de ces sortes de marchez & de conditions, que le Rabat a tiré son origine , puis qu'en effet le Rabat n'est autre chose , que la somme que B payeroit de moins à C, si au lieu de le rembourser au bout de l'an , il le rembourfoit d'abord, ou au bout de 3, de 4 ou de 6 mois; car s'il le rembourfoit d'abord , il rabattroit les 80 florins qui ont été ajoûtez pour l'interest de toute une année au capital de 1000 florins ; & s'il rembourfoit au bout de 3 mois , il rabattroit des 1080 florins l'interêt de 9 mois que son obligation auroit encore à courir, & ainsi à proportion des autres termes, parce qu'il feroit fort injuste, que voulant s'acquiter au bout de trois mois , il payât les 1080 florins portez par son Obligation, puisque de cette maniere il payeroit l'interêt à raifon de 32 pour cent par an.

Ce qui appuye la consequence que je tire , que le Rabat est fondé sur un Interêt qui dans son commencement étoit ufuraire , est qu'encore aujourd'hui que l'interêt du Rabat est compté & permis dans Amsterdam à 8 fur cent par an, & même dans beaucoup d'autres Pays; quand on vend ou achette de la marchandise avec Rabat, on ne dit pas *à tant fur cent de Rabat*, mais *à tant de mois de Rabat*, ce qui se fait pour mieux cacher le prix de l'Interêt ou du Rabat, qui dans le fond , n'est qu'une même chose, & il y a beaucoup d'aparence que le mot de *Terme*, a été changé en celui de *Rabat*, à mesure que l'argent est devenu beaucoup plus abondant en Europe, qu'il ne l'étoit avant la découverte de l'Amerique par les Espagnols, car avant ce tems-là on achettoit beaucoup plus pour ne payer que dans un an , dans 15 , dans 18 , dans 27 , & dans 32 & 33 mois, que l'on ne fait à present, & ceux qui vendoient à de si longs termes, proportionnoient le prix de leurs marchandises à la longueur des termes auxquels ils vendoient, & peut-être en même tems à la bonté & à la réputation de ceux auxquels ils faifoient de si longs credits , en augmentant le prix de leurs marchandises à raifon de 6, de 8 ou de 10 pour cent par an: ainsi lors qu'ils vendoient, par exemple, de la marchandise qu'ils pouvoient donner pour 100 florins, argent comptant, lors qu'ils la vendoient, dis-je, à payer au bout d'un an , ils la vendoient 106 , 108 ou 110 florins, afin de trouver au bout de l'année l'Interêt de leur avance; mais, comme je viens de dire, à mesure que l'argent est devenu plus abondant sur tout à Amsterdam, ceux qui avoient acheté des marchandises à de si longs termes, se trouvant en état de payer avant leur échéance, & ceux qui leur avoient vendu, ayant occasion de replacer cet argent, on convenoit de rabatre un Interêt, tel qu'on pouvoit convenir, pour tout le tems que le Débiteur payoit avant l'échéance du terme. C'est de cette manière que les mots de *tant de Mois de terme* ont été changez *en tant de Mois de rabat*.

O   Car

Car à préfent, quoi que 33 Mois de Rabat foient 33 Mois de terme, on ne dit pas 33 Mois de terme, mais 33 Mois de rabat, parce que l'on entend par là qu'on payera comptant en rabatant un certain Intérêt pour les 33 Mois de la Somme qu'on feroit obligé de payer au bout de 33 Mois, fans aucun rabat.

Il y a beaucoup d'aparence qu'autrefois il fe vendoit beaucoup plus de marchandifes qu'à prefent pour de fi longs termes, & nous voyons même qu'en France il fe vend actuellement peu de marchandifes, qui ne fe vendent à des termes de 6, de 9 Mois, d'un An & plus. Mais à Amfterdam on n'a retenu cet ufage, que pour les feules marchandifes fuivantes, qui autrefois fe vendoient, comme aparemment beaucoup d'autres, à tant de Mois de terme, & qui fe vendent préfentement à tant de Mois de rabat. Savoir

Les Laines d'Allemagne		15
Les Cendres & Potaffes		18
Les Soyeries d'Italie		18
Les Sucres de Brefil, dits Mofcovades	qui fe vendent à	18 } Mois de Rabat.
Les Laines d'Efpagne		21
Les Soyes d'Italie		33

C'eft-à-dire, que ces Marchandifes fe vendent à payer comptant, en déduifant ou rabatant l'Intérêt qu'il faudroit payer au bout de 15, de 18, de 21, ou de 33 Mois, fi l'on ne payoit qu'au bout de ces termes. Et cet Intérêt qu'on apelle communément *Rabat*, eft reglé par l'ufage & par la coûtume, à raifon de 8 fur cent par An, qui font incorporez dans le prix de la marchandife, par le vendeur, lequel pouvant, par exemple, donner une marchandife pour 100 florins, argent comptant, la vend à 108 florins, s'il la vend à un An de terme, comme je l'ai déja infinué ci-deffus.

Cela étant ainfi expliqué, on n'aura pas de peine à comprendre que, pour faire la Regle du rabat, il faut chercher avant toutes chofes, à combien monte le rabat des Mois dont il eft queftion, ce qui fe fait par la Regle de Trois de cette maniére.

Si 12 Mois rabatent 8 florins, combien rabatront	{ 15 18 21 33 }	Mois? Viendra	{ 10 12 14 22 }	fur Cent.	

Mais cette Regle n'eft bonne que pour les plus novices, ou lors que le rabat eft à un autre prix qu'à 8 fur cent. Car ceux qui font accoutu-

mez

mez à faire des Regles de rabat à 8. fur Cent, s'épargne cette peine, en prenant feulement les $\frac{2}{3}$ du nombre des Mois, qui donnent d'abord le prix du rabat, parce que 8 font les $\frac{2}{3}$ de 12. De forte que fi l'on ajoute 3 mois à 12 mois, & 2 à 8, l'on aura 15 mois, & 10 fur cent, qui eft la même proportion que de 8 à 12. Ainfi

en prenant les $\frac{2}{3}$ de $\left\{\begin{array}{c} 15 \\ 18 \\ 21 \\ 33 \end{array}\right\}$ mois, il viendra également $\left\{\begin{array}{c} 10 \\ 12 \\ 14 \\ 22 \end{array}\right\}$ fur Cent, comme ci deffus.

Le prix ou la valeur des Mois du rabat, étant trouvé de la maniére que je viens de montrer, fuppofons avoir a payer une fomme de 9860 florins, à 15, à 18, à 21, ou à 33 Mois de rabat, & difons par la Regle de Trois:

Premiére Regle, à 15 Mois de Rabat.

Si 110 florins rabatent 10 florins, combien rabatront 9860 florins? Viendra f 896: 7 $\frac{7}{11}$. Mais comme le $\frac{7}{11}$ de fol ne font pas 5 Pénins, & que, comme je croi l'avoir dit ailleurs, on ne compte que par 8 Penins, en en mettant 8, s'il y en a de 6 à 12; & en paffant un fol, s'il y en a plus de 12; il ne faut rabatre des   -   -   f 9860 ci deffus que -   -   -   -   -   896: 7.

Refte à payer comptant   -   -   -   f 8963: 13.

Seconde Regle, à 18 Mois de Rabat.

Si 112 florins rabatent 12 florins, combien rabatront 9860 florins? Viendra f 1056: 8: 9 $\frac{1}{7}$, mais rabatez feulement   - f 1056: 8: 8.

Refte à payer comptant   -   -   f 8803: 11: 8.

Troifiéme Regle, à 21 Mois de Rabat.

Si 114 florins rabatent 14 florins, combien rabatront 9860 florins? Viendra f 1210: 17: 8 $\frac{42}{77}$, mais rabatez feulement   f 1210: 17: 8.

Refte à payer comptant   -   -   -   f 8649: 2: 8.

Qua-

LE NEGOCE

Quatriéme Regle, *à* 33 *Mois de Rabat.*

Si 122 florins rabatent 22 florins, combien rabatront 9860 florins?
Viendra *f* 1778: 0: 10 $\frac{22}{61}$, mais rabatez seulement *f* 1778: 0: 8.

Reste à payer comptant   -   -   -   -   -   *f* 8081: 19: 8.

La preuve des Régles de rabat se fait en calculant l'Interêt de la Somme qui reste à payer comptant, au Prix du rabat qui en a été déduit, & pour le nombre des Mois du rabat, lequel Intérêt ajoûté à la somme qui reste à payer comptant, doit rendre la même Somme de laquelle le rabat a été déduit ; comme on le peut voir par les 4 Preuves suivantes, dans lesquelles je ne m'attacherai pas à calculer les Pénins ni leurs parties aliquotes, selon les Regles d'une Aritmetique critique, pour la raison dite ci-dessus, que l'on ne compte à Amsterdam que par 8 Penins, & par un Sol.

Preuve de la premiére Regle, *à* 15 *Mois de Rabat.*

Pour *f* 9860 il reste à payer comptant   -   -   *f* 8963: 13:
Ajoutez y l'Intérêt de 15 Mois, à 8 sur 100 par An, qui
    est 10 sur 100   -   -   -   -   -   *f* 896: 7:

Viendra la Somme dont le rabat a été déduit   -   *f* 9860: 0: 0

Preuve de la seconde Regle, *à* 18 *Mois de Rabat.*

Pour *f* 8960 il reste à payer comptant   -   -   -   *f* 8803: 11: 8
Ajoutez y l'Intérêt de 18 Mois, à 8 sur 100 par An, qui
    est 12 sur 100   -   -   -   -   *f* 1056: 8: 8

Viendra la somme dont le rabat a été déduit   -   -   *f* 9860: 0: 0

Preuve de la troisiéme Regle, *à* 21 *Mois de Rabat.*

Pour *f* 9860 il reste à payer comptant   -   -   *f* 8649: 2: 8
Ajoutez y l'Intérêt de 21 Mois, à 8 sur 100 par An, qui
    est 14 sur 100   -   -   -   -   *f* 1210: 17: 8

Viendra la Somme dont le rabat a été déduit   -   *f* 9860: 0: 0

Preu-

Preuve de la quatriéme Regle, à 33 Mois de Rabat.

Pour *f* 9860 il reſte à payer comptant   -   -   *f* 8081 : 19 : 8
Ajoutez y l'Intérêt de 33 Mois, à 8 ſur 100 par An, qui
   eſt 22 ſur 100   -   -   -   -   -   *f* 1778 : 0 : 8

Viendra la Somme dont le rabat a été déduit -   -   *f* 9860 : 0 : 0

Il y a bien des Marchands qui font les Regles du rabat plus abregées que celles des exemples que je viens de donner , & on en peut voir pluſieurs dans quelques Livres d'Aritmetique. Mais outre que ces Abréviations ne ſont bonnes , que lors que le rabat eſt à un certain prix , & qu'elles ne valent rien , s'il eſt à un autre prix , je me contente des exemples que j'ai donnez, qui ſont faits ſuivant la Regle fondamentale du rabat , par laquelle on peut calculer le rabat à toutes ſortes de prix. Car ſupoſé que le Rabat ſoit à 7, à 9, à 10 ſur cent, ou à plus ou à moins ; on le trouvera toujours plus ſûrement que par toute autre voye , en diſant par la Regle de Trois,

Si 12 Mois rabatent $\left\{ \begin{array}{c} 15 \\ 18 \\ 21 \\ 33 \end{array} \right\}$ Mois? Viendra $\left\{ \begin{array}{c} 8\frac{2}{4} \\ 10\frac{1}{2} \\ 12\frac{1}{4} \\ 19\frac{2}{4} \end{array} \right\}$ ſur Cent.
7, combien rabatront

Ou autrement par les parties aliquotes.

  12 Mois rabatent   -   *f* 7 : --
   3 Mois rabatent par conſequent, *f* 1 : $\frac{3}{4}$

  15 Mois rabatent donc   -   *f* 8 : $\frac{3}{4}$ & ainſi à tous autres prix

& termes, en travaillant par la Regle de Trois, comme dans les 4 exemples que j'ai donnez

Or pour revenir à ce que j'ai dit ci-devant , qu'à Amſterdam les Marchands ne calculent pas la déduction, ni l'eſcompte ou diſcompte, en maniére de rabat ; pour en faire voir la diférence, il ſuſira de donner un ſeul exemple de chacun de ces calculs , afin d'en donner une idée aux moins experts. Pour rendre la choſe plus ſenſible , prenons la même Somme de 9860. florins, dont nous avons tiré le rabat, & ſupoſons avoir acheté pour 9860 florins de marchandiſes, à 10 pour Cent de déduction ;

ſufupofons auffi avoir efcompté une lettre de Change de 9860 florins, qui a 15 Mois à courir, à raifon de 8 pour Cent par An, je fai bien qu'il n'y a point de marchandife qui donne une fi groffe déduction, & qu'il ne s'efcompte peut-être jamais de lettres de Change, pour un fi long terme, ni à un fi gros Intérêt; mais je le fupofe ainfi pour faire voir la diférence qu'il y a d'un calcul à l'autre.

Pour trouver la déduction de 10 pour cent, des 9860 florins, il n'y a qu'à les multiplier par 10. Vient 98600, dont il faut retrancher les 2 derniéres figures, & il reftera 986 à déduire des 9860, ce qui étant fait, il reftera à payer 8874 florins. La même Operation fe peut toûjours faire en retranchant feulement le o des 9860, ou la derniére figure, lors qu'il s'agit de multiplier par 10, & de divifer par 100.

Pour trouver l'efcompte des 9860 florins, pour 15 Mois, à 8 pour Cent par An, il faut confidérer que l'Année étant compofée de 12 Mois, les 3 Mois font le quart de l'Année, & qu'en prenant le quart de l'Interêt dans la même proportion, il vient 2, qui ajoûtez à 8. font 10, qui eft l'Interêt ou l'efcompte de 15 Mois, de chaque 100 florins, comme fuit.

12 Mois donnent - - - - - 8
3 Mois font le ¼ & donnent par confequent   2
_____

15 Mois à 8 pour cent par An, donnent donc   10
_____

Ce qui étant ainfi trouvé, il n'y a plus qu'à travailler comme pour la déduction, dans l'exemple precédent, & il viendra pour l'efcomte des 15 Mois, des 9860 florins, à huit pour cent par An, 986 qui déduits du Capital, laifferont 8874 florins à payer ou à recevoir.

Comme les déductions qui fe donnent fur les marchandifes, ne vont guére à plus de 2 pour Cent, & que l'efcompte n'eft pour l'ordinaire que depuis 2½ jufques à 4 pour cent, on n'y regarde point de fi près, & on fait toujours le Calcul de l'une & de l'autre, de la maniére que je viens de faire voir. Mais fi on examine cette maniére de compter, & qu'on la compare avec la première Regle de rabat de 15 Mois, Page 88, on trouvera que la Regle de rabat eft beaucoup plus avantageufe pour celui qui reçoit l'argent, que pour celui qui le paye; puis qu'en rabattant il ne rabat que 896 florins 7 fols, & qu'en deduifant il deduit 986 florins, ce qui fait 89 florins 13 fols à fon defavantage.

Au contraire celui qui reçoit l'argent pour la lettre efcomptée de la maniére ci-deffus, perd 89 florins, 13 fols, & paye l'Interêt de l'argent qu'il reçoit, non à 10 pour cent pour 15 Mois comme il penfe, mais à 11½ pour cent, comme il eft aifé de le voir en multipliant les 8874 florins qu'il reçoit par 11½ & divifant le produit par 100.

8874

8874
11½
————
8874
8874
986
————
vient   986 | 00

ajoûtez à 8874
les - 986
————
vient - 9860 florins.

Ce qui prouve que les Aritmeticiens qui foûtiennent que les déductions &
les efcomptes fe devroient calculer comme le rabat, ont raifon; mais l'ufage n'eft pas tel à Amfterdam: cependant ceux qui ont quantité de lettres
de Change à efcompter y perdent ; car quoi que la diférence foit beaucoup moindre que ci-deffus , lorfque l'efcompte eft de 3 à 4 pour cent ,
cela ne laiffe pas de faire une fomme au bout de l'année , quand on efcompte pour de groffes fommes. En voilà affez pour donner une connoiffance fufifante du rabat , des déductions & de l'efcompte ou difcompte ;
paffons à une autre matiére.

C H A P I T R E   VIII.

Des Engagemens des Marchandifes.

IL arrive très-fouvent une fi grande quantité de marchandifes à la fois
dans Amfterdam que le prix en diminuë confidérablement. Le feul
bruit qu'on fait courir, qu'il arrivera beaucoup de marchandifes d'un
endroit , ou que certaines recoltes ont été fort abondantes dans certains
Pays, intimide tellement ceux qui ont de ces marchandifes , que chacun cherche à les vendre & à s'en défaire ; ce qui en fait tellement
baiffer le prix , qu'on ne peut les vendre qu'à une groffe perte. Les A-
cheteurs voulant fe prévaloir de la confternation de ceux qui veulent vendre , tâchent de les intimider encore davantage pour acheter à meilleur
marché , & d'autres ne veulent acheter que le moins qu'ils peuvent
dans l'efperance qu'ils acheteront à meilleur marché dans la fuite. D'autre côté, s'il y a de l'apparence qu'une forte de marchandifes dont on a une
groffe Partie, doive augmenter confidérablement dans peu de tems, & que
celui qui les a , ait cependant befoin d'argent pour d'autres affaires , il lui eft
fâcheux d'être obligé de vendre fes marchandifes, pour en faire de l'argent,
voyant une fi belle aparence de les vendre à un profit beaucoup plus confiderable, s'il pouvoit les garder encore quelque tems ; dans ces fortes
d'ocafions divers Marchands fe trouvent affez embarraffez du choix du parti qu'ils ont à prendre , qui eft de vendre à une groffe perte certaine &
récle;

réele ; ou de vendre à un petit profit, quoi qu'on voye prefque clairement qu'on en feroit un beaucoup plus gros , fi la fatale néceffité de faire de l'argent n'obligeoit pas de vendre. Mais comme le commerce trouve mille expediens bons & utiles dans Amfterdam , il s'y trouve toujours des remedes pour ces fortes d'inconveniens , & il y a quantité de groffes bourfes qui font toujours ouvertes pour fournir de l'argent à ceux qui ont des marchandifes , qu'ils ne veulent pas vendre à un prix trop defavantageux , & qui efperent d'en faire un beaucoup plus haut prix , en les gardant quelque tems. Ceux donc qui fe trouvent dans ce cas , delivrent leurs marchandifes à ceux qui leur fourniffent de l'argent , & c'eft proprement ce qui s'apelle *Engagement des marchandifes*, ou *engager des marchandifes*. Voici comment cela fe fait.

Lors que quelqu'un a opinion qu'une certaine marchandife augmentera dans quelque tems , & qu'il ne peut pas y employer tout l'argent qu'il voudroit ; ou lors que quelqu'un a une quantité de marchandifes qu'il ne peut pas fe refoudre de vendre au prix courant , & que cependant il a befoin de la plus grande partie de l'argent qu'il y a employé, il n'a qu'à s'adreffer à un Courtier qui fait en engagemens & en efcomptes , & à lui dire qu'il a telle partie de marchandifes fur laquelle il voudroit avoir une telle fomme. Le Courtier qui ne manque guére, pour peu qu'il foit expert & employé, de favoir ceux dont l'argent eft à ne rien faire, a bientôt trouvé fon homme. On marchande le prix de l'Interêt qui pour les engagemens des marchandifes eft d'ordinaire depuis 3 à 3½ jufques à 6 pour Cent par An , felon l'abondance ou la rareté de l'argent. On convient auffi du tems ou du terme de l'emprunt ; de ce que la marchandife payera de Magazinage ; & de tout ce qui convient à la qualité de la marchandife qu'on veut engager. L'accord étant fait , le Courtier en écrit l'obligation fur un Sceau, qui eft un Papier fcelé du Sceau de l'Etat comme le Papier Timbré en France, & pour le dire en paffant, les engagemens font fi communs en cette ville, qu'on trouve ces fortes d'Obligations, toutes imprimées chez la plûpart des Libraires, tant pour de l'argent de Banque que pour du courant. Comme il m'en eft paffé plufieurs par les mains & que bien des gens en ignorent le contenu, j'en vais donner ici la Traduction d'une , où je marquerai en lettre Italique tout ce qu'il faudroit que le Courtier remplît de fa main , pour qu'elle fût dans les formes ordinaires. Pour cet effet je fupoferai que j'ai 8000 ℔ de Caffé valant aujourd'hui 28. fols la ℔, lefquelles j'engage fur le pied de 25. fols , par ℔ , pour 6 Mois , à 4 pour cent d'interêt par An, & à 3 fols par balle par Mois de Magazinage, il faudra que l'Obligation que j'en fignerai, contienne ce qui fuit.

Je fouffigné confeffe par la prefente devoir loyalement à *Monfieur N. N . . . .* la Somme de *dix mille florins argent courant* pour argent comptant reçu de lui , à ma fatisfaction ; laquelle fomme *de* 10000 *florins,* je promets de payer en argent courant dans *fix Mois* après la date de la

pré-

préfente , franc & quitte de tous fraix audit Sieur N. N. ou au Porteur de la préfente , avec l'interét d'icelle , à raifon de *quatre* pour cent par An , & en cas de prolongation , jufques au payement effectif du Capital & de l'interêt , engageant pour cet effet ma perfonne & tous mes biens fans exeption d'aucun, les foumettant à tous Juges & Droits, en foi dequoi j'ai figné la préfente de ma propre main à Amfterdam ce 2 Novembre 1718.   I. P. R.

On ajoûte enfuite ce qui fuit.

Et pour plus grande affurance du contenu ci-deffus, j'ai delivré & remis au pouvoir dudit Sieur N. N. comme un gage volontaire, 16 balles de Caffé marquées I. P. R. *de numero 1 à 16, pefant 8000 ℔ ou environ, defquelles je le rends & le fais maître dès à prefent , l'autorifant de les vendre ou de les faire vendre, comme il trouvera à propos, même fans en demander aucune permiffion en Juftice, fi je ne lui paye pas la fufdite fomme, avec les interéts & les fraix, au jour de l'écheance, & au cas de prolongation, jufques à fon entier rembourfement ; Promettant de plus de lui payer trois fols par livre à chaque fois que le Caffé pourra baiffer de 2 à 3 fols par livre , & trois fols par chaque Balle par Mois pour le Magazinage, & tous autres fraix qu'il pourra faire fur lesdites 16 Balles l'afranchiffant bien expreffement de la perte ou demmage qui pourroit arriver audit Caffé foit par eau, par feu, par vol, ou par quelque autre accident prévu ou imprévu. A Amfterdam ce 2. Novembre 1718. I. P. R.*

Comme les termes de ces Obligations font un peu forts, & femblent donner trop de pouvoir à celui qui prête l'argent, il eft bon de remarquer que quoi que l'Emprunteur l'autorife de vendre, fans en demander la permiffion en Juftice, cependant il ne peut le faire qu'à fes rifques, & je ne l'ai vu faire qu'une feule fois: mais la marchandife aiant augmenté peu de tems après, celui qui avoit emprunté l'argent, obtint par fentence, que le Prêteur lui payeroit toute l'augmentation du prix de la marchandife, ce qui eft fondé fur de très-bonnes raifons, que je n'examinerai pas ici de peur de me trop étendre.

Lors que l'interêt eft haut & que l'on engage la marchandife à 6 pour Cent par An, le Prêteur prend bien garde que l'interêt ne foit pas fpécifié à 6 pour cent par An dans l'Obligation, parce qu'un tel intérêt feroit traité d'ufure en Juftice, & qu'il en couteroit une bonne amende. Mais dans ce cas on met dans l'Obligation, que l'interêt en fera payé à $\frac{1}{2}$ pour cent par Mois, ce qui eft toleré & permis, parce que de cette maniére, l'Emprunteur eft fupofé libre de retirer fa marchandife chaque Mois, & que cela merite quelque chofe de plus qu'un interêt ordinaire.

P   Les

Les Mois de Magazinage & de Cavage chez les Prêteurs se comptent d'un tantiéme à l'autre ; comme, par exemple, du premier au 28. Février, du premier au 31 Mars &c. lors qu'on les paye par Bailes, par Tonneaux ou par Pieces. Mais s'il y a affez de marchandifes pour remplir un Magazin ou une Cave, on en paye le loyer comme de tous les autres Magazins ou Caves à tant par Mois de 28 jours, ce qui fait 13 Mois dans l'Année.

Si dans deux ou trois Mois on veut retirer la marchandife que l'on a engagée pour 6 Mois, on n'en paye pas moins l'Intérêt des 6 Mois entiers au Prêteur. Cela paroît dur à l'Emprunteur qui l'ignore, mais outre que l'ufage autorife cette coûtume, il eft fort naturel de croire que puis que l'Emprunteur retire avant le tems une marchandife dont il doit payer un interét fixe, c'eft fans doute pour la vendre à un prix, où il trouve bien l'intérêt qu'il eft obligé de payer.

Si celui qui a emprunté l'argent, par exemple pour 6 Mois, n'a pas deffein de retirer fa marchandife au bout du terme, il ne doit pas manquer d'en avertir le Prêteur quelques jours d'avance, & s'ils conviennent de prolonger la Partie, pour 3, ou pour 6 Mois, on le couche au bas de l'Obligation ; car fi l'Emprunteur laiffe feulement la marchandife un jour ou deux chez le Prêteur au delà du terme, il eft cenfé être entré dans un nouveau terme ; & les Prêteurs fe croyent fondez de prétendre du moins l'interêt de 3 Mois, & le moins qu'ils prétendent eft qu'on leur paye l'interêt d'un Mois pour un jour ou deux, & cela fe paye auffi fans contradiction.

Si l'Emprunteur veut vendre fa marchandife tandis qu'elle eft engagée, le Prêteur ne peut pas refufer de la laiffer voir aux Courtiers ou Marchands qu'il envoye chez lui, fans fe montrer ridicule ; & s'il la vend à un homme bon & bien connu, dont le Prêteur foit content, le Prêteur la délivre à l'Acheteur fur un ordre par écrit que l'Emprunteur lui donne de délivrer la marchandife à un tel. Sur quoi le Prêteur la livre en fon propre nom ; & quand l'argent eft entré, il en fournit le compte à l'Emprunteur, & lui paye le furplus de fa marchandife, après en avoir déduit tous les fraix & l'interêt qui lui étoit du. Mais en pareille occafion plufieurs Prêteurs fe font payer une demi-Commiffion pour la peine qu'ils ont de livrer la marchandife, & d'en tenir compte : ainfi fi un Prêteur n'entend pas de la payer, il doit s'en expliquer avant que de faire livrer la marchandife.

Quoi que le Prêteur ne foit point obligé d'avertir l'Emprunteur, qu'il veut retirer fon argent au bout du terme, & que pareillement l'Emprunteur ne foit point obligé d'avertir le Prêteur qu'il lui rendra fon argent au bout du terme, & retirera fa marchandife, l'honnêteté & même l'ufage veulent qu'on s'avife l'un l'autre quelques jours d'avance, afin que l'Emprunteur puiffe avoir le tems de trouver de l'argent ailleurs, ou que le Prêteur puiffe

ſe avoir celui de chercher à placer ſon argent de nouveau. Dans ce cas
s'il arrive que l'Emprunteur ne puiſſe rembourſer l'argent que 7 ou 8 jours
après le terme, on ne compte l'interêt que des jours qui ſe ſont écoulez
depuis le terme & non d'un Mois entier. Cependant comme pluſieurs Prêteurs ſont fort ſur leurs intérêts, il eſt bon de les prévenir là deſſus, &
de s'accorder avec eux, lors que le cas ſe preſente.

Si le Prêteur a averti l'Emprunteur quelques jours avant le terme,
qu'il aura beſoin de ſon Argent, qu'il le veut retirer, & que l'Emprunteur
ne ſe ſoit donné aucun mouvement pour le rembourſer, le Prêteur peut
preſenter Requête aux Echevins, pour être authoriſé de vendre la marchandiſe engagée, pour le compte & aux riſques de l'Emprunteur. Cela lui eſt accordé ſi l'Emprunteur n'allégue pas des raiſons qui obligent
les Echevins d'en ordonner autrement.

Mais ſi le Prêteur obtient la permiſſion de faire vendre la marchandiſe, elle ſe doit vendre en public & au plus ofrant. L'Emprunteur a
toute la liberté de ſe trouver à cette vente & de pouſſer la marchandiſe
à auſſi haut prix qu'il trouve à propos. La marchandiſe étant venduë,
& livrée, le Prêteur doit fournir un compte à l'Emprunteur, & ſi le
net provenu en monte à moins que le Capital & les interêts qui lui
étoient dus, il peut d'abord obtenir ſentence contre l'Emprunteur, pour
ſe faire payer tout ce qui manque à ſon entier rembourſement. Si au contraire le net provenu de la vente monte à plus que ce qui lui étoit
du, il doit payer le ſurplus à l'Emprunteur, faute de quoi celui-ci peut
auſſi d'abord obtenir ſentence contre lui, pour ſe faire payer le ſurplus
avec l'interêt juſques au jour du payement.

Il eſt bon de remarquer avant que de finir ce chapitre, que l'on ne peut
pas engager indifferemment toutes ſortes de marchandiſes ſur le même pied
de leur valeur. Car il y a une grande diference entre des marchandiſes ſéches, & de liquides. Il y a des marchandiſes ſéches qui ſe corrom-
pent d'elles mêmes, comme Prunes, Corintes, Figues, Raiſins, &
autres, qu'on ne ſauroit engager que pour trés-peu de tems, & peut-être
pas à 50 pour cent au deſſous de leur valeur ; & il y a des marchandiſes
ſéches qui ſe peuvent conſerver 10, 20 Ans & plus ſans ſe corrompre,
leſquelles on peut engager pour auſſi long-tems qu'on veut. Il peut y
en avoir qu'on peut engager à 10 ou 12 pour cent au deſſous de leur
valeur, & d'autres à 15, 20, ou 25 pour cent au deſſous de leur valeur, ce qui ſe régle ſuivant qu'elles ſont de bon ou de mauvais debit,
ou *courantes* ou *incourantes*, pour m'exprimer comme les Hollandois. Il
en eſt de même des marchandiſes liquides, dont quelques unes, comme les
Eaux de Vie & les Huiles, peuvent s'engager facilement, mais les Vins
preſque point du tout, tant à cauſe du ſoin preſque continuel qu'il en faut
avoir, que parce qu'ils peuvent s'aigrir & ſe gâter plus facilement que les
Eaux de Vie, & les Huiles.   P 2   J'al-

J'allois finir ici ce Chapitre ; mais m'étant souvenu que dans les deux Editions precedentes de ce Livre, on a fait un Chapitre entier du Lombard d'Amsterdam, dans lequel on peut engager toutes sortes de choses, j'ai cru ne pas pouvoir trouver un endroit plus propre à en parler, qu'à la suite de ce Chapitre. Voici ce que c'est & ce qui s'y observe.

Du Lombard ou Banque d'Emprunt d'Amsterdam.

La Maison qu'on appelle Lombard ou Banque d'Emprunt, en Hollandois *Bank van Leeninge*, est un grand Bâtiment, que les Régens des Pauvres avoient fait bâtir en 1550 pour leur servir de Magazin, ils le cédérent à la Ville en 1614 pour y établir une Banque où tous ceux qui auroient besoin d'argent, peuvent en avoir sur les gages qu'ils y apporteront. Ainsi il n'y a rien, quelque précieux, ou quelque vil qu'il soit, pourvu qu'il soit vendable & prisable, sur quoi on n'y puisse emprunter de l'argent, & on peut y porter depuis des Diamans de grand prix, jusques aux moindres Hardes & Utencilles.

L'intérêt de la somme qu'on emprunte, se paye de la maniére suivante.

Au dessous de 100 florins, on paye à raison d'un Pennin par semaine de chaque florin; ce qui va à 16¼ pour cent par An.

Depuis 100 jusques à 500 florins, on paye l'intérêt à raison de 6 pour cent par An.

Depuis 500 jusques à 3000 florins, on le paye à 5 pour cent par An.

Et depuis 3000 jusques à 10 mille florins & au dessus, on le paye à raison de 4 pour cent par An.

Les Particuliers qui y ont porté leurs effets, peuvent les retirer quand il leur plaît, en restituant la somme qu'ils ont reçu, avec l'intérêt jusques au jour qu'ils la retirent, avec cette exception, que, comme l'intérêt en doit être payé par Mois, il faut payer l'intérêt du Mois dans lequel on est entré. Mais pour éviter cela, il faut avoir le soin de retirer les effets justement à la fin du Mois.

Si ceux qui y ont porté des effets ne les retirent pas au bout d'un An & six semaines, ou qu'ils ne prolongent pas le terme du payement, en payant l'intérêt de l'Année écoulée, le Lombard les fait vendre à l'enchere, & garde ce qu'il en provient de plus que la somme prêtée, ses fraix & intérêts déduits, à la disposition des proprietaires ; & si un an après ils ne viennent pas reclamer ce surplus ou cet excédant, il est donné aux maisons des Pauvres, & il n'y a plus lieu de le reclamer.

Pour la commodité de ceux qui ne veulent pas être connus, ni porter eux mêmes leurs effets au Lombard, il y a plusieurs petits Bureaux établis

par

par la Ville, avec cette Infcription devant le porte, *Hier gaatmen in de Bank van Leeninge*, c'eft-à-dire, *Ici on va au Lombard*. Les Gens établis dans ces Bureaux font ferment au Lombard, & font obligez d'y porter chaque jour les effets qu'on leur remet, fous peine de caffation & d'amende. Le Lombard leur paye 8 fols, de chaque cent florins qu'il prête, fur les effets qu'ils y portent. Ces gens ont foin de porter les effets au Lombard, où ils les engagent fous leur nom, & délivrent l'argent à celui qui a porté fes effets, avec un billet du Lombard, qui contient le nom du Commis, la qualité de la chofe, fur laquelle on a pris l'argent, & la fomme qu'on y a avancé deffus.

Si on vient à perdre ce billet & qu'on veuille reclamer fes effets en reftituant la fomme empruntée, on n'en eft pas cru fur fa parole, & on ne peut les retirer qu'en donnant de bonnes cautions, qu'on les rendra, s'il fe trouve que le billet ait été cédé à un autre, qui le vienne reclamer dans la fuite. Mais fi aiant perdu le billet, quelqu'un le trouve ou même fi on l'a derobé au propriétaire, & que celui qui l'a trouvé, ou derobé, aille demander les effets, en payant l'argent qui y a été prêté deffus, avant que le propriétaire s'apperçoive quil l'a perdu, le Lombard les rend toûjours à celui qui eft porteur du billet, fans s'informer s'il en eft le veritable proprietaire ou non; & le veritable proprietaire eft déchu du droit qu'il avoit de reclamer fes effets du Lombard.

Les ventes publiques qu'on fait dans cette maifon, fe font pendant trois jours de chaque femaine. Toutes fortes de perfonnes y font reçuës à l'enchere, & même celles qui font connuës y ont credit pour 3 mois, particuliérement pour les Diamans & Pierreries.

S'il arrive, comme en effet il arrive fort fouvent, que les Hardes, Marchandifes, ou Bijoux portez au Lombard ayent été volez, ceux qui en étoient proprietaires l'aiant découvert, peuvent les reclamer, en prouvant qu'ils leur ont été volez, & en donnant caution de la valeur & reftituant la fomme qui avoit été prêtée deffus.

Tous les Officiers du Lombard font payez par la Ville, les uns font établis fur les hardes, pour en tenir le Contrôle, & en faire l'eftimation, les autres fur les marchandifes, & les autres fur les joyaux & la vaiffelle d'argent. Pour cet effet il y a trois Magazins dont les eftimateurs font refponfables dt prix auquel ils ont eftimé les chofes qui y entrent; au cas qu'elles foient venduës au deffous de l'eftimation qu'ils en ont faite.

Les fommes, dont le Lombard a befoin, fe tirent de la Banque; & tous les profits qui en proviennent font deftinez pour l'entretien de tous. les Hôpitaux, ou de la plus grande partie. De cette maniére l'argent de la Banque, qui fans cela ne raporteroit rien, eft une grande utilité pour les pauvres; fans que la fûreté publique y foit intéreffée en aucune façon.

CHA-

CHAPITRE IX.

Des Envois ou Expeditions, & de la Reception des marchandi-
ses, tant pour les Pays étrangers, que pour les Pro-
vinces & Villes voisines.

Comme la Province de Hollande eft toute entrecoupée de Canaux,
dont quelques-uns fe rendent dans le Y, & quelques autres dans
l'Amftel, la plûpart des marchandifes qui entrent ou fortent d'Amfterdam, y entrent ou en fortent par Eau, & on n'y voit que rarement des
Chariots chargez de marchandifes, fi ce n'eft en Hiver, lors que les glaces
empêchent les bateaux d'aller. Cette commodité des Eaux eft fi grande &
d'une fi grande épargne, que tous les Marchands des Villes voifines qui fe
fourniffent de marchandifes à Amfterdam, y viennent toûjours faire leurs
provifions d'Hiver, dans le mois de Novembre, ou au commencement de
Décembre, afin de pouvoir les faire voiturer chez eux par Eau, avant les
glaces. Je dirai dans la fuite de ce Chapitre ce qui s'obferve à l'égard des
envois pas Mer ou par Canaux, mais je marquerai premiérement ce qui fe
pratique à l'égard des marchandifes que l'on envoye, ou que l'on reçoit
des divers Pays, où il n'y a ni Canaux ni Rivieres, ou qui ne peuvent y
aller, ou en venir que par terre, comme font plufieurs Villes d'Italie, le
Piémont, Géneve, la Suiffe, beaucoup d'endroits d'Allemagne, &c.

Comme les marchandifes qu'on envoye, ou qu'on reçoit de ces Pays,
doivent fouvent paffer par *tranfit* par plufieurs Villes, où les Marchands
feroient obligez d'avoir des Correfpondans tant pour payer les Péages que
les Charrois, & les remettre fur d'autres Charettes, ce qui leur feroit fort
incommode, nous avons ici des gens fort aifez & riches qu'on nomme
Expediteurs, auxquels les Marchands n'ont qu'à s'addreffer, lors qu'ils ont
quelques marchandifes à envoyer dans ces Pays. Ces Expediteurs ont des
Chartiers & Voituriers affectez qui ne voyagent que pour eux, d'un lieu
à un autre, & une correfpondance reglée avec d'autres Expediteurs qui
demeurent dans les Villes, par où les marchandifes qui viennent de ces Pays
leur font adreffées; ils ont la facilité d'avoir les voitures à beaucoup meilleur marché, que n'auroit un Marchand qui voudroit expedier lui même
fes marchandifes. Ainfi fans m'arrêter à dire par quels endroits on fait
paffer tout ce qui s'envoye ou fe reçoit des Pays fus-mentionnez, je dirai
feulement que lors qu'un Marchand d'Amfterdam veut envoyer quelque
marchandife dans un de ces Pays, il n'a qu'à l'envoyer chez fon Expediteur avec un ordre figné de fa main, à qui, & où il doit l'envoyer. Comme par exemple fi je veux envoyer 4 bariques d'Indigo à Francfort, mon
ordre fera conçu ainfi.

Mef-

Meſſieurs B. & C., je vous envoye ci joint quatre Bariques d'Indigo mar-
quées I. C., de No. 1 à 4, peſant 1850 ℔, valant trois mille neuf cens flo-
rins, leſquelles je vous prie d'acheminer à Monſieur Jacob Couvreur de Franc-
fort. A Amſterdam ce 4 Novembre 1718. I. P. R.

Moyennant quoi l'Expediteur a ſoin d'envoyer ledit Indigo, & d'en faire ſa déclaration dans la derniere place de ce Pays, & quelque tems après il donne un compte des Droits de ſortie, & des fraix de voiture, en y ajoûtant ſa Proviſion ou Commiſſion qui eſt ordinairement demi Rixdale ou 25 ſols par Schippont de 300 livres, lors que c'eſt pour des marchandiſes qu'il faut expédier pour Cologne, Francfort, Nuremberg, Leypſich, Breſlaw, Brunſwick & autres Places à peu près également éloignées d'Amſterdam, & pour les endroits plus éloignez, il compte à proportion.

Notez que ſi la marchandiſe eſt taxée ou apréciée dans le Tarif des droits d'entrée & de ſortie, il n'eſt pas beſoin d'en mettre la valeur dans l'ordre qu'on donne à l'Expéditeur, à moins qu'elle ne vaille pas autant qu'elle eſt taxée, car l'Indigo eſt bien taxé à 48 ſ. la livre dans le Tarif; mais comme il ne vaut pas bien ſouvent 44 ſ. on peut le taxer à moins qu'il n'eſt taxé dans le Tarif, lors qu'il eſt à plus bas prix.

Ceux qui attendent des marchandiſes des Pays ſuſdits & qui ſavent à quel Expéditeur d'Amſterdam elles ſeront adreſſées, doivent lui dire qu'ils attendent telles marchandiſes, d'un tel endroit, & lui donner un note pour en faire faire la déclaration à l'entrée du Pays à leur gré, afin que la marchandiſe étant arrivée dans l'endroit où elle doit payer les Droits d'entrée, on ne perde point de tems à écrire & récrire pour en faire la déclaration.

Si l'Expéditeur declare la marchandiſe conformement à l'ordre qu'il a reçu du Marchand, & qu'elle ſoit arrêtée pour être ou mal déclarée, ou pour n'être pas déclarée autant qu'elle vaut, c'eſt au Marchand à en porter la perte ou le dommage : mais ſi la faute ſe fait par l'Expéditeur, c'eſt à lui d'en ſouffrir, & d'en répondre au Marchand.

A l'égard des marchandiſes qui s'envoyent par mer dans tous les Pays étrangers, il ſeroit fort incommode aux Marchands d'Amſterdam d'être obligez de chercher eux même les Navires dont ils auroient beſoin pour envoyer leurs marchandiſes, c'eſt pourquoi il y a une ſorte de Courtiers qu'on apelle *Cargadors*, qui ne font autre metier que de chercher du fret pour les Navires. Ainſi lors que quelqu'un a un Navire qu'il veut envoyer dans quelque autre endroit, ſoit prez ſoit loin, il s'adreſſe à un ou deux des Courtiers qui font pour cet endroit-là : ſi ces Courtiers trouvent à frêter le Navire

en

en entier ils le font lors qu'ils peuvent convenir du prix : mais s'ils ne voyent aucun lieu de le charger qu'en Cueillette, ils font imprimer des billets, qu'ils diftribuent en Bourfe, à ceux qui ont accoûtumé de charger pour cet endroit-là, & en font afficher un ou deux dans l'endroit de la Bourfe deftiné pour ces fortes de voyages. Voici le contenu d'un pareil billet, d'un Vaiffeau deftiné pour Coningsbergen.

Pour CONINGSBERGEN.

Le Vaiffeau eft devant le Oude-ftads-Herberg (ou la Vielle Auberge de la Ville.)

Le Capitaine **THEUNIS ALOFSE**, *de Vlieland, partira (avec l'aide de Dieu) avec fa Flute, extraordinairement bonne voliere, nommée* **LE BERGER**, *montée de* 10 *pieces de canon, & autres munitions de guerre à proportion, fi quelqu'un veut lui donner quelques marchandifes ou autres effets, il les recevra, & les delivrera fidelement.*

Il faut s'addreffer à Theunis Blok Courtier, & à Pieter Heyms.

N. B. *On ne chargera rien fans en avoir parlé aux Cargadors, ni fans être d'acord pour le fret, & on envoyera les Connoiffemens avec la marchandife.*

Lors donc que quelqu'un a quelque marchandife à charger, il s'adreffe au Cargador qui eft nommé dans le billet, ou à l'un d'eux, & convient du fret qu'il doit payer pour ce qu'il a à charger, après quoi il fait prendre le Paffeport pour fa marchandife, & l'envoye à bord par fon Batellier, qui lui raporte un Recif, c'eft ainfi qu'on apelle un billet du Pilote qui reçoit la marchandife à bord, par lequel il déclare avoir reçu dans le bord d'un tel Navire tant de Balles, tant de Tonneaux ou tant de pieces de marchandife d'une telle marque, après quoi le Marchand en écrit 3 ou 4 Connoiffemens, & les donne au Cargador avec le Recif, & le Cargador fait figner le Connoiffement au Capitaine du Navire, en lui rendant le Recif de fon Pilote, & rend 2 ou 3 des Connoiffemens fignez au Marchand.
A l'égard des marchandifes qui viennent par mer à Amfterdam, ceux qui en attendent de quelque endroit, fachant par quel Navire elles doivent venir, & jugeant à peu près du tems qu'il peut ariver, ont foin d'aller ou d'envoyer tous les matins à la Pofte du Texel qui eft fous un des arceaux de la Bourfe, où on peut voir tous les jours, les liftes des Vaiffeaux qui font entrez au Texel, les deux jours précedens, ou bien on attend que le Navire foit arrivé devant la Ville, & que le Capitaine ou le Cargador

aver-

avertiſſe de ſon arrivée, alors celui à qui quelque marchandiſe eſt adreſſée, en fait faire la declaration par ſon *Convooy-looper*, qui lui en fournit le Paſ-ſeport, que le Marchand n'a qu'à donner à ſon Batelier, ou à ſon Ton-nelier avec le Connoiſſement, & on va chercher la marchandiſe à bord, & on la porte là où le Marchand ſouhaite.

Il arrive fort ſouvent que des Chargeurs de France, & d'ailleurs, en chargeant des marchandiſes pour Amſterdam, font les Connoiſſemens à leur ordre, & tardent plus-long tems qu'ils ne devroient, à les envoyer en-doſſez à l'ordre de ceux auſquels ils deſtinent la marchandiſe, de ſorte que les Navires arrivent ſouvent avant ces Connoiſſemens, auquel cas, com-me auſſi lors que la marchandiſe eſt adreſſée a quelque inconnu qu'on ne peut pas trouver, on fait crier pendant pluſieurs jours en Bourſe par le Valet de la Bourſe, qu'il y a une telle partie de marchandiſe, d'une tel-le marque, dans un tel Navire, venu d'un tel endroit, chargée par un tel, & adreſſée à un tel, & que celui qui en a le Connoiſſement ou l'or-dre la vienne retirer, faute de quoi elle ſera miſe en Magazin aux dépens du Proprietaire, ce qui cauſe bien ſouvent des fraix auſſi gros qu'inu-tiles.

Lors qu'un Marchand d'Amſterdam reçoit par quelque Navire des mar-chandiſes ſujettes à coulage, comme Vins, Eaux-de-vie, Huiles &c. s'il ſe trouve quelques Bariques ou Piéces vuides ou preſque vuides, en ſorte qu'elles ne vaillent pas le fret qu'il en doit payer, il n'eſt pas obligé de les recevoir, & il les laiſſe à bord pour le fret qu'il déduit de la par-tie entiere; car on ne paye pas le fret de ce que l'on ne reçoit pas.

Mais ſi ce ſont des marchandiſes ſeches qui ayent eté bien conditionnées en entrant dans le Navire, & qu'elles ſe ſoyent gâtées par quelque accident arrivé en chemin au Navire par la tempête ou autrement, celui qui les reçoit, ne doit pas les décharger ſans proteſter dans quel état il les reçoit, afin de les faire entrer en Avarie groſſe, & d'en faire payer le dommage tant au Navire, qu'aux autres marchandiſes qui y étoient chargées, à quoi il ne ſeroit plus à tems, s'il déchargeoit ſans cette formalité.

Et à l'égard des marchandiſes ſujettes à ſe gâter comme Châtaignes, Raiſins, Figues & autres choſes pareilles, ſi elles ſe trouvent gâtées à l'arrivée, ſans qu'aucun accident exterieur en ſoit la cauſe, on eſt obli-gé d'en payer le fret accordé, tout de même que ſi elles arrivoient ſe-ches & bien conditionnées.

Des Envois des Marchandises dans les Villes & Provinces voisines d'Amsterdam.

Il faut savoir que les droits d'entrée & de sortie qui se payent à Amsterdam ou dans quelque autre Ville des Provinces, font pour toute la Generalité des Sept-Provinces, & qu'une marchandise qui a payé une fois le droit d'entrée, ou qui est déja dans une des Villes des 7 Provinces, ne paye aucun droit d'entrée ni de sortie, lors qu'on l'envoye d'une de ces Villes dans une autre. Ainsi lors qu'un Marchand d'Amsterdam veut envoyer des marchandises, par exemple, à Rotterdam qui est en Hollande, ou à Middelbourg qui est en Zeelande, il n'a besoin que de prendre un Passeport, qu'on apelle en Hollandois un *Binnelands Pas*, *ou Pasport*, qu'on apelle en France un Passeavant, qui ne coute que 24 sols, mais il faut le raporter aquité dans 6 semaines, faute dequoi on seroit obligé d'en payer les droits, comme si la marchandise étoit sortie pour un Pays étranger.

Outre cela il faut savoir que les Bourgeois de diverses Villes des 7 Provinces sont francs de certains Peages qui se payent en passant dans chaque Ville, qui, quoi qu'ils ne soient pas fort considerables, ne laissent pas de faire plaisir à ceux qui peuvent les épargner. Quand un Marchand veut profiter de ce droit, il faut qu'il prenne ses Lettres de Bourgeoisie, & qu'il aille devant les Bourguemaîtres, les prier de lui acorder un Sceau ou Lettre de Peage, en Hollandois *een Tol brief*, ce qu'il obtient d'abord, (c'est une declaration des Bourguemaîtres que l'on est Bourgeois d'Amsterdam, qui est bonne pour un an & six semaines, au bout duquel tems on peut la faire renouveller, & aussi souvent qu'on veut, mais il faut faire serment qu'on ne s'en servira directement ni indirectement que pour sa propre marchandise, & non pour celle d'autrui) lors donc qu'un Marchand a cette Lettre de Peage, il peut la donner une fois ou deux au Batelier qui a freté pour Rotterdam ou pour Middelbourg, pour la montrer aux Commis des Bureaux qui sont établis pour recevoir les Peages, lesquels Commis doivent l'enregîtrer, pour savoir à l'avenir que les marchandises de ce Marchand sont franches. Le Marchand en donnant sa lettre au Batelier ne doit pas manquer de lui donner un billet de sa main en ces termes, suposé que ce soit pour 40 piéces d'Eau-de-vie qu'il envoye à Rotterdam.

De Heeren Tollenaars gelieven vry te laten passeren Schipper Ary Negenduysent gaande naar Rotterdam met veertig stukken Brandewyn gemerkt R. G. zynde myn eygen goet en Tol-vry. Amsterdam 7 November 1718.

I. P. R.

C'est

C'eſt-à-dire.

Meſſieurs les Peagers, il vous plaira de laiſſer paſſer franc de Peage, le Ba-telier Ary Negenduyſent, allant à Rotterdam avec quarante Piéces d'Eau de Vie, marquées R. G. leſquelles m'apartiennent en propre & ſont franches de Peage. A Amſterdam ce 7 Novembre 1718.

I. P. R.

Si le Marchand ne connoît pas bien le Batelier, il ne doit pas man-quer de lui donner ordre de délivrer à ſon arrivée à Rotterdam à quel-qu'un de ſes amis, pour la lui renvoyer, la lettre du Peage & le Paſſeport, parce qu'il peut avoir beſoin pluſieurs fois de cette Lettre pour ailleurs, & qu'il faut qu'avant 6 ſemaines il faſſe voir par le Paſſeport à l'Amirauté, que la marchandiſe a été dechargée dans la Ville pour laquelle il l'avoit pris, ou s'il ne ſe fie pas aſſez au Batelier, il peut prier celui à qui il envoye la marchandiſe, de retirer ces deux Pieces, & de les lui renvoyer; mais il faut rendre cette juſtice aux Bateliers de dire qu'ils ſont fort exacts à les raporter d'abord qu'ils reviennent à Amſterdam.

Mais comme on fait ſerment que l'on ne ſe ſervira de la lettre de Pea-ge que pour ſa propre marchandiſe, ſi on veut épargner les fraix à celui de Rotterdam pour compte duquel on a acheté la marchandiſe qu'on lui envoye, on peut faire le billet en ces termes:

Meſſieurs les Peagers, il vous plaira laiſſer paſſer franc de Peage le Batelier tel, allant à Rotterdam avec quarante Pieces d'Eau de Vie apartenant à D. D. L. Bourgeois de ladite Ville, & franc de Peage. A Amſterdam, &c.

Si D. D. L. n'eſt pas connu dans le Bureau, le Batelier eſt obligé de nantir le droit du Peage, juſques à ce que D. D. L. ait fait voir, qu'il en eſt franc, mais s'il eſt connu, les Peagers ne font aucune difficulté de laiſſer paſſer la marchandiſe ſans payer: mais il ne faut pas oublier de don-ner un billet comme ci-deſſus, au Batelier à chaque fois qu'on envoye une partie de marchandiſe.

CHAPITRE X.

Du Fretement des Navires & Bateaux tant pour les Pays étrangers que pour les Villes & Provinces voisines.

CEux qui ont suffisamment de marchandises pour freter un navire tout entier, peuvent s'adresser à un ou deux des Cargadors, qui ont accoûtumé de faire pour le Pays ou la Ville, pour laquelle on destine le voyage, & il n'y a qu'à leur demander un navire de la grandeur que l'on souhaite, pour faire un tel voyage ; & comme il y a un très-grand nombre de gens dans Amsterdam, parmi lesquels il y a beaucoup de Boutiquiers & même des Artisans qui s'associent ensemble pour faire bâtir, ou pour acheter des Navires, plûtôt pour les donner au fret, ou pour les faire voyager pour autrui, que pour leur propre compte, ces Cargadors ne manquent guere d'avoir plusieurs Vaisseaux en main pour freter. La grandeur ou la capacité des Navires s'exprime ici par Lasts, tout comme elle s'exprime en France par Tonneaux, & en Angleterre par Tonnes. Le Last est compté ordinairement pour 4000 ℔ pesant, ou pour 2 Tonneaux, ainsi lors qu'on veut freter un Navire de 200 Tonneaux, on demande un Navire de 100 Lasts. Le Cargador en ayant trouvé un, tel qu'on le souhaite, on convient du prix, que l'on regle le mieux qu'on peut à tant par Last, à tant par Tonneau, ou à tant par telle autre partie de marchandise que l'on doit charger, ou bien à tant pour l'entiere Cargaison du Navire, soit pour aller d'Amsterdam avec la Cargaison dans le lieu de sa destination & être là libre, ou pour en revenir pour le compte du Chargeur, ou bien pour y aller vuide & en revenir chargé.

Si la Cargaison est destinée d'Amsterdam pour un Pays étranger, le prix du fret se marchande en la monnoye qui a cours dans le Pays ou dans la Ville pour laquelle elle est destinée, comme, par exemple, si c'est pour Rouen, Nantes, Bourdeaux ou autres Villes de France, le long ou près des bords de l'Occean, on marchande par Livres Tournois ; car pour Marseille, qui est dans la Mer Méditerranée, on marchande par Piastres. Si c'est pour l'Angleterre, l'Ecosse & l'Irlande, par Livres Sterlins. Pour le Portugal par Creuzades. Pour l'Espagne & la plûpart des places de la Mer Méditerranée par Piastres ou par Ducats. Pour Hambourg par Marcs Lubs. Pour le Dannemarc & la Norwege par Rixdales, de même que pour la plûpart des Places de la Mer Baltique. Pour la Moscovie par Roebels ou Roubles, &c.

Mais si on frete le Navire pour aller & pour revenir, on accorde le fret en Florins tels qu'ils ont cours à Amsterdam, ou il y a plusieurs Marchands

chands qui fretent tous les ans des Navires pour Archangel, pour la Mer Baltique, pour Nantes, la Rochelle & Bourdeaux, quoi qu'ils n'ayent rien à y charger ici, ni à faire charger dans lefdites Villes, faifant le Negoce là feulement par fpeculation, pour tâcher de gagner quelque cho-fe fur le fret, & j'en connois qui quelquefois ont mis en poche de profit, autant qu'ils en payoient aux Capitaines ou aux Proprietaires des Vaiffeaux qu'ils avoient fretez, mais cela ne réuffit pas toûjours; dans ce cas on convient avec le Capitaine combien on lui donnera pour tout un voyage à aller & revenir, à condition qu'il demeurera un certain tems en charge dans l'endroit pour lequel il eft deftiné, & qu'il rendra bon & fidelle compte des deux frets à celui qui l'a freté.

Celui qui frete un Navire peut obliger le Capitaine, de lui montrer toutes fes Expeditions, Lettres de Mer, Paffeport & toutes les autres Pié-ces qui lui font néceffaires pour faire le voyage, & s'il n'a pas un Paf-feport néceffaire en tems de guerre, c'eft ordinairement à celui qui le fre-te, à lui en fournir un, au lieu que quand un Vaiffeau charge en cueillete, c'eft le proprietaire qui le fournit.

Lors qu'on frete un Navire, il faut toûjours accorder plûtôt pour le nombre ou pour la quantité qu'il portera, que pour un nombre fixe que le Capitaine dit que fon Navire pourra porter; parce qu'il arrive fouvent des difputes là deffus qui ne font que du chagrin. Par exemple, fi le fret de Bourdeaux ici eft à 15 florins par Tonneau, & qu'un Capi-taine veuille avoir 1500 florins de fret de tout fon Navire de Bourdeaux ici, difant qu'il peut charger 100 Tonneaux, il ne faut pas accorder à 1500 florins pour tout fon fret, mais à 15 florins par Tonneau; parce qu'il pourroit bien n'en pouvoir pas charger 90, & qu'ainfi on paye-roit le fret de 10 Tonneaux, qu'on ne recevroit pas, & il en faut toûjours ufer de même lors qu'on accorde le fret par Lafts, comme de Grains; par Cents, comme des Sels & des Planches, ou par Bales, comme d'au-tres marchandifes.

Cette remarque eft d'autant meilleure que fi on frete un Navire en en-tier pour une fomme fixe, & qu'il vienne à échouer, & qu'une partie de la marchandife fe perde, on n'eft pas moins obligé de payer la fomme acordée, que fi toute la marchandife étoit arrivée à bon Port. J'en ai eu un exemple en 1712. d'un petit Vaiffeau que j'envoyai à Oftende chargé de Sel, j'étois convenu avec le Maître à 150 florins par cent de fel, ce Vaiffeau échoua en voulant entrer de nuit à Oftende fans Pilote, & de cinq cents de Sel qu'il avoit reçus de moi, on n'en peut fauver que trois cens. Le Maître étant revenu prétendoit que je lui payaffe le frét de cinq cens de Sel, je lui répondis que j'étois en droit de lui faire payer ma per-te, puis qu'il avoit voulu entrer de nuit fans Pilote, (ce qui eft contre les Loix,) mais que comme il étoit un pauvre homme, je ne le pretendois

pas,

pas, & que je lui payerois 450 florins pour le fret de trois cens de Sel fauvez. Cet homme fe recria beaucoup, & foûtint que je lui devois payer le fret entier de cinq cens. Je fis tout ce que je pus pour lui faire voir qu'il ne pouvoit pas le prétendre, mais inutilement, de forte que je fus obligé de lui dire de me faire apeller en Juftice, ce qu'il fit, & ayant comparu tous deux, la queftion fut de favoir fi j'avois accordé avec lui à 750 florins pour les cinq cens de Sel, ou pour toute la charge de fon Vaiffeau, ce qui eft la même chofe, ou bien fi j'avois accordé à 150 florins par cent de Sel. Elle fut d'abord decidée en ma faveur, lors que j'eus prié Meffieurs les Commiffaires, de lui demander le Connoiffement qu'il en avoit, qui portoit 150 florins pour chaque cent de Sel qu'il délivreroit; mais fi j'avois mis dans le Connoiffement 750 florins pour la Cargaifon, j'en étois venu, & j'aurois été condamné à payer le fret entier.

Lors que l'on a freté un Navire pour les Pays étrangers, on ne manque pas d'en faire faire *la Charte Partie* par un Notaire, c'eft ainfi qu'on apelle les contraɛts qui fe paffent entre le Capitaine du navire & celui qui l'a freté, & c'eft aux deux parties intereffées à voir, avant que d'en figner la Minute, fi toutes les conditions acordées y font bien & nettement exprimées, chacun paye la moitié de la Charte Partie au Notaire, mais le Capitaine feul paye le Courtage.

Outre le prix du fret, la Charte Partie doit contenir les Avaries & les fraix que doit payer le Chargeur, combien de jours de planche le Capitaine donnera après fon arrivée au lieu deftiné, & combien il aura par chaque jour, fi fon Navire n'eft pas déchargé dans les jours de planche acordez, & telles autres conditions que l'on peut faire felon les voyages dont il s'agit.

Lors que les Navires font grands, & qu'ils ne peuvent pas venir tout chargez, du Texel devant la Ville, ou aller de la Ville au Texel, (parce qu'il faut paffer le Pampuis, qui eft une efpece de Banc de bouë ou de limon à une lieuë & demie ou deux d'Amfterdam, où il n'y a fouvent pas fix pieds d'eau) les Proprietaires ou les Capitaines de ces Navires prenent des aleges, qui portent une partie de la Cargaifon du Texel à la Ville, ou de la Ville au Texel, & cela à leurs dépens, fans que les Marchands qui reçoivent ou envoyent des marchandifes par de tels Navires, foient obligez de payer rien de cela.

Mais fi le Navire a pu aller ou venir du Texel tout chargé, & qu'il lui arrive quelque accident en chemin qui l'oblige de s'aleger, les fraix des aléges entrent en Avaries, & chacun en paye à proportion de la marchandife qu'il avoit dans le Navire.

Un Maître de Navire arrivé avec fa charge devant la Ville, peut obliger les Marchands aufquels il porte des marchandifes, de lui en payer le fret avant de leur délivrer les marchandifes, mais cela ne fe fait qu'à ceux dont on a sujet de se méfier, ou à ceux qu'on veut choquer de propos deliberé; car pour l'ordinaire les Maîtres de Navire délivrent la marchandise au Batelier ou au Tonnelier, qui vient la chercher avec le Connoissement endossé par le Marchand, & quelque tems après le Maître ou le Cargador, font le compte du fret & des avaries au dos du connoissement, & vont en recevoir le montant chez les Marchands, en mettant leur quitance au bas dudit compte.

Lors que l'on frete des Bateaux pour les Villes & Provinces voisines d'Amsterdam, on n'en passe point de Charte Partie, & on accorde avec les Bateliers, souvent pour tout autant qu'ils peuvent porter, & souvent à tant par Last, à tant par Tonneau, par Piece ou par Balle. Si le Bateau peut baisser son mast, & qu'il ne soit pas trop grand pour passer sous les ponts, le Batelier est obligé d'aller charger les marchandises devant la maison ou le Magazin du Marchand. Mais s'il est trop grand pour cela, il est obligé d'aller au plus prochain endroit qu'il peut, de la maison ou Magazin, & le Marchand les y fait porter à ses dépens, le Marchand lui fournit aussi le Passeport necessaire pour la marchandise, & le billet de franchise pour les Peages, s'il en est franc.

Il est toûjours bon de conditionner avec ces sortes de Bateliers combien de jours de planche ils donneront après leur arrivée, c'est-à-dire combien de jours ils seront obligez de rester chargez dans la Ville où on les envoye, sans qu'on soit obligé de leur payer quelque chose au delà du fret. Les Bateliers de Rotterdam & des environs sont obligez de donner trois jours de planche, & ceux de Brabant, de Flandres, de Zeelande & places également éloignées d'Amsterdam, en doivent donner cinq ou six, & ainsi à proportion de la grandeur du bâteau ou bâtiment, mais s'ils demeurent chargez au delà des jours de planche, il faut leur payer tant par jour, selon la grandeur du bâteau, ou à proportion du prix acordé pour le fret.

Au reste il y a divers Vaisseaux & Bâteaux privilegiez, qui ont seuls le pouvoir & la liberté de charger en cueillette pour diverses Villes tant de dehors, que dedans les Sept-Provinces, on apelle ces Bâtimens *Beurt-schepen* & *Beurt-schuyten*, comme qui diroit Vaisseaux ou Bâteaux de tour, parce que chacun est obligé de charger & de partir à son tour; & ce sont les Supérieurs de la Communauté des Bateliers qui ont le soin de faire que chaque Maître de Navire ou Batelier, charge & parte à son tour pour l'endroit où il doit aller. Les endroits privilegiez pour les Bâtimens sont, pour la France, Rouen, & St. Vallery; Londres pour l'Angleterre; Hambourg & Bremen pour l'Allemagne. Il y en a pour Middelbourg en Zeelande, & divers autres pour la plûpart des Villes de Brabant & de Flandres, & presque pour toutes les Villes des sept Provinces de sorte que les Marchands d'Amsterdan qui n'ont pas une quantité sufisante de

mar-

marchandifes à envoyer dans un de ces endroits, pour chárger un Navire ou Bateau en entier, font obligez de les envoyer par un de ces Batimens de tour, & d'en payer le fret tel qu'il eft reglé par les diverfes Ordonnances faites pour ce fujet, comme on pourra le voir dans la fuite de ce Chapitre. Chacun de ces Batimens ou Bateaux, a fa place fixe dans un des Canaux de la Ville, ou fur le Port, & n'en bouge pas qu'il ne foit plein, ou que fon tour ne foit venu.

Mais lors qu'un Marchand a fufifamment de marchandifes pour charger un ou plufieurs Navires pour un de ces endroits privilegiez, il peut freter autant de Navires qu'il lui en faut, & accorder le fret le mieux qu'il peut, fans s'attacher à l'Ordonnance du frêt, qu'il doit avoir d'autant meilleur marché, qu'il expedie ordinairement un tel Navire ou Bateau, en bien moins de tems qu'il ne feroit expedié s'il étoit obligé de charger à fon tour. Mais avant que d'acorder le fret, le Marchand doit favoir du Maître ou du Batelier fi les Superieurs ou Commiffaires dont j'ai parlé cideffus, voudront bien lui permettre de charger, parce que fi le Maître ou Batelier n'eft pas Bourgeois d'Amfterdam, & qu'il y ait des Bourgeois qui veulent faire ce voyage, ces derniers font toujours preferez par les Commiffaires qui ne permettent pas aux étrangers d'entreprendre de tels voyages, qu'au defaut des Bourgeois; & lors que le Maître du Navire ou Batelier a obtenu la permiffion des Superieurs ou Commiffaires, il faut que le Marchand qui veut le charger, en faffe fa déclaration aux dits Commiffaires en ces termes, par Exemple pour Rouen.

De Heeren Commiffariffen van de Buytenlands Vaarders , gelieft aan Schipper N. N. te permitteeren voor my naar Rouen te laden . . .
mits dat de felve geen andere goederen als voor my alleen zal inneemen,
Amfterdam, &c.

I. P. R.

C'eft-à-dire.

Meffieurs les Commiffaires des Navigateurs hors du Pays, je vous prie de permettre à Maître N. N. de charger pour Rouen . . . à condition qu'il ne prendra des marchandifes que pour moi feul. A Amfterdam, &c.

I. P. R.

On donne ce billet ou cette déclaration au Maître ou Batelier qu'on a freté ou qu'on veut freter, lequel la porte aux Commiffaires, & lors qu'ils lui ont permis de charger, on peut le faire en toute feureté, mais s'ils le refufent, ce qui n'arrive que très-rarement, il faut tâcher de trouver un autre Maître ou Batelier à qui ils veulent le permettre, & ne point charger fans permiffion, car ces Commiffaires jaloux de leurs droits, & de

ce

ce que la marchandife ne paffe pas par leurs mains, comme lors qu'elle fe charge dans les Vaiffeaux du tour (ce qui leur vaut quelque chofe) trouvent toûjours moyen de chagriner le Marchand & le Maître ou le Bâtelier ; & afin que chacun fache ce qui fe doit pratiquer, à l'égard des Bâtimens qui chargent à leur tour, voici l'Ordonnance pour ceux qui naviguent à Rouen & à Londres.

ORDONNANCE

Pour les Bâtimens qui pourront aller par tour, de cette Ville, pour Rouen & pour Londres, avec la Lifte du fret qu'ils auront pour les marchandifes qu'ils chargeront.

Premiérement, qu'aucun Bâtiment qui eft en état de voyager hors de ces Pays, ne pourra charger pour les Ports fufmentionnez, qu'à fon tour, & qu'il faudra que les Bâtimens qui voudront voyager par tour, foient bien pourvus d'ancres, de cables, de voiles & de tous les autres aparaux neceffaires ; afin que les marchandifes puiffent être tranfportées feches & bien conditionnées, le tout à la difcretion des Superieurs de la Communauté des Navigateurs hors du Pays, ou autres qui pourront être commis pour en prendre infpection.

Item, que deformais on mettra toutes les deux femaines, deux Bâtimens en charge pour Londres, & tous les vingt jours deux Bâtimens pour Rouen, defquels les deux premiers pour Londres fe metront au Quay le Lundi, dernier jour du prefent mois, & le premier en fortira fix jours après, qui fera le Samedi fuivant fur le foir, & le fecond en partira le feptiéme jour après le départ du premier, ce qui fera le quatorfiéme jour d'après qu'il fe fera mis en tour, & partira le Lundi fuivant.

Item, ceux pour Rouen partiront du Quay le foir du dixiéme jour, & le fecond en partira le dixiéme jour, d'après le départ du premier, lors que fon terme limité fera fini, ce qui fera le vingtiéme jour du jour qu'il a mis en charge.

Et lefdits Bâtimens mettront à la voile le fecond jour d'après, pour pourfuivre leur voyage ; & d'abord que ces Bâtimens feront fortis du Quay, ou que leur terme de charger fera fini, deux autres Bâtimens fe mettront en leur place, fur peine de vingt - cinq florins d'amende, pour les Maîtres aufquels le tour fera échu.

Bien entendu, que le tems fixé pour mettre les Bâtimens refpectifs en charge, commencera pour la faifon d'Eté depuis le premier de Mars jufques au premier d'Octobre fuivant, & pour la faifon d'Hiver, depuis le premier d'Octobre jufques au premier de Mars fuivant, & que lefdits

Bâti-

Bâtimens refpeftifs auront deux jours de plus pour charger en Hiver qu'en Eté, favoir, ceux pour Londres huit jours, & ceux pour Rouen douze jours.

Et ne pourront lefdits Bâtimens, après être partis du Quay, prendre ni charger aucune marchandife, ni en Ville, ni en chemin, ni au Texel, fous peine de fix florins d'amende pour chaque paquet ou piece de marchandife, foit groffe ou petite, qu'ils ont prife, & d'être interdits en leur tour pour un an pour la première fois, & fous pareille peine & de correction arbitraire pour la feconde.

Item, fi lefdits Bâtimens ou l'un d'entre eux ont leur entiere charge avant le tems limité ci-deffus, ils feront obligez de partir auffi-tôt du Quay, & un autre fera mis inceffamment en fa place; les jours de planche ou le terme duquel ne commencera que du jour que devoit finir le terme de celui duquel il prend la place.

Et il fera permis aux Maîtres qui auront refté en charge pendant le tems limité, & qui n'auront pas pu avoir leur charge entiere, d'acheter des marchandifes pour leur compte, jufques à la concurrence de leur entiere charge, mais ils feront obligez de partir, favoir ceux pour Londres dès le Lundi d'après qu'ils feront partis du Quay, & ceux pour Rouen dès le fecond jour d'après leur terme fini, fans que fous aucun pretexte cela puiffe porter aucun retardement ni préjudice au bien des Marchands dont ils ont chargé les marchandifes, & cela fous peine de vingt-cinq florins d'amende; mais les Maîtres qui acheteront ainfi des marchandifes pour remplir leur Bâtiment, n'en payeront aucun fret à ceux avec lefquels ils doivent partager le fret, ou qui font en compagnie avec eux.

Item, deux Marchands ou Commiffionnaires pourront freter un Bâtiment dans cette Ville pour un des ports fufmentionnez, au prix qu'ils pourront accorder avec le Maître; mais le Maître ne pourra prendre des marchandifes d'aucun autre que de celui qui l'a freté, fous peine comme deffus.

Item, les Maîtres des Bâtimens qui feront de tour, feront obligez de prendre fans aucune diftinftion toutes les marchandifes qui feront portées à leur Bord, quand même ils auroient déja promis à d'autres Marchands de prendre leurs marchandifes, étant jufte que les marchandifes qui viendront les premieres à bord, foient les premieres chargées.

Item, ne pourront les Maîtres qui voyagent par tour, entreprendre aucun voyage, ni fervir d'alleges, huit jours avant que leur tour ne vienne, mais ils feront obligez de mener leur Bâtiment au Quay, quatre jours avant qu'il ne doive fe mettre en charge, auprès de celui duquel il doit prendre la place, & cela afin qu'ils puiffent s'entre-aider les uns les autres, fous peine de cinquante florins d'amende & d'interdiftion d'entrer

en

en tour pendant un an ; bien entendu que fi le Maître d'un Bâtiment qui voyage par tour, a entrepris quelque voyage, s'il eſt hors la Ville , ou fi étant arrivé de voyage avec une Cargaiſon qu'il n'a pas encore déchargée, dans un tel cas les Maîtres des autres Bâtimens de tour qui ſe trouveront vuides, tireront au ſort pour voir auquel d'entre eux il écherra d'aller en ſa place, & feront tous les Maîtres qui voyagent par tour obligez de tirer ainſi au ſort ſous peine de vingt-cinq florins d'amende , & d'être interdits du tour pendant un an.

Item , les Maîtres qui auront fait leur tour pour Rouen, auront enſuite leur tour pour Londres, & pareillement ceux qui auront fait leur tour pour Londres, auront enſuite leur tour pour Rouen.

Et les deux Maîtres qui ſe mettront en même tems en charge pour Londres, partageront leur fret en commun, comme feront auſſi les deux Maîtres qui ſe mettront en même tems en charge pour Rouen , & ſera le fret reglé entre eux comme il ſera ſpecifié ci-deſſous. De plus ſeront leſdits Maîtres obligez de ſe rendre un bon compte reciproque de leur fret , & s'il arrive que l'un ou l'autre s'en retienne ou s'en reſerve quelque choſe , il payera cinquante florins d'amende & ſera interdit du tour pendant trois ans.

Item , aucun Maître de Bâtiment ne pourra voyager par tour , qu'il n'ait été quatre ans Bourgeois de cette Ville.

Et les Bâtimens qui ſe mettent enſemble en charge , tireront au ſort à qui des deux partira le premier.

Item , ne pourront les Maîtres des Bâtimens qui voyagent par tour , en Zeelande, à Anvers, ou en d'autres endroits en dedans des Terres, entrer en tour pour aller à Londres ou à Rouen, à moins qu'ils ne quitent leurs tours d'en dedans les terres,& n'y renoncent.

Les Maîtres des Bâtimens qui voyagent par tour , feront obligez de reſter auprès de leurs Bâtimens, depuis le matin juſques au ſoir, excepté vers le Midi qu'ils pourront aller en Bourſe, & ſi quelqu'un eſt trouvé faire autrement, tandis qu'il eſt en charge, & qu'il ſoit trouvé à boire dans une Auberge ou ailleurs , il payera trois florins d'amende chaque fois qu'il y ſera ſurpris.

Item, les Seigneurs de la Juſtice commettront une perſonne pour avoir l'inſpection ſur les Quays où ſe mettront les Bâtimens qui ſeront de tour pour Rouen & pour Londres , laquelle perſonne aura ſoin de les faire partir dans leur tems.

Toutes leſquelles peines & amendes ſeront apliquées, un tiers pour le Seigneur, un tiers pour les pauvres , & un tiers pour le délateur.

Et afin que les Marchands puiſſent ſavoir ſur quoi ils auront à ſe regler,

gler, pour le payement du fret des Bâtimens qui voyagent par tour, mesdits Seigneurs ont ordonné & ordonnent par la presente, que les Maîtres qui voyagent par tour, hors du Pays, auront pour le fret de toutes les denrées & marchandises, ce qui sera mis ci après, & que lesdits Maîtres pourront bien prendre moins, mais non pas au-delà, sous peine de vingt - cinq florins d'amende & d'interdiction de leur tour pour un an.

Liste du Fret pour ROUEN & pour LONDRES, rangée par ordre Alphabetique.

	Flor.	sols	pen.	L. stérl.	sols	den.
Acier, la Botte ou la Baril.	0	4	0	0	0	4
Alun, soit en Balles ou en Tonneaux les 100 ℔.	0	5	0	0	1	5
Amandes les 100 ℔.	0	8	0	0	0	6
Amidon, le Baril				0	1	6
Anis les 100 ℔.	0	8	0	0	0	6
Beure la Tonne	1	10	0	0	0	6
les demi & quarts de Tonne à proportion						
Bois de Brezil, de Campéche & autres bois, les 100 ℔.	0	5	0			
Canelle, en fardeaux, ou en caisses, les 100 ℔.	1	0	0	0	3	6
Cendres de Dantzik le Last.					15	0
Cendres de Riga, ou de Coningsberg, le Last					12	0
Cendres au double Cercle, le Last.					18	0
Chanvre, le Schippont	1	10	0		2	6
Chauderons soit en tonneaux ou autrement. les 100 ℔.						6
Cire, les 100 ℔.		8			7	
Cloux de Gerofle, le quarteau	2	5			4	6
Cochenille, les 100 ℔.	1	10				
Un coffre ou caisse de trois bandes	4	10				
Les plus petits à proportion						
Colle, les 100 ℔.		10				
Commin, les 100 ℔		8			6	
Cordages, le Schippont,	1	10			2	6
Corintes ou Raisins de Corinthe, soit en futailles ou en bales, les 100 ℔.		7				
Coton, les 100 ℔.					1	3
Couperose, les 100 ℔.		5			1	5
Crin, le sac.		7			1	2
					Cuivre	

	Flor. fols pen.		L.fterl. fols den.	

Cuivre, les 100 ℔.	4			
Dents d'Elephant	5			6
Etain, les 100 ℔.	4			
Etoupes, les 100 ℔.			1	2
Fer blanc double, le baril	10			10
Fer blanc fimple, le baril.	5			5
Fer en barres ou en verges, les 100 ℔.				6
Fil à Cables, le Schippont	1 10		2	6
Fil à coudre, le Boucaut			9	
Fil de laiton, & fil de fer, en torches ou en fu-				
taille, les 100 ℔.	6			6
Fromage, les 100 ℔.	8		3	7
Futeines, la balle ou la futaille	5		8	
Garance, les 100 ℔.	6			
Gerofle, voi Cloux.				
Gingembre la bale	1 16		3	6
Goudron de Pruffe, le Laft	5		6	
Harangs, le Laft	10			
Huile de Baleine de ce Pays, le Laft	10			
Huile de Poiffon de Mofcovie, huit bariques				
pour un Laft	10			
Huile d'Olive, la Pipe	3		1	6
les autres pieces à proportion.				
Jambons en futailles, les 100 ℔.	8			
Laine, le fac	9			
Le demi fac à proportion				
Pour Londres, les 100 ℔.			1	2
Lin, le Schippont	1 10		2	6
Livres, la bale ou la futaille	10			
Macis, ou fleur de Mufcade, le Quarteau	2 5		4	6
Merceries, le Boucaut	7			
Les plus petites futailles à proportion.				
Miel, la Tonne			1	
Mitraille, les 100 ℔	4			
Mufcade, ou Noix mufcade, le Quarteau	2 5		4	6
Noix de Galle, la bale	1			
Papier, la bale de 15 à 16 rames			1	3
Papier d'une livre & de demi livre, les 100 ra-				
mes			8	
Peaux feches de l'Amerique, la Piece	3			
les Cols & Ventres trois pour une				

R 3

	Flor.	sols	pen.	L.sterl.	sols	den.
Pastel les 100 ℔	8					6
Peaux de Dannemarc ou de Suede , le paquet	3					
Peaux d'Hollande, le paquet	5					
Peaux de Bouc, le Deker de 6 peaux	5					
Planches du Nord, le cent de 122	15			1		6
Plaques de fer , les 100 ℔.						6
Plaques ou platines de Cuivre, les 100 ℔.						6
Plumes à lits, les 100 ℔.				1		4
Plomb, les 100 ℔.	4					
Poeles de fer les 100 ℔.						6
Poisson en barils, le Last	9				12	
Poisson en piles, le millier				1		16
Poivre, la bale	1	5			2	6
Potasse, les 100 ℔.						6
Poix ou Goudron, le Last	8				12	
Poix au double cercle, le Last	7	10			10	
Raisins secs en futailles, les 100 ℔.						6
Raisins en cabas, les 100 ℔.						6
Raisins de Malaga, le cabas						4
Reglisse, les 100 ℔.					6	
Ris, les 100 ℔	8					6
Savon d'Espagne, la bale ou la caisse	1	5				
Saumon, le baril					2	3
Soye, le baril					3	
Soye, la bale					5	3
Sucre en bariques, les 100 ℔.		12				10
Sucre Candi, la caisse de 16 Paquets	4				6	
Sucre du Brezil en caisses ou en bariques, les 100 ℔.		6				
Sucre de Madere ou des Canaries, la caisse	1	16				
Sucre de St. Domingue, la caisse					4	
Suif, le Last de 2 smaltonnes	9				12	6
Suif en futailles, les 100 ℔.	7					
Sumac, les 100 ℔.	5					
Toiles, la caisse de 40 pieces						6
toutes les autres caisses à proportion.						
Verre brisé, le Last	7					

Bien

Bien entendu que si l'on charge quelques marchandises pour Rouen & pour Londres, dont le fret ne soit exprimé dans cette Liste, on en payera, si c'est pour Rouen, & que le fret soit exprimé dans la liste de Londres, un tiers de plus ; & si c'est pour Londres, & que le fret soit exprimé dans la Liste de Rouen, on en payera aussi un tiers de plus.

Ordre suivant lequel les Maîtres des Bâtimens qui voyagent par tour, auront à se regler, par raport à leur grandeur ou capacité, pour partager leur fret.

Un bâtiment {
de 26 jusques à 31 Last
de 31 à 36
de 36 à 41
de 41 à 46 & au dessus,
} sera compté pour {
30 Lasts
35
40
45,
}

Et seront les Maîtres obligez de payer chaque fois avant leur départ, à l'Inspecteur que les Seigneurs de la Justice établiront pour cela, savoir pour les Batimens contenant au dessus de 31 Lasts, trois florins, & pour ceux qui contiendront moins de 31 Lasts, deux florins cinq sols, sous peine de payer le double à leur retour. Ainsi fait & arrêté le 19. Février 1611. en presence du Seigneur Baillif, de tous les Bourguemaîtres & Echevins, excepté Jacob Graef, &c.

Ordonnance pour les Maîtres des Bâtimens qui voyagent par tour, d'Amsterdam à Hambourg, & de Hambourg à Amsterdam, suivant laquelle ils feront payer le fret des marchandises qu'ils transporteront d'une desdites Villes à l'autre, le fret d'Eté commençant depuis le premier de Mars jusques au premier Octobre, & le fret d'Hiver, depuis le premier d'Octobre jusques au premier Mars.

Acier,

LE NEGOCE

	D'Amsterdam à Hamb.		de Hambourg à Amsterd.	
	En Eté	en Hiver	en Eté	en Hiver
	Marcs sols Lubs. Lubs.	marcs sols Lubs. Lubs.	florins sols	florins sols
Acier, la bote ou le baril			3	3
Alun, en sacs ou en futailles, les 100 ℔	2½ 8	3 10	3¼ 10	4 12
Amandes, la bale	8	10	10	12
Amidon, le baril	12	14	15	18
Anis, la bale	8	10	10	12
Armoisins, la Caisse de 10, 11 ou		10	10	12
12 pieces ,	2 8	3	2 10	3
Aveine ou avoine, le last	2 8	3	2 10	3
Bayes d'Angleterre, la piece	5	6	6	6½
Biere de Lubec } le Last				
Biere de Hambourg } le Last			5 10	7
Biere de Brunswyk, apellée Mom, la pipe			1 10	1 15
Bois de Bresil, de Campeche, & autres bois semblables, les 100 ℔	3	3⅜	5	5½
Camelots de soye, la bale	2	2	2	2 10
Canelle en fardeaux ou en caisses, les 100 ℔	8	10	10	12
Canevas, la bale	12	14	16	18
Carpettes, la bale ordinaire			4 10	5
Carsayes, les 3 pieces comptées pour une piéce de Drap ou de Baye				
Cendres de Dantzik, & de Coningsbergen, le Last	5	5 8	5	5 10
Cendres de Riga, le Last	3 8	4	3 10	4 10
Chanvre, les 100 ℔	6½	7	8	9
Chanvre, la bale	12	14	16	18
Chauderons, les 100 ℔	4	4⅜	5	5½
Ciment, le Last de 12 barils	4			
Cire, les 100 ℔	4½	4½	5	5½
Cloux de Gerofle, le quarteau	1 8	1 12	1 10	1 15
Cochenille, les 100 ℔	1	1 4½	1	1 5½
Cordages les 100 ℔	6½	7	8	9

Co-

	D'Amsterdam à Hamb.		de Hambourg à Amsterd.	
	En Eté	en Hiver	en Eté	en Hiver
	Marcs sols Lubs. Lubs.	marcs sols Lubs. Lubs.	florins sols	florins sols
Corintes, ou Raisins de Corinthe, les 100 ℔	4	4½	5	5½
Coton, les 100 ℔	7	8	9	10
Couperos, les 100 ℔	2½	3	3¼	4
Culieres de bois & ouvrages de bois le Boucaut			2 10	2 15
Cumin, la bale	8	10	10	12
Cuivre, ou laiton en tonneaux, les 100 ℔			3	3½
Cuivre batu, les 100 ℔			4⅛	5
Cuivre cru, ou en rosette, les 100 ℔			2½	3
Dents d'Elephant, les 100 ℔	4	4½	5	5½
Draps d'Angleterre, la piéce	5	6	6	6½
Draps du Nord, la bale de 40 à 50 piéces le plus ou moins à proportion			4	5
Draps d'or, ou d'argent, la caisse	2	2 8	2	2 10
Eau de Vie, la barique	1	1 4	1	1 5
Etain, soit en futailles ou en lingots, les 100 ℔	3	3¼	4	4½
Fer blanc double, le baril			7	8
Fer blanc simple, le baril			3½	4
Fer en verges ou en barres, les 100 ℔			2	3
Figues, le cabas	2½	3	4	4½
Figues, le baril	2½	3	4	4½
Fil, le Boucaut	4	4 8	4	4 10
Fil de laiton, & fil de fer, les 100 ℔	3	3½	4	4½
Froment ou Mestil, le Last	5 8	6	5 10	6
Futaines, le Boucaut	3 8	4	3 10	4
Garance, les 100 ℔	3	3	4	4½
Gingembre, la bale d'environ 500 ℔	1	1 4	1	1 5
Graine de Lin, le Last	4	4 8	4	4 10
Gros grains de Turquie, la bale	2	2 8	2	2 10
Gruaux, le Last	4	4 8	4	4 10
Harans, le Last	4 8	5	4	5
Harans fumez, le Last	4 4	4 12		

Huile

	d'Amsterdam à Hamb.				de Hambourg à Amsterd.			
	En Eté		en Hiver		en Eté		en Hiver	
	Marcs sols Lubs Lubs		marcs sols Lubs Lubs		florins sols		florins sols	
Huile de Baleine de ce Pays, le Last	5		5	8	5		5	10
Huile de Baleine ou de Poisson, de Moscovie, huit bariques pour le Last	5		5	8	5		5	10
Huile d'Olive, la Pipe	2		2	4	2		2	5
Le Poinson ou barique à proportion								
Jambons en Boucauts, les 100 ℔	3		4½		5		6½	
Indigo, les 100 ℔	10		12		12½		14	
Laine, le Sac de 8 à 900 ℔					5		6	
Laiton, en Tonneaux, les 100 ℔					3		3½	
Lin, les 100 ℔	6½		7		8		9	
Macis ou Fleur de Muscade, le Quarteau	1	8	1	12	1	10	1	15
Merceries, le Boucaut	4		4	8	4		4	10
Meules du Moulin, celles qu'on nomme Achtiender, la Piéce	5		6		5	1	6	1
Mom, Voiez Biere.								
Muscade, le Quarteau	1	8	1	12	1	10	1	15
Noix, le Last	4		4	8	4		4	10
Noix de Gale, la Bale	8		10		10		12	
Noix Muscade & Noix Rompe, la Bale	8		10		10		12	
Olives, la Barique	1		1	4	1		1	5
Orge, le Last	3		4		3		4	
Ouvrage de Bois, le Boucaut					2	10	2	15
Pastel, la Bale d'environ 200 ℔	4		4½		5		5½	
Peaux seches de l'Amerique, la Piece	4		5		5		5½	
Celles du Cap-Verd passeront 3 pour 2								
Peaux de Danemarc ou de Suede, le couple	2½		3		3½		4	
Peaux d'Hollande, le couple	3½		4		4½		5	
Peaux de Bouc, le Deker qui est de 6 Peaux	3		3½		4		4½	
Peleteries, le Boucaut	3	12	4	8	4	15	5	Plaques

| | d'Amsterdam à Hamb. | | de Hambourg à Amsterd' | |
| | En Eté | en Hiver | en Eté | en Hiver. |
	Marcs sols Lubs Lubs	marcs sols Lubs Lubs	florins sols	florins sols
Plaques de cuivre } les 100 ℔			ʟ	ȝ
Plaques de fer }				
Plomb, les 100 ℔	1 2/7	3 5/7	2	4
Plumes à Lits, les 100 ℔			15	18
Poeles de fer, les 100 ℔	4	4 2/7	5	5½
Poisson, en barils, le Last	4 8	5	4 10	5
Poivre, la Bale	1	1 4	1	1 5
Poix ou Goudron de Prusse, le Last	3	3 8	3	3 10
Poix au double Cercle, le Last	4	4 8	4	4 10
Potasse, les 100 ℔	3	3½	4	4½
Poudre à Canon, les 100 ℔			12	14
Raisins secs, le Cabas	2½	3	4	4½
Raisins de Malaga, le Cabas	2¼	3	4	4½
Ris, la Bale	8	10	10	12
Safre, le Baril			1	1 5
Salpetre, les 100 ℔			4	4½
Savon, le Last	4 8	5	4 10	5
Savon d'Espagne, la Bale	8	10	10	12
Saumon, le Baril	10	12	12	15
Seigle, le Last	4 8	5	4 10	5
Sirop, le Quarteau d'environ 1000 ℔	1 4	1 8	1 5	1 10
Sirop de Madrite, ou pareil, la Piece	3	3 8	3	3 10
Soye Cruë, la Bale	2 8	3	2 10	3
Soye Organsin, la Bale	2 8	3	2 10	3
Soye de Cochon, ou poil de Porc, le Tonneau			15	18
Sucre en bariques, les 100 ℔	5	6	6	7
Sucre de Bresil, la Caisse	1 4	1 8	1 5	1 10
Sucre des Canaries, ou de Madere, la Caisse	1 4	1 8	1 5	1 10
Sucre Candi, la Caisse de 16 Paquets	3	3 8	3	3 10
Suif, le Last de 12 barils	4 8	5	4 10	5
Suif en futailles, les 100 ℔	4	4½	5	5½
Sumac, les 100 ℔	2¼	3	3	3½

S 2

| | d'Amsterdam à Hamb. | | de Hambourg à Amsterd. | |
| | En Eté | en Hiver | en Eté | en Hiver. |
	Marcs sols Lubs Lubs	marcs sols Lubs Lubs	florins sols	florins sols
Terbentine , la barique	12	14	15	18
Toile , 1 Boucaut	4	4 8	4	4 10
Les Caiſſes à proportion.				
Velours , la Caiſſe de 10, 11, à 12 Pieces	2 8	3	2 10	3
Verre , la Caiſſe			4	4 10
Vin d'Eſpagne , la Pipe	2	2 4	2	2 5
Le Poinſon ou Barique à proportion.				
Vin de France , le Tonneau	2 8	2 12	2 10	2 15
Vin de Rhin , le Foudre	5	5 12	5	5 15
Vin de Rhin , la Piece	3 12	4 8	3 15	4 10

Item , ſi les Marchands chargent quelques marchandiſes non ſpecifiées dans cette Liſte , & qu'ils ne puiſſent pas s'acorder pour le fret avec les Maîtres, il ſera reglé par les Inſpecteurs ou Commiſſaires.

Ainſi arrêté le 27. Avril 1613. par Meſſeigneurs le Baillif, tous les Bourguemaîtres , excepté Barthelemy Kromhout , & tous les Echevins.

Il y a quantité d'autres pareilles Ordonnances pour le fret des Bâtimens qui vont en Zeelande, en Flandres, & dans les Provinces Unies , & il y en a preſque pour chaque Ville, des 7 Provinces, pour leſquelles il y a des bateaux , qui doivent partir journellement à certaines heures marquées. Mais de peur de trop groſſir ce Livre, je ne les mettrai pas ici , l'eſtimant d'autant moins neceſſaire , qu'il n'eſt pas permis aux Bateliers de prendre plus que ce qui leur a été acordé par les Ordonnances , & que s'ils le font, on peut leur faire rendre ce qu'ils ont pris de trop, & les faire mettre à l'amende. Cependant ſi quelque curieux veut avoir toutes les Ordonnances ſur ce ſujet , il les trouvera en Hollandois chez Jean Rieuwertz, Imprimeur de la Ville près de la Bourſe.

C H A-

CHAPITRE XI.

De l'Amirauté d'Amsterdam, de son Bureau de Convoi, & de ce qui s'y observe par raport au Commerce, avec le Tarif des Droits d'Entrée & de Sortie que payent toutes les marchandises.

Tous les droits d'entrée & de sortie des marchandises qui entrent & qui sortent des Sept Provinces Unies, se payent aux Amirautez, & aux divers Bureaux établis par les 5 Colleges de l'Amirauté qui sont

Le College d'Amsterdam,
Le College de Rotterdam,
Le College de Hoorn,
Le College de Middelbourg,
Le College de Harlingen,

Le College d'Amsterdam est composé de douze Seigneurs, qui ont titre de Conseillers de l'Amirauté, savoir, un de la part de la Noblesse de Hollande; un de la Ville d'Amsterdam; un de celle de Leyden; un de celle de Haarlem; un de celle de Gouda; & un de celle d'Edam; & six de la part des autres Provinces; savoir, un de la Province de Gueldre; un de celle de Zeelande; un de celle d'Utrecht; un de celle de Frise, & un de Groningue & des Ommelandes.

On apelle *Convoi* les Chambres ou les Bureaux dans lesquels se distribuent les Passeports. Les Hollandois se servent en general des mots *Convoygelt*, pour signifier les Droits de l'entrée & de sortie des marchandises : c'est-pourquoi, pour m'acommoder à la maniere du Pays, je me servirai dans ce Chapitre du mot de *Convoy* au lieu de Bureau, il se tient à Amsterdam dans un apartement de l'Amirauté qu'on apelle communement *het Princen-Hof*, ou la Cour du Prince, qui est un fort grand Bâtiment où les Seigneurs de l'Amirauté tiennent leurs seances.

C'est aux Seigneurs de l'Amirauté qu'est afecté le droit de prendre connoissance de tous les cas qui arrivent au sujet des fraudes, malversations, & contraventions qui se commettent contre les Placats & Ordonnances qui regardent la Marine, tant pour les Droits de sortie ou d'entrée des marchandises, que pour tenir la main aux defenses du transport des marchandises de Contrebande, que des munitions de guerre aux Ennemis, sur tous lesquels cas ils procedent sommairement, & prononcent sentence definitive de condamnation ou d'absolution, sans faire aucune grace, ni permettre qu'il se fasse aucune composition sur ces points.

S 3   Les

Les Sentences, Apointemens, Mandemens, & Ordre de l'Amirauté font mis en execution & fortent leur entier effet fans apel, excepté en matieres civiles dans lefquelles les deniers provenant des ventes d'effets, excedent la fomme de fix cens florins, auquel cas on peut fe pourvoir devant les Etats Generaux, par Requéte de Revifion & de Procez, ou de Propofition d'erreur.

Chaque College a fes Officiers particuliers qui dépendent de lui, favoir un Avocat Fifcal, divers Secretaires & Greffiers, un Receveur General, un Commis General, un Maître d'Equipages, un Commiffaire des ventes, un Treforier Payeur, un Grand Prevôt, & plufieurs autres, avec bon nombre de Commis pour la vifite des Paffeports.

Ces derniers fe tiennent aux avenuës de la Ville qu'on apelle Boom, dont j'ai parlé dans le Chapitre premier. Lors qu'un bateau va ou vient de quelque Navire avec des marchandifes, ces Commis font en droit de le vifiter, & d'examiner s'il n'y a pas plus de marchandifes que n'en porte le Paffeport, auquel cas ils font en droit de l'arrêter, fans cependant qu'il leur foit permis d'ouvrir ni d'enfoncer rien, qu'ils n'en ayent donné connoiffance au Commis General. Mais comme il fera plus à propos de parler de cela dans la fuite, je vai mettre ici le Tarif des Droits d'entrée & de fortie que payent toutes les marchandifes ; je l'ai revu & corrigé fur trois differens exemplaires, & j'en ai ôté quantité de fautes qui s'étoient gliffées dans celui de la precedente Edition de ce Livre.

Remarques Preliminaires fur le Tarif des Droits d'entrée & de fortie.

Dans l'Edition precedente de ce Livre on a mis le Tarif d'apreciation entre les droits d'entrée & de fortie, & entre les droits d'entrée & de fortie par l'Orifont ou le Belt, ce que je n'ai pas trouvé à propos de faire, aiant mieux fuivre en cela l'ordre qu'a fuivi le Sieur J. le Long, dans la Traduction qu'il a donnée de ladite Edition, & metre le Tarif d'apréciation dans la premiere Colomne, tant parce que c'eft un Tarif feparé, qui fut refolu le 8 Mars 1652. feulement par provifion, que parce que le Tarif des entrées & forties ne fut refolu & ne commença que le premier de Mai 1655, & qu'il eft plus à propos de laiffer chacun en fon entier, en les uniffant cependant enfemble, que de feparer celui des Droits d'entrée & de fortie, pour placer celui d'apreciation entre les droits d'entrée des differents Pays, & ceux de l'Orifont & le Belt.

La premiere Colomne qui a pour titre, Apreciation, porte ce Titre,

LISTE

LISTE

Faite par les Hauts Puiſſants Seigneurs les Etats Generaux des Provinces Unies des Pays-bas, ſuivant laquelle il ſera levé & collecté un pour cent pour la ſortie, & deux pour cent pour l'entrée des marchandiſes, denrées & effets qui ſortiront ou entreront dans ces Pays, tant par Mer que par les Rivieres, & par Terre, tant du côté de l'Eſt que de l'Oueſt, & de tous les Quartiers reſpectifs, ſans exception d'aucun, & ceci par proviſion. A la fin de cette Liſte on trouve ce qui ſuit,

Ceux qui déclareront des marchandiſes & effets dont le prix n'eſt pas exprimé dans cette Liſte, ſeront obligez d'en déclarer la valeur; & les marchandiſes étant ainſi declarées, pourront être ſaiſies par le Commis General, ou autres Officiers en payant comptant un cinquiéme au delà de ce qu'elles ont été déclarées; & ne pourront leſdits Officiers compoſer ſur cela avec les Marchands, ſous peine de privation de leur office, & de correction arbitraire, & ne pourront non plus laiſſer ſortir ni decharger les marchandiſes ſaiſies, ſans leur faire payer encore le droit d'un demi pour cent.

Ainſi arrêté & conclu par les Seigneurs Etats Generaux, à la Haye le huitiéme Mars 1652. Etoit paraphé R. *van Tuyl van Serooskerke*, vt. Plus bas, par ordonnance deſdits Seigneurs, ſigné *N. Ruyſch*, ſcelé à la marge du Cachet deſdits Seigneurs Etats, en cire rouge.

Les quatre Colomnes ſuivantes contiennent les droits d'entrée & de ſortie, dont le titre s'enſuit.

LISTE nouvelle & corrigée

Des moyens communs qui par ordre des Hauts Puiſſans Seigneurs les Etats Generaux des Provinces Unies de Pays-Bas, ſeront levez ſur toutes les denrées & marchandiſes qui entreront ou qui ſortiront, tant par mer que par terre, à commencer du premier Mai 1655.

A la fin de cette Liſte on trouve ce qui ſuit.

Les marchandiſes qui ſeront déclarées par la valeur contenuë dans cette Liſte, pourront être ſaiſies par le Commis General ou autres Officiers, en payant comptant un ſixiéme de plus qu'elles auront été déclarées; & ne pourront leſdits Officiers compoſer ſur ce point avec les Marchands ſous

peine

peine de privation de leur Office , & de correction arbitraire ; & ils ne pourront auffi laiffer fortir ni décharger lefdites marchandifes faifies , fans leur faire payer encore une fois les Droits qu'elles doivent payer.

Ainfi arrêté , conclu, & corrigé par lefdits Seigneurs Etats Generaux , dans leur Affemblée à la Haye le premier May feize cens cinquante-cinq. Etoit paraphé E. v. Bootsma, vt. Plus bas par ordre defdits Seigneurs , figné N. *Ruyfch*. Scelé à la marge, du Cachet defdits Seigneurs Etats en ci-re rouge.

On trouvera à la fin de ce chapitre après le Tarif, les Remarques neceffaires pour fon intelligence.

TARIF GENERAL

Des Droits d'Apreciation , d'Entrée & de Sortie des marchandifes.

A.	Apreciat.	Entrée	Sortie	Entrée de l'Eft par l'Orifont ou le Belt.	Sortie pour l'Eft par l'Orifont ou le Belt.
	F. S. P.	F. S. P.	F. S. P.	F. S. P.	F. S. P.
Abeilles ou mouches à miel, la Ruche	——	0 0 8	0 2 0	0 0 8	0 2 8
Acier, les 100 ℔	18 0 0	0 8 0	0 8 0	0 9 8	0 9 8
Agneaux, Voiez moutons & brebis.					
Agnelin, Voiez Laine d'Agnelins.					
Airain pour cloches , les 100 ℔	28 0 0	0 6 0	2 0 0	0 9 8	2 3 8
Aix , Voiez bois & planches.					
Alofes ou alaufes, Voiez Poiffon.					
Alpiftre, ou graine de Canarie, les 100 ℔	——	0 10 0	0 8 0	0 11 0	0 9 0
Alun, les 100 ℔	9 0 0	0 5 0	0 5 0	0 7 0	0 7 0
Amandes longues , les 100 ℔	50 0 0	1 5 0	0 15 0	1 8 8	0 18 8
Amandes courtes ou rouges, les 100 ℔	28 0 0	1 5 0	0 15 0	1 8 8	0 18 8

Ambre

	Apreciat.	Entrée	Sortie	Entrée de l'Eft, par l'Orizont ou le Belt.	Sortie de l'Eft, par l'Orizont ou le Belt.
A.	F. S. P.	F. S. P.	F. S. P.	F. S. P.	F. S. P.
Ambre jaune de la valeur de fix florins	———	0 4 0	0 4 0	0 4 8	0 4 8
Amidon, les 100 ℔ defendu d'entrer en 1697. .	7 10 0	0 10 0	0 15 0	0 16 0	0 16 0
		à prefent, fix pour tout.			
Anchoyes, le baril	3 0 0	0 5 0	0 5 0	0 5 8	0 5 8
Ancres, les 1000 ℔	30 0 0	1 0 0	2 0 0	1 5 0	2 5 0
Anguilles, v oy. Poiffon					
Anis les 100 ℔ ..	17 0 0	0 13 0	0 10 0	0 16 8	0 13 8
Apoticaireries ou Drogues pour les Apoticaires, Voy. Drogueries.					
Ardoifes, le millier	———	0 6 0	0 5 0	0 6 8	0 5 8
Argent battu, Voy. Or & Argent .					
Argent vif, les 100 ℔	130 0 0	1 5 0	1 5 0	2 10 0	2 10 0

Mais fuivant la Refolution du 3 Decembre 1675, il eft franc d'entrée, & doit payer 3 florins par 100 ℔ pour la fortie, avec le tiers d'augmentation, & le droit d'apreciation.

Et s'il va en France il payera 4 florins par 100 ℔ pour tous droits de fortie.

Argent, franc de fortie *lors qu'il eft declaré pour du comptant fans autre fpecification, fuivant la Refolution du 30 Janvier 1688.*

Argent non monnoyé,

T &

	Apreciat.	Entrée	Sortie.	Entrée de l'Eſt par l'Oriſont ou le Belt.	Sortie de l'Eſt par l'Oriſont ou le Belt.
B.	F. S. P.	F. S. P.	F. S. P.	F. S. P.	F. S. P.

& *les materiaux pour le monnoyer iront à la Monnoye avec un paſ-ſeport franc, juſqu'à nouvel ordre, ſuivant la Reſolution du* 10 *Fevrier* 1688.

Argent pour la ſortie, *il faut prouver qu'il en a été porté autant à la Monnoye ou à la Banque, qu'en en veut faire ſortir.*

	Apreciat.	Entrée	Sortie.	Entrée de l'Eſt	Sortie de l'Eſt
Argent, ou ouvrage d'argent, doré ou non doré de toutes ſortes, de la valeur de ſix florins	——	2 5 8	0 6 0	0 5 8	0 6 8
Armes, Voyez Munitions de Guerre.					
Armoiſins de Naples, Voyez Velours.					
Armoiſins des Indes, unis ou à fleurs, la Piece	——	0 8 0	0 3 0	0 8 8	0 3 8
Armoiſins du Levant de deux quarts & demi de large, la Piece	——	0 6 0	0 6 0	0 7 0	0 7 0
Armoiſins d'Eſpagne, la Piece	——	2 0 0	1 10 0	2 2 0	1 12 0
Armoiſins faits dans les Pays-bas, Voyez Velours.					
Armoiſins de Genes, Voyez Caffa.					
Armoiſins de Tours,					

la

	Apreciat.	Entrée.	Sortie.	Entrée de l'Est par l'Orisont ou le Belt.	Sortie de l'Est, par l'Orisont ou le Belt.
	F. S. P.	F. S. P.	F. S. P.	F. S. P.	F. S. P.

A.

	Apreciat.	Entrée.	Sortie.	Entrée de l'Est	Sortie de l'Est
la Piece .	—	2 0 0	1 10 0	2 2 0	1 12 0

Avelines, Voyez Noi-
setres.

Avirons, Voiez à la
lettre B. parmi les
Bois.

Avoine, Voyez Grains.

B.

	Apreciat.	Entrée.	Sortie.	Entrée de l'Est	Sortie de l'Est
Baleine, de la valeur de six florins	—	0 4 0	0 4 0	0 4 8	0 4 8

Les Fanons ou Barbes de Baleine sont francs d'entrée venant par les vaisseaux équipez en ces Pays ; mais venant par d'autres Navires, ils payeront double entrée, suivant la Resolution du 12 Juin 1675.

	Apreciat.	Entrée.	Sortie.	Entrée de l'Est	Sortie de l'Est
Bales de Jeu de Paume, le millier	25 0 0	0 8 0	0 8 0	0 9 0	0 9 0
Bales de Jeu de Crosse, les 100 .	—	0 4 0	0 4 0	0 4 8	0 4 8

Bandoulieres, Voyez
Munitions de Guer-
re.

Baracans de Soye, Vo-
yez Pou de soye.

Barils & Bariques,
Voyez parmi les
Bois.

	Apreciat.	Entrée.	Sortie.	Entrée de l'Est	Sortie de l'Est
Bas d'Estam & de toutes sortes de Drap, les 12 Paires	12 0 0	0 60 0	0 60 0	0 78 0	0 78 0

	Apreciat.	Entrée	Sortie	Entrée de l'Est, par l'Orisont ou le Belt.	Sortie de l'Est, par l'Orisont ou le Belt.
B.	F. S. P.	F. S. P.	F. S. P.	F. S. P.	F. S. P.
Bas de laine tricotez de toutes sortes, les 12 paires .	24 0 0	0 6 0	0 6 0	0 9 0	0 9 0
Bas de Soye, la paire	7 0 0	0 3 0	0 3 0	0 4 0	0 4 0
Bas de toutes les autres sortes, non specifiez dans ce Tarif, de la valeur de six florins .	▬▬▬	0 4 0	0 4 0	0 4 8	0 4 8
Baffins, Marmites & Chauderons de cuivre, les 100 ℔	40 0 0	0 12 0	0 15 0	0 15 8	0 18 8
Batifte, Voiez Toiles de Cambray .					
Bayes ou Graine de Laurier les 100 ℔	6 0 0	0 4 0	0 5 0	0 6 0	0 7 0
Bayes ou Bayettes, ou Reveches dites *Duffels Rollen*, de Leyde ou d'Angleterre, la Piece de largeur ordinaire de 60 à 65 aunes de long	40 0 0	0 6 0	0 8 0	0 7 8	0 9 8
Les demi-pieces à proportion .	25 0 0	▬▬▬	▬▬▬	▬▬▬	▬▬▬
Bayes teintes de couleurs mélées, font défenduës d'entrer le 4 Mars 1663					
Bayes d'Angleterre, la Piece roulée en double .	40 0 0	0 10 0	0 12 0	0 11 0	0 13 0
Bayes de largeur extraordinaire, comme de 10 quarts & plus, & longues de 60 à 65 aunes	40 0 0	0 10 0	0 12 0	0 11 0	0 13 0

Bazin

	Apreciat.	Entrée.	Sortie.	Entrée de l'Est, par l'Orisont ou le Belt.	Sortie de l'Est, par l'Orisont ou le Belt.
B.	F. S. P.	F. S. P.	F. S. P.	F. S. P.	F. S. P.
Bazanes tanées la douzaine .	———	0 2 0	0 3 0	0 3 0	0 4 0
Bazins d'Italie, Voyez Futaine.					
Bazins ou Bombazins de ce Pays, la Piece de 20 aunes Les doubles pieces à proportion.	7 0 0	0 6 0	0 3 0	0 7 0	0 4 0
Bergame, Voyez Garnitures de Chambre.					
Beure en sortant pour aller en France, ne payera que 10 sols par 100 ℔ pour tous droits.					
Beure de Hollande bon à manger, la Tonne de 320 ℔ ou deux demi Tonnes pour une .	75 0 0	———	9 0 0	———	9 4 0
Reduit à 1 florin 10 sols la Tonne sans plus.					
Beure de Frise rouge, Beure de Suede, du Nord, d'Angleterre, & tous autres venant hors de ces Pays, comme aussi le Beure blanc non mangeable, le Baril d'une Tonne de 320 ℔. .	60 0 0 celui de Frise				
Reduit à 20 sols pour la sortie. Tous les moindres barils à proportion. Beure, dit *Kopkens*-	45 0 0 le moindre.	16 0 0	4 0 0	16 0 0	4 3 8

T 3

Boter

	Apreciat.	Entrée.	Sortie.	Entrée de l'Est, par l'Orisont ou le Belt.	Sortie de l'Est, par l'Orisont ou le Belt.
	F. S. P.	F. S. P.	F. S. P.	F. S. P.	F. S. P.

B.

Boter, & autres faits dans la Mairie de Bois-le-Duc, Marquisat de Mons, & Baronnie de Breda, les 100 ℔ . — — 0 15 0 — 0 16 8

Beure de France, les 100 ℔ . — 0 10 sans plus.

Ceux de Zeelande prétendent que le Beure qui va en Flandres ou en Brabant, qui avoit été afranchi par provision, paye comme auparavant 7 florins 18 sols de sortie.

Biere de Jope ou *Jopen-Bier*, le Baril d'environ deux Aams — 7 10 0 | 2 0 0 | 1 5 0 | 2 3 8 | 1 8 8

Bieres étrangeres de toutes sortes, en entrant, la Tonne *afranchies du droit d'apreciation, & du ⅓ d'augmentation par le Reglement du 21 Juin 1691.* — 7 0 0 | 1 0 0 | 0 12 0 | 0 7 0 | 0 15 0

Bieres du Pays, la Tonne . — 4 0 0 | franc

Biscuit, la Tonne — 7 0 0 | 0 6 0 | 0 6 0 | 0 6 8 | 0 6 8

Blé, Voyez Grains.

Bœufs ou Vaches, venant de dehors, soit gras ou maigres, entre le premier Juin & le dernier de

Mars;

	Apreciat.	Entrée	Sortie	Entrée de l'Eſt, par l'Oriſont ou le Belt.	Sortie de l'Eſt, par l'Oriſont ou le Belt.
B.	F. S. P.	F. S. P.	F. S. P.	F. S. P.	F. S. P.

Mars, payeront 20 florins la Piece ſuivant le Placat du 6 Decembre 1686.

Bœufs ou Vaches, ſoit gras ou maigres, payeront en entrant un pour cent d'apreciation, ſans plus.

Bœufs ou Vaches, gras ou maigres, ſeront francs d'entrée.

Bœufs ou Vaches, ſoit gras ou maigres, valant 50 florins & au delà

| | — | — | 2 10 0 | — | — |

& au deſſous de 50 florins

| | — | — | 1 10 0 | — | — |

Deux Geniſſes ou 4 Veaux ſeront comptez pour un Bœuf ou une Vache.

Bombazins de ce Pays, Voyez Bazins.

Bombazins de Wezel & ſemblables, la Piece de 20 aunes

| | 18 0 0 | 1 0 0 | 0 20 | 1 10 | 0 30 |

Les Pieces doubles à proportion.

Bombazins de Bruges, ou faits à la façon de ceux de Bruges, la Piece de 20 aunes

| | 8 0 0 | 0 60 | 0 40 | 0 70 | 0 50 |

Les Pieces doubles à proportion.

Bois

LE NEGOCE

	Aperçiat.	Entrée	Sortie	Entrée de l'Eſt, par l'Oriſont ou le Belt.	Sortie de l'Eſt, par l'Oriſont ou le Belt.
B.	F. S. P.	F. S. P.	F. S. P.	F. S. P.	F. S. P.

Bois de Charpente & autres.

	Aperçiat.	Entrée	Sortie	Entrée de l'Est	Sortie de l'Est
Bordage dit *Wagen-ſchot*, Bois bleu de Conigsberg, de Riga, de Stiermark, & demi bois de Litauw, & le rebut, le cent de 100 Pieces .	360 o o Celui de Litauw.	3 o o	5 o o	3 13 8	5 13 8
Bordillon de Conigsberg & de Riga, le petit cent de 122 Pieces .	40 o o	o 2 o	o 3 o	o 3 o	o 4 o
Bordillon de Courlande, y compris le rebut, le cent de 122 Pieces. .	28 o o	o 1 8	o 2 o	o 2 o	o 2 8
Bien entendu qu'on ne comptera pas pour Bordillon, celui qui peut ſervir à faire de plus groſſes Pieces ou Tonneaux.					
Bordillon dit de France, le cent de 122	28 o o	—	—	—	—
Bordillon dit de Hollande, le cent de 122	40 o o	o 2 o	o 3 o	o 3 o	o 4 o
Bordages de Courlande, le cent .	—	1 o o	2 o o	1 6 8	2 6 8
Douelles du Nord, le cent .	28 o o	o o o	1 10 o	—	1 11 8
Douelles ou Douves de Suede pour faire					

des

	Apreciat.			Entrée.			Sortie.			Entrée de l'Est, par l'Orisont ou le Belt.			Sortie de l'Est, par l'Orisont ou le Belt.		
B.	F.	S.	P.	F.	S.	P.	F.	S.	P.	F.	S.	P.	F.	S.	P.
des Pipes, le cent de 122	6	0	0	0	2	0	0	2	0	0	3	0	0	3	0
Douelles d'Irlande dites *Maasschoof*, les 122	——			0	2	0	0	3	0	0	2	8	0	3	8
Bois pour faire des Pipes, les 122 Pieces	210	0	0	1	0	0	1	10	0	1	1	0	1	11	0
Pipes, Bottes, ou Bariques du Rhin, vuides, la Piece	——			0	3	0	0	3	0	0	3	8	0	3	8
Bariques ou Quarteaux vuides, la Piece	——			0	1	6	0	1	6	0	2	0	0	2	0
Douelles de Pipes, la Gerbe ou Botte	2	10	0	0	2	0	0	2	0	0	2	8	0	2	8
Douelles de Pipes ou Pieces du Rhin de 15 à 16 à la Botte sans les cercles, la Botte	2	10	0	0	2	0	0	2	0	0	2	8	0	2	8
Douelles de Quarteaux ou Bariques de 15 à 16 à la Botte sans les cercles, la Botte	1	10	0	0	1	0	0	1	0	0	1	8	0	1	8
Bois de Chêne, & de Sapin venant de Suede ou de Norwege par entieres Cargaisons, suivant la grandeur des Vaisseaux, le Last	——			0	8	0	——			0	9	0	——		

On fera payer les droits d'entrée desdits Bois à proportion de la mesure & capacité qui sera contenuë dans

LE NEGOCE

	Apreciat.	Entrée.	Sortie.	Entrée de l'Est, par l'Orisont ou le Belt.	Sortie de l'Est, par l'Orisont ou le Belt.
B.	F. S. P.	F. S. P.	F. S. P.	F. S. P.	F. S. P.

les billets de Jauge, que les Maîtres de Navire auront payé en Norwegue. S'il y a d'autres marchandifes dans les Navires venant de Suede ou de Norwegue avec du Bois, le Bois payera par Laft, & les autres marchandifes payeront fuivant le Tarif.

	Apreciat.	Entrée.	Sortie.	Entrée de l'Est.	Sortie de l'Est.
Bois pour Tonneaux, le Cent de 122 Pieces	66 0 0	0 3 0	0 9 0	0 4 0	0 10 0
Bois à brûler de toutes fortes, venant de France, d'Angleterre, ou d'ailleurs, excepté celui qui vient de Norwegue, nommé *Vadem-hout*, qui n'eft pas compris ici, de la valeur de fix florins	——	0 3 0	0 3 0	0 3 8	0 3 8
Planches de Pruffe & de Pomeranie, la Piece	——	0 0 8	0 1 0	0 1 0	0 1 8
Planches de Maybourg, les 100	——	0 8 0	1 10 0	0 9 8	1 11 8
Planches du Nord, les 100	28 0 0	——	1 10 0	——	1 11 8
Mâts dits *Kanspieren*, de 3 Palmes & au					

def-

B.	Apreciat.	Entrée	Sortie.	Entrée de l'Eft. par l'Orifont ou le Belt.	Sortie de l'Eft, par l'Orifont ou le Belt.
	F. S. P.	F. S. P.	F. S. P.	F. S. P.	F. S. P.
deffous, les 100	80 0 0 }		1 0 0 }		3 2 0
Mâts de 5 Palmes & au deffus, la Piece	160 0 0 les 100		0 2 0		0 5 0
Mâts de 7 Palmes & au deffus jufques à 12 Palmes, la Piece	160 0 0 les 100		0 6 0		0 9 0
Mâts de 12 jufques à 16 Palmes, la Piece	18 0 0 les 100	8. fols par Laft.	0 12 0	9. fols 8 penins par Laft.	0 15 0
Mâts de 14 Palmes, la Piece.	36 0 0		3 0 0		3 8 8
Mâts de 16 Palmes & au deffus, la Piece	90 0 0		3 0 0		3 8 8
Groffes Perches de Suede longues, les 100	———		0 10 0		0 11 8
Petites Perches dites *Boomfche Kapravens* & toutes autres	———		0 6 0 }		0 7 8
Lattes, les 100	——— }		0 4 0 }		0 6 0
Poutres du Nord, de Riga, Poutres de Sapin, Perches de Noifillier, Bois à brûler, Manches de Hache, Saloirs, Péles, Rais, Jantes, & femblables venant par entiere Cargaifons, le Laft .	5 0 0	0 8 0 chaque poutre.	———	0 9 8	———
Chevrons appelez *Juffers & Maatbalken*, les 122 .	38 0 0	0 8 0	———	0 9 8	———
Et venant par petites parties avec d'autres marchandifes, de la valeur de fix florins	———	0 4 8	0 4 0	0 5 0	0 4 8
Rames ou avirons de bois de frêne de la					

	Apreciat.	Entrée.	Sortie.	Entrée de l'Eft, par l'Oriıont ou le Belt.	Sortie de l'Eft, par l'Oriıont ou le Belt.
B.	F. S. P.	F. S. P.	F. S. P.	F. S. P.	F. S. P.
valeur de 6 florins la Piece.	0 10 0	0 6 0	0 5 0	0 6 8	1 5 8
Mairain à faire des Pipes, les 122 Pieces avec le rebut	210 0 0	1 0 0	1 10 0	1 1 0	1 11 0
Mairain à faire des Bariques, le Cent de 122 avec le rebut	66 0 0	0 3 0	0 9 0	0 4 0	0 10 0
Planches de Chêne de 30 à 40 pieds, venant de l'Eft, la Piece avec le rebut	6 0 0	0 3 0	0 4 0	0 3 8	0 4 8
Planches de Chêne de 25 pieds de long & de l'épaiffeur des Carveels avec le rebut, la Piece *Les Carveels ont pouces d'épaiffeur.*	2 10 0	0 2 0	0 3 0	0 2 8	0 3 8
Planches de Chêne de 15 pieds, en comptant celles qui ont moins de 10 pieds deux pour une avec le rebut, la Piece	——	0 1 0	0 2 0	0 1 8	0 2 8
Une Caiffe pleine de Plats de bois, ou gamelles .	——	0 8 0	0 8 0	0 9 8	0 9 8
Une Caiffe vuide, du Haut Pays	——	0 2 0	0 2 0	0 2 8	0 2 8
Toute forte de Bois venant par le Rhin, ou par la Meufe, foit en Bateaux ou en Radeaux, comme auffi le bois d'Ormeau & Perches, de la valeur					

B.

	Apreciat.	Entrée.	Sortie.	Entrée de l'Est, par l'Orisont ou le Belt.	Sortie de l'Est, par l'Orisont ou le Belt.
	F. S. P.	F. S. P.	F. S. P.	F. S. P.	F. S. P.
de 6 florins, comme il pourra valoir ici	—	0 3 0	0 4 0	—	0 4 8
Bois pour faire des Cercles, les 100 Perches	—	0 15 0	0 5 0	0 18 0	1 8 0
Bois de Brezil, les 100 ℔	18 0 0	0 6 0	0 10 0	0 7 8	0 11 8
Bois de Gerofle, de la valeur de 6 florins	—	0 6 0	0 6 0	0 6 8	0 6 8
Bois de Japon, les 100 ℔	12 0 0	0 4 0	0 7 0	0 7 8	0 10 8
Bois de Campeche de Provence de S. Marthe les 100 ℔	10 0 0	0 4 0	0 7 0	0 7 8	0 10 8
Bois dit *Stokvishout*, Fustet & semblables Bois de Teinture, les 100 ℔ — le Fustet.	4 0 0	0 3 0	0 5 0	0 6 8	0 8 8
Bois d'Ebene de Palisante de Sacredan de Rose de Lettre & toutes sortes de Bois des Indes Orientales propres à travailler, les 100 ℔ — celui d'Ebene.	20 0 0	0 5 0	0 10 0	0 8 8	0 13 8
Bois de Gayac, les 100 ℔	—	0 6 0	0 8 0	0 9 8	0 11 8

Bois de Bouis, *payera 4 sols par Livre de Gros, suivant la Resolution du 9 Août* 1687.

Bois de Cerf, Voyez Cornes de Cerf.

Bois de Reglisse, Voyez Reglisse.

Bonnets d'Angleterre,

V 3

de

	Apreciat.	Entrée.	Sortie.	Entrée de l'Eſt, par l'Oriſont ou le Belt.	Sortie de l'Eſt, par l'Oriſont ou le Belt.
	F. S. P.	F. S. P.	F. S. P.	F. S. P.	F. S. P.

B.

	Apreciat.	Entrée.	Sortie.	Entrée de l'Eſt	Sortie de l'Eſt
de France & d'ailleurs, garnis ou non garnis, de la valeur de 6 florins .	——	0 4 0	0 4 0	0 4 8	0 4 8
Borax rafiné, venant d'Eſpagne, les 100 ℔	6 0 0	2 0 0	2 0 0	2 3 8	2 3 8

Il doit être aprecié par les Marchands, l'article qui eſt à l'appréciation, n'étant que pour la Compagnie des Indes.

	Apreciat.	Entrée.	Sortie.	Entrée de l'Eſt	Sortie de l'Eſt
Boucaran de France & de ces Pays, la Piece de 18 à 20 aunes .	4 0 0	0 4 0	0 2 0	0 4 8	0 2 8

Boulets de Canon, Voyez Munitions de Guerre.

	Apreciat.	Entrée.	Sortie.	Entrée de l'Eſt	Sortie de l'Eſt
Bourre ou Tonſſure de Drap, les 100 ℔	——	0 3 0	0 5 0	0 4 0	0 6 0
Boutons de toute ſorte, de la valeur de 6 florins .	——	0 4 0	0 4 0	0 4 8	0 4 8

Bouts de Cornes, Voyez Cornes.

Bray, Voyez Reſine & Poix Reſine.

Brebis, Voyez Moutons.

Briques, Voyez Pots & Tourtieres de terre.

Brocards faits dans les Pays - Bas, Voyez Velours.

Burats de la largeur

de

	Apreciat.	Entrée.	Sortie.	Entrée de l'Est, par l'Orisont ou le Belt.	Sortie de l'Est, par l'Orisont ou le Belt.
	F. S. P.	F. S. P.	F. S. P.	F. S. P.	F. S. P.

B.

de ¼ d'aune, & de 18 à 20 aunes de long, la Piece

	15 0 0	0 10 0	0 3 0	0 12 0	0 5 0

Les Pieces doubles à proportion.

Burats d'une à 1½ aune de large de même longueur que dessus, la Piece

	25 0 0	0 12 0	0 5 0	0 14 0	0 7 0

Les Pieces doubles à proportion.

Burats de Soye étroits, de 36 aunes de long, la Piece

	20 0 0	0 15 0	0 7 0	0 15 8	0 7 8

Les Pieces plus longues à proportion.

Burats de Soye larges, de 36 aunes de long, la Piece

	——	0 16 0	0 9 0	0 16 8	0 9 8

C.

Cabeliau, Voyez Poisson.

Cables & Cordages, les 100 ℔

	40 0 0	0 15 0	0 10 0	0 16 0	0 11 0

la Schippont de 300 ℔.

Cacao, il ne sera pas compris parmi les Drogueries, mais payera 4 sols par Livre de gros, suivant l'Apostille du Conseil du premier Juillet 1660

	——	——	——	——	——

Caffa, ou Armoisins de Genes, la Piece.

	——	0 15 0	0 12 0	0 17 0	0 14 0

Caffé

	Apreciat.	Entrée.	Sortie.	Entrée de l'Est, par l'Orisont ou le Belt.	Sortie de l'Est, par l'Orisont ou le Belt.
B.	F. S. P.	F. S. P.	F. S. P.	F. S. P.	F. S. P.
Caffé de la valeur de 6 florins .		0 6 0	0 6 0		
Cartes, Traverfes, Novates, & Cafa groffier, la Piece de 18 à 20 aunes	7 0 0	0 4 0	0 2 0	0 5 0	0 3 0
Cajantes étroites de Lille de $\frac{1}{4}$ à $\frac{7}{8}$ aunes de large, gros Grains, Plemates, & Calandrez, faits dans les Pays-bas, la Piece de 20 aunes, les doubles à proportion.	25 0 0 le Gros grain 5 0 0 les Cajantes.	0 3 0	0 2 0	0 4 0	0 3 0
Cajantes larges de 4 à $\frac{5}{4}$ faites dans les Pays-bas, la Piece longue comme deffus		0 6 0	0 4 0	0 7 0	0 5 0
Les doubles à proportion.					
Calmine, ou Crottes de Chien, les 100 ℔		0 3 0	0 2 0	0 4 0	0 3 0
Cambray, Voyez Toiles de Cambray.					
Camelots ou Tabis de Soye, larges ou étroits, & longs de 55 aunes, la Piece		1 0 0	1 0 0	1 2 0	1 2 0
Les plus longs à proportion.					
Camelot ondé, Voyez Gros grains de Turquie.					
Canards, la douzaine		franc	0 3 0		
Deux demi Canards, ou 4 Sarcel-					

les

	Apreciat.	Entrée.	Sortie.	Entrée de l'Eft, par l'Orifont ou le Belt.	Sortie de l'Eft, par l'Orifont ou le Belt.
C.	F. S. P.	F. S. P.	F. S. P.	F. S. P.	F. S. P
les paſſeront pour un Canard.					
Canelle, Voyez Epiceries.					
Canes ou cruches de terre, Voyez Pots de terre.					
Canevas de Vitry, la Balle de 380 aunes, & les petites Balles apellées Tierçons	150 0 0	2 10 0	1 10 0	2 13 8	1 13 8
Canevas de Normandie, de Lorraine & de France, les 100 aunes	35 0 0	0 12 0	0 15 0	0 13 8	0 16 8
Canevas, le Paquet ou Rouleau de Hollande	25 0 0	0 2 0	0 2 0	0 3 0	0 3 0
Canevas d'Osnabrug, du Belt, & de Munſter, les 100 aunes	——	0 4 0	0 4 0	0 4 8	0 4 8
Canevas en rouleaux, dont on fait les ſacs pour l'houblon	——	0 1 0	0 1 0	0 1 8	0 1 8
Canevas, le rouleau de Liege & le rouleau fin	——	0 4 0	0 5 0	0 4 8	0 5 8
Canons, Voyez Munitions de guerre.					
Capiton, ou Bourre de Capiton, & Cardaſſes de Soye, la livre	——	0 0 8	0 1 0	0 1 8	0 1 8
Il faut évaluer le Capiton.					
Capotes, Voyez Couvrechefs.					

X

Capres

L E N E G O C E

	Apreciat.	Entrée.	Sortie.	Entrée de l'Eft, par l'Orifont ou le Belt.	Sortie de l'Eft, par l'Orifont ou le Belt.
C.	F. S. P.	F. S. P.	F. S. P.	F. S. P.	F. S. P.
Capres , le Quarteau ou Barique .	25 0 0	2 0 0	1 12 0	2 3 8	1 15 8
Les futailles plus grandes ou plus petites à proportion. Voyez auffi Epiceries.					
Cardes de fil de fer, les 12 Paires .	▄▄▄	0 2 0	0 3 0	0 2 8	0 3 8
Carpettes ou Tapis à emballer, de toutes fortes, de la valeur de 6 florins .	▄▄▄	0 6 0	0 6 0	0 6 8	0 6 8
Carreaux de Marbre, Voyez Meules de Moulin.					
Carreaux de Brique, Voyez Pots de terre.					
Carfaye d'Angleterre, blanches , la Piece de 15 à 16 aunes.	25 0 0	0 3 0	0 3 0	0 3 8	0 3 8
Les doubles Pieces à proportion.					
Carfayes d'Angleterre, teintes en Laine, de 16 à 17 aunes, la piece .	▄▄▄	0 4 0	0 4 0	0 4 8	0 4 8
Les doubles à proportion.					
Carfayes d'Angleterre , aprêtées & teintes hors du Pays, défendu d'entrer.	▄▄▄	▄▄▄	▄▄▄	▄▄▄	▄▄▄
Carfayes d'Ecoffe, ou du Nord, les 12 au-					

nes

C.

	Apreciat.	Entrée.	Sortie.	Entrée de l'Est, par l'Orisont ou le Belt.	Sortie de l'Est, par l'Orisont ou le Belt.
	F. S. P.	F. S. P.	F. S. P.	F. S. P.	F. S. P.
nes mesurées en double .	25 0 0	0 20 0	40 0	0 28 0	4 8
Carsayes de Leyden, la Piece de 30 aunes .	—	—	0 30	—	0 3 8
Casques, Voyez Munitions de Guerre.					
Casse ou Canefisse, les 100 ℔ .	40 0 0	1 50	0 80	1 60	0 90
Cassia Lignea, les 100 ℔. .	30 0 0	—	—	—	—
Cassonades, Voyez Sucres.					
Castor, Voyez Poil de Castor.					
Caviar de Moscovie, la grosse Tonne. Les Futailles plus grandes ou plus petites à proportion. *La grosse Tonne est comptée de 4 Ancres.* les 100 ℔.	12 0 0	1 0 0	1 0 0	1 3 0	1 0 3
Cendres, ou Potasses, les 100 ℔ *Les Potasses de Moscovie ne payeront pour la sortie que 2 sols par 100 ℔ suivant la Resolution de Leurs Hautes Puissances du premier Mars 1687.*	7 10 0	0 60	0 10 0	0 70	0 11 0
Cendres, dites *Weed-Asch*, le Last de 12 Tonnes .	450 0 0	1 10 0	3 0 0	1 17 0	3 0 7
Chair salée, le Baril de 200 ℔ .	—	4 0 0	0 4 par livre de gros.	—	—
Chandelles de Suif, les					100

C.

	Apreciat.	Entrée.	Sortie.	Entrée de l'Eſt, par l'Oriſont ou le Belt.	Sortie de l'Eſt, par l'Oriſont ou le Belt.
	F. S. P.	F. S. P.	F. S. P.	F. S. P.	F. S. P.
100 ℔ Chandeliers de Cuivre, hauts ou plats, & toute ſorte d'ouvrages de Cuivre, de la valeur de ſix florins .	——	0 10 0	0 10 0	0 11 0	0 11 0
	16 0 0	0 4 0	0 4 0	0 4 8	0 4 8
Chanvre, dit *Pashennip*, Chanvre de Coningsberg, de Dantzick, Chanvre net, & Chanvre de Riga groſſierement nettoyé, le Schippont .	30 0 0	0 9 0	1 0 0	0 12 0	1 3 0
Chanvre du Pays, les 100 ℔ .	10 0 0	——	0 6 0	——	——
Chapeaux, Caſtors, demi Caſtors de toute ſorte, d'Angleterre & de France, de la valeur de 6 florins .	En entrant ½ pour cent d'Apreciation.	0 6 0 à preſent 0 10 0	0 4 0 Ceux du Pays francs.	0 6 8 à preſent 0 11 0	0 4 8 Ceux du Pays francs.

Les Chapeaux faits dans ces Pays ſeront francs de ſortie, & payeront autant en entrant que ce dont ceux qui ſortent ſont déchargez ſuivant la Reſolution du 4 Mars 1681.

Chapeaux de toute ſorte, de Poil ou de Laine, la douzaine de la valeur de

	Apreciat.	Entrée.	Sortie.	Entrée de l'Eft, par l'Orifont ou le Belt.	Sortie de l'Eft, par l'Orifont ou le Belt.
C.	F. S. P.	F. S. P.	F. S. P.	F. S. P.	F. S. P.
6 florins .	——	0 4 0 à préfent 0 8 0	0 4 0 ceux du Pays francs.	0 4 8 à préfent 0 9 0	0 4 8 ceux du Pays francs.
Charbon de Bois, la Tonne .	——	0 1 0	0 1 0	0 1 8	0 1 8
Charbon de Terre d'Angleterre, le Salter ou le Chapeau & demi .	30 0 0	0 4 0	0 4 8	0 4 8	0 4 8
Charbon de terre, ou Houille de Liege, ou du Roer, le Chapeau . .	——	0 2 0	0 3 0	0 2 8	0 3 8
Charbon de terre, ou Houille de Liege, ou du Roer, les 100 Waag .	——	1 0 0	3 0 0	1 7 0	3 7 0
Charbon d'Écoffe, les 100 Waag .	——	1 0 0	3 0 0	1 7 0	3 7 0
Chardons à Drapiers, & Bonnetiers, en Bottes, la Botte	——	0 3 0	0 5 0	0 3 6	0 5 8
Chardons fuldirs en Futailles, la Pipe	——	0 15 0	0 15 0	1 1 8	1 1 8
Chataignes en entrant, de la valeur de fix florins .	——	0 4 0	——	0 4 8	——
Chataignes en fortant, les 100 ℔ .	——	——	0 8 0	——	0 9 0

Elles ne payeront en entrant que 8 fols par livre de gros pour tut.

Chauderons, Voyez Baffins de Cuivre.

Chaudieres de fer, Voyez Fer.

LE NEGOCE

	Apreciat.			Entrée.			Sortie.			Entrée de l'Est, par l'Orisont ou le Belt.			Sortie de l'Est, par l'Orisont ou le Belt.		
C.	F.	S.	P.	F.	S.	P.	F.	S.	P.	F.	S.	P.	F.	S.	P.
Chaux le Chapeau	—	—		0	3	0	0	4	0	0	3	8	0	4	8
Chevaux en sortant par terre payeront generalement .	—	—		—	—		6	0	0	—	—		6	12	8
Et par mer .	—	—		—	—		8	0	0	—	—		8	12	8
Un Poulain mâle ou femelle, la moitié moins.															
Chaque Cheval valant moins de 120 florins, payera 3 florins 10 sols.															
Et au dessus de 120 florins, 6 florins, *francs du ⅓ d'augmentation, & du droit d'Apreciation.*															
Chevaux en entrant 4 sols par livre de Gros.															
Chevrons, Voyez Bois.															
Choux cabus, les 100	—	—		—	—		0	4	0	0	2	0	0	4	8
Cidre, & Poiré, la Barique .	12	10	0	0	15	0	1	0	0	—	—		1	4	8
Cidre & Poiré, la Barique 20 sols sans plus, suivant le Tarif, ou 4 florins par Tonneau .															
Ciment ou Terras, de la grandeur d'un Baril d'Harengs	—	—		0	1	0	0	10	0	0	2	0	0	11	0
Cinabre, ou Vermillon, les 100 ℔	130	0	0	1	5	0	1	5	0	1	13	8	1	13	8
Cire, les 100 ℔	60	0	0	0	8	0	1	0	0	0	12	0	1	4	0
Citrons frais, le millier .	20	0	0	0	15	0	1	10	0	0	16	8	1	11	8

Ci-

	Apreciat.	Entrée.	Sortie.	Entrée de l'Eſt, par l'Oriſont ou le Belt.	Sortie de l'Eſt, par l'Oriſont ou le Belt.
C.	F. S. P.	F. S. P.	F. S. P.	F. S. P.	F. S. P.
Citrons ſalez { le Quarteau ou Barique, la Pipe	12 10 0 } 25 0 0	1 0 0	1 0 0	1 3 8	1 3 8
Cloches , & Metail pour Cloches, les 100 ℔ .	28 0 0	0 6 0	2 0 0	0 9 8	2 3 8
Cloux de Gerofle, Voyez Epiceries.					
Cloux de fer , les 1000 ℔ .	110 0 0	4 0 0	3 0 0	4 3 8	3 3 8
Cochenille, les 100 ℔ ———		7 0 0	4 0 0	7 13 8	4 13 8
Cochons , ſoit gras ou maigres, de la valeur de 6 florins ———		francs 0 3 0	———		0 3 8
Defendus d'entrer , excepté dans les mois de Mai, Juin, & Juillet , & payeront ceux qui valent au deſſus de 5 florins, 3 florins, & au deſſus de 10 florins , 6 florins.					
Coffres couverts de cuir, de la valeur de 6 florins . ———		0 4 0	0 4 0	0 4 8	0 4 8
Coffres de bois , vuides . ———		0 2 0	0 2 0	0 2 8	0 2 8
Coittis , de la valeur de ſix florins ———		0 6 0	0 4 0	0 6 0	0 4 8
Colle, les 100 ℔	9 0 0	0 8 0	0 8 0	0 10 8	0 10 8
Commin , ou Commun, les 100 ℔	18 0 0	0 12 0	0 7 0	0 15 8	0 10 8
Confitures , Voyez Drogueries.					
Corail, toute ſorte de Corail rouge & de					

Ra-

C.

	Apreciat.	Entrée.	Sortie.	Entrée de l'Eſt, par l'Oriſont ou le Belt.	Sortie de l'Eſt, par l'Oriſont ou le Belt.
	F. S. P.	F. S. P.	F. S. P.	F. S. P.	F. S. P.
Racade, ſoit de verre ou autrement, de la valeur de 6 florins .	▬▬▬	0 4 0	0 4 0	0 4 8	0 4 8
Cordages, Voyez Cables.					
Cordons de Soye, Voyez Frange.					
Corinthes, les 100 ℔	12 0 0	0 12 0	0 12 0	0 14 0	0 14 0
Cornes de Bœufs & de Vaches, les 100	▬▬▬	0 4 0	0 6 0	0 4 8	0 6 8
Bouts de Cornes de Bœuf ou de Vache, la Tonne .	▬▬▬	0 2 0	0 1 0	0 2 8	0 1 8
Cornes de Cerf, les 100 Pieces .	12 0 0	0 10 0	0 15 0	0 12 0	0 17 0
Cotton, les 100 ℔	25 0 0	0 8 0	0 15 0	0 15 0	1 2 0
Cotton filé, Voyez fil de Cotton.					
Couperoſe, ou Vitriol, les 100 ℔ .	4 0 0	0 3 0	0 3 0	0 4 0	0 4 0
Couvertes, Voyez Serges.					
Couvrechefs, Capotes, ou Mantelines de Brabant, de Soye, de Burate ou d'autres Etoffes, de la valeur de 6 florins .	▬▬▬	0 4 0	0 4 0	0 4 8	0 4 8
Crayon, ou Mine de Plomb, les 100 ℔	7 0 0	0 2 0	0 2 0	0 3 0	0 3 0
Crayon rouge, Voyez Sanguine.					
Crêpes, larges ou étroits, la livre	▬▬▬	0 2 0	0 2 0	0 2 8	0 2 8
Crin, Voyez Poil.					

Croon-

	Apreciat.	Entrée.	Sortie.	Entrée de l'Est par l'Orisont ou le Belt.	Sortie de l'Est, par l'Orisont ou le Belt.
	F. S. P.	F. S. P.	F. S. P.	F. S. P.	F. S. P.

C.

Croonras, Voyez Serges de Lille.

Cuirasses, Voyez Munitions de Guerre.

Cuirs de Russie, Voyez Vaches de Russie.

Cuirs dorez ou argentez pour Tapisseries de la valeur de 6 florins. — | 0 6 0 | 0 3 0 | 0 6 8 | 0 3 8

Cuirs dits Cordouans d'Espagne, ou aprêtez à l'Espagnole, & Maroquins du Levant, les 12 Peaux . — Les Cordouans 1 10 0 | 0 12 0 | 0 8 0 | 0 14 0 | 0 10 8 la livre.

Cuirs, Voyez Peaux.

Cuivre de toutes fortes, batu soit en rond ou en quarré, les 100 ℔ . — 50 0 0 | 0 5 0 | 0 10 0 | 0 8 8 | 0 13 8

Il faut specifier en particulier le Cuivre batu, & en declarer la qualité, sans pouvoir y comprendre le Cuivre façonné, ni le Clinquant.

Cuivre Brut ou en Rozette ou en feuille, entier, ou en morceaux, les 100. ℔. — le cru 40 0 0 en feuille 48 0 0 | 0 4 0 | 0 8 0 | 0 7 8 | 0 11 8

Cuivre, Monnoye de Cuivre de Suede, doit être apreciée par les Marchands.

Y

Cui-

LE NEGOCE

	Apreciat.	Entrée.	Sortie.	Entrée de l'Est, par l'Orisont ou le Belt.	Sortie de l'Est, par l'Orisont ou le Belt.
	F. S. P.	F. S. P.	F. S. P.	F. S. P.	F. S. P.

C.

	Apreciat.	Entrée.	Sortie.	Entrée de l'Est	Sortie de l'Est
Cuivre jaune, ou Laiton en rouleaux, large, ou étroit, les 100 ℔.	50 0 0	0 10 0	0 10 0	0 12 0	0 12 0
Cuivre rompu, Voyez Mitraille.					

D.

	Apreciat.	Entrée.	Sortie.	Entrée de l'Est	Sortie de l'Est
Damas de Florence, de Luques, de Genes, & semblables. Voyez Velours.					
Damas & Satins des Indes, unis & figurez, la piéce.	—	0 15 0	0 6 0	0 16 0	0 7 0
Damas de Laine, d'Angleterre, la piéce de 36. aunes	24 0 0	0 6 0	0 6 0	0 6 8	0 6 8
Damas de fil, Voyez Toiles.					
Dattes, les 100 ℔.	15 0 0	1 5 0	1 5 0	1 8 8	1 8 8
Dentelles, Passemens, & Rubans d'or ou d'argent, ou mêlez d'or & d'argent, la livre.	—	0 10 0	0 6 0	0 11 8	0 7 8
Dantelles de soye ou de fil, & semblables ouvrages de la valeur de 6. florins.	—	0 3 0	0 3 0	0 3 8	0 3 8
Dents d'Elephant, les 100. Livres.	70 0 0	1 5 0	1 5 0	1 8 8	1 8 8
Dents & Peaux de *Walrus* ou Chiens marins, *franc d'entrée en venant avec*					

les

	Apreciat.	Entrée.	Sortie.	Entrée de l'Est, par l'Orisont ou le Belt.	Sortie de l'Est par l'Orisont ou le Belt.
D.	F. S. P.	F. S. P.	F. S. P.	F. S. P.	F. S. P.

D.

les Navires équipez dans ces Pays ; & venant par d'autres Vaisseaux, elles payeront double droit d'entrée, suivant la Resolution du 9. Avril 1675.

Douelles ou Douves. Voyez sous la letre B parmi le Bois.

	Apreciat.	Entrée.	Sortie.	Entrée de l'Est	Sortie de l'Est
Draps d'or ou d'argent, la piece .	—	12 0 0	4 0 0	12 7 0	4 7 0
Draps d'Angleterre en Piéces, en blanc, entrant hors la Court de 44. à 50. aunes, la piéce .	240 0 0	1 0 0	1 18 0	1 2 0	2 0 0

Ce terme de Court n'est plus connu de personne ici.

Draps d'Angleterre, dits *Paklakens*, blancs & non teints, la Piéce de 37 à 38 aunes . .	100 0 0	1 0 0	1 5 0	1 2 0	1 7 0

En entrant par la Court, francs.

Draps d'Angleterre teints en Laine, comme aussi ceux de Laine façon d'Espagne, la Piéce de 44 à 45 aunes	120 0 0	1 0 0	1 10 0	1 2 0	1 120 0

Les demi Piéces à proportion.

En entrant par la

D.

Court, francs.

	Apreciat.	Entrée.	Sortie.	Entrée de l'Est, par l'Orifont ou le Belt.	Sortie de l'Est, par l'Orifont ou le Belt.
	F.S.P.	F. S. P.	F. S. P.	F. S. P.	F. S. P.
Draps d'Angleterre aprêtez & teints dans ce Pays, soit en Bale ou à la Piéce, la Piéce .	200 0 0	———	0 13 0	———	0 15 0
Draps d'Angleterre aprêtez ou teints hors du Pays .	defendus d'entrer.				
Draps dits *Lakenfe Dozynkens* de Noortfolk & autres femblables, la Piéce de 18. aunes .	36 0 0	0 2 0	0 5 0	0 3 0	0 6 0
Draps d'Ecoffe, la Piéce de 33 aunes	———	0 3 0	0 4 0	0 4 0	0 5 0
Draps d'Hollande, la Piéce de 30. à 34. aunes .	160 0 0	———	0 4 0	———	0 4 8
Draps frifez, & toutes fortes de Marchandifes d'Irlande, excepté les Peaux ou Cuirs, de la valeur de 6. florins	———	0 4 0	0 4 0	0 4 8	0 4 8
Draps dits *Pylakens*, & toutes fortes de Draps femblables, la Piéce de 24. à 26. aunes . les Pylakens	15 0 0	0 4 0	0 4 0	0 5 0	0 5 0
Draps de Munfter, d'Ofnabrug & d'Olderfom, blancs, de 40 aunes la Piéce	60 0 0	0 4 0	0 4 0	0 5 0	0 5 0
Draps, dits *Pylakens, Joutgens, Rapinfen, Havelburgers, Ki-*					

rent-

	Apreciat.	Entrée.	Sortie.	Entrée de l'Est, par l'Orisont ou le Belt.	Sortie de l'Est, par l'Orisont ou le Belt.
D	F. S. P.	F. S. P.	F. S. P.	F. S. P.	F. S. P.
rentsers, *Argenmunsch* & *Stendels*, la Piéce de 13, 15 à 20 aunes .	13 0 0	0 4 0	0 4 0	0 5 0	0 5 0
Draps dit *Fritslakens*, faits à Leyde, ou autre endroit du Pays, la Piéce	———	———	0 8 0	———	0 9 0

DRAPS de Weerts & de Werwiers.

	Apreciat.	Entrée.	Sortie.	Entrée de l'Est, par l'Orisont ou le Belt.	Sortie de l'Est, par l'Orisont ou le Belt.
Blaauwe lysten de 26 aunes la Piéce	———	0 12 0	0 6 0	0 13 0	0 7 0
Quinken de 26 aunes	———	0 15 0	0 7 0	0 16 0	0 8 0
Smalhoornekens de même longueur	———	1 2 0	0 10 0	1 3 0	0 11 0
Breehoornekens comme dessus .	———	1 10 0	0 15 0	1 11 0	0 16 0
Sestigen de même longueur .	———	1 0 0	0 10 0	1 1 0	0 11 0
Hoogkammen, de même longueur	———	1 10 0	0 15 0	1 11 0	0 16 0
Tachtigen de même longueur .	———	2 0 0	1 0 0	2 1 0	1 1 0
Draps de Tielbourg, de Breda, & pareils, de 32 à 40 aunes la Piéce .	———	2 10 0	0 15 0	2 11 0	0 16 0

Draps de Mastricht, *non foulez, seront déclarez par leur propre nom en payant demi sol par aune.*

Draps du Sceau de Munster de 32 au-

nes

LE NEGOCE

	Apreciat.	Entrée.	Sortie.	Entrée de l'Eſt, par l'Ori:ont ou le Belt.	Sortie de l'Eſt, par l'Oriſont ou le Belt.
	F. S. P.	F. S. P.	F. S. P.	F. S. P.	F. S. P.

D.

	Apreciat.	Entrée.	Sortie.	Entrée de l'Eſt	Sortie de l'Eſt
nes la Piéce	———	1 5 0	0 12 0	1 6 0	0 13 0
Draps de Dorſten de 28 aunes la Piéce Les plus longs ou plus courts proportion.	———	1 8 0	0 14 0	1 9 0	0 15 0
Draps de Berry & toutes ſortes de Draps de France de 36. à 40. aunes la Piéce Les plus longs à proportion.	———	2 10 0	1 5 0	2 11 8	1 6 8
Drogueries, Apoticaireries, Teintureries & toutes ſortes de Confitures, de la valeur de 6 florins	———	0 6 0	0 6 0	0 6 8	0 6 8

E.

	Apreciat.	Entrée.	Sortie.	Entrée de l'Eſt	Sortie de l'Eſt
Eau de Vie de France, d'Eſpagne, du Rhin, d'Angleterre & des Pays-Bas, & toute ſorte d'Eau de Vie, le Tonneau de 4 Barriques, de 3 Poinçons, ou de 4 Aams de port Les plus ou les moins à proportion	les 30. verges 84 0 0	6 0 0	5 0 0	7 13 8	6 13 8

Ecorce de Garance. Voyez Garance
Ecorce de Chêne. Voyez Tan.

En-

	Apreciat.	Entrée.	Sortie.	Entrée de l'Est, par l'Orisont ou le Belt.	Sortie de l'Est, par l'Orisont ou le Belt.
	F. S. P.	F. S. P.	F. S. P.	F. S. P.	F. S. P.

D.

Encens, *se doit decla-*
rer pour ou comme
Gomme Arabique,
suivant l'Apostille du
Conseil du 10.! *Juin*
1688. & payent les
100. ℔.

25 0 0 — 0 15 0 — 0 10 0 — 0 16 0 — 0 11 0

Epées, Voyez Muni-
tions de Guerre.

Epiceries, Macis,
Muscade, Gerofle,
Canelle, les 10 ℔.
compris le Gar-
beau.

{ 4 le Macis
2 la Mus-
cade
2 le Ge-
rofle
1. 15. la
Canelle }

4 10 0 — 3 0 0 — 5 3 8 — 3 13 8

Le Macis, la Mus-
cade, le Gerofle,
la Canelle & le Poi-
vre, enus avec les
Navires de la Com-
pagnie des Indes,
sont francs de sortie;
mais s'ils sont entrez
par d'autres Navi-
res, ils payeront les
droits d'entrée &
de sortie, marquez
ci-dessus.

Epiceries, de Cali-
coet, & Boul Bel-
ledy de St. Domin-
gne, & autres sor-
tes, y compris le
Garbeau.

——— 4 sols par livre de gros. — 4 sols par livre de gros. — 1 8 8 — 1 9 8

Poussiere de toutes
sortes d'Epiceries,
de la valeur de 6 flo-
rins, sans y com-

pren-

E.

	Apreciat.	Entrée.	Sortie.	Entrée de l'Est, par l'Orisont ou le Belt.	Sortie de l'Est, par l'Orisont ou le Belt.
	F. S. P.	F. S. P.	F. S. P.	F. S. P.	F. S. P.
prendre le Garbeau, ou ce qui est pilé, *defendu d'entrer*.	—	—	—	—	—
Epiceries de toutes sortes en petites parties n'excedant pas le poids de 12 ℔. comme aussi l'Huile d'Olive, les Capres & pareilles marchandises, au dessous de la huitiéme partie d'une Barique, de la valeur de 6 florins .	—	0 6 0	0 6 0	0 6 8	0 6 8
Epingles, les douze milliers .	3 0 0	0 6 0	0 2 0	0 6 8	0 2 8
Etain d'Angleterre, travaillé ou non travaillé, les 100 ℔.	55 0 0	0 12 0	0 8 0	0 15 0	0 11 0
Etain d'Allemagne, travaillé ou non travaillé, les 100 ℔.	40 0 0	0 12 0	0 8 0	0 15 0	0 11 0
Etamines de couleur, faites de laines, la Piéce de 32 à 33 aunes	—	3 0 0	0 10 0	3 1 8	0 11 8
Etamines ou Toiles à Pavillon, la Piéce	—	0 0 8	0 3 0	0 1 0	0 3 8
Etamines teintes & preparées hors du Pays, *defendu d'entrer*.	—	—	—	—	—
Etoffes nommées Oeuils d'Oye & pareilles, la Piéce de 18 à 20 aunes	—	0 4 0	0 3 0	0 4 8	0 3 8
Etoffe à faire des Ta-					

pis-

	Apreciat.	Entrée.	Sortie.	Entrée de l'Eft, par l'Orifont ou le Belt.	Sortie de l'Eft, par l'Orifont ou le Belt.
	F. S. P.	F. S. P.	F. S. P.	F. S. P.	F. S. P

E.

piſſeries , ſoit de France , de Tournai ou d'ailleurs, à ondes ou autrement, de toutes ſortes de couleurs, la Piece de 30 à 36 aunes de long & de 4 à 5 aunes de large.

		1 5 0	1 0 0	1 6 0	1 1 0

Etoffes de nouvelle fabrique dont les noms ne ſont pas exprimez dans ce Tarif, ſeront declarées ſelon les Etoffes qui en aprochent le plus, pourvu qu'il en ſoit fait mention dans les declarations, ſuivant l'Apoſtille du Conſeil du 2 Avril 1661. & la Reſolution de Leurs Hautes Puiſſances du 12. Août 1687.

Etoupes, les 100 ℔.

1 0 0 0	0 3 0	1 6 0	0 3 8	0 6 8

Eturgeon, Voyez Poiſſon.

F.

Fanons ou Barbes de Baleines , Voyez Baleine.

Farines, Voyez Grains.

Fayence, Voyez Pots de Terre.

Z

Fer,

LE NEGOCE

	Appreciat.			Entrée.			Sortie.			Entrée de l'Eſt, par l'Oriſont ou le Belt.			Sortie de l'Eſt, par l'Oriſont ou le Belt.		
F.	F.	S.	P.	F.	S.	P.	F.	S.	P.	F.	S.	P.	F.	S.	P.
Fer, les mille livres y compris les Chaudieres à ſel, les Plaques à feu & à Poéles & Etuves, les Poids de fer, les Ancres & pareils ouvrages	30	0	0	1	0	0	2	0	0	1	5	0	2	5	0
Fer en Barres, les 1000 ℔	60	0	0	1	0	0	2	0	0	1	5	0	2	5	0
Fer en Verges, les 1000 ℔.	70	0	0	1	0	0	2	0	0	1	5	0	2	5	0
Fer travaillé, de la valeur de 6 florins	—	—	—	0	10	0	0	6	0	0	10	8	0	6	8
Fer de Fonte, vieux ou rompu, les 100 ℔.	2	0	0	0	2	0	0	2	0	0	2	8	0	2	8
Fer forgé vieux, *defendu de ſortir ni d'aller d'une Ville à l'autre.*															
Fer blanc ſimple, les 100 feuilles	13	0	0	0	2	0	0	2	0	0	2	8	0	2	8
Fer blanc double, les 100 feuilles	26	0	0	0	4	0	0	4	0	0	5	0	0	5	0
Feutres de Turquie, la Piece	—	—	—	1	0	0	0	15	0	1	1	8	0	16	8
Fiente de Pigeon, la Tonne	—	—	—	0	2	0	0	2	0	0	2	8	0	2	8
Figues, le Cabas d'environ 60 ℔.	4	0	0	0	3	0	0	2	0	0	3	8	0	2	8
Figues dites *Dodiſche*, le Cabas peſant 30 ℔. ou environ	2	0	0	0	2	0	0	1	0	0	2	8	0	1	8
Figues en Barils, les 100 ℔.	10	0	0	0	5	0	0	3	0	0	8	8	0	6	8
Fil d'Or ou d'Argent en Maſſes, la Maſſe de 9 à 10 onces	—	—	—	0	12	0	0	12	0	0	13	8	0	13	8

Fil

	Apreciat.	Entrée.	Sortie.	Entrée de l'Est, par l'Orisont ou le Belt.	Sortie de l'Est, par l'Orisont ou le Belt.
F.	F. S. P.	F. S. P.	F. S. P.	F. S. P.	F. S. P.
Fil à Cable, ou Fil de Caret, les 100 ℔.	12 0 0	0 5 0	0 13 0	0 6 0	0 14 0
Fil de Laiton, les 100 ℔.	50 0 0	0 10 0	0 8 0	0 13 8	0 11 8
Fil de Fer, les 100 ℔.	11 0 0	0 12 0	0 8 0	0 12 8	0 8 8
Fil à coudre tant du Pays que du dehors, soit noir, gris, ou de couleur, les 100 ℔.	85 0 0	0 15 0	1 10 0	0 18 8	0 13 8
Le Fil blanc sera declaré comme ci-dessus, jusques à ce qu'il en soit autremeut ordonné, suivant la Resolution du 10. Août 1661.					
Les Fils qu'on voudra envoyer dehors pour les faire preparer, se declarent, & payeront comme ci-dessus, tant pour droits d'Entrée que d'Apreciation.					
Fil à Cordonnier, les 100 ℔.	—	1 0 0	1 15 0	1 5 0	2 0 0
Fil d'Erberveld, les 100 ℔.	100 0 0	0 15 0	0 15 0	0 18 8	0 18 8
Fil à Voile, & à coudre des sacs à Houblon, les 100 ℔.	50 0 0	0 6 0	0 8 0	0 7 8	0 9 8
Fil blanc, la Bale de 10. douzaines de livres	—	2 0 0	1 0 0	2 7 0	1 7 0
Fil de Lion, la Bale de 100. Masses	—	2 10 0	1 5 0	2 17 0	1 12 0

Z 2

Fil

	Apreciat.	Entrée.	Sortie.	Entrée de l'Est, par l'Orisont ou le Belt.	Sortie de l'Est, par l'Orisont ou le Belt.
F.	F. S. P.	F. S. P.	F. S. P.	F. S. P.	F. S. P.
Fil de Coton, les 100 ℔.	100 0 0	1 10 0	1 10 0	1 14 0	1 14 0
Fil à filets, de Bretagne & de Bourgogne, les 100 ℔.	—	0 12 0	1 5 0	0 14 0	1 7 0
Fil blanc, qu'on vend à la livre, de la valeur de 6 florins	—	0 6 0	0 4 0	0 6 8	0 4 8
Fil à tisser de 15 sols la ℔. & au dessus, les 100 ℔.	—	0 10 0	3 0 0	0 14 8	3 4 8
Et de moins de 15 sols la ℔. les 100 ℔.	—	0 8 0	3 0 0	1 11 0	3 3 0
Fil de Laine. Voyez Laine filée.					
Fil de Turquie, ou Poil de Chevre filé de toutes sortes, les 100 ℔.	—	1 5 0	6 0 0	1 9 0	6 4 0
Fil, dit *Schyf-garen*, le Baril de 50 ℔.	5 0 0	0 4 0	0 8 0	0 5 0	0 9 0
Fil à voile, les 100 ℔.	15 0 0	0 8 0	0 16 0	0 9 8	0 17 8
Filets à pêcher, de toutes sortes, defendus de sortir.	—	—	—	—	—
Filets vieux, les 1000 livres	—	0 10 0	2 0 0	0 17 0	2 7 0
Flambeaux ou Torches, les 100 ℔.	4 0 0	0 3 0	0 6 0	0 3 8	0 6 8
Fleuret, la livre	9 0 0	0 2 0	0 2 0	0 2 8	0 2 8
Franges, Cordonnets, Rubans, Passemens, & Ouvrages semblables de Soye, faits en Italie ou dans ces Pays, la livre	—	0 10 0	0 4 0	0 11 0	0 5 0

Frises

	Apreciat.	Entrée.	Sortie.	Entrée de l'Est, par l'Orisont ou le Belt.	Sortie de l'Est, par l'Orisont ou le Belt.
F.	F. S. P.	F. S. P.	F. S. P.	F. S. P.	F. S. P.
Frises d'Irlande. Voyez Draps.	—	—	—	—	—
Frisetes ou Cottonnez, la Piéce de 40. aunes . .	—	0 5 0	0 5 0	0 6 0	0 6 0

Fromage en sortant pour aller en France payera 24 sols par 100 ℔. pour tous droits.

Fromage en entrant, ne payera que 2 florins par Schippont pour tous droits, & payera en sortant comme les autres suivant sa sorte.

Fromage de Hollande *y compris le Fromage* Plat dit *Soetemelks - Kaas,* le Fromage verd & *Fromage de Brebis , ne payent plus en sortant que 5 sols par* 100 ℔. *pour tous droits , & demi-sol, par* 100 ℔. *de plus pour l'Orisont.*

Fromage, *dit Kanter-Kaas , comme Fromage verd , Fromage blanc , & de Cumin de Leyde , & Fromage rond ,* 2¹ *sols* 8 *penins par* 100 ℔. *sans plus , ou* 3 *sols*

par

LE NEGOCE

	Appreciat.	Entrée.	Sortie.	Entrée de l'Eſt, par l'Oriſont ou le Belt.	Sortie de l'Eſt, par l'Oriſont ou le Belt.
	F. S. P.	F. S. P.	F. S. P.	F. S. P.	F. S. P.

F.

par 100 ℔. *pour l'O-* *riſont.*

	Appreciat.	Entrée.	Sortie.	Entrée de l'Eſt	Sortie de l'Eſt
Fromage de Parme, ou Parmeſan, les 100 ℔.	50 0 0	1 10 0	3 0 0	1 11 0	3 1 0
Froment, Voyez Grains.					
Fruits de toutes ſortes, excepté les Pommes, les Poires & les Oranges, qui ſont notez ſur les lettres O. & P. de la valeur de 6 florins *ſans autres droits pour l'entrée.*	——	0 8 0	0 8 0	0 8 8	0 8 8
Futaines & Boucaſſins d'Allemagne, la Piéce	5 0 0	0 1 8	0 1 0	0 2 0	0 1 8
Futaines croiſées, la Piéce	5 0 0	0 4 0	0 3 0	0 4 8	0 3 8
Futaines & Bazins d'Italie de 32 demi-Piéces à la Bale, la demi-piéce	la Bale 140 0 0	0 6 0	0 3 0	0 6 8	0 3 8
Futaines à Grains, larges, la Piéce	——	0 10 0	0 8 0	0 11 0	0 9 0
Futaines à Grains, étroites, la Piéce					
Fuzils, Voyez Munitions de Guerre	——	0 5 0	0 4 0	0 5 8	0 4 8

G.

Gales, Voyez Noix de Gale.

Gamelles, Voyez au

B. par-

	Apreciat.	Entrée.	Sortie.	Entrée de l'Est, par l'Orisont ou le Belt.	Sortie de l'Est, par l'Orisont ou le Belt.
	F. S. P.	F. S. P.	F. S. P.	F. S. P.	F. S. P.

G.

	Apreciat.	Entrée.	Sortie.	Entrée de l'Est	Sortie de l'Est
B. parmi les Bois Garances, non robées du cru du Pays les 100 ℔.	—	—	0 12 0	—	0 14 0
Garances communes, & courtes, les 100 ℔	9 0 0	—	0 8 0	—	0 10 0
Garance, ou écorce de Garance, de la valeur de 6. florins les 100 ℔	—	—	0 4 0	—	0 4 8
Garance de Breslauw, les 100 ℔.	12 0 0	0 3 0	0 8 0	0 5 0	0 10 0
Garance d'Allemagne, les 100 ℔.	—	0 5 0	0 12 0	0 7 0	0 14 0
Garance de Flandres, les 100 ℔.	—	0 10 0	0 12 0	0 12 0	0 14 0
Garances communes de Flandres, les 100 ℔.	—	0 7 8	0 8 0	0 9 0	0 10 0
Garniture de Chambre, ou Tapisseries venant d'Angleterre, de France, de Tournai, ou d'ailleurs, comme aussi la Bergame, Tapisseries rayées ou ondées de toutes sortes de couleurs, de 30 aunes de long & de 4 à 5 aunes de large, la Piéce Les plus larges ou les plus étroites à proportion.	—	1 5 0	1 0 0	1 6 0	1 10 0
Gateaux de Navette, & de Lin, les 1000 ℔	12 10 0	0 13 0	0 13 0	0 14 0	0 14 0

Gaude

	Apreciat.	Entrée.	Sortie.	Entrée de l'Est, par l'Orisont ou le Belt.	Sortie de l'Est, par l'Orisont ou le Belt.
	F. S. P.	F. S. P.	F. S. P.	F. S. P.	F. S. P.
G.					
Gaude , le Poids de 40 ℔.	——	0 4 0	0 6 0	0 4 8	0 6 8
Genisses, Voy. Bœufs & Vaches.					
Gerofle, Voyez Epiceries.					
Gingembre verd , & confit , les 100 ℔.	50 0 0	2 0 0	1 15 0	2 8 8	2 13 8
Gingembre sec , de la valeur de 6 florins .	——	0 4 0	0 4 0	0 4 0	0 4 0
Glaces de Miroir, Voyez Verres à boire.					
Gomme Arabique, les 100 ℔.	25 0 0	0 15 0	0 10 0	0 16 0	0 11 0
Gomme du Senegal , & d'Afrique , les 100 ℔.	24 0 0	0 7 0	0 10 0	0 9 0	1 12 0
Goudron ou Goidron de Wyburg, le Last	57 0 0	1 0 0	1 10 0	1 4 0	1 14 0
Goudron de Prusse, le Last .	45 0 0	1 0 0	1 10 0	1 4 0	1 14 0
Il sera donné 12 pour cent pour le Coulage du Goudron.					
Graine de Kermes ou d'Alkermes, ou d'Ecarlate, les 100 ℔.	200 0 0	7 0 0	0 4 0	7 3 8	4 3 8
Graine de Kermes en poudre, les 100 ℔.	400 0 0	7 0 0	0 4 0	7 3 8	4 3 8
Graine d'Oignons, les 100 ℔.	——	1 5 0	1 5 0	1 9 0	1 9 0
Graine de Moutarde, la Mudde d'Amsterdam .	5 0 0	0 4 0	0 4 0	0 4 8	0 4 8
Graine de Laurier , Voyez Bayes de Laurier.					

Graine

	Apreciat.	Entrée.	Sortie.	Entrée de l'Eſt. par l'Oriſont ou le Belt.	Sortie de l'Eſt, par l'Oriſont ou le Belt.
	F. S. P.	F. S. P.	F. S. P.	F. S. P.	F. S. P.
G.					
Graine de Lin, le Laſt	180 0 0	2 8 0	8 0 0	3 0 0	8 12 8
Graines rondes, comme de Choux, de Navets, de Chanvre & autres ſemblables, le Laſt	180 0 0	1 0 0	8 0 0	1 12 8	8 12 8

GRAINS, ſuivant la Réſolution du 9. Janvier 1686.

Grains venant des Pays étrangers, ſans en faire ſortir du cru du Pays.

	Apreciat.	Entrée.	Sortie.	Entrée de l'Eſt.	Sortie de l'Eſt.
Froment, ⎫ le Laſt	—	6 0 0	franc	6 0 0	franc
Seigle,	—	4 0 0		4 0 0	
Orge,	—	3 3 0		3 3 0	
Orge germé, ou Malt,	—				
Avoine ⎭	—	3 3 0		3 3 0	
Pois, ⎫ le Laſt	—	1 16 0		1 16 0	
Feves, ⎭	—	3 17 0		3 17 0	
Blé Sarazin, le Laſt	—	3 7 0		3 7 0	
Farine de Froment, le Laſt de 12 Barils	—	4 10 0		4 10 0	
Farine de Seigle, le Laſt de 12 Barils	70 0 0	1 0 0	3 0 0	1 0 0	3 6 0
Veſſes, le Laſt		1 0 0	4 0 0	1 3 0	4 3 0
Petit Mil ou Millet, la Tonne étroite ou Baril	9 0 0	0 3 0	0 6 0	0 4 0	0 7 0
Toute ſorte de Gruts					

A 2   ou

	Apreciat.	Entrée.	Sortie.	Entrée de l'Eſt, par l'Oriſont ou le Belt.	Sortie de l'Eſt, par l'Oriſont ou le Belt.
	F. S. P.	F. S. P.	F. S. P.	F. S. P.	F. S. P.
G.					
ou Gruaux, le Baril	5 0 0	0 2 0	0 3 0	0 2 8	0 3 8
Biſcuit, la Tonne	7 0 0	0 6 0	0 6 0	0 6 8	0 6 8
Gros Grain de Soye, Voyez Velours.					
Gros Grain de Turquie de 20 aunes la Piéce, & Camelot ondé, de 24 aunes la Piéce	——	0 8 0	0 8 0	0 9 0	0 9 0
Les plus ou moins longues à proportion.					
Gros Grain de Turquie dits *Triples*, de 36 aunes la Piéce	——	0 14 0	0 12 0	0 14 8	0 12 8
Gros Grains de Leyde, la Piéce	20 0 0	1 0 0	0 11 0	1 2 0	0 13 0
Gros Grains, moitié Soye & moitié Laine, faits dans les Pays-bas, la Piéce de 20 aunes	——	3 0 0	0 10 0	3 1 8	0 11 8
Les plus ou les moins longs à proportion.					
Gros Grains, faits dans les Pays-bas, la Piéce de 20 aunes	25 0 0	0 3 0	0 2 0	0 7 0	0 5 0

H.

Harans ou Harangs, toutes ſortes de Harans declarez ſous le nom d'Harans de

marque

	Appreciat.	Entrée.	Sortie.	Entrée de l'Est, par l'Orisont ou le Belt.	Sortie de l'Est, par l'Orisont ou le Belt.
H.	F. S. P.	F. S. P.	F. S. P.	F. S. P.	F. S. P.
marque *gehoog de Haring*, ou tel qu'il vient de la Mer, sera compté de 12 Barils au Last .					
Harans de toute sorte, excepté ceux du Cercle ou *Cirkel*, & ceux de la marque			3 0 0		0 3 12
Harans de St. Jacques ou du Cercle, le Last . .			5 0 0		5 8 8
Harans, dits Petits de Cologne de Barthelemi, ou de la marque de la Croix, le Last . .			7 0 0		7 8 8
Harans de la grande marque de Rouen, le Last .			6 10 0		6 18 8
Harans de *Maesterland*, d'Ecosse & toute sorte de Harans étrangers en Barils, le Last .		12 0 0	12 0 0	12 8 8	12 8 8
Harans de Maesterland, d'Ecosse, & d'Irlande, frais, ou vuidez, & pareils, 12000 pour un Last . .		4 0 0	defendu de sortir.	4 8 8	defendu de sortir.
Harans frais & vuidez, de toute sorte, en paniers ou corbeilles, 12000 pour un Last			2 0 0		2 8 8
Harans secs y compris					

A 2 2   ceux

	Apreciat.	Entrée.	Sortie.	Entrée de l'Est, par l'Orisont ou le Belt.	Sortie de l'Est, par l'Orisont ou le Belt.
H.	F. S. P.	F. S. P.	F. S. P.	F. S. P.	F. S. P.
ceux d'Angleterre, de Maesterland, de *Litzoen* & le Rebut, 12000 pour un Last	100 0 0	7 10 0	5 0 0	7 12 0	5 2 0
Harangs secs, dits Y-Bukking, 10000 ou 20 Pailles pour un Last . .	—	—	4 10 0	—	4 11 8
Harans pêchez 15 jours aprés la Chandeleur, le Last .	—	—	1 0 0	—	1 1 8
Harans de Mars & de May 10000 ou 20 Pailles au Last	—	—	0 5 0	—	0 6 8

Le Haran ne paye en sortant que ce qui est ordonné par la Liste, & sera franc du tiers d'augmentation, & du droit d'Apreciation, suivant la Résolution du 4 Mars 1687.

Tout le Haran qui sortira par le Rhin, payera comme Haran de marque, excepté le Haran sec.

Les douves ou douelles à faire des Barils pour le Haran, ni les cercles ne pourront pas sortir du Pays.

	Apreciat.	Entrée.	Sortie.	Entrée de l'Est, par l'Orisont ou le Belt.	Sortie de l'Est, par l'Orisont ou le Belt.
Harnois, Voyez Munitions de Guerre.					
Hidromel, la Tonne, ou l'Aam .	—	0 15 0	0 13 0	0 17 0	0 15 0
Houblon, de toutes					

fortes

	Apreciat.	Entrée.	Sortie.	Entrée de l'Eft, par l'Orifont ou le Belt.	Sortie de l'Eft, par l'Orifont ou le Belt.
	F. S. P.	F. S. P.	F. S. P.	F. S. P.	F. S. P.

H.

	Apreciat.	Entrée.	Sortie.	Entrée de l'Eft	Sortie de l'Eft
fortes, les 100 ℔.	12 0 0	0 4 0	0 12 0	0 5 0	0 13 0

Houille, Voyez Charbon de Terre.

Huile d'Olive, la Pipe de Seville de 187 Stoops, *qui font 374 Mingles* .

	17 0 0	2 15 0	3 15 0	3 2 0	4 2 0

Les plus grandes ou plus petites futailles à proportion.

Huile d'Olive au deffous d'un huitième de Barique. Voyez Epiceries.

Huile de *Graines ou Semences rondes ou plates, l'Aam d'Amfterdam de 64 Stoops ou 128 Mingles, payera deformais 3 florins fans plus pour l'Entrée, & 20 fols pour la Sortie, & 22. fols pour la Sortie par l'Orizont ou le Belt.*

Les plus grandes ou plus petites Futailles à proportion.

Huile de Baleine, la *Smaltonne* ou demi-quarteau .

	14 0 0	0 6 0	0 12 0	0 7 0	0 13 0
Le quarteau.	28 0 0	0 12 0	1 4 0	0 14 0	1 6 0

Et pour Coulage, il fera déduit 12 *pour* cent.

Huiles de Baleine venant par des Navi-

LE NEGOCE

	Apreciat.	Entrée.	Sortie.	Entrée de l'Eſt, par l'Oriſont ou le Belt.	Sortie de l'Eſt, par l'Oriſont ou le Belt.
	F. S. P.	F. S. P.	F. S. P.	F. S. P.	F. S. P.

H.

res équipez dans ces Pays, entreront francs, mais venant par des Navires équipez ailleurs, payeront doubles droits d'entrée ſuivant la Reſolution du 9 Avril & 12 Juin 1675.

	Apreciat.	Entrée.	Sortie.	Entrée de l'Eſt	Sortie de l'Eſt
Huitres la *Smal tonne*	8 0 0	———	0 15 0		

I.

	Apreciat.	Entrée.	Sortie.	Entrée de l'Eſt	Sortie de l'Eſt
Jambons, le Schippont de 300 ℔.	45 0 0	11 0 0 ſans plus.	0 10 0	11 1 0	0 11 0
Jambons en ſortant pour aller en France payeront 32 ſols pour les 100 pour tous droits					
Indigo, le meilleur, les 100 ℔.	240 0 0	5 0 0	2 0 0	5 13 8	2 13 8
Indigo, le commun, les 100 ℔.	100 0 0				
Jus de Citron, la Barique	———	2 0 0	2 0 0	2 5 0	2 5 0

L.

	Apreciat.	Entrée.	Sortie.	Entrée de l'Eſt	Sortie de l'Eſt
Laine d'Agnelins, les 100 ℔.	———	0 3 0	0 5 0	0 4 0	0 6 0
Laine filée, de toutes ſortes cruë & non teinte, les 100 ℔.	165 0 0	2 10 0	4 0 0	2 14 0	4 4 0
Laine filée teinte, la douzaine de livres	18 0 0	0 4 0	0 4 0	0 5 0	0 5 0

Laine

L.	Apreciat.	Entrée.	Sortie.	Entrée de l'Est, par l'Orisont ou le Belt.	Sortie de l'Est, par l'Orisont ou le Belt.
	F. S. P.	F. S. P.	F. S. P.	F. S. P.	F. S. P.
Laine d'Andaloufie, & d'Espagne, les 100 ℔.	——	franc	0 12 0	——	0 13 8
Laine de Bifcaye, de Portugal & de Valence, les 100 ℔.	——	franc	0 12 0	——	0 13 8
Laine de ce Pays, les 100 ℔.	——	franc	0 12 0	——	0 13 0
Laine d'Autriche, de Heffe, de Pomeranie & d'Argergean, les 100 ℔.	——	franc	0 6 0	0 1 0	0 7 0
Laine d'Angleterre, & d'Ecoffe les 100 ℔.	——	franc	0 12 0	——	0 13 0
Laiton, Voyez Cuivre jaune.					
Lard, le Schippont de 300 ℔.	30 0 0	6 0 0	1 0 0	6 2 8	1 2 8
Lard de Baleine, *venant par les Vaiffeaux, équipez en ces Pays, franc.*					
Et venant par d'autres Vaiffeaux, le Quarteau	——	0 6 0	——	——	——
Legumes, Voyez, Grains.					
Liege, venant de Portugal, la douzaine	——	0 3 0	0 5 0	0 3 8	0 5 8
Liege, venant d'Efpagne, la douzaine	——	0 2 0	0 3 0	0 2 8	0 3 8
Liege, pour les Pécheurs, la douzaine	——	0 3 0	0 4 0	0 3 8	0 4 8
Liege venant d'Efpa-					gne.

L.

	Apreciat.	Entrée.	Sortie.	Entrée de l'Est, par l'Orisont ou le Belt.	Sortie de l'Est, par l'Orisont ou le Belt.
	F. S. P.	F. S. P.	F. S. P.	F. S. P.	F. S. P.
gne, d'une & demie, & de deux Palmes, la douzaine	——	0 1 0	0 1 0	0 1 8	0 1 8
Liege de 3 à 4 Palmes, la douzaine	——	0 3 0	0 3 0	0 3 8	0 3 8
Liege venant de Portugal, le Paquet de 100 Pieds	——	0 8 0	0 15 0	0 9 8	0 16 8
Liege venant de France, de la valeur de 6 florins	——	0 6 0	0 6 0	0 6 8	0 6 8
Ligatures, de Fil, de Soye, & de Cotton, la Piéce de 20 aunes	——	0 6 0	0 4 0	0 6 8	0 4 8
Ligatures de Soye, longues comme deſſus, la Piéce. *Les Piéces plus longues à proportion.*	——	0 8 0	0 5 0	0 8 8	0 5 8
Lin de ces Pays, les 100 ℔.	30 0 0	——	0 10 0	——	0 11 0
Lin du haut Pays, de Juliers, de Flandres, & de Liege, les 100 ℔.	30 0 0	0 4 0	0 10 0	0 5 0	0 11 0
Lin peigné de toutes ſortes, les 100 ℔. *Toute ſorte de Lin peigné, venant du dehors, chargé de 12 florins 10 ſols, pour 100 ℔.*	40 0 0	0 6 0	0 7 0	0 10 8	0 11 8
Linge de Table, comme Nappes damaſſées & pareils Ouvrages, la Piéce lar-					

gc

	Apreciat.	Entrée.	Sortie.	Entrée de l'Est, par l'Orisont ou le Belt.	Sortie de l'Est, par l'Orisont ou le Belt.
	F. S. P.	F. S. P.	F. S. P.	F. S. P.	F. S. P.

L.

ge de 10, 12 à 16 quarts, longue d'environ 50 aunes, de même que celles de Sicile — Entrée 2 0 0 — Sortie 1 5 0 — Entrée de l'Est 2 2 0 — Sortie de l'Est 1 7 0

Les Servietes à proportion des Nappes, 3 Piéces comptées pour une Piece de Nappe.

Nappes de 6, 7, à 8 quarts de large, longues d'environ 50 aunes, & celles de Silesie de même longueur, la Piece — Entrée 1 0 0 — Sortie 0 12 0 — Entrée de l'Est 1 1 0 — Sortie de l'Est 0 13 0

Lits de Plume, de la valeur de 6. florins — Entrée 0 4 0 — Sortie 0 6 0 — Entrée de l'Est 0 4 8 — Sortie de l'Est 0 6 8

Livres imprimez, ou en Taille-douce, de la valeur de 6. florins — Entrée 0 4 0 — Sortie 0 4 0 — Entrée de l'Est 0 4 8 — Sortie de l'Est 0 4 8

M.

Machary à deux fils la Piece simple de 12. aunes — Entrée 0 3 0 — Sortie 0 2 0 — Entrée de l'Est 0 3 8 — Sortie de l'Est 0 2 8

Les Piéces doubles à proportion.

Macis, Voyez Epiceries.

Mairain, Voyez à la lettre B. parmi le Bois.

Maniguette, les 100 ⅌ — Apreciat. 10 0 0 — Entrée 1 0 0 — Sortie 0 18 0 — Entrée de l'Est 1 3 8 — Sortie de l'Est 1 1 8

Marquins, Voyez Cuirs Cordouan.

B b

Maffi-

	Apreciat.			Entrée.			Sortie.			Entrée de l'Eſt, par l'Oriſont ou le Belt.			Sortie de l'Eſt, par l'Oriſont ou le Belt.		
	F.	S.	P.	F.	S.	P.	F.	S.	P.	F.	S.	P.	F.	S.	P.

M.

Maſſicote , Voyez Soude.

Mâts , Voyez à la lettre B. parmi le Bois

Merceries de toutes ſortes, de la valeur de 6. florins . ⸺⸺ 0 4 0 0 4 0 0 4 8 0 4 8

Mercure, Voyez Argent vif.

Meubles, de la valeur de 6. florins ⸺⸺ 0 2 0 0 12 0 0 2 8 0 12 8

Meules de Moulin , Moulins à Moutarde, Urnes, & toutes autres ſortes de Pierres venant des Pays Etrangers, de la valeur de 6. florins . . ⸺⸺ 0 6 0 0 10 0 0 6 8 0 10 8

Il ſera payé 4. ſols par livre de gros de ſortie, pour les Pierres ou Carreaux blancs, & 10. ſols par livre de gros pour la ſortie des Pierres ou Carreaux de Suede bleus.

Miel, l'Ame d'une demi Smal-tonne — les 100 ℔. 10 0 0 1 5 0 2 10 0 1 8 0 2 13 0

Les plus grandes ou plus petites futailles à proportion.

Mil, ou Millet, Voyez Grains.

Mine de Plomb , Voyez Crayon.

Miroirs ou Glaces de

Miroirs

M.	Apreciat.			Entrée.			Sortie.			Entrée de l'Est, par l'Orisont ou le Belt.			Sortie de l'Est, par l'Orisont ou le Belt.		
	F.	S.	P.	F.	S.	P.	F.	S.	P.	F.	S.	P.	F.	S.	P.
Miroirs, Voyez Verre.															
Mitraille, Pots de Cuivre rompus, & limaille de Cuivre, les 100 ℔.	28	0	0	0	4	0	1	0	0	0	7	8	1	3	8
Mouches à Miel, Voyez Abeilles.															
Moût ou Malt, Voyez Grains.															
Moutons, gras ou maigres, la Piéce	———			0	2	0				0	2	0			
Deux Agneaux comptez pour un Mouton.				sans plus											
Munitions de Guerre & toutes sortes de Provisions pour les Vaisseaux ne sortiront point sans permission, & payeront comme suit, savoir															
Salpetre non raffiné, les 100 ℔.	30	0	0	franc			1	10	0	0	2	0	1	12	0
Poudre à Canon, les 100 ℔.	35	0	0	3	0	0	0	10	0	4	2	0	0	12	0
Souffre, les 100 ℔.	———			0	3	0	0	6	0	0	4	0	0	7	0
Canons de fonte, les 100 ℔	———			2	0	0	1	0	0	2	3	8	1	3	8
Canons de fer, Boulets, & Mitraille de fer, les 100 ℔.	———			0	1	8	0	1	8	0	2	0	0	2	0
Meche, les 100 ℔.	———			0	4	0	0	4	0	0	4	8	0	4	8
Un Mousquet monté	———			0	10	0	———						0	13	8
Un Canon à Mousquet ou à Fuzil, limé & percé	———			0	6	10	———						0	8	8

} Tous ces Articles payent en sortant 4. sols par Livre de gros.

Bb 2   Un

LE NEGOCE

	Apreciat.	Entrée.	Sortie.	Entrée de l'Est, par l'Orifont ou le Belt.	Sortie de l'Est, par l'Orifont ou le Belt
M.	F. S. P.	F. S. P.	F. S. P.	F. S. P.	F. S. P.
Un Fuzil monté.	⸺	0 16 0	⸺	1 1 8	⸺
Une Carabine montée.	⸺	0 13 4	⸺	0 16 8	⸺
Une paire de Canons à Piſtolets montez.	⸺	0 16 10	⸺	1 1 8	⸺
Un Canon à Fuzil de chaſſe limé.	⸺	0 6 0	⸺	0 0	⸺
Un Canon de Carabine limé.	⸺	0 5 0	⸺	0 7 0	⸺
Une paire de Canons de Piſtolets limez & percez.	⸺	0 5 0	⸺	0 7 0	Tous ces Articles payent en ſortant 4. ſols par Livre de gros.
Une Platine & Baſſinet.	⸺	0 8 4	⸺	0 11 0	
Fuzils, Carabines, & Piſtolets, à compter par leur valeur & non à la Piéce, de chaque Livre de gros.	⸺	0 4 0	⸺	0 5 0	
Une Platine à Mêche, ou à Mouſquet.	⸺	0 0 8	⸺	0 1 0	
Une Fourchete à Mouſquet.	⸺	0 0 4	⸺	0 0 8	
& pour la ſortie, de la valeur de 6. florins.	⸺	⸺	0 4 0	⸺	0 4 8
Bandolieres, Piques, Rondaches, Cuiraſſes, Caſques, Epées, & toute ſorte de Munitions de guerre, non ſpecifiées dans cette Liſte, ſans en excepter aucune, de					

la

	Apreciat.	Entrée.	Sortie.	Entrée de l'Eft, par l'Orifont ou le Belt.	Sortie de l'Eft, par l'Orifont ou le Belt.
	F. S. P.	F. S. P.	F. S. P.	F. S. P.	F. S. P.

M.

	Apreciat.	Entrée.	Sortie.	Entrée de l'Eft	Sortie de l'Eft
la valeur de 6 florins.	—	0 4 0	0 4 0	0 4 8	0 4 8

Muscade, Voyez Epiceries.

N.

Napes, Voyez Linge de table.

	Apreciat.	Entrée.	Sortie.	Entrée de l'Eft	Sortie de l'Eft
Noix. Groffes noix de la valeur de 6. florins.	—	0 4 0	0 4 0	0 4 8	0 4 8
Noix de Galle, les 100 ℔.	20 0 0	0 15 0	0 10 0	0 17 0	1 12 0

Noix Muscade, Voyez Epiceries.

	Apreciat.	Entrée.	Sortie.	Entrée de l'Eft	Sortie de l'Eft
Noix de Coco, de la valeur de 6. florins	le Boiffeau 3 0 0	0 8 0	0 4 0	0 8 8	0 4 8
Noizettes, le Laft de 12. Barils	—	1 10 0	1 10 0	1 15 0	1 15 0

O.

	Apreciat.	Entrée.	Sortie.	Entrée de l'Eft	Sortie de l'Eft
Oeufs, en entrant, les 100. *ne payeront qu'un pour cent d'Apreciation, fans plus*	—	franc 0 2 0	—	—	
Oignons, la Tonne, ou 40. Cordes pour une Tonne	—	0 2 0	0 2 0	0 2 8	0 2 8
Olives, le Quarteau ou Barique	36 0 0	1 10 0	0 13 0	1 13 8	0 16 8

Le plus & le moins à proportion.

Olones, ou Poil David, le Rouleau large de 50 aunes, la

O.

	Apreciat.	Entrée.	Sortie.	Entrée de l'Est, par l'Orisont ou le Belt.	Sortie de l'Est, par l'Orisont ou le Belt.
	F. S. P.	F. S. P.	F. S. P.	F. S. P.	F. S. P.
Piéce	—	0 4 0	0 8 0	0 5 8	0 9 8
Olones, ou Poil David, le Rouleau étroit de 50. aunes, la Piéce	—	0 3 0	0 4 0	0 4 0	0 5 0
Les plus ou les moins longues à proportion.					
Or, & Argent battu en livrets, de la valeur de 6 florins	—	0 2 0	0 2 0	0 2 8	0 2 8
Oranges, le millier	—	0 10 0	0 15 0	0 11 8	0 16 8
Orge; Voyez Grains.					
Orseille ou Tournesol, les 100 ℔.	30 0 0	0 8 0	0 8 0	0 9 0	0 9 0
Offette, Etoffe ainsi nommée, la Piéce étroite, de 18. aunes de long	30 0 0	0 3 0	0 2 0	0 3 8	0 2 8
Offette, la Piéce large de 18. aunes de long	—	0 6 0	0 4 0	0 6 8	0 4 8
Ouvrage d'Argent, Voyez Argent.					
Ouvrage de Bois, Voyez à la lettre B. parmi le Bois.					
Ouvre de fer, de la valeur de 6. florins	—	0 1 0	0 6 0	0 10 0	0 6 8
Ouvrage de terre, Voyez Pots de terre.					
Ouvrage de Cuivre. Voyez Chandeliers					

Pain

	Apreciat.	Entrée.	Sortie.	Entrée de l'Eft, par l'Orifont ou le Belt.	Sortie de l'Eft, par l'Orifont ou le Belt.
P.	F. S. P.	F. S. P.	F. S. P.	F. S. P.	F. S. P.
Pains ou Gateaux, dont on a tiré l'huile de Navette, & de Chanvre, les 1000. Piéces	12 10 0	0 13 0	0 13 0	0 14 0	0 14 0
Pane, Voyez Tripe ou Pane de Velours.					
Papier blanc, la Rame	2 0 0	0 2 0	0 2 0	0 2 8	0 2 8
Papier blanc valant 40. fols la Rame & moins fe pourra déclarer pour petit Papier gris fuivant la Réfolution de Leurs H. P. du 15. Janvier 1680. confirmée le 12. Avril 1687.					
Papier gris petit, les 100. Rames	100 0 0	1 10 0	1 12 0	1 18 8	2 0 8
Papier bleu, petit format, les 100. Rames	200 0 0	15 0 0	6 10 0	15 8 8	6 18 8
Papier bleu, grand format, les 100 Rames	400 0 0	20 0 0	7 10 0	20 8 8	7 18 8
Paffements d'or ou d'argent, Dantelles d'argent, & Rubans d'or ou d'argent, ou mêlez d'or & d'argent, la livre	——	0 10 0	0 6 0	0 9 8	0 7 8
Paftel de Toulouze, la Balle de 200 ℔. ou environ	15 0 0	0 15 0	1 5 0	0 18 8	1 8 8
Le plus ou le moins à proportion.					Paftel

LE NEGOCE

F.

	Apreciat.	Entrée.	Sortie.	Entrée de l'Est, par l'Orisont ou le Belt.	Sortie de l'Est, par l'Orisont ou le Belt.
	F. S. P.	F. S. P.	F. S. P.	F. S. P.	F. S. P.
Pastel d'Erfort, les 100 ℔.	12 0 0	0 5 0	0 6 0	0 6 0	0 7 0
Pastel du Pays de Juliers, les 100 ℔.	12 0 0	1 0 0	1 0 0	1 3 0	1 3 0
Pastel de Caen, les 100 ℔.	12 0 0	0 15 0	0 12 0	0 17 0	0 14 0
Pastel, venant des Iles Canaries, de Portugal, ou d'Espagne, la Balle de 200 ℔.	12 0 0	0 10 0	0 12 0	0 12 0	0 14 0
Peaux d'Elan & de Bufle sans apret, la Piéce	——	0 4 0	0 15 0	0 4 8	0 15 8
Peaux de Cerf, & de Rée, sans apret, la Piéce	——	0 2 0	0 5 0	0 2 8	0 5 8
Peaux salées venant de dehors, soit de Boeufs, de Vaches, ou de Chevaux, la Piéce.	12 10 0	0 2 0	——	0 2 8	——
Peaux de l'Amerique seches avec le Rabat, la Piéce les 100 ℔.	3 0 0	0 3 0	——	0 3 8	——
Peaux seches de Barbarie, & d'Irlande avec le Rebut, la Piéce	3 0 0	0 2 0	——	0 2 8	——
Peaux seches de Guinée & du Cap-Verd du Senegal, d'Oostland, & toutes sortes de Peaux d'Ecosse avec le Rebut, la Piéce	3 0 0	0 1 0	——	0 1 8	——
Peaux salées de toutes					

fortes

	Apreciat.	Entrée.	Sortie.	Entrée de l'Eft. par l'Orifont ou le Belt.	Sortie de l'Eft, par l'Orifont ou le Belt.
P.	F. S. P.	F. S. P.	F. S. P.	F. S. P.	F. S. P.
fortes, foit de Bœufs, de Vaches , ou de Chevaux , de 35 à 50 ℔. la Piéce en fortant	4 0 0	——	0 6 0	——	0 6 8
Peaux falées de toutes fortes, foit de Bœufs, de Vaches ou de Chevaux , tant de ces Pays que de dehors, pefant au deffus de 50 ℔. la Piéce , en fortant	9 0 0	——	0 10 0	——	0 11 0
Peaux falées de toutes fortes de 35 ℔. la Piéce & au deffous en fortant	3 0 0	——	0 3 0	——	0 3 8
Peaux d'Ecoffe falées, pefant au deffous de 20 ℔. la Piéce	2 10 0	——	0 2 0	——	0 2 8
Peaux feches de toutes fortes , pefant au deffus de 40 ℔. tant de l'Amerique que d'ailleurs, avec le Rebut, la Piéce en fortant	9 0 0	——	0 10 0	——	0 11 0
Peaux feches de toutes fortes, de 25 à 40 ℔. avec le Rebut , en fortant	5 0 0	——	0 6 0	——	0 6 8
Peaux feches pefant au deffous de 25 ℔. avec le Rebut , en fortant	3 10 0	——	0 3 0	——	0 3 8
Peaux de Guinée , du Cap-Verd, du Se-					

LE NEGOCE

P.	Appreciat. F. S. P.	Entrée. F. S. P.	Sortie. F. S. P.	Entrée de l'Est, par l'Orisont ou le Belt. F. S. P.	Sortie de l'Est, par l'Orisont ou le Belt. F. S. P.
negal, *Schevinken d'Oostland*, & Peaux seches d'Ecosse, pesant au dessus de 15 ℔. la Piéce, y compris le Rebut, en sortant	3 0 0	————	0 2 0	————	0 2 8
Bien entendu, que les plus legeres en poids ne pourront pas diminuer les Droits des plus pesantes.					
Peaux aprêtées hors du Pays, les 100 ℔.	35 0 0	1 0 0	1 0 0	1 3 8	1 3 8
Peaux aprêtées dans ces Pays, les 100 ℔.	25 0 0	————	1 0 0	————	1 2 0
Peaux, Cols, & Ventres, aprêtez, les 100 ℔.	————	0 12 0	0 15 0	0 14 0	0 17 0
Peaux aprêtées servant de Couverture ou Opperleer, la Piéce	————	0 6 0	0 4 0	0 6 8	0 4 8
Peaux d'Agneau ou de Mouton, blanchies la douzaine	0 18 0	0 2 0	0 1 0	0 2 8	0 1 8
la livre.					
Peaux de Bouc, ou de Chevre, cruës de Moscovie, d'Irlande & semblables *le Decker*	18 0 0	0 6 0	0 13 0	0 7 0	0 14 0
Le Decker est de 6 Peaux.					
Les mêmes de Barbarie, d'Espagne, de Norwegue & d'Ecosse, le *Decker*	18 0 0	0 4 0	0 6 0	0 5 0	0 7 0
					Peaux

	Apreciat. F. S. P.	Entrée. F. S. P.	Sortie. F. S. P.	Entrée de l'Est, par l'Orisont ou le Belt. F. S. P.	Sortie de l'Est, par l'Est, ou le Belt. F. S. P.
P.					
Peaux de Mouton en Laine, d'Angleterre & d'Oostland, les 100 Piéces	90 0 0	franc	1 0 0	0 18 1	1 8
Peaux de Moutons nües, ou sans laine les 100 Piéces	90 0 0	0 0 8	0 8 0	0 18	0 9 8
Peaux de Mouton en laine venant d'Ecosse & d'Irlande, les 100 Piéces	90 0 0	franc	0 15 0	0 18	0 16 8
Peaux d'Agneau, les 100 Piéces.	90 0 0	0 5 0	0 10 0	0 6 0	0 11 8
Peaux d'Agneaux mortnez, dits Smaesgens, les 100 Piéces	20 0 0	0 3 0	0 8 0	0 3 8	0 8 8
Peaux de Chamois, & Peaux d'Eland, de Buffle, de Cerf & de Renne aprêtées en Chamois de la valeur de 6 florins	——	0 4 0	0 4 0	0 4 8	0 4 8
Peaux de Veau, crues, les 100 Piéces	——	0 10 0	0 10 0	0 14 8	0 14 8
Peaux de Vache de Russie, venant de Moscovie, aprêtées, & teintes en rouge, la Piéce simple	——	0 1 0	0 24	0 18	0 28

Les Peaux de Vache de Russie ne payeront que demi sol la paire pour droits de sortie, & seront franches du $\frac{1}{3}$ d'augmentation, & du droit d'apreciation suivant la Resolution

LE NÉGOCE

	Apreciat.			Entrée.			Sortie.			Entrée de l'Eſt, par l'Oriſont ou le Belt.			Sortie de l'Eſt, par l'Oriſont ou le Belt.		
	F.	S.	P.	F.	S.	P.	F.	S.	P.	F.	S.	P.	F.	S.	P.

P.

du 4. Mars 1687.

Peintures, Voyez Tableaux.

Item															
Peleteries de toutes ſortes, ſoit cruës ou aprêtées, y compris les *Romany Velekens* de la valeur de 6 florins				0	1	0	0	1	0	0	1	8	0	1	8

Perches, Voyez à la lettre B. parmi le Bois

Item															
Perpetuanes, larges de 36 aunes de long, la Piéce				0	10	0	0	6	0	0	10	8	0	6	8
Perpetuanes étroites de ⅞ aune de large & de 36 aunes de long, la Piéce				0	6	0	0	6	0	0	6	8	0	6	8

Pierres, Voyez Meules de Moulin.

Pipes, Voyez la Lettre B parmi le Bois.

Pipes à fumer, *ſe déclarent par la valeur, & payent un ſol par florin, pour tout.*

Piques } Voyez Munitions de guerre
Piſtolets }

Planches, Voyez ſur la lettre B. parmi le Bois

Plaques de fer, Voyez Fer.

Item															
Plets d'Ecoſſe, les 12 aunes meſurées en double	9	0	0	0	1	0	0	2	0	0	1	8	0	2	8

Plcts.

	Apreciat.	Entrée.	Sortie.	Entrée de l'Est, par l'Orisont ou le Belt.	Sortie de l'Est, par l'Orisont ou le Belt.
P.	F.S.P.	F.S.P.	F.S.P.	F.S.P.	F.S.P.
Plets faits à Leyden, la Piece - -	—	—	—	—	0 2 8
Plomb, les 100 ℔	7 0 0	0 3 0	0 3 0	0 3 8	0 3 8
Plumages de Barbarie, d'Autriche & autres, de la valeur de 6 florins -	—	0 6 0	0 10 0	0 6 8	0 10 8
Plumes à lits, les 100 ℔	—	0 10 0	0 10 0	0 11 0	0 11 0
Plumes à écrire, le millier . .	1 10 0	0 2 0	0 4 0	0 2 8	0 4 8
Plumettes, Voyez Cajanes de Lille.					
Poëles de fer à frire, les 100 ℔ .	12 0 0	0 12 0	0 15 0	0 12 8	0 15 8
Poids de fer, Voyez Fer.					
Poil de Castor, de Zebelines & semblables, les 100 ℔	600 0 0	0 8 0	0 10 0	0 9 0	0 11 0
Poil de Crin de toutes sortes, soit de queuës ou de cols des chevaux, les 100 ℔	4 0 0	0 3 0	0 4 0	0 3 8	0 4 8
Poil de Chevre, Voyez Fil de Turquie.					
Poil de Porc ou Soye de Cochon, les 100 ℔ . .	20 0 0	0 10 0	0 10 0	0 11 8	0 11 8
Poires & Pommes, le baril . .	—	0 3 0	0 2 0	0 3 8	0 2 8
Pois, Voyez Grains.					
Pois Resine, Voyez Resine.					
Pommes, Voyez ci-dessus, Poires.					
POISSONS.					
Poisson sec en piles					

LE NEGOCE

P. POISSONS.	Apreciat.	Entrée.	Sortie.	Entrée de l'Eſt, par l'Oriſont ou le Belt.	Sortie de l'Eſt, par l'Oriſont ou le Belt.
	F. S. P.	F. S. P.	F. S. P.	F. S. P.	F. S. P.
ou en bottes venant de Moſcovie , de Terre-Neuve & autres Pays Etrangers, les 120 Pieces	—	0 4 0	0 6 0	0 5 8	0 7 8
Poiſſon ſalé , en barils tant Merlu que Moruë , Poiſſon rond & le rebut , le laſt de 12 barils . .	—	1 4 0	3 0 0	1 8 8	3 4 8
Merlu ou Stokvis les 100 ℔ . .	6 0 0	0 1 0	0 3 0	0 1 8	0 3 8
Saumon frais peſant au deſſus de 20 ℔ la piece . .	—	—	0 10 0	—	—
Saumon frais peſant au deſſous de 20 ℔ la piece . .	—	—	0 6 0	—	—
Saumon piqué , dit *Geſteken Salm* indiferemment , la piece	—	—	0 6 0	—	—
Saumon ſalé , tant du Pays que de dehors la groſſe tonne .	30 0 0	0 10 0	1 5 0	0 13 8	1 8 8
La ſmaltonne doit être eſtimée . .	—	0 8 0	0 18 0	0 11 0	1 1 0
Les plus grands ou plus petits barils à proportion					
Saumon ſec ou fumé, ſoit du Pays ou de dehors , de la valeur de 6 florins . .	—	0 4 0	0 4 0	0 4 8	0 4 8
Aloſes fraiches, la piece	—	—	0 0 8	—	—
Aloſes ſalées en paniers, le panier n'excedant pas 100 Aloſes .	—	—	1 0 0	0 3 8	1 3 0

Aloſes

P. POISSONS.	Apreciat.	Entrée.	Sortie.	Entrée de l'Est, par l'Orisont ou le Belt.	Sortie de l'Est, par l'Orisont ou le Belt.
	F. S. P.	F. S. P.	F. S. P.	F. S. P.	F. S. P.
Aloses salées le baril	—	—	0 15 0	0 2 0	0 17 0
Tous Merlus & Moruës fraiches, dits Cabeliaau & Lengen soit en paniers ou non . .	—	—	0 1 0	—	—
Un Panier de Moruë piquée, ou *Gesteken* Cabeliaaw n'excedant pas le nombre de 30 . .	—	—	0 15 0	—	—
Toute moindre ou plus grande quantité à proportion.					
Schelvis ou Egrefin fraix, les 100 .	—	—	0 12 0	—	—
Schelvis salé en paniers, le panier n'en contenant pas plus de 100 . .	—	—	0 12 0	—	—
Le plus grand & le plus petit nombre à proportion.					
Schelvis salé, la grosse tonne . .	—	—	0 8 0	0 3 8	0 9 0
La smaltonne .	—	—	0 6 0	0 2 8	0 6 8
Kolen en pile, les 120	—	—	0 5 0	0 2 0	0 5 8
Kolen, la smaltonne	—	—	0 2 0	0 1 0	0 2 8
Toutes sortes de Têtcs salées, la tonne	—	—	0 5 0	0 2 0	0 5 8
Anguilles salées, la smaltonne .	—	0 10 0	0 10 0	0 12 0	0 12 0
Les plus grands ou moindres barils à proportion.					
Vlieten seches qui sont une espece de Raye,					

à compter

LE NEGOCE

	Apreciat.			Entrée.			Sortie.			Entrée de l'Est, par l'Orisont ou le Belt.			Sortie de l'Est, par l'Orisont ou le Belt.		
	F.	S.	P.	F.	S.	P.	F.	S.	P.	F.	S.	P.	F.	S.	P.

P.

POISSONS.

	F.	S.	P.	F.	S.	P.	F.	S.	P.	F.	S.	P.	F.	S.	P.
à compter 2 Rayes pour un *Vliet*, les 100 pieces . .	—			—			0	10	0	0	4	0	0	11	0
Plies feches, la tonne ou 3 contes à la tonne	—			—			0	6	0	0	28	0	0	6	8
Scharren qui font une efpece de petites Plies, Schelvis, Merlan, Soles, Têtes de Rayes,& toutes fortes de Poiffons fecs non compris dans ce Tarif, de la valeur de 6 florins . .	—			—			0	4	0	0	2	0	0	4	8
Eturgeons, Turbots, Tanches, Gulles, & toute forte de Poiffon frais, & piqué, non fpecifié dans ce Tarif de la valeur de 6 florins	—			—			0	10	0	—			—		
Maquereau, de la valeur de 6 flor. 6 fols															
Huitres, la fmaltonne	8	0	0	—			0	15	0	—			—		
Poiffon de Riviere de toute forte, de la valeur de 6 florins	—			—			0	12	0	—			—		
Poivre les 100 ℔. y compris le garbeau	55	0	0	2	0	0	1	10	0	2	4	8	1	14	8

Le Poivre porté dans ces Pays par les Vaiffeaux de la Compagnie des Indes, ne payera rien de fortie, mais celui qui viendra

par.

	Apreciat.	Entrée.	Sortie.	Entrée de l'Est, par l'Orisont ou le Belt.	Sortie de l'Est, par l'Orisont ou le Belt.
P.	F. S. P.	F. S. P.	F. S. P.	F. S. P.	F. S. P.
par d'autres Vaisseaux payera les droits tant d'entrée que de sortie ordonnez ci-deſſus					
Poix noire au double cercle, le Laſt de 12 barils . .	144 0 0	2 10 0	2 10 0	2 16 0	2 16 0
Poix noire au ſimple cercle, le Laſt de 12 barils . .	75 0 0	1 5 0	1 5 0	1 8 0	1 8 0
Porcelaine, & toute ſorte d'ouvrage de terre, des Indes, de la Mer Mediterranée, de France & pareils, de la valeur de 6 fl.	———	0 6 0	0 4 0	0 7 0	0 11 0
Potaſſes de Moſcovie, Voyez Cendres.					
Pots de Cuivre, Voyez Chandeliers.					
Pots de fer, les 100 ℔	7 0 0	0 6 0	0 8 0	0 6 8	0 8 8
Pots de terre, Tourtieres, Canes & Utencilles de terre, Tuiles, Carreaux & autres ouvrages de terre, de la valeur de 6 florins . .	———	0 4 0	0 4 0	0 4 8	0 4 8
Suivant la Reſolution il ſera payé 4 ſols par livre de gros pour la ſortie, & des Pierres ou Carreaux blancs ou bleus de Suede, 10 ſols par livre de gros.					

	Apreciat.	Entrée.	Sortie.	Entrée de l'Eft, par l'Orifont ou le Belt.	Sortie de l'Eft, par l'Orifont ou le Belt.
P.	F. S. P.	F. S. P.	F. S. P.	F. S. P.	F. S. P.
Pou de foye, Terchenille, & Gros grain de France, la Piéce	▬▬	3 0 0	0 10 0	3 1 0	0 11 0
Poudre à Canon, Voyez Munitions de guerre					
Poulains, Voyez Chevaux.					
Pourceaux foit gros ou maigres, de la valeur de 6 florins	▬▬	franc	0 3 0	▬▬	0 3 8

L'entrée en eft defenduë pendant les mois de Mai, de Juin & de Juillet, & payent au deſſous de la valeur de 5 florins 20 ſols, au deſſus de 5 florins, 3 florins, & au deſſus de 10 florins, 6 florins la Piéce.

	Apreciat.	Entrée.	Sortie.	Entrée de l'Eft, par l'Orifont ou le Belt.	Sortie de l'Eft, par l'Orifont ou le Belt.
Pouffiere d'Epiceries, Voyez Epiceries.					
Poutres, Voyez à la lettre B parmi le Bois.					
Prunes, les 100 ℔	5 0 0	0 4 0	0 4 0	0 5 0	0 5 0

Q.

Quincailleries, Voyez Merceries.

R.

	Apreciat.	Entrée.	Sortie.	Entrée de l'Eft, par l'Orifont ou le Belt.	Sortie de l'Eft, par l'Orifont ou le Belt.
Racines ou Rejetons de Garance . .	▬▬	defendus de fortir		▬▬	▬▬

Raifins

R.	Apreciat.	Entrée.	Sortie.	Entrée de l'Eſt, par l'Oriſont ou le Belt.	Sortie de l'Eſt, par l'Oriſont ou le Belt.
	F. S. P.	F. S. P.	F. S. P.	F. S. P.	F. S. P.
Raiſins d'Eſpagne, le Cabas, y compris le Rebut . .	6 0 0	0 3 0	0 3 0	0 3 8	0 3 8
Raiſins bleus les 100 ℔	12 10 0	0 6 0	0 4 0	0 9 8	0 7 8
Rames ou Avirons, Voyez à la lettre **B** parmi les Bois.					
Ras de Florence ou de Milan, la Piéce	——	4 0 0	1 0 0	4 2 0	1 2 0
Ras de Leyde, la Piéce de 27. à 28. aunes . .	——	——	0 4 0	——	0 5 0
Regliſſe, les 110 ℔	6 0 0	0 8 0	0 8 0	0 11 8	0 11 8
Reſine ou Poix Reſine, & Bray, les 100 ℔	3 0 0	0 4 0	0 5 0	0 5 0	0 6 8
Rets, Voyez Filets. Reveches, Voyez Bayes.					
Ris, les 100 ℔ .	12 0 0	0 8 0	0 6 0	0 10 0	0 8 0
Rubans d'or & d'argent, Voyez Dantelles.					
Rubans de Fleuret, la livre, ſuivant la Reſolution du 9 Fevrier 1705. .	——	——	0 1 0	——	0 2 0
Rubans de Soye, Voyez Frange .					
Rubans d'Elbervelt & ſemblables, la douzaine de livres .	——	0 4 0	0 4 0	0 4 8	0 4 8

Les Rubans de fil de laine faits à Leyde peuvent être declarez comme ceux d'Elbervelt.

Ruches à Miel, Voyez Abeilles.

D d 2   Safran

	Apreciat.	Entrée.	Sortie.	Entrée de l'Eft, par l'Orifont ou le Belt.	Sortie de l'Eft, par l'Orifont ou le Belt.
S.	F. S. P.	F. S. P.	F. S. P.	F. S. P.	F. S. P.
Safran d'Angleterre, la Livre . . .	18 0 0	0 4 0	0 4 0	0 6 0	0 6 0
Safran de France, la Livre . .	10 0 0	0 4 0	0 4 0	0 6 0	0 6 0
Saffre de la valeur de 6 florins . .	————	0 4 0	0 6 0	0 4 8	0 6 8
Salpetre, Voyez Munitions de Guerre.					
Salfepareille, les 100 ℔	170 0 0	1 5 0	1 5 0	1 8 8	1 8 8
Sanguine, ou Crayon rouge, les 100 ℔	5 0 0	0 4 0	0 4 0	0 6 0	0 6 0
Sarcelles, Voyez Canards.					
Sardines feches ou Sprot, 12000. pour un Laft, ou les 20 Pailles . .	————	1 0 0	1 10 0	1 1 8	1 1 8
Satins, Voyez Velours.					
Satins des Indes, Voyez Damas					
Satins de Bruges, de Tournay & pareils, la Piece	————	0 15 0	0 6 0	0 16 0	0 7 0
Saumon, Voyez Poiffon.					

Savon, *toute forte de Savon venant de dehors, payera ¼ de plus de tout, que ci-devant, & celui qui eft fait dans ces Pays, eft dechargé d'un tiers des droits.*

Savon noir ou mol, fait dans ces Pays ou venant de dehors, la

tonne

S.	Apreciat.	Entrée.	Sortie.	Entrée de l'Eft, par l'Orifont ou le Belt.	Sortie de l'Eft, par l'Orifont ou le Belt.
	F. S. P.	F. S. P.	F. S. P.	F. S. P.	F. S. P.
tonne . .	24 0 0	0 12 0	0 12 0	0 13 8	0 13 8
		Venant de dehors, à prefent 1 16 0	du Pays à prefent 0 8 0		
Savon d'Efpagne ou d'Italie , ou fait comme celui d'Efpagne, les 100 ℔	25 0 0	0 15 0 venant de dehors à prefent 1 0 0	1 10 0 du Pays à prefent 1 0 0	———	———
Seigle, Voyez Grains.					
Sel, gros Sel de France de toutes fortes, le Cent . .	160 0 0	4 0 0	6 0 0	———	7 15 0
Sel, gros Sel d'Efpagne, du Detroit & de l'Amerique, le Cent .	200 0 0	4 0 0	6 0 0	———	7 15 0
Il ne pourra fortir aucun Sel blanc pour le Rhin , & fi on veut y envoyer de gros Sel, il payera comme Sel blanc.					
Sel blanc rafiné , de gros Sel moyenant qu'il ait payé 14 florins en partant de la Denne, le Cent	———	———	10 0 0	———	12 18 8
Sel apelé, Sel fin, ou petit Sel, le Cent	———	———	10 0 0	———	12 18 8
Sel d'Ecofle , & de Lunebourg , le Cent . .	200 0 0	150 0 0	defendu de fortir.	———	———
Semences de Choux, de Navetes , de					

Chanvre.

	Apreciat.			Entrée.			Sortie.			Entrée de l'Eſt, par l'Oriſont ou le Belt.			Sortie de l'Eſt, par l'Oriſont ou le Belt.		
	F.	S.	P.	F.	S.	P.	F.	S.	P.	F.	S.	P.	F.	S.	P.

S.

Chanvre, & d'Oi-
gnons, Voyez Grai-
nes.

Serges de Seigneur,
de 18 aunes, & Gros
grains de Leyde,   les Gros
la Piéce .   grains.

	F.	S.	P.	F.	S.	P.	F.	S.	P.	F.	S.	P.	F.	S.	P.
Serges de Seigneur	20	0	0	1	0	0	0	6	0	1	2	0	0	8	0

Au delà de 18 au-
nes, à proportion

	F.	S.	P.
	36	0	0	▬▬▬	▬▬▬	▬▬▬	▬▬▬

Serges, *Honscottes* de
Leyde ou de Delft,
& toutes fortes de
pareilles Serges, la
Piéce de 36 aunes

	F.	S.	P.	F.	S.	P.	F.	S.	P.	F.	S.	P.	F.	S.	P.
	24	0	0	1	0	0	0	6	0	1	2	0	0	8	0

les Overkykers
60   0   0

Les demis & quarts de
Piéces à proportion.

Serges de Lille, d'Ar-
ras, de Mons, de
ces Pays, & celles
d'Angleterre, com-
me Serges de Sei-
gneur d'Angleter-
re , Sempetranes,
Serges de Prince,
Croonras , Damas
d'Angleterre, Gros
Grains, Ras de Lie-
ge, & pareilles E-
toffes de 26 aunes
la Piéce .   .

	F.	S.	P.	F.	S.	P.	F.	S.	P.	F.	S.	P.	F.	S.	P.
	24	0	0	0	6	0	0	6	0	0	6	8	0	6	8

Les Pieces plus lon-
gues ou plus cour-
tes à proportion.

*Les Etoffes de nouvelle
fabrique non ſpeci-*

ſiée

	Apreciat.	Entrée.	Sortie.	Entrée de l'Eft, par l'Orifont ou le Belt.	Sortie de l'Eft, par l'Orifont ou le Belt.
S.	F. S. P.	F. S. P.	F. S. P.	F. S. P.	F. S. P.

fiées dans le Tarif, doivent être comparées à celles qui en aprochent le plus, & qui y font exprimées, en en marquant la comparaifon par exprez dans les declarations.

	Apreciat.	Entrée.	Sortie.	Entrée de l'Eft	Sortie de l'Eft
Serges ou Couvertes d'Efpagne ou d'Angleterre, & Serges d'Irlande façon d'Efpagne, la Piéce . .	—	0 6 0	0 2 0	0 6 8	0 2 8
Serges ou Couvertes du Haut Pays, de Brunswic,& autres pareilles, les unes parmi les autres, la Piéce . .	—	0 1 0	0 1 0	0 1 8	0 1 8
Serges, Rafes, de France & d'Angleterre, Serges foulées & pareilles, la Piéce . .	—	2 0 0	1 0 0	2 1 8	1 1 8
Serviétes, Voyez Linge de Table.					
Sindal tort, la Piéce d'environ 35 aunes	—	0 12 0	0 12 0	0 13 8	0 13 8
Sindal, ou Sluyer, la Piéce . .	—	0 4 0	0 3 0	0 4 8	0 3 8
Les plus ou les moins longues à proportion,					
Sirop, la Pipe, ou les 2 Bariques .	70 0 0	3 0 0	3 15 0	3 7 7	4 2 0

Le

	Apreciat.	Entrée.	Sortie.	Entrée de l'Eſt, par l'Oriſont ou le Belt.	Sortie de l'Eſt, par l'Oriſont ou le Belt.
	F. S. P.	F. S. P.	F. S. P.	F. S. P.	F. S. P.

S.

Le Sirop eſt chargé de 5 florins ſuivant le Tarif.

Smalekens avec fil, la Piéce de 20 aunes . . .

Ce ſont de petites E-toffes qui ſe font à Haarlem.

	7 0 0	0 6 0	0 2 0	0 6 8	0 2 8

Smalekens, avec Soye & Bourre, la Piéce de 20 aunes

	7 0 0	0 8 0	0 2 0	0 8 8	0 2 8

Smalekens avec Clin-quant d'or ou d'argent, la Piéce de 20 aunes . .

	7 0 0	0 10 0	0 3 0	0 10 8	0 3 8

Smalekens avec or ou argent fin, la Piéce longue comme deſſus . .

Les Piéces plus lon-gues ou plus cour-tes à proportion.

	11 0 0	0 15 0	0 6 0	0 16 0	0 7 0

Soude, ou Barrille, dont on fait les Ver-res & le Savon, les 100 ℔. . .

Soufre, Voyez Mu-nitions de Guerre.

	7 0 0	0 6 0	0 6 0	0 7 0	0 7 0

Soye Organcin & Or-ſoye, de Vincence, de Bologne, Soye Poil, à coudre & à broder, Soye Poil de Genes de Na-ples, & de Veniſe, teinte ou non tein-

te,

	Apreciat.	Entrée.	Sortie.	Entrée de l'Eſt, par l'Oriſont ou le Belt.	Sortie de l'Eſt, par l'Oriſont ou le Belt.
S.	F. S. P.	F. S. P.	F. S. P.	F. S. P.	F. S. P.
te , la livre . .	12 0 0	0 2 0	0 1 0 0	2 8 0	1 8
Soye des Canaries, Soye Salvatica, Ardaſſe, Ardaſſine, & autres Soyes cruës non aprêtées, la livre	5 0 0	0 0 8	0 1 0 0	1 0 0	1 8
Les balles de Soye ſe pourront declarer à 10 pour cent moins qu'elles ne peſent avec tout leur embalage, ſuivant la Reſolution de L. H. Puiſſances du 12 Août 1687.					
Soye de la Chine, la livre . .	8 0 0	0 2 0	0 1 0 0	2 8 0	1 8
Soye cruë non aprêteé, la livre .	——	0 2 0	0 2 0 0	2 8 0	2 8
Soye de Veniſe à faire des Tapiſſeries, dite *Dopia Rolle*, ou pareille, la livre .	——	0 2 0	0 2 0 0	2 8 0	2 8
Soye d'Eſpagne & de Grenade, la livre	——	0 4 0	0 3 0 0	4 8 0	3 8
Soye à coudre & à broder , aprêtée dans les Pays-Bas, la livre .	8 0 0	0 4 0	0 2 0 0	4 8 0	2 8
Soye de Cochon, Voyez Poil de Porc.					
Stamettes de toutes couleurs teintes en laine , la Piéce de 32. ou 33. aunes	——	3 0 0	0 10 0	3 1 8	0 11 8
Stamette aprêtées hors du Pays .	——	defendu d'entrer.			

E e

Suc

S.	Apreciat.	Entrée.	Sortie.	Entrée de l'Eſt, par l'Oriſont ou le Belt.	Sortie de l'Eſt, par l'Oriſont ou le Belt.
	F. S. P.	F. S. P.	F. S. P.	F. S. P.	F. S. P.
Suc de Citron, Voyez Jus de Citron					
Sucres, dits Moſcovades, de l'Amerique, les 100 ℔.	Moſcovade 22 10 0 de l'Amerique 30 0 0	0 10 0	1 0 0	0 13 8	1 3 8
Sucre des Indes Orientales, les 100 ℔.	25 0 0	0 10 0	1 0 0	0 13 8	1 3 8
Sucre en pains de St. Thomas, ou Sucres propres à mettre en pains, dits *Panee-len*, les 100 ℔.	15 0 0	0 6 0	0 12 0	0 9 8	0 15 8
On deduira 20 pour cent pour la Tare des caiſſes de Sucre, & 15 pour cent des Bariques.					
Sucre en pains, de tous Pays, les 100 ℔.	40 0 0	1 5 0	1 5 0	1 12 0	1 12 0
Les Sucres rafinez payeront en ſortant les deux tiers des Droits de moins que ce qu'ils ont payé juſques ici, excepté le Sucre à Confiſſeurs, dit Banket-Suiker, qui payera à l'ordinaire ſuivant la Reſolution du 4 Mars 1687.					
Sucre Candi blanc, les 100 ℔ . .	60 0 0				
Sucre Candi brun, les 100 ℔ . .	40 0 0	1 5 0	1 5 0	1 12 0	1 12 0
Sucre Royal ou *Banket-Suyker* . .	60 0 0				

Suif

	Apreciat.	Entrée.	Sortie.	Entrée de l'Eft. par l'Orifont ou le Beit.	Sortie de l'Eft, par l'Orifont ou le Beit.
S.	F. S. P.	F. S. P.	F. S. P.	F. S. P.	F. S. P.
Suif de ce Pays, de Moscovie, ou du Haut-Pays, & toutes fortes de Graiffes ou Suifs, les 100 ℔ . .	15 0 0	0 4 0	0 8 0	0 5 0	0 9 0
Sumac, les 100 ℔	—	0 3 0	0 4 0	0 4 0	0 5 0
T.					
Tabac en Corde, en Rouleaux, de la valeur de 6 florins	—	0 6 0	0 6 0	0 6 8	0 6 8
Franc en fortant du ⅓ d'augmentation & du droit d'apreciation.					
Tabac de toutes autres fortes, foit coupé haché, ou en feuilles, de la valeur de 6 florins . .	—	0 6 0	0 6 0	0 6 8	0 6 8
Tabis, Voyez Camelots de Soye.					
Tableaux, de la valeur de 6 florins	—	0 4 0	0 4 0	0 4 8	0 4 8
Tafetas ou Armoifins de 2½ quarts de large, la Piéce .	—	0 6 0	0 6 0	0 7 0	0 7 0
Tafetas à Corde, de Boulogne, ou de Florence, & Maffegrave double ou ordinaire, la Piéce .	—	2 0 0	1 0 0	2 2 0	1 2 0
Tan ou Ecorce de Chêne non moluë, le Chapeau de 10. Tonnes . .	—	0 6 0	0 6 0	0 7 0	0 7 0

	Appreciat.	Entrée.	Sortie.	Entrée de l'Eſt, par l'Oriſont ou le Belt.	Sortie de l'Eſt, par l'Oriſont ou le Belt.
T.	F. S. P.	F. S. P.	F. S. P.	F. S. P.	F. S. P.
Tan moulu à la façon des Cordonniers, le Chapeau de 10 Tonnes . .	▬▬▬	0 8 0	0 8 0	0 9 0	0 9 0
Ecorce de Chêne non mouluë, le Chapeau, 12 ſols pour l'entrée & 10 ſols pour la ſortie ſans plus.					
Tapis à emballer, Voyes Carpettes.					
Tapiſſeries d'Angleterre, de France, de Tournai, & d'ailleurs, comme auſſi toutes autres Etoffes ſoit rayées, à flames, ou autrement, & de toutes ſortes de couleurs, de 4 à 5 aunes de large, & de 30 à 36 aunes de long, la Piéce . .	▬▬▬	1 5 0	1 0 0	1 6 0	1 1 0
Celles de 3 à 4 aunes ou plus étroites	▬▬▬	1 0 0	0 15 0	1 1 0	0 16 0
Tapiſſeries de Cuir doré, Voyez Cuir doré.					
Tapis de Turquie ou Carpettes, de la valeur de 6 florins	▬▬▬	0 6 0	0 4 0	0 6 8	0 4 8
Tapiſſeries de Veniſe de Soye *Dopia Rolle*, ou faites de la même maniere la ℔	▬▬▬	0 2 0	0 2 0	0 2 8	0 2 8
Tartre d'Allemagne,					

les

	Apreciat.	Entrée.	Sortie.	Entrée de l'Est, par l'Orifont ou le Belt.	Sortie de l'Est, par l'Orifont ou le Belt.
T.	F. S. P.	F. S. P.	F. S. P.	F. S. P.	F. S. P.
les 100 ℔ . .	18 0 0	0 8 0	0 8 0	0 9 0	0 9 0
Tartre d'Italie, les 100 ℔ . .	10 0 0	0 8 0	0 8 0	0 9 0	0 9 0
Teintures , Voyez Drogueries.					
Thé, de la valeur de 6 florins . .	———	0 4 0	0 4 0	0 4 8	0 4 8
Terebentine, les 100 ℔ . . .	———	0 4 0	0 4 0	0 5 0	0 5 0
Tirentaines, la Piéce de 24 aunes . .	18 0 0	0 6 0	0 4 0	0 6 8	0 4 8
Les Piéces plus longues à proportion.					
Toiles d'Olone, Voyez Olones.					
Toiles de Cambrai, de Nievelt, ou Toiles claires, la Piéce de 20 à 22 aunes, y compris les Coupons, *suivant la Refolution du 29 Mars 1652*. .	40 0 0	0 8 0	franc	0 4 0	0 4 0
Les plus ou les moins à proportion.					
Toiles de ces Pays ou de dehors , nommées *Magnettes,* foit pliées en plat , ou roulées, la Piéce	20 0 0	0 3 0	0 4 0	0 3 8	0 4 8
Toiles de ces Pays ou venant de dehors (excepté celles de Flandres) foit cruës ou blanchies , pliées en plat ou roulées, les 100 aunes	100 0 0	0 12 0	1 0 0	0 14 0	1 2 0

	Apreciat.	Entrée.	Sortie.	Entrée de l'Est, par l'Orifont ou le Belt.	Sortie de l'Est, par l'Orifont ou le Belt.
	F. S. P.	F. S. P.	F. S. P.	F. S. P.	F. S. P.

T.

Les plus ou les moins à proportion.

Toiles de France, ou de Flandres de toutes sortes, soit cruës ou blanchies, les 100 aunes . **25 0 0** | **0 8 0** | **0 10 0** | **0 9 0** | **0 11 0**
Celles de France

Il faut évaluer celles de Flandre.

Toiles, nommées de couleur naturelle, la Piéce de 60 aunes de long . . **100 0 0** | **0 6 0** | **0 10 0** | **0 7 0** | **0 11 0**
les 100 aunes

Toiles de Coton, les 100 aunes . . ———— | **0 15 0** | **1 0 0** | **0 17 8** | **1 2 0**
Les plus ou moins à proportion.

Toiles de Silefie, cruës ou blanchies, les 100 aunes, mefure de ce Pays . **25 0 0** | **0 10 0** | **0 12 0** | **0 11 0** | **0 13 0**

Toiles d'Osnabrug, les 100 aunes mefure de ce Pays en comptant 2 aunes de l'étroite pour une aune de la large **30 0 0** | **0 12 0** | **0 12 0** | **0 13 0** | **0 13 0**
Celles de Munfter dites Roldoek & Smaldoek payent également.

Toilettes avec Or & Argent, la Piéce ———— | **6 0 0** | **4 0 0** | **6 4 0** | **4 4 0**

Toiletes de Soye, la Piéce . . ———— | **3 0 0** | **2 0 0** | **3 3 0** | **2 2 0**

Tonfure de Drap, Voyez Bourre.

Torches

	Apreciat.	Entrée.	Sortie.	Entrée de l'Eſt, par l'Oriſont ou le Belt.	Sortie de l'Eſt, par l'Oriſont ou le Belt.
T.	F. S. P.	F. S. P.	F. S. P.	F. S. P.	F. S. P.
Torches ou Flambeaux de Réſine, les 100	4 0 0	0 3 0	0 6 0	0 3 8	0 6 8
Tourbes . .	defendu de ſortir.				
Les Tourbes ne pourront ſortir ſans la permiſſion du Conſeil, & dans ce cas elles payeront 8 ſols par Livre de gros.					
Tournesol , Voyez Orſeille.					
Treillis d'Allemagne, la Piéce .	▬▬	0 3 0	0 3 0	0 3 8	0 3 8
Tripes de Tournai, de Lille, de Douai, & autres fabriquées dans les Pays-Bas, la Piéce de 18 aunes	6 0 0	0 6 0	0 4 0	0 6 8	0 4 8
Les Pieces plus ou moins longues , à proportion					
Tripes ou Panes de velours, la demi-Piéce de 9 aunes	▬▬	0 8 0	0 5 0	0 8 8	0 5 8
Les Piéces entiéres à proportion.					
Tripes figurées, la de-mi-Piéce de 12 aunes .	▬▬	0 6 0	0 3 0	0 6 8	0 3 8
Les Piéces plus ou moins longues , à proportion.					

V.

Vaches , Voyez Boeufs.

	Apreciat.	Entrée.	Sortie.	Entrée de l'Fſt, par l'Oriſont ou le Belt.	Sortie de l'Eſt, par l'Oriſont ou le Belt.
V.	F. S. P.	F. S. P.	F. S. P.	F. S. P.	F. S. P.
Vaches de Ruſſie, Voyez Peaux de Vache de Ruſſie.					
Vaude, Voyez Gaude.					
Veaux gras, en ſortant, de la valeur de 6 florins	—	—	0 6 0	—	0 6 8
Velours à fleurs ou unis, de Genes, de Milan, de Modene, de Reggio, & autres lieux d'Italie, Pane de Velours, Armoiſins, Grosgrains de Soye, de Naples ou d'ailleurs, Satins, & Damas de Florence, de Luques, de Genes & pareils, la Piéce	—	3 0 0	0 10 0	3 4 0	0 14 0
Velours, Satins, Armoiſins & Grosgrains de Soye en coupons à compter 40 aunes à la Piéce	—	3 0 0	0 10 0	3 4 0	0 14 0
Velours des Indes, la Piéce	—	0 15 0	0 6 0	0 16 0	0 7 0
Velours faits dans les Pays-Bas, figurez ou autrement, y compris toutes ſortes de Caffas, Armoiſins, Brocards & ſemblables, la Piéce d'environ 20 aunes	—	3 0 0	0 10 0	3 2 0	0 12 0
Les Piéces plus lon-					

gues

	Apreciat.	Entrée.	Sortie.	Entrée de l'Est, par l'Orisont ou le Belt.	Sortie de l'Est, par l'Orisont ou le Belt.
V.	F. S. P.	F. S. P.	F. S. P.	F. S. P.	F. S. P.
gues à proportion.					
Verdet ou Verd de gris, les 100 ℔ .	——	2 0 0	1 0 0	2 1 0	1 1 0
Verjus, la Barique	——	1 0 0	sans plus	——	——
Vermillon ou Cinabre, les 100 ℔ .	13 0 0 0	1 5 0	1 5 0	1 13 8	1 13 8
Verre de Normandie, le Panier . .	12 0 0	0 12 0	0 13 0	0 13 8	0 14 8
à present 0 10 0 } sans plus.					
Verre de Bourgogne, chaque *Schoof* ou Lien . .	——	0 1 0	0 1 0	0 2 8	0 2 8
Verre du Haut Pays, de la valeur de 6 fl.	——	0 6 0	0 4 0	0 6 8	0 4 8
Verre rompu, la Smaltonne . .	——	0 3 0	0 3 0	0 3 8	0 3 8
Verres à boire, & Glaces de Miroir de toutes sortes, de la valeur de 6 florins	——	0 6 0	0 4 0	0 6 8	0 4 8
Verres à boire de France, 5 pour cent de la valeur sans plus.					
Vif Argent, Voyez Argent Vif.					
Vinaigre de Vin du Rhin, l'Aam du Haut Pays .	——	1 5 0	1 5 0	1 8 0	1 0 8
Vinaigre de Vin de France, & d'Espagne, Verjus, Cidre, & Vinaigre de Cidre, la Barique .	12 10 0	0 15 0	1 0 0	0 19 8	1 4 8
Vinaigre de France, le Tonneau suivant le					

F f   Tarif

	Apreciat.	Entrée.	Sortie.	Entrée de l'Est, par l'Orisont ou le Belt.	Sortie de l'Est, par l'Orisont ou le Belt.
V.	F. S. P.	F. S. P.	F. S. P.	F. S. P.	F. S. P.

Tarif, *f* 2 : 8 : sans plus

Vinaigre de Biere, la grosse Tonne .   7 10 0   0 8 0   0 15 0   0 9 8   0 16 8

La Barique à proportion, comptée pour une Tonne & demie.

Le Vinaigre de Biere est franc de droit & du tiers d'augmentation, mais payera pour droit d'apreciation demi pour cent de la Tonne sur le pied de 4 florins la Tonne.

Il sera deduit 14 pour cent pour le Coulage des Vinaigres d'Espagne, 12 pour cent pour ceux de France, & 6 pour cent pour ceux de Hambourg & de Londres.

Vin de France, le Tonneau de 4 Bariques, de 2 Pipes, de 3 Poinçons, ou de 6 Tierssons .   100 0 0   1 10 0   1 5 0   2 3 8   1 18 8

On deduit 12 pour cent pour le Coulage des Vins de France en entrant.

Vin du Rhin, le Voeder ou Foudre de 6 Aams, mesure du Haut Pays . .   ——   5 0 0   5 0 0   7 0 0   7 0 0

Vin d'Espagne, le   Ton-

	Apreciat.	Entrée.	Sortie.	Entrée de l'Est, par l'Orisont ou le Belt	Sortie de l'Est, par l'Orisont ou le Belt.
	F. S. P.	F. S. P.	F. S. P.	F. S. P.	F. S. P.

V.

Tonneau copmté de 2 Bottes, de 2 Pipes, ou de 4 Quarteaux ou Bariques Vin Muſcat, Malvoiſie du Levant ou d'Eſpagne, le Tonneau

	Apreciat.	Entrée.	Sortie.	Entrée de l'Est	Sortie de l'Est
	200 0 0	3 0 0	3 0 0	5 0 0	5 0 0
	240 0 0	7 10 0	8 0 0	9 10 0	10 0 0

Les Vins de Portugal payent en entrant ⅓ moins que ceux d'Eſpagne.

W.

Wedaſſes, Voyez Cendres.

Toutes les autres Marchandiſes non defenduës, mais permiſes, qui ne ſont point contenues dans la preſente Liſte, payeront, ſelon ce qu'elles pourront valoir dans ce Pays, de la valeur de 6 florins ——

	Apreciat.	Entrée.	Sortie.	Entrée de l'Est	Sortie de l'Est
		0 4 0	0 4 0	0 4 8	0 4 8

Outre les deux Tarifs ci-deſſus, auxquels on a fait de tems en tems les divers changemens qui ſont notez en lettres Italiques à chaque endroit où il eſt arrivé quelque changement, il fut reſolu le 29 Juin 1674. qu'outre les droits ci-deſſus marquez, toutes les marchandiſes & effets qui entreroient ou ſortiroient tant par Terre que par les Rivieres, ſeroient également aſſujetties à payer auſſi bien que celles qui entrent ou qui ſortent par Mer, le ſimple Droit de Convoy, avec un tiers d'augmentation, demi pour cent de ſortie, & un pour cent d'entrée pour le droit d'apreciation; mais que les marchandiſes qui viendroient à paſſer par Lille, le Swyn, & le Sas de Gand, ſeroient exemptes dudit tiers d'augmentation.

Il fut encore resolu le 9 Avril 1687. que les marchandises qui viennent des Pays-Bas Espagnols par transit ou pour être transportées ailleurs, ne payeront qu'une fois les droits d'entrée ou de sortie, savoir le droit soit d'entrée ou de sortie qui est le plus haut.

Outre les droits ordinaires toutes les marchandises venant du Levant, soit qu'elles viennent directement ou qu'elles passent par d'autres endroits, doivent payer un pour cent d'entrée pour le droit du Commerce du Levant, & les Marchands sont obligez de les declarer sur peine d'une amande du quart du Capital ou de la marchandise, étant defendu par la Resolution de leurs Hautes Puissances du 4 Mars 1687. de donner aucun Passeport soit pour des Navires, soit pour des marchandises, que le droit du Commerce du Levant ne soit payé, ce qui doit être specifié dans les Passeports.

Remarques necessaires sur le Tarif tant d'apreciation que d'entrée & de sortie.

Il faut remarquer en premier lieu, que les Marchands doivent taxer ou aprecier eux même les marchandises qui ne sont pas taxées dans le Tarif d'Apreciation, & qu'on peut sans aucun risque les declarer pour un sixiéme moins que ce qu'elles valent, puisque suivant l'Ordonnance que j'ai raportée à la page 114. les Commis sont obligez de payer comptant la marchandise qu'ils saisissent, en ajoutant un cinquiéme à la valeur declarée, c'est-à-dire que si je veux faire entrer ou sortir pour 600 florins de marchandise qui n'est pas taxée dans le Tarif d'Apreciation, je puis ne la taxer qu'à 500 florins, parce que si les Commis la veulent saisir sous pretexte qu'elle vaut davantage, ils sont obligez de me la payer 600 florins, à cause du cinquiéme qu'il doivent payer par dessus.

Mais à l'égard des marchandises qui sont taxées dans le même Tarif d'Apreciation, il faut remarquer qu'elles valent souvent plus ou moins que ce à quoi elles sont taxées, & qu'il est de la prudence & du menage d'un Marchand de les declarer de maniere à n'en pas payer plus de droits qu'elles ne valent, & d'une maniere aussi qu'il n'y perde pas, au cas que les Commis la veuillent saisir. Par exemple, le Tonneau de Vin de France est taxé à 100 florins, & je veux declarer 10 Tonneaux de Vin de France qui ne valent effectivement que 10 Livres de Gros ou 60 florins le Tonneau, si je déclare simplement 10 Tonneaux de Vin de France sans les taxer, il est certain que je payeray 20 florins pour le Droit d'Apreciation de mes 10 Tonneaux : mais si je déclare 10 *Tonneaux de Vin de France valant* 500 *florins*, qui est à raison de 50 florins le Tonneau, je ne payeray que 10 florins pour Droit d'Apreciation, & je ne risque rien en declarant

ce

ce Vin à 50 florins le Tonneau, parce que si les Commis le veulent saisir, il faut qu'ils me le payent à 60 florins le Tonneau.

Mais supposé au contraire que mes 10 Tonneaux de Vin vaillent beaucoup au delà de 100 florins le Tonneau, & qu'ils vaillent 200 florins ou plus le Tonneau, comme cella peut arriver en certains tems, je satisfais à l'Ordonnance en delarant simplement 10 *Tonneaux de Vin de France* sans mettre aucun prix dans ma declaration, parce que le Vin étant taxé dans le Tarif d'Apreciation à 100 florins le Tonneau, je ne suis pas obligé de le declarer pour davantage. Ces trois remarques suffisent pour donner à ceux qui ne le savent pas, une idée de la maniere dont on doit se regler à l'égard du Tarif d'Apreciation. Voyons ce qui se peut observer à l'egard du Tarif des entrées & sorties.

L'on peut bien quelquefois déclarer les marchandises soit pour l'entrée ou pour la sortie, pour moins qu'elles ne valent, parce que les Commis en les saisissant sont obligez de les payer avec un cinquiéme, ou avec un sixiéme d'augmentation, mais si on s'avise de vouloir frauder sur le poids ou sur la quantité, la marchandise est confiscable.

Dans le Tarif d'entrées & de sorties il y a plusieurs marchandises qui doivent payer tant par livre de gros, comme, par exemple, les Drogueries. Or pour savoir ce que l'on payera pour le droit d'entrée ou de sortie de quelque Drogue, il faut necessairement la taxer dans la Declaration; & suivant l'Ordonnance que j'ai rapportée à la page 143. les Commis peuvent la saisir en payant un sixiéme au delà de ce à quoi elle a été declarée: ainsi à cet égard on n'a qu'à taxer la marchandise comme je l'ai déja dit cidessus, d'une maniere à ne point tromper le Convoi, & à ne pas se tromper soi-même, car bien souvent pour vouloir menager une vingtaine de florins de Droits, on s'en fait pour plusieurs centaines, si l'on est surpris en fraude. J'ajouteray ici quelques formulaires de Déclarations, pour l'instruction des moins experts, elles se font toutes en Hollandois de la maniere suivante, & on distingue les Passeports d'entrée qu'on apelle *Los Cedulen*, d'avec les Passeports de sortie, qu'on appelle *Paspoorten* ou *Laad Cedulen*.

Modelle d'une Declaration pour l'Entrée.

Te lossen uyt Theunis Lubberts, gekomen van Bourdeaux.

Thien vat Wyn, waardig vyf hondert guldens.
Twintig stucken Pruymen, wegende thien duysent pond.
Amsterdam 10 *Juny* 1719.

J. P. R.

C'est à dire.

Pour

Pour decharger hors du Navire de Theunis Lubberts venu de Bourdeaux.

Dix Tonneaux de Vin, valant cinq cens florins.
Vingt Piéces Prunes, pezant dix mille livres.
à Amſterdam ce 10 Juin 1719.
J. P. R.

Modelle d'une Declaration pour la ſortie.

Te laden op Pierre True, naar Alicanten.

Vyftig Baalen Cacao, waardig vyf en dertig hondert guldens.
Hondert ſtucken Sileſiger Linnen, lang vyf duyzend Ellen.
Thien Laſt Tarwe.
Amſterdam 10 Juny 1719.
J. P. R.

C'eſt à dire.

A charger ſur Pierre Truc, allant à Alicant.

Cinquante Bales de Cacao valant trois mille cinq cens florins.
Cent Piéces Toile de Sileſie, tirant cinq mille aunes.
Dix Laſt Froment.
à Amſterdam 10 Juin 1719.
J. P. R.

On peut remarquer que dans le premier modelle je taxe le Vin à 50 florins le Tonneau pour les raiſons alleguées dans la page precédente, mais que je ne taxe point les Prunes, & que j'en declare ſeulement le poids, parce qu'elles ſont taxées à 5 florins les 100 ℔ dans le Tarif d'Apreciation, & que ce prix eſt aprochant de la valeur ordinaire des Prunes.

Au contraire dans le ſecond Modelle, je declare ſeulement la valeur du Cacao, parce qu'il paye par livre de gros, & je declare ſeulement la longueur des Toiles, parce qu'elles payent par 100 aunes, & quoi que le froment ſoit franc de ſortie, je ne laiſſe pas de le declarer, parce qu'on ne le laiſſe point ſortir ſans Paſſeport, lequel ne coûte que 30 ſols, lors qu'il n'eſt que pour des marchandiſes qui ſont franches de ſortie, comme les Grains, le Poivre & les Epiceries achetées de la Compagnie des Indes de ce Pays, & quelques autres marchandiſes.

Quoi qu'il ſoit permis à tous Marchands d'aller demander eux-mêmes les Paſſeports au Convoi, ou de les faire demander par leurs Commis ou garçons, il n'y en a que je ſache aucun qui le faſſe, parce qu'il y a des gens qu'on nomme *Convooy-lopers*, qui pour fort peu de choſe ſe chargent de
pro-

procurer les Paſſeports dont on a beſoin, ainſi chaque Marchand a ſon *Convoy-looper*, & lors qu'il a beſoin de quelque Paſſeport ſoit pour l'entrée ou pour la ſortie, il fait la declaration dans les termes des modelles que que j'ai donnez, Pag. 229. & 230., en la ſignant de ſa main ou la faiſant ſigner par un garçon pour lui, & l'envoye à ſon *Convoy-looper*, qui a ſoin de prendre le Paſſeport, & de le porter en Bourſe au Marchand, ou de le lui envoyer chez lui. Il faut que la declaration ſoit au Convoy avant 11 heures du matin; car ſi elle vient après 11 heures & juſques à midi il faut payer 6 ſols d'amande pour les pauvres, & l'après-midi on ne diſtribuë plus de Paſſeports, excepté le Samedi, auquel jour on n'en diſtribuë que rarement le matin, parce qu'alors le Receveur régle ſes comptes avec les *Convoy-loopers*: mais l'après-midi du Samedi on en diſtribuë juſques à trois heures.

Voici la liſte de ce que prennent ordinairement les *Convoy-loopers* pour leurs ſalaires.

Lors qu'un Paſſeport d'Entrée		Lors qu'un Paſſeport de Sortie	
Monte aux ſommes ci-deſſous, ils prennent,		Monte aux ſommes ci-deſſous, ils prenent,	
florins	fl. ſo. p.	florins	fl. ſo. pen.
Pour un Paſſeport de 20	0-18-0	Pour un Paſſeport de 50	0-16-0
30	1- 0-0	60	0-18-0
40	1- 2-0	70	1- 0-0
50	1- 4-0	80	1- 2-0
60	1- 6-0	90	1- 4-0
70	1- 8-0	100	1- 6-0
80	1-10-0	110	1- 8-0
90	1-12-0	120	1-10-0
100	1-14-0	130	1-12-0
110	1-16-0	140	1-14-0
120	1-18-0	150	1-16-0
130	2- 0-0	200	2- 4-0
140	2- 2-0	250	2-10-0
150	2- 4-0	300	2-16-0
160	2- 6-0	350	3- 4-0
170	2- 8-0	400	4- 0-0
180	2-10-0	500	4- 8-0
190	2-12-0	550	4-16-0
200	2-14-0	600	5- 2-0
210	2-16-0		
220	2-18-0		
230	3- 0-0		
240	3- 2-0		
250	3- 4-0		

Et au deſſus de 600 florins 10 ſols de chaque 100 florins de plus.

Et ainſi de ſuite en augmentant de 2 ſols ſur chaque 10 florins, & au delà de 300 florins, 10 ſols de chaque cent florins de plus.

Lors

Lors que l'on a le Paſſeport on le donne ordinairement au Tonnelier (ſi ce ſont des marchandiſes ſujettes au Tonnelage) ou au Batelier dont on a accoutumé de ſe ſervir, ſoit pour charger ou pour decharger la marchandiſe y contenuë, & les Tonneliers & Bateliers en paſſant par les *Booms*, (qui ſont proprement les Portes du coté de l'Eau, où les Commis ſe tiennent avec quelques Soldats) ſont obligez de s'arrêter là pour faire viſiter les Paſſeports & les marchandiſes. Si les Commis trouvent que la marchandiſe ne ſoit pas bien declarée, ils mettent le bateau à la chaine, & en vont avertir inceſſamment le Commis General ; le Proprietaire de la marchandiſe en eſt auſſi averti d'abord par ſon Tonnelier ou par ſon Batelier, & c'eſt à lui à tâcher d'accorder avec le Commis General le mieux qu'il peut, pour laiſſer paſſer la marchandiſe, lors qu'il a effectivement fraudé, mais s'il l'a bien declarée il eſt en droit de ſe la faire payer ſur le champ avec un cinquiéme, ou un ſixiéme au deſſus de la ſomme pour laquelle il l'a declarée.

Mais ſi la marchandiſe a paſſé le *Boom* en entrant, il n'eſt plus permis aux Commis de l'arrêter, & quand ils voudroient le faire, les Bateliers qui ſe ſoutiennent entre eux, ſauroient bien les en empêcher. Au contraire, quoi que la marchandiſe en ſortant ait paſſé le *Boom*, & qu'elle ſoit déja chargée dans le Navire qui doit l'emporter, les Commis ont droit de la viſiter, s'ils veulent, dans le Navire même, & de l'arrêter s'ils trouvent qu'elle ſoit mal declarée, & cette viſite ſe peut même faire au Texel, où les Navires ſont obligez, avant d'en ſortir, de montrer tous les Paſſeports des marchandiſes qu'ils ont dans leurs bords, & c'eſt auſſi ce qui fait que pluſieurs Marchands qui s'amuſent à frauder les Droits, fraudent beaucoup moins ſur les droits des marchandiſes qu'ils envoient dehors, que ſur les droits de celles qu'ils reçoivent, & je ne puis diſſimuler qu'il ſe commet grand nombre de malverſations ſur ce ſujet, tant de la part des Marchands que de la part des Commis Generaux & des Sous-Commis. Mais dans le Commerce & ſur tout dans ces ſortes d'occaſions il y a des miſteres, qu'il n'eſt pas trop à propos d'aprofondir.

Lors que l'on reçoit une quantité de marchandiſes de dehors, dont on n'a ni Compte ni Facture, & dont on ne ſait pas par conſequent, ni la meſure ni le poids, & qu'on craint d'être attrapé en declarant plus ou moins qu'il n'y en a, il faut prier le Commis General de permettre que l'on en meſure, ou que l'on en peſe une certaine quantité, afin de ſe regler là deſſus pour le total, ou mettre dans la declaration qu'on n'en ſait pas la meſure ou le poids. Par exemple, ſi je reçois 50 Pieces d'Eau de Vie dont je ne ſai point le verjage, ou 50 bariques de Sucre dont je ne ſai pas le poids, je mettrai dans ma declaration 50 Pieces Eau de Vie, dont le verjage *m'eſt inconnu*, ou 50 bariques de Sucre dont le poids *m'eſt inconnu*, & alors le Commis General permet de decharger & de meſurer

8 ou

8 ou 10 Pieces d'Eau de Vie, ou de peſer 8 ou 10 bariques de Sucre, & ſur cette meſure ou ſur ce poids on regle les droits de toute la partie, & il eſt beaucoup plus de l'interêt des Marchands, en pareil cas, de faire leurs declarations de cette maniere, que de les faire à tout hazard, parce qu'outre qu'on ne court aucun riſque de payer plus de droits que la marchandiſe ne doit, on favoriſe aſſez les Marchands, en meſurant ou en peſant les marchandiſes au *Boom*.

Depuis que le Tarif des Droits d'entrée & de ſortie & celui d'apreciation ſont faits, beaucoup de marchandiſes qui y ſont exprimées, ont changé de prix, d'autres ſont devenuës hors d'uſage & ſont preſque inconnuës à preſent, comme quantité d'Etoffes tant de ſoye que de laine, qui ne ſont plus à la mode, & par contre il s'en fait de tems en tems de nouvelles, dont les noms ne peuvent pas ſe trouver dans le Tarif: tout cela joint à ce qu'il faut augmenter d'un tiers les droits d'entrée & de ſortie, marquez dans le Tarif, puis y joindre 1 pour cent pour le droit d'apreciation pour l'entrée, & demi pour cent pour la ſortie, & 1 pour cent de Prime pour les Capres pour l'entrée, & demi pour cent pour la ſortie, tout cela, dis-je, cauſe bien des embarras aux Marchands : d'ailleurs il y a bon nombre de marchandiſes qui payent trop à proportion de pluſieurs autres qui ne payent pas aſſez, ce qui oblige bien de gens à frauder les droits de certaines marchandiſes qui payent de trop gros droits d'entrée ou de ſortie, & fait ſouhaiter à tous les Marchands un *nouveau Tarif* mieux expliqué, dans lequel on puiſſe voir d'un coup d'œil ce qu'une marchandiſe doit payer de droit en entrant ou en ſortant ; & il y a deja long-tems que quelques Marchands en ont dreſſé un qui eſt infiniment plus clair & plus intelligible que celui que nous avons ; mais l'Etat n'a pas trouvé encore à propos de l'agréer, ainſi il faut ſe ſervir, le mieux qu'on pourra, de celui que j'ai donné, dans lequel il y a bien des choſes que je puis bien avouer que je ne comprens pas bien, puiſque les Meſſieurs qui ont fait le projet dont je viens de parler, quoique vieux Hollandois, avouent eux mêmes, qu'il y a pluſieurs articles incomprehenſibles.

Gg

CHA-

C H A P I T R E XII.

Du Poids de la Ville d'Amſterdam, de l'Ordre qui s'y obſerve,
& tout ce qu'un Marchand doit ſavoir à cet égard, avec
un nouveau Tarif des Droits du Poids, que payent
les Marchandiſes.

J'Ai déja dit à la page 7. qu'il y a 3 Poids dans la Ville d'Amſterdam
où ſe doivent peſer toutes ſortes de marchandiſes. Ces 3 Poids s'aferment tous les ans à une Compagnie de Fermiers pour une ſomme fort
conſiderable, dont une partie eſt pour la Ville, & l'autre pour la
Province; & comme ces 3 Poids s'aferment à la même Compagnie, il
n'y a aucune diſtinction entre eux, n'étant éloignez l'un de l'autre que
parce qu'il n'eſt pas poſſible, qu'on peſe dans un ſeul toutes les marchandiſes, qui ſe livrent continuellement dans Amſterdam, outre que la
Ville étant auſſi grande qu'elle eſt, il y a des quartiers ſi éloignez du
principal Poids qui eſt ſur le Dam devant la Maiſon de Ville, qu'il en
coûteroit ſouvent beaucoup plus pour y faire porter les marchandiſes,
qu'il n'en coûte pour les faire porter à l'un des autres Poids plus pro-
chains, les Marchands aiant la liberté de livrer & de recevoir les marchandiſes, au Poids qui leur convient le mieux.

Le Poids du Dam eſt cependant le principal, tant parce que les Commis des Fermiers y tiennent le Comptoir General, que parce qu'il eſt tous
les matins le rendévous des Peſeurs & des Travailleurs du Poids, & qu'il
eſt plus au paſſage des Marchands que les autres.

Il y a douze Peſeurs établis en titre d'Office, pour peſer generalement
toutes ſortes de marchandiſes, & dix ou douze Compagnies de Travailleurs,
dont chacune ſe fait diſtinguer par un nom particulier, comme de *Cha-*
peaux Rouges, Chapeaux Noirs, Chapeaux Bleus, Schotſe Veen, Zeeuwſche
Veen, &c. Il n'appartient qu'aux Seigneurs Bourguemaîtres, d'établir les
Peſeurs & les Travailleurs du Poids, ces charges étant des Offices qu'ils
donnent gratuitement à ceux qu'il leur plait, lors qu'une Charge eſt va-
cante.

Chaque Marchand a ſes Travailleurs affectez, & lors qu'il a acheté, ou
vendu quelque marchandiſe ſujette au Poids, il n'a qu'à leur ordonner de
la recevoir du Vendeur, ou de la livrer à l'Acheteur. Les Travailleurs ſavent ordinairement quels ſont les Travailleurs d'un chacun, & leur diſent
l'ordre qu'ils ont; ſi les autres en ſont avertis, ils conviennent enſemble
du tems de la livraiſon, & ceux qui doivent livrer, vont chercher la marchandiſe chez le Vendeur pour la conduire au Poids, ou étant arrivez, ſi
ce

ce font des marchandifes qui fe tarent , les Travailleurs du Vendeur les vuident , enfuite dequoi ils font tarer en prefence des Travailleurs de l'Acheteur , les Caiffes , Bariques , Sacs , ou autres chofes qui contenoient la marchandife , après quoi ils travaillent en commun à les remettre dedans & à les faire pefer , & fortant de deffus la balance , elle demeure à la direction des Travailleurs de l'Acheteur , qui la portent chez lui , ou là où il leur ordonne , & le foir ces Travailleurs ne manquent pas de porter à ceux qui les ont employez , la note du poids & tare de la marchandife qu'ils ont livrée ou receuë pour eux avec le montant du droit du Poids.

Ces Travailleurs font fort fidelles , & on peut certainement fe repofer fur la plûpart d'entre eux , y en ayant bon nombre qui connoiffent fort bien les marchandifes , & qui ne la recevront pas fans un ordre exprez de l'Acheteur , s'ils trouvent qu'elle ne foit pas telle qu'elle doit être. Les 12 Pefeurs dont j'ai parlé , meriteroient les mêmes louanges , & même de plus grandes , s'ils n'avoient pas fouvent fait trop pencher la balance en faveur des Acheteurs ou des Vendeurs qui leur graiffent la pate: ce qui a fait un fi grand tort au Negoce d'Amfterdam , que bien des Etrangers de France & d'ailleurs , ont mieux aimé envoyer leurs marchandifes dans d'autres Villes , que de fe voir de groffes pertes fur le poids de leurs marchandifes ; & cela alla fi loin au commencement de l'année paffée 1719. que les Bourguemaîtres , en ayant receu des plaintes , firent de fortes reprimandes aux Pefeurs , en chafferent un ou deux , & leur defendirent très-rigoureufement de toucher de quelque maniere que ce foit , aux balances , pour les faire pencher de côté ou d'autre , ordonnant aux Marchands de fe plaindre toutes les fois que cela arriveroit à quelque Pefeur , qui feroit caffé fur le champ & puni comme il le meriteroit.

Celui qui livre la marchandife doit la faire porter au Poids , à fes depens ; & celui qui la reçoit la fait porter aux fiens depuis le Poids chez lui. Ce font ordinairement les Travailleurs qui payent ces fraix , & qui les portent en compte tous les mois aux Marchands , avec les droits du Poids , & leurs falaires.

Quand on eft convenu de livrer les marchandifes vendues à un des autres Poids , foit à celui du Marché au Beure , ou à celui du Marché-neuf , il eft bon d'en avertir les Travailleurs , afin qu'ils ne la portent pas à un autre Poids , & qu'ils ayent foin d'y faire venir un Pefeur ou plus s'il eft neceffaire , au cas qu'il n'y en eût point.

Quand on vend une groffe partie de marchandifes communes ou groffieres , & que l'on veut épargner le port au Poids , on peut faire venir une balance & un Pefeur devant le magazin où eft la marchandife , & les Travailleurs dreffent 3 gros pieux ou poutres pour fufpendre la balance,

&

& livrent la marchandiſe là tout comme au Poids ; on apelle cette machine *Prikel*, & il n'en coûte que 3 florins 3 ſols outre 6 à 8 ſols pour le port, pour l'avoir devant un magazin, au lieu qu'il en coûteroit quelquefois plus de 20 florins pour porter la marchandiſe au Poids.

Toutes les marchandiſes qui ſe vendent au Poids, ſont ſujettes au droit du Poids ſuivant le Tarif qui ſera inſeré à la fin de ce Chapitre, & le droit doit être payé chaque fois que la marchandiſe va d'un Marchand à l'autre, ou qu'elle change de main ; car il ne ſuffit pas qu'elle ait deja payé une fois ou deux, le droit du Poids, ſi celui qui l'a receuë le dernier, la vend à un autre, il faut qu'elle paye le droit du Poids tout de même que ſi elle n'y avoit jamais été peſée, comme on le verra dans l'Ordonnance qui ſuivra après le Tarif.

Il n'eſt permis à perſonne d'avoir de grandes balances chez ſoy, pour peſer les marchandiſes que l'on vend en gros, ſans la permiſſion des Fermiers des Poids, auxquels il faut le declarer & convenir avec eux, combien on leur donnera par an, pour pouvoir peſer chez ſoy, ſans pourtant frauder le droit du Poids, c'eſt-à-dire que ſi j'ai accordé pour avoir une balance chez moi, & que je veuille livrer à ma balance quelque marchandiſe, je dois la declarer au Poids, & payer le droit du Poids de ce que j'aurai declaré, tout comme ſi j'avois livré la marchandiſe au Poids de la Ville. Cette permiſſion des Fermiers du Poids coûte, ſuivant qu'ils s'apperçoivent que chacun livre ou reçoit des marchandiſes au Poids, ou les affaires qu'il fait, & cela va depuis 12 à 20 florins par an juſques à 50 florins ou plus.

Tous les droits du Poids de quelque marchandiſe que ce ſoit, excepté du Sirop & du Fromage, ſe payent également par l'Acheteur & par le Vendeur par moitié, mais c'eſt l'Acheteur qui le paye, & le Vendeur lui en deduit la moitié ſur le compte de la marchandiſe. A l'égard du Sirop le Vendeur paye le droit du Poids en entier, & l'Acheteur n'en paye rien, mais à l'égard des Fromages on verra dans la ſuite comment s'en paye le droit du Poids.

Celui qui a une balance chez ſoy & qui vend des marchandiſes pour livrer à ſa balance & en payer le droit au Poids, paye le droit du Poids en entier, mais s'il prétend être rembourſé de la moitié dudit droit, il doit le dire à l'Acheteur en concluant le marché, ſans quoi il ne manqueroit pas d'avoir de la diſpute avec lui, quand la marchandiſe ſeroit une fois livrée.

Lorſque la marchandiſe ſe livre au Poids, que l'Acheteur l'examine ſans y trouver rien à dire, & qu'il la reçoit, il n'a plus aucune refaction à prétendre, s'il la trouve plus mauvaiſe chez lui, qu'il ne l'a trouvée au poids ; cependant s'il s'y trouve quelque defaut caché, le Vendeur étant honnête homme & l'Acheteur auſſi, le premier y a égard, & accorde

quel-

quelque refaction: mais s'il y a quelque tromperie manifeste, l'Acheteur doit, d'abord qu'il s'en aperçoit, prendre des temoins, & en leur presence la desembaler, ou la sortir des Caisses, Bariques, ou Sacs qui la contiennent, & s'en faire raison en justice, si le Vendeur ne veut pas la lui faire à l'amiable; mais si l'on a acheté quelque marchandise soit sur une simple montre, ou telle qu'elle est, ce qu'on apelle en Hollandois *Voetstoots*, quelque mauvaise qu'on la trouve en la recevant, il n'y a aucune refaction à demander, sur tout si elle est pareille à la montre qu'on a veuë.

J'ai dit à la page 51. qu'un Vendeur peut obliger l'Acheteur de porter l'argent au Poids s'il se méfie de lui, & s'ils ne sont pas convenus du tems du payement: or c'est de la prudence autant de l'un que de l'autre de s'épargner l'un le chagrin, & l'autre l'afront: ainsi le Vendeur qui veut être payé si promptement, doit le dire à l'Acheteur en concluant le marché; & si l'Acheteur le promet il doit tenir sa parole; que s'il ne le fait pas, le Vendeur laisse peser la marchandise, mais d'abord qu'elle est pesée, il la fait arrêter par un *Bode* ou Huissier, entre les mains des Travailleurs du Poids, qui la gardent & la mettent dans quelque magazin s'il est necessaire, jusques à ce que les parties soient d'accord, ou que la Justice en ait ordonné.

Il y a des marchandises dont les tares sont reglées, d'autres qu'il faut tarer, & d'autres pour la tare desquelles on doit convenir en concluant le marché, afin de prevenir toute dispute, ce que l'on peut voir dans la liste que j'en ai faite ci-devant qui commence à la page 65. & finit à la page 102.

Declaration.

Tous les Bourgeois tant Acheteurs que Vendeurs, doivent payer chacun la moitié du droit du Poids de la Ville & de la Province.

Deux Etrangers vendant l'un à l'autre, payeront aussi également chacun la moitié desdits droits.

Si un Bourgeois achete ou vend à un Etranger, l'Etranger doit payer le droit ou poids de la Ville en entier, mais celui de la Province se payera moitié par moitié.

Nota, *que l'on ne fait guere attention à ce dernier article, cependant quand la partie de la marchandise est forte, elle merite qu'on y fasse attention.*

Comme il y a beaucoup de difference au sujet du payement du droit du Poids du Fromage entre l'Acheteur & le Vendeur & entre un Bourgeois ou un Etranger, plus que dans aucune autre marchandise, on se reglera sur les articles suivans.

Fro-

Fromages de Vache ou de Cumin.

Deux Bourgeois achetant l'un de l'autre , l'Acheteur doit payer pour
le Schippont de 300 ℔.   .   .   .   *f* 0 : 11 ſols 8 pen.
  Et le Vendeur   .   .   .   .   0 : 5 ſols 8 pen.

                                           f 0 : 17 ſols 0 pen.

Deux Etrangers achetant l'un de l'autre, l'Acheteur doit
payer pour le Schippont   .   .   .   .   11 ſols 8 pen.
  Et le Vendeur   5   8 p.

                                           17 ſols

Un Bourgeois achetant d'un Etranger , le Bourgeois doit
payer pour le Schippont   .   .   .   .   10 ſols 8 pen.
  Et l'Etranger   .   :   :   .   .   6   8

                                           17 ſols

Un Etranger achetant d'un Bourgeois , l'Etranger doit
payer pour le Schippont   .   .   .   12 ſols 8 p.
  Et le Bourgeois   :   :   :   .   4   8

                                           17 ſols

Pour les Fromages doux ou frais nommez Soetemelks-Kaas.

Deux Bourgeois achetant l'un de l'autre , l'Acheteur
doit payer pour les 100 ℔.   .   .   .   .   4 ſols
  Et le Vendeur   .   :   :   :   .   2

                                           6 ſols

Deux Etrangers achetant l'un de l'autre, l'Acheteur doit
payer pour les 100 ℔.   .   .   .   .   4 ſols
  Et le Vendeur   2   .

                                           6 ſols

                                           Un

Un Bourgeois achetant d'un Etranger, le Bourgeois doit
payer pour les 100 ₶.   .   .   .   .   3 fols 8 penins
   Et l'Etranger   2   8

_____

                               6 fols

Un Etranger achetant d'un Bourgeois, l'Etranger doit
payer pour les 100 ₶.   .   .   .   .   4 fols 8 pen.
   Et le Bourgeois   1   8

_____

                               6 fols

Et en outre de chaque 100 ₶. un dixiéme d'augmentation, pour le droit de la Province.

A l'égard du Beure qui fe vend à la Tonne, voici comment on en compte le droit du Poids, avec le dixiéme d'augmentation.

Pour les Tonnes entieres.			Pour les demi Tonnes.		
Pour 1 Tonne	ƒ 0 - 11 - 14		Pour 1 demi Tonne	ƒ 0 - 6 - 0	
pour 2	1 - 3 - 12		pour 2	0 - 11 - 14	
pour 3	1 - 15 - 12		pour 3	0 - 17 - 12	
pour 4	2 - 7 - 10		pour 4	1 - 3 - 12	
pour 5	2 - 19 - 8		pour 5	1 - 9 - 12	
pour 10	5 - 19 - 0		pour 10	2 - 19 - 8	

Pour les quarts de Tonne.			Pour les huitiémes de Tonne.		
Pour 1 quart de Tonne	ƒ 0 - 3 - 8		Pour 1 huitiéme de Tonne	1 f. 12 p.	
pour 2	0 - 7 -		pour 2	3 8	
pour 3	0 - 10 - 6		pour 3	5 4	
pour 4	0 - 13 - 14		pour 4	7 0	
pour 5	0 - 17 - 6		pour 5	8 10	
pour 10	1 - 14 - 12		pour 10	17 6	

Pour les feifiémes de Tonne.		
Pour 1 feifiéme de Tonne	1 fol 2 penins	
pour 2	2 - 6	
pour 3	3 - 8	
pour 4	4 - 12	
pour 5	5 - 14	
pour 10	11 - 14	

Le droit du Poids du Sirop fe paye par le Vendeur feul.

                                                             TARIF

LE NEGOCE

TARIF

Du Droit que doivent payer toutes les marchandises au Poids, tant pour la Ville que pour la Province, & le dixiéme d'augmentation, mis par ordre Alphabetique.

	Droit de la Ville.	Droit de la Province.	En tout pour 100 ₶	Pour 200 ₶.	Pour 300 ₶.	Pour 400 ₶.	Pour 500 ₶.	Pour 1000 ₶.
A.	sols p.	sol. p.	fl. sols pen.	flor. sols p.	flor. sols pen.	flor. sols pen.	flor. sols p.	flor. sols p.
Acier	1-	3-4	-4-4	-8-10	-12-14	-17-4	1-1-8	2-3-
Airain, Voyez Metail.								
Alpistre ou Graine de Canarie	2-	5-8	-7-8	-15-	1-2-8	1-10-	1-17-8	3-15-
Alun ou Alum	1-8	3-4	-4-12	-9-10	-14-6	-19-4	1-4-	2-8-
Amandes	1-8	6-10	-8-2	-16-4	1-4-4	1-12-6	2--8	4-1-
Amidon	2-	5-8	-7-8	-15-	1-2-8	1-10-	1-17-8	3-15-
Anil	7-	3-4	-10-4	1-0-8	1-10-12	2-1-	2-11-4	5-2-8
Argent vif	3-	11-	-14-	1-8-	2-2-	2-16-	3-10-	7--
Azur	3-	3-4	-6-4	-12-10	-18-14	1-5-4	1-11-8	3-3-
B.								
Baleine, Barbe de Baleine ou Fanons	1-	3-4	-4-4	-8-10	-12-14	-17-4	1-1-8	2-3-
Bayes de Laurier	1-8	3-4	-4-12	-9-10	-14-6	-19-4	1-4-	2-8-
Beure	1-	3-4	-4-4	-8-10	-12-14	-17-4	1-1-8	2-3-
Beure à la Tonne, Voyez à la page precedente.								
Bois de Brezil	3-	3-4	-6-4	-12-10	-18-14	1-5-4	1-11-8	3-3-
Bois d'Ebene	2-	3-4	-5-4	-10-10	-15-14	1-1-4	1-6-8	2-13-
Bois de Lettre } Bois de Campeche } Bois de Ste. Marthe } Bois de Gayac } Bois de Buis ou Bouis } Bois Jaune }	1-8	3-4	-4-12	-9-10	-14-6	-19-4	1-4-	2-8-
Borax	3-	8-12	-11-12	1-13-10	1-15-6	2-7-4	2-19-	5-18-
Bourre ou Poil de Boeuf ou de Vache	1-	3-4	-4-4	-8-10	-12-14	-17-4	1-1-8	2-3-

Cam.

	Droit de la Ville.	Droit de la Province.	En tout pour 100 ℔.	Pour 200 ℔.	Pour 300 ℔.	Pour 400 ℔.	Pour 500 ℔.	Pour 1000 ℔.
	sols p.	sols p.	fl. sols pen.	flor. sols pen.	flor. sols pen.	flor. sols pen.	flor. sols p.	flor. sols pen.
C.								
Campeche, Voyez Bois de Campeche.								
Canelle .. :	2-	17-10	-19-10	1-19-4	2-18-12	3-18-6	4-18-	9-16-
Canons de fer	1-	2-4	-3-4	-6-	-9-10	-12-12	-16-	1-12-
Capres ..	2-	3-4	-5-4	-10-10	-15-14	1-1-4	1-6-8	2-13-
Casse ou Canefisse .	3-	6-10	-9-10	-19-4	1-8-12	1-18-6	2-8-	4-16-
Caviar ..	1-	3-4	-4-4	-8-10	-12-14	-17-4	1-1-8	2-3-
Cendres communes, comme de Dannemarck, de Schoonen, de Suede, de Stettin, de Colberg, de Casuypel & Guedasses .	1-	2-4	-3-4	-6-6	-9-10	-12-12	-16-	1-12-
Ceruse ..	3-	3-4	-6-4	-12-10	-18-14	1-5-4	1-11-8	3-3-
Chandelles	1-	3-4	-4-4	-8-10	-12-14	-17-4	1-1-8	2-3-
Chanvre .	1-	1-10	-2-10	-5-4	-7-14	-10-10	-13-4	1-6-8
Chataignes	1-	3-4	-4-4	-8-10	-12-14	-17-4	1-1-8	2-3-
Cinabre ou Vermillon .	3-	3-4	-6-4	-12-10	-18-14	1-5-4	1-11-8	3-3-
Cire ..	2-	4-6	-6-6	-12-12	-19-4	1-5-10	1-12-	3-4-
Cire Laque	3-	3-4	-6-4	-12-10	-18-14	1-5-4	1-11-8	3-3-
Clous de Girofle, Voyez Girofle.								
Cochenille	10-	66-	3-16-	7-12-	11-8-	15-4-	19--	38--
Colle ..	1-	3-4	-4-4	-8-10	-12-14	-17-4	1-1-8	2-3-
Comin ou Cumin .	1-8	5-8	-7-	-14-	1-1-	1-8-	1-15-	3-10-
Corail ..	1-	3-4	-4-4	-8-10	-12-14	-17-4	1-1-8	2-3-
Cordages .	1-	1-10	-2-10	-5-4	-7-14	-10-10	-13-4	1-6-8
Coriandre	3-	3-4	-6-4	-12-10	-18-14	1-5-4	1-11-8	3-3-
Corinthes ou Raisins de Corinthe	1-8	5-8	-7-	-14-	1-1-	1-8-	1-15-	3-10-
Cotton .	3-	3-4	-6-4	-12-10	-18-14	1-5-4	1-11-8	3-3-
Couperose ou Vitriol Crayon. Crin ..	1-	3-4	-4-4	-8-10	-12-14	-17-4	1-1-8	2-3-
Cuirs ou Peaux	1-	1-10	-2-10	-5-4	-7-14	-10-10	-13-4	1-6-8
Cuirs d'Espagne . Voyez à la fin	4-	2-4	-7-4	-14-10	1-1-14	1-9-4	1-16-8	3-13-

	Droit de la Ville.	Droit de la Province.	En tout pour 100 ℔.	Pour 200 ℔.	Pour 300 ℔.	Pour 400 ℔.	Pour 500 ℔.	Pour 1000 ℔.
	sols p.	sols. p.	flor. sols p.	flor. sols p.	flor. sols pen.	flor. sols p.	flor. sols pen.	flor. sols p.
C.								
de ce Tarif.								
Cuivre . .	2-	8-12	-10-12	1- 1-10	1-12- 6	2- 3- 4	2-14-	5- 8-
D.								
Dattes	3-	3- 4	- 6- 4	-12-10	-18-14	1- 5- 4	1-11- 8	3- 3-
Dents d'Elephant	3-	11-	-14-	1- 8-	2- 2-	2-16-	3-10-	7- -
Drogueries								
Drumen ou Bouts de Toile . .	3-	3- 4	- 6- 4	-12-10	-18-14	1- 5- 4	1-11- 8	3- 3-
E.								
Ecorce de Citron .	5-	6-10	-11-10	1- 3- 4	1-14-12	2- 6- 6	2-18-	5-16-
Etain . .	2-	8-12	-10-12	1- 1-10	1-12- 6	2- 3- 4	2-14-	5- 8-
Etoupes .	1-	1- 2	- 2- 2	- 4- 4	- 6- 4	- 8- 6	-10- 8	1- 1-
F.								
Fanons, Voyez Baleine.								
Fer . . .	1-	2- 4	- 3- 4	- 6- 6	- 9-10	-12-12	-16-	1-12-
Fleuret ou Floret	10-	16- 8	1- 6- 8	2-13-	3-19- 8	5- 6-	6-12- 8	13- 5-
Figues . .	1- 8	3- 4	- 4-12	- 9-10	-14- 6	-19- 4	- 1- 4	2- 8-
Filasse, Voyez Etoupes.								
Fil à Cables	1-	1-10	- 2-10	- 5- 4	- 7-14	-10-10	-13- 4	1- 6-8
Fil à Chandelles .	1-	3- 4	- 4- 4	- 8-10	-12-14	-17- 4	1- 1- 8	2- 3-
Fil à Cordonniers, dit Spinaal								
Fil de Cotton								
Fil de Laine								
Fil de Lin .	3-	3- 4	- 6- 4	-12-20	-18-14	1- 5- 4	1-11- 8	3- 3-
Fil de Chanvre	1-	3- 4	- 4- 4	- 8-10	-12-14	-17- 4	1- 1- 8	2- 3-
Fleur de Muscade, Voyez Macis.								
Fromage .	1-	5- 8	- 6- 8	-13-	-19- 8	1- 6-	1-12- 8	3- 5-
Fromage doux ou nouveau, pour le Schippont	2-	16- 8	———	———	-18- 8	———	———	———

Galles,

	Droit de la Ville.	Droit de la Province.	En tout pour 100 ℔	Pour 200 ℔.	Pour 300 ℔.	Pour 400 ℔.	Pour 500 ℔.	Pour 1000 ℔.
G.	fols p.	fol. p.	fl. fols pen.	flor. fols p.	flor. fols pen.	flor. fols pen.	flor. fols p.	flor. fols p.
Galles, Voyez Noix de Galles								
Garances . .	1- 8	5-|	- 6- 8	-12-14	-19- 6	1- 5-12	1-12- 4	3- 4-8
Glands de Terre .	1-|	3- 4	-| 4- 4	- 8-10	-12-14	-17- 4	1- 1- 8	2- 3-
Gingembre Confit .	5-|	4- 6	-| 9- 6	-18-12	1- 8- 4	1-17-10	2- 7-|	4-14-|
Gingembre Sec . . .	1- 8	4- 6	-| 5-14	-11-12	-17-12	1- 3-10	1- 9-| 8	2-19-|
Girofle, & le Grabeau .	4-|	22-|	1- 6-|	2-12-|	3-18-|	5- 4-|	6-10-|	13-|
Gommes .	1-|	3- 4	-| 4- 4	-| 8-10	-12-14	-17- 4	1- 1- 8	2- 3-|
Gomme Laque, Voyez Cire Laque.								
Graines . .	2-|	4- 6	-| 6- 6	-12-12	-19- 4	1- 5-10	1-12-|	3- 4-|
Graine d'Ognons	2-|	3- 4	-| 5- 4	-10-10	-15-14	1- 1- 4	1- 6- 8	2-13-|
Graine des Canaries, Voyez Alpiftre.								
Graiffe de Pourceau	1-|	3- 4	- 4- 4	-| 8-10	-12-14	-17- 4	1- 1- 8	2- 3-|
Guedaffes, Voyez Cendres.								
H.								
Houblon . .	1-|	3- 4	-| 4- 4	- 8-10	-12-14	-17- 4	1- 1- 8	2- 3-|
Huile de Bayes } Huile de Palme . .	3-|	3- 4	- 6- 4	-12-10	-18-14	1- 5- 4	1-11- 8	3- 3-|
I.								
Jambons . .	1-|	3- 4	-| 4- 4	- 8-10	-12-14	-17-| 4	1- 1- 8	2- 3-|
Indigo . .	7-|	36- 4	2- 3- 4	4- 6-10	6-19-14	8-13- 4	10-16- 8	21-13-|
L.								
Laine d'Autriche & du Pays . .	1- 8	3- 4	-| 4-12	-| 9-10	-14- 6	-19- 4	1- 4-|	2- 8-|
Laine d'Espagne . . .	3-|	3- 4	-| 6- 4	-|12-10	-18-14	1-| 5- 4	1-|11- 8	3- 3-|
Laine filée,								

G g 2   Voyez

	Droit de la Ville.	Droit de la Province.	En tout pour 100 ℔.	Pour 200 ℔.	Pour 300 ℔.	Pour 400 ℔.	Pour 500 ℔.	Pour 1000 ℔.
	sols p.	sols p.	flor. sols p.	flor. sols p.	flor. sols pen.	fl. sols pen.	fl. sols pen.	fl. sols p.
Voyez Fil de Laine.								
Laiton ou Cuivre Jaune , Voyez Cuivre								
Lard .	2:	8:12	:10:12	1: 1:10	1:12: 6	2: 3: 4	2:14:	5: 8:
Lin . . .	1:	3: 4	: 4: 4	: 8:10	:12:14	:17: 4	1: 1: 8	2: 3:
M.								
Macis ou Fleur de Muscade	5:	33:	1:18:	3:16:	5:14:	7:12:	9:12:	19: 4:
Melasse, Voyez Sirop.								
Metail . .	2:	8:12	:10:12	1: 1:10	1:12: 6	2: 3: 4	2:14:	5: 8:
Miel . }								
Mini . . }	1:	3: 4	: 4: 4	: 8:10	:12:14	:17: 4	1: 1: 8	2: 3:
Muscade .	2:	22:	1: 4.	2: 8:	3:12:	4:16:	6: :	12: :
N.								
Noir à noircir	1:	3: 4	: 4: 4	: 8:10	:12:14	:17: 4	1: 1: 8	2: 3:
Noix de Galle	2:	6:10	: 8:10	:17: 4	1: 5:12	1:14: 6	2: 3:	4: 6:
Noix Musca-de , Voyez Muscade.								
O.								
Orge mondé	3:	3: 4	: 6: 4	:12:10	:18:14	1: 5: 4	1:11: 8	3: 3:
Orseille ou Tournesol	1: 8	3: 4	: 4:12	: 9:10	:14: 6	:19: 4	1: 4:	2: 8:
P.								
Pastel . .	1: 8	5:	: 6: 8	:12:14	:19: 6	1: 5:12	1:12: 4	3: 4:8
Peaux ou Cuirs . . Voyez à la fin de ce Ta-rif.	1:	1:10	: 2:10	: 5: 4	: 7:14	:10:10	:13: 4	1: 6:8
Plomb . .	1:	3: 4	: 4: 4	: 8:10	:12:14	:17: 4	1: 1: 8	2: 3:
Plumes à Lit	1: 8	3: 4	: 4:12	: 9:10	:14: 6	:19: 4	1: 4:	2: 8:
Poivre . .	2:	14: 4	:16: 4	1:11:10	2: 8:14	3: 5: 4	4: 1: 8	8: 3:
Potas de Smir-ne , de Mos-covie, de Po-logne , &								

Sem.

	Droit de la Ville.	Droit de la Province.	En tout pour 100 ℔.	Pour 200 ℔.	Pour 300 ℔.	Pour 400 ℔.	Pour 500 ℔.	Pour 1000 ℔.
	fols p.	fols p.	flor. fols pen.	flor. fols p.	flor. fols p.	flor. fols p.	for. fols pen.	flor. fols p.
P.								
semblables	1: 8	5:	: 6: 8	:12:14	:19: 6	1: 5:12	1:12: 4	3: 4:8
Poudre à Canon . .	2:	8:12	:10:12	1: 1:10	1:12: 6	2: 3: 4	2:14:	5: 8:
Prunes . .	1:	3: 4	: 4: 4	: 8:10	:12:14	:17: 4	1: 1: 8	2: 3:
R.								
Raisins secs	1: 8	3: 4	: 4:12	: 9:10	:14: 6	:19: 4	1: 4:	2: 8:
Reglisse . .	1: 8	3: 4	: 4:12	: 9:10	:14: 6	:19: 4	1: 4:	2: 8:
Refine . .	1:	3: 4	: 4: 4	: 8:10	:12:14	:17: 4	1: 1: 8	2: 3:
Ris . . .	1: 8	4: 6	: 5:14	:11:12	:17:12	1: 3:10	1: 9: 8	2:19:
Rômarin .	3:	3: 4	: 6: 4	:12:10	:18:14	1: 5: 8	1:11: 8	3: 3:
Roverons ou Teinture Rouge .	1: 8	3: 4	: 4:12	: 9:10	:14: 6	:19: 4	1: 4:	2: 8:
Ruban ou Lie de fil . .	3:	3: 4	: 6: 4	:12:10	:18:14	1: 5: 8	1:11: 8	3: 3:
S.								
Saffran . .	10:	3: 4	:13: 4	1: 6:10	—	—	—	—
Saffran sauvage ou Saffours . .	3:	3: 4	: 6: 4	:13:10	:19:14	1: 7: 4	1:13: 8	3: 7:
Saffre . .	1:	3: 8	: 4: 8	: 9:	:13: 8	:18:	1: 2: 8	2: 5:
Salpetre . .	2:	7:12	: 9:12	:19: 6	1: 9: 2	1:18:12	2: 8: 8	4:17:
Salsepareille .	3:	3: 4	: 6: 4	:12:10	:18:14	1: 5: 4	1:11:	3: 3:
Saumon . .	2: 8	3: 4	: 5:12	:11:10	1:17: 6	1: 3- 4	1: 9	2:18:
Savon d'Espagne . .	2:	3: 4	: 5: 4	:10:10	:15:14	1: 1: 4	1: 6: 8	2:13:
Sirop . .	1: 8	4: 6	: 5:14	:11:12	:17:12	1: 3:10	1: 9: 8	2:19:
Soude ou Barille . .	1: 8	3: 4	: 4:12	: 9:10	:14: 6	:19: 4	1: 4:	2: 8:
Souffre . .	1:	4: 6	: 5: 6	:10:12	:16: 4	1: 1:10	1: 7:	2:14:
Soye . . .	10.	16: 8	1: 6: 8	2:13:	—	—	—	—
Soye de Porc	1: 8	3: 4	: 4:12	: 9:10	:14: 6	:19: 4	1: 4:	2: 8:
Sucre . . .	1:12	4: 6	: 6: 2	:12: 4	:18: 8	1: 4:10	1:10:12	3: 1:8
Suif . . .	1:	3: 4	: 4: 4	: 8:10	:12:14	:17: 4	1: 1: 8	2: 3:
Sumac . .	1: 8	3: 4	: 4:12	: 9:10	:14: 6	:19: 4	1: 4:	2: 8:
T.								
Tabac . .	3:	3: 4	: 6: 4	:12:10	:18:14	1: 5: 4	1:11: 8	3: 3:
Tartre . .	1: 8	3: 4	: 4:12	: 9:10	:14: 6	:19: 4	1: 4:	2: 8:
Terebentine .	1:	3: 4	: 4: 4	: 8:10	:12:14	:17: 4	1: 1: 8	2: 3:
Tournesol , Voyez Orseille.								

Vaude

V.

	Droit de la Ville.	Droit de la Province.	En-tout pour 100 ℔.	Pour 200 ℔.	Pour 300 ℔.	Pour 400 ℔.	Pour 500 ℔.	Pour 1000 ℔.
	sols p.	sols p.	fl. sols pen.	flor. sols pen.	flor. sols p.	flor. sols p.	flor. sols p.	flor. sols p.
Vaude . .	1-8	3-4	-4-12	-9-10	-14-6	-19-4	1-4-	2-8-
Verd de Gris ou Verdet	3-	3-4	-6-4	-12-10	-18-14	1-5-4	1-11-8	3-8-

Vermillon , Voyez Cinabre.

Vif Argent , Voyez Argent vif.

Vitriol , Voyez Couperose.

Toutes fortes de **Peaux** ou **Cuirs** tant fraix , que fecs , foit qu'ils fe vendent à la piece , ou au nombre , payeront auffi bien que toute forte d'autres marchandifes qui ne font point exprimées dans ce Tarif , la taxe ou le droit du Poids impofé par ce Tarif fur les Peaux & Cuirs.

Les **Raifins Secs** de Malaga qui fe vendent par cabas , fe doivent declarer au Poids & payer par Cabas 2 fols 4 penins pour la Province , & 12 penins pour la Ville , faifant en tout 3 fols par Cabas.

Les **Figues** qui fe vendent par Barils fe doivent auffi declarer au Poids , & payer les droits du Poids felon leur pefanteur.

Les **Sirops** qui fe vendent à la pipe , par quarteaux , par bariques , ou en plus petites futailles , fe doivent declarer & payer 3 fols pour le droit du Poids du quarteau ou de la barique.

Le **Miel** qui ne fe vend pas au Poids , de quelque forte qu'il foit , doit fe declarer au Poids & payer 3 fols par quarteau.

Et de la groffe Tonne 2 fols 8 penins.

Et de la petite Tonne 1 fol 8 penins.

Les plus grandes ou plus petites futailles à proportion.

Et feront deformais obligez tous les Rafineurs , qui recevront des Sucres bruts de dehors , qui n'auront pas payé le fufdit droit du Poids dans cette Province , de le payer ; & fi lefdits Rafineurs recoivent des Sucres d'une des autres Provinces , où l'on ne paye point de droit du Poids , ils feront obligez de le payer ici.

Les Maîtres de Navire qui viendront de dehors ces Pays , & qui auront des Sirops dans leurs Navires , de quelque forte qu'ils puiffent être , feront obligez (bien que les Sirops n'aient pas été jufques ici fujets aux droits du Poids) de declarer aux Fermiers du Poids dans les trois premiers jours ouvrables après leur arrivée , la quantité des Sirops qu'ils auront chargé pour ici , & le nom de ceux qui les doivent recevoir , ou auxquels ils feront

ront

ront confignez, defendant très-expreffement auxdits Maîtres de Navire, de decharger ni de laiffer decharger aucun Sirop, fans en avoir au prealable obtenu la permiffion defdits Fermiers par une billette fignée de quelqu'un d'eux, afin que les droits en foient payez, de quelque maniere qu'ils foient embalez ou dans quelque forte de futailles qu'ils puiffent être, lequel droit ou impôt du Poids fera payé par celui qui recevra les Sirops d'un Pays Etranger, ou par celui qui les mettra en cave ou en magazin, & enfuite il fera fujet au même droit fur le pied de quatre fols par cent Livres, toutes les fois qu'il fera vendu fucceffivement, fous peine de confifcation defdits Sirops & de trois cents florins d'amende.

Le fufdit droit fe payera autant de fois que les marchandifes fe vendront, qu'elles fe transporteront, qu'elles feront cedées à d'autres, & pefées; bien entendu que fi des Marchands fe vendent des marchandifes par piles ou monceaux, ou à la piece, la livraifon ne pourra pas fe faire, fans les avoir au prealable declarées au Collecteur des Fermes, & fans lui en avoir payé le droit du Poids, fous peine de confifcation des mêmes marchandifes, fi on les peut attraper, & au defaut, de la valeur d'icelles, & en outre cent florins d'amende.

Les marchandifes fujettes au Poids, qui feront tranfportées des Villages dans les Villes, foit qu'elles ayent été pefées ou non, ou payé le droit du Poids ou non, payeront encore le droit du Poids dans les Villes où elles feront tranfportées.

N O T A.

Depuis une livre jufques à 25. le droit du Poids eft comme de 25 livres; depuis 25 livres, jufques à 50 livres, comme de 50 livres; depuis 50 jufques à 75 livres, comme de 75 livres, & depuis 75 jufques à 100. comme de 100 livres.

Outre les droits du Poids fpecifiez ci-deffus & dans le Tarif, il faut payer pour chaque pefée ce qui fuit, fuivant l'Ordonnance du 24 Janvier 1704. favoir.

Aux Balances de dehors il faut payer pour chaque Pefée,

Depuis   1 ℔ jufques à   399 ℔.   .   . 1 fol.
Depuis 400 ℔ jufques à   799 ℔.   .   .   . 1 fol 8 penins.
Depuis 800 ℔ jufques à 2000 ℔ & au deffus 2 fols.

A la Balance de dedans

On paye toûjours deux fols par Pefée, excepté pour la Cochenille, la Soye,

Soye, le Safran, la Rubarbe, & le Sperme de Baleine qui payent 3 fols par Pefée.

Depuis que les Seigneurs Bourguemaîtres ont defendu aux Pefeurs de toucher aux balances pour les faire pencher en faveur des Acheteurs ou des Vendeurs, comme je l'ai dit, page 239. il s'eft introduit une affez mauvaife coûtume, qui eft de donner 2 pour cent de bon poids aux Acheteurs, outre le un ou deux pour cent qu'on leur donnoit auparavant, de forte qu'on deduit à prefent fur la plûpart des marchandifes groffieres 4 pour cent, favoir 2 pour cent premierement de ce qu'elle pefent brut, enfuite on en deduit la Tare, & de ce qui refte net on en deduit 1 pour cent pour bon poids, & 1 pour cent pour le promt payement, ce qui fait 4 pour cent en tout ; & des marchandifes fines on deduit de même 2 pour cent de ce qu'elles pefent brut, enfuite on en deduit la Tare, & on deduit 1 pour cent de ce qui refte net, mais cela ne fe pratique qu'au cas qu'on l'ait accordé en faifant le marché.

CHAPITRE XIII.

Des Affurances qui fe font à Amfterdam, avec l'Extrait de l'Ordonnance pour la Chambre des Affurances & Avaries de ladite Ville, & de quelle maniere cette Ordonnance s'obferve.

JE ne crains pas que perfonne me taxe d'exagerateur, fi j'avance ici qu'il n'y a point de Ville dans le monde, où il fe faffe autant d'Affurances que dans celle d'Amfterdam, puis qu'il eft affez connu que la plus grande partie des Negocians de l'Europe, aiment mieux fe faire affurer dans cette Ville, que dans leur propre Pays. Ce n'eft pourtant pas tant le nombre des Affureurs, que leur bonté, leur cordialité, & leur promptitude à regler & à payer les pertes & les avaries, qui leur attire un fi grand nombre d'Affurances ; car on ne peut guere compter dans Amfterdam au delà de 50 à 60 Affureurs, qui foyent effectivement Affureurs, & qui affurent journellement & indifferemment pour toutes fortes de voyages: mais, comme je dis, leur bonté, leur cordialité & leur promptitude, leur attire tous les jours des Affurances de tous les Ports de l'Europe : ce qui ne contribuë pas peu à les maintenir dans leur bonté & dans leur reputation ; car fi on confidere que les Affureurs ne peuvent guere gagner que par un bonheur extraordinaire, ou qu'à force de figner un grand nombre de parties, pour en pouvoir payer les pertes qu'ils peuvent avoir, on conviendra que ceux d'Amfterdam doivent être meilleurs que par tout ailleurs.

Cependant il faut le dire, on fe recrie fort fouvent contre eux & on les

taxe

taxe de chicaneurs lors qu'ils font la moindre difficulté fur une perte ou fur une avarie, mais on fe recrie fort fouvent à tort. Pour le prouver il faudroit faire un grand nombre de raifonnemens, alleguer mille cas differents, & en laiffer la decifion à des parties desintereffées, ce qui me meneroit beaucoup plus loin que je ne veux aller : ainfi pour répondre à ces fortes de gens, je me contenterai de dire & d'affurer, *qu'un ordre pour une Affurance étant bien circonflancié, & la police dreffée dans toutes les formes requifes*, je ne connois pas dans Amfterdam trois Affureurs, qui veuillent faire difficulté pour le payement d'une Perte ou d'une Avarie, lors qu'on la leur fait voir averée : j'en puis parler d'autant plus hardiment, qu'il m'en eft paffé beaucoup par les mains, & que je fais actuellement le courtage en affurances. Je fai qu'on peut me faire mille objections làdeffus, mais je fai auffi, qu'en pareil cas, fi un homme qui eft un peu expert dans les Affurances, confronte l'ordre donné, avec la Police & les Pieces qui atteftent la perte, il y trouvera les mêmes defectuofitez, qu'y trouveront les Affureurs.

Mais laiffant à part cette difpute qui durera peut-être autant qu'il y aura des Affurez & des Affureurs au Monde, ou du moins autant que des ignorants fe mêleront de dreffer des Polices, je me contenterai de donner à ceux qui veulent fe faire affurer à Amfterdam, les deux confeils que je trouve les plus neceffaires.

Le premier regarde également les Etrangers & les Habitans, qui eft de donner leurs ordres à leurs Correfpondants, ou à leurs Courtiers, avec toutes les circonftances neceffaires, comme le nom du Port d'où le Navire doit partir, celui du Port où il doit aller, & ceux des Ports qu'il doit toucher fur fa route, s'il en doit toucher quelques uns fur fon chemin ; le nom du Navire & celui du Maître ou Capitaine qui le commande ; le nom du lieu où eft le Navire lors qu'on ordonne l'Affurance, ou du moins quelles nouvelles on en a alors & fi l'on veut fe faire affurer à certaines conditions particulieres, ou même defenduës, il ne faut pas manquer de les mettre clairement dans l'ordre que l'on donne, foit au Correfpondant ou au Courtier.

Le fecond confeil que j'ai a donner fur ce fujet, regarde plus les Marchands d'Amfterdam que les Etrangers, quoi que ces derniers en foient fouvent les dupes ; c'eft de choifir des Courtiers integres, experts & habiles dans les Affurances, *car certainement il fe fait beaucoup d'Affurances, & beaucoup plus qu'on ne penfe*, dont les pertes ou les avaries ne feroient jamais payées, fi les Navires ou les effets, fur lefquels elles font faites, venoient à fe perdre ou à fouffrir quelque dommage ; & fi on n'y eft pas trompé plus fouvent, c'eft uniquement parce qu'il arrive beaucoup plus de Navires à bon port, qu'il ne s'en perd, ou qu'il n'en échouë ; & il depend beaucoup de l'habileté d'un Courtier, de dreffer les polices, en forte que les Af-

fureurs

fureurs n'y trouvent rien à dire, lors qu'il y arrive pertes ou avaries.

De ce que je viens de dire on peut juger facilement qu'il y a plus de
fcience qu'on ne croit, à bien dreffer les polices dans beaucoup d'occafions,
& que ceux-là courent grand rifque qui font faire leurs Affurances par des
jeunes gens fans experience; & ceux auffi qui les font faire par leurs garçons de comptoir, foit pour en mettre le courtage dans leur poche, ou
pour en favorifer leurs garçons; car ces jeunes gens ne fachant ni les loix
ni les ufages, fe contentent de copier une Police qu'ils trouvent dans quelque Comptoir, & de la faire figner aux Affureurs, fans fe mettre en peine fi le Vaiffeau fur lequel ils font affurer, eft dans le même cas, & fi
tout eft dans les mêmes circonftances que celui fur lequel eft faite la Police qu'ils copient; & comme il importe aux Etrangers qui ont le malheur
de s'adreffer à des Commiffionaires qui en ufent ainfi, de favoir d'où vient
que leurs pertes ou leurs avaries ne font pas payées, lors qu'elles arrivent,
ce qui ne peut abfolument venir que du defaut de leur ordre, ou du defaut
de la Police, ou des pieces qui doivent juftifier la perte, j'ai refolu à la
priere d'un bon ami, de parcourir dans ce Chapitre, l'Ordonnance des
Affurances de cette Ville, & de faire au bas de chaque Article, les remarques les plus effencielles, afin que tout Etranger & tout Habitant d'Amfterdam puiffe juger, fi la faute vient de lui ou du Courtier, lors que les
Affureurs font quelque difpute.

Le premier Article *declare nuls & invalides tous Contracts d'Affurance
qui fe feront en cette Ville, contraires à l'Ordonnance, quelques ftipulations,
conditions, ou ferments qu'ils puiffent contenir.*

Cet Article n'eft pas toûjours fuivi à la lettre, car il fe fait beaucoup
d'Affurances qui ne font pas en tout conformes, & d'autres qui font même
contraires à l'Ordonnance, comme on le pourra voir dans la fuite de ces remarques: mais quand cella arrive il faut mettre une claufe dans la Police,
par laquelle les Affureurs renoncent expreffement à toutes les Loix, Ordonnances & Placats qui contrarient une telle Affurance: mais s'il arrive de
la perte fur une telle Police, & que les Affureurs ne veuillent pas la regler
à l'amiable, l'Affuré peut les faire citer devant les Seigneurs Echevins, ou
à la Cour d'Hollande pour en avoir raifon, parce que la renonciation faite par les Affureurs porte avec elle l'exclufion de la Chambre d'Affurances, qui fuivant cet article ne peut juger que fuivant l'Ordonnance.

Le fecond Article *defend de faire affurer les Marchandifes au dela des ⁹⁄₁₀ de
ce qu'elles coûtent renduës à bord du Navire, lors qu'elles ne montent pas à plus
de 12 mille florins, & permet de faire affurer tout l'excedant en entier, pourvu cependant que l'Affuré coure le rifque du dixième des 12 mille florins.*

Cet Article s'obferve très-rarement, & il ne fe fait prefque pas une
feule Police qui ne contienne cette claufe, *& pourra l'Affuré fe faire affurer*

le

le total en entier sans courir risque du dixième, nous chargeant nous même de tout jusques à la prime inclusivement, & dans le fond je ne voi pas quelle necessité il y a que l'Assuré doive courir le risque du dixième, s'il en veut bien payer la prime; puis qu'il peut differer très-peu aux Assureurs que j'aye risqué 1200 florins ou non, si je me suis fait assurer 30 ou 40 mille florins. Il semble qu'en France on s'est apperçu que cela ne tiroit à aucune consequence, puis que l'Article XVIII. du Titre VI. des Ordonnances de Louïs XIV. touchant la Marine, s'exprime ainsi, *les Assurez courront toûjours risque du dixième des effets qu'ils auront chargez, s'il n'y a declaration expresse dans la Police qu'ils entendent de faire assurer le total:* mais l'Article XIX. qui le suit, y fait une exception en disant, *& si les Assurez sont dans le Vaisseau, ou qu'ils en soient les Proprietaires, ils ne laisseront pas de courir le dixième; encore qu'ils ayent declaré faire assurer le total.*

Cependant quoi que la clause ci-dessus, que l'Assuré *se pourra faire assurer le total, &c.* soit dans la Police, si l'Assuré ne peut pas s'accorder avec les Assureurs au sujet de la perte, & qu'il soit obligé de les faire citer devant les Commissaires, lesdits Commissaires n'ont aucun égard à cette clause, & s'il se trouve que l'Assuré n'ait pas couru les risques du dixième au dessous de 12 mille florins, ils le lui font courir en faisant retourner aux Assureurs la prime de l'excedant du dixième, ou en l'ajoutant à la portion de la perte que l'Assuré doit porter lui même.

L'Article 3. ordonne, *que les Polices contiendront le nom du Navire, celui du Maître ou Capitaine, celui du lieu où le Navire doit charger, & celui du lieu où il doit aller, sous peine de nullité des Polices, si la faute vient de l'Assuré, & si elle vient du Courtier il en sera responsable à l'Assuré.*

Il est très-necessaire d'observer cet article dans tout son contenu, autant qu'on le peut, parce qu'outre que les Assurez peuvent tromper les Assureurs, en omettant volontairement le nom du Navire ou celui du Maître dans la Police, il peut en arriver beaucoup de disputes, & que les Assureurs peuvent avoir déja assuré une assez grosse somme sur le même Navire, ce qui les rend fort scrupuleux à signer des pareilles Polices.

Cependant il y a des cas où il est impossible de savoir sur quel Vaisseau l'on aura interêt, à cause de l'éloignement du lieu d'où on attend des effets ou des marchandises, comme par exemple de Curaçao, de Surinam, d'Archangel ou autres endroits éloignez, d'où on reçoit souvent les effets même avec la nouvelle qu'ils ont été chargez; & comme il seroit trop fâcheux à un Marchand qui attend des marchandises de ces Pays-là de ne pouvoir pas se faire assurer, faute de savoir le nom du Navire & du Maître, on se peut faire assurer sur les effets qui seront chargez par un tel, dans l'un des premiers Navires qui viendront de ces Pays-là. Les Espagnols se font souvent assurer à Amsterdam sur quelque Vaisseau ou Vaisseaux que ce soit qu'on ait chargé des marchandises à leur adresse à la Vera-Crux,

ou

ou ailleurs dans les Indes Eſpagnoles : mais il s'en eſt trouvé de ſi mauvaiſe foi, qu'après avoir receu leur marchandiſe, ils ont envoyé de faulſes declarations qu'ils n'avoient rien eu ſur aucun des Vaiſſeaux de la Flote, ou de la Flotille, & faiſoient rendre la prime aux Aſſureurs: ce qui a fait reſoudre la plus grande partie d'entre eux de ne plus ſigner à ces Meſſieurs, qu'à condition qu'ils ne rendront pas, quoi que l'Aſſuré n'ait eu aucun interêt dans le Navire. Au reſte Louïs XIV. a permis ces ſortes d'Aſſurances par le quatrième Article de ſon Ordonnance, que j'ai deja citée, qui dit, *pourront toutesfois les chargements qui ſeront faits pour l'Europe, aux Echelles du Levant, aux Côtes d'Afrique, & aux autres parties du Monde, être aſſurez ſur quelque Navire qu'ils puiſſent être, ſans deſignation du Maître ni du Vaiſſeau, pourveu que celui à qui ils devront être conſignez, ſoit denommé dans la Police.*

L'Article 4. ordonne *que l'Aſſurance ſur Marchandiſes commencera du moment qu'elles auront été portées ſur le Quai, pour de là être tranſportées dans le Navire qui les doit charger; & qu'elle durera juſques à ce qu'elles ſoient arrivées au lieu de leur deſtination, & dechargées à terre en lieu de ſeureté & ſans dommage.*

Il y a des gens qui croyent n'être en droit de ſe faire aſſurer, que lors que la marchandiſe eſt chargée & qu'ils en ont les Connoiſſements ſignez, & d'autres qui recevant avis de dehors, qu'on a arrêté place dans un Navire qu'on nomme auſſi bien que le Capitaine, ne croyent pas non plus d'être en droit de ſe faire aſſurer, que lors qu'ils reçoivent avis du depart du Navire, ou du moins lors qu'ils reçoivent la Facture & le Connoiſſement, en quoi ils ſe trompent, & font fort mal; car outre que la Police porte, *ſur marchandiſes déja chargées ou encore à charger,* l'Article ci-deſſus ſemble ſuppoſer que l'Aſſurance ſe fait avant le chargement; car il ne faut pas s'imaginer, que ſi la marchandiſe a ſouffert en allant à bord, & qu'on ſe ſoit fait aſſurer depuis, l'Aſſureur ſoit obligé au dommage ſous pretexte qu'il eſt dit *que l'Aſſurance commencera du moment que les Marchandiſes auront été portées ſur le Quay, &c.* Ce qui ſeroit très injuſte, ainſi cela doit être entendu, lors que l'Aſſurance ſe fait avant que de ſortir la marchandiſe du Magazin, ou avant de l'envoyer à bord, & outre le riſque que court l'Aſſuré du tranſport à bord, qui eſt plus grand dans divers endroits que dans d'autres, il court encore le riſque de payer plus pour la prime, que s'il s'étoit fait aſſurer plûtôt, parce qu'ordinairement tant plus d'Aſſurances il y a de faites ſur un Navire, & tant plus de prime les Aſſureurs demandent; il faut encore remarquer ſur cet Article, *que quoi que le riſque ne finiſſe que lors que la marchandiſe eſt dechargée à terre en lieu de ſeureté,* qu'à Amſterdam on laiſſe ſouvent la marchandiſe ſur des bateaux, pendant 5 ou 6 jours ou plus, mais que les Aſſureurs ne ſont obligez au dommage qui peut arriver, que le premier jour de la décharge, & non les autres jours qu'on les laiſſe de plus ſur les bateaux. L'Ar-

L'Article 5. porte *que fi dans l'an & jour après l'affurance faite , ou a- près le depart du Navire, fi c'eft pour les Côtes de l'Europe ou de Barbarie , l'on n'a aucune nouvelle du Navire dans le lieu de fon depart , ni dans celui de fa de- ftination, le Navire fera tenu pour perdu , & que l'Affuré en pourra faire aver- tir fes Affureurs , & leur demander le payement trois mois après , mais que pour les lieux plus éloignez ce terme fera de deux ans.*

Il n'arrive que trop fouvent que des Navires fe perdent loin des Côtes, fans que perfonne s'en fauve pour en pouvoir donner des nouvelles , mais la plûpart de nos Affureurs n'attendent pas les termes marquez ci-deffus pour payer, parce qu'en le faifant ils feroient obligez de payer la perte en entier, c'eft-à-dire cent pour cent, des fommes affurées : ainfi pour payer quelque chofe de moins, lors qu'ils voient que l'Affuré n'a aucune nouvel- le du Navire, & lors qu'il tarde deux ou trois fois plus qu'il ne devroit, en forte qu'il y a tout lieu de le croire perdu, ils cherchent eux-mêmes d'accorder avec l'Affuré, & payent ordinairement 96 pour cent dans pa- reilles occafions.

L'Article 6. *declare nulles & invalides, les affurances qui fe font trois mois après le depart des Navires deftinez pour les Cotes de l'Europe, de la Bar- barie & des environs, ou fix mois après le depart des Navires deftinez pour les lieux plus éloignez, fi l'Affuré n'en avertit pas les Affureurs, & s'il ne fe fait affurer fur bonnes & mauvaifes nouvelles.*

Comme les Articles 20 & 21. ont beaucoup de raport à celui qu'on vient de lire, je vais les rapporter tout de fuite.

L'Article 20. porte *que l'on pourra faire affurer les Navires, Marchan- difes, & Effets perdus , pillez , ou endommagez , même après la perte, le pillage ou le dommage arrivé, pourvu que celui qui fe fait affurer, n'ait aucune connoiffance de la perte, du pillage ou du dommage arrivé.*

L'Article 21. *dit que l'Affuré fera cenfé avoir eu connoiffance de la perte, du pillage ou du dommage arrivé, s'il ne s'eft fait affurer, qu'après qu'il en peut avoir receu la nouvelle foit par Mer, ou par Terre, à compter trois lieües de che- min, en deux heures de tems, & qu'alors l'affurance fera nulle malgré toutes les preuves d'ignorance que l'Affuré pourroit donner ; à moins qu'il ne fe foit fait affurer fur bonnes & mauvaifes nouvelles, & qu'il ne puiffe faire ferment que lors qu'il s'eft fait affurer, il n'avoit aucune nouvelle de la perte, &c.*

Par ces 3. Articles qui femblent être dreffez en faveur des Affureurs, ils font cependant expofez quelques fois à la mauvaife foi de certaines gens qui ne perdent jamais rien, s'il ne s'agit que de faire un faux ferment, en quoi ils font à plaindre, auffi ne fignent-ils guere des Polices en pa- reils cas, qu'à des gens qu'ils connoiffent bien; ou du moins ils ne devroient pas le faire; mais on peut recueillir de ces 3 Articles, que la feule igno- rance où eft celui qui fe fait affurer, touchant le Navire, & la claufe des bonnes & des mauvaifes nouvelles, font les deux feules conditions qui puif-

fent rendre l'affurance bonne & valable en pareil cas, & c'eft très-à-pro-
pos que le ferment eft ordonné ; car qu'y auroit-il de plus injufte que de
vouloir faire affurer une chofe qu'on fauroit déja perduë : auffi une telle
penfée ne peut pas entrer dans l'efprit d'un honnête homme ; mais comme ces articles permettent de fe faire affurer tant qu'on ignore la perte, le
pillage, ou le dommage, on peut par confequent fe faire affurer fur un
Vaiffeau qu'on croit perdu après une tempête, ou pris par des ennemis
fur des raports vagues & confus, dont on ne peut avoir aucune certitude.
Par exemple après un tems de tempête où il y aura eu beaucoup de Navires au Texel, on viendra dire qu'on a vu driver plufieurs Navires, &
entre autres tel & tel Navire, & qu'on craint qu'ils feront allez fe perdre
quelque part, dans ce cas fi j'ai interêt dans un tel Navire, je fai déja
qu'il a fait des avaries groffes, & j'ai tout lieu de croire qu'il eft perdu,
fi je n'en reçois pas des nouvelles dans 2 ou 3 jours: mais comme j'i-
gnore fa perte que j'ai pourtant tout lieu de croire, fi je trouve des Affureurs qui veuillent m'affurer fur les nouvelles que j'en ai, il ne m'eft pas
defendu de le faire, puis que l'Affureur veut bien fe mettre dans le rifque,
que je lui fais] voir auffi grand que je le fai moi même, & pour lequel je
lui paye une prime à proportion du rifque où je le mets. Il en eft de même à l'egard d'un Navire qu'on dit avoir été pris par les ennemis, mais
dont on n'a aucune certitude, & de tous autres cas pareils, dans lequels
l'Affurance eft bonne, *pourvu qu'on mette dans la Police, les dernieres nouvelles que l'on a du Navire ; qu'on fe faffe affurer fur bonnes & mauvaifes
nouvelles, & qu'on puiffe faire ferment, que l'on n'en favoit pas d'autres, lors
que l'on s'eft fait affurer.*

    L'Article 7. *porte que l'Affurance fera nulle, fi l'Affuré fait entrer le Na-
vire dans d'autres Ports que ceux qui font mentionnez dans la Police ; mais qu'-
elle fera bonne & valable fi le Maître ou Capitaine le fait entrer dans d'autres
Ports fans ordre de l'Affuré, foit que le Maître le faffe volontairement ou par
neceffité.*

    Cet Article qui eft très-clair & qui s'explique de lui même, eft fou-
vent la caufe de beaucoup de difputes entre les Affureurs & les Affurez,
les premiers voulant fe fervir de la premiere partie de cet article lorfque
le cas arrive qu'un Navire fe perd, ou foufre quelque dommage dans un
Port qui n'eft pas exprimé dans la Police, fi la declaration du Capitaine
& de l'Equipage ne porte pas expreffément, qu'il a été obligé d'entrer
dans ce Port, par quelque neceffité, auquel cas les Affureurs n'ont rien à
dire, parce que le Maître & l'Equipage en font crus fur leur declaration,
& les Affureurs condamnez à la perte, fans la moindre difficulté; mais
comme il arrive fouvent qu'un Navire entrera dans quelques Ports par ordre du Proprietaire, ou du principal Chargeur à l'infu d'un autre Chargeur, il eft très-important de bien remarquer le fens de cet article, &
de diftinguer celui qui a fu que le Navire toucheroit certains Ports, d'a-

vec celui qui n'a chargé que pour un endroit , & qui n'a pas su que le Navire dût toucher ailleurs. Par exemple on met à Amsterdam tous les jours des Vaisseaux en charge pour Bourdeaux, & les Marchands y chargent des marchandises, sans s'informer & sans s'imaginer qu'il doive s'arrêter dans aucun Port en chemin, & font faire leur Assurance directement pour Bourdeaux, cependant il arrive que quelqu'un a une partie considerable à charger pour la Rochelle, & que ne trouvant point de Navire qui parte assez-tôt pour ces quartiers-là , il convient avec le Maître qui charge pour Bourdeaux, qu'il prendra sa marchandise pour la Rochelle, & qu'il ira l'y décharger avant d'aller à Bourdeaux ; si cela se passe à l'insu de celui qui s'est fait assurer pour Bourdeaux , & qu'il arrive du malheur à la Rochelle, ce n'est pas une nullité dans la Police de celui qui a ignoré que le Vaisseau dût toucher à la Rochelle , mais il y auroit nullité dans la Police du proprietaire d'un tel Navire , qui se seroit fait assurer sur le corps du Vaisseau, directement pour Bourdeaux , parce que selon cet Article, *il ne peut pas le faire entrer dans aucun autre Port que celui qui est mentionné dans la Police* , & qu'il est censé avoir su, en se faisant assurer, que le Navire doit toucher à la Rochelle; que s'il ne l'a su qu'après s'être fait assurer, il doit faire mettre une clause dans la Police, que le Vaisseau pourra aller toucher à la Rochelle.

Il arrive tous les jours que les Vaisseaux qui se mettent en charge pour Marseille, Genes & Livourne, prennent des marchandises pour Cadix, Seville, Barcelone ou autres Ports sur leur route, sans que ceux qui y chargent des marchandises pour Marseille, Genes ou Livourne le sachent, & ainsi ils ne font assurer que pour l'une de ces places, sans mettre dans la Police que le Navire pourra toucher en chemin les places susdites, & les Assureurs n'ont pas accoûtumé de faire aucune dispute à cet égard, aux Chargeurs qui l'ont ignoré, parce qu'ils savent assez que c'est l'ordinaire de ces Vaisseaux de prendre des marchandises pour divers endroits : mais un Proprietaire qui se fairoit assurer, par exemple, d'Amsterdam à Livourne, sans mettre dans la Police, que le Navire *pourra toucher ou escalader tous les Ports qui sont sur la route*, seroit revenu de son assurance si le Vaisseau venoit à se perdre dans un des Ports ou il seroit entré , & peut-être en quelque endroit qu'il vint à se perdre suivant les circonstances qui se trouveroient dans la declaration de l'Equipage.

L'Article 8. *limite le tems de six mois à l'Assuré , pour faire abandon aux Assureurs, des Navires & effets que quelque Puissance étrangere, arrête ou retient dans un Pays, lorsque la retention arrive sur les Côtes ou limites de l'Europe ou de Barbarie ; & le tems d'un an si elle arrive dans les Pays plus éloignez, à compter lesdits tems du jour que les Courtiers en auront averti les Assureurs , de la part des Assurez, & permet aux Assurez de prendre pendant lesdits tems , leurs precautions contre les Assureurs , en prenant d'eux caution, gages, ou autrement*

com-

comme ils le trouveront à propos ; permettant de plus aux Assurez ou à gens pour eux, de charger les marchandises reclamées, sur d'autres Navires pour leur faire poursuivre le voyage jusques au lieu de leur destination ; & que si les Assurez ne le font pas, les Assureurs pourront le faire, auquel cas ces derniers ne seront obligez qu'aux frais du chargement, du fret, & au dommage que la marchandise aura souffert pendant l'arrêt.

L'Article 9. excepte les tems ci-dessus à l'égard des marchandises sujettes à leur propre vice, comme Vins, Fruits, Grains & autres specifiez dans l'Article 17. à l'égard desquels *l'Assuré ne sera pas obligé d'attendre que lesdits 6 mois soient passez, mais il pourra tâcher d'en obtenir le relachement, de la maniere qu'il trouvera à propos, & il sera pourtant obligé de faire savoir aux Assureurs l'état des marchandises.*

Dans les deux cas ci-dessus de retention ou d'arrêt, les Assureurs laissent à l'Assuré le soin de reclamer les Navires ou les effets, mais les Assurez ne doivent pas manquer de se faire bien & dûment authoriser par les Assureurs ; & cette authorisation n'étant valable que lors qu'elle est faite par l'Huissier de la Chambre des Assurances, ils ne doivent pas manquer de la faire faire par lui, afin de s'en pouvoir servir avec fruit au cas que les Assureurs voulussent faire quelque dispute, à l'egard des frais de reclame ou autres, qui sont souvent exorbitans, & au sujet desquels il arrive souvent des disputes. Pour les éviter l'Assuré ne doit absolument rien faire que du consentement des Assureurs, qui lorsque la somme est un peu forte, en authorisent un ou deux d'entre eux, pour travailler de concert avec l'Assuré aux moyens d'obtenir le relachement du Navire ou des effets.

Si la marchandise reclamée est relâchée, & chargée sur quelque autre vaisseau pour lui faire achever le voyage, l'Assuré ne doit pas manquer de le leur faire signifier par une clause qu'on met au bas de la Police, par laquelle ils reconnoissent qu'ils sont avertis que le Navire sur lequel la marchandise assurée étoit chargée, aiant été arrêté, elle a été chargée sur un tel autre Navire, & qu'ils y courront les mêmes risques qu'ils couroient sur le premier Navire jusques au lieu de leur destination.

L'Article 10. *défend de faire assurer le corps des Vaisseaux, l'Artillerie & les munitions de guerre, au dessus des deux-tiers de leur valeur, & de faire assurer, en aucune maniere que ce soit, le fret, & l'équipement des Vaisseaux, la Poudre, les Boulets, les Victuailles ou choses semblables qui se consument.*

Cet Article étoit trop onereux aux proprietaires des Navires, en les obligeant de ne faire assurer que 24 mille florins sur un Navire qui leur revenoit à plus de 35 ou 36 mille florins en Mer, aussi les risques des Proprietaires ont ils été reduits à un huitième de la valeur des Vaisseaux, par le premier Article de l'Ordonnance du 26 Janvier 1693. comme on le verra dans la suite.

L'Article 11. défend *aux Maîtres de Navire, Pilotes, Matelots, gens de guerre & à tous autres qui servent dans des Navires, de faire assurer leurs gages, ou loyers, ni rien qui leur appartienne, à moins qu'ils n'ayent des marchandises à eux, au delà du montant de leurs gages.*

Cet Article est fondé sur des bonnes raisons, dont la principale est, à mon avis, que comme les Proprietaires ne sont pas obligez de payer l'Equipage qui a laissé perdre leur Navire, l'Equipage fait ordinairement tout ce qu'il peut pour sauver un Navire en danger, afin d'être payé, & qu'il ne s'y employeroit pas avec tant d'ardeur si les gages étoient assurez.

Les Articles 12. & 13. *limitent les tems dans lesquels les Assurez sont obligez d'instituer leur action de dommage ou d'Avaries contre les Assureurs, savoir à un an & demi, si la perte ou le dommage est arrivé sur les Côtes de l'Europe, ou de Barbarie; & à trois ans s'il est arrivé dans des lieux plus éloignez, à compter du tems que les Navires auront été entierement dechargez, ou du tems auquel la perte sera arrivée.*

Le cas arrive assez rarement que l'Assuré tarde un si long-tems à demander la perte ou l'Avarie aux Assureurs, ou du moins à les faire avertir qu'il y aura quelque perte ou quelque Avarie à regler, ce qui est suffisant pour instituer l'action contre eux, en cas de refus, lors qu'on ne peut savoir que très-long tems après, à quoi se monte la perte ou l'Avarie qu'on leur a fait annoncer.

L'Article 14. dit, *que tout ce qui a été ordonné jusqu'ici, doit être entendu pour les Assurances qui se font sur tout ce qui va par Mer, &c.*

Le 15. regarde *les Assurances qui se font sur les marchandises qui vont par Terre, ou par les Rivieres, lesquelles les Marchands pourront contracter entre eux comme ils trouveront à propos, excepté que l'Assuré courra le rique du dixième comme dans l'Article 2. de l'Ordonnance, & que les Voituriers ou Chartiers ne pourront faire assurer leurs Charrettes, Chariots ou Chevaux qu'à la moitié de leur valeur, mais aucunement leurs gages ou salaires.*

Il se fait fort peu de ces sortes d'Assurances dans Amsterdam, ainsi je ne m'y arrêterai pas, non plus qu'à l'Article 16. *qui donne le tems d'un an aux Assurez pour demander aux Assureurs la refaction de la perte ou de l'avarie arrivée aux marchandises allant par Terre ou par Riviere.*

L'Article 17. ordonne *que si on se fait assurer sur des Grains, Fruits, Vins, Huiles, Sels, Harans, Sucres, Argent-vif, Suif, Beurre, Fromages, Houblon, Sirop, Miel, Semences rondes ou plates, & choses semblables sujettes à corruption, sur des munitions de guerre, & sur de l'Argent monnoié ou non monnoié, on sera obligé de le specifier dans les Polices sur peine de nullité.*

On verra le changement fait à cet Article dans la suite, à Numero 3.

L'Article 18. permet *aux parties contractantes en Assurance de les passer par devant des Garde-loix, Notaires, Greffiers ou autres personnes publiques, ou par des billets propres & particuliers sous sein privé, ou devant des temoins dignes de foi.*

K k

Com-

Comme cette Ordonnance a été faite le 31 Janvier 1598. il y a apparence qu'il ne se faisoit que peu d'Assurances dans ce tems-là, puisqu'elles pouvoient se faire sous seing privé, & sur du papier commun, mais le nombre aiant beaucoup augmenté dans la suite du tems, il a falu, comme on le verra dans la suite, en ordonner un formulaire, & les faire parapher par le Secretaire de la Chambre. Pendant long-tems on a fait toutes sortes de Polices indifferemment sur des sceaux de 12 sols; mais par le reglement fait par les Etats de Hollande & de West-Frise sur le droit du petit sceau le 28 Août 1716. dans l'Article LVIII *il est ordonné que toutes les Polices des sommes qui ne vont que jusques à 500 florins, se feront desormais sur des sceaux de 12 sols; celles de 500 florins & au dessus jusques à 10 mille florins, sur des sceaux de 24 sols; & celles de 10 mille florins & au dessus sur des sceaux de 48 sols:* mais comme il seroit fâcheux aux Courtiers d'hazarder une Police scelée, lors que leurs maîtres leur ordonnent de faire assurer une partie à un prix, ou à quelque condition qu'ils doutent de pouvoir executer, on a de petites Polices sur du papier commun, qu'on fait souvent signer aux Assureurs, qui le resignent quand on veut sur les grandes Polices.

L'Article 19. *ordonne à tous ceux qui se mélent d'écrire des Polices, de les dresser conformement à l'Ordonnance, & de tenir & garder copie mot à mot de tout ce qui y est écrit de la main ou des mains.*

Cela est d'autant plus necessaire que l'Assuré peut égarer ou perdre une Police, ou que quelque fripon qui se seroit fait assurer, pourroit y changer quelque chose à son avantage & au desavantage des Assureurs, & qu'en pareils ou semblables cas la copie que le Courtier en garde, peut servir de temoignage & d'attestation.

J'ai déja parlé des Articles 20 & 21. sous l'Article 6. page 253.

L'Article 22. *permet à l'Assuré, de redemander la prime à l'Assureur en lui en laissant retenir demi pour cent, s'il ne charge pas les marchandises sur lesquelles il s'est fait assurer, ou si on ne les lui envoie point, ou s'il s'est fait assurer pour plus qu'il n'en charge, ou qu'on ne lui en envoye.*

Lors qu'en pareil cas on se fait rendre la prime à demi pour cent près, cela s'appelle *restourner, restorner ou storner*, & il est bon de le faire toûjours le plûtôt que l'on peut pour ôter tout soupçon aux Assureurs, qu'on auroit pu les tromper au cas qu'il y eût eu quelque dommage; & si par hazard on s'est fait assurer sur un Navire venant d'un Pays éloigné, dans la croyance que l'on y aura quelques marchandises dedans, & que le Navire arrivant, on trouve qu'on n'y avoit rien, il faut montrer aux Assureurs en demandant la restorne, des lettres par lesquelles on marque à l'Assuré qu'on ne lui a pu rien envoyer par ce Navire, ou du moins une declaration du Capitaine qui atteste qu'il n'a eu aucune marchandise dans son bord pour l'Assuré, car sans cela il ne manqueroit pas des gens qui voiant leur marchandise arrivée à bon port, seroient assez malhonnêtes pour dire

qu'ils

qu'ils n'y ont rien eu deſſus, & pour ſe faire reſtorner.

L'Article 23. *ordonne que le dernier Aſſureur participera dans l'Aſſurance, autant que le premier, ſoit dans le profit ou dans la perte.*

A l'égard du profit ou de la perte, un Aſſureur peut en avoir plus qu'un autre dans une même Aſſurance, puis que lors que l'on a une groſſe ſomme à faire aſſurer, & qu'on en a fait une bonne partie à un certain prix, par exemple à 3 pour cent, on ſe reſout à donner 4 pour cent, lors qu'on ne trouve plus à faire aſſurer à 3. de ſorte que les derniers Aſſureurs gagnent 1 pour cent plus que les premiers, en cas de profit ; ou ils perdent 1 pour cent de moins en cas de perte : ainſi ce n'eſt pas à cet égard-là qu'il faut prendre cet Article, qui n'ordonne autre choſe ſinon que chaque Aſſureur participera au profit ou à la perte à proportion de la ſomme qu'il aura ſigné, c'eſt-à-dire que ſi un Aſſureur qui a ſigné à 3 pour cent, gagne la prime, celui qui a ſigné à 4 ou à 5 pour cent la gagne auſſi, & que ſi celui qui a ſigné à 3 pour cent, paye 50 ou 60 pour cent de perte ou d'avaries, celui qui a ſigné à 4 ou 5 pour cent, n'en paye ni plus ni moins que lui.

L'Article 24. *defend ſur peine de nullité de faire aucune aſſurance, ſur la vie de qui que ce ſoit, ni ſur aucune gageure, de voyage, ni ſemblables inventions.*

Comme il n'y a point de pratique ni de ſubtilité dans le monde que l'on n'invente dans Amſterdam ſoit pour gagner de l'argent, ſoit pour le conſerver, on n'obſerve pas toûjours cet Article religieuſement, & il y a des gens qui aiant un office qui pourra leur valoir par exemple 3000 florins par an, ſe font aſſurer une pareille ſomme ſur leur vie pendant certaines années, afin que s'ils viennent à mourir, leur famille puiſſe jouïr du revenu pendant le reſte du tems de l'Aſſurance, mais ces ſortes d'Aſſurances ſont fort ſcabreuſes.

L'Article 25. *porte que les Aſſurez aiant fait l'abandon dans les formes aux Aſſureurs, ces derniers auront trois mois de tems pour payer les ſommes qu'ils avoient aſſurées.*

Comme les Aſſureurs ſeroient obligez de payer la ſomme aſſurée en entier ſans aucun rabais s'ils attendoient les 3 mois ci-deſſus, l'uſage établi eſt qu'ils payent les pertes d'abord qu'elles leur ſont bien prouvées, & qu'ils rabatent 2 pour cent pour le prompt payement ; je dis *lorſque les pertes leur ſont bien prouvées,* car s'il y a quelque inſuffiſance dans les preuves, les Aſſureurs tâchent de s'en prevaloir, d'accorder au moins qu'ils peuvent, & c'eſt alors aux Aſſurez d'en obtenir le plus qu'ils peuvent, ou d'attendre qu'ils ayent les preuves de leur perte dans toutes les formes requiſes.

L'Article 26. *dit, que ſi l'avarie groſſe n'excede pas un pour cent, les Aſſureurs ne ſeront pas obligez de la payer.*

Il arrive ſi ſouvent des avaries de 2 & 3 pour cent, que les Aſſureurs

ne

ne trouvoient pas leur compte à cet Article, c'eſt pourquoi depuis fort long-tems, ils ſont convenus de ne point ſigner de Police, que franc d'avarie groſſe au deſſous de 3 pour cent, comme auſſi franc de Jours de planche, c'eſt à dire des fraix qu'un Navire fait lorſqu'il eſt arrivé dans un endroit, où on tarde plus long-tems qu'il ne faut à le decharger, ou à le recharger; & comme ils ont ſouvent été obligez de payer des avaries ſur des laines, des lins, & des chanvres, ils ſont convenus auſſi entre eux depuis 4 à 5 ans de ne point aſſurer ſur ces trois ſortes de marchandiſes, que franc d'avaries au deſſous de 10 pour cent.

Cependant lorſque l'on eſt obligé de plaider contre les Aſſureurs, les Commiſſaires de la Chambre n'ont aucun égard à ces clauſes, & condamnent les Aſſureurs à payer les avaries qui excedent un pour cent, ſur le pied de l'Ordonnance.

L'Article 27. diſpenſe les Aſſureurs de payer le dommage ou la perte des choſes qui ſe gâtent par leur propre vice, lorſque quelque cauſe étrangere ou quelque malheur n'y ont pas contribué.

Si des Grains, des Fruits ou autres pareilles marchandiſes viennent à s'échauffer, des Vins, Eaux de vie, Huiles & autres liqueurs à ſe repandre & à couler, ſans que rien y contribue, le dommage eſt pour l'Aſſuré: mais ſi cela vient par l'eau de la Mer dans la tempête, ou par des ſecouſſes du Navire contre quelque banc de ſable, ou autre choſe, le dommage eſt pour le compte des Aſſureurs.

L'Article 28. oblige les Aſſurez de faire avertir les Aſſureurs des nouvelles qu'ils recevront des malheurs, arrêts, & dommages ſurvenus aux Vaiſſeaux ou effets aſſurez; & aux Courtiers ou autres perſonnes publiques de tenir note de ces avertiſſemens.

Les Aſſurez ſont d'autant plus obligez à faire donner cet avertiſſement à leurs Aſſureurs, que c'eſt à eux à payer le dommage en cas de malheur, & que ſi l'Aſſuré fait la moindre choſe à l'inſçu des Aſſureurs ſans leur conſentement, ou ſans leur authoriſation, & que la choſe que l'Aſſuré aura faite pour prevenir un plus grand mal, tourne au rebours de ce qu'il a cru, il y a divers cas dans leſquels les Aſſureurs ne ſeroient point tenus au dommage, & d'autres dans leſquels ils peuvent beaucoup diſputer, pour diminuer leur perte.

L'Article 29. porte que cette Ordonnance doit être entenduë generalement, pour toutes les aſſurances qui ſe feront dans cette Ville tant avec les ſujets de ce Pays qu'avec les étrangers, & ſur toutes ſortes de marchandiſes & effets allant ou venant tant ſur Mer que ſur Terre, & que ſi elles ſont contraires à l'Ordonnance elles ſeront nulles & invalides, comme il eſt porté par l'Article I.

J'ai déja dit ſur le premier Article, qu'il ſe fait beaucoup d'Aſſurances qui ne ſont pas en tout conformes à l'Ordonnance, & je n'ai qu'à ajoûter ici, que l'uſage & la coûtume ont introduit beaucoup de choſes qui y ſont

con-

contraires; mais il faut être extremement sobre lors qu'on fait quelque affurance contraire à l'Ordonnance, prendre garde à quels Affureurs on fait figner les Polices, & y mettre toutes les claufes, qui peuvent leur ôter tout lieu de difputer, & de les faire annuller par la Chambre des Affurances, ou par les autres Cours de Juftice, au cas qu'on foit obligé d'y venir, ce qui depend beaucoup de l'habileté & de la prevoyance des Courtiers.

L'Article 30. *defend aux Commiffaires de la Chambre des Affurances, à leur Secretaire & à leur Clerc, & à tous Courtiers en Affurance d'affurer & de fe faire affurer, directement ni indirectement.*

On verra cette defenfe levée à l'égard des Commiffaires & du Secretaire par l'Ordonnance Numero 4 mais à l'égard des Courtiers, qui font Courtiers jurez, comme ils font ferment qu'ils ne feront aucun Negoce pour leur compte, lors qu'ils font receus, ils ne peuvent affurer ni fe faire affurer qu'ils ne contreviennent à leur ferment, cependant il y en a plufieurs qui ont des Navires & des portions de Navires, qu'ils fe font affurer tous les jours.

L'Article 31. *ordonne de punir exemplairement tous ceux qui uferont de fraude, malverfation, ou tromperie dans les Affurances.*

Les Affurances n'aiant été inventées & introduites, que dans le but de foulager les Marchands en cas de perte, en y participant autant qu'ils ont trouvé à propos en fe faifant affurer, ce feroit agir très-injuftement que de vouloir s'enrichir, ou gagner en faifant perdre les Affureurs, comme il eft arrivé plus d'une fois que des fripons & des voleurs fe font fait affurer de groffes fommes fur des Navires où ils n'avoient rien, ou que des chofes de très-peu de valeur, qu'ils ont fait perdre avec les Navires, de concert avec les Capitaines, ou par quelques autres tours femblables, il eft de la derniere confequence pour les Affureurs, que cet Article foit fuivi à la rigueur: auffi verra-t'on dans l'Ordonnance No. VII. Article 2. que ces fortes de Cas font refervez pour être jugez par les Seigneurs Echevins.

L'Article 32. *ordonne que tous les differens furvenants pour caufe d'Affurance, feront portez en premiere inftance, devant les Commiffaires de la Chambre, qui en jugeront fur le pied de l'Ordonnance, & auront pour leurs vacations, conjointement avec le Secretaire, le tiers d'un florin par chaque cent florins, des fommes qui feront remifes à leur jugement, payable par le demandeur.*

L'Article 33. *authorife les Commiffaires de la Chambre, à ordonner nantiffement des deniers demandez foit en tout ou en partie, s'ils le trouvent à propos après la verification des Polices & des preuves, & qu'il leur paroit que la fignification de la perte a été faite 3 mois à l'avance aux Affureurs, permettant à ceux qui ont obtenu le nantiffement, de lever les deniers fous fuffifante caution, de les reftituer avec l'interêt à raifon de douze pour cent par an, fi les Com-*

miffaires

miſſaires trouvent dans la ſuite, qu'ils doivent être reſtituez.

L'Article 34. *permet d'appeller de la ſentence des Commiſſaires, aux Seigneurs Echevins de la Ville.*

Le 35. *ordonne que l'execution des ſentences données par les Commiſſaires, ſe fera de la même maniere, que celle des ſentences données par les Seigneurs Echevins.*

L'Article 36. & dernier de l'Ordonnance No. I. *ordonne à ceux qui voudront appeller aux Seigneurs Echevins, de la ſentence des Commiſſaires, de de le faire dans le tems de dix jours, & d'aſſigner leurs parties dans dix jours après, en payant dès la premiere audience douze florins qu'ils payeront d'amende, s'il ſe trouve que la ſentence des Commiſſaires ſoit confirmée par leſdits Seigneurs.*

Je me contente de donner le ſens de ces quatre derniers Articles tels qu'ils ſont, ſans entrer dans tous les Cas qui peuvent arriver, lors que l'on eſt obligé de plaider avec les Aſſureurs, parce qu'il y en a une infinité, qui different preſque tous les uns des autres en tout ou en partie, & que les Solliciteurs qui plaident ces ſortes d'affaires, ſavent ſouvent les brouiller aſſez pour faire durer les procez plus qu'il ne faudroit ; je remarquerai ſeulement ſur ce ſujet un paſſage du Traité des Avaries fait par le fameux Quintyn Wytſen, qui eſt fort ſouvent cité en Juſtice ſur la matiere des Avaries & des Aſſurances, où il dit, *que l'Aſſeureur eſt tenu par tout comme un pupile,* c'eſt à dire qu'ils ſont protegez en Juſtice comme des Orphelins, & qu'on ne les condamne pas toûjours à la rigueur, comme on pourroit faire d'une cauſe de particulier à particulier. Et c'eſt pour cette même raiſon que je conſeille à tous ceux qui ont quelque different avec les Aſſureurs, de le regler à l'amiable, autant qu'ils peuvent, & d'éviter les procez, les pouvant aſſurer qu'ils en obtiendront ſouvent plus à l'amiable, qu'en plaidant ; car les Aſſureurs aiment bien mieux ceder quelque choſe, que d'être citez en Juſtice, parce que cela les fait décrier comme chicaneurs, mais il faut avouer que ſi on demande trop d'eux ſur cette croiance, ils aiment mieux plaider, en quoi ils n'ont pas tout le tort.

Comme avec le tems il eſt ſurvenu de nouveaux Cas, dont l'Ordonnance ne fait aucune mention, Meſſieurs les Magiſtrats de cette Ville y ont fait de tems en tems des additions & des amplifications, & changé les Articles qu'ils ont trouvez n'être pas eſſenciels. Ces additions ſont contenuës dans les 11. Reglements ou Ordonnances ſuivantes que je marquerai depuis Numero 2. juſques à Numero 12. pour ſuivre l'ordre dans lequel ils ſont couchez, *dans la maniere de proceder devant la Juſtice d'Amſterdam,* d'où je les ai tirées.

Nu:

Numero II.

Le 30 Janvier 1626. les Seigneurs de la Justice voulant amplifier l'Article 2. de la precedente Ordonnance, ont ordonné que lorsque quelqu'un s'est fait assurer, & que l'Assureur vient à manquer ou devient insolvable, l'Assuré pourra se desister de l'assurance, en le lui faisant notifier par un Notaire & deux Temoins, à son dernier domicile, ou à son Curateur, en lui laissant cependant la prime de l'assurance, qu'il ne pourra pas redemander, & ensuite il pourra se faire assurer par un autre Assureur sur bonnes & mauvaises nouvelles.

Cette amplification a été sans doute faite pour prevenir les difficultez qui pouvoient resulter de ce que l'Article 2. dont il y est parlé, ordonne que l'Assuré courra le risque du dixième au dessous de 12 mille florins, suivant lequel un homme qui se seroit fait assurer 10800 florins sur 12000 de marchandises, ne pourroit pas se faire assurer davantage, & un des Assureurs venant à manquer, & l'Assuré voulant se faire assurer par un autre en sa place, il paroitroit par la Police qu'il se seroit fait assurer plus qu'il ne lui étoit permis, s'il ne s'étoit pas desisté dans les formes marquées dans cette amplification, qui peuvent lui servir de preuve en cas de besoin: mais comme j'ai dit sous l'Article 2. qu'on se peut faire assurer en entier, je remarquerai seulement ici que si un Assureur vient à manquer, l'Assuré ne doit pas manquer de se desister de son Assurance dans les formes marquées par cette amplification.

Numero III.

Le 9 Mai 1614. Nosseigneurs de la justice aiant examiné l'Article 17. de cette Ordonnance, & trouvé qu'il en resultoit beaucoup d'abus, ils ont trouvé à propos de le changer, & d'ordonner que desormais on comprendra toutes sortes de marchandises & effets quels qu'ils puissent être sous les noms generaux de marchandises ou effets corruptibles ou incorruptibles, mais que celui qui se voudra faire assurer sur de l'or, de l'argent monnoyé ou non monnoyé, sur des pierreries ou joyaux, & sur des munitions de guerre, sera obligé de le faire exprimer dans la Police, sur peine de nullité.

L'Article 17. dont il est parlé ci-dessus, ordonnoit de specifier dans la Police les marchandises qui sont sujettes à se gâter par leur propre vice, ce qui étoit assez inutile, parce que l'Article 27. de la même Ordonnance, dispense les Assureurs de payer le dommage qui y survient sans aucune cause étrangere, & que soit qu'on nomme ces sortes de marchandises ou non, dans la Police, lorsqu'il y arrivé du dommage la question se reduit à savoir par quelle cause il a été produit; mais à l'égard de l'or, de l'argent, des pierreries & des munitions de guerre, l'Article 17. reste dans sa force.

Nu-

Numero I V.

En Fevrier de l'année 1600 *& en* 1601. *dans le mois de Juin , il a été entendu par Nosseigneurs de la Justice que les Commissaires de la Chambre des Assurances & leur Secretaire se pouvoient faire assurer.*

L'Article 30. de la premerie Ordonnance l'avoit defendu, comme on le peut voir audit Article.

Numero V.

Cette Ordonnance porte que tous les differents survenants pour cause d'Avaries , seront portez en premiere instance devant les Commissaires de la Chambre des Assurances , pour y être par eux reglez & decidez , de la maniere établie à l'égard des Assurances , dans les derniers Articles de la premiere Ordonnance , & que l'execution des sentences s'en fera de même.

Numero V I.

La premiere partie de cette Ordonnance porte , que l'on procedera de trois en trois jours contre ceux qui étant citez devant la Chambre, manqueront d'y comparoître , & cela par premier , second, troisième & quatrième defaut , que les non comparants seront condamnez au second defaut à une amende de 6 sols, au troisième de 12 *sols, & au quatrième de* 18 *sols; & que les Commissaires condamneront ou absoudront pour le principal au quatrième defaut , sans pourtant decerner nantissement en vertu desdits defauts , à moins que les Commissaires ne voient par la deduction de la cause , qu'elle est disposée en sorte qu'il doit être ordonné nantissement , au lieu de sentence definitive , en vertu du quatrième defaut.*

La seconde partie ordonne que le deperissement des Vaisseaux qui vont d'ici aux Indes , soit qu'il arrive en allant ou en revenant , sera à la charge des Assureurs , à moins que ces Vaisseaux ne viennent à être employez extraordinairement dans lesdites Indes pour le Negoce de ce Pays-là ; & que tous les Marchands seront tenus de mettre leurs marchandises , sur lesquelles on doit regler les avaries , à leur veritable valeur , & que pour que cela se fasse avec plus de bonne foi , les effets mis en contribution seront remis par les parties ès mains des Commissaires, afin qu'ils en puissent juger équitablement.

Cette Ordonnance fut faite le 20 Juin 1606. avant l'établissement de la Compagnie des Indes , & regardoit plus les particuliers qui y negocioient alors, qu'elle ne regarde la Compagnie qui ne se fait pas assurer que je sache ; mais puis qu'elle charge les Assureurs du deperissement des Navires dans un Pays si éloigné , à plus forte raison sont ils tenus au deperissement riffement qui arrive dans des mers plus prochaines , en quoi les Affureurs feroient certainement fort à plaindre, fi les Commiffaires n'y avoient aucun égard, ce qui eft laiffé à leur difcretion dans l'Ordonnance No. XI.

Pour ce qui eft de remettre les effets mis en contribution d'Avarie , ès mains des Commiffaires , afin qu'ils en puiffent juger équitablement , cela eft fouvent impoffible , & quand il feroit poffible , la chofe feroit également embarraffante aux Commiffaires & aux Marchands ; c'eft pour cela qu'en pareil cas, les Commiffaires font taxer eux-mêmes le Navire s'il eft devant la Ville , & ordonnent aux Marchands qui ont eu interêt dans la Cargaifon, de porter un état au jufte de la valeur de leurs marchandifes à la Chambre ; & comme cela fe fait fouvent après que les marchandifes ont été venduës, ceux qui ont vendu les leurs, en marquent le provenu dans la notte qu'ils en donnent, & ceux qui les ont encore invenduës, les paffent au prix courant ; & fur la taxation du Navire, ces differentes nottes des Marchands , & l'eftimation du dommage arrivé , les Commiffaires reglent l'Avarie, & en donnent la repartition dans leur fentence.

Numero VII.

Cette Ordonnance faite le 14 Juin 1607. contient 5 Articles, dont le premier ordonne, *que les amendes provenant des defauts obtenus devant la Chambre , feront exigées par l'Huiffier de la Chambre , qui en aura le tiers pour fa peine , & que , s'il ne peut pas les obtenir , elles pourront être exigées par les Sergents ou Dienders de Monfieur l'Officier.*

Le fecond Article ordonne *aux Commiffaires, de renvoyer devant les Seigneurs Echevins toutes les caufes d'Affurance , dans lefquelles ils verront quelque mauvaife foi,* c'eft proprement une confirmation & amplification de ce qui eft dit dans la premiere Ordonnance Article 31.

L'Article 3. porte, *que lors que dans le danger on aura fait jet de quelques marchandifes groffieres , mifes entre le tillac & le faux pont , fur des Vaiffeaux venant du Levant , elles feront portées en avaries fur le Vaiffeau & fur les effets.*

C'eft une loi generalement receuë par toute l'Europe , que de porter en Avarie groffe tout ce qu'on jette , tout ce que l'on coupe , que l'on brife, ou qu'on perd dans le danger pour fauver ce qui refte dans le Navire : ce qui me fait croire que cet Article n'a été fait que pour fermer la bouche à quelques chicaneurs, qui ont peut-être voulu foutenir, que ce qui eft mis entre le Tillac & le faux pont , étant jetté dans le danger, ne devoit point entrer en avarie.

L'Article 4. *authorife les Commiffaires à condamner les parties à tous les depens, ou à la moitié des depens , ou de compenfer les depens comme ils le trouvent convenable.*

L'Ar-

L'Article 5. *enjoint aux Commissaires de ne porter à la charge des Assureurs, lorsqu'ils regleront quelque Avarie, que ce qu'ils trouveront devoir être porté en avaries.*

Pour bien entendre cet Article il faut savoir que les Avaries se reglent souvent d'une certaine maniere entre les proprietaires du Navire & les Interessez dans la Cargaison, & d'une maniere differente à l'égard des Assureurs, qui ne sont pas obligez de payer generalement tout ce qui se porte en Avaries sur le Vaisseau & les Marchandises, mais seulement certains Articles, suivant les cas dont il s'agit, qu'il seroit trop longs à deduire ici.

Numero VIII.

Cette Ordonnance contient aussi 5 Articles, dont le premier, porte *que toutes les primes d'Assurance qui n'excederont pas sept pour cent, se payeront d'abord & comptant, sans que dans les causes qui seront portées devant la Chambre, lesdites primes puissent être deduites du dommage, mais qu'elles seront comptées & tenuës pour payées.*

L'Article 2. ordonne, *que les primes excedant sept pour cent se payeront dans le tems de six mois après la signature des Polices, mais que si la prime pour aller & revenir monte à plus de sept pour cent, & jusques à 14 pour cent inclusivement, la moitié de la prime sera payée comptant, & l'autre moitié dans six mois après, comme dessus, avec l'interêt à douze pour cent par an, depuis l'expiration desdits six mois, jusques au tems effectif.*

Pour obéir au premier de ces Articles, ou à tous les deux, les Assureurs ne signent jamais une Police, qu'ils ne mettent en même tems, qu'ils en ont reçu la prime, quoi qu'ils ne la reçoivent que 2. ou 3. mois après, & quelquesfois point du tout, parce qu'ils tiennent compte ouvert avec chaque Courtier, & que s'il arrive une perte ils assignent sur lui, sans avoir joüi de la prime. Il est vrai qu'il ne tient qu'à eux de se la faire payer d'abord, & il seroit à souhaiter pour eux qu'ils fissent moins de credit à certains Courtiers qui se servent de l'argent des primes, à toute autre chose qu'à les payer. S'ils faisoient aussi moins de credit aux Courtiers, ceux-ci ne perdroient pas comme ils ne font que trop souvent, quand quelqu'un de ceux qui leur doivent, vient à manquer; car si les Marchands donnent à gagner aux Courtiers en leur faisant faire leurs Assurances, les Courtiers seuls sont ceux qui sont responsables des primes aux Assureurs, & si les primes se payoient toutes comptant, les Courtiers ne seroit pas dans ce risque.

A l'égard des primes pour aller & revenir, on a observé depuis fort longtems d'en user de la même maniere que ci-dessus, mais le Courtier ne s'engageoit avec les Assureurs que pour la prime pour aller, & quand le Vaisseau étoit arrivé, ou qu'il étoit en chemin pour revenir, l'Assureur assignoit la prime du retour sur l'Assuré; mais comme il est souvent arrivé

que

que des Affurez ont manqué, pendant l'intervalle du voyage, & qu'ils o
perdu les primes du retour, il y a environ trois ans que les Affureurs o
fait obliger les Courtiers pour les deux primes, en quoi je trouve qu'ils o
fort bien fait.

L'Article 3. *ordonne, que lors que la Chambre d'Affurances aura fait une
repartition de l'avarie ou du dommage, les Affureurs feront obligez de la payer
d'abord, faute dequoi ils payeront à l'Affuré l'interêt de la fomme à laquelle ils
ont été condamnez, à raifon de douze pour cent par an, à compter depuis le jour
que la repartition aura été faite, jufques au payement effectif.*

Ce cas arrive fi rarement, que je n'en ai jamais vu aucun exemple, au
contraire une Perte ou une Avarie n'eft pas fi tôt reglée par la Chambre,
que les Affureurs demandent les premiers à payer, à moins qu'ils ne
croyent être trop maltraitez, & qu'ils n'en veuillent appeller.

L'Article 4. *ordonne aux Commiffaires de ne point faire aucune repartition
des pertes totales que les trois mois de l'abandon ne foient expirez, conformement à
l'Article 25. de la premiere Ordonnance.*

J'ai dit fous ledit Article 25. que dans ce cas les Affureurs doivent payer la perte en entier, & qu'en accordant à l'amiable ils ne payent que 98.
pour cent, ce qui vaut encore mieux aux uns & aux autres que de plaider, pour beaucoup de raifons.

L'Article 5. *ordonne, que le Courtage des Affurances ne fera qu'un quart pour
cent, tant pour l'aller & venir, que pour aller, ou pour venir feulement, payable moitié par les Affurez & moitié par les Affureurs.*

L'ufage eft que les Affureurs feuls payent le courtage à un quart pour
cent pour aller ou pour venir, & un demi pour cent quand c'eft pour aller & venir, & fi cela n'avoit pas lieu, puis que le courtage pour aller, ou
pour venir feul fe paye à un quart pour cent, les Courtiers pourroient avec
raifon faire affurer premierement pour aller, & quelques jours après faire
affurer pour le retour, afin d'avoir double courtage, & je ne doute pas
qu'ils ne l'aient fait, après cette Ordonnance, & que les Affureurs s'en
étant aperceus, ne leur ayent accordé le quart pour cent pour l'aller & le
quart pour cent pour le retour.

Numero IX.

Il eft ordonné par cette amplification de l'Ordonnance precedente
No. VIII. *que toutes les primes d'Affurance, à combien pour cent qu'elles
puiffent être, & quelles qu'elles foient, feront payées comptant dès la fignature des
Polices, fur peine de nullité. Bien entendu que de celles qui feront faites pour
l'aller & venir, les primes pour l'aller feront payées comptant, & les primes du
retour feront payées à l'arrivée des Vaiffeaux, & que de toutes les affurances qui
fe font par mois, les primes feront payées comptant pour autant de mois que l'Affuré aura ftipulé par la Police.*

Numero

LE NEGOCE

Numero X.

Comme l'Ordonnance ci-deſſus ne s'explique pas clairement en diſant que les primes du retour ſe payeront à l'arrivée des Vaiſſeaux, cet Article y a été ajoûté, & porte, *que la prime du retour ſe payera lors que le Vaiſſeau ſera revenu, & qu'il aura fini le voyage.*

On peut voir ſur ces deux articles ce que j'ai dit ſous le 2. Article de Numero VIII.

Numero XI.

Sur ce que les Commiſſaires de la Chambre demanderent avis aux Seigneurs Bourguemaîtres comment ils regleroient le dommage ſur le Paſtel, les Sucres & autres marchandiſes qui venoient des Iles Açores, ſur leſquelles ils trouvoient une grande difference de prix entre celles qui étoient achetées argent comptant, & celles qui étoient priſes en troc, & ſur ce auſſi que les mêmes Commiſſaires repreſenterent que dans des voyages de long cours où les Aſſurez gagnoient beaucoup, les Vaiſſeaux deperiſſoient conſiderablement, & que venant à ſe perdre les Aſſureurs les payoient beaucoup plus, qu'ils n'auroit pu ſe vendre s'ils fuſſent arrivez à bon port:

Noſſeigneurs de la Juſtice ordonnerent que le Paſtel ſeroit compté par proviſion ſur le pied de huit cents Rees le quintal, à moins que les Intereſſez ne peuſſent prouver dans le tems de 8. mois, que le Paſtel a été acheté dans lesdites Iles en argent comptant à un plus bas, ou à un plus haut prix, & que touchant les Sucres & autres marchandiſes, les Commiſſaires les compteroient comme ils trouveroient le plus à propos.

Et touchant les Vaiſſeaux qui par la longueur de leurs voyages, s'uzent, ſont mangez des vers, ou deviennent innavigables, Meſſieurs les Commiſſaires furent authoriſez d'en uſer à leur diſcretion.

Il eſt très-juſte d'avoir égard au prix des marchandiſes qui entrent en contribution d'avarie, lors qu'on en veut faire le calcul, ſur tout lors qu'une partie de la marchandiſe a été priſe en troc, & que l'autre partie a été achetée en argent comptant, auquel cas celles qui ont été priſes en troc couteroient beaucoup plus en les paſſant au prix auquel on les a priſes en troc, que celles qu'on a achetées comptant, & ne ſeroient pourtant pas meilleures, & que cependant elles payeroient beaucoup plus qu'elles ne doivent payer pour l'avarie. Par exemple un quintal de paſtel aura été acheté en troc pour 1200 Rees, & un quintal du même paſtel aura été acheté comptant pour 600 Rees, ſi on regle l'Avarie ſur le pied de ces deux achats, le quintal pris en troc payera le double plus d'avarie que le quintal acheté comptant, ce qui ſeroit viſiblement contraire à la raiſon, & à l'Ordonnan-

cc.

ce No. VI. qui veut que les chofes foient mifes à leur veritable valeur.

A l'égard du deperiffement des Vaiffeaux, il eft certainement fort jufte que l'on y ait égard tant dans le reglement des pertes, que dans le reglement des Avaries, car il eft certain que dans bien des occafions les Affureurs perdent, & payent le dommage qui arrive aux Vaiffeaux, tandis que les Proprietaires y gagnent beaucoup deffus.

Numero XII.

Cette amplification ordonne, *que deformais aucun abandon, infinuation, ni authorifation en matiere d'affurances, ne pourra fe faire que par le Secretaire & par l'Huiffier de la Chambre des Affurances, lefquels font fuffifament authorifez pour cela par cette Ordonnance, qui defend à tous Notaires, Courtiers & autres perfonnes d'entreprendre d'en faire aucun acte fur peine de nullité.*

Si les Affurez jugent que les Affureurs aient lieu de faire quelque difpute, ils ne doivent pas manquer de faire faire l'abandon, l'infinuation, ou l'authorifation, comme il eft ordonné ci-deffus, parce que tout ce qu'ils font faire fur ce fujet par leurs Courtiers eft nul & invalide, fi l'affaire vient à la Chambre, & qu'il faut abfolument, que ces Pieces foient dreffées dans la Chambre, & fignifiées par l'Huiffier pour être valables.

Le 5 Mars 1688. on publia l'Ordonnance fuivante.

Ceux qui voudront fe faire affurer fur des Navires ou effets deja partis du lieu de leur chargement, feront obligez de le declarer dans les Polices, & d'y marquer le tems du depart, à moins qu'ils ne l'ignorent, & s'ils l'ignorent ils doivent le declarer expreffement dans les Polices fur peine de nullité.

Comme cet Article a beaucoup de rapport aux Articles 6. 20. ou 21. de la premiere Ordonnance, on peut voir ce que j'en ai dit fous l'Article 6.

Le même jour 5. Mars 1688. ou publia auffi l'Ordre fuivant.

Les Seigneurs de la Juftice aiant été avertis tant par plufieurs Marchands, que par plufieurs Affureurs, qu'il fe fait tous les jours divers changemens dans les Polices qu'on fait imprimer, & que prefque chaque Courtier y ajoûte quelque nouvauté, ce qui oblige tant les Marchands que les Affureurs, à lire tant ce qui eft imprimé qu'écrit dans les Polices, & que cela eft fort difficile à pratiquer par la quantité des affaires que l'on a tant en Bource, qu'ailleurs, d'où il provient grand nombre de tromperies & de faux tours, &c. Ce que mefdits Seigneurs voulant prevenir, ils ordonnent & ftatuent que deformais on n'imprimera ni on ne prefentera aucune Police, qu'elle ne contienne mot à mot ce qui eft contenu dans les fuivantes, & qu'il faudra qu'elles foient paraffées par le Secretaire de la Chambre des Affurances, lequel aura 3. fols pour fon droit de chacune, &

ne

ne fe pourra faire aucune Police d'Affurance , qui ne foit parafée par ledit Secretaire , faute dequoi on n'y faira aucun droit ; & que les Courtiers qui prefenteront des Polices d'un autre contenu que dans les formes fuivantes , aux Marchands pour les leur faire figner, payeront pour chacune ƒo. florins d'amende.

Forme des Polices d'Affurance permifes pour les corps des Navires.

Nous fouffignez, affurons à vous Monfieur   .   .   .   :
ou à quel autre qu'il puiffe appartenir, en tout ou en partie, ami ou ennemi, fans aucune exception , favoir chacun pour la fomme ci-bas fignée, de (on met dans ce blanc le voyage que le Navire doit faire)   .   .

fur   .   .   .   .   corps & cafque du Navire (que Dieu veuille garder avec fon artillerie, munitions, agrez & leur dependances, apartenant audit Sr.   .   .   ou à quelque autre)
nommé   .   .   .   .   .   .
fur lequel eft Capitaine   .   .   .   .
ou quelque autre qui puiffe être mis en fa place   .   .   :
le rifque, le peril, & les avantures duquel nous prenons fur nous depuis le jour & l'heure que   .   .   .   .   jufques à ce que ledit Navire   . . .   fera arrivé comme ci-deffus avec fon artillerie, fes munitions, agrez & dependence , & entierement dechargé , & pourra ledit Navire avancer, reculer, tourner & virer à droite, à gauche & de tous côtez, de la maniere que le Capitaine , ou les Capitaines le trouveront à propos pour le bien & l'avantage dudit voyage, confiftant les dangers fus mentionnez, en tous perils de Mer, de Tempête , de Feu, & de Vent , en arrêt d'amis ou d'ennemis, detention de Rois, ou Reines, Princes, Seigneurs & Communautez, lettres de marque & de contremarque, imprudence du Capitaine, ou barateries des matelots, & en tous autres perils & avantures qui pourroient furvenir audit Navire, de quelque maniere que ce foit , prevus ou imprevus, ordinaires ou extraordinaires, fans exception d'aucun, pourvu qu'ils arrivent fans aucune intention , ou participation de l'Affuré ; nous mettant dans tous les fufdits cas en votre place, pour payer à vous Affuré , ou à votre Commis , tout le dommage que vous aurez foufert, favoir chacun au prorata de la fomme qu'il aura fignée auffi bien le premier que le dernier Affureur , & cela dans un mois après que nous aurons été avertis dûement de la perte ou du dommage, & en ce cas nous vous donnons à vous Affuré , & à tous autres un plein pouvoir, foit que cela tourne à notre avantage ou à notre perte, de prêter

ter les mains pour fauver ledit Navire & fes dependances, pour le vendre, & en diftribuer les deniers, fi le cas le requiert, fans nous en demander ni notre confentement ni notre permiffion. Nous payerons auffi les
fraix qui auront été faits à ce fujet, comme auffi le dommage qui fera arrivé, foit qu'il s'en fauve quelque chofe ou non, & à l'égard du compte
des fraix, on ajoutera foi au ferment de celui qui l'aura fourni, fans aucune contradiction ; moyenant quoi il nous fera payé en argent comptant,
pour le prix de cette Affurance . . . . pour cent, engageant pour cet
effet & foumettant nos perfonnes & nos biens prefents & à venir, felon
les loix, renonçant comme gens d'honneur à toutes chicanes & exceptions qui pourroient contrarier la prefente, ainfi fait à Amfterdam, &c.

Forme des Polices d'Affurance fur Marchandifes.

NOus fouffignez affurons à vous : . . :
ou à tout autre qu'il appartiendra, foit en tout ou en partie, ami ou
ennemi, favoir chacun pour la fomme fignée ci-deffous de . . .

& cela fur effets, marchandifes, ou denrées, de quelque forte, ou fortes
qu'elles puiffent être, corruptibles ou incorruptibles fans exception d'aucune, chargées ou encore à charger dans le Navire que Dieu veuille garder nommé
commandé par Capitaine - - - - - - ou par
quelque autre Capitaine ou Capitaines, qui puiffent être mis en fa place ;
ou de quelque autre maniere que le nom du Maître, ou du Navire foit
ortographié ou épelé - - - - - - - -

dont nous prenons les rifques, perils & avantures à notre charge, dès
l'heure & jour que lesdites marchandifes auront été portées par vous, ou
par vos Commis fur le quai ou rivage, pour de là être chargées fur ledit
Vaiffeau, ou fur des Bateaux, Barques ou Aleges pour les tranfporter à
bord dudit Vaiffeau, & durera jufques au tems que ledit Navire fera arrivé au lieu fus mentionné, & que la marchandife aura été dechargée &
mife à terre librement, paifiblement & fans aucun dommage, entre les
mains de vous Affuré, ou de celui qui en aura l'ordre ; & pourra ledit
Navire, avancer, reculer, tourner, virer à droite, à gauche & de tous
côtez, & entrer foit volontairement ou par neceffité dans tels Ports &
Havres qu'il plaira au Capitaine ou aux Capitaines, & comme ils le trouveront à propos pour l'avancement du fufdit voyage ; & fi par neceffité lesdites

dites marchandifes venoient à être dechargées , & rechargées dans un autre ou d'autres Bâtiments petits ou grands (ce qu'ils pourront faire de leur
propre authorité fans attendre notre approbation ou notre confentement)
nous courrons les mêmes rifques que fi lesdites marchandifes n'avoient jamais
été dechargées, confiftant en outre les fufdits rifques dans toutes fortes de
perils de Mer , de tempête , de feu & de vent, en arrêts d'amis ou d'ennemis , en detention de Rois ou de Reines , de Princes , de Seigneurs &
de Communautez , en lettres de marque & de contremarque , en barrate-
rie & imprudence des Capitaines & des Matelots , & dans tous autres perils & avantures qui puiffent furvenir auxdites marchandifes , prevus &
imprevus , ordinaires ou extraordinaires , fans exception d'aucun , nous
mettant en votre lieu & place dans tous les fufdits cas , pour vous garantir de toute perte & dommage , & pour payer à vous Affuré ou à votre
Commis tout le dommage que vous aurez foufert , favoir chacun à proportion de la fomme que nous aurons fignée , auffi bien le premier que le dernier Affureur , & cela fans rabais dans un mois precis , après que nous aurons été dûement avertis du dommage , & en pareil cas nous vous donnons
à vous Affuré & à tous autres plein pouvoir de prêter les mains au fauve-
ment , à la confervation & au benefice desdites marchandifes , foit que
cela tourne à notre avantage ou à notre dommage , de vendre lesdites
marchandifes & d'en diftribuer les deniers s'il eft de befoin , fans nous en
demander permiffion , promettant de payer les fraix qui auront été faits
pour ce fujet , auffi bien que le dommage ou la perte qu'il y aura , foit qu'il
y ait quelque chofe de fauvé ou non , & fera foi ajoûtée au compte des
fraix , fur le ferment de celui qui l'aura fourni , fans aucune contradiction;
moyenant quoi il nous fera payé en argent comptant, pour le prix de cette
Affurance - - - - - pour cent, fous foumiffion
de nos perfonnes & biens prefents & à venir , renonçant comme gens
d'honneur à toutes chicanes & exceptions qui pourroient être contraires à
la prefente , ainfi fait à Amfterdam le &c.

Nouvelle Amplification de l'Ordonnance de la Chambre des Affurances & Avaries de la Ville d'Amfterdam.

MEffeigneurs de la Juftice de la Ville d'Amfterdam , aiant vu & examiné la Requête que pluficurs confiderables Negociants de ladite
Ville leur ont prefentée aujourdhui, requerant qu'il foit fait quelque changement & redreffement dans la matiere des Affurances ; après avoir ouï l'avis
des Commiffaires de la Chambre des Affurances & Avaries, ont trouvé à propos d'ordonner & de ftatuer, comme ils ordonnent & ftatuent par la prefente :

Article

Article I.

Que déformais on pourra faire assurer les corps & casques des Navires, pour les sept huitièmes de leur veritable valeur, sans qu'on puisse pourtant faire assurer leur fret, leur poudre, leurs balles, leurs victuailles, ni choses semblables qui se consument, & sera l'Assuré tenu de courir le risque du huitième de la valeur, tant au dessus qu'au dessous de deux mille livres de gros, dérogeant & alterant à cet égard l'Article dixième de l'Ordonnance de la Chambre des Assurances.

L'Article 10. de la premiere Ordonnance altéré par celui-ci, defendoit de faire assurer les Navires au delà des deux tiers de leur valeur, ce qui étoit capable de decourager tous ceux qui avoient dessein de faire construire des Vaisseaux, les obligeant à courir eux mêmes le risque du tiers de leur valeur, ce qui ne convenoit pas à tout le monde ; ainsi c'est avec raison que l'on a changé l'Article 10. duquel il y est parlé, & il seroit même fort à souhaiter, qu'on n'eût pas obligé par cet Article les proprietaires des Navires à courir risque du huitième ; car outre que cela cause beaucoup de disputes, il n'y a naturellement aucune necessité d'obliger un homme à courir un risque, dont un Assureur se veut bien charger, moiennant la prime qu'il reçoit: il y a même, s'il m'est permis de le dire, une grande porte ouverte à la chicane dans cette amplification, qui ne parle *que du corps du Navire*, sans faire mention des agrez & aparaux, qui souvent valent autant, ou la moitié autant que le corps du Navire ; je sai pourtant bien que lors que les Commissaires de la Chambre font taxer un Navire, on le taxe avec tous ses agrez & aparaux, & que les Assureurs n'y contredisent pas, mais je ne sai pas ce qui en arriveroit, si quelqu'un d'entre eux se vouloit tenir à la lettre de l'Ordonnance, qui ne donne permission que d'assurer le casque, (c'est ainsi qu'on exprime en Hollandois le corps du Navire.) On dira qu'un Navire ne peut pas faire des voyages sans des voiles, des mats, &c. & qu'ainsi ses agrez & aparaux lui étant absolument necessaires pour faire le voyage, ils peuvent être compris & sont effectivement compris avec le corps du Navire, cependant cela ne fermeroit pas la bouche à certains chicaneurs que je connois, s'ils se trouvoient dans le cas. Mais pour ne pas étendre plus loin ma critique, je dirai que lors qu'on se fait assurer sur le corps d'un Navire, il est très-necessaire de le taxer dans la Police, & d'y mettre que c'est avec toutes ses dependances & apartenances, & telles autres clauses qu'un Courtier expert trouve à propos d'y inferer suivant les cas & les circonstances. Au reste il est permis en France de faire assurer les corps & quilles des Vaisseaux, leurs agrez, aparaux & victuailles, par l'Article VII. de l'Ordonnance de Louïs XIV. que j'ai déja citée ; & l'Article VIII. ordonne que *si l'Assurance est faite*

M m   *sur*

fur le corps & quille du Vaiſſeau, ſes agrez, aparaux, armement & victuail-
les, ou ſur une portion, l'eſtimation en ſera faite par la Police, ſauf à l'Aſ-
ſureur en cas de fraude, de faire proceder à nouvelle eſtimation, & c'eſt à peu
près ce qui s'obſerve à Amſterdam, lors qu'une Police ſur le corps du
Navire eſt bien dreſſée.

    Le 2. Article de cette amplification, *dit que pareillement il ſera permis*
de faire aſſurer la ſimple rançon ou le rachat des Capitaines & des Matelots, qui
courent riſque d'être pris par des Corſaires, & cela ſur des Polices dont le plan
ſera donné ci deſſous, leſquelles devront être parafées par le Secretaire de la
Chambre, lequel aura trois ſols pour chacune, comme des autres Polices, ſous
peine que ſi elles ne ſont pas parafées par ledit Secretaire, il n'y ſera fait aucun
droit, & que les Courtiers qui feront des Polices d'une autre teneur, payeront
cinquante florins d'amende pour chacune, &c.

    Le 24. Article de la premiere Ordonnance defendoit de faire aſſurer ſur
le vie de qui que ce fût; & bien de gens confondant la liberté avec la vie,
s'imaginoient qu'il n'étoit pas plus permis de faire aſſurer l'une que l'autre,
ce qui cauſoit beaucoup de difficultez entre les proprietaires des Navires
& les Capitaines qui alloient dans la Mer Mediterranée & aux environs, où ils
couroient riſque d'être pris par les Turcs, lorſque l'on étoit en guerre avec
eux, & c'eſt pour cela ſans doute que cet Article a été fait; & la moindre guerre que nous ayions à preſent contre quelque Puiſſance Barbare,
les Capitaines des Vaiſſeaux qui doivent aller dans la Mer Mediterranée,
ne veulent preſque point partir que les proprietaires ne faſſent aſſurer 3 à
4000 florins ſur leur liberté, afin de pouvoir être rachetez pour cet argent, en cas qu'ils aient le malheur d'être pris.

    Le troiſième Article de ladite amplification, *porte qu'aucune Aſſurance*
faite ſur des deniers donnez à la groſſe ſur des marchandiſes, ne ſera valable, à
moins qu'il ne ſoit porté expreſſement par tous les Connoiſſemens des marchandi-
ſes, comment l'argent y a été pris deſſus, avec la date du jour, & du lieu, de
qui il a été pris à la groſſe, & à qui il a été compté, & pour compte de qui;
mais l'aſſurance ſe faiſant d'une place, où l'on ne ſigne point de Connoiſſemens,
il faudra le prouver par les lettres de groſſe ou de bodemerie, &c.

    Les 4. & 5. Articles autoriſent les Commiſſaires de condamner dès le
ſecond defaut, ceux que les Aſſureurs font citer à la Chambre, pour le
payement des primes, & de proceder pour les autres cauſes de deux en deux
jours, & de condamner ſur le troiſième defaut.

For-

Formulaire des Polices d'Affurance fur la Liberté des Perfonnes.

NOus fouffignez affurons à vous - - - - -
ou à qui il apartiendra, favoir chacun pour la fomme ci-bas fignée,
de - - - - - à condition d'aller de tous côtez, pendant tout le voyage, & de pouvoir toucher en tous lieux & en tous pays
en chemin, d'avancer, de reculer, de relâcher, decharger & charger à la
volonté du Capitaine ou du Commis, foit du gré & du confentement de
l'Affuré ou du Commis ou non, & cela fur le corps & la perfonne de
- - - - - - - allant pour - - - fur
le Navire (que Dieu garde) commé - - commandé par le
Capitaine - - - - & au cas que ledit Navire vint à
fe perdre, ou à ne pas achever fon voyage, nous courrons le même rifque
fur le Navire ou les Navires fur lefquels ledit - - - -
pourra s'embarquer, pour pourfuivre & achever fon fufdit voyage, foit
fur Mer foit fur Terre, & nous courrons feulement le rifque de fa prife,
par quelque Nation que ce puiffe être, foit Turque, More, Barbare, ou
autres Pirates infidelles, defquels au cas que ledit - - -
vienne à être pris, amené, ou rançonné (ce qu'à Dieu ne plaife) nous
promettons de payer promptement à l'Affuré ou au porteur de la prefente
& fans aucun rabais, chacun la fomme par nous affurée pour fon rachat,
avec les autres frais qui pourront être faits pour ce fujet, & cela auffi-tôt
qu'on aura receu avis, & qu'il nous aura paru qu'il a été relâché ou que
l'on aura payé fa rançon, & que les lettres de change auront été acceptées; mais les fommes par nous affurées ne pourront être employées que pour
fon rachat & fes dependances, & à rien autre; pour l'accompliffement
de ce que deffus nous engageons nos perfonnes & nos biens, prefents & à
venir, les foumettant à toutes Loix & Tribunaux de Juftice, le tout à la
bonne foi, fans fupercherie ni fineffe, & nous avons accordé pour la
prime - - - - ainfi fait à Amfterdam, &c.

Arrêté le 26 Janvier & publié le 30. dito.

Il y a tant de chofes à dire fur la matiere des Affurances, que je n'ai pu
qu'effleurer fort fuperficiellement la plûpart des Articles de toutes les Ordonnances que j'ai rapportées, & j'aurois encore beaucoup de remarques
à faire, mais elles conviendront mieux dans un recueil que je me propofe de faire un jour fur cette matiere, fi j'en ai le tems, que dans cet ouvrage, qui fera affez gros fans cela, & je vais finir ce Chapitre pour parler des
Avaries.

CHA-

CHAPITRE XIV.

Des Avaries tant ordinaires qu'extraordinaires.

PAr le mot d'Avaries pris en general, on entend de certains fraix ou depenses, qui se font par les Navires, tant pour les Navires seuls, que pour leur seule cargaison, ou conjointement pour tous les deux ; & tout le dommage qui leur arrive depuis leur chargement & depart jusques à leur arrivée & decharge, au lieu de leur destination.

Elles se divisent en simples ou ordinaires, & en communes, grosses, ou extraordinaires.

On compte pour avaries simples ou ordinaires tous les fraix, tant ordinaires qu'extraordinaires qui se font tant pour le Navire seul, que pour la cargaison seule, & tout le dommage qui leur arrive soit en commun, ou en particulier, lors qu'il n'est pas causé par quelque force majeure, ou par quelque cas fortuit, qui oblige de faire ces fraix, ou de causer le dommage ; en un mot les Avaries simples ou ordinaires, sont ce que la marchandise a accoûtumé de payer au Maître du Navire, au delà du fret & du chapeau, promis au Maître dans les Connoissemens, lors qu'il l'a delivrée & dechargée à terre ou hors de son Navire bien & duëment conditionnée, suivant la teneur du Connoissement qu'il a signé, lors qu'il a chargé la marchandise dans son bord.

Ainsi tout ce que le Maître d'un Navire paye pour Pilotage, Lamage, Touage, pour les droits de Convoi, d'Encrage, de Visite, de Tonnes ou Bailles, droits de feux ou fanaux, & ce qu'il paye à des bateaux ou alleges pour decharger le Navire & autres pareils fraix, est compté pour avaries simples ou ordinaires ; on y comprend aussi en certains cas la perte des Ancres & Cables, & des Mâts & Cordages, causée par la tempête, selon les occasions qui l'ont causée.

Autrefois les Maîtres de Navire dressoient un compte de tous ces fraix ordinaires, & chaque Marchand en payoit la part à proportion de la marchandise qu'il avoit euë dans le Navire ; mais comme plusieurs la taxoient à beaucoup moins qu'elle ne valoit, qu'il arrivoit beaucoup de contestation entre les Marchands & les Maîtres de Navire, qui avoit de la peine à se faire payer ces sortes d'avaries, & qu'il y avoit aussi des Maîtres qui portoient plus en compte qu'ils n'avoient payé, l'usage s'est établi de les fixer à tant pour cent du fret, à tant par tonneau, ou à tant par balle ou telle autre quantité de marchandise mentionnée dans les Connoissemens.

Je n'ai trouvé que les deux Ordonnances suivantes faites dans cette Ville pour le reglement des Avaries ordinaires, dont voici la premiere.

E X-

EXTRAIT

Des Regiſtres de la Ville d'Amſterdam Folio 968. publié
le 13 Novembre 1664.

COmme Meſſeigneurs de la Juſtice ont été informez, que depuis long-
tems il ſurvient beaucoup de diſputes & de chicanes entre les Marchands qui negocient, & les Maîtres de Navire qui naviguent en Angleterre, en France, en Eſpagne, en Italie, en Portugal & au Levant, au
ſujet des menus fraix qui ſe font dans ces ſortes de voyages ; à quoi voulant pourvoir, mesdits Seigneurs ont trouvé bon d'ordonner & ſtatuer comme ils font par la preſente :

Que deſormais lesdits Maîtres de Navire ſeront obligez, d'abord qu'ils
ſeront arrivez au Vlie ou au Texel, de faire toute la diligence poſſible, pour
arriver devant cette Ville, ſoit avec leur entiere cargaiſon, ou par le
moyen d'alleges.

Et que les Marchands payeront aux Maîtres de Navire, pour menus
fraix de Pilotage, de louage d'alleges, droits de pieux, droit de feu, &
tous autres de quelque nom qu'ils puiſſent être nommez, (les avaries extraordinaires non compriſes) cinq pour cent, du fret accordé.

La ſeconde Ordonnance que je trouve au ſujet des Avaries ordinaires
eſt comme ſuit.

EXTRAIT

Des Regiſtres de la Ville d'Amſterdam, Folio 968.
publié le 14 Juin 1666.

COmme Meſſeigneurs de la Juſtice ont été informez, qu'il arrive
beaucoup de diſputes & de chicanes entre les Marchands qui negocient, & les Maîtres de Navires qui naviguent en divers Pays, comme
en France, en Eſpagne, en Italie, en Portugal, & au Levant, à l'égard
des menus fraix qui ſe font dans ces ſortes de voyages ; à quoi voulant
pourvoir, mesdits Seigneurs ont trouvé à propos d'ordonner & de ſtatuer
comme ils ordonnent & ſtatuent par la preſente:

Que deſormais leſdits Maîtres de Navire ſeront obligez, d'abord qu'ils
ſeront arrivez au Vlie ou au Texel, de faire toutes les diligences poſſibles
pour venir de là avec leurs Navires, devant les palliſſades de cette Ville.

Et que les Marchands payeront auxdits Maîtres pour les menus fraix

Mm 3   de de Pilotage, de louage d'alleges, droits de feu, & droits de paliſſade, ou tous autres fraix, quels qu'ils puiſſent être (excepté les avaries extraordinaires) un florin par Tonneau, & pour des Balles, du Papier & autres marchandiſes à proportion, comme on l'a conſtamment pratiqué ci-devant, ceci ſeulement par proviſion & juſques à nouvel ordre.

Mais nonobſtant ces deux Ordonnances, l'uſage eſt de compter à Amſterdam la plûpart des avaries ordinaires à deux ſols par florin du fret, ce qui eſt à raiſon de dix pour cent, ou bien à vingt ſols par tonneau lors que les Connoiſſemens portent à tant de fret par tonneau, & il n'y a, que je ſache, que les Navires qui viennent de Bayonne qui comptent vingt pour cent du fret, pour les avaries ordinaires : il eſt vrai qu'il faut que les Maîtres de Navire le conditionnent dans les Connoiſſemens, comme font les François qui viennent dudit Bayonne, ſans quoi les Marchands d'Amſterdam font difficulté de les payer ſur ce pied-là, & ce n'eſt pas ſans raiſon, puis que ſuivant ces deux Ordonnances ils peuvent regler les avaries ordinaires à 5 pour cent du fret, ou à 20 ſols par Tonneau.

Des Avaries communes, groſſes, ou extraordinaires.

On compte pour avaries groſſes tous les dommages, & toutes les pertes.
Il y a trois cas eſſenciels pour pouvoir former l'avarie groſſe.
Le premier eſt que l'on ſe trouve dans un danger évident, & preſque inmanquable de perir avec le Navire & la cargaiſon.
Le ſecond eſt la reſolution que doit prendre le Maître de Navire, dans une telle occaſion après conſeil pris des Officiers & de l'Equipage, pour tâcher de ſauver le Navire & la cargaiſon, ſoit en en jettant, ou en en coupant une partie, ſoit en cauſant des fraix extraordinaires pour ſauver le tout ou le reſtant au profit du proprietaire.
Le troiſième eſt, que le Navire & la Cargaiſon, ou partie d'iceux ſoient ſauvez par le moyen du jet qu'on a fait, ou des fraix extraordinaires cauſez dans cette veuë.
Suivant ces 3. axiomes il faut conclure que toutes les depenſes & toutes les pertes qui ſe font volontairement pour prevenir la perte totale du Navire & de la cargaiſon, ſont de veritables avaries groſſes, qui doivent être ſupportées au marc la livre tant par le Navire que par la Cargaiſon.
Ainſi tout ce qui ſe briſe ou qui ſe perd dans une rude tempête, comme Ancres, Cables, Mâts, Voiles, Cordages & autres, n'eſt point compté pour avaries groſſes, parce que la tempête ſeule a cauſé cette perte, & qu'elle n'a pas été faite par la deliberation du Maître du Navire & de ſon Equipage, dans la veuë de ſauver le Navire & la Cargaiſon; & au contraire ſi après conſeil pris de l'Equipage ou de la plûpart d'entre eux, le Maître fait couper, jetter ou abandonner quelque choſe du Navire ou de

la

la Cargaiſon, dans la veuë de prevenir un plus grand malheur, tout ce qui a été coupé, jetté, ou abandonné, entre & doit être compté en avarie groſſe.

Et non ſeulement les marchandiſes jettées entrent en avaries groſſes, mais auſſi le dommage qui a été cauſé à celles qui ſont reſtées dans le Navire, lors que par le jet que l'on a fait des autres, il leur en eſt arrivé quelqu'un.

Si un Navire eſt pris par force & conduit dans quelque port, & que l'Equipage y reſte deſſus pour le garder & le reclamer, les fraix de la Reclame entrent non ſeulement en avarie groſſe, mais auſſi les gages & la depenſe de l'Equipage pendant le tems que le Navire a demeuré en arrêt, & même depuis le tems qu'il a été pris & detourné de ſa route.

Mais on ne fait point entrer en avarie groſſe, au dire du Sieur Adriaan Verwer dans ſon Livre des Droits de la Marine des Pays-bas, d'où je tire une partie de ce que je dis ici, on ne fait point, dis-je, entrer en avarie groſſe les gages de l'Equipage d'un Navire, qui eſt arrêté dans un port par l'ordre du Souverain: la raiſon qu'il en donne eſt, que dans le premier de ces deux cas l'Equipage demeure à bord du Navire pris par force pour le garder pendant qu'on travaille à le reclamer, & que ces fraix ſe font uniquement dans la veuë de conſerver le Navire & la Cargaiſon pour ceux qui en ſont les proprietaires, au lieu que dans le ſecond cas cette neceſſité de garder le Navire n'a pas lieu, parce que le Souverain n'en veut ni au Navire ni à la Cargaiſon, mais qu'il veut ſeulement en empêcher le depart pour des raiſons de politique, & qu'on ne peut pas dire que l'Equipage y reſte deſſus pour en prevenir la perte entiere.

Cependant il ſemble que la raiſon & la juſtice exigent que la depenſe & les gages de l'Equipage d'un Navire arrêté dans un port par l'ordre du Souverain entrent en avarie groſſe; car ſi d'un côté les Marchands qui ont chargé des marchandiſes ſur un tel Navire, ſouffrent beaucoup, comme cela arrive fort ſouvent, du retardement de l'arrivée de leurs marchandiſes au lieu de leur deſtination; les proprietaires du Navire n'en ſouffrent pas moins qu'eux, ſur tout ſi l'Equipage eſt un peu fort, & ſi l'arrêt dure long-tems; ce qui eſt facile à comprendre ſi on ſuppoſe qu'un Navire de 50 à 60 hommes d'équipage, peut être ainſi arrêté pendant deux ou trois mois, & ceux qui ont dreſſé l'Ordonnance de Louïs XIV. ont bien reconnu en partie qu'il y auroit trop d'injuſtice à faire ſupporter toute la depenſe du Navire arrêté, à ſes ſeuls proprietaires, puis que l'Article VII. de ladite Ordonnance, Titre des Avaries, porte en propres termes: *la nouriture & les loyers des Matelots d'un Navire arrêté en voyage par ordre du Souverain, ſeront auſſi reputez avaries groſſes, ſi le Vaiſſeau eſt loué par mois; & s'il eſt loué au voyage, ils ſeront portez par le Vaiſſeau ſeul comme avaries ſimples.*

D'où je croi qu'on doit conclure, quoi qu'il ne ſoit parlé ici que d'un Navire freté par mois, ou par voyage, que lors que les proprietaires du

Navire ont loué l'Equipage par mois, ils font en droit de porter en àvarie groffe, la depenfe & les gages de l'Equipage pendant tout le tems que le Navire eft en arrêt, mais qu'ils ne font pas en droit de porter la depenfe de l'Equipage en avarie groffe, s'il n'eft loué que pour le voyage : or la depenfe feule de l'Equipage eft toûjours la même, foit qu'il foit loué par mois ou par voyage, & étant caufée par la même volonté du Souverain qui a fait l'arrêt, je ne voi pas qu'il doive y avoir de diftinction, à moins qu'il n'y ait des marchandifes dans le Navire, qui foient la caufe de l'arrêt, car dans ce cas la raifon voudroit que ces mêmes marchandifes payaffent toute la depenfe.

On compte auffi pour avaries groffes fuivant l'Article VI. de la fufdite Ordonnance, les chofes données par compofition aux Pirates pour le rachat du Navire, & des marchandifes, celles jettées dans mer, le penfement & le nourriture des Matelots bleffez en defendant le Navire, & les frais de la decharge pour entrer dans un Havre ou dans une Riviere, ou pour remettre à flot un Vaiffeau.

Mais il faut noter que les frais dont il eft parlé de la decharge pour entrer dans un Havre ou dans une Riviere, ne doivent entrer en avarie groffe, que lors qu'ils font caufez par une neceffité indifpenfable pour prevenir la perte du Navire & de la Cargaifon, comme lors qu'un Navire eft forcé par la tempête d'entrer dans un port pour reparer le dommage qu'il a foufert, s'il ne peut pas continuer fon voyage, fans courir rifque de fe perdre entierement, auquel cas on porte en avarie groffe les gages & la nouriture de l'Equipage depuis le jour qu'il a été refolu de chercher un port pour radouber le Navire, jufques au jour de fon depart du même port, avec tous les frais de la decharge & recharge, droits d'encrage, de pilotage, & tous autres droits & frais caufez par cette neceffité.

Le Capitaine d'un Navire qui a été obligé de couper ou de jetter quelque chofe dans la tempête, a hipoteque privilegiée, & droit de retention, fur les marchandifes qu'il porte à bon port, pour les faire contribuer en avarie groffe.

Et les proprietaires des marchandifes jettées, auffi bien que les proprietaires des marchandifes endommagées par le jet des autres, ont le même droit fur les marchandifes arrivées à bon port & fur le corps du Navire, pour les faire contribuer dans leur perte & dans leur dommage.

Il eft dit ci deffus que les chofes données aux Pirates par compofition, pour le rachat du Navire & des marchandifes, entrent en avarie groffe, cela s'obferve à Amfterdam auffi bien qu'en France, mais fi des Pirates étant entrez dans un Navire, en prennent ce qui leur plait, rien de ce qu'ils prennent n'entre en avarie groffe, & la perte eft pour celui à qui la marchandife apartenoit, cependant l'Affureur eft obligé de payer cette perte au proprietaire s'il s'eft fait affurer.

Comme c'eft aux Commiffaires de la Chambre d'Affurances qu'apartient
le

le droit de regler les avaries fuivant l'Ordonnance No. 5. que j'ai raportée page 264. Je n'en dirai pas davantage fur cette matiere qui eft affez abondante pour fournir un volume entier, & je me contenterai de dire, que lors qu'on regle le dommage ou la perte arrivée en deçà ou en delà de la moitié du chemin, on compte differemment, par exemple de deux Navires venant de Marfeille, l'un aura jetté des marchandifes à la hauteur de Barcelone, & l'autre en aura jetté à la hauteur du Havre de Grace, celles qui auront été jettées à la hauteur de Barcelone, feront paffées en compte pour le reglement de l'avarie, pour ce qu'elles ont coûté à Marfeille jufques dans le Navire, tous les frais y compris; & celles qui auront été jettées à la hauteur du Havre de Grace, feront paffées en compte, pour ce qu'elles auroient pu valoir à Amfterdam, fi elles y étoient arrivées à bon port, deduit les droits d'entrée, les frais de decharge, & le fret, fuivant la teneur des Affignations que la Chambre fait donner aux intereffez, dont voici la traduction.

Celles pour les Avaries arrivées en delà de la moitié du chemin, contiennent ce qui fuit.

VOus N. N. êtes cité pour demain . . . . d'un tel mois pour comparoître dans la Chambre d'Affurances à dix heures precifes du matin de la part de Capitaine du Navire nommé pour regler l'avarie groffe, en portant avec vous un compte ou la notte de la quantité, qualité, & veritable valeur des marchandifes que vous avez eues dans ledit Navire, tel qu'elles ont coûté jufques au bord dudit Navire, fur peine de defaut.

Celles pour les avaries arrivées au deça de la moitié du chemin, contiennent ce qui fuit.

VOus N. N. êtes cité pour demain . . . . d'un tel mois, pour comparoitre dans la Chambre d'Affurances à dix heures precifes du matin, de la part de Capitaine du Navire nommé pour regler l'avarie groffe, en portant avec vous un compte, ou la note, de la quantité, de la qualité, du nombre, ou du poids, & de la veritable valeur de que vous avez receues par ledit Navire, fur le pied qu'elles valent dans cette ville, deduit le fret, les droits d'entrée, & les autres menus frais, fpecifiant en particulier la valeur de chaque marchandife feparement, fur peine de defaut.

Ceux qui reçoivent ces fortes de Citations, dreffent ordinairement les

comptes

comptes le plus avantageusement qu'ils peuvent pour leur interêt, & mettent souvent leurs marchandises arrivées à bon port, beaucoup au dessous de leur veritable valeur, comme au contraire ceux qui ont eu quelque dommage, l'augmentent autant qu'ils peuvent dans le compte qu'il en donnent à la Chambre: ce qui fait que bien souvent les uns ou les autres sont lezez par le reglement que font Messieurs les Commissaires des Avaries; car quoi qu'ils augmentent les Articles qu'ils trouvent passez trop bas, & qu'ils diminuent les Articles qu'ils trouvent passez trop haut, à leur gré & selon qu'il leur plait, il n'est pas possible qu'ils puissent savoir la veritable valeur de beaucoup de choses que les Marchands ne passent que suivant leur interêt.   Mais pour prevenir cet abus, il seroit bon d'obliger tous les interessez dans la cargaison, de porter les factures originales de l'achat à la Chambre, s'il se pouvoit; mais comme cela n'est pas toûjours possible, on pourrois établir un Commissaire bien entendu pour être present à la decharge des Navires qui auroient fait des avaries, pour taxer chaque marchandise à sa veritable valeur, & regler l'avarie sur la taxe qu'il fairoit de ces marchandises.

     Ce seroit ici le lieu de parler des Reglements des avaries faits par Messieurs les Commissaires de la Chambre d'Assurances, auxquels tant les Assureurs que les Assurez ne veulent pas se soumettre, y aiant une infinité de cas, dans lesquels les uns ou les autres se croyent lezez par ces reglements: mais comme cela me meneroit trop loin, je me contenterai de dire, que tout Marchand ou Assureur se doit bien entendre dans la matiere des Assurances & des avaries, & bien comprendre le fait, avant qu'il apelle de la sentence des Commissaires, & que c'est par devant les Seigneurs Echevins qu'il faut en apeller suivant l'Article 34. de l'Ordonnance No. 1. page 262. que si on se croit encore lezé par la sentence des Seigneurs Echevins, il faut en apeller à la Cour d'Hollande qui reside à la Haye, laquelle juge suivant le droit, & ne se tient pas toûjours à la lettre de l'Ordonnance d'Amsterdam, n'y aiant souvent aucun égard; & en effet si on considere bien la clause de Police, par laquelle *les Assureurs se mettent au lieu & place des Assurez, pour le garantir de toute perte & dommage*, dans les cas dont elle fait mention plus haut, on trouvera que l'obligation des Assureurs s'étend bien plus loin que ce à quoi Messieurs les Commissaires les condamnent, ce qui vient de ce qu'ils ne peuvent juger que suivant l'Ordonnance, au lieu que la Cour d'Hollande juge suivant le contenu des Polices, par lesquelles les Assureurs se sont obligez.

Cha

Chapitre XV. contenant les Ordonnances pour la Chambre des affaires maritimes, & pour les Pilotages du Texel, du Vlie & Lieux voisins.

ORDONNANCE

Pour la Chambre des affaires maritimes,

Extraite des Regiſtres de la Ville d'Amſterdam cotez R, folio 139.

Publiée après le ſon de la cloche, le 16 Fevrier 1641. en preſence de Meſſeigneurs le Baillif, D. André Bicker, *Bourguemaître*, D. François van der Meer & Roelof Bicker, *Echevins.*

MEſſeigneurs de la Juſtice aiant été bien informez des grands dereglemens & des deſordres que les Matelots commetent journellement contre les Capitaines de Navire, comme auſſi des diſputes, des deſordres & malverſations des Capitaines de Navire avec leurs Matelots, au grand prejudice de la Navigation & du Commerce ; leſquels deſordres mesdits Seigneurs voulant prevenir, pour maintenir & encourager le Commerce & la Navigation, qui ſont de la derniere importance pour cette Ville, ils ont trouvé à propos de dreſſer proviſionellement la ſuivante Ordonnance, & d'établir & de ſtatuer certains Points & Articles declarez ci après, ordonnant qu'ils ſoient ſuivis & obſervez ſur les peines y contenuës.

Premierement, Qu'il ſera élu & choiſi par Meſſeigneurs les Bourguemaîtres & Echevins, chaque année le quatorſième jour de Fevrier, d'entre les Commiſſaires un nombre de perſonnes pour decider & regler tous les differens, & toutes les diſputes qui ſurviendront tant entre les Capitaines des Navires, qu'entre les Capitaines de Navire & les Matelots, bien entendu qu'au cas que les Capitaines ſe trouvent abſents, les Bourgeois ou proprietaires des Navires ſeront obligez de les repreſenter & de répondre pour eux, & que les Compagnies des Indes tant Orientales, qu'Occidentales, & toutes autres Compagnies repreſenteront auſſi la perſonne du Capitaine en cas d'abſence, & répondront pour lui ; voulant & entendant que ce College pourra decider tous les differens qui ſurviendront entre les Pilotes ou Lamaneurs & les Capitaines de Navire, comme auſſi les differents qui ſurviendront entre les Capitaines de Navire, & les Marchands, tant au sujet de Pilotage que des menus fraix, lequel College sera servi par un Secretaire, & par une ou deux personnes en qualité d'Huissiers ou de Messagers; & seront tenus lesdits Commissaires qui seront du moins trois en nombre, de s'assembler tous les jours ouvrables, pour faire droit aux parties, dans la Chambre que Messeigneurs de la Justice nommeront pour cela.

2. Et seront jugées en premiere instance, par lesdits Commissaires, toutes les causes ci-après specificées qui se presenteront entre Capitaines de Navire, & Capitaines de Navire, & entre les Capitaines de Navire & les Matelots, y compris les Directeurs des Compagnies respectives, & les proprietaires ou Bourgeois de Navire mentionnez ci-dessus.

3. Et seront obligez ceux qui voudront citer quelqu'un par devant lesdits Commissaires de le faire un jour à l'avance, par l'Huissier de la Chambre desdits Commissaires, & les parties tenuës de comparoître en personne, sans pouvoir être assistées par aucun Avocat, Procureur, ou autre personne qui se mêle de pratique.

4. Et pourront lesdits Commissaires ordonner aux parties qui comparoitront devant eux, provision de nantissement, & condamnation ou absolution definitive, selon qu'ils trouveront être juste & équitable, dans les cas qui se presenteront.

5. Lors que quelqu'un aura été cité dans les formes, & qu'il ne comparoîtra pas, ils accorderont le premier defaut contre lui, & étant cité une seconde fois & ne comparoissant pas encore, ils accorderont le second defaut, & ordonneront provisionnellement le nantissement de la somme demandée, pourvu qu'elle n'excede pas cent florins, en admettant le demandeur à la levée de la somme sous caution de restitution, au cas que dans la suite il fût trouvé qu'elle doit être restituée; & cela sans que celui qui a fait les deux defauts puisse être ouï ni entendu, qu'au prealable il n'ait nanti la somme demandée, & étant cité ensuite pour la troisième fois pour se purger de ses defauts, s'il ne comparoît pas, les Commissaires le condamneront par contumace, & changeront le nantissement en condamnation definitive, s'ils trouvent que la cause le requiert ainsi.

6. Les Commissaires aiant donné leur sentence, & l'une des parties se croyant lezée, elle pourra en appeler aux Seigneurs Echevins de cette Ville, pourvu qu'au prealable elle ait nanti les deniers auxquels elle a été condamnée, & sera tenu l'apellant de faire son appel trois jours après la prononciation de la sentence, de faire enregistrer son appel par le Secretaire, & de le poursuivre par requête dans trois autres jours, sur peine de discretion.

7. Celui qui sera receu à faire appel, sera obligé de consigner la somme de deux florins ez mains des Seigneurs Echevins, lesquels deux florins lui seront restituez, si lesdits Seigneurs font quelque changement à la sentence des Commissaires.   8. Les

8. Les non comparants payeront quatre fols pour chaque defaut, lesquels l'Huiffier aura foin de faire payer.

9. Et afin que tous les defordres & dereglements qui arriveront tant entre les Capitaines de Navire, qu'entre les Capitaines & les Matelots, y compris les Bourgeois des Navires, & les Directeurs des Compagnies Orientales, ou autres Compagnies comme il eft dit ci-deffus, puiffent être prevenus, & que l'ordre puiffe être maintenu, il fera élu & etabli un Commiffaire de la marine (l'original dit *Water Subftitut*, & on l'appelle ordinairement *Water-Schout*) pour aider à maintenir les droits des Commiffaires.

10. Ledit Commiffaire de la marine eft authorifé par mesdits Seigneurs de la Juftice de faire toutes les reprehenfions, de procurer les deniers des amendes infligées, de declarer les involontaires, & d'en pourfuivre la condamnation par devant lesdits Commiffaires, comme auffi de fe faifir des criminels, dans toutes les caufes criminelles, & de les delivrer au Seigneur Baillif de cette Ville.

11. Et pour ce qui regarde le Secretaire de ce College, il aura trois fols pour la note de chaque fentence ou apointement qui fera donné, & 6 fols pour chaque copie qu'il diftribuera.

12. Et l'Huiffier aura trois fols pour chaque citation qu'il fera dans la Ville, & quatre fols pour celles qu'il fera fur le port, outre ce qu'il payera pour aller à bord des Navires & revenir.

13. Mesdits Seigneurs de la Juftice ont encore trouvé bon & ordonné, que pour l'entretien du College des Commiffaires, & pour les fraix d'i celui, tous les Navires Marchands fans exception, qui viendront decharger dans cette Ville, payeront au Secretaire dudit College, ce qui fuit, dont ledit Secretaire rendra compte aux N. Seigneurs les Treforiers ordinaires de la Ville.

14. Tout Navire de 50 Lafts & au deffus venant de l'Oueft, de l'Eft, de Norvegue, d'Angleterre, d'Ecoffe, ou d'autres pays fitués aux environs, payera 50 fols.

15. Tout Navire du port de 25 Lafts & au deffous 15 fols.

16. Et les Navires qui viendront de plus loin que le Cap de Finifterre en tirant vers l'Oueft, & de plus loin que l'Ifle de Hitland en tirant vers le Nord payeront trois florins.

17. Ordonnent & ftatuent en outre mesdits Seigneurs de la Juftice, qu'après le 25 de Mars de la prefente année 1641. aucun Capitaine de Navire ne pourra prendre ni engager à fon fervice, aucun Officier ni Matelot, que le même Officier ou Matelot ne lui montre un acte de congé du Capitaine fous lequel il a navigué en dernier lieu, & cela fur peine de 30 florins d'amende, pour chaque fois qu'il fera trouvé avoir fait le contraire, lesdits 30 florins applicables un tiers pour le delateur, un tiers pour les pauvres mariniers, & un tiers pour le Commiffaire de la marine.

18. A

18. A moins que l'Officier ou Matelot n'eût jamais navigué, ou ne donne des raisons suffisantes pour prouver qu'il n'a pas pu avoir son acte de congé, de son dernier Capitaine, auquel cas il sera permis au Capitaine de l'engager en presence du Commissaire de la marine, qui aura pour cet effet 6 sols de chaque personne qu'il engagera, payables par le Capitaine.

19. Et seront deformais tous les Officiers & Matelots de quelque endroit qu'ils soient, qui s'engageront pour aller naviguer, soit par mois ou par voyage, obligez de delivrer leur acte de congé, au Capitaine avec lequel ils s'engageront, aussi-tôt que l'engagement sera fait, sur peine de 3 florins d'amende, payable par le Capitaine.

20. Et le Capitaine sera obligé de donner six sols d'engagement à l'Officier ou au Matelot qu'il aura engagé, aussi-tôt qu'il lui aura delivré l'acte de congé en la maniere susdite, & cela pour marque d'un engagement ferme & solide, & sera aussi obligé ledit Capitaine d'écrire exactement le nom, surnom, & la demeure de celui qu'il aura engagé.

21. Les Officiers & Matelots seront obligez de se rendre à bord dans 24 heures après qu'ils auront receu leur engagement, afin d'aider à la manœuvre, & à mettre le Navire en état de naviguer & de faire voile, sans qu'ils puissent retourner à terre, & encore moins y passer la nuit, sans la permission & le consentement du Capitaine, ou de celui qui commande en sa place.

22. Le Capitaine aiant engagé un Officier ou un Matelot, qui ne se sera pas rendu à bord dans les 24 heures après son engagement, pourra en prendre un autre en sa place, & sera libre de son engagement avec celui qu'il avoit engagé; & celui qui manquera de venir à bord dans le susdit tems payera dix florins si c'est un Officier, ou cinq florins si c'est un Matelot, au profit du Commissaire de la Marine, & en outre il sera obligé d'accomplir & de tenir son engagement si le Capitaine le veut.

23. Et sera le Capitaine obligé de declarer au Commissaire de la Marine, le surnom & la demeure de l'Officier ou du Matelot qui ne se sera pas rendu à bord vingt-quatre heures après son engagement, afin de lui faire payer la susdite amende, & cela sur peine de trente florins d'amende applicable comme ci-dessus Article 17.

24. Lors qu'un Navire sera sur son depart & que l'Equipage aura receu ses demi-gages ou sa demi-paye, l'Equipage sera obligé de se rendre à bord, savoir si le Navire est destiné pour aller à l'Est, à l'Ouest, au Sud, ou au Nord sans exception d'aucun lieu, dans le tems de 12 heures, & si le Navire est destiné pour le Sud du Cap de Finisterre, en quelque lieu que ce soit, dans le tems de deux jours, pour attendre les ordres du Capitaine, & celui qui y manquera, soit Officier ou Matelot, payera une amende du quart de son loyer, ou d'un demi-mois de sa paye, applicable la moitié

pour

pour le Commissaire de la Marine, & l'autre moitié pour les pauvres mariniers.

25. Et si quelque Officier ou Matelot entreprend de s'enfuir avec la demi-paye ou le mois de gages, le Capitaine sera obligé de le declarer au Commissaire de la Marine, avant son depart, en lui donnant le nom & la demeure de celui qui s'est enfui, pour qu'il en puisse faire les poursuites, & cela sur peine de soixante florins d'amende pour le Capitaine, applicables un tiers pour le Commissaire de la Marine, un tiers pour le delateur, & un tiers pour les pauvres Mariniers.

26. Aucun Officier ni Matelot ne pourra renoncer à son engagement, après qu'il aura été à bord, ni après qu'il aura receu la demi-paye, ou le demi-mois de gages, sans des raisons bonnes & valables, sans le consentement des Commissaires, ni sans avoir au préalable remboursé ce qu'il a receu, sur peine de la moitié de ses gages, ou d'un mois de gages, la moitié au profit du Capitaine & de ses bourgeois, & l'autre moitié au profit du Commissaire de la Marine.

27. Le Capitaine de Navire qui chassera un Officier, ou un Matelot de son bord sans cause legitime (dont il sera donné information aux Commissaires) payera pour son propre compte, sans qu'il en coûte rien à ses Bourgeois, une demi-paye, ou un mois de gages, à celui qu'il aura ainsi chassé.

28. Lors qu'un Navire sera parti d'ici, qui que ce soit, soit Officier ou Matelot, n'en pourra sortir pour aller à terre, & encore moins pour y aller passer la nuit, sans l'expresse permission du Capitaine, ou de celui qui commande en sa place, sur peine de 6 florins d'amende au profit du Capitaine & de ses Bourgeois.

29. Et au cas qu'il arrivât qu'un Navire étant en charge, ou déja chargé, le Capitaine trouvât à propos d'en decharger quelques marchandises pour en charger d'autres en place, les Officiers & Matelots seront obligez d'y travailler, au commandement du Capitaine, soit que cela arrive devant cette Ville, ou dans le pays, moyennant qu'on les paye pour leur peine après le voyage fini, ce qui sera à la discretion des Commissaires; & si quelqu'un, soit Officier ou Matelot, refuse d'y travailler, il payera un mois de gage, ou le quart de ses gages applicable comme dessus.

30. S'il arrive aussi que le Capitaine étant avec son Navire dedans ou dehors le pays, veuille faire quelque changement à son voyage, soit pour l'accourcir, soit pour le prolonger, ou s'il veut aller d'un port à un autre, ou s'il veut decharger son Navire, le charger ou recharger hors du pays & hors du port pour lequel le voyage a été entrepris, tous les Officiers & Matelots seront obligez d'obéir en cela au Capitaine, & de suivre en tout ses ordres sans aucune contradiction à moins que le Capitaine ne voulût aller dans un port ennemi, ou defendu & non autrement.

31. Mo-

31. Moyenant quoi le Capitaine payera tant aux Officiers qu'aux Matelots ce que les Commissaires trouveront être juste & équitable.

32. Si cependant le Navire faisoit un ou plusieurs autres voyages hors du pays, & que le Capitaine en receût du fret, dans tel cas le Capitaine sera obligé de payer les gages de l'Equipage en entier à chaque voyage, sur peine de 15 florins d'amende au profit de tout l'Equipage, à moins qu'il n'arrive quelque dispute au sujet de la prolongation du voyage, laquelle dispute demeurera suspenduë, pour être terminée dans cette Ville, sans qu'on puisse se faire aucun dommage hors du pays, sur peine de tous les gages, ou de la paye qui restera duë à ceux qui contreviendront au present Article, applicable la moitié au Capitaine & à ses Bourgeois, & l'autre moitié au Commissaire de la Marine.

33. Si quelque Officier ou Matelot soit à bord, à terre, ou ailleurs, se comporte mal avec le Capitaine au service duquel il est, ou si les uns ou les autres se querellent ensemble, celui qui aura cherché querelle, payera 6 florins d'amende au profit des pauvres Mariniers.

34. Si quelqu'un tire son couteau soit contre le Capitaine ou quelque autre au service du Navire, soit à bord, soit à terre, ou qu'il blesse le Capitaine ou quelque autre, de quelque autre maniere, le Capitaine sera obligé de le declarer au Commissaire de la Marine, lequel sera obligé de le poursuivre & le chercher, pour, après l'avoir attrapé, le delivrer au Grand Baillif, pour le faire punir par les Seigneurs de la Justice, selon l'exigence du cas.

35. Lors qu'un Navire aura fini son voyage, ou ses voyages, & que les gens de l'Equipage se seront bien comportez, le Capitaine sera obligé de fournir à chacun de ceux qui l'ont composé, un acte de congé dans les formes, & de payer leurs salaires aussi-tôt qu'ils auront dechargé le Navire, à moins qu'après la decharge, le Capitaine ne veuille demonter son Navire ou le mettre en garde, auquel cas l'Equipage sera obligé d'y conduire le Navire sans que le Capitaine soit obligé de leur payer leurs gages avant, pourvu cependant que le Capitaine fasse en sorte que cela se fasse dans quatorze jours ouvrables après l'arrivée du Navire dans le port de cette Ville.

36. Si dans vingt-quatre jours après la decharge du Navire, ou après que le Capitaine aura congedié l'Equipage, ou après qu'il l'aura demonté, le Capitaine ne paye pas son Equipage, il payera pour chaque jour de retardement trois florins à un Officier, & cinquante sols à chaque Matelot, jusques à ce qu'il leur ait payé leurs gages, & leur donnera un acte de congé; bien entendu que les Directeurs respectifs des Compagnies cidevant mentionnées, ne seront pas dans cette obligation, & qu'ils pourront payer leurs Equipages dans le tems qu'ils ont accoutumé de le faire.

37. Au cas qu'il survint quelque different entre le Capitaine & les gens
de

de l'Equipage ou quelqu'un d'entre eux, en sorte que le Capitaine crût avoir de bonnes raisons pour refuser l'acte de congé ; & que les gens de l'Equipage croient que leurs gages, ni leur congé ne peuvent pas leur être refusez ; dans un tel cas il ne sera pas permis aux Matelots de faire aucune peine ni menace au Capitaine, mais ils le feront citer incessamment par devant les Commissaires, pour decider leur dispute, sur peine d'un demi-mois de paye, ou du quart de leurs gages, la moitié au profit du Commissaire de la Marine, & l'autre moitié au profit des pauvres Mariniers.

38. Les Capitaines des Navires qui partiront de cette Ville pour aller à l'Ouest, soit pour la Mer Mediterranée, pour l'Amerique, pour Fernambouq, ou autres endroits pour lesquels on engage les Equipages par mois, ne pourront payer aucuns gages aux Equipages, ni leur lire les conditions du voyage, qu'en presence du Commissaire de la Marine, lequel signera les conditions du voyage, conjointement avec l'Equipage, & les Capitaines lui payeront pour les vacations, savoir pour un Navire qui aura 15 à 20 hommes d'Equipage, trente sols ; pour un Navire de 20 à 30 hommes d'Equipage deux florins, & pour un Navire de 30 à 50 hommes d'Equipage six florins ; & si quelque Capitaine contrevient au present Article, il payera à chaque fois vingt-cinq florins d'amende, la moitié au profit du delateur, & l'autre moitié au profit du Commissaire de la Marine ; mais les Compagnies respectives mentionnées ci-dessus en seront exemptes.

39. Et au cas qu'il arrive qu'un Navire vienne à échouer, ou à perir soit dedans ou dehors le pays, les gens de l'Equipage ne pourront pas en sortir sans le consentement du Capitaine, ou de celui qui commande en sa place ; mais ils seront obligez de sauver tout ce qui se pourra, tant des agrez du Navire, que de la Cargaison, moyennant quoi les Commissaires leur accorderont ce qu'ils trouveront à propos au delà de leurs gages, à proportion de ce qu'ils auront sauvé.

40. Et s'il arrive que quelqu'un de l'Equipage, soit Officier ou Matelot, neglige d'aider à sauver quelque chose du Navire, ou à s'enfuir du Navire sans l'ordre du Capitaine ou de celui qui le commande, il payera outre sa demi paye, ou la moitié des gages qui pourroient lui être dus, si c'est un Officier vingt florins, & si c'est un Matelot dix florins, & le Capitaine ou le Commandant ne pourra lui donner l'acte de congé ; ladite amende applicable la moitié pour le Commissaire de la Marine, & l'autre moitié pour les pauvres mariniers.

Ainsi arrêté le 13 Fevrier 1641. par Messeigneurs le Baillif, *tous les* Bourguemaîtres, *& tous les* Echevins, *au bas étoit, par moi Secretaire de la Ville d'Amsterdam, & étoit signé*

J. BRUYNING.

ORDONNANCE

E T

INSTRUCTION

Des Etats de Hollande & de Weſt-Friſe, au ſujet du Pilotage ou Lamanage avec ſes dependances, ſur laquelle ſe regleront deformais les Pilotes jurez de *Huysduynen*, de *Petten*, de *Calans-oog*, du *Texel* & lieux circonvoiſins.

Les Etats de Hollande & de Weſt-Friſe,

aiant été avertis des deſordres exceſſifs, qui depuis quelques années ſe ſont introduits & commis dans le fait des Pilotages, & trouvé neceſſaire d'y remedier, ils ont commis Mr. *Nicolas Opmeer*, ancien Bourguemaître & Conſeiller de la Ville d'Amſterdam, Mr. *Guillaume Krap*, Conſeiller & Preſident de la Ville de Hoorn, Mr. *Florentin Floriſz* ancien Bourguemaître & Conſeiller de la Ville d'Enkhuyſen, & *Johan de Zee*, Dykgrave de Medenblicq & des Quatre Noorder Coggen; pour mettre les ordres neceſſaires au Pilotage & ſes dependances, *à Huysduynen*, *au Helder*, *à Petten*, *à Calans-Oog*, *au Texel* & lieux circonvoiſins, & ont ordonné comme ils ordonnent par la preſente, les Points & Articles ſous ſpecifiez pour être ſuivis & executez par tous ceux à qui il apartiendra.

I.

Premierement qu'aucun Pilote ou Lamaneur ſoit de Huysduynen, de Petten, de Calans-Oog, du Texel ou lieux circonvoiſins, ne pourra deformais entreprendre d'aller à bord d'aucun Navire pour le conduire & le faire entrer par les ouvertures de ces pays qui aboutiſſent au Zuder-Zée, s'il n'a été au prealable examiné & admis par leſdits Commiſſaires, fait enregiſtrer ſon nom, & obtenu des Officiers une marque qu'ils feront faire exprez pour cela, & qu'il n'ait fait ſerment d'obſerver la preſente Ordonnance, autant qu'il ſera en ſon pouvoir.

II. Les-

I I.

Lesdits Commissaires n'admettront pour Pilotes, que des hommes forts & robustes, agez du moins de 25 ans, & au dessous de 60 ans, lesquels devront avoir navigué du moins 4 années par les ouvertures de ces pays, & avoir une entiere connoissance des courants du Texel.

I I I.

Et pour éviter toutes disputes, pourront les Timoniers ou Gouverneurs des Galiotes ou Chaloupes à Pilotes, mettre à bord du Navire qui devra entrer, tel ou tels Pilotes jurez qu'ils trouveront les plus capables, sans que les autres puissent l'empêcher, sur peine de 6 florins d'amende, à moins que le Capitaine du Navire ne voulût avoir un autre Pilote que celui qu'on voudroit lui donner.

I V.

Et s'il arrive qu'un Pilote veuille cesser d'excercer le Pilotage, pour aller naviguer ailleurs, il sera obligé de restituer la susdite marque de son Office, à l'Officier de la Ville de sa residence dans 3 fois 24 heures, sur peine de 30 florins d'amende, & il ne pourra à son retour excercer la charge de Pilote, qu'il n'ait redemandé & obtenu ladite marque sur peine de 24 florins d'amende; seront cependant exemptez de cette amende, les Pilotes qui iront croiser en Mer sur des Vaisseaux de guerre, ceux qui vont à la pêche du Haran, & ceux qui seront choisis par les Directeurs des Compagnies des Indes Orientales & Occidentales, pour aller à la découverte des Navires qu'ils attendront, moyennant qu'avant leur depart, ils en communiquent un acte à l'Officier de Huysduynen ou du Texel; seront aussi obligées les veuves, ou les Heritiers d'un Pilote decedé, de restituer incessament après sa mort, ladite marque auxdits Officiers de Huysduynen ou du Texel, sur peine de 6 florins d'amende, auxquels Officiers nous ordonnons d'en tenir un Registre exact, moyennant quoi ils auront 10 sols de chaque Pilote; & ne pourra aucun Pilote desormais, soit de *Huysduynen*, *du Texel*, *de Petten*, *de Calans-Oog ou des environs* se mêler de faire entrer aucun Navire, par les ouvertures de ces pays, qu'il n'ait au prealable été duément examiné par les Maîtres experts, de Huysduynen & du Texel, & qu'il n'ait prêté serment ez mains des Officiers que les Commissaires établiront pour cela; afin de prevenir la perte ou le dommage des Navires, des cargaisons, des corps & de la vie même, le tout sur peine de 24 florins d'amende comme dessus.

V. Ne

V.

Ne pourront les Pilotes admis aliener ou detourner en aucune maniere
que ce foit la marque qui leur aura été donnée , fur la peine portée par le
troifiéme Article de l'Ordonnance.

V I.

Ainfi ne pourront aucuns autres Pilotes, que ceux qui auront été examinez , & authorifez de la maniere fufdite , & qui auront receu ladite
marque, fe mêler de conduire quelque Navire que ce foit , pour le faire
entrer ou pour le faire fortir par les ouvertures de ces pays; feront auffi obligez lefdits Pilotes de montrer leur marque auffi bien que la prefente Ordonnance, aux Capitaines des Navires, avant que d'entreprendre de les faire
entrer ou fortir par lefdites ouvertures , fur peine de 24 florins d'amende
à chaque fois qu'ils y manqueront ; & fi quelques autres Pilotes en trouvent un en faute, & ne le declarent pas à l'Officier, ils payeront chacun
tête par tête 24 florins d'amende , laquelle amende l'Officier exigera du
Timonier de la Galiote ou Chaloupe du Pilote, auffi fouvent que ledit Timonier aura vu commettre cette omiffion , fans la lui declarer, & pourra
auffi l'Officier en pareil cas faire reftituer au Pilote , le Pilotage receu;
l'Officier aura le tiers des amandes auxquelles les trangreffeurs feront condamnez , & les autres deux tiers feront employez au foulagement ou à l'entretien des pauvres Marinieres malades , prifoniers ou autres , ce qui fera
mis à la difpofition des Officiers refpectifs, auxquels feront adjoints d'année
en année un des Bourguemaîtres Regents, & un des Experts, qui font authorifez par la prefente à diftribuer ces deniers; & feront les trangreffeurs
obligez de payer fur le champ auxdits Authorifez les amendes auxquelles
ils auront été condamnez, fans aucune forme de procez, fur peine de double amende; feront auffi obligez tous les Pilotes , de declarer tous ceux
qu'ils trouveront en faute, fur peine de pareille amende.

V I I.

Les Pilotes feront obligez de conduire les Navires jufques au deça du Vlaak,
& fi les Capitaines fouhaitent d'être conduits plus loin , les Pilotes ne pourront pas le refufer, auquel cas s'ils reftent un, deux ou trois jours de plus dans
le Navire ils auront 6 florins outre leur paye ordinaire, fi le Navire n'eft que
lefté, ou 9 florins fi le Navire eft chargé de marchandifes, bien entendu que
tous les Navires étrangers, excepté feulement ceux qui portent des boeufs,
payeront étant vuides 9 florins ou 13 florins 10 fols s'ils font chargez ; & fi
les Pilotes reftent encore dans les Navires au delà des fufdits trois jours, ils
                                                              auront

auront 40 fols par chaque jour outre leur falaire ou Pilotage ordinaire, tout de même que les Pilotes de Vlieland & de Terfchelling fuivant leur Ordonnance Article 5. Mais lors qu'en hiver le Pilote aura conduit un Navire dans une bonne rade hors de danger des glaces, & refté là 2 ou 3 jours, le Pilotage fera gagné, & il fera libre au Capitaine de retenir le Pilote fur fon bord en lui payant 40 fols par chaque journée; que s'il arrive que le Pilote aiant conduit le Navire au deçà du Vlaak, il ne puiffe pas être payé du Capitaine, foit parce qu'il ne fe trouve point d'argent, ou pour quelque autre fujet, en forte que le Pilote foit obligé de monter avec le Navire jufques au lieu de fa deftination, le Capitaine fera obligé de lui payer 12 florins outre fon Pilotage, & pourra fe fervir de lui jufques à fon arrivée; mais fi cela arrive par quelque accident qui empêche le Pilote de fortir du Navire, comme s'il arrive qu'il ne fe trouve ni bâteaux ni chaloupes pour le mettre à terre, le Capitaine ne fera pas obligé de rien payer au Pilote outre fon Pilotage.

VIII.

Les Pilotes feront obligez d'entrer dans les Navires à une lieuë au delà des bas fonds, & ceux qui n'y entreront qu'en deçà la premiere Tonne n'auront que la moitié du Pilotage.

IX.

Tous les Navires & Galiotes qui viendront *du Couchant*, *du Levant*, *de Barbarie*, *de Genes*, *des Îles Canaries*, *d'Efpagne*, *de France*, *d'Angleterre*, *de Mofcovie*, *de Groenland*, *de Dannemark*, *de Suede*, *de Coningsberg*, *de Danizik*, *de Bergen*, *de Dronthem*, *de Nileus*, *de Hambourg* & autres places ou pays des environs, comme auffi *les Galiotes ou autres Batiments chargez de Charbon*, de quelque nation qu'ils foyent, tant étrangers qu'habitans, qui voudront entrer par le Texel, feront obligez de prendre des Pilotes, & de les payer fur le pié de la prefente Ordonnance, lors qu'il s'en viendra offrir à eux au delà des Tonnes; bien entendu que les Vaiffeaux du Nord payeront 24 fols du Pied jufques au Nieuws Diep, & 24 fols du Pied jufques au deçà du Vlaak, & qu'ils feront francs dans la rade des Marchands ou *Koopvaarders* Reede; les Vaiffeaux venant de *Normer*, *de Dronthem & de Romsdaal* chargez de balles de Marchandifes, de Fer, d'Huiles de Poiffon ou autres denrées, payeront autant que ceux de la Mer Baltique, fans aucune exception; mais les Galiotes ou Smaks venant de *l'Eyder*, *de Jutland ou de Norwegue*, foit avec leur left feul, ou chargées de boeufs, payeront 15 fols du Pied, fi les Pilotes y entrent au delà des ouvertures, & les Pilotes les pourront quitter lors qu'ils les auront conduites dans la Rade des

Mar-

Marchands ; mais si un Pilote abandonne un de ces Vaisseaux avant de l'avoir conduit dans ladite Rade , il payera une amende de 12 florins, savoir 4 florins pour les Pauvres, & 8 florins pour l'Officier ; que si ces mêmes Capitaines de Navire veulent être conduits par lesdits Pilotes jusques en deça du Vlaak, ils augmenteront leurs salaires de 5 sols par Pied , & en payeront 20 sols au lieu de 15, que si les Capitaines refusent de payer le Pilote, il pourra les poursuivre jusques au lieu de leur destination pour se faire payer de son salaire & des fraix qu'il aura faits, pour lesquels fraix il lui sera aloué 12 florins ; les Vaisseaux qui auront un tiers de leur charge payeront comme il sera ordonné par l'Article 24. & tout ce qui se|hisse avec le Palan, ou qui se charge dans un Navire de la main à la main, soit Huiles, Balles, Sacs, Bariques, Ploms, &c. sera reputé marchandises, excepté toutes sortes de bois qui ne seront point reputez tels.

X.

Les Pilotes seront obligez d'aller & de venir une fois le mois par les ouvertures, d'en sonder exactement les profondeurs, d'en visiter les bords & rivages, & de bien examiner les tonnes & les caps , pour voir si elles ne se gâtent point, & si les bas fonds ne changent pas de situation ; ce qu'ils seront aussi obligez de faire toutes les fois qu'il y aura eu quelque mauvais temps ou tempête, & s'ils s'aperçoivent qu'il soit arrivé quelque changement aux bas fonds, aux côtes & ailleurs, ils seront obligez de le declarer incessamment aux Seigneurs Commissaires, afin qu'ils puissent y remedier promptement.

X I.

Et au cas qu'il arrivât (ce qu'à Dieu ne plaise) qu'un Pilote vint à faire échouer un Navire soit par mechanceté, par malheur, par inadvertence, ou par imprudence , les Commissaires en prendront connoissance, pour en faire punition selon l'exigence du cas, soit par suspension, par cassation, par bannissement ou par plus grande peine, & même par la mort ; mais si cela arrive par un cas extraordinaire , comme par un malheur imprevu , par un subit changement de vent, ou de courant, ou autre pareil cas, la peine sera moderée par les Commissaires comme ils le trouveront être juste, ordonnant pour cet effet aux Officiers respectifs de s'informer exactement , de quelle maniere les choses se sont passées, & d'en envoyer les declarations aux Seigneurs Commissaires, comme aussi, si le cas le requiert, de se saisir du Pilote & de proceder contre lui selon ce qu'il aura fait.

XII. Et

XII.

Et au cas qu'il arrivât quelque difpute entre les Maîtres des Navires, ou les Propriétaires des marchandifes, & les Pilotes, ou les Bateliers & gens qui auroient fauvé quelque chofe du naufrage, au fujet du falaire que demanderoient ceux qui auroient fauvé quelque chofe qu'ils auroient trouvé flotant, ou endommagé, ou qu'on auroit pêché & retiré d'un Navire enfoncé, toutes telles difputes feront terminées par le Commiffaire, s'il y en a un dans l'endroit où dechargera le Navire, ou par des Arbitres que le Commiffaire nommera, & le Commiffaire ou les Arbitres qu'il aura nommez, auront pour leurs vacations *deux fols* de chaque *florin*, favoir un fol du Propriétaire du Navire ou des marchandifes fauvées, & un fol des Travailleurs qui les auront fauvées; & feront obligez les Pilotes & Travailleurs, de même que les Propriétaires des Navires ou des effets fauvez, de comparoitre devant le Commiffaire, ou devant les Arbitres, faute dequoi ils feront citez trois fois à leurs depens par un Notaire, & ne comparoiffant pas ils feront comdamnez par defaut fans qu'ils en puiffent appeller en aucune maniere, que devant nos Confeillers Commiffaires de Weft-Frife & Quartier du Nord, lefquels nous commettons exprez pour cella par ces prefentes, fur quoi fe regleront à l'avenir auffi bien les Maîtres des Navires que les Propriétaires des marchandifes & tous Pilotes, & gens qui les auront fauvées; fur peine que fi (contre toute apparence) un tel accord fe fait par d'autres, le fufdit Commiffaire ne laiffera pas de jouïr de fon droit de deux fols par florin, que les tranfgreffeurs feront obligez de lui payer promptement, fans delai, & fans aucune forme de procez, fur peine de 25 florins d'amende outre ladite taxe, applicable comme à l'Article 6. faute de quoi il pourra les faire executer comme deffus; & au cas qu'il n'y ait point de Commiffaire dans le lieu où le Vaiffeau dechargera, lefdites difputes y feront terminées par la Juftice du lieu; fans que cependant les Pilotes ou ceux qui auront fauvé quelque chofe, puiffent retenir ou arrêter le Navire, fes debris, fes ancres, fes cables ou quelque autre chofe que ce puiffe être, jufques à ce que la difpute foit terminée; mais au contraire ils feront obligez d'aider & d'affifter inceffamment le Navire, fur peine de 50 florins d'amende, outre le dommage qu'ils pourront caufer au prix de la marchandife, en n'arrivant pas à tems au lieu de fa deftination; bien entendu que fi le Navire eft étranger & deftiné pour un autre pays, & qu'il voulût reffortir, qu'alors la difpute fe terminera par la Juftice du lieu le plus prochain; authorifons celui ou ceux qui auront fauvé un Navire ou les effets, de freter un vaiffeau ou bâteau, aux depens des Propriétaires pour envoier les marchandifes fauvées au lieu de leur deftination, & de mettre une perfonne à leur conduite, pour recevoir le droit du fauvage, laquel-

le-

le perſonne aura outre les droits du ſauvage 40 ſols par jour ; & perſonne ne pourra deſormais ſoit avec galiote , bâteau ou autre bâtiment, pêcher une ancre ou un cable, ſans la permiſſion du Capitaine, de ſon Pilote ou de ſon Subſtitut, ſur peine de 100 florins d'amende, à payer tête par tête ; ne pourra non plus qui que ce ſoit entreprendre de couper la valiſe d'une ancre ni la defigurer, ni lui ôter ſon jas, ſur pareille peine de 100 florins d'amende, pour chaque valiſe ou jas, applicable comme à l'Article 6. & feront ceux qui auront ſauvé ou péché une ancre , ou un cable, obligez de les porter inceſſamment à bord du Navire , & d'accorder à l'amiable s'il ſe peut pour leur ſalaire avec les gens du Navire , ſinon ils prendront deux hommes de l'Equipage avec eux & iront decider le different par devant le Commiſſaire ou ſon Subſtitut dans le lieu le plus prochain, ou par devant la Juſtice s'il n'y a ni Commiſſaire ni Subſtitut.

XIII.

Et afin que les Articles ci-deſſus & les ſuivans puiſſent être bien execurez & entretenus, pourront leſdits Commiſſaire ou Commiſſaires & Gens de Juſtice reſpectifs, des lieux où feront arrivez les naufrages , citer devant eux les Proprietaires des effets ſauvez, les Capitaines des Navires, les Pilotes, & ceux qui ont ſauvé quelque choſe, les obliger de comparoître devant eux & faire mettre leurs ſentences en execution, à quoi les Officiers & Magiſtrats Reſpectifs des lieux où demeurent les Proprietaires des Vaiſſeaux ou des effets, auſſi bien que ceux des lieux où demeurent les Pilotes & ceux qui ont ſauvé , feront obligez de prêter la main & de donner toute l'aſſiſtance neceſſaire au Capitaine ou au Proprietaire, s'ils en ſont requis par le Commiſſaire.

XIV.

Et feront cependant obligez leſdits Officiers, de s'informer exactement, & de proceder contre tous Pilotes ou autres qui auront ſauvé quelque choſe, ſous le reſſort de leur juriſdiction reſpective , qui auront contrevenu à la preſente Ordonnance, & cela par devant la Juſtice du lieu de leur habitation, au ſujet des amendes, peines & châtimens , qu'il auroient merité pour avoir contrevenu & tranſgreſſé la preſente Ordonnance, comme auſſi contre les Pilotes qui abandonneront les Navires qui ſortiront, avant de les avoir conduits en pleine Mer ; ſans prejudice cependant du droit du Commiſſaire ou des Commiſſaires , comme à l'Article 11.

XV. Si

X V.

Si quelqu'un se trouve lezé par la sentence des susdits Officiers, ou si le procez dure plus de 6 semaines après la troisiéme citation, il pourra en appeler au College des Conseillers Commis du Quartier du Nord, lesquels sont autorisez par la presente, de terminer les disputes en pareil cas.

X V I.

Les Navires ou autres Vaisseaux vuides payeront pour Pilotage de sortie savoir

Ceux qui tirent jusques { à 10 pieds d'eau . . 8 sous / à 11 pieds . . . . . 9 sous / à 12 pieds . . . . 10 sous } du pied.

Et ceux qui tireront au dela de 12 pieds d'eau payeront 12 sols du pied.

Et au cas de refus le Pilote pourra au retour du Navire, poursuivre le Capitaine jusques au lieu de sa destination, pour avoir son payement avec les fraix, pour lesquels il lui sera alloué 12 florins; mais les Vaisseaux qui vont au Nord en sont exclus; les Vaisseaux qui auront le tiers de leur charge en marchandise ou au delà, payeront de Pilotage comme suit.

Un Navire ou Vaisseau qui prendra.

7 à 8 pieds d'eau payera f	6: :	14½ pieds d'eau payera f	18:
8½	6:10:	15	20:
9	7: :	15½	22:10
9½	7:10:	16	25:
10	8: :	16½	27:10
10½	9: :	17	30:
11	10: :	17½	35:
11½	11: :	18	40:
12	12: :	18½	44:
12½	13: :	19	48:
13	14: :	19½	53:
13½	15: :	20	58:
14	16: :		

Ceux qui prendront plus de pieds d'eau, payeront pour chaque pied de plus, 12 florins, & 6 florins pour chaque demi pied, mais on ne comptera rien pour un quart de pied.

Pp   XVII. Et

X V I I.

Et chaque Pilote fera obligé de demeurer fur le Navire jufques à ce qu'il foit dehors, fans pouvoir entreprendre d'en faire fortir un autre, qu'il n'ait conduit le premier en pleine Mer, fur peine de 12 florins d'amende, & de fufpenfion pendant 12 femaines ; & lors que le vent fera bon pour fortir, les Galiotes ou Bâteaux des Pilotes ne pourront prendre perfonne pour mener à bord, que le Capitaine du Navire que ce Pilote doit conduire dehors, fur peine de 8 florins d'amende pour celui qui y contreviendra ; mais s'il arrive que quelques autres Capitaines viennent dans un tel bâteau, ils feront obligez de mener chacun un Pilote avec eux, pour faire conduire leur Navire dehors, fi ce n'eft qu'ils declarent que leur Pilote eft déja à leur bord, & qu'ils n'en difent le nom & furnom fur peine que fi quelque Batelier ou Pilote l'entreprend, foit par malice, par ignorance ou par mepris des Loix, il payera 9 florins pour chaque Capitaine qu'il aura mené à bord fans Pilote ; & fera obligé étant de retour à terre de declarer à l'Officier les noms des Capitaines, qu'il aura menez à bord, & celui des Pilotes qui y étoient deffus, fur peine de 18 florins applicables comme à l'Article 6.

X V I I I.

Les Pilotes étant arrivez à bord d'un Navire, feront obligez de demander d'abord au Capitaine ou au Pilote du Navire, combien le Vaiffeau prend d'eau, & le Capitaine ou ledit Pilote feront auffi obligez de le lui declarer fans deguifement fur peine de 16 florins.

X I X.

Les Pilotes auront pour l'entrée des Navires, le Pilotage fuivant, felon qu'ils prendront des pieds d'eau, y compris les Vaiffeaux de guerre, à compter par pieds & demi pieds, & les Capitaines feront obligez de les payer, excepté ceux qui vont au Nord comme à l'Article 9.

X X.

Savoir en été à commencer du premier Avril, jufques au premier de Septembre, à compter du jour que le Navire paffe le Vlaak, & non du jour qu'il fera entré.

De

De chaque Navire ou Vaisseau qui prend

7, 8, 9, à 10 pieds d'eau			*f* 12 :	15½ pieds d'eau			*f* 36 :
10½	-	-	13 : 10	16	-	-	- 40 :
11	-	-	15 :	16½	-	-	47 : 10
11½	-	-	16 : 10	17	-	-	55 :
12	-	-	18 :	17½	-	-	- 63 : 10
12½	-	-	19 :	18	-	-	72 :
13	-	-	20 :	18½	-	-	- 81 :
13½	-	-	23 :	19	-	-	90 :
14	-	-	26 :	19½	-	-	100 :
14½	-	-	29 :	20	-	-	- 110 :
15	-	-	32 :				

X X I.

En hiver à commencer le premier de Septembre, jusques au dernier jour du mois de Mars suivant.

D'un Vaisseau ou				qui prend			
7, 8, 9 à 10 pieds d'eau			*f* 18 :	15½ pieds d'eau			*f* 48 : 10
10½	-	-	19 : 10	16	-	-	54 :
11	-	-	21 :	16½	-	-	63 :
11½	-	-	22 : 10	17	-	-	72 :
12	-	-	24 :	17½	-	-	- 82 :
12½	-	-	26 :	18	-	-	92 :
13 :	-	-	28 :	18½	-	-	103 : 10
13½	-	-	31 :	19	-	-	115 :
14	-	-	34 :	19½	-	-	127 : 10
14½	-	-	38 : 10	20	-	-	140 :
15	-	-	43 :				

X X I I.

Et chaque Vaisseau qui tire plus de 20 pieds d'eau, payera pour chaque pied de plus 25 florins, mais on ne payera que des pieds entiers, & des demi pieds, sans rien compter pour les quarts des pieds, sur peine de 20 florins.

Pp 2

XXIII.

XXIII.

Les Vaisseaux des Indes payeront à leur retour pour Pilotage d'entrée 6 florins au lieu de 2 florins, pour laquelle somme les Pilotes seront obligez de mettre deux Pilotes bien experimentez & duément admis sur chaque Vaisseau, sans pouvoir rien prétendre de plus, sur peine comme dessus; & si on en demande un plus grand nombre, ils seront obligez de les fournir, auquel cas on payera à chaque Pilote de plus un simple salaire ou la moitié de ce que l'on donne aux autres deux ; & seront tous lesdits Pilotes obligez de conduire lesdits Navires jusques au Pampus, pour le susdit salaire : & au cas qu'il arrivât que quelque Vaisseau des Indes ou autre étant arrivé près des côtes du pays, & que du consentement du Capitaine, de son Pilote ou Substitut , un ou deux Pilotes y fussent entrez pour le conduire dedans, il survint quelque tempête ou courant qui poussât le Navire au delà du Texel, comme au Vlie, à Ameland ou ailleurs, ou que le Vaisseau fût poussé sur d'autres côtes, & qu'il falût que d'autres Pilotes le fissent entrer, dans ce cas le premier ou les premiers Pilotes auront pour leur peine, & perte de leur tems, la moitié de l'entier Pilotage : comme aussi si un Vaisseau étant arrivé devant le Vlie venoit à être poussé par les mêmes accidents, au Texel ou ailleurs, en sorte qu'on fût obligé de prendre d'autres Pilotes, les premiers Pilotes qui seroient entrez dans le Navire, auroient pareillement le salaire porté par la presente Ordonnance, & les Pilotes qui fairoient entrer le Navire, auroient l'entiere paye, tout comme si les premiers Pilotes n'y avoient pas été : mais à l'égard des Vaisseaux des Indes qui seront déja sortis, & qui par vent contraire ou par quelque autre accident seront obligez de r'entrer, les Pilotes ne pourront prétendre d'eux d'autre Pilotage que celui que payent les Navires particuliers, conformement à la presente Ordonnance.

XXIV.

Tous Vaisseaux venant *du Levant , de Barbarie, des Iles Canaries , d'Espagne, de France, d'Angleterre , de Moscovie* & de tous autres endroits comme à l'Article 9. aiant le tiers de leur charge & au delà, seront tenus pour Vaisseaux chargez, & payeront 3 florins au lieu de 2 florins, pourvu que le reste de leur charge ne consiste qu'en sel ou en marchandises communes; & les Vaisseaux qui n'auront pas le tiers de leur charge, payeront sur le pied des mesures precedentes, marquées dans la presente Ordonnance.

XXV.

XXV.

Et tous les Vaisseaux venant de Guinée payeront,

Prenant 8 pieds d'eau	. . ƒ 20:	Prenant 14½ pieds d'eau	ƒ 58:
8½	. . . 21:10	15	. . 65:
9	. . 23:	15½	. . 73:
9½	. . 25:	16	. . 81:
10	. 27:	16½	. 94:10
10½	. 29:10	17	. . 108:
11	. 32:	17½	. . 123:
11½	. 34:	18	. . 138:
12	. 36:	18½	. . 155:
12½	. 39	19	. . 172:
13	. 42	19½	. . 191:
13½	. . 46:10	20	. . 210:
14	. . 51:		

Ceci étant la taxe du Pilotage pendant l'hiver; & les Vaisseaux venant de l'Amerique, du Brezil ou des côtes voisines, à demi chargez, payeront comme ceux qui viennent de Guinée; mais ceux qui viendront de l'Amerique ou du Detroit avec du sel, payeront seulement, comme les autres Navires chargez de sel, suivant la presente Ordonnance.

XXVI.

Bien entendu que les Pilotes qui feront entrer des Navires pendant une rude tempête ou ceux qui seront sans ancres, sans masts, sans cables, ou sans gouvernail, auront outre leur salaire ordinaire, autant de plus que le Commissaire ou les Arbitres qu'il aura établis, trouveront à propos de leur adjuger.

XXVII.

Et seront pareillement obligez tous les Pilotes de mettre en Mer les Navires & les Capitaines de Navire qui voudront sortir, lors qu'ils en seront requis, & cela pour un salaire raisonnable : mais les Vaisseaux de guerre ou de l'Etat payeront 8 florins pour la sortie, lorsqu'ils ne prendront que 14 pieds d'eau, & s'ils prennent plus de pieds d'eau, ils payeront à proportion des pieds d'eau qu'ils prendront, la moitié de ce que les Navires Marchands doivent payer ; & ne pourra un seul Pilote entreprendre de faire

fortir plus d'un Navire à la fois, fur peine de 25 florins d'amende & de
fufpenfion pour 6 femaines; ne pourra non plus aucun Pilote qui aura entrepris de conduire un Navire dehors, le ceder à un autre, fur peine de 6
florins d'amende applicable comme à l'Article 6. mais fi un tel Pilote devient malade, le Capitaine du Navire pourra prendre tel Pilote qu'il lui
plaira.

X X V I I I.

Lors que les Pilotes voudront faire entrer ou fortir un Navire, ils ne
pourront pas obliger le Capitaine à prendre plus d'un Pilote, ni lui porter en compte aucun dommage qu'ait pu foufrir leur Galiote ou Bâteau
en allant à bord, ou au devant du Navire, fur peine de 25 florins d'amende, à moins que ce ne foit par l'ordre exprez du Capitaine, auquel cas il
donnera des preuves de l'ordre du Capitaine, faute dequoi il ne lui fera
alloué que fon fimple Pilotage.

X X I X.

Il ne fera aucunement permis aux Pilotes de rendre leur Ordonnance ou
de fe defaire de leur Office, fous quelque prétexte que ce puiffe être, à
moins que ce ne foit pour aller voyager, foit fur quelque Vaiffeau de guerre ou fur quelque Vaiffeau Marchand; & fi quelqu'un la rend pour quelque autre fujet, & qu'il la redemande dans la fuite, elle lui fera refufée;
& fi quelque pêcheur entreprend de faire entrer un Navire, le falaire ou
le Pilotage n'en fera pas reglé, fur l'accord qu'il aura pu faire en mer
avec le Capitaine ou fon Subftitut, mais il fera reglé & payé felon que le
Commiffaire, fon Subftitut ou les Arbitres qu'il aura nommez pour cela,
l'ordonneront & le trouveront à propos.

X X X.

Et le cas écheant qu'un Navire arrivant de nuit ou de jour devant le
pays, fans rencontrer des Pilotes, les gens du Navire s'adreffent à quelque
pécheur non admis au Pilotage, & le prient de conduire le Navire dedans,
les pêcheurs feront obligez de declarer au Capitaine, qu'ils ne font pas
Pilotes jurez, cependant ils pourront entrer dans le Navire, & entreprendre de les entrer : mais fi dans la fuite il vient quelque Pilote à bord pour offrir fes fervices, il fera preferé, & le pêcheur obligé de quitter le Navire,
à moins qu'il ne convienne avec le Pilote, qu'ils partageront enfemble le
Pilotage, ce qui fera à la volonté de l'un & de l'autre.

XXXI.

XXXI.

Mais fi le pêcheur a une fois conduit le Navire en deça de la premiere Tonne, avant l'arrivée du Pilote juré dans le Navire, le pêcheur ne fera pas obligé de le lui abandonner, ni de lui ceder la moitié du Pilotage.

XXXII.

Item, tous les Navires qui fe trouveront en danger, pourront demander & prendre deux Pilotes en payant double falaire ; mais s'il refte à bord plus d'un Pilote fans l'ordre du Capitaine, ceux qui refteront fans fon ordre, n'auront rien à prétendre que ce qui plaira au Capitaine de leur donner gratuitement, comme il le trouvera à propos.

XXXIII.

Les Pilotes aiant fait entrer un Navire, & aiant receu leur falaire, feront obligez d'en donner une quittance au Capitaine, qui contiendra le nombre des pieds que cale le Navire, & la fomme qu'ils auront receuë, laquelle quittance ils figneront de leur fein, ou de leur marque ordinaire, & feront les Capitaines obligez d'en exiger une, pour fur icelle pouvoir fe faire rembourcer du Pilotage par les Marchands, faute dequoi ces derniers ne feront pas obligez de leur en rien payer, & outre cela les Capitaines & les Pilotes payeront chacun 6 florins d'amende.

XXXIV.

Et ne pourra aucun Pilote, étant yvre, entreprendre d'entrer ni de fortir aucun Navire ; ni entreprendre d'entrer ni fortir plus d'un Navire à la fois, lors qu'une flote entiere entrera ou fortira, fur peine de 6 florins d'amende à chaque fois que cela leur arrivera, & d'être fufpendus de leurs offices pendant 6 femaines.

XXXV.

Defendons à qui que ce foit d'infulter, de maltraiter ou d'injurier aucun des Pilotes admis & jurez, foit dans les ruës, fur les rivages, dans les maifons, ou dans les auberges ; ou de fe moquer d'eux en derifion pour leurs offices, fur peine de 6 florins d'amende pour la premiere fois ; de 12 florins & de correction arbitraire pour la feconde ; de 18 florins & d'être bannis pour 2 ans hors du pays pour la troifième fois.

XXXVI.

XXXVI.

S'il arrive que quelque Navire foit forcé d'entrer par les ouvertures pour relâcher, foit par vent contraire ou autrement, & qu'il veuille refïortir, il payera pour Pilotage 15 fols, de chaque florin : mais ceux qui voudront être conduits au deçu du Vlaak, payeront le Pilotage entier; & fi le Pilote a conduit le Navire en feureté dans le *Amelander Diep*, foit par l'ordre ou le confentement du Capitaine ou du Pilote du Navire, foit qu'il y ait été contraint par le mauvais tems, le Pilote fera obligé de refter fur le Navire, à la volonté du Capitaine, jufques au tems propre pour en fortir, & le Pilote aura 6 florins une fois pour toutes, pour tout le tems qu'il y reftera outre fa nouriture.

XXXVII.

Si quelque Capitaine de Navire veut que fon Navire foit conduit dans le *Balg*, les Pilotes feront obligez de l'y mener pour 20 fols par pied, moyennant quoi lesdits Pilotes feront obligez de mener les Navires aufîi loin dans le *Balg*, qu'il plaira aux Capitaines, aux Pilotes du Navire ou à fon Subftitut; & comme on employe ordinairement dans le *Balg*, plufieurs Bâteaux ou Chaloupes pour aller au devant des gros Navires, & fonder les fonds pour plus de feureté, on payera pour chaque Bâteau, foit qu'il foit monté ou mené par un feul homme ou par plufieurs, les deux tiers dudit falaire d'un florin par pied; bien entendu que lefdits Bâteaux auront un tiers de plus pour les Navires chargez de marchandifes, comme à l'Article 24. le tout fans aucune contradiction, fur peine de 12 florins d'amende outre le Pilotage, applicables comme à l'Article 9. & entendons que lors qu'en hiver ou en tems de glaces, un Navire aura été conduit dans le *Balg*, par l'ordre ou par le confentement du Capitaine, de fon Pilote ou de fon Subftitut, le Pilotage fera gagné, & qu'enfuite on payera demi Pilotage pour faire conduire le Navire, depuis le *Balg* jufques au *Vlaak*.

XXXVIII.

Defendons en outre très-expreffement à tous Pilotes, de faire aucun complot contre cette notre préfente Ordonnance, comme aufîi de faire aucune Societé generale entre eux, afin de partager tous les Pilotages en commun, fur peine de 25 florins d'amende pour la premiere fois, de 50 florins pour la feconde, & de 100 florins & de correction arbitraire fuivant l'exigence du cas, pour la troifième fois; mais plufieurs Pilotes pourront bien fe mettre enfemble dans une même Galiote ou Chaloupe, comme

il

il pourra bien aussi partir ensemble plusieurs Galiotes ou Chaloupes, & si elles se trouvent en Mer ensemble, les Pilotes qui y seront, pourront bien s'accorder entre eux, pour s'employer aussi bien pour les petits Navires que pour les grands, afin que les uns & les autres puissent être aidez également, ceci n'étant ordonné que dans la seule veuë de les empêcher de s'endommager en faisant force de voiles pour arriver les premiers à bord d'un Navire qu'ils auront decouvert ; & étant arrivez à terre ils partageront le Pilotage en commun.

XXXIX.

Les Navires qui reviendront de *l'Est*, *de Norwegue & des environs*, quoi qu'ils ayent pris & loué un Pilote en s'en allant, du consentement même du Commissaire, seront cependant obligez en arrivant devant le pays, de prendre un autre Pilote pour les faire entrer par les ouvertures, & de lui payer le Pilotage sur le pied de la presente Ordonnance, lequel Pilotage sera partagé entre les deux Pilotes, & le Pilote que l'on aura pris pour faire entrer le Navire, sera libre, après qu'il aura conduit le Navire sur la rade des Marchands, *ou Koopvaarders Reede*.

X L.

Chaque Galiote ou Chaloupe de Pilote portera une girouette blanche au haut du mast, dans laquelle on pourra voir distinctement marquez les nombres de 1, 2, 3, 4, 5, &c. jusques au nombre des Galiotes ou Chaloupes qu'il y aura, ou bien on en marquera le nombre en grands chifres de deux pieds en quarré, avec du goudron noir au haut de chaque grande voile des Galiotes ; & si une Galiote à Pilotes passe devant un petit Navire sans y mettre un Pilote dedans, dans la veuë d'aller à un plus grand, le Capitaine pourra le declarer, & dans ce cas tous les Pilotes qui l'auront ainsi negligé, payeront chacun 25 florins d'amende; & tous les Pilotes qui iront en Mer sans la marque de leur nombre à leur girouette ou à leur grande voile, payeront aussi chacun tête par tête 25 florins, & seront suspendus pour 6 semaines, le tiers de ladite amende applicable comme à l'Article 6., & ceux qui auront trouvé quelqu'un en faute, & ne l'auront point declaré à l'Officier, payeront de même une pareille amende.

X L I.

Les deux Maîtres experts nommeront chaque année vers la Toussaints, deux d'entre les Pilotes, desquels les Seigneurs Commissaires en choisiront un pour entrer en service pendant deux ans en la place de celui qui sortira

Q q   de de charge, & fi un des deux Maîtres experts vient à mourir tandis qu'il est en charge, on en fubstituera un autre en fa place de la même maniere, en en nommant deux dont les Seigneurs Commiffaires en choifi ont un.

X L I I.

Et ne pourra aucun Pilote conduire en Mer un Navire qui aura relâché, que le Capitaine ne lui ait prouvé par les quittances du Receveur du droit des feux & des pieux, qu'il a payé lefdits droits, lefquels le Capitaine fera obligé de payer en allant à terre; & feront obligez lefdits Pilotes, d'avertir inceffamment les Maîtres experts, des Navires qui feront entrez, dont ils tiendront un Regiftre exact, dont ils envoyeront tous les ans copie aux Commiffaires qui refident à Amfterdam & à Enkhuyfen.

X L I I I.

Et afin que la prefente Ordonnance puiffe être bien fuivie & entretenuë, lefdits Seigneurs Commiffaires ou la plûpart d'entre eux, feront obligez de fe tranfporter du moins une fois l'année à Huysduynen, & même fur l'Ile du Texel s'il eft neceffaire, pour examiner fi on execute bien la prefente Ordonnance; augmenter le nombre des Pilotes fi leur nombre ne fuffit pas, & pour mettre les ordres neceffaires à ce qui regarde le Pilotage, comme auffi d'augmenter le falaire des Pilotes, s'ils le trouvent à propos, felon l'exigence des cas, des tems, & des Vaiffeaux, ordonnant à chacun de ceux à qui il apartiendra, de fuivre de point en point tous les articles de la prefente Ordonnance, & de s'y conformer; pour laquelle fin les Maîtres experts feront obligez de donner auxdits Seigneurs Commiffaires, tous les fecours & toute l'affiftance dont ils auront befoin, lors qu'ils viendront dans les lieux de leur refidence, le tout fur peine de correction arbitraire. Fait à la Haye fous notre fceau le 15 de Septembre 1685., *Par l'Ordonnance des Etats*,

Signé SIMON van BEAUMONT.

Quittance que les Pilotes feront obligez de donner aux Capitaines de Navire.

Je fouffigné Pilote demeurant à . . . . . confeffe avoir receu des mains du Capitaine . . . . demeurant à . . . . . la fomme de . . . . florins pour Pilotage du Navire . . . prenant . . pieds d'eau, &c.

NOU-

NOUVELLE

ORDONNANCE

ET

INSTRUCTION

Des Etats de Hollande & de Weft-Frife, au fujet du Pilotage ou Lamanage avec fes dependances, fur laquelle fe regleront deformais les Pilotes jurez de *Vlieland* & de *Ter Schelling.*

Les Etats de Hollande & de Weft-Frife,

aiant été avertis des defordres exceffifs, qui depuis quelques années fe font introduits & commis dans le fait du Pilotage, & trouvant neceffaire d'y remedier, ils ont commis & authorifé les Sieurs Mr. *Nicolas Opmeer*, ancien Bourguemaître & Confeiller de la Ville d'Amfterdam, Mr. *Guillaume Krap*, Confeiller & Prefident de la Ville de Hoorn, Mr. *Florentin Florifz*, ancien Bourguemaître & Confeiller de la Ville d'Enkhuyfen, & *Johan de Zee*, Dykgrave de Medenblicq & des Quatre Noorder Coggen; pour mettre les ordres neceffaires au Pilotage & fes dependances, *au Vlieland* & à *Ter Schelling*, & ont ordonné comme ils ordonnent par la prefente, les Points & Articles fous fpecifiez pour être fuivis & executez par tous ceux à qui il apartiendra.

I.

Premierement, que qui que ce foit ne pourra entreprendre de faire entrer aucun Navire par les ouvertures *du Vlieland* ou de Ter Schelling aboutiffant au Zuyder-Zée, qu'au prealable il n'ait été duement examiné & admis par lefdits Commiffaires; que fon nom n'ait été enregiftré; qu'il n'ait receu une marque ou numero de celui qui aura été établi pour les diftribuer, & qu'il n'ait fait ferment de fuivre & d'executer la prefente Ordonnance autant qu'il fera en fon pouvoir.

II. Les

I I.

Les fufdits Commiffaires n'établiront ou n'admettront aucun Pilote, qu'il ne foit fort & robuste, âgé du moins de 25 ans, & au deffous de 60, & qu'il n'ait navigué pendant quatre années confecutives par les ouvertures de ce pays, & qu'ils n'ayent une entiere connoiffance des courants du Vlie.

I I I.

Et les Pilotes ainfi admis feront obligez de porter toûjours avec eux, la marque fufdite de leur admiffion ou maîtrife, & de la reftituer à l'Officier du lieu de leur refidence, s'ils veulent aller voyager ailleurs, fur peine de 30 florins d'amende ; à moins qu'ils n'en ayent obtenu la permiffion du Commiffaire ; & ne pourront ces mêmes Pilotes ,étant de retour, exercer le Pilotage que l'Officier ne leur ait rendu la fufdite marque, fur peine de 24 florins d'amende, & feront pareillement les veuves ou les heritiers des Pilotes decedez, obligez de reftituer ladite marque dans 8 jours ap. ès leur mort, fur peine de 6 florins d'amende, ordonnant aux Officiers de tenir un regiftre exact de tous les Pilotes admis, de chacun defquels ils recevront 10 fols pour leur droit.

I V.

Il n'y aura que les Pilotes qui auront été admis de la maniere fufdite, & qui auront receu la marque, qui puiffent conduire des Vaiffeaux pour les faire entrer ou fortir par les ouvertures de ces pays fur peine de 25 florins d'amende ; & feront obligez lefdits Pilotes de montrer ladite marque au Capitaine de chaque Navire qu'ils voudront conduire, avant d'en entreprendre la conduite, fur pareille peine de 24 florins d'amende, pour chaque fois qu'ils y contreviendront; & fi quelques autres Pilotes s'en aperçoivent , & ne le declarent pas à l'Officier, ils payeront chacun tête par tête auffi 24 florins d'amende, laquelle amende l'Officier pourra exiger du Timonier ou Conducteur de la Galiote ou Chaloupe du Pilote, à chaque fois qu'il fe fera apperceu de contravention à cet Article, fans le lui avoir declaré, & outre cela l'Officier pourra faire reftituer le Pilotage receu : l'Officier aura pour fon droit le tiers des amendes qui feront infligées aux transgreffeurs, foit que les fautes ayent été decouvertes par lui même ou par fon Commis, & les deux autres tiers feront employez au foulagement des pauvres & malades Mariniers, prifonniers ou autres, ce qui fera à la difpofition des Officiers refpectifs, qui conjointement avec un Bourguemaître Regent, & un des Maîtres experts, font authorifez par la prefente à la diftribution de ces
de-

deniers; & feront les transgrefleurs obligez de payer inceffamment & fans aucune forme de Procez à l'Officier ou à fon Commis, les amendes auxquelles ils auront été condamnez, fur peine de double amende; & tous les Pilotes feront obligez de declarer les coupables & les involontaires, faute de quoi ils payeront auffi une pareille amende; & feront auffi obligez tous Capitaines de Navire qui entreront par le Vlie avec un Pilote de Ter Schelling, de payer 6 fols à chaque fois, outre le Pilotage ordinaire, lefquels feront employez au foulagement des Pilotes vieux & pauvres, fuivant la Refolution, ou Apoftille defdits Etats du 13 Avril 1683. à leur Requête, lequel argent fera à la direction des Commiffaires ci-deffus.

V.

Les Pilotes feront obligez pour l'ordinaire de conduire les Navires jufques en deça du Vlaak. & fi les Capitaines des Navires veulent être conduits plus loin, les Pilotes feront obligez de le faire, auquel cas s'ils reftent 1, 2, ou 3 jours de plus dans le Navire, ils auront 6 florins outre leur paye ordinaire, fi le Navire eft vuide, ou 9 florins s'il eft chargé de marchandifes, bien entendu que tous les Navires étrangers, excepté ceux qui feront chargez de Bœufs, payeront 9 florins au lieu de 6, & fi lefdits Navires étrangers font chargez de marchandifes, ils payeront 13 florins 10 fols pour le Pilotage feul, & fi les Pilotes demeurent au delà des trois fufdits jours fur les Navires, ils auront outre leur falaire 50 fols par jour.

V I.

Les Pilotes feront obligez d'entrer dans les Navires à une lieuë au delà des bas fonds, & ceux d'entre eux qui n'y entreront qu'en deça de la premiere, feconde, troifième ou quatrième tonne, n'auront que 15 fols du pied au lieu de 20 fols; & fi quelque Pilote aiant conduit un Navire fur le Vlaak, fe trouve obligé d'y refter foit par tempête ou mauvais tems, foit qu'il ne fe trouve point de Bâteau pour le porter à terre, dans ce cas il aura un florin du pied; mais fi en tems d'hiver le Navire vient à être arrêté par les glaces, le Pilote tâchera de le conduire dans le *Ruys ou Sloot*, & l'aiant fait amarrer là, il y reftera quatre jours pour voir fi le tems changera, & fi alors les glaces continuent il aura gagné fon Pilotage, & pourra quitter le Navire, & le Capitaine lui payera trois florins pour les 4 jours qu'il aura attendu; que fi le Capitaine veut encore le garder plus long tems, il lui payera 15 fols par pied outre fon entretien à bord; mais fi le Capitaine veut abfolument être conduit fur *le Vlaak*, les jours de paye cefferont en levant l'ancre, & le Pilote fera obligé de l'y conduire pour 15 fols

Qq 3   par

par pied ; défendons en outre à tous autres qu'aux Pilotes admis & jurez, d'entreprendre de faire entrer aucun Navire *du Piereveld* par l'ouverture *du Vlie*, sur peine de 25 florins d'amende à chaque fois , applicable comme à l'Article 4.

V I I.

Tous les Vaisseaux qui viendront *de l'Est* , *de l'Ouest* , *de Moscovie* ou des environs , comme aussi ceux qui viendront *de Bergen* , *de Dronthem* , & *de Nileus* & tous Vaisseaux à Charbon tirant 8 pieds d'eau, qui voudront entrer par le Vlie, seront obligez, quand même ils auroient pris un Pilote *au Sund ou ailleurs* , de prendre des Pilotes pour y entrer, sans que les Capitaines les puissent refuser, ni s'excuser de payer le Pilotage ; & au cas de refus les Pilotes pourront poursuivre les Capitaines jusques au lieu de leur destination, pour se faire payer le Pilotage & les fraix du voyage, qui seront reglez à 12 florins ; bien entendu que les Galiotes ou autres petits Bâtiments ne tirant que 4, 5, ou 6 pieds d'eau, payeront jusques sur le *Sloot* 24 sols du pied, que là ils seront libres, & jusques en deça du Vlaak ils payeront 34 sols du pied ; les Navires venant de *Normer, Dronthem , ou de Romsdaal* chargez de marchandises de fer, d'huiles, de planches ou autres marchandises, payeront autant que ceux qui viennent de la Mer Baltique sans aucune exception, mais les Galiotes ou autres Bâtiments qui ne tirent que 10 pieds d'eau ou moins, venant de *l'Eyder, de Jutland ou de Norwegue*, soit avec leur seul lest, ou chargez de Bœufs, payeront 15 sols du pied si les Pilotes y entrent hors des ouvertures & les conduisent jusques au *Sloot*, où les Pilotes pourront les quitter : mais si le Pilote quitte un Navire avant de l'avoir conduit audit lieu, il payera 12 florins d'amende applicable comme à l'Article 4.; mais si les Capitaines veulent garder les Pilotes jusques au deça du Vlaak, ils leur payeront 5 sols de plus pour chaque pied outre les 15 sols, & à l'égard des Navires chargez de marchandises , on se reglera comme il sera dit à l'Article 19. excepté pour ceux qui n'auront que leur lest , ou ceux qui ne seront chargez que de bois ou de bœufs.

V I I I.

Les Pilotes seront obligez d'aller & de venir une fois par mois par les ouvertures, d'en sonder exactement les profondeurs , d'en visiter les bords & rivages, d'en bien examiner les tonnes & les caps, pour voir si elles ne se gâtent point, & si les bas fonds ne changent pas de situation, ce qu'ils seront aussi obligez de faire toutes les fois qu'il y aura eu quelque mauvais tems ou tempête, & ils ne manqueront pas de mettre toutes leurs remarques par écrit, en marquant le jour & la date, afin d'en donner connois-
fance

fance en tems & lieu aux Seigneurs Commiſſaires, ou à leur Subſtitut, &
donner par là des marques de leur vigilance.

I X.

Et au cas qu'il arrivât (ce qu'à Dieu ne plaiſe) qu'un Pilote vint à faire
échouer un Navire ſoit par malice, par malheur , par imprudence , ou
par inadvertance, les Commiſſaires en prendront information & pourront
le punir ſelon l'exigence du cas, ſoit par ſuſpenſion, par caſſation, par
banniſſement, ou autre peine corporelle & même de la mort, comme ils
le trouveront convenable; mais ſi cela eſt arrivé par un malheur impreveu,
comme par un ſubit changement de tems, ou des courants, ou autre accident, les Commiſſaires y auront égard, & proportionneront la peine au
mal, & ordonneront pour cet effet aux Officiers reſpectifs , de s'informer
exactement en pareil cas, de la cauſe du malheur, & d'en envoyer les in-
formations aux Seigneurs Commiſſaires, & même de ſe ſaiſir des Pilotes, &
les mettre en lieu de ſeureté ſi le cas le requiert , & de proceder contre
eux ſelon qu'ils le meritent.

X.

Et s'il arrive quelque diſpute entre les Capitaines de Navire , ou les
proprietaires des marchandiſes, & les Pilotes, ou les Bateliers & gens qui
auront aidé à ſauver quelque choſe du naufrage , au ſujet de leur ſalaire
pour avoir ſauvé quelque choſe qui aura été trouvé en Mer, ſur le rivage
ou pêché hors d'un Navire enfoncé, toutes telles diſputes ſeront terminées
par le Commiſſaire, s'il y en a un dans l'endroit où on déchargera le Navire, ou par des Arbitres qu'il nommera, & le Commiſſaire ou les Arbitres qu'il aura nommez, auront pour leurs vacations *deux ſols* de chaque
florin, ſavoir un ſol du proprietaire du Navire ou des marchandiſes ſauvées, & un ſol des gens qui les auront ſauvées, & ſeront obligez les Pilotes & Travailleurs qui auront ſauvé quelque choſe , de même que les proprietaires des Navires ou des effets ſauvez, de comparoître devant le Commiſſaire ou devant les Arbitres , faute dequoi ils ſeront citez trois fois à
leurs depens par un Notaire, & ne comparoiſſant pas, ils ſeront condamnez par defaut, ſans qu'ils en puiſſent appeller en aucune maniere, que par
devant nos Conſeillers Commis de Weſt-Friſe & Quartier du Nord, leſquels
nous commettons exprez pour cela par nos preſentes, ſur quoi ſe regleront
à l'avenir auſſi bien les Maîtres des Navires, que les proprietaires des marchandiſes, & tous Pilotes ou autres qui auront ſauvé quelques effets ; ſur
peine que ſi (contre toute apparence) un pareil accord ſe fait par d'autres, le ſuſdit Commiſſaire ne laiſſera pas de jouïr de ſon droit de deux
ſols

fols par florin, que les transgreffeurs feront obligez de lui payer prompt-
tement, fans delai & fans aucune forme de procez, fur peine de 25 florins
d'amende outre ladite taxe, applicable comme à l'Article 6. faute dequoi
il pourra le faire executer comme deffus ; & au cas qu'il n'y ait point de
Commiffaire dans le lieu où le Navire déchargera, lesdites difputes y feront terminées par la Juftice du lieu, fans que cependant les Pilotes ou
ceux qui auront fauvé quelque chofe, puiffent arrêter le Navire, fes debris, fes ancres, fes cables ou quelque autre chofe que ce puiffe être, jufques à ce que la difpute foit terminée, mais au contraire ils feront obligez
d'aider & d'affifter inceffamment le Navire, fur peine de 50 florins d'amende, outre le dommage que ce retardement pourroit caufer à la marchandife en arrivant trop tard au lieu de fa deftination ; bien entendu que fi le
Navire eft étranger & deftiné pour un autre pays, & qu'il voulût reffortir, alors la difpute fe terminera par la Juftice du lieu le plus prochain;
& authorifons celui ou ceux qui auront fauvé un Navire ou fes effets, de
freter un Vaiffeau ou Bâteau aux depens des proprietaires, pour envoyer
les marchandifes au lieu de leur deftination, & de mettre une perfonne à
leur conduite pour recevoir le droit du fauvage, à laquelle perfonne il fera aloué 40 fols par jour outre ledit droit de fauvage ;   & perfonne ne
pourra delormais, foit avec une Galiote ou autre Bâteau pêcher une ancre,
ou un cable fans la permiffion du Capitaine, de fon Pilote ou de fon Subftitut fur peine de 100 florins d'amende, à payer tête par tête; ne pourra non plus qui que ce foit entreprendre de couper la valife d'une ancre,
ni la defigurer, ni lui ôter fon jas, fur pareille peine de 100 florins d'amende, pour chaque valize ou jas, applicable comme à l'Article 6. & feront
ceux qui auront fauvé ou pêché une ancre ou un cable, obligez de le porter inceffamment à bord du Navire, & d'accorder à l'amiable, s'il fe peut, pour
leur falaire, avec les gens du Navire, finon ils prendront deux hommes
de l'Equipage avec eux, & iront decider le different par devant le Commiffaire, ou fon Subftitut dans le lieu le plus prochain, ou par devant la
Juftice s'il n'y a ni Commiffaire ni Subftitut.

X I.

Et afin que les Articles ci-deffus & les fuivans puiffent être bien executez & entretenus,   pourront lefdits Commiffaire, ou Commiffaires, &
gens de Juftice refpectifs des lieux où feront arrivez les naufrages,   citer
devant eux les proprietaires des effets fauvez, les Capitaines des Navires,
les Pilotes & ceux qui auront fauvé quelque chofe; les obliger de comparoître devant eux, & faire mettre leurs fentences en execution, à quoi les
Officiers & Magiftrats des lieux où demeurent les proprietaires des Vaiffeaux ou des effets, auffi bien que ceux des lieux où demeurent les Pilotes,
&

& ceux qui auront fauvé quelque chofe, feront obligez de prêter les mains, & de donner toute l'affiftance neceffaire aux Capitaines ou Proprietaires, s'ils en font requis par le Commiffaire.

XII.

Et feront cependant obligez lefdits Officiers de s'informer exactement, & de pioceder contre tous Pilotes ou autres qui auront fauvé quelque chofe, fous le reffort de leur Jurifdiction refpective ; qui auront contrevenu à la prefente Ordonnance, & cela par devant la Juftice du lieu de leur habitation, au fujet des amendes, peines & châtimens qu'ils auront merité, pour avoir contrevenu à la prefente Ordonnance, comme auffi contre les Pilotes qui abandonneront les Navires qui fortiront, avant que de les avoir conduits en pleine Mer, fans prejudice cependant du droit du Commiffaire, ou des Commiffaires, ordonné par l'Article 11.

XIII.

Les Navires ou autres Vaiffeaux vuides tirant jufques à 10 pieds d'eau, payeront pour Pilotage de fortie huit fols du pied, ceux de onze pieds dix fols du pied, & ceux qui prendront plus de pieds d'eau, payeront douze fols du pied ; & en cas de refus le Pilote pourra, au retour du Navire, pourfuivre le Capitaine, jufques au lieu de fa deftination, pour avoir fon payement avec les fraix, pour lefquels il lui fera aloué 12 florins : mais les Vaiffeaux qui vont au Nord en font exclus. Les Vaiffeaux qui auront le tiers de leur charge en marchandifes ou au delà, payeront pour Pilotage de fortie, favoir ceux qui tireront 4, 5, 6, 7, & 8 pieds, 6 florins, & ainfi de fuite comme dans l'Ordonnance du Texel Article 16.

Un Navire qui prendra

5, 6, 7, à 8 pieds d'eau, payera f 6:		14½ pieds, payera f 18:	
8½	6:10	15	20:
9	7:	15½	22:10
9½	7:10	16	25:
10	8:	16½	27:10
10½	8:10	17	30:
11	10:	17½	35:
11½	11:	18	40:
12	12:	18½	44:
12½	13:	19	48:
13	14:	19½	53:
13½	15:	20	58:
14	16:		

R r

Ceux

Ceux qui prendront plus de pieds d'eau, payeront de chaque pied 12 florins, & 6 florins du demi pied.

X I V.

Les Pilotes feront obligez, d'abord qu'ils feront entrez dans un Navire pour en entreprendre la conduite, de demander au Capitaine ou à son Pilote, combien de pieds d'eau prend le Navire, & les Capitaines ou Pilotes des Navires feront obligez de le leur dire precifement, & même de le declarer par écrit aux Pilotes, au cas qu'ils en foient requis; & fi les Capitaines ou leurs Pilotes declarent moins de pieds que ne calent les Navires, ils payeront d'amende aux Pilotes 16 florins de chaque pied, ou 8 florins de chaque demi pied, qu'ils auront declaré de moins. Le Pilotage d'entrée des Navires venant de *l'Eſt & du Nord* fera payé comme ci-bas, felon qu'ils prendront des pieds d'eau; à compter par pieds & demi pieds, comme auſſi les Vaiſſeaux de guerre; mais les Galiotes ou petits Vaiſſeaux venant du Nord qui ne prenent que 4 ou 6 pieds, en feront exemts comme à l'Article 7.

X V.

Savoir en Eté à commencer le premier d'Avril, moyenant que le Vaiſſeau paſſe le *Vlaak* ce jour-là; car deformais on ne fera la diftinction du Pilotage d'Eté & d'Hiver que du jour que le Navire paſſera le *Vlaak*, & non du jour de fon entrée.

Chaque Navire ou Vaiſſeau qui prendra

5,6,7,8 à 9 pieds d'eau, payera f 12 :		
9½ - - -	12:10	
10 - - -	13:	
10½ - -	14:	
11 - - -	15:	
11½ - -	16:10	
12 - - -	18:	
12½ - -	19:	
13: - - -	20:	
13½ - -	23:	
14 - - -	26:	
14½ - -	29:	

15 pieds d'eau, payera f 32 :		
15½ - - -	36:	
16 - - -	40:	
16½ - -	47:10	
17 - - -	55:	
17½ - -	63:	
18 - - -	72:	
18½ - -	81:	
19 - - -	90:	
19½ - -	100:	
20 - - -	110:	

XVI.

XVI.

Et pour le Pilotage d'Hiver à commencer du premier Septembre, si le Vaisseau passe le *Vlaak* ce jour-là, jusques au dernier jour de Mars,

Chaque Navire ou Vaisseau qui prendra

4,5,6,7,8, à 9 pieds d'eau, payera ƒ18 :						15 pieds d'eau, payera ƒ43 :				
9½	-	-	-	-	18:10	15½	-	-	-	48:10
10	-	-	-	19:10	16	-	-	-	54:	
10½	-	-	20: 5	16½	-	-	-	63:		
11	-	-	21:	17	-	-	-	72:		
11½	-	-	22:10	17½	-	-	-	82:		
12	-	-	24:	18	-	-	-	92:		
12½	-	-	26:	18½	-	-	-	103:10		
13	-	-	28:	19	-	-	-	115:		
13½	-	-	31:	19½	-	-	127:10			
14	-	-	34:	20	-	-	-	140:		
14½	-	-	38:10							

XVII.

Et les Navires qui prendront au delà de 20 pieds d'eau, payeront 25 florins pour chaque pied de plus, & on ne comptera que par pieds & demi pieds, sans pouvoir compter par quarts de pieds, sur peine de 20 florins d'amende.

XVIII.

Les Vaisseaux des Indes payeront à leur retour pour Pilotage d'entrée 6 florins au lieu de 2 florins, pour laquelle somme les Pilotes seront obligez de mettre sur chaque Vaisseau deux Pilotes bien experimentez & duement admis, sans pouvoir rien prétendre au delà, sur peine comme dessus; & si on en demande un plus grand nombre ils seront obligez de les fournir, auquel cas on payera à chaque Pilote de plus un simple salaire, ou la moitié de ce que l'on donne aux autres deux; & seront tous lesdits Pilotes obligez de conduire lesdits Navires jusques au Pampus pour le susdit salaire; & au cas qu'il arrivât que quelque Navire des Indes ou autre, étant arrivé près des Côtes du pays, & que du consentement du Capitaine, de son Pilote ou de son Substitut, un ou deux Pilotes y fussent entrez pour le conduire dedans, & qu'il survint quelque courant ou quelque tem-

Rr 2   pête

pête qui pouffât le Navire au delà du *Texel*, foit au *Vlie*, au *Ammelander Gat* ou autre, & qu'il falût que d'autres Pilotes le fiffent entrer, dans ce cas les premiers Pilotes auront pour leur peine & perte de leur tems, la moitié de l'entier Pilotage; comme auffi fi un Vaiffeau étant arrivé devant le *Vlie*, venoit à être pouffé par les mêmes accidens au Texel ou ailleurs, après que le Pilote ou Pilotes y feroient entrez, & qu'il falût d'autres Pilotes pour les faire entrer, les premiers Pilotes auront auffi la moitié du Pilotage porté par la préfente Ordonnance, & ceux qui fairoient entrer le Navire auroient l'entiere paye, comme fi les premiers Pilotes n'y avoient pas été: mais à l'egard des Vaiffeaux des Indes qui feront déja fortis, & qui par vent contraire ou autrement, feront obligez de r'entrer, les Pilotes ne pourront prétendre d'eux, d'autre Pilotage que celui que payent les Navires particuliers, conformement à la préfente Ordonnance.

X I X.

Tous les Vaiffeaux venant du côté *de l'Oueft ou de l'Eft*, *du Levant*, *de Barbarie*, *de Genes*, *des Iles Canaries*, *d'Efpagne*, *de France*, *d'Angleterre*, *de Mofcovie*, *de Groenland*, *de Danemarck*, *de Suede*, *de Coningsberg*, *de Dantzik*, *de Riga*, *de Bergen*, *de Dronthem*, *de Nilius*, *de Normer*, *de Romsdal* & autres places, ayant le tiers de leur charge ou moins, en huile ou en lard de Baleine, en fer, en balles, en facs, en plomb, ou en toutes autres chofes qui fe hiffent avec le palan, ou fe chargent à la main, feront cenfez pour Vaiffeaux chargez, excepté ceux qui feront chargez de bois, qui ne payeront pas comme les Navires chargez de marchandifes, lefquels payeront de 2 florins 3 florins; bien entendu que tous les Navires qui viendront des quartiers fus-mentionnez, qui auront le tiers de leur charge ou plus, feront comptez pour Vaiffeaux chargez de marchandifes, quand même le refte de la cargaifon ne confifteroit qu'en fel, ou en autres marchandifes communes, & les Vaiffeaux qui n'auront le tiers de leur charge en marchandifes, payeront fur le pied des mefures exprimées ci-deffus. Tous Vaiffeaux venant de Guinée ou de l'Amerique payeront de Pilotage d'entrée en entrant au Vlie comme fuit.

Les

Les Vaisseaux qui prendront

8 pieds d'eau payeront f 20 : :				14½ pieds d'eau payeront f 58 :		
8½	- - -	21:10:		15	- - -	65 :
9	- - -	23 : :		15½	- - -	73 :
9½	- - -	25 : :		16	- - -	81 :
10	- - -	27 : :		16½	- - -	94 :
10½	- - -	29:10:		17	- - -	108 :
11	- - -	32 : :		17½	- - -	123 :
11½	- - -	34 : :		18	- - -	138 :
12	- - -	36 : :		18½	- - -	155 :
12½	- - -	39 : :		19	- - -	172 :
13	- - -	42 : :		19½	- - -	191 :
13½	- - -	46:10:		20	- - -	210:
14	- - -	51 : :				

Les Vaisseaux venant de l'Amerique ou du Brezil ou des Côtes voisines, à demi chargez, payeront comme ceux qui viennent de Guinée : mais ceux qui viendront de l'Amerique ou du Detroit chargez de sel, payeront seulement autant que payent les autres Navires chargez de sel suivant la presente Ordonnance.

X X.

Bien entendu que les Pilotes qui feront entrer des Navires pendant une rude tempête, ou ceux qui seront sans masts, sans ancres, sans cables, ou sans gouvernail, auront, outre leur salaire ordinaire, autant de plus, que le Commissaire ou les Arbitres qu'il aura établis, trouveront à propos de leur adjuger, en payant le droit de 2 sols mentionez à l'Article 10., & dans l'Ordonnance pour le Texel Article 12.

X X I.

Et seront pareillement obligez tous les Pilotes, de mettre en Mer les Navires & Maîtres de Navire qui voudront sortir, lors qu'ils en seront requis, & cela pour un salaire raisonnable : mais les Vaisseaux de guerre qui prendront 14 pieds d'eau, payeront 8 florins pour la sortie, & s'ils prennent plus de pieds d'eau, ils payeront autant que les autres Vaisseaux à proportion de leur profondeur, bien entendu qu'ils ne payeront que la moitié de ce que payent les Navires Marchands ; sans qu'un Pilote puisse entreprendre de sortir plus d'un Navire à la fois sur peine de 3 florins d'a-

mende,

mende, & celui qui aura entrepris la conduite d'un Navire, ne pourra pas la ceder à un autre, fur pareille peine de 3 florins d'amende, pour les pauvres de *Vlieland* ou de Terfchelling: mais fi le Pilote devient malade, le Capitaine du Navire pourra en prendre un autre tel qu'il lui plaira.

X X I I.

Au cas qu'il arrive qu'un Vaiffeau arrivant de nuit ou autrement fur les Côtes, & ne rencontrant point de Pilote, il rencontre des pecheurs qui ne foient point Pilotes Jurez, & les prie de le conduire par les ouvertures du Pays, lefdits pecheurs feront obligez de declarer au Capitaine qu'ils ne font point Pilotes, après quoi ils pourront entrer dans le Navire & en entreprendre la conduite, nonobftant les defenfes ci-deffus: mais s'il fe prefente enfuite des Pilotes Jurez, qui offrent leur fervice pour entrer le Navire, ils feront preferez aux pecheurs, qui feront obligez de fortir du Navire, à moins qu'ils ne convinfent avec le Pilote de partager le Pilotage avec lui, ce qui fera laiffé à la volonté des uns & de l'autre.

X X I I I.

Mais fi les pecheurs avoient conduit le Navire en deça de la premiere Tonne, avant que le Pilote fût arrivé à bord du Navire, les pecheurs ne feront point obligez de lui ceder le Navire, ni la moitié du Pilotage.

X X I V.

Item pourront tous les Navires qui feront en danger, demander deux Pilotes, en leur payant le double du falaire ordonné, mais s'il en vient davantage à bord fans que le Capitaine les ait demandez, il ne fera pas obligé de leur rien payer, & ils n'auront rien à prétendre que par maniere de gratification, fi le Maître trouve à propos de leur donner quelque chofe.

X X V.

Lors que les Pilotes auront fait entrer un Navire, & qu'ils auront receu leur falaire, ils feront obligez d'en donner une quittance au Capitaine, contenant la profondeur & le nom du Navire, & la fomme qu'ils auront receuë, fignée de leur nom ou de leur marque, ou de quelque autre par leur ordre; & feront les Capitaines de Navire obligez de fe faire donner une telle quittance des Pilotes, afin de fe faire reftituer le Pilotage par les Marchands, faute dequoi les derniers ne feront point tenus à leur rien payer
yer

yer pour le Pilotage, & en outre le Pilote & le Capitaine payeront chacun
6 florins d'amende.

XXVI.

Et ne pourra aucun Pilote étant yvre entreprendre d'entrer dans aucun
Navire, pour le faire entrer ou fortir, ni entreprendre d'entrer ni de fortir plus d'une Navire à la fois, lors qu'une Flote entiere entrera ou fortira,
fur peine de 6. florins d'amende à chaque fois que cela leur arrivera , &
d'être fufpendus de leur office pendant 6. femaines.

XXVII.

Lorfque le vent fera bon pour fortir, il ne fera pas permis aux Galiotes
ou Chaloupes des Pilotes de porter à bord que le feul Capitaine du Navire
que le Pilote doit conduire dehors, fur peine de 9. florins d'amende ; mais
s'il écheoit que plufieurs autres Capitaines entraffent dans la Galiote à deffein de fe faire porter fur leur Bord , ils ne pourront le faire fans avoir
chacun un Pilote avec foi pour conduire leurs Navires dehors , à moins
qu'ils ne declaraffent que leurs Pilotes font déja à bord , & qu'ils ne fuffent les nommer par nom & furnom , fur peine que fi quelque Timonnier
de Galiote ou de Bâteau , ou quelque Pilote contrevient à cet Article ,
foit par malice ou par diftraction , il payera 9 florins d'amende, & feront
obligez les Bateliers qui auront conduit des Capitaines à bord, de declarer à leur retour les noms des Capitaines & des Pilotes qu'ils auront conduits à bord, fur peine de 18 florins d'amende applicables comme à l'Article 4.

XXVIII.

Et pour éviter toutes difputes & diffentions , lors qu'il y aura plufieurs
Pilotes dans une même Galiote, celui d'entre eux qui la gouvernera, pourra mettre à bord du premier Navire qui voudra entrer , tel Pilote qu'il
voudra & qu'il trouvera le plus capable , fans que les autres puiffent l'en
empêcher, fur peine de 6 florins d'amende , à moins que le Capitaine ne
voulût en avoir un autre que celui qu'on voudroit lui donner.

XXIX.

Et ne pourra aucun Pilote ceder ni aliéner fa marque , en aucune maniere que ce foit, fur la peine ordonnée par le troifieme Article de la prefente Ordonnance.

XXX.

X X X.

Si quelqu'un entreprend de faire fortir ou entrer aucun Navire , fans être admis à l'office de Pilote, il payera 24 florins d'amende, applicables comme à l'Article 4.

X X X I.

Défendons à qui que ce foit de maltraiter foit en particulier ou en public aucun des Pilotes admis, de les injurier, ni de les menacer en aucune maniere foit dans les ruës , fur les rivages , ni dans les maifons ni auberges , ni de fe moquer d'eux en dirifion de leur office, fur peine de 6 florins pour la premiere fois , de 12 florins & de correction arbitraire à la feconde, & de 18 florins pour la troifième fois, & d'être bani pour deux ans hors de la Jurifdiction du lieu de fa demeure, fans qu'il lui foit permis d'y revenir pendant ledit tems, fur peine de punition corporelle.

X X X I I.

Et au cas qu'il arrivât que le Navire fût obligé de relâcher par vent contraire dans les ouvertures de ce Pays, & qu'il voulût refortir , il payera pour Pilotage 15 fols du florin : mais fi le Capitaine veut être conduit au Vlaak, il payera le Pilotage entier; & fi par l'avis & le confentement du Capitaine ou de fon Pilote, ou dans un danger évident de vent & de tempête, le Pilote conduit le Vaiffeau dans le *Creux d'Ameland* ou *Amelander-Diep*, le Pilote fera obligé de demeurer à bord du Navire autant qu'il plaira au Capitaine, ou que le tems permette d'en fortir, & le Pilote aura pour tout ce tems-là 6 florins, & fa nourriture à bord, jufques à ce qu'il puiffe pourfuivre fon voyage.

X X X I I I.

Défendons en outre très-expreffement à tous Pilotes , de faire aucun complot contre cette notre prefente Ordonnance , comme auffi de faire aucune Société generale entre eux , afin de partager tous les Pilotages en commun, fur peine de 25 florins d'amende pour la premiere fois, de 50 florins pour la feconde, & de 100 florins & de correction arbitraire , fuivant l'exigeance du cas pour la troifième fois: mais plufieurs Pilotes pourront bien fe mettre enfemble dans une même Galiote ou Chaloupe, comme il pourra bien auffi partir enfemble plufieurs Galiotes ou Chaloupes; & fi elles fe trouvent en Mer enfemble , les Pilotes qui y feront pourront
bien

bien s'accorder entre eux, pour s'employer auffi bien pour les petits Navires que pour les grands, afin que les uns & les autres puiffent être aidez également, ceci n'étant ordonné que dans la feule veuë de les empêcher de s'endommager en faifant force de voiles pour arriver les premiers à bord d'un Navire qu'ils auront decouvert, & étant arrivez à terre ils partageront le Pilotage en commun.

XXXIV.

Les Navires qui reviendront de l'Eft, de Norwege ou des environs, quoi qu'ils aient pris & loué un Pilote en s'en allant, du confentement même du Commiffaire, feront cependant obligez en arrivant devant le Pays, de prendre un autre Pilote pour les faire entrer par les ouvertures, & de lui payer le Pilotage fur le pied de la prefente Ordonnance, lequel Pilotage fera partagé entre les deux Pilotes, & celui que l'on aura pris pour faire entrer le Navire fera libre, lors qu'il l'aura conduit dans *le Sloot*.

XXXV.

Chaque Galiote ou Chaloupe de Pilote portera un girouette blanche, au haut du maft, dans laquelle on pourra voir diftinctement les nombres de 1, 2, 3, 4, 5. &c. jufques au nombre des Galiotes ou Chaloupes qu'il y aura, ou bien on en marquera le nombre en grands chiffres de deux pieds en quarré, avec du goudron noir au haut de chaque grande voile des Galiotes; & fi une Galiote à Pilote paffe devant un petit Navire fans y mettre un Pilote dedans, en veuë d'aller à un plus grand, le Capitaine pourra le declarer, & dans ce cas tous les Pilotes qui l'auront ainfi negligé, payeront chacun 25 florins d'amende; & tous les Pilotes qui iront en Mer fans la marque de leur nombre à leur girouette, ou à la grande voile, payeront auffi chacun, tête par tête, 25 florins, & feront fufpendus pour 6 femaines, & ceux qui l'auront vu & ne l'auront pas declaré dans 8 jours à l'Officier, payeront une pareille amende.

XXXVI.

Et chaque Pilote qui aura été loué pour faire fortir un Navire, fera obligé d'y demeurer jufques à ce qu'il l'ait conduit dehors, fans pouvoir le ceder à un autre, & fans pouvoir entreprendre d'en conduire un autre dehors, qu'il n'ait quitté celui-là, fur peine de 25 florins d'amende & de fufpenfion pour 12 femaines.

XXXVII.

X X X V I I.

Et ne pourront les Pilotes qui entreprendront de faire entrer , ou fortir des Navires, obliger ni forcer un Maître de Navire, de prendre plus d'un Pilote fur fon bord, ni lui faire payer aucun fraix extraordinaire pour la Galiote ou Bateau , qu'ils envoyent quelquefois devant, fur peine de 25 florins d'amende ; à moins que le Capitaine ne l'ordonne expreſſement. Auquel cas il faudra que cela paroiſſe evidemment, faute de quoi le Capitaine ne fera pas obligé de payer que le fimple Pilotage.

X X X V I I I.

Aucun Pilote ne pourra ceder fon Ordonnance à perfonne, fous quelque pretexte que ce foit , fi ce n'eſt pour aller naviguer fur un Vaiſſeau de guerre, ou Vaiſſeau Marchand, & s'il la cede ou la rend pour quelque autre raifon, & qu'il la redemande à fon retour, elle lui fera refufée ; & fi quelques pécheurs conduifent un Vaiſſeau dans les ouvertures, le Pilotage n'en fera pas payé, fur l'accord qu'ils auront pu faire en Mer , mais il fera reglé & payé comme le Commiſſaire, fon Subſtitut, ou les Arbitres qu'il aura nommez pour cela, le trouveront à propos felon les cas.

X X X I X.

Statuons enfuite que tous les ans environ la Touſſaints, l'un des Maîtres Experts fortira de charge , & qu'il en fera mis un autre en fa place, qui fera choifi par l'Officier du lieu au nom des Seigneurs Commiſſaires, de la nomination de deux d'entre les Pilotes que feront le Maître Expert qui doit fortir de charge , & celui qui doit refter , ainfi chacun reftera deux ans en charge, & s'il en meurt un, on en élira un autre comme deſſus.

X L.

Et ne pourra aucun Pilote conduire en Mer un Navire qui aura relâché, que le Capitaine ne lui ait prouvé par les quittances du Receveur du droit des feux & des pieux, qu'il a payé lefdits droits , lefquels le Capitaine fera obligé de payer en allant à terre ; & feront obligez lefdits Pilotes, d'avertir inceſſamment les Maîtres Experts, des Navires qui feront entrez, dont ils tiendront un Regiſtre exaɛt, dont ils envoyeront tous les ans copie aux Commiſſaires qui refident à Amſterdam & à Enkhuyfen.

XLI.

XLI.

Et afin que la préfente Ordonnance puiffe être bien fuivie & entretenue, lefdits Seigneurs Commiffaires ou la plûpart d'entre eux, feront obligez de fe tranfporter du moins une fois l'année à Huysduynen, & même fur l'Ile du Texel s'il eft neceffaire, pour examiner fi on execute bien la préfente Ordonnance ; augmenter le nombre des Pilotes fi leur nombre ne fuffit pas, & pour mettre les ordres neceffaires à ce qui regarde le Pilotage, comme auffi d'augmenter le falaire des Pilotes, s'ils le trouvent à propos, felon l'exigence des cas, des tems, & des Vaiffeaux, ordonnant à chacun de ceux à qui il apartiendra, de fuivre de point en point tous les articles de la préfente Ordonnance, & de s'y conformer ; pour laquelle fin les Maîtres Experts feront obligez de donner auxdits Seigneurs Commiffaires, tous les fecours & toute l'affiftance dont ils auront befoin, lors qu'ils viendront dans les lieux de leur refidence, le tout fur peine de correction arbitraire. Fait à la Haye fous notre fceau le 15 de Septembre 1685., *Par Ordonnance des Etats,*

Signé SIMON van BEAUMONT.

Suivant la Refolution de Leurs Hautes Puiffances les Seigneurs Etats de Hollande du 13 Avril 1683. il a été permis à ceux de Terfchelling, de faire payer 6 fols à chaque Vaiffeau qui entrera, lefquels ferviront au foulagement des pauvres & vieux Pilotes.

Signé SIMON VAN BEAUMONT.

Quittance que les Pilotes doivent donner aux Capitaines de Navire.

Je fouffigné Pilote demeurant à . . . . . . confeffe avoir receu des mains du Capitaine . . . . . demeurant à . . . . . la fomme de . . . . . . florins pour Pilotage du Navire . . . prenant . . pieds d'eau, &c.

C H A P I T R E XVI.

Des Courtiers tant Jurez qu'Ambulans avec la lifte des Cour-
tages qui fe payent à Amfterdam.

ON nomme dans Amfterdam *Courtiers* tous ceux qui s'entremêlent de
conclure quelque marché entre un Vendeur & un Acheteur, foit pour
quelque partie de marchandife, de change, ou de quelque autre chofe que
ce foit. Mais quoi que l'on donne ce nom indiferemment à tous ceux qui
exercent cette profeffion , il n'apartient cependant qu'aux feuls Courtiers
Jurez de fe donner ce titre , leur nombre en eft reglé à 375 Chrétiens &
20 Juifs, faifant enfemble 395. On les nomme *Courtiers Jurez*, parce que
lors qu'ils reçoivent cet Office des Seigneurs Bourguemaîtres, qui les donnent gratis à qui il leur plaît, ils font ferment qu'ils ne feront aucun Commerce pour leur compte ni en focieté avec qui que ce foit ; en recevant
cet office ils reçoivent des Bourguemaîtres un petit bâton à peu près de la
longueur du doit, garni d'argent aux deux bouts, fur l'un defquels font gravées
les armes de la Ville, pour marque de leur Office , & de l'autre ils font
graver leur nom.

Mais comme ce nombre de Courtiers fuffiroit à peine pour faire la moitié de tout le Commerce qui fe fait à Amfterdam, il s'en eft introduit in-
fenfiblement un grand nombre d'autres qu'on nomme *Beunhazen ou Ambu-*
lans, qui, quoi qu'ils ne foient point Jurez, ne laiffent pas d'exercer les fonctions de Courtiers, avec la même liberté ou peu s'en faut, que les Courtiers Jurez. Il eft vrai que fouvent ceux-ci ont tâché de leur faire faire de fortes defenfes de fe mêler du Courtage , mais Meffieurs les Bourguemaîtres
qui veulent que chacun tâche de gagner fa vie du mieux qu'il peut, n'ont
pas trouvé à propos de leur accorder leurs demandes ; & certainement s'il
n'y avoit que 395. perfonnes à Amfterdam pour exercer le Courtage,
j'ofe dire qu'il ne s'y fairoit pas la moitié du Negoce qui s'y fait, & que
les trois quarts des Marchands feroient obligez de chercher eux mêmes
des Marchands pour acheter leurs marchandifes, lorfqu'ils en auroient à vendre, comme ils feroient auffi obligez d'aller chercher eux-memes les marchandifes dont ils auroient befoin; car de ce nombre de 395. Courtiers Jurez il
faut du moins en rabattre 195. dont les uns font affez riches & ne fe foucient
plus de travailler, les autres font malades , & d'autres dont peut-être le
nombre n'eft pas le plus petit , font fi ignorants dans le Commerce, qu'ils
ne font ni capables ni dignes d'exercer un Office qui demande fur toutes
chofes une fidelité à l'épreuve de toute tentation, une confcience droite, &
une connoiffance confommée des chofes dont on veut fe mêler , de forte
que fuivant ma fuppofition tout le Negoce d'Amfterdam feroit reduit à
                                                                        être

être fait par environ 200. Courtiers Jurez, & je laisse à penser à ceux qui savent le Negoce qui se fait à Amsterdam, si les Marchands eux mêmes ne deviendroient pas bien-tôt les Valets des Courtiers, au lieu qu'ils doivent être leurs Maîtres.

Ce n'est donc pas sans raison que Messieurs les Bourguemaîtres de cette Ville tolerent un grand nombre de ces sortes de Courtiers qu'on appelle Ambulans. Je dis un grand nombre, parce qu'en effet il y en a plus de 7. à 800. de ceux-ci, parmi lesquels il y a de très-habiles gens qui entendent le commerce à fond, & j'ose dire que comme le petit nombre de Courtiers peut beaucoup nuire dans une ville d'un grand Commerce, le grand nombre de Courtiers lui peut procurer un très-grand bien ; car il faut ou qu'un grand nombre de Courtiers meurent de faim, ou que les plus habiles d'entre eux sachent, pour ainsi dire, inventer de nouveaux Commerces, ou donner des avis aux Marchands sur lesquels ils puissent faire quelque Negoce qui en leur portant du profit, leur donne à eux mêmes le moyen de gagner leur vie en tirant leur Courtage, & quoi que le Courtage n'en vienne pas toujours à celui qui a donné un tel conseil, le Negoce ne s'en fait pas moins, & si le Courtage échape à celui ci, un autre en profite. Mais ces reflections me conduiroient hors de mon sujet auquel il faut revenir.

Suivant ce que j'ai dit ci-dessus il peut y avoir autour de 11. à 1200. Courtiers à Amsterdam, tant Jurez qu'Ambulans, qui ne gagnent leur vie à autre chose, qu'à conclure des marchez entre les Marchands, & s'il y en a quelques uns qui ne gagnent que 7. à 800. ou 1000. florins par an, il y en a bon nombre qui ne voudroient pas donner leur profit annuel pour 8. ni pour 10 mille florins, d'où on peut juger quel Commerce il se fait dans cette Ville.

Et comme il seroit impossible à un homme pour si universel qu'il fût, de se méler de faire le Courtage en toute sorte de choses, chacun de ceux qui veulent exercer cette fonction, soit qu'il soit **Juré** ou non, s'attache ordinairement au Commerce qu'il entend le mieux, ou à ce qui l'accommode le mieux, sans en sortir que lors qu'il voit qu'il n'y a plus rien à faire, ou que lors qu'il trouve des occasions favorables pour gagner davantage dans un autre Commerce, & cela fait un double bien au Commerce, pour plusieurs raisons qu'il me seroit facile d'alleguer si c'en étoit ici le lieu.

Si ceux qui ne savent pas le grand Commerce qui se fait à Amsterdam, demandent à quoi peuvent gagner leur vie un si grand nombre de Courtiers, je leur dirai qu'il y en a du moins 250. à 300. pour le seul negoce du Change sur toutes les places de l'Europe.

Environ 100. ou plus pour le Commerce des Actions.

Autant pour les seules Assurances.

Du moins 60. ou 80. pour les Vins & les Eaux de vie.

Il

Il y en a bon nombre pour les Epiceries , & tout ce qui depend de ce Commerce comme Huiles, Ris, Raisins, Prunes, Amandes, &c.

Bon nombre pour le Caffé, le Thé & le Cacao.

Il y en a plusieurs pour les Drogueries.

Beaucoup pour les Teintureries.

Quantité pour la vente des biens fonds, & des Obligations tant de l'Etat en general que de diverses Villes en particulier.

Quantité pour la vente des Navires, qui se mélent aussi de procurer du fret aux Navires, on les nomme *Cargadors*.

Pour les Huiles & Fanons de Baleine.

Pour les Graines dont on tire des Huiles , & de ces Huiles même comme Huile de Lin, Huile de Navette & autres.

Beaucoup pour les Grains.

Pour les Tabacs en Feuilles, en Cordes ou en Poudre, & pour les Cuirs secs de l'Amerique.

Pour toutes sortes de bois de Charpente.

Pour les Etoffes & Toiles des Indes.

Pour les Toiles de Silesie, d'Osnabrug & de Hollande.

Pour les Fils, & Rubans de fil.

Pour les Soyes.

Pour les Laines & Cotons.

Pour les Draps & Etoffes de Laine.

Pour les Miels & Cires.

Pour les Beures, & Bœufs salez.

Pour les Cuirs salez.

Pour les Metaux & Munitions de guerre.

Pour les Diamans & Joyaux.

Pour les Meubles des maisons mortuaires.

Pour les Peleteries.

Enfin il y en a un nombre suffisant pour chaque sorte de marchandise, car on seroit aussi malheureux, s'il faloit passer par les mains d'un Courtier qui pourroit être seul Maître d'une marchandise, que l'on l'est lors que l'on a besoin d'une marchandise, dont un seul homme est le Maître; mais cette pluralité de Courtiers fait que si un Marchand ne s'accommode pas avec l'un, il s'accommode avec l'autre, & les incite à l'envi l'un de l'autre à bien servir ceux qui les employent.

Ce n'est pas peu de chose pour un Marchand, quelque habile ou quelque puissant qu'il soit, que d'avoir des Courtiers favoris pour me servir du terme ordinaire; car comme il importe extremement à un grand Negociant, de savoir tous les jours tout ce qui se passe dans toutes sortes de marchandises & de Commerce, il ne sauroit le mieux apprendre que par les Courtiers qui vont & viennent tant dans la Bourse que dans la Ville, & qui or-
dinai-

dinairement favent tout ce qui fe paffe, chacun dans les chofes dont il fe méle, de forte qu'un habile Negociant peut faire de très-bonnes affaires dans beaucoup d'occafions qui fe prefentent affez fouvent à Amfterdam.

Mais comme il eft prefque impoffible que parmi un fi grand nombre de Courtiers, il n'y en ait bon nombre d'étourdis, d'autres fourbes & menteurs, d'autres trop fimples & trop credules pour donner & faire donner leurs Maîtres dans certains pieges que d'autres leur tendent exprès, ou d'autres enfin qui font incapables de donner le moindre confeil, dans certaines occafions, où un Marchand doit confulter quelque entreprife, il eft de la derniere importance pour un Marchand, de faire un bon choix des Courtiers dont il peut avoir befoin, foit qu'il veuille vendre ou envoyer, foit qu'il veuille acheter ou faire venir des marchandifes, de quelque pays étranger, & il ne fe doit jamais fier à un Courtier qu'il n'ait éprouvé plus d'une fois fa fidelité, fa droiture & fa capacité ; car il eft abfolument vrai de dire que quelque bon & quelque puiffant que l'on foit, fi l'on veut croire tout ce que certains Courtiers, ou Ambulans difent à plufieurs Marchands l'on ne faura pas fouvent s'il eft tems de vendre, ou tems d'acheter, ou l'on donnera dans des Negoces dangereux, dont on ne pourra fortir qu'en fe ruinant. Au refte je ne taxe perfonne, & Meffieurs les Courtiers & Ambulans qui fe connoiffent honnêtes gens, fauront que je les excepte des 4 ordres de Courtiers que j'ai notez ci-deffus, & que je les eftime affez pour les regarder auffi bien que les meilleurs Negocians, comme les plus puiffans apuis du Commerce; car ôtez la bonne foi du Commerce, il faut qu'il tombe infailliblement de lui même.

Les Courtiers jurez ont trois grands avantages fur les Ambulans : le premier eft qu'il n'y a qu'eux feuls qui puiffent faire les ventes publiques, & comme il s'en fait tous les jours un bon nombre, comme je l'ai dit au Chapitre IV. plufieurs Courtiers Jurez qui ont des amis, s'y introduifent, quoi qu'ils n'aient pas même connoiffance de la marchandife qui fe vend, & partagent avec les autres Courtiers tout comme s'ils étoient auffi favans qu'eux.

Le fecond avantage qu'ils ont, c'eft que lors qu'un Ambulant a conclu un marché entre deux perfonnes fans temoins, & que l'une veut enfuite s'en dédire, & que l'affaire vienne à être portée en Juftice, l'Ambulant n'en eft pas cru ni fur fa parole ni fur fon ferment, au lieu que fi le même cas arrive à un Courtier Juré, il en eft cru fur fa fimple declaration.

Le troifième avantage qu'ont les Courtiers Jurez fur les Ambulans, eft que fi ceux ci concluent un marché, en prefence d'un Courtier Juré, celui-ci peut les fruftrer du Courtage & fe le faire payer à lui : mais cela arrive fort rarement, & je vois tous les jours au contraire que beaucoup de Courtiers Jurez font bien aifes de pouvoir faire des parties de moitié

tié avec des Ambulans , & de partager le Courtage avec eux , lors qu'ils ne peuvent mieux faire.

J'aurois volontiers fini ici ce Chapitre fans y ajoûter la Lifte ou le Tarif des Courtages, tiré de la nouvelle Ordonnance pour les Courtiers , tant parce qu'il eft fort mal fuivi , y aiant beaucoup de chofes qui payent plus de Courtage & d'autres moins qu'il n'eft ordonné , que parce que je n'ai pas eu tout le tems qu'il me faloit , pour m'informer au jufte de tous les articles que j'ignore. Mais on m'a tant preffé de le donner, quelque imparfait qu'il foit , que je n'ai pas pu le refufer. Je le mets donc ci-deffous fuivant le plan que je m'étois propofé , qui étoit de faire une colomne des Courtages fuivant l'Ordonnance , & une de ce qui fe paye fuivant l'ufage ou la coûtume. Mais comme je n'ai pas pu finir cette derniere par les raifons que je viens de dire, je laiffe en blanc les Articles que j'ignore, ou dont je ne fuis pas bien feur , afin que les curieux qui acheteront ce livre , puiffent en remplir les vuides à mefure qu'ils trouveront quelque difference entre le Courtage reglé par l'Ordonnance ou le Tarif , & celui qui fe paye fuivant l'ufage.

OR-

ORDONNANCE

OU

TARIF

Des Courtages ou du Salaire que les Marchands
doivent payer aux Courtiers, qui ont conclu
quelque marché pour eux.

A.

	Suivant le Tarif l'Acheteur & le Vendeur payent chacun la ½ de ce qui suit.			Suivant l'Usage l'Acheteur & le Vendeur payent chacun ce qui suit.		
	F.	S.	P.	F.	S.	P.
Acier en billes, les 100 ℔.	0	1	8	0	2	0
Acier en barils , le baril *dont il n'est pas fait mention dans le Tarif*	—	—	—	0	1	8
Actions de la Compagnie des Indes Orientales, de chaque 100 florins de Capital	0	4	-			
Chaque Action est de 3000 florins du Capital, & le Courtage en est 6 florins, ce qui sur le pied du Tarif, est pour chacun.	—	—	—	3	0	0
Actions de la Compagnie d'Occident, *dite ordinairement la Compagnie du West,* pour chaque 100 florins , à compter du prix qu'elles valent en Bourse & non du Capital	0	4	0			
Mais si elles valent plus que le Capital ou plus de 100 pour 100. elles payeront pour 100 florins de Capital	0	4	0			
Chaque Action est de 6000 florins de Capital, & le Courtage n'en est que 6 florins comme de celles des Indes, & pour chacun	—	—	—	3	0	0
Alun ou Alum, les 100 ℔.	0	1	8			

T t

Aman-

	Suivant le Tarif l'Acheteur & le Vendeur payent chacun la ½ de ce qui suit.			Suivant l'Usage l'Acheteur & le Vendeur payent chacun ce qui suit.		
A.	F.	S.	P.	F.	S.	P.
Amandes, la bale.	o	6	o			
Amidon, le baril	o	2	o	o	3	o
Il s'en vend de grosses parties à terme, & on donne beaucoup de Primes pour en livrer ou pour en recevoir dans certains termes, & alors les Courtiers passent le Courtage tant au Vendeur qu'à l'Acheteur à 15 sous par mille livres, ou à 1½ sou par 100 ₶.						
Anis, la bale	o	6	o			
Anis d'Autriche ou autres se vendent en futailles à proportion.						
Argent en depôt, en rente, ou à l'interêt, pour chaque 100 florins	o	4	o	o	5	o
Lors que l'on emprunte de l'argent sur quelque chose, l'Emprunteur paye pour chaque 100 florins	—	—	—	o	5	o
Mais le Prêteur qui devroit payer autant, ne paye presque jamais rien, à moins que le Courtier ne l'accorde.						
Argent à la grosse avanture, ou en Bodemerie, de 100 florins	o	8	o	o	10	o
Argent vif, de la valeur d'une livre de gros, ou de 6 florins	o	1	o	o	o	8
Argent de Banque, de 1000 florins	—	—	—	1	o	o
Assurances, *le Tarif en regle le Courtage à 7 sous par 100 florins, & l'Ordonnance pour les Assurances, No. VIII. Article V. le regle à ¼ pour cent, à payer moitié par moitié : mais on ne suit ni l'un ni l'autre, car l'usage est que l'Assuré ne paye rien, & que l'Assureur paye le ¼ pour cent.*						
Avelines, Voyez Noisettes.						
Avoine, le last	o	5	o	o	6	o

B.

	Suivant le Tarif l'Acheteur & le Vendeur payent chacun la ½ de ce qui suit.			Suivant l'Usage l'Acheteur & le Vendeur payent chacun ce qui suit.		
B.	F.	S.	P.	F.	S.	P.
Barracans & Grosgrains, de la valeur de 6 florins . . .	0 -	0 -	12	0 -	0 -	8
Barres de Fer, Voyez Fer.						
Baffins de Cuivre, les 100 ℔. .	0 -	6 -	0	0 -	3 -	0
Bayes ou Bayettes, de la valeur de 6 flor.	0 -	0 -	12	0 -	0 -	8
Beure, le laft . . .	0 -	12 -	0			
Le Beure d'Irlande & de France le baril						
au deſſus de 100 ℔ . .	—	—	—	0 -	3 -	0
au deſſous de 100 ℔ . .	—	—	—	0 -	1 -	8
Blé Sarazin, le laft . . .	0 -	4 -	0	0 -	6 -	0
Bodemerie, Voyez Argent donné à la groſſe.						
Bombazins, de la valeur de 6 florins	0 -	0 -	12	0 -	0 -	8
Bois du Brezil, de Campeche, d'Ebene, de Gayac, & toute forte de Bois pour la Teinture, ou pour d'autres ouvrages, de la valeur de 6 florins	0 -	1 -	0	0 -	0 -	8
Bois, Bordillon, Mairain, Bois du Nord, & toutes fortes de Planches & de Mâts, de la valeur de 100 florins	0 -	5 -	0	1 -	0 -	0
Bois pour Douves, petit Bordillon & Mairain les 1000 Pieces . .	—	—	—	1 -	0 -	0
Boucarans, de la valeur de 6 florins	0 -	0 -	12	0 -	0 -	8
Brezil, Voyez Bois.						
C.						
Cacao, de la valeur de 6 florins	0 -	1 -	0	0 -	0 -	8
Caffé, de la valeur de 6 florins	0 -	1 -	0	0 -	0 -	8
Lors que l'on negocie du Cacao & du Caffé _par parties à terme, ſoit en primes ou_ _en marché ferme, le courtage s'en paye_ _à 5 florins par mille livres, moitié_ _par moitié._						
Canelle, les 100 ℔. . .	0 -	6 -	0			
Lors que la Canelle s'achete des particu-						

liers,

	Suivant le Tarif l'Acheteur & le Vendeur payent chacun la ½ de ce qui suit.			Suivant l'Usage l'Acheteur & le Vendeur payent chacun ce qui suit.		
C.	F.	S.	P.	F.	S.	P.
liers , *en fardeaux qui pezent autour de* 100 ℔ *brut, les Courtiers passent* 12 *sous à l'Acheteur &* 3 *florins au Vendeur.*						
Candi, Voyez Sucre Candi.						
Capres, les 100 ℔.	0	3	0			
Cendres de Danzik, de Coningsberg & de toutes sortes, le last	0	6	0	0	6	0
Cendres de Riga, & autres pareilles, le last	0	4	0	0	5	0
Changes sur toutes les Places, pour 100 livres de gros	0	18	0			
Voici comment se payent les Courtages des Changes suivant l'Usage.						
1000 *Ducats sur Venize*	—			2	0	0
1000 *Piastres sur Genes & Livourne*	—			2	0	0
1000 *Ducats sur Madrid, Cadix & toute l'Espagne*	—			2	5	0
1000 *Cruzades sur Lisbonne & tout le Portugal*	—			2	0	0
100 *Livres sterlin, sur Londres & toute l'Angleterre, l'Ecosse & l'Irlande*	—			0	15	0
1000 *Ecus sur Paris & toute la France*	—			2	5	0
Pour { *Cela s'est payé tant que le Change sur France a été au dessus de* 50 *à* 60 ⅗ *par Ecu, mais comme il a beaucoup baissé depuis le commencement de cette année* 1720. *& que lorsque j'écris ceci il n'est qu'à environ* 12 ⅗ *par Ecu, chacun paye pour* 1000 *Ecus*	—			0	15	0
1000 *Rixdales sur Francfort, sur Leipzig, ou sur Breslauw*	—			1	17	8
100 *Livres de gros sur Danzik,*						

Conings-

C.	Suivant le Tarif l'Acheteur & le Vendeur payent chacun la ½ de ce qui suit.			Suivant l'Usage l'Acheteur & le Vendeur payent chacun ce qui suit.		
	F.	S.	P.	F.	S.	P.
Pour { Coningsberg, Anvers, Lille & toute la Flandres & le Brabant .	0	18	0	0	9	0
1000 Daalders fur Hambourg	2	10	0	1	5	0
1000 Florins fur Rotterdam & les autres Villes de Hollande .	1	10	0	0	15	0
1000 Florins de Banque contre du Courant . . .	1	0	0	0	10	0
1000 Florins d'especes d'or contre des especes d'argent, ou des especes d'argent contre des especes d'or.	1	0	0	0	10	0
Chanvre, le fchippont . .	0	4	0	0	6	0
Chauderons de Cuivre, les 100 ℔	0	6	0	0	3	0
Cire, le fchippont . . .	0	10	0			
Et felon l'ufage de la valeur de 6 florins	—			0	0	8
Citrons falez, le quarteau ou la pipe	0	6	0			
Cloux de Girofle, Voyez Girofle.						
Cloux de fer, les 100 ℔ . .	0	1	8	0	1	0
Cochenille, de la valeur de 6 florins	0	1	0	0	0	8
Coculus, de la valeur de 6 florins	0	6	0			
Commin ou Cumin, la bale .	0	6	0			
Confitures, de la valeur de 6 florins	0	1	0			
Corinthes, ou Raifins de Corinthe en bales ou en barils, les 100 ℔ .	0	1	8			
Coton & fil de Coton, de la valeur de 6 florins . . .	0	1	0	0	0	8
Couperos, la barique . .	0	6	0			
Cuirs aprêtez, de toutes fortes, de la valeur de 6 florins . . .	0	0	12	0	0	8
Cuivre en Rozete, ou en morceaux les 100 ℔	0	3	0	0	6	0
Cuivre de Hongrie, en Feuilles, Fil de Laiton, Laiton, Baffins, Chauderons & toute forte de Cuivre travaillé, les 100℔	0	6	0	0	6	0
Cumin, Voyez Commin.						

	Suivant le Tarif l'Acheteur & le Vendeur payent chacun la ¼ de ce qui fuit.			Suivant l'Usage l'Acheteur & le Vendeur payent chacun ce qui fuit.		

D.

	F.	S.	P.	F.	S.	P.
Diamans bruts & autres Pierreries & Joyaux de la valeur de 6 florins à payer par le Vendeur feul *Et fuivant l'Ufage le Vendeur feul paye un pour cent.*	0	1	0			
Difcontes, celui qui fournit l'argent paye quelquefois demi pour mille, mais le plus fouvent rien du tout, & celui qui endoffe les Lettres de Change paye un pour mille						
Draps de Laine, Bayes, Carifayes, Eftamines & toutes fortes de Manufactures de Laine, de la valeur de 6 florins *Suivant l'Ufage l'Acheteur n'en paye rien, & le Vendeur paye 1 pour cent, ou ½ f. par Livre de gros*	0	0	12			
Drogueries, de la valeur de 6 florins *Excepté quelques - unes comme Rômarin, Ecorce d'orange & pareilles Drogueries de peu de valeur, qui payent 6 fols par bale*	0	1	0	0 0	0 6	8 0

E.

	F.	S.	P.	F.	S.	P.
Eau de Vie la piece, demi piece ou quarteau *Suivant l'Ufage l'Acheteur & le Vendeur payent chacun, par piece* *Mais fi elle fe vend à terme ou par contracts de prime, ou de marché ferme, chacun paye par piece*	0	6	0	0 0	12 6	0 0
Eau forte, ou Efprit de Vin, dit Voorloop, la piece	2	8	0	1	4	0
Epiceries feches, comme Gingembre, Indigo, Cochenille, Tabac, Gommes, Graines de France & d'Efpagne, &						

Tartre

	Suivant le Tarif l'Acheteur & le Vendeur payent chacun la ½ de ce qui suit.			Suivant l'Usage l'Acheteur & le Vendeur payent chacun ce qui suit.		
E.	F.	S.	P.	F.	S.	P.
Tartre de la valeur de 6 florins	0	1	0			
Pour le Gingembre, Voyez sur la lettre G.						
Etamines, Voyez Draps de Laine.						
Etain les 100 ℔ . . .	0	3	0	0	3	0
Excomptes, Voyez Discontes.						
F.						
Fer blanc simple, le baril . . .	0	1	8	0	3	0
Fer blanc double, le baril	—			0	6	0
Fer en barres ou en plaques, les 100 ℔	0	2	0	0	3	0
Fer en Verges, les 2 bottes . .	—			0	1	0
Feves, le last	0	6	0	0	6	0
Figues, le cabas	0	0	12			
Figues en barils, le baril de 100 ℔ ou environ	0	1	0	0	2	0
Fil d'or & d'argent de la valeur de 100 florins, à payer 10 sols par le Vendeur, & 5 sols par l'Acheteur . .	0	15	0			
Fil de Laiton, les 100 ℔ . .	0	6	0	0	6	0
Fil de fer, les 100 torches . .	0	18	0			
Le fil de fer paye selon l'Usage, de la livre de gros	—			0	0	8
Fleur de Muscade, Voyez Macis.						
Fret ou Fretement de Navires, à payer 1 sou par le Freteur, & 1½ sou par le Capitaine, par last	0	2	8			
Fromage de Vache, les 300 ℔ .	0	1	0			
Fromage frais ou doux dit *Soetemelks-kaas* les 1000 ℔	0	4	0			
Les Fromages payent suivant l'Usage, par 100 ℔	—			0	1	0
Froment, le last	0	6	0	0	6	0
Futaines, de la valeur de 6 florins	0	0	12	0	0	8

G.

G.

	Suivant le Tarif l'Acheteur & le Vendeur payent chacun la ¾ de ce qui suit.			Suivant l'Usage l'Acheteur & le Vendeur payent chacun ce qui suit.		
	F.	S.	P.	F.	S.	P.
Gales, Voyez Noix de Gale.						
Garance, les 100 ℔ . . .	0	1	8			
Gerofle, le quarteau . . .	1	0	0			
Gerofle rompu ou Grabeau de Gerofle le quarteau . . .	0	10	0			
Gingembre, la bale . . .	0	8	0			
Le Gingembre paye par 100 ℔ suivant l'Usage	▬▬▬			0	3	0
Gingembre Confit, de la valeur de 6 florins	0	1	0			
Gommes, de la valeur de 6 florins	0	1	0			
Goudron de Riga, le last . .	0	3	0	0	6	0
Goudron du Nord, de Suede, double de Riga, & de Courlande, le last	0	4	0	0	6	0
Graine de Chanvre, ou de Chenevi, le last de 27 muddes . .	0	8	0	0	6	0
Et par baril . . .	▬▬▬			0	2	0
Graine de Navette, & Graine de Choux, le last de 27 muddes . .	0	10	0	0	6	0
Graine de Lin à battre, ou à faire de l'huile, le baril . .	0	0	8	0	1	0
Graine de Lin à semer, le baril .	0	1	0	0	2	0
Graine de Lin à semer, le last .	0	10	0	0	6	0
Grosgrains tant de Turquie que de Lille & autres Manufactures des Pays-bas, de la valeur de 6 florins .	0	0	12			
Grosse avanture, Voyez Argent à la grosse.						

H.

	F.	S.	P.	F.	S.	P.
Harans, le last . . .	0	4	0	0	3	
Houblon, le schippont . .	0	2	0			
Huile de Baleine, tant de Moscovie que de ces Pays, le last . . .	0	18	0			
On paye ordinairement par quarteau	▬▬▬			0	6	0

Huile

	Suivant le Tarif l'Acheteur & le Vendeur payent chacun la ½ de ce qui fuit.			Suivant l'Ufage l'Acheteur & le Vendeur payent chacun ce qui fuit.		
	F.	S.	P.	F.	S.	P.

H.

Huile d'Olive, le tonneau	1	0	0			
Huile de Navette, l'aam	0	3	0			

I.

Indigo, de la valeur de 6 florins	0	1	0	0	0	8
Interêt, Voyez Argent en depôt.						
Joyaux, de la valeur de 100 florins, payable par le Vendeur feul	1	0	0	1	0	0

L.

Laines, de la valeur de 6 florins	0	0	12	0	0	8
Laiton, les 100 ℔	0	6	0	0	3	0
Liege, de la valeur de 6 florins	0	1	0	0	0	8
Lin, le fchippont	0	4	0	0	3	0
Loyer de Maifons, de chaque 100 florins		—		0	10	0

M.

Macis ou Fleur de Mufcade, le quarteau	1	0	0			
Macis menu, ou rompu, le quarteau	0	10	0			
Maifons, Voyez Ventes de Maifons.						
Malt, le laft	0	5	0			
Manufactures des Pays-bas, Voyez Grosgrains.						
Manufactures de Laine ou de Fil, Voyez Toiles.						
Manufactures d'Or, ou d'Argent, & de Soye, Voyez Soyes.						
Maroquins, Voyez Cuirs aprêtez.						
Mâts, Voyez Bois.						
Melaffe, Voyez Sirop.						
Merceries & Quincailleries de Nuremberg, & autres de la valeur de 6 florins	0	1	0	0	0	8
Mercure, Voyez Argent vif.						

V v

Miel

	Suivant le Tarif l'Acheteur & le Vendeur payent chacun la ½ de ce qui suit.			Suivant l'Usage l'Acheteur & le Vendeur payent chacun ce qui suit.		
M.	F.	S.	P.	F.	S.	P.
Miel de France, le tonneau	o	18	o			
Et les 100 ℔	o	o	12			
Miel de ces Pays, la tonne	o	3	o			
Millet, le laft	o	4	o			
Munitions de Guerre, de la valeur de 6 florins	o	o	12	o	o	8
Mufcade, Voyez Noix Mufcade.						
N.						
Navires à Fret, Voyez Fret.						
Navires, Voyez Vente de Navires.						
Noix de Gale, la bale	o	6	o			
Noix Mufcade, le quarteau	o	14	o			
Noix Rompes, le quarteau	o	7	o			
Noifetes, le laft	o	4	o			
O.						
Obligations, Voyez Argent en depôt.						
Or & Argent filé, Voyez Fil d'Or & d'Argent.						
Olives, la barique ou quarteau	o	6	o			
Les grands barils payent						
Les petits barils payent						
Orge, le laft	o	5	o			
P.						
Papier { à écrire,				o	o	8
Efpagnol				o	o	4
fuper Royal				o	6	o
imper Royal } la Rame.				o	4	o
Royal				o	3	o
grand Conte				o	2	o
moyen Conte				o	1	o
pour l'Impreffion				o	o	8

Paftel

P.	Suivant le Tarif l'Acheteur & le Vendeur payent chacun la ½ de ce qui suit.			Suivant l'Usage l'Acheteur & le Vendeur payent chacun ce qui suit.		
	F.	S.	P.	F.	S.	P.
Paftel d'Efpagne, les 100 ℔.	0	1	8			
Paftel de France, la bale	0	3	0			
Peaux de Boeufs ou de Vaches, de Suede, de Danemarc, du Nord, de la Mer Baltique, les 100 *Kips* ou 100 Couples de 2 peaux au couple	3	0	0			
Peaux de Bufle & de Bouc preparées, de la valeur de 6 florins	0	0	12			
Peaux dites *Schevinken*, & du Cap Verd, les 100 peaux	1	10	0			
Peaux de Vache & de Taureau, de Frife ou de ces Pays, les 100 peaux	3	0	0			
Peaux Salées de ces Pays & de l'Amerique, les 100 peaux	4	0	0			
Peaux feches de Dantzik, & de Danemarc, les 100 peaux	2	8	0			
Perles, Diamants bruts, & autres Pierreries fines, de la valeur de 6 florins à payer par le Vendeur feul	0	1	0			
Et fuivant l'Ufage de la valeur de 100 *florins le Vendeur feul paye*	—	—	—	1	0	0
Planches, Voyez Bois.						
Plaques de fer, Voyez Fer.						
Plomb, les 100 ℔.	0	0	8			
Pierreries, Voyez Perles & Diamans.						
Poivre, la bale	0	10	0	0	6	0
Poudre à Canon, de la valeur de 6 florins	0	0	12			
Et fuivant l'Ufage pour 100 ℔.	—			0	6	0
Pois, le laft	0	6	0			
Poix, le laft	0	3	0	0	6	0
Potaffes, les 100 ℔.	0	1	0			
Pouffiere de Gerofle, Voyez Gerofle.						
Prunes rondes, la barique ou piece	0	4	0			
Prunes rondes, la piece de 1000 ou 1200 ℔.	0	6	0			
Les demi pieces ou bariques à proportion.						

Vv 2

Q.

	Suivant le Tarif l'Acheteur & le Vendeur payent chacun la ½ de ce qui suit.			Suivant l'Usage l'Acheteur & le Vendeur payent chacun ce qui suit.		
Q.	F.	S.	P.	F.	S.	P.
Quincailleries, Voyez Merceries.						
R.						
Raisins, bleus ou longs, les 100 ℔. net	0	1	0			
Reglisse, les 100 ℔.	0	1	0			
Rentes, Voyez Argent en depot						
Ris, la bale	0	4	0			
S.						
Safran, de la valeur de 6 florins	0	1	0	0	0	8
Savon d'Espagne & d'Italie, la bale	0	6	0			
Savon d'Irlande, le last	0	8	0			
Seigle, le last	0	6	0	0	6	0
Sel, le cent qui est de 404 mesures	0	18	0			
Sirop commun ou Melasse, la barique ou piece	0	12	0			
Sirop de Sucre Candy, les 1000 ℔.	1	0	0			
Soufre, les 100 ℔.	0	1	8			
Soye des Indes & de Turquie, la bale	6	0	0			
Soyeries & Draps de Soye de toutes sortes, Draps d'or ou d'argent, & fil d'or & d'argent de la valeur de 100 florins, payable 10 sols par le Vendeur & 5 sols par l'Acheteur	0	15	0			
Sucre des Indes & de l'Amerique, les 1000 ℔.	1	0	0			
Sucre du Brezil, la caisse	1	0	0			
Sucre de St. Thomas, les 1000 ℔.	0	16	0			
Les Sucres bruts payent suivant l'Usage pour 1000 ℔.	=			0	15	0
Et les blancs, pour 1000 ℔.	=			1	10	0
Sucre en pains, ou pilez de toutes sortes, les 1000 ℔.	3	0	0			
Sucre Candi blanc, le demi caisson	0	6	0			
Sucre Candi blanc, le pot ou le pain	0	8	0			
Sucre Candi brun, le demi caisson	0	4	0			
Sucre Candi brun, le pot ou le pain	0	6	0			
Suif, les 100 ℔.	0	1	0			

T.

	Suivant le Tarif l'Acheteur & le Vendeur payent chacun la ½ de ce qui suit.			Suivant l'Usage l'Acheteur & le Vendeur payent chacun ce qui suit.		
T.	F.	S.	P.	F.	S.	P.
Tabac, de la valeur de 6 florins . .	0	1	0	0	0	8
Tartre, de la valeur de 6 florins . .	0	1	0	0	0	8
Teintureries, de la valeur de 6 florins	0	1	0	0	0	8
Terres, Voyez Ventes de Maisons.						
Terebentine, le tonneau . .	0	8	0			
Toiles, Laines, & Draps de Laine, Bayes, Carisayes, Etamines, & toutes sortes de Manufactures de Fil ou de Laine, de la valeur de 6 florins . .	0	0	12			
Le Vendeur paye seul le Courtage de ces sortes de marchandises.						
V.						
Vente de maisons, biens fonds, fonds de terre & autres effets immeubles de la valeur de 100 florins . .	0	8	0	0	5	0
Vente de Navires, de la valeur de 6 florins	0	0	12			
Verd de Gris, ou Verdet, de la valeur de 6 florins	0	0	8	0	0	8
Vermillon, & autres Teintureries, de la valeur de 6 florins . .	0	0	8	0	0	8
Vin d'Italie, du Rhin, & d'Espagne, le tonneau	1	0	0			
Le Vin du Rhin paye par foudre .	—			2	10	0
Le Vin d'Espagne paye par tonneau de 2 pipes	—	—	—	0	12	0
Vin de France, le tonneau . .	0	10	0	0	12	0
Le Vin de France rouge paye par barique suivant l'Usage . .	—	—	—	1	4	0

Et pour toutes les autres marchandises non
spécifiées dans ce Tarif, on payera de
la valeur de 6 florins 12 penins, le tout
payable moitié par le Vendeur & moitié par l'Acheteur, à la reserve des Articles où il est exprimé autrement.

On peut voir par ces deux colomnes que le Courtage qui se paye suivant l'Usage, differe en beaucoup d'Articles de celui qui est établi par le Tarif, ce qui cause quelquefois des disputes entre les Marchands & les Courtiers: mais lors que cela arrive, si un Courtier fait assigner un Marchand pour se faire payer le Courtage suivant l'Usage, le Marchand est en droit de se tenir au reglement fait par le Tarif, & non à celui que l'Usage a établi. Il est vrai que lors qu'un Marchand en vient à ce point avec quelques Courtiers, ils le décrient & le font passer pour chicaneur, c'est pourquoi il seroit fort à souhaiter ou que le Tarif fût suivi exactement, ou qu'il plût à nos Magistrats d'en donner un autre qui en proportionnant mieux le Courtage au prix de chaque marchandise, prevint toutes les disputes qui arrivent sur ce sujet entre les Marchands & les Courtiers.

Au reste depuis que ce Chapitre a été commencé, Messieurs les Magistrats ont défendu rigoureusement à tous Courtiers Ambulans de se mêler de conclure aucun marché pour autrui : mais le nombre des Courtiers Jurez étant trop petit, comme je l'ai dit ci-dessus, il est fort difficile d'empêcher qu'il n'y en ait d'Ambulans, pour diverses raisons qu'il n'est pas necessaire d'alleguer ici.

CHAPITRE XVII.

Des Banqueroutes, Faillites & Manquemens, & de ce qui se pratique à Amsterdam lors qu'il en arrive.

L'Experience journaliere nous montre que c'est dans les Villes où se fait le plus grand Commerce, qu'arrivent le plus de Banqueroutes & de Faillites, la raison n'en est pas difficile à trouver, puis qu'il est clair que parmi un très-grand nombre de Negocians, ce seroit une espece de merveille s'ils étoient tous également heureux dans leurs entreprises : si cela étoit il n'y auroit qu'à se mettre Marchand pour prosperer & pour s'enrichir, mais Dieu a tellement disposé les choses de ce monde, que nous voyons, bien souvent, un Negociant s'abimer & se ruiner, par le même Commerce qui en a enrichi d'autres, & que par contre on en voit s'enrichir par le même Commerce où d'autres se sont ruinez. Mais sans m'arrêter à ces reflections, je dirai qu'on peut distinguer de deux sortes de Banqueroutes, de Faillites ou de Manquemens, qui sont trois mots sinonimes, & qui, quoi qu'ils expriment en apparence la même chose, ont quelque chose de plus doux & de moins onereux l'un que l'autre; car le nom de Banqueroutier est injurieux & odieux à tout honnête homme, & ne se dit proprement que de ceux qui ne font Banqueroute que pour s'enrichir aux depens de leurs Creanciers, ou de ceux que l'on a lieu de soupçonner de mauvaise

foi

foi, lors qu'ils manquent à la legere : au lieu que l'on dit simplement qu'un homme a eu du malheur ou qu'il a manqué , lors qu'il s'est vu reduit par des pertes accablantes , dans un état à ne pouvoir pas satisfaire ses Creanciers , & à leur demander quartier. Tout honnête homme peut faillir ou manquer par des revers de fortune & par un grand nombre d'accidens imprevus : mais comme il veut rester toujours honnête homme , & ne point blesser sa conscience, en faisant perdre le bien à ses Creanciers pour le retenir pour lui , il ne fait aucune difficulté de produire ses livres à ses Creanciers , de leur communiquer le veritable état de ses affaires , & de se remettre à leur merci & discretion.

Aussi n'est-ce pas, à mon avis, pour de telles gens qu'a été établie la Chambre des fonds desolez que nous avons dans cette Ville, nommée en Hollandois *de Kamer van de Desolate-Boedels* , puis qu'elle n'a été erigée que dans la seule veuë de prevenir les friponeries de ceux qui en manquant voudroient retenir pour eux la plus grosse part des biens qu'ils ont encore en leur pouvoir, pour en frustrer leurs Creanciers ; car lors qu'un honnête homme a le malheur de manquer , & qu'il veut agir de bonne foi & en toute droiture, il ne fait aucune difficulté de le declarer à ses Creanciers, & de leur donner une entiere communication de son état ; & si les Creanciers trouvent que les pertes & les malheurs qu'il allegue, sont veritables, & qu'il n'y ait aucun lieu de le soupçonner de mauvaise foi , ils entrent dans ses pertes , & font un accord avec lui tel qu'ils en conviennent entre eux, moyenant quoi on lui laisse quelque chose pour tâcher de se rétablir ; mais s'il se trouve que quelqu'un des Creanciers refuse de signer cet accord , il est obligé de declarer ses affaires à la Chambre des fonds desolez, laquelle (après les formalitez requises dans l'Ordonnance qu'on va lire) oblige les involontaires à souscrire à l'accord qu'elle a arrêté entre le defaillant & les deux tiers des Creanciers qui composent les trois quarts de la dette, ou les trois quarts des Creanciers & les deux tiers de la dette, comme on le verra dans l'Ordonnance suivante.

IN-

LE NEGOCE

INSTRUCTION
ET
ORDONNANCE
POUR LES
COMMISSAIRES
DES FONDS DESOLEZ.

LES ETATS DE HOLLANDE ET DE WEST-FRISE, faisons savoir, qu'il nous a été remontré par les Bourguemaîtres & Régens de la Ville d'Amsterdam , comme ils trouverent à propos il y a quelques années, d'établir dans ladite Ville, une Chambre pour les Fonds Désolez, sur certaine Instruction & Ordonnance , telle qu'elle étoit alors convenable; qu'eux Remontrans en avoient vu tant de fruits & bons effets, qu'ils étoient dans le dessein , non seulement de la continuer; mais qu'ils vouloient aussi y pourvoir par une plus particuliere & plus ample Ordonnance, dressée sur le plan que les Commissaires de ladite Chambre en ont fait, & qu'ils ont trouvé être utile & nécessaire, par l'experience qu'ils ont eue suivant les termes de la copie , qui nous en a a été delivrée, inserée ci-après ; qu'afin qu'une si bonne œuvre pût avoir plus de force & de vertu, eux Remontrans nous prioient qu'il nous plût y donner notre approbation & octroi , dans la forme la plus ample & la meilleure, contenant ladite Instruction & Ordonnance, ce qui suit.

Ordonnance pour la Chambre des Fonds Désolez de la Ville

D'AMSTERDAM.

I.

EN premier lieu, seront commises, pour la Direction de la Chambre des Fonds Désolez, au quatriéme Fevrier de chaque année , par les Seigneurs de la Justice, cinq personnes qualifiées, desquelles il y en aura deux prises d'entre les vieux Echevins, & les autres seront expertes dans le Negoce.

I I.

I I.

Defquels Commiffaires il y en aura du moins deux , qui feront conti-
nuez pendant trois années confecutives , mais non pas plus long-tems ,
& touchant l'élection & la continuation des reftans , l'on fera comme
l'on a accoûtumé de faire dans les autres Banques ou Chambres des Commiffaires.

I I I.

Lesdits Seigneurs Commiffaires s'affembleront tous les jours , pour vaquer à toutes les affaires qui furviendront au fujet des Fonds infolvables.

I V.

Lors qu'il y aura quelque Fonds infolvable dans cette Ville , ou dans
fon Reffort , foit par la mort , ou par la faillite de quelque perfonne , &
que cela fera venu à la connoiffance desdits Seigneurs, ils fe tranfporteront
incontinent avec leur Secretaire (qui fera ordonné à cela) en préfence
defdits Seigneurs , ou autres à commettre.à cela, fur ledit Fonds , pour
inventorier exactement tous les Effets , & les mettre en bonne & feure
garde, au plus grand avantage des Créanciers , & comme ils le trouveront devoir être; pareillement ils s'affureront auffi incontinent des Livres
& des Papiers appartenant audit fonds.

V.

Les Effets étant ainfi inventoriez & affurez, avec les Livres & Papiers,
ils donneront ordre qu'il foit établi deux perfonnes ou plus , pour être les
Curateurs dudit Fonds , lefquels par Lettres ou en envoyant des Exprès,
s'il eft néceffaire , tâcheront de s'affurer de tous les Biens , Effets , &
Dettes , appartenant audit Fonds, foit dedans ou dehors la Jurisdiction
de cette Ville , ou de ces Païs.

V I.

Ce qui étant tout fait, on laiffera paffer du moins le tems de fix femaines ou plus, à la difcretion des Commiffaires , fans proceder à la vente
d'aucuns Effets; Mais on laiffera ledit tems à la perfonne infolvable, ou
aux Parents du défunt, afin que pendant icelui, ils puiffent trouver quelque moyen d'accommodement avec les Créanciers ; pendant lequel tems
néanmoins lesdits Curateurs feront toutes leurs diligences , pour fe faire
payer de ce qui eft dû aux infolvables , & pour procurer l'avantage des
Créanciers·

X x   V I I.

VII.

Et afin que dans de femblables Accords il foit procedé avec ordre, tous les Marchands ou autres qui ont failli ci-devant, ou qui font devenus infolvables, ou qui viendront à faillir ci-après, ou qui deviendront infolvables, & leurs heritiers, pourront convoquer ou affigner tous leurs Creanciers devant la Chambre des Fonds défolez, par citation, affiche de Billets, ou lettres d'avis à ceux qui demeureront hors du reffort de cette Ville, & là en préfence defdits Seigneurs Commiffaires, ou de la plûpart d'iceux, après une fincere ouverture & déclaration de l'état & de la conjonéture de leur Fonds, auffi bien que du veritable état de leurs dettes, tant aétives que paffives, ils pourront entreprendre & dreffer un accord, pour le payement de ce qu'ils doivent en tout où en partie, comptant ou à terme (moyenant caution) tel que faire fe pourra, & que les parties trouveront raifonnable.

VIII.

Et le plus petit nombre des Creanciers fera obligé de fuivre & de fe conformer au plus grand nombre, lequel fera les trois quarts des Creanciers, & les deux tiers de la Dette; ou les deux tiers des Creanciers & les trois quarts de la Dette.

IX.

Mais ceux qui auront cautions, gages ou affurances, ne pourront être admis à l'accord, mais feulement ceux qui auront cautionné, lefquels feuls auront aéte perfonnel pour leur indemnité, & même droit & de même nature que les Creanciers perfonnels.

X.

Auffi feront obligez tous ceux qui fe porteront comme Creanciers de quelque Fonds infolvable, de juftifier ce qui leur eft dû devant les Commiffaires des Fonds défolez, lefquels en cas de difpute en jugeront, foit que le défailli ait accordé ou non.

XI.

Aucun Accord commencé entre le défailli, ou quelqu'un de fa part & fes Creanciers ne pourra fe taire ni s'accomplir, que du confentement defdits Commiffaires.

XII.

XII.

L'Accord d'entre les infolvables ou les heritiers d'une part , & leurs Creanciers de l'autre, étant fait fous fuffifante caution , & figné par les Creanciers ou par la plûpart d'iceux; les Accordez & leurs Fonds feront déchargez de la même Chambre , & remis dans leur premiere liberté , pour pouvoir negocier, recevoir & payer, de même qu'avant la Faillite, en payant auxdits Commiffaires tous les dépens faits pour leurs dits Fonds, à la difcretion defdits Seigneurs; en forte cependant qu'ils ne pourront pas gratifier un des Creanciers au préjudice des autres , fur peine d'être déchus du même Accord.

XIII.

Et feront tenus le Défailli & fes Cautions , de fournir & remettre és mains des fufdits Commiffaires, auffi-tôt que l'Accord aura été paffé comme deffus , au jour & aux termes y contenus , pour la fureté & l'avantage des Creanciers qui n'auront pas encore figné l'Accord , les fommes qu'ils auront promifes au *Prorata* de ce qu'ils leur doivent, afin que lefdits Creanciers puiffent recevoir leur fomme defdits Commiffaires quand ils viendront à figner l'Accord.

XIV.

Cependant s'il fe trouve que quelque infolvable ou fes heritiers ayent agi malicieufement ou frauduleufement en faifant l'Accord , ou après l'Accord fait. foit d'avoir caché des Livres, Lettres ou Chartes , foit qu'ils ayent écarté des Effets, des Marchandifes ou des Dettes actives, en les tranfportant pour frauder les Creanciers, ou qu'ils ayent accordé fous main avec quelqu'un des Creanciers, à d'autres conditions, ceux là ne feront pas feulement déchus de leur Accord, mais ils feront corrigez & punis felon l'exigence des cas.

XV.

Et ceux qui fe donneront & fe feront croire Creanciers par intelligence avec les infolvables , ou de leur propre déliberation contre leur favoir , fans qu'ils foient pourtant Creanciers, ou qui demandent une plus groffe Somme que celle qui leur eft dûë (pour par ce moyen faire tort aux Creanciers, & du profit au Défailli) feront punis comme trompeurs , & en outre condamnez de payer comme leur propre dette tous les Creanciers du Fonds.

Le

XVI.

Le fusdit tems de fix femaines ou plus à la difcretion des Commiffaires étant paffé, & n'ayant pu moyenner d'Accord, les Curateurs procederont inceffamment à la vente des Effets, tant mobiliaires qu'immobiliaires, comme auffi des actions & credits; bien entendu que les immobiliaires ne fe vendront que du confentement des Echevins & dans les * *Douze Nuits*. Mais les Marchandifes & autres Meubles & Effets, pourront fe vendre publiquement & à l'encan, à la difcretion desdits Commiffaires, fans préjudice du droit appartenant aux Secretaires & au Concierge. Mais en cas qu'il y eût dans le Fonds quelques Marchandifes, lefquelles on trouvât à propos de garder pour quelque tems invenduës, foit qu'il y eût apparence d'augmentation de prix, foit pour quelqu'autre forte raifon que les Curateurs alleguaffent aux Commiffaires, alors la vente des mêmes Marchandifes pourroit être retardée pour quelque tems, mais non autrement.

XVII.

Ce qui étant tout fait, les Commiffaires fixeront un jour pour la tenuë de la préference & de la concurrence, pour lequel jour tous les Creanciers connus demeurant dans cette Ville, feront affignez par citation ordinaire, ceux de dehors par des Lettres d'avis, & les inconnus par affiche de Billets, avec un intervalle de tems convenable, afin que dans ce jour ils puiffent venir donner leurs noms, & leurs actes de prétention, foit de préference ou de concurrence.

XVIII.

Le jour fixé étant venu, les Commiffaires procederont premierement à examiner la dette & la préference d'un chacun des Creanciers qui feront préfens, lefquels on tâchera d'accorder fur ce fujet. Que fi cela ne fe peut faire, les Creanciers qui ne pourront pas convenir enfemble, feront chargez de porter chacun és mains des Commiffaires dans le tems de quatorze jours felon l'état des affaires, une demande articulée avec les Pieces & Munimens neceffaires, inventoriez fuffifamment fur peine, que fi dans le fufdit tems quelqu'un fe trouve n'avoir pas fourni ladite demande, il fera regardé & tenu comme s'étant défifté de fa prétention, & fera feulement fait droit fur la demande, & fur les Pieces délivrées par les autres prétendans. Pourront auffi ceux qui dans ledit tems de quatorze jours auront fourni leurs Pieces, demander dans autres quatorze jours après, copie.

* *C'eft entre le premier de Novembre & le fecond de Fevrier.*

pie des prétentions & Pieces d'un chacun de ceux qui en ont fourni, afin que dans pareils autres quatorze jours suivans, ils puissent écrire pour débattre & contredire, sans qu'on puisse donner un plus long terme pour cela. Mais après ledit tems de deux fois quatorze jours, la chose sera tenuë être en état d'être jugée, & les Commissaires en disposeront sur les pieces qui en auront été jusques là délivrées.

XIX.

La préférence étant réglée & terminée, ceux qui se croiront chargez par icelle, pourront en appeller dans dix jours après la prononciation, ou après qu'ils en auront eu connoissance, aux Seigneurs Echevins, en conformité du troisiéme Article du huitiéme Chapitre de l'Ordonnance, & les Pieces demeureront entre les mains du Secretaire, jusques à ce que ledit tems soit passé, ou qu'on aura renoncé à l'Appel, si bien qu'il faudra que l'impetrant, après avoir reçu appointement d'*Audiatur*, fasse en sorte que les Pieces soient remises toutes parfaites & concluës dans dix jours après la demande és mains des Seigneurs Echevins pour être jugées, *ex iisdem Actis* A BENE, VEL MALE, sur peine de désertion, & la Sentence des Echevins aura son execution par provision, sans diminution & sans préjudice de plus ample provocation.

XX.

Ensuite sera procedé par les Commissaires à la repartition, sans attendre que tous les deniers soient échus ou entrez. Mais ceux qui se trouveront devoir être préferez à d'autres, seront admis par ordre à recevoir leur dette, en donnant quittance & caution, ou autrement à la recevoir des mains des Commissaires selon l'état des affaires du Fonds, & les deniers restans seront distribuez & payez aux autres Creanciers au sol la livre, sous pareille caution que l'on donnera à la Secretairerie. Cependant les Creanciers desquels le droit se trouve dans la suite devoir être le premier, comme aussi ceux qui n'ont pas pu savoir la tenuë de la préférence & concurrence assez tôt, pourront demander de nouveau un jour pour comparoître, afin qu'ils puissent être entendus à leurs dépens sur la préférence & concurrence.

XXI.

Si le Locataire de quelque maison ou demeure, vient à faillir entre le mois de Mai & le premier Decembre; dans ce cas le proprietaire ou celui qui loue la Maison, la reprendra à soi pour les années lesquelles le Bail avoit encore à courir, & en dechargera ainsi le Fonds; de sorte qu'il n'aura que le droit de préference fur les Effets qui fe trouveront en nature dans la Maifon pour l'année courante de louage d'icelle , & celui de l'année précedente, & non plus long-tems. Et pour ce qui pourroit lui être dû avant ce tems-là, il concourroit également avec les autres Creanciers, pour le louage qui pourroit être échu avant ledit tems.

XXII.

Mais la faillite arrivant entre le premier de Decembre & le mois de Mai fuivant , le louage reftera à la charge du Fonds défolé pour le tems d'une année, commençant du mois de Mai, à moins que le proprietaire ne trouvât à propos de reprendre fur foi ladite Maifon pour la même année.

XXIII.

Et comme l'avantage de la communauté des Créanciers , confifte en ce que les affaires d'un Fonds foient bien-tôt finies, & que les bonnes gens puiffent avoir le leur le plûtôt qu'il eft poffible; les Creanciers qui voudront verifier leur dette , ou qui voudront reclamer quelques Effets du Fonds comme de leur propre, procederont deformais en premiere inftance devant lefdits Commiffaires dans les formes fuivantes contre les Curateurs , qui en ce cas feront défendeurs , & qui procederont au contraire comme demandeurs contre ceux qui feront trouvez être débiteurs ou refponfables audit Fonds.

XXIV.

Les Creanciers qui voudront verifier leur dette, & tous les autres qui voudront reclamer quelques Effets du Fonds comme leur propre bien, feront tenus d'intenter leur action contre les Curateurs dans le tems , ou pour le plus tard avant la tenuë de la préference & concurrence, & avant la vente & l'éloignement des mêmes Effets. Et à cette fin ils feront affigner les Curateurs trois jours à l'avance , en leur envoyant leur conclufion avec la citation , comme auffi copie de toutes les Pieces , defquelles ils ont deffein de fe fervir, & au cas qu'au jour affigné les Demandeurs ne comparoiffent point, l'on donnera *Comparuit* & abfolution de l'inftance, avec condamnation aux dépens, que les Demandeurs payeront avant qu'ils puiffent faire quelque nouvelle inftance.

XXV.

Mais fi quelqu'un a fait arrêt fur des effets lefquels il foûtient être fiens, il fera tenu de faire citer le Curateur dans le troifième jour de l'Arrêt, & d'inftituer fon Action fur peine de defertion.

XXVI.

XXVI.

Les Curateurs étant citez ou affignez comme deffus , & ne comparoiffant point , il y aura défaut contre eux, & une feconde citation, & ne comparoiffant point à la feconde fois , les Commiffaires jugeront fur la conclufion & fur les papiers de la partie comparoiffante feule , & les affignez feront feulement condamnez aux frais du Procez , *propter contumaciam.*

XXVII.

Les Parties affignées comparoiffant, il faudra que la caufe fe plaide & fe finiffe d'abord, fans qu'on donne , ou qu'on prenne jour pour répondre , fi ce n'eft que de fortes raifons ne le fiffent permettre ainfi aux Commiffaires.

XXVIII.

Si les Curateurs font affigner quelqu'un de la maniere ci-deffus , & qu'ils ne comparoiffent point, on donnera *Comparuit* avec les mêmes avantages que deffus à l'affigné , & dans ce cas les Curateurs feront obligez de payer les dépens de leur propre bourfe.

XXIX.

Mais les affignez ne comparoiffant point , on donnera premier défaut avec une feconde citation pour la femaine fuivante , & ne comparoiffant point la feconde fois, la citation étant duëment faite , on donnera le fecond défaut avec nantiffement provifionel, & une troifième citation, pour voir changer le nantiffement en condamnation définitive , ou faire droit de quelque autre maniere.

XXX.

Mais fi les Parties affignées comparoiffent , elles pourront conclurre & vuider leur caufe en plaidant , ou prendre jour pour la femaine fuivante , auquel jour la caufe revenant fur le tapis , il faudra de neceffité qu'elle fe vuide & fe conclue , fi ce n'eft que les Commiffaires euffent des raifons pour en ordonner autrement.

XXXI.

Les Curateurs ayant arrêté quelque perfonne ou quelques Effets, feront tenus à la requifition de la perfonne arrêtée ou intereffée , d'en faire la
pour-

pourfuite dans trois jours devant les Commiſſaires, de faire leur demande & prendre concluſion; ſur quoi il faudra que la perſonne arrêtée ou intereſſée réponde, ou qu'elle prenne jour pour le faire, ſans déroger à la concluſion proviſionelle ſous caution, ſi la choſe ſe trouve être ainſi diſpoſée; mais la perſonne arrêtée ou intereſſée ne faiſant aucune pourſuite l'arrêt ſera raporté, & pourſuivi au prochain *Vierſchar* ſuivant la coûtume.

XXXII.

La cauſe étant inſtruite & plaidée, les Commiſſaires diſpoſeront de la proviſion ou du principal, ſuivant la conjončture où elle ſe trouvera, & ſi l'une ou l'autre partie en veut appeller, la cauſe ſe portera & ſe pourſuivra devant les Seigneurs Echevins, ſur le ROLLE PRIVILEGIE', leſquels conclurront, & l'Execution s'en fera par proviſion ſans préjudice de plus particuliere provocation.

XXXIII.

Les Creanciers de quelques Fonds inſolvables, étans mécontens de procedures & du mauvais menage des Curateurs, pourront faire leurs plaintes auſdits Seigneurs Commiſſaires, leſquels feront venir leſdits Curateurs, les entendront & y mettront ordre, en procedant ſuivant l'exigence des cas.

XXXIV.

Les perſonnes que leſdits Commiſſaires établiront Curateurs ſur les Fonds inſolvables, ſeront tenues de leur donner une caution ſuffiſante pour toute leur adminiſtration, à la diſcretion deſdits Commiſſaires, afin de pouvoir avoir recours aux cautions, en cas de faute des Curateurs, à moins que les Curateurs ne fuſſent élûs d'entre Creanciers.

XXXV.

Les Curateurs ou les Commis d'entre les Creanciers, ayant reçu quelques deniers appartenans au Fonds, ne pourront les retenir ſous eux; mais ils les délivreront inceſſamment auſdits Seigneurs Commiſſaires.

XXXVI.

Et ceux qui feront appellez ou avertis, ſeront tenus de comparoître
non

non feulement à la fin de leur adminiftration, mais auffi en tout tems devant lefdits Commiffaires , pour rendre leurs comptes & pour en faire la verification; & étant appellez pour ce fujet , ils feront obligez de comparoître au premier ordre fur peine de trois Florins d'amende , s'il faut les appeller une feconde fois, & de fix Florins à la troifième , & fi nonobftant ils manquent de comparoître , & ne rendent point compte , ils feront appellez une quatrième fois fur peine d'emprifonnement , après que lefdits Commiffaires l'auront communiqué anx Seigneurs Echevins.

XXXVII.

Et à la fin de l'adminiftration des Curateurs, lors que lefdits Seigneurs Commiffaires les dechargeront de leur curatelle, ils leur accorderont pour leurs vacations, ce qu'ils trouveront à propos de leur accorder à leur difcretion.

XXXVIII.

Quelqu'un de cette Ville ou de fon reffort , voulant faire ceffion de fes biens, lefdits Commiffaires feront par provifion mettre en fureté , fous des perfonnes qu'ils établiront pour cela, tous les Effets de celui qui voudra faire ceffion, auffi-tôt que les Lettres de ceffion auront été exploitées aux Creanciers, & ils s'informeront de la validité de la ceffion, afin qu'ils puiffent en donner avis aux Echevins.

XXXIX.

Et pour prevenir autant qu'il eft poffible tous les abus & les mauvaifes pratiques, qui fe font journellement par plufieurs perfonnes , dans la demande & la pourfuite des Lettres des Seigneurs Bourguemaîtres de cette Ville, aux Nobles, Hauts, & Puiffans Seigneurs, les Etats de Hollande , pour obtenir SEURETE' DU CORPS & la continuation d'icelle , lefdits Seigneurs Commiffaires feront une exacte information de l'état des fuppofans, pour le faire connoître aux Seigneurs Bourguemaîtres, & leur fervir de rapport & d'avis.

XL.

Quelqu'un étant affigné , il fera tenu de comparoître devant les Commiffaires, faute dequoi il payera fix fols d'amende pour la première fois , douze fois pour la feconde , vingt-quatre fols pour la troifième ; enfuite dequoi lefdits Seigneurs Commiffaires le communiqueront aux Seigneurs

Eche-

Echevins , & envoyeront querir les perfonnes par un des fubftituez.

Ainfi arrêté le deuxiéme d'Avril 1659. préfens le Seigneur Schout , JEAN HUYDEKOOPER, *Chevalier , Seigneur de Maerfeveen ,* HENDRICK DIRCKZ SPIEGEL *Bourguemaître :* & *tous les Echevins , excepté* NICOLAS PANCRAS & NICOLAS VAN LOON, *En connoiffance de moi Secretaire ,* & *étoit figné ,*

WIGBOLT SLICGER.

Si eft-ce que nous ayant confideré la chofe , & la requifition fusdite , & voulant complaire aux Préfenteurs, après en avoir informé notre Cour & pris fon avis, de notre droite fcience , fouveraine puiffance & autorité , avons trouvé bonne, approuvé & ratifié ladite Inftruction & Ordonnance , comme nous la trouvons bonne , l'approuvons & la ratifions par la préfente, dans toutes fes parties , points & articles , chargeant un chacun à qui il peut appartenir , de fe régler fuivant icelle. Fait à la Haye fous notre grand Sceau y attaché , le XIII. Septembre de l'année de Notre Seigneur , mille fix cens cinquante-neuf. Etoit paraphé J. CATS. Ut. Il y avoit au bas de l'Ordonnance des Etats , & étoit figné ,

HERBERT VAN BEAUMONT.

Publié de la Maifon de Ville d'ici , après le fon de la cloche le 7. *Octobre de l'année* 1662. *préfens Monfeigneur le Schout ,* CORNELIS DE GRAAF *Franc Seigneur de Zuyt ,* POLSBROECK *Bourguemaître,* HANS BONTEMANTEL & DR. VAN HARTOGHVELT, *Echevins.*

Etoit figné J. WITSEN.

Ordre & Inftruction pour les CLERCS de la Chambre des Fonds defolez.

I.

Tous les trois Clercs fe trouveront le matin de bonne heure à la Chambre , & avant que les Commiffaires foient venus , ils feront une note des parties qui doivent comparoître , des perfonnes qu'ils ont citées , à la requifition de qui , comme auffi des perfonnes qu'ils ont appellées par ordre des Commiffaires , des raifons pourquoi , & à la priere de qui cela s'eft fait , & des Curateurs pris d'entre les Creanciers qui comparoiffent; & lors que les Commiffaires feront affis , ils donneront ce Memoire

moire au Préfident , ou à celui qui tiendra fa place : Et après qu'ils fe
feront feparez, ils demeureront dans la Chambre jusques à ce que le Secretaire foit forti, & en attendant ils remettront les Regîtres & les Livres à leur place.

I I.

Et laifferont un Billet de leur citation chez celui qu'ils citeront comme deffus, contenant à la requifition de qui , & à quelle fin ils le font,
au cas que cela leur foit commandé ; fe reglant à l'égard du Sçeau dans
les Citations & Lettres de rapport fur le contenu du Placat.

I I I.

Enfuite ils introduiront dans la Chambre les perfonnes que les Commiffaires leur diront de faire entrer.

I V.

Ils feront auffi une feconde note des perfonnes qui pourroient comparoître avant que le Rôle fût fini, & la délivreront aux Commiffaires.

V.

Cependant fi quelque perfonne qualifiée venoit devant la Chambre, ils
l'iront auffi-tôt dire aux Commiffaires.

V I.

Et ils demeureront hors de la Chambre , foit qu'il y ait des parties dedans ou non, & n'entreront qu'au fon de la fonnette, fe tenant découverts
tout le tems qu'ils y demeureront.

V I I.

Les Clercs ferviront la Chambre chacun à fon tour , & chacun d'eux
aura fa femaine pour introduire les parties dans la Chambre.

V I I I.

Les Clercs dont le tour ne fera pas d'introduire les parties dans la Chambre, extrairont dans le Comptoir devant la Chambre , les Sentences &
les autres Actes qui auront été donnez le matin, & ceux qui voudront les
lever, les pourront attendre.

Y y 2   IX.

IX.

Et afin qu'ils ne foient point interrompus en cela, & que lesdits Actes & Sentences ne puiffent être lûs de ceux à qui il n'importe pas, ils ne laifferont entrer perfonne dans ledit Comptoir, & tiendront fecret tout ce qui s'y paffera.

X.

Sans qu'ils puiffent porter chez eux aucuns Regîtres, Actes, ni Inftructions pour en faire des Extraits ou des Copies.

XI.

Ils viendront auffi l'après-midi dans leur Comptoir, pour extraire, copier & bien collationner tous Actes, Sentences, Groffes des Inventaires faits, & autres Inftrumens ; ils fe trouveront auffi dans le tems des Vacances dans leur Comptoir fur la Maifon de Ville chaque Lundi, Vendredi, & Samedi matin, pour être prêts à fervir les bonnes gens.

XII.

Lors qu'ils auront fait l'Inventaire de quelque Fonds infolvable, ils le donneront le lendemain aux Commiffaires, & en extrairont d'abord les Groffes, qui étant fignées du Secretaire, feront remifes és mains des Curateurs au cas qu'ils le demandent.

XIII.

Auffi-tôt qu'on aura notifié à la Chambre ou aux Commiffaires l'infolvabilité de quelque perfonne, les Clercs infinueront aux Marchands, aux Meffagers, dans tous les Bureaux, aux Enregîtreurs des Bateaux du Païs, & aux Porteurs des Lettres, de porter dans la Chambre des Fonds défolez, ou là où les Commiffaires ordonneront, toutes les Lettres, l'Argent, & les Marchandifes adreffées ou confignées aux perfonnes infolvables, & ils auront le foin de retirer les Lettres qui arriveront le Lundi ou le Samedi, jours aufquels les Commiffaires ne s'affemblent point, & les porteront au Seigneur Préfident, & enfuite à celui à qui il plaira à fa Seigneurie d'ordonner.

XIV.

Et lors que les Livres de quelque Défailli auront été portez à la Chambre,

bre, foit par eux ou par d'autres, ils mettront d'abord au commencement de chaque Livre le nom du Défailli & le nombre des Livres, ils noteront auſſi dans le Regître deſtiné à cela, le jour de la reception des Livres & leur nombre.

X V.

Et auſſi-tôt que la Balance en ſera faite, ils en feront copie & la porteront avec les Livres chez un dès Curateurs qui leur ſera indiqué, mais avant que de les porter, ils mettront dans le Regître chez qui ils porteront les Livres, & le nombre d'iceux.

X V I.

Et ſi quelque Requête préſentée au Suprême Conſeil, pour obtenir Mandement de ceſſion, eſt miſe és mains des Commiſſaires par ordre de Meſſeigneurs les Bourguemaîtres, ils auront à citer par Billet les Creanciers y dénommez, pour comparoître le lendemain devant les Commiſſaires, pour être entendus ſur la demande qui a été faite dans la Requête.

X V I I.

Et auront le ſoin de ſavoir des Creanciers où demeure la perſonne défaillie, qui demande ledit Mandement, en cas qu'ils ne ſachent pas ſa demeure.

X V I I I.

Quelqu'un ayant obtenu Mandement de ceſſion, ſeureté du corps, ou prolongation d'icelle par le moyen des Lettres de Noſſeigneurs les Bourguemaîtres, ils auront ſoin de dire aux impetrans d'icelui, de preſenter le même Mandement ou Acte de ſûreté aux Commiſſaires, afin qu'il ſoit enregîtré par le Secretaire.

X I X.

Et auront auſſi le ſoin de voir le Rôle de la Secretairerie juſques à quel tems s'étend la Ceſſion que l'Impetrant a faite, en conſequence du Mandement obtenu, afin que le Secretaire le puiſſe enregîtrer.

X X.

Les Commiſſaires ayant établi des Curateurs ſur quelque fonds inſolvable, les Clercs auront le foin d'extraire auffi-tôt l'Acte ou la Commiffion que le Secretaire aura expediée, laquelle étant fignée, ils en porteront une à chacun des Curateurs; & au cas qu'un ou plufieurs refufaffent d'accepter la Commiffion, ils le prieront de venir le lendemain devant les Commiffaires, pour dire les raifons qu'ils ont de faire ce refus, & pour demander eux-même leur decharge.

XXI.

Lequel refus de l'acceptation de ladite Commiffion, & de la priere qu'ils ont faite de comparoître, ils notifieront le lendemain aux Commiffaires.

XXII.

Les perfonnes s'étant excufées comme deffus de prendre la Commiffion, & ne comparoiffant pas le lendemain devant les Commiffaires, ils auront foin d'en donner avis, afin de les citer une feconde fois, fi les Commiffaires le trouvent à propos.

XXIII.

Lors qu'il fe devra tenir quelque Affemblée entre le Défailli & fes Créanciers, par ordre des Commiffaires, pour tâcher de faire un accord, les Créanciers feront priez le jour auparavant par des Billets de s'y trouver.

XXIV.

Si-tôt qu'on aura conclu un accord entre le Défailli & fes Créanciers, le Secretaire en ayant fait le Formulaire, ils en tireront inceffamment copie, & la feront figner au Défailli & à fes Cautions, & enfuite à fes Créanciers.

XXV.

Mais auffi-tôt que ledit accord fera figné par le Défailli & fes Cautions, ils l'enregîtreront, & laifferont de la place dans le Regître pour mettre dans la fuite dudit Accord, le nom des Créanciers qui viendront à le figner, fans qu'ils puiffent délivrer un accord au Defailli ou à fes Cautions, ni à perfonne de leur part, que premierement ledit accord n'ait été enregîtré, avec les noms des Créanciers qui ont figné comme deffus.

XXVI.

L'accord étant conclu, & quelques Créanciers refufant abfolument de
le

le figner, ils auront le foin de le fignifier aux Commiffaires , & de leur dire les raifons qu'alleguent pour ce refus les Créanciers involontaires , en cas qu'ils le fachent.

XXVII.

Ils auront auffi le foin de faire extraire du Regître de la Secretairerie auffi-tôt que la vente des Biens-Fonds aura été faite par execution dans les * Douze-Nuits, & de coucher dans le Regître deftiné à cela, quels Biens-fonds on a vendu par execution, & combien il en reviendra de net.

XXVIII.

Et fi les Secretaires leur donnent quelques Affignations fur les Ache-teurs d'iceux, payables aux Seigneurs Commiffaires, ils les feront auffi-tôt enregîtrer dans ladite Chambre fur le Regître deftiné à cela, tâche-ront d'en retirer payement le plûtôt que faire fe pourra, & en delivreront incontinent les deniers aux Commiffaires. Ils leur donneront auffi cha-que Mois précis un memoire des deniers qu'ils auront reçus & delivrez, & auront le foin de demander le payement des Affignations qui reftent à recevoir, s'ils en ont en main.

XXIX.

Et aux tems des Vacances, ou aux autres jours que les Commiffaires ne s'affemblent point, ils fe rendront journellement, tant chez le Sei-gneur Préfident, que chez le Secretaire du fusdit College.

XXX.

Les Clercs ne pourront recevoir aucun falaire de ceux qui auront faii-li, & accordé avec leurs Créanciers, qu'après avoir donné un Compte par ordre, qu'ils auront fait voir aux Commiffaires, & ne pourront auffi prétendre, ni demander plus que ce que les Commiffaires trouveront à propos.

XXXI.

Ils employeront tous leurs foins, & feront toute diligence pour procu-rer de tout leur pouvoir tout ce qui tiendra au fervice dudit College, & executeront tout ce qui leur fera ordonné, tant par les Commiffai-res, que par le Secretaire pour l'expedition des affaires qui y furvien-dront,

* C'eft entre le premier de Novembre & le fecond de Fevrier,

dront, fur peine que s'ils font au contraire de ceci, & qu'ils ne rendent pas le fervice comme il faut, au contentement des Commiſſaires ; leſdits Commiſſaires pourront les ſuspendre de leurs Offices pour le tems de ſix ſemaines, & ſi après cela il arrive quelques plaintes conſiderables, ils ſeront entierement démis & dépoſez de leur emploi & de leur ſervice par Meſſeigneurs les Bourguemaîtres.

Ordre pour les Curateurs des Fonds déſolez.

I.

AUſſi-tôt que les Livres de quelque Fonds inſolvable auront été portez dans la Chambre, ils ſeront mis en ordre par le Teneur des Livres, ou telle perſonne que les Commiſſaires trouveront à propos de commettre pour cela, & la Balance en ſera tirée.

II.

On fera deux copies de cette Balance, l'une deſquelles demeurera dans la Chambre, & l'autre ſera délivrée avec les Livres aux Curateurs commis ſur ledit Fonds, afin que les Comptes en ſoient tirez, & que le payement en ſoit exigé au plûtôt.

III.

Les deux copies de ladite Balance ſeront marquées de la même marque que les Livres d'où elles auront été tirées par A. B. C.

IV.

Les Curateurs tireront les Comptes des Debiteurs couchez dans les Livres qu'ils auront chez eux, auſſi-tôt qu'il ſera poſſible, & rapporteront leſdits Livres dans deux mois au plus-tard, dans la Chambre, à moins que les Commiſſaires n'en ordonnaſſent autrement.

V.

Il faudra auſſi qu'après chaque partie de la même Balance, ſoit notée la marque ou lettre du Livre, duquel elle aura été tirée, auſſi bien que le folio.

VI.

Les Teneurs des Livres coucheront auſſi derriere chaque Balance la

repar-

repartition faite dudit fonds, ou du moins ils y mettront le folio du Regître dans lequel ladite repartition est couchée dans la Chambre.

VII.

Les Curateurs mettront aussi en abregé derriere chaque partie de la Balance, le contenu de la Sentence qu'ils auront obtenue, en y indiquant le
folio du Rôle, sur lequel elle est couchée, afin qu'ainsi on puisse le trouver plus facilement, & qu'elle puisse être revûë par les Commissaires, quand
ils leur rendront compte.

VIII.

Les Curateurs prendront soin de faire citer journellement les Débiteurs
des Fonds désolez, autant que faire se pourra, devant la Chambre, afin que
les dettes qui restent soient reçûës diligemment.

IX.

Ils auront à rendre un compte exact de leur Administration aux Seigneurs Commissaires, ou à ceux qu'ils pourroient avoir commis pour cela; & afin qu'il ne soit rien negligé, les Curateurs donneront tous les six
mois aux Commissaires, quoi qu'ils ne l'exigent pas, une liste exacte de
tous les Fonds, desquels ils ont la direction, soit que le terme en soit
échu ou non.

X.

Et à cette fin ils tiendront un Regître separé, qui ne contiendra que
ce qui concerne leur Curatelle, pour le délivrer de tems en tems aux Seigneurs Commissaires, & leur servir d'avertissement : Et en cas que les
Commissaires ne l'exigent pas, ils ne laisseront pas de le leur presenter tous
les trois mois, sur peine que, s'ils manquent à ce devoir, les Seigneurs
Commissaires ne leur defereront, & ne leur donneront aucune nouvelle
Curatelle, qu'ils ne s'en soient prémierement acquittez.

XI.

Dans ce Regître ils tiendront compte de tout ce qu'ils auront reçu
pour chaque Fonds particulier, avec une exacte description du tems, des
personnes, & des sommes, de qui, combien, & pourquoi ils ont reçu chaque fois, notant à chaque partie le folio du Livre du Défailli, dans lequel s'est trouvé le Compte du Débiteur.

Quel-

XII.

Quelqu'un des Débiteurs rabatant quelque chofe , & ne payant pas la fomme entiere pour laquelle il eft Débiteur dans les Livres du Défailli , les Curateurs noteront dans leur Regître les raifons pour lefquelles cette déduction aura été faite; tant pour leur propre décharge, que pour pouvoir dans la fuite demander le reftant à de pareils Débiteurs, pourvu que le rabat fe faffe du confentement des Commiffaires , dequoi les Curateurs tiendront aufli une note.

XIII.

Et touchant ce que lefdits Curateurs payeront , ils en tiendront aufli un Regître exact pour chaque Fonds particulier, avec les mêmes circonftances & defcriptions ordonnées ci-devant dans le douzieme Article.

XIV.

Les Curateurs ne pourront faire aucun payement , pour aucun Fonds qui foit au deffus de 3 Florins, fans un exprès confentement des Seigneurs Commiffaires, fur peine que toutes les parties qu'ils auront payées montant à plus de 3. florins, feront rayées de leur Compte.

XV.

Aufli-tôt que l'Inventaire de quelque Fonds aura été fait , ils auront foin d'en prendre copie, pour l'ajoûter, comme il eft dit ci-deffus, à la Balance de chaque Fonds particulier; fuivant lequel Inventaire les Meubles fe vendront , s'il eft poffible, eux en étant refponfables fur le même pié.

XVI.

Quelques Meubles ou Marchandifes , &c. étant decouverts & trouvez après l'Inventaire fait , & portez aufli dans le Fonds, ils en donneront aufli-tôt avis au Secretaire, afin qu'il puiffe charger & amplifier l'Inventaire defdits Effets découverts & trouvez.

XVII.

Comme aufli ils auront à donner au Teneur des Livres les noms des perfonnes qu'ils fauront être Débiteurs de quelque Fonds fous leur Curatelle,

&

& dont il ne paroit rien dans la Balance, que ledit Teneur des Livres leur a delivrée, comme auſſi la groſſeur de la ſomme, la nature de la dette, & quand c'eſt qu'elle a été contractée; afin que cela puiſſe être enregîtré où il appartiendra.

XVIII.

Ils ſeront auſſi tenus de lever copie des Etats que ceux qui font Ceſſion, ſous leur Curatelle, fortifient de leur ſerment, & qu'ils pratiquent pour l'enterinement de leur Ceſſion, pour la même fin que ci-deſſus.

XIX.

Les Commiſſaires entendent que les Curateurs auront pour chaque détermination ou vacation 12 ſols.

XX.

Et s'ils vont en voyage hors de la Ville, ils auront au plus 4. florins par jour pour leur dépenſe, ou autant moins que les Commiſſaires pourroient trouver à propos ſelon la conſequence des affaires, & cela ſans compter les fraix des Bateaux, ou des Chariots, leſquels fraix leur ſeront rembourſez.

XXI.

Mais quant au compte de leurs ſalaires, ils ne les delivreront pas aux Commiſſaires, encore moins en demanderont-ils le payement, que premiérement toutes les affaires du Fonds ne ſoient entierement finies, & que les Commiſſaires ayant vu leur Compte, ne l'ayent approuvé.

XXII.

Lors que les Curateurs porteront quelque argent dans la Chambre, ils diront non ſeulement de quel fonds il provient, mais auſſi de quelles perſonnes ils ont reçu les Deniers.

XXIII.

Quelqu'un ſuccedant à la place d'un Curateur mort, il ſe fera 'donner par la Veuve ou par les Héritiers, avant que de ſe charger de la direction d'aucun fonds, un fidelle compte de tout; entendant que ſi le ſucceſſeur ſe contente de celui qui lui ſera rendu par la Veuve ou les Héritiers du défunt, il les déchargera abſolument, le prendra ſur ſoi, & ſera reſ-

pon-

ponfable de tout ce que fon Prædeceffeur aura fait , afin que quand les Commiffaires le voudront , il leur puiffe rendre un bon compte , tant de ce qui s'eft paffé fous fa direction , que fous celle de fon Prédeceffeur.

X X I V.

Mais s'il trouve la direction de fon Prédeceffeur conftituée d'une forte, qu'il ne trouve pas à propos de s'en charger , & d'en décharger la Veuve ou les Heritiers de la maniere fufdite , il s'addreffera auxdits Commiffaires, & les priera de fe faire rendre compte eux-mêmes , dans lequel cas il ne fera rendu refponfable , que du tems auquel il aura commencé de fucceder à la Curatelle.

X X V.

A M P L I F I C A T I O N.

Ne pourront en outre lefdits Curateurs , entamer ni intenter aucun procès pour les affaires de quelque Fonds infolvable , ni appeller de quelque Sentence obtenue , ni employer aucun Avocat , ni Procureur, que du confentement & du choix des Commiffaires , fur peine que s'ils font le contraire de ceci, lefdits Procez feront à leurs rifques , & qu'ils payeront les Avocats & les Procureurs de leur propre bourfe.

X X V I.

Pareillement ne pourront lefdits Curateurs faire ni ordonner d'aucune vente de quelques Effets que ce puiffent être , fans une permiffion des Commiffaires auxquels ils délivreront à tems , un ou deux Exemplaires des Billets ou affiches de la vente , & lors que celle des biens mobiliaires fe fera , ils auront foin qu'elle ne commence pas avant l'heure marquée dans les Billets , qu'elle ne fe faffe que dans un bon ordre , & qu'il n'y ait une fuffifante quantité de gens affemblez.

X X V I I.

Auffi ne pourront les Curateurs faire aucune Affemblée ou Comparition à la charge des fonds infolvables, ou s'il s'en fait par d'autres, ils ne pourront y affifter dans la vûë de porter par ce moyen , les fraix de la comparition fur le compte des fonds infolvables , à moins que cela ne foit de l'autorité & du confentement des Commiffaires ; & y affiftant de cette maniere , avant que d'en fortir ils prendront le compte de la

dépen-

dépenfe qui aura été faite , & le noteront dans leur Regître , afin que les Comptes des Hôtes puiffent être examinez & payez, conformement à icelui.

XXVIII.

Et pour faciliter le but du 17. Article de l'Ordonnance des Commiffaires , lequel parle de la tenue de la preference & de la concurrence , qui fe tient fouvent inutilement, au grand dommage, & aux dépens des fonds infolvables par certaines exceptions & allegations qu'on avance , de n'avoir pas été avertis affez à tems ou à propos : les Commiffaires enjoignent aux Curateurs , que lors qu'ils leur demanderont fi les affaires du fonds, pour lequel on demande un jour de preference , font dans un état à pouvoir accorder ledit jour avec fuccès, & que fur le rapport des Curateurs, ils auront jugé que cela fe peut , lefdits Curateurs auront à délivrer aufdits Commiffaires le lendemain , ou au premier jour de féance , une lifte exacte de tous les Créanciers connus dudit Fonds , tant de ceux qui foûtiennent la concurrence que la preference , afin que les Clercs puiffent faire les citations fuivant cette lifte, du confentement des Commiffaires, au jour accordé, afin que toutes lefdites exceptions puiffent être combatues , & que les Créanciers concurrens puiffent avoir occafion de contredire comme ils le trouveront à propos, aux Créanciers qui foûtiennent la préference.

XXIX.

Tous les Curateurs de la Chambre feront tenus de comparoître tous les matins devant la Chambre aux jours que les Commiffaires fe doivent affembler , & de demeurer là jufques à ce que les Commiffaires , ou quelques uns d'iceux foient entrez , fur peine d'une amende de douze fols pour les pauvres, à chaque fois que les Commiffaires les feront appeller , & qu'ils feront trouvez abfens, à fournir ladite amende és mains du Sieur Secretaire.

XXX.

Lefdits Curateurs feront auffi tenus d'avertir les Sieurs Commiffaires auffi-tôt qu'un Fonds fera en état à en pouvoir faire la repartition, & de leur donner avis de tems en tems de ce qui fe paffe jufques à ce que la repartition foit faite effectivement.

XXXI.

Les Curateurs ne pourront auffi recevoir le payement de leur falaire, ni
Zz 3   de

de leur debours fait pour quelque fonds infolvable , fur lequel on s'eft accordé , qu'après que les Seigneurs Commiſſaires auront examiné , taxé, & moderé leurs Comptes.

CHAPITRE XVIII.

Des Societez en general.

POur traiter méthodiquement des Compagnies ou Societez en general, je commencerai par la définition de la Societé , qui eſt une Convention de deux , trois, ou quatre perſonnes, qui mettent enſemble , ou leur argent ou leur induſtrie pour faire un plus grand Commerce , un plus grand profit , & plus commodement.

La Societé differe de la Communauté , en ce que par la Societé le capital qu'un chacun des Aſſociez y confere , n'eſt point commun , il demeure toûjours propre à un chacun qui le peut retirer après la Societé finie.

Dans les Societez il n'y a que le gain ou profit qui eſt commun , & il eſt tellement commun, que non plus que le Fonds , il ne doit point ſe partager qu'à la fin de la Societé , ou du conſentement de tous les Aſſociez.

Il y a de trois ſortes de Societez entre les Marchands. La premiere eſt *generale* ou *ordinaire* , dont le Commerce ou Negoce ſe fait ſous le nom de tous les Aſſociez, nommement ou collectivement.

La ſeconde eſt celle qu'on appelle en Commandite , ou de Commodité, qui ſe contracte entre deux ou pluſieurs perſonnes, dont l'une ſans aucune action de Societé , ne fait qu'y conferer ſon argent , & l'autre y donne ſon nom, ſon argent, & ſon induſtrie , ou ſon nom & ſon induſtrie ſeulement.

La troiſième qu'on nomme *Participe* , ou *Anonyme* , ſe fait ſans qu'aucun y donne ſon nom, chacun y travaillant de ſon côté en particulier, & ſe rendant reciproquement compte les uns aux autres des profits & pertes qu'ils partagent & ſupportent.

Les Societez ſont avantageuſes pour le particulier, mais elles le ſont encore davantage pour le public, qui ne peut ſubſiſter ſans le Commerce , qui étant immenſe & infini, un particulier, ſoit pour l'argent, ſoit pour les ſoins, les veilles & les peines, ne peut pas vaquer ſeul à un grand trafic , & ne ſauroit ſi efficacement travailler ſeul , ni ſervir ſi utilement & ſi avantageuſement l'Etat dans un Commerce d'importance, qu'en joignant ſon bien & ſon induſtrie avec d'autres.

Des

Des Societez generales, libres, ou ordinaires.

Il y a de trois fortes de Societez entre Marchands, comme il a déja été dit. Je ne parlerai ici que de la premiere, qui eſt la plus ordinaire & la plus naturelle, qu'on nomme *generale* ou *libre*, dans laquelle les Aſſo-ciez conferent également & de leurs biens & de leurs ſoins, & deſquels tous les noms ſont connus, tous les aẛes & les ordres ſe donnent ſous les noms de tous ſpecifiquement au nom de *Jean*, de *Jaques* & de *Pierre* Aſſociez, ou colleẛivement ſous le nom de *Jean* ou de *Pierre* en Com-pagnie.

Les conditions d'une Societé qui ſe contraẛe entre deux Marchands & Negocians, dont l'un porte de l'argent comptant pour ſon fonds capital, & l'autre des marchandiſes & dettes aẛives, contenues dans l'inventaire qui doit preceder la Societé, ſont bien differentes de celles qui ſe font ordinairement entre deux Negocians, qui en s'aſſociant por-tent l'un à l'autre de l'argent comptant, c'eſt pourquoi il faut avoir di-verſes conſiderations : la premiere concerne la Marchandiſe, & la ſecon-de les dettes aẛives.

A l'égard de la Marchandiſe, la premiere choſe qu'on doit conſiderer eſt le prix qu'elle peut valoir, en la réduiſant ſur le pié qu'elle vaudroit argent comptant, ſi celui à qui elle appartient, la vouloit vendre à une perſonne qui ne l'acheteroit que pour gagner ſur icelle ; la raiſon eſt juſte & rai-ſonnable, que la Marchandiſe qui eſt portée en Societé par celui à qui el-le appartient, de laquelle ſon fonds capital eſt compoſé, produiſe du profit auſſi bien que l'argent comptant qui eſt apporté par l'autre qui compo-ſe le ſien.

La ſeconde conſideration eſt de ſavoir, ſi à la fin de la Societé la Mar-chandiſe qui reſtera de celle qui aura été apportée par l'un des Aſſociez, ſera partagée entre eux ſuivant les parts & portions qu'ils auront dans la-dite Societé, ou bien ſi celui qui les a apportées doit les reprendre pour le prix mentionné dans ſon inventaire, ou ſuivant le prix qui ſera pour lors arbitré à leur juſte valeur, comme ayant pu diminuer de prix, pendant le tems que dure la Societé. Il eſt neceſſaire de ſavoir ces choſes, afin qu'il y ait un article dans l'aẛe, des volontez des Contrac-tans, pour éviter les procez qui pourroient ſurvenir dans les ſeparations des Aſſociez, qui ſe fait bien ſouvent avant le tems porté par l'aẛe de la-dite Societé.

Des

Des Societez en Commandite.

La feconde efpece de Societé eft, comme j'ai déja dit, celle qu'on nomme de *Commandite*, que quelques-uns nomment *Conditionnée* ou de *Commodité*, que je ne nommerai pourtant que de Commandite.

Elle eft nommée de Commandite, parce que celui qui donne les deniers eft l'ame de la Societé, & en eft comme le maître & y commande, l'autre n'y apportant fouvent que fon nom & fon induftrie pour maintenir le Commerce, que l'autre fait par le moyen de fon argent & de fon credit, fans quoi il ne pourroit fubfifter.

Cette Societé fe fait entre deux ou plufieurs perfonnes, dont quelques-uns ne font que mettre leur argent dans la Societé fans faire aucune action d'Affocié, & les autres, felon les conventions, conferent quelque argent & leur induftrie, ou leur induftrie feulement, & cette Societé fe fait des Marchandifes & Commerces, dont les Affociez font convenus, fous le feul nom de ceux qui conferent leur induftrie.

Il n'y a rien fi utile à l'Etat, que les Societez en Commandite, pour cinq raifons.

La premiere, parce que toutes fortes de perfonnes, quoi qu'ils ne foient point de profeffion mercantille, peuvent fe fervir de ce moyen pour faire valoir leur argent avec juftice, fans qu'il y ait aucune ufure.

La feconde, qu'il n'entre dans ces fortes de Societez que le furplus de l'argent de ceux qui ont des revenus confiderables, qui demeureroit quelquefois fans mouvement dans leur coffre, fi le défir de le faire valoir honnêtement, ne les portoit à le mettre dans le Commerce, par le moyen des Societez en Commandite, ainfi elles font extrêmement avantageufes aux particuliers.

La troifième eft, que les enfans de famille qui font capables du Commerce, & qui n'ont pas le pouvoir de l'entreprendre faute d'argent, s'établiffent dans le monde en faifant ces fortes de Societez, par le moyen defquelles ils trouvent à faire valoir leur induftrie, qui fans cela demeureroit fans effet.

La quatrième eft, que le public en general y trouve de l'avantage, en ce que les Societez en Commandite faifant fortir l'argent des bourfes de ceux qui ne l'employeroient qu'en conftitution de rente, ou qui le laifferoient fans mouvement dans leur coffre, pour le mettre dans le Commerce, les Artifans de toutes fortes de Manufactures font plus fortement employez, & par là ils font plus facilement fubfifter leur famille.

La

La cinquième eſt , que les Princes y trouvent auſſi leur avantage , parce que plus il y a de Manufactures dans leurs Etats, & plus le Commerce y eſt abondant, plus leurs revenus ſont grands, par le moyen des deniers qu'ils impoſent ſur les marchandiſes qui en ſortent ou qui y entrent. En effet on voit que la plus grande partie du revenu des Etats des Provinces-Unies ne conſiſte que dans les droits qu'ils perçoivent ſur les marchandiſes qui entrent & qui ſortent desdites Provinces, & que quand leur Commerce eſt interrompu par les guerres qu'elles ont avec les Rois & Princes leurs voiſins, leſdites Provinces ne peuvent ſubſiſter que par le moyen des Taxes qu'elles font ſur elles-mêmes.

Des Societez Anonimes & Tacites.

Cette ſorte de Societé, qu'on nomme Anonime ou Participe, qui ſe fait parmi les Marchands & les Negocians, eſt appellée ainſi, parce qu'elle eſt ſans nom, & quelle n'eſt connue de perſonne que des Aſſociez, & dans laquelle il n'y a que celui qui agit qui eſt connu, & qui s'oblige tant en l'achat qu'en la vente de la marchandiſe.

Ces ſortes de Societez ſe font ſouvent verbalement par le ſeul conſentement des Parties, ſans écriture. Elles ſe font quelquefois ſur le champ, dans une Foire, & ne ſont fondées que ſur l'honneur, la bonne foi & la parole des Marchands. Elles ſe contractent quelquefois par une ſimple lettre miſſive, ne conſiſtent ſouvent qu'en un ſeul article, & ne durent quelquefois qu'un jour, quelquefois que deux ou trois heures, pendant une Foire ; car, par exemple, dans une Foire ou Marché, deux Marchands conviendront de partager toute la marchandiſe qu'ils y acheteront, à la fin de la Foire ils la partagent, voilà la Societé finie.

Un Marchand mande à un autre d'acheter à moitié profit, & moitié perte, une telle quantité de telle marchandiſe, & qu'à cet effet il lui remettra telle Somme d'argent, ce qu'il execute. La marchandiſe vendue, le profit ou la perte partagée, la Societé eſt finie, & il ne ſauroit y avoir d'action qu'entre les deux Aſſociez, s'ils ne tiennent pas bon compte, ce qui ne ſe devroit pas même, parce qu'ils ſont obligez de ſuivre la bonne foi l'un de l'autre, tant pour le capital que pour les profits.

On peut appeller ces Societez *Tacites*, ou l'on peut dire que les *Tacites* approchent fort de celles-ci, quoiqu'elles ne ſoient pas ſi legitimes, & qu'elles ſoient rarement exemptes de fraudes, ayant le même effet que celles qui ſont établies par Contract, parce qu'elles font quantité de procez dans les dénegations qu'on en fait.

Cette

Cette forte de Societé Anonime ou inconnue se fait entre les Negocians, qui voyant, par exemple, qu'il y a apparence que les Vins, les Eaux
de vie, les grains, & diverses autres sortes de denrées ou de marchandises
feront fort cheres, pour des raisons aparentes, soit de guerre, soit de mauvaise recolte, s'associent trois ou quatre ensemble pour faire acheter desdites denrées dans les lieux où il y en peut avoir abondance, pour ensuite
les envoyer dans les Provinces ou Royaumes qui en manquent, pourvu
qu'il soit permis : Et comme la Negociation est quelquefois un peu longue, ils font l'acte de Societé par écrit sous leurs seings privez. Nean-
moins comme elle n'est faite que pour un seul achat, ils ne donnent point
de raison à cette Compagnie, c'est à dire qu'il y a seulement un des Asso-
ciez qui se charge d'avoir le soin de faire acheter la quantité des marchandifes dont il a été convenu, & non davantage, & qui a le soin d'en faire
le debit, ou de le faire faire lorsqu'elles sont arrivées dans les lieux pour où
elles ont été destinées. Cette espece de Societé s'appelle *Anonime*, parce
qu'elle n'a point de raison sous des noms collectifs, comme les Societez
ordinaires qui parlent en traitant de leur Commerce, tel & tel en compagnie dans l'achat & vente de leurs marchandises & actes qu'ils font en
consequence.

CHAPITRE XIX.

De la Compagnie des Indes Orientales, & des principales choses qui s'y observent, tant dans les Ventes des Marchandises que des Actions.

LA Compagnie des Indes Orientales des Provinces-Unies, est sans contredit la plus puissante & la plus considerable qu'on ait jamais vue,
puis qu'on ne trouve aucun exemple dans l'Histoire, que de simples Negocians soient jamais parvenus au point de grandeur, où l'on voit aujourd'hui cette fameuse Compagnie, qui n'étant gouvernée que par 65 Directeurs, a su, sous l'authorité des Etats Generaux, parvenir à un si haut
degré de puissance, qu'elle fait la loi à plusieurs Rois, & qu'elle se fait
honorer & craindre par les plus grands Potentats de l'Orient.

On ne sauroit lire avec quelque attention les diverses Relations que nous
avons de l'établissement & des progrez de cette puissante Compagnie, sans
admirer en même tems la prudence & l'habileté de ses premiers Fondateurs
& Directeurs, qui par leur sage conduite ont su surmonter & vaincre une
infinité d'obstacles, qui sembloient immanquablement devoir faire échouer
leurs entreprises, qu'ils firent pour établir le Commerce dans un Pays si
éloigné,

éloigné, où ils n'avoient pas un pouce de terre, & où ils avoient des Ennemis puiffamment établis depuis près d'un Siècle, qui ne manquerent pas de mettre tout en œuvre, non feulement pour faire échouer leurs deffeins, mais auffi pour s'emparer de leurs Vaiffeaux, & en empecher l'entrée dans tous les Ports où ils voudioient aller. Ce font pourtant de fimples Marchands, qui ont jetté les premiers fondemens d'une Compagnie à prefent fi formidable; & j'ofe dire que fi les Rois & les Souverains du Monde examinoient de près fes commencemens & fes progrès, ils y trouveroient des leçons d'une Politique confommée, & leur perfuaderoit peut-être enfin, que rien n'eft plus avantageux ni plus glorieux pour eux & pour leurs Etats, qu'un Commerce bien entendu & bien dirigé; & que les Marchands favent auffi bien fubjuguer des Pays, emporter des Villes, & gagner des Batailles, que les plus grands Conquerans, par des voyes même beaucoup moins onereufes que celles de la guerre; car fi la Compagnie a dû s'armer plus d'une fois contre plufieurs Puiffances de l'Orient, ç'a été plûtôt pour conferver les droits que fon Commerce lui avoit acquis, que dans la vue de faire de nouvelles Conquêtes, ayant toujours preferé de vaincre fes Ennemis, plûtôt par les avantages du Commerce qu'elle leur offroit, que par la voye des Armes; ce qui lui a acquis plus d'honneur, plus de gloire & plus de richeffes qu'elle n'en auroit jamais eu par cette derniere voye. Mais fans m'arrêter plus long-tems dans des reflexions, qui regardent plus la Politique que le Commerce, voyons en abregé comment cette Compagnie commença, & s'établit, & ce que doivent favoir & obferver ceux qui achetent de fes marchandifes & de fes Actions.

Pendant les rudes guerres que la Hollande & les autres Provinces-Unies furent obligées de foutenir depuis l'année 1556. jufques en l'année 1648. (à 12. années de Treve près) contre les Rois d'Efpagne, dont elles a-voient fecoué le joug: le Portugal (qui depuis près d'un fiècle étoit de-venu le Magazin general des marchandifes des Indes) fut uni à l'Efpa-gne, par la conquête qu'en fit Philippe II. en 1580; & comme les Hollandois, qui étoient en guerre avec lui, ne pouvoient plus dès-lors aller chercher à Lisbone les marchandifes des Indes, dont ils avoient befoin, fans y être regardez & traitez comme Ennemis & Rebelles, plufieurs Marchands d'Amfterdam & de Zeelande firent diverfes tentatives pour chercher une route pour aller aux Indes par le Nord, parce qu'outre que la route que tenoient les Portugais en y allant par le Sud, leur étoit entierement inconnue, ils avoient tout lieu de craindre de tomber entre leurs mains, s'ils tentoient d'y aller par le même chemin. Mais toutes ces tentatives par le Nord ayant mal réuffi, & les Hollandois ayant prefque perdu toute l'efperance de pouvoir naviguer aux Indes, il arriva qu'un nommé *Cornelis Houtman*, qui avoit été long-tems dans ces Pays-là au fervice

des

des Portugais, fut pris par les Turcs, & qu'après avoir fait prier pendant long-tems ceux de fa Nation, de le racheter de l'Efclavage où il étoit, fans pouvoir les émouvoir à le faire; il s'adreffa enfin à des Hollandois, & leur promit, que s'ils le vouloient racheter, il leur enfeigneroit la route pour aller aux Indes, & dans tous les lieux où les Portugais negocioient: cette propofition fut reçue très-favorablement. Houtman racheté par quelques Hollandois, & étant venu en Hollande pour fatisfaire à fa promeffe, on lui donna la conduite de quatre Navires, pour aller aux Indes & en negocier les Cargaifons.

Ces quatre Navires équipez par quelques Marchands d'Amfterdam & de Zeelande partirent du Texel au commencement du mois d'Avril de l'année 1595.; quelques precautions qu'ils euffent prifes, ils eurent beaucoup de traverfes à effuyer de la part des Portugais qui firent tout ce qu'ils purent pour les faire perir, cependant ayant furmonté tous ces obftacles, & abandonné un de leurs Navires, faute de Matelots pour le conduire, parce qu'il en étoit mort beaucoup en chemin, les trois Navires reftans revinrent en Hollande, où ils arriverent au mois d'Août 1597.

Quoi que le profit fur ce premier Voyage, ne fût pas fi confiderable qu'on l'avoit efperé, on ne laiffa pas d'équiper divers autres Navires pour effayer de mieux faire, & il fe forma plufieurs Compagnies, qui équipoient & envoyoient à l'envi les unes des autres, des Navires dans tous les endroits des Indes, où ils pourroient trouver à negocier: ce qui dura quelques années fur le même pied: mais on ne fut pas long-tems à s'appercevoir que divers Navires, fe trouvant, en un même tems, dans un même port aux Indes, & fouvent avec les mêmes marchandifes, fe faifoient un tort confiderable; & qu'enfin ce Commerce tant fouhaité deviendroit à rien, fi on n'y pourvoyoit.

Ce que les Etats Generaux ayant appris, ils manderent à la Haye les principaux Marchands d'Amfterdam & de Zeelande, qui s'étoient intereffez dans cette Navigation, & ayant ouï leur fentiment & leur raport, il fut refolu & arrêté que toutes ces petites Societez feparées feroient unies enfemble pour n'en faire qu'une feule, & que deformais aucun particulier ne pourroit negocier aux Indes, depuis le Cap de Bonne Efperance, & au delà; mais que ceux qui voudroient s'intereffer dans la Compagnie, pourroient le faire: ce qui ayant été unanimement approuvé de chaque Province, la Compagnie generale des Indes fut octroyée & établie par les Lettres Patentes des Seigneurs les Etats Generaux des Provinces-Unies, en date du 20. Mars 1602.

Et comme pendant les guerres d'entre l'Efpagne & la Hollande, dont j'ai parlé ci-deffus, les Hollandois ou la Compagnie avoit gagné plufieurs Places & Forts fur les Efpagnols & Portugais dans les Indes, & qu'il étoit.

toit de la dernicre importance pour les Provinces-Unies, que la Compagnie gardât les conquêtes qu'elle avoit faites depuis son établissement, il fut conclu suivant les Lettres & Memoires pour la Paix, qui se fit à Munster l'année 1648 : *que le Roi d'Espagne ne pourroit point étendre ses limites dans les Indes Orientales, mais qu'il se borneroit à ce qu'il y occupoit dès lors ; que les Conquêtes qui pourroient être faites par les Provinces-Unies leur demeureroient, soit sur les Naturels du Pays, ou sur les Portugais, quelque évenement que pût avoir la guerre qui étoit alors entre l'Espagne & le Portugal.*

Aussi-tôt que l'Octroi pour la Compagnie des Indes eut été publié, chacun à l'envi voulut y prendre interêt, & beaucoup de gens y apporterent leur argent, de sorte qu'en peu de temps, avec les capitaux des petites Societez precedentes, & l'argent que chacun y apporta, le Capital general se trouva monter à près de 6 millions & demi, dont les Villes suivantes avoient fourni ce qui suit,

Amsterdam - -	3674915	
La Zeelande - -	1333882	
Delft - - -	470000	Florins argent de Banque.
Rotterdam - -	177400	
Hoorn - - -	266868	
Enkhuysen - -	536775	
En tout - - -	6459840	

Florins, ce qui est le premier Capital, qu'on nomme le vieux Capital de la Compagnie, qui prospera si bien, que loin d'avoir jamais fait aucun appel, comme on l'a vu faire assez souvent par d'autres Compagnies qui se sont établies depuis, celle-ci donna une repartition de 15 pour cent dès l'année 1605, & en a fait depuis de très-considerables, suivant la liste que l'on en trouvera dans la suite de ce Chapitre.

Et comme il auroit été impossible que les affaires de la Compagnie eussent pu bien réussir, & rester sur un bon pied pendant long-temps, si chaque Interessé eut dû avoir sa voix dans les deliberations, qui se prendroient pour l'avancement de la Compagnie, & qu'une Assemblée d'un si grand nombre d'interessez, auroit pu mettre de la dissention entre eux, plûtôt qu'un bon ordre, il fut resolu que les Directeurs qui l'étoient déja, resteroient, & qu'ils auroient la direction de toute la Compagnie. Je ne sai pas combien il y en avoit alors, ce qui est peu important, mais il fut arrêté qu'on ne rempliroit la place de ceux qui viendroient à mourir, que lors que par la mort ou autrement le nombre en auroit été reduit à 65. de sorte qu'il y a toûjours eu depuis 65 Directeurs, savoir

18 de la Ville d'Amsterdam.
12 de Zeelande.
 7 de Delft.
 7 De Rotterdam.
 7 de Hoorn.
 7 d'Enkhuyfen.
 1 de Haarlem.   -   -
 1 de Leyden   -   -
 1 de Dort.   -   -
 1 de Gouda.   -   -   } Ces 7 Directeurs refident à Amfterdam.
 1 de la Province de Gueldre.
 1 de la Province de Frife.
 1 d'Utrecht.   :   :
———
65

Tous ces Directeurs ont chacun leur charge & leur office dans la Ville ou Comptoir de leur departement, que l'on nomme Chambre, comme Chambre d'Amfterdam, Chambre de Zeelande, Chambre de Delft,
&c.   Mais perfonne ne peut être reçu Directeur, qu'il n'ait du moins un
interêt de 6000. florins dans la Compagnie à compter du premier capital
ci-deffus ,   ce qui fait à peu près la mille-feptante & fixième partie du
fufdit Capital ,   & à prefent que les Actions valent autour de 850 pour
cent, ces 6000 florins valent autour de 51 mille florins argent de
Banque.

Outre ces 65 Directeurs ,   la Nobleffe a un Directeur deputé dans la
Sud-Hollande, & un dans la Nord-Hollande, & la Ville de Groningen
en a un dans la Chambre de Zeelande qui fe tient à Middelbourg ;   les
Directeurs d'Amfterdam ont une penfion annuelle de la Compagnie de
mille Ducatons argent de Banque, mais les autres qui ne font obligez d'a-
voir dans la Compagnie qu'un Interêt de 3000. florins de vieux Capital,
n'ont de penfion annuelle que 1200. florins argent de Banque , les premiers font auffi Directeurs pour toute leur vie, mais les derniers ne le font
que pour le tems que dure leur Commiffion.

Outre ce nombre de Directeurs & de Deputez ,   il y a encore 8 des
principaux participans Deputez, favoir 4 d'Amfterdam, 2 de Zeelande,
1 de la Zud-Hollande & 1 de la Nord-Hollande , qui ont chacun 200
florins de penfion & voix deliberative, mais non conclufive dans les Affemblées où ils ont droit de fe trouver.

La Compagnie a encore deux Avocats qui fe trouvent toûjours
dans les Affemblées generales & à celles qui fe font à Amfterdam, où ils
font leur refidence ordinaire ,   leur office eft dans la Compagnie , à
peu

peu près le même que celui du grand Penſionnaire dans les Etats de Hollande

Tous ces divers Directeurs ont chacun leur voix deliberative dans la Chambre de leur Ville, mais c'eſt l'Aſſemblée generale qui regle toutes les affaires importantes de la Compagnie. Elle ſe tient ordinairement trois fois l'année pendant 6 ans conſecutifs dans Amſterdam, & pendant 2 autres années à Middelbourg, après leſquelles elle revient à Amſterdam, ne ſe tenant point d'Aſſemblée generale dans aucune des autres Chambres. La premiere de ces Aſſemblées ſe tient pour regler la vente des Epiceries, & les repartitions que la Compagnie doit faire; la ſeconde ſe tient pour deliberer ſur les reponſes que la Compagnie doit faire aux Lettres reçues des Indes, & la troiſième ſe tient pour regler les ventes qui ſe font en Octobre & Novembre, & pour regler le nombre des Vaiſſeaux que la Compagnie doit équiper & envoyer aux Indes pendant l'année. Cette Aſſemblée, qui s'appelle l'Aſſemblée des Dix-ſept, eſt compoſée de 17 Directeurs deputez de toutes les Chambres,

    dont il y en a 8 d'Amſterdam.
             4 de Zeelande.
             1 de Delft.
             1 de Rotterdam.
             1 de Hoorn.
             1 d'Enkhuyſen.

Ce qui fait 16 Directeurs, & le dix-ſeptième eſt deputé par tour d'une des quatre petites Chambres, qui ſont, Delft, Rotterdam, Hoorn, & Enkhuyſen, lors que l'Aſſemblée ſe tient à Amſterdam; car lorsque l'Aſſemblée ſe tient à Middelbourg, c'eſt cette derniere Ville qui nomme le dix-ſeptième Directeur pendant les deux années qu'on s'y aſſemble.

Outre cette Aſſemblée de 17, il ſe tient encore une Aſſemblée generale chaque année à la Haye : elle eſt compoſée

        de 4 Directeurs d'Amſterdam.
        de 2 de Zeelande.
        de 1 de Delft.
        de 1 de Rotterdam.
        de 1 de Hoorn.
        de 1 de Enkhuyſen.

Cette Aſſemblée de 10 Directeurs examine generalement toutes les Lettres & papiers venus des Indes, & fait un projet de réponſe ſur tout ce qu'elle qu'elle a examiné, lequel projet eſt enſuite porté à l'Aſſemblée des 17, où étant approuvé, il paſſe pour arrêté.

Les Directeurs de la Chambre d'Amſterdam ſont ſeparez en diverſes Claſſes, il y en a quatre établis ſur les Magazins, qui ont ſoin d'acheter les marchandiſes que la Compagnie a reſolu d'envoyer aux Indes, & à garder les marchandiſes invenduës : 3 ou 4 autres ſont établis ſur les Finances, & à payer & à recevoir les deniers de la Compagnie : 7 autres ſont commis pour faire l'équipement des Vaiſſeaux, & un petit nombre d'entre eux ſont authoriſez pour les affaires ſecretes de la Compagnie.

Je n'entrerai pas dans un plus grand détail, ni n'entreprendrai pas de faire l'énumeration des Places que la Compagnie occupe dans les Indes, & bien moins encore des Officiers & des Troupes qu'elle a à ſon ſervice dans ces Pays éloignez ; il me ſuffit de dire que la ſeule Chambre d'Amſterdam, toute ſeule, occupe ordinairement plus de 1200 Ouvriers continuellement dans ſes Magazins, tant à la conſtruction des Navires, qu'à tout ce qu'il faut pour les équiper ; il y a 50 hommes qui ne font tout le long de l'année, que trier & émonder les Epiceries.

Cependant il ne faut pas paſſer ſous ſilence, qu'il n'y a qu'elle ſeule dans le Monde, qui poſſede les Iles où croiſſent la Muſcade & la Fleur de Muſcade, le Gerofle & la Canelle, de ſorte qu'il faut que toutes les autres Nations s'en pourvoient de ladite Compagnie. La Muſcade & la Fleur de Muſcade ſe cultivent dans la ſeule Ile de Banda, le Gerofle dans l'Ile d'Amboina, & la Canelle dans l'Ile de Ceylon ; & c'eſt parce qu'il n'y y que cette ſeule Compagnie, qui poſſede ces Epiceries, qu'elle ne vend pas la Muſcade ni le Gerofle dans les ventes publiques, comme elle vend toutes ſes autres marchandiſes ; mais qu'elle en regle le prix comme Meſſieurs les Directeurs le trouvent à propos : Et il y a pluſieurs années que le prix de l'un & de l'autre a été reglé à 75 ſols argent de Banque, la livre, juſques au mois de Mars de cette année 1721. Chaque Chambre vend ces deux ſortes d'Epiceries à ſon tour : & voici l'ordre qu'elles obſervent.

La Chambre d'Amſterdam en vend à meſure que l'on en demande . . . . 100 ⎫
La Chambre de Zeelande ou de Middelbourg en vend enſuite . . . . 50 ⎬ Quarteaux.
Les Chambres de Rotterdam & de Delft en vendent enſuite enſemble . . . 25 ⎪
Les Chambres de Hoorn & d'Enkhuyſen en vendent enſuite enſemble . . . . 25 ⎭

En

En forte que lors que la Chambre d'Amfterdam en a vendu 100 quarteaux, elle n'en livre & n'en vend plus, que les Chambres de Hoorn & d'Enchuyfen n'aient vendu leurs 25. quarteaux après quoi Amfterdam recommence.

Le quarteau de Mufcade péfe autour de 800 ℔ net, & le quarteau de Gerofle péfe 550 à 600 ℔ net; & lors que l'on a befoin de l'un ou de l'autre, on s'adreffe à la Chambre qui en a la livraifon, & on prie le Teneur de Livres ou le Garde du magazin de faire pefer tel nombre de quarteaux de Mufcade ou de Gerofle que l'on fouhaite, & le lendemain on peut en avoir le Compte ; car ce font les deux feules marchandifes pour lesquelles la Compagnie fournit des comptes, les Acheteurs de toutes fes autres marchandifes, étant obligez d'en dreffer les comptes eux-mêmes & de les délivrer au Teneur de Livres, qui les corrigée s'il y a de l'erreur les ou aprouve s'il font jufte, comme j'aurai occafion de le dire ci-après.

Lors que l'on a retiré le compte de quelque quarteau de Mufcade ou de Gerofle, il faut en payer la valeur en Banque à la Chambre de la Compagnie des Indes qui doit les livrer, & fupofé que 4 quarteaux de Mufcade que j'aurai démandez à la Chambre d'Amfterdam monfent fuivant le Compte à f. 11812: 10: je fairai mon billet de Banque comme fuit.

Fol. 2390 De Heeren Commiffariffen van de Wiffelbank gelieven te betalen aan *de Ooft-Indifche Compagnie ter Kamer Amfterdam,* de fomma van *Elf duyfend acht hondert twaalf guldens tien ftuyvers.* Actum Amfterdam den &c.

f 11812: 10:- **J. P. R.**

C'eft-à-dire

Folio 2390. Meffieurs les Commiffaires de la Banque, il vous plaira de payer à *la Compagnie des Indes Chambre d'Amfterdam* la fomme de *onze mille huit cents douze florins dix fols.* A Amfterdam ce &c.

f 11812: 10:- **J. P. R.**

Tout ce qui s'achéte des Chambres d'Amfterdam, de Delft, de Hoorn & d'Enchuyfen, fe paye dans la Banque d'Amfterdam, avec cette diftinction qu'il faut mettre dans le billets de Banque, Chambre *de Delft, Chambre de Hoorn, ou Chambre d'Enchuyfen.* Celles qui s'achétent de la Chambre de Zeelande ou de Middelbourg fe payent fur le lieu même en argent de Permiffion avec l'agio de Banque que l'on regle le premier jour de la vente & celles qui s'achétent de la Chambre de Rotterdam, s'y payent dans la Banque de ladite Ville.

Bbb Voilà

Voilà ce qui se pratique à l'égard du Gerofle & de la Muscade que la Compagnie vend ; & a droit de vendre journellement à ceux qui lui en demandent ; mais il n'en est pas de même de toutes les autres marchandises qu'elle reçoit des Indes, qu'elle ne peut & ne doit vendre qu'en public, & pour cet effet elle fait ordinairement deux ventes par an, savoir celle du Poivre brun, du Macis, de la Canelle & de quelques autres Epiceries, dans les mois de Mars ou d'Avril, & celle de la plus grande partie de toutes les autres marchandises, Etoffes de Soye, & Toiles de Coton, dans les mois d'Octobre & de Novembre, ce que la Compagnie fait publier par les Gazettes & par des afiches 6 sémianes ou 2 mois par avance, afin que les Marchands ayent le tems d'en donner avis à leurs Correspondants, & celui de recevoir leurs ordres avant le commencement de la vente. Ces afiches contiennent la quantité de chaque marchandise que chaque Chambre doit vendre, & le jour que chacune doit commencer la vente : ensuite le tems de la vente aprochant, les Magazins de la Compagnie, où sont rangées toutes les marchandises qui se doivent vendre, sont ouverts 3 ou 4 jours avant le jour de la vente, afin que chacun puisse les voir & faire ses speculations, sur quoi il est à remarquer que la plûpart des Courtiers pour les drogueries & teintureries, soyes fil de & fleuret &c. ont des petits livrets imprimez qui continnent les numeros de chaque Cavelin de leurs marchandises, où ils notent ceux qui sont les meilleurs, les communs, les mauvais, & les endommagez, lesquels livrets ou notices ils donnent gratis à leurs Pratiques afin qu'ils se puissent régler là dessus en achetant.

Il n'en est pas de mêmes des Livres qui contiennent toutes les sortes de Toiles de Coton que la Compagnie doit vendre, qui sont des Livres in folio de 150 à 200 pages, où sont marquées par Numeros toutes les bales des diverses Toiles de Coton, le nom de chaque sorte, la quantité des pieces qu'elles contiennent, la longueur & largeur de chaque piece, & le prix qu'elles ont coûté à la Compagnie, lesquels livres il faut acheter des Teneurs de Livres de la Compagnie, lors qu'on en veut avoir, ils coutent ordinairement de 8 à 10 florins chacun.

Le jour de la vente étant venu, ceux qui veulent achéter, & quantité de Courtiers se rendent dans la Maison des Indes, le matin vers les 9 heures, & l'on entre dans une grande Salle garnie de bancs en amphitéatre, & d'une table longue qui peut contenir 30 à 40 personnes; quatre Directeurs, un Secretaire de la Ville & un Clerc de la Compagnie se placent au milieu de cette table, & le *Vendu Meester* derriere eux, dans un banc plus elevé, d'où il peutêtre veu & entendu de chacun des Assistants, & ceux qui peuvent se placer autour de la table, & le plus près d'elle, ne manquent pas de le faire. Lors que chacun s'est
placé

placé & que le *Vendu Meester* a imposé silence en frapant sur son banc
avec un petit maillet de bois qu'il tient dans sa main, le Secretaire lit
à haute voix les conditions qui contiennent ordinairement en substance ce
qui suit: que les Directeurs Députez de la Compagnie présentent de
vendre suivant la resolution de l'Assemblée des 17 en public, à l'enchere & au plus offrant, les marchandises specifiées dans les billets &
afiches qui en ont été publiées, lesquelles marchandises ont été mises en
montre suivant leurs numeros, que la Compagnie les vend telles qu'elles sont où telles qu'elles puissent être, bonnes ou mauvaises, & telles
qu'elles ont été vûës ou non, ou pu être vuës.

Qu'elle les vend à payer comptant dans la Banque de cette ville,
moyenant un Rabat de trois mois à raison de six pour cent par an, à
compter du jour de la vente, & que si le payement ne s'en fait pas
comptant, le Rabat ne sera deduit qu'à proportion du tems; que si le
payement n'est pas fait dans lesdits 3 mois, l'Acheteur sera obligé de
payer l'Interêt à raison de huit pour cent par an, depuis l'écheance des
3 mois jusques au jour du payement effectif, avec cette distinction que
le Rabat & l'Interêt seront compensez l'un contre l'autre, & que ce que
l'Interêt des parties qui n'auront été payées qu'après les 3 mois, montera de plus que le Rabat des parties payées avant, sera compté à huit
pour cent; que si au contraire le Rabat monte à plus que l'Interêt, il
ne sera compté de part & d'autre que sur le pied de 6 pour cent.

Que les Acheteurs seront obligez de retirer & de recevoir les marchandises qu'ils auront achetées, d'abord après la vente, ou tout au plus dans
15 jours après, faute dequoi la Compagnie pourra, sans être en aucune
obligation de les avertir, faire péser à sa balance les marchandises qui se
vendent au poids, ou faire compter celles qui se vendent à la piéce, &
les laisser ainsi, pesées où comptées, dans ses magazins aux risques des
Achéteurs, & que la livraison en sera tenue pour faite, comme si elle
en avoit été faite aux Achéteurs mêmes.

Que si quelqu'un manque de rétirer les marchandises qu'il aura achetées, dans six semaines après le jour de la vente, la Compagnie pourra,
après l'avoir fait insinuer à l'Acheteur par un simple Commis, revendre la
marchandise 15 jours après, ou la reprendre à elle a son choix, & cela au profit de la Compagnie si la marchandise vaut alors d'avantage, &
qu'au contraire s'il y à de la perte elle sera pour le premier acheteur où
que si la Compagnie trouve à propos de louer un magazin, & d'y faire
mettre la marchandise aux risques & perils de l'Achéteur, jusques à ce
qu'il ait entiérement satisfait à tout, elle pourra le faire après un second
avertissement.

Que si les Directeurs trouvent à propos de démander Caution à ceux
qui achéteront, ils pourront le faire, & que ceux qui voudront recevoir

quel-

quelque marchandife non payée, feront obligez avant toutes chofes, de donner des bonnes & fufifantes Cautions au contentement de la Compagnie, lesquelles Cautions, auffi bien que les Achéteurs feront obligez de paffer un acte de la valeur de la marchandife fous formelle renonciation, & qu'au cas que les dits Directeurs refufent de certaines cautions, ils ne feront aucunement obligez d'en rendre raifon: Mais que ceux qui auront payé les marchandifes qu'ils auront achetées, & qui en donneront des preuves ne feront aucunement obligés de donner caution en rétirant leurs marchandifes, comme auffi fi quelqu'un n'a payé qu'une partie de la marchandife achetée, & qu'il la veuille rétirer toute, il ne fera obligé de donner caution que pour la partie non payée.

Que fi une Compagnie ou Societé démeure Caution pour quelqu'un, non feulement toute la Societé, mais auffi chaque Affocié s'obligera en feul; qu'un Affocié ne pourra être Caution pour l'autre, ni un Maître pour fon garçon, ni un garçon pour fon Maître, non plus qu'un pupille, & que la Compagnie n'admetra pour acheteurs que ceux qu'elle connoîtra pour bons.

Que les Achéteurs ni leurs Cautions ne pourront payer les marchandifes achetées en obligations fur la Compagnie, ni par aucune autre prétenfion qu'ils puiffent avoir à fa charge.

Que l'on n'admetra pour Acheteur, ni un Acheteur ni une Caution qui n'aura pas encore liquidé fes comptes précedents avec les Chambres de la Compagnie, ou l'une d'icelles lesquels comptes ils feront obligez de liquider auparavant, faute de quoi les marchandifes qu'ils auront achetées, ou les précendentes s'il en eft refté quelques-unes, pourront être gardées ou vendues par la Compagnie, en la maniére dite ci-deffus, & dans ces cas feront tels Acheteurs ou leurs Cautions obligez d'aquiefcer au compte qui leur fera fourni par la Compagnie ou par un de fes Commis, & de payer l'entiere fomme dont ils auront été débitez.

Que les Acheteurs payeront un pour mille pour les Pauvres en argent de Banque du montant des marchandifes qu'ils acheteront, & que le Courtage fera à la difpofition des Acheteurs, fans pourtant qu'ils puiffent le rabatre ou deduire du montant de la marchandife, mais qu'il leur fera payé hors la main, ou fur leur affignation.

Que les Courtiers qui acheteront quelques marchandifes pour leurs maîtres, feront obligez de les nommer, pour coucher leurs noms dans le Livre de la vente, ou que s'ils achetent fur des noms empruntez ou feints ils feront obligez d'attendre jusques à ce que l'on collationne les notes de la vente contre le livre, ce qui fe fera le foir du lendemain que le marchandife aura été achetée; & de montrer les ordres qui leur en auront été donnez fi leurs Principaux ne s'y trouvent pas préfents, faute de quoi lesdits Courtiers ne feront plus admis une autre fois à acheter quelque

mar-

marchandiſe pour autrui. On avertit auſſi tous ceux qui ayant acheté quelque marchandiſe ſur leur nom , voudront la faire mettre ſur le nom d'un autre , de le faire le lendemain de l'achat avant le ſusdit Collationnement, faute de quoi ils n'y ſeront plus admis, & que la Compagnie ne mettra ces marchandiſes que ſur les noms des gens dont elle ſera contente.

Que s'il arive quelque diſpute entre pluſieurs Encheriſſeurs pour ſavoir lequel d'entre eux aura offert le premier le plus haut prix, la deciſion abſoluë en appartiendra aux ſeuls Directeurs Deputez pour la vente qui y ſeront préſents , & qu'il ſera à leur choix ou de retenir & garder la partie pour la Compagnie, ou de la remettre à l'enchere , ou bien de l'adjuger à celui des Encheriſſeurs qu'ils trouveront à propos, & cela ſans que les autres Encheriſſeurs puiſſent s'en plaindre en aucune maniére.

La Compagnie conditionne bien expreſſement, que s'il y a quelque abus ou erreur au ſujet de quelques lots ou cavalins, il ſera au choix des Directeurs de les retenir & garder pour le compte de la Compagnie, ou que ſi elle l'entend autrement les Acheteurs ſeront obligez de recevoir tous leurs cavelins achetés, tels qu'ils ſe trouveront, & ſe regler ponctuellement tant ſur les conditions generales, que ſur les particulieres qui pourront ſe faire à l'égard de quelques articles.

On avertit les Acheteurs qui voudront recevoir leurs marchandiſes, de délivrer un jour à l'avance aux Teneurs de Livres des magazins la note de celles qu'ils voudront recevoir le lendemain , parce que ceux-là ſeront expediez les premiers.

Que les Acheteurs auront quatre livres & demi de tare par balle de Poivre brun, & trois livres par balle de Poivre blanc; qu'il ne ſera deduit pour le Poivre rien pour bon poids ni pour promt payement; mais qu'ils jouïront ſeulement de deux livres par balle, qui ſeront miſes ſur la balance en peſant chaque balle, ce qui ſervira de bon poids; & qu'en outre ils ſeront exempts de payer le droit de ſortie que doit payer le Poivre.

J'ai cru qu'avant que de paſſer outre il ſeroit à propos de faire voir à ceux qui l'ignorent, quelles marchandiſes la Compagnie reçoit ordinairement des Indes , par quelles quantités , & en quelle monnoye elles ſe vendent , dans les ventes publiques dont je viens de parler , comme auſſi ce que la Compagnie donne ordinairement de tare , & de déduction, outre le un & demi pour cent de payement lors qu'on paye comptant. Je me ſuis ſervi pour cet effet de la *Cargue* ou Charge des 26 vaiſſeaux des Indes arivez dans ces Pays l'année paſſée 1720. que j'ai rangée par ordre alphabetique, & diviſée en 3 parties: la premiere contient les Epiceries, Drogueries, Teintureries & autres marchandiſes: la ſeconde contient les

Etof-

Etoffes de Soye, & la troisiéme les Toiles de Coton. J'y ai ajouté le nom de quelques marchandises que lesdits vaisseaux n'ont point aporté. Mais comme il en vient ordinairement tous les ans, je l'ai fait, afin de faire voir à ceux qui ne le savent pas, comment elles se vendent lors qu'il y en a. Ces marchandises sont celles qui sont précedées de points, toutes les autres qui sont précedées d'un nombre de ℔ où de Pieces sont arrivées par lesdits Navires.

Carge ou Charge Generale

De 26 Navires des Indes arrivez tant en Hollande qu'en Zeelande dans l'année 1720, savoir 20 de Batavia & 6 de Ceylon, avec le prix auquel les marchandises en ont été venduës, de combien est chaque lot ou cavelin, & les tares & deductions que la Compagnie donne pour chaque marchandise.

PREMIERE PARTIE.

Nota que C. signifie Cavelin

6402 ℔ Aloë Sucotrin, vendu de 9¼ à 22¼ sols la ℔. le C. en est de 2 caisses de 4 à 500 ℔ chacune, deduit un pour cent pour bon poids.

Ambre gris - • - ■ - - se vend à tant de florins l'once, sans aucune refaction, ni deduction.

Assa fœtida - • - - - à tant de sols la ℔ le C. est de 2 caisses de 4 à 500 ℔ chacune, &. p. cent bon poids.

11900 ℔ Benjoin - - de 32 à 34 f. la ℔, le C. est de 3 caisses d'environ 300 ℔ chacune, ou de 4 caisses de 150 à 180 ℔ deduit 1 p. cent bon poids.

Bezoar ou pierre de Bezoar - - à tant de florins l'once.

150 ℔ Bois d'Aguil. - - de 78 à 82 f la ℔.

250000

250000 ℔ Bois de Caliatours	de 12¼ à 12¼ florins les 100 ℔. le C. eſt de 10000 ℔ 1 p. cent bon poids.	
Bois d'Ebene - - -	à tant de florins les 100 ℔. le C. eſt tantôt de 50 buches & tantôt de 10000 ℔. 1 p. cent bon poids.	
1761893 ℔ Bois de Sapan - -	de 6¼ à 6¼ florins les 100 ℔. le C. eſt de 10000 ℔ 1 p. cent bon poids.	
10005 ℔ Borax - - -	de 15 à 17½ ſ. la ℔. le C. eſt de 10 Dupperts ou Bourſes peſant autour de 180 piece, & donne 14 ℔ de Tare par duppert 1 p. cent bon poids.	
1626748 ℔ Caffé - - -	de 28¼ à 30½ ſ. la ℔. le C. eſt de deux Boucauts peſant enſemble de 1500 ℔. la tare eſt marquée deſſus, 1 p. cent bon poids.	
39164 ℔ Caffé de Java - -	de 28 à 29½ ſ. la ℔ comme ci-deſſus.	
24806 ℔ Camphre du Japon	de 35¼ à 36 ſ. la ℔. le C. eſt de 10 Tobbes ou Cuves de 60 à 70 ℔ piece, qui donnent 20 ℔ de tare chacune, & 1 p. cent bon poids.	
640000 ℔ Canelle - - - -	Comme elle ne ſe doit vendre qu'après l'impreſſiom de ceci je n'en mets pas le prix, elle ſe vend à tant de ſols la ℔. le C eſt de 12 fardeaux de 90 à 100 ℔ piece, & donne 17 ℔ par fardeau de tare, & 1 p. cent bon poids.	
3000 Cannes - - -	de 8¼ à 11¼ ſ. la Piece.	

20100

20100 ℔ Cardamome de Malabar de 34⅞ à 35¼ ſ. la ℔ ⎫ Le C. eſt de 4 caiſ-
6000 ℔ dito de Ceylon　-　- de 14 à 14½ ſ. la ℔ ⎬ ſes d'environ 200
2375 ſ. dito de Java　-　- de 13 à 13¼ ſ. la ℔ ⎭ ℔ chacune,　la ta-
　　　　　　　　　　　　　　　　　　　　re eſt ſur les caiſ-
　　　　　　　　　　　　　　　　　　　　ſes, 1 p. cent bon
　　　　　　　　　　　　　　　　　　　　poids.

174833 ℔ Cauris　-　-　-　de 15¼ à 16¼ ſ. la ℔, le C. eſt de 3 ba-
　　　　　　　　　　　　　　　　　　　　rils peſant autour de
　　　　　　　　　　　　　　　　　　　　300 ℔ chacun, la tare
　　　　　　　　　　　　　　　　　　　　eſt ſur les barils, 1 p.
　　　　　　　　　　　　　　　　　　　　cent bon poids.

Cinabre　-　-　-　-　-　à tant de florins la ℔. le
　　　　　　　　　　　　　　　　　　　　C. eſt tantôt de 2 &
　　　　　　　　　　　　　　　　　　　　tantôt de 4 caiſſes pe-
　　　　　　　　　　　　　　　　　　　　ſant autour de 80 ℔
　　　　　　　　　　　　　　　　　　　　piece, ſelon qu'il eſt
　　　　　　　　　　　　　　　　　　　　cher ou bon marché,
　　　　　　　　　　　　　　　　　　　　la tare eſt ſur les caiſ-
　　　　　　　　　　　　　　　　　　　　ſes, 1 p. cent bon
　　　　　　　　　　　　　　　　　　　　poids.

Circ à cacheter　-　-　-　à tant de ſols la ℔, le C.
　　　　　　　　　　　　　　　　　　　　eſt de 6 ou de 8 caiſſes
　　　　　　　　　　　　　　　　　　　　peſant autour de 150
　　　　　　　　　　　　　　　　　　　　℔ piece, la tare y eſt
　　　　　　　　　　　　　　　　　　　　deſſus, 1 p. cent bon
　　　　　　　　　　　　　　　　　　　　poids.

160000 ℔ Cloux de Girofle　-　-　-　J'ai dit ci-devant que le
　　　　　　　　　　　　　　　　　　　　prix en eſt reglé à 75 ſ.
　　　　　　　　　　　　　　　　　　　　la ℔. & que la Com-
　　　　　　　　　　　　　　　　　　　　pagnie le vend tous les
　　　　　　　　　　　　　　　　　　　　jours.

96 ℔ Pots dito confits. -　- de 11 à 11½ ſ. la ℔.
93 ℔ Cubebe　-　-　à 90 ſ.　la ℔.
400000 ℔ Cuivre du Japon　-　- de 50¼ à 51 florins les 100 ℔, le C.
　　　　　　　　　　　　　　　　　　　　eſt de 4000 ℔. 1 p. cent
　　　　　　　　　　　　　　　　　　　　bon poids.

24375 ℔ Curcuma　-　-　de 33 à 33½ florins les 100 ℔, le C.
　　　　　　　　　　　　　　　　　　　　eſt de 2 barils d'envi-
　　　　　　　　　　　　　　　　　　　　ron 600 ℔ piece où la
　　　　　　　　　　　　　　　　　　　　tare eſt deſſus, 1 p. cent
　　　　　　　　　　　　　　　　　　　　bon poids.

150000

150000 ℔. Etain de Malaca. - de 35 à 35½ florins les 100 ℔ le C. eſt de 4000 ℔. 1 p. cent bon poids.

Etain de Siam. - - - comme celui de Malaca.

2176 ℔. Fil de Coton de Bengale de 12 à 12¼ ſ. la ℔. ⎫ Le C. eſt de 2 ſacs,
55750 ℔. dito de Java. - - de 24¼ à 44¼ ſ. la ℔. ⎬ celui de Java eſt
30158 ℔. dito de Surate. - - de 13¾ à 21 ſ. la ℔. ⎭ de 120 à 130 ℔. &
dito de Tutucorin. - - - donne 2 ℔. de ta-
re par ſac : les au-
tres ſont de 100
℔. ou environ le
ſac, & donnent 1½
℔ par ſac, & 1
pour cent de bon
poids.

30158 ℔. Fil de fleuret   de 14 ß 6 à 17 ß 9 ß la ℔. ⎫ Le C. eſt de 2
5285 ℔. Fil de Teſſer   de 51 à 61 ſ. la ℔. ⎭ ſacs peſant autour
de 100 ℔. piece,
chaque ſac donne
1½ ℔. de tare & 1
pour cent bon
poids.

Fleur de Muſcade, voyez
Macis.

Girofle, voyez Cloux de
girofle.

38262 ℔. Gingembre confit   de 17 à 18 ß la ℔. le C. eſt de 2 barils
peſant autour de 180
℔. piece, la tare eſt de
20 pour cent & 1 p.
cent bon poids.

20102 ℔. Gomme Laque - - de 15 à 15½ ſ. la ℔. le C. eſt de 6 ou 8
caiſſes d'environ 200
℔. piece, la tare eſt ſur
les caiſſes, 1 p. cent
bon poids.

3033 ℔. Huile de Noix en
gateaux.
de 5¼ à 5⅛ florins la ℔. le C. eſt de
4 Caiſſons peſant au-
tour de 50 ℔. piece,
la tare y eſt deſſus, 1
p. cent bon puids.

Ccc   1154

1154 ℔ Indigo de Ceylon - - de 29 à 36 ſ. la ℔.⎫ Le C. eſt de 2 ba-
18973 ℔ Indigo de Java   - - de 46¼ à 77½ ſ. la ℔.⎭ rils peſant enſem-
                                                    ble autour de 400
                                                    ℔. où la tare eſt
                                                    deſſus, il deduit 2
                                                    pour cent pour la
                                                    pouſſiere, & 1 p.
                                                    cent bon poids.

13860 ℔ Laine de Carmenie, ---
         venduë.   - - - de 27 à 34⅞ ſ. la ℔. le C. eſt de 2 bales
                                                  peſant enſemble autour
                                                  de 400 ℔. la tare eſt de.

172172 ℔ Macis ou Fleur de Muſcade   - - à tant de ß la ℔, le C.
                                                  eſt d'un boucaut pe-
                                                  ſant autour de 600 ℔.
                                                  la tare y eſt deſſus.

482195 ℔ Muſcade.   - - - - - - J'ai déja dit que le prix
                                                  en eſt reglé à 75 ſols
                                                  la ℔.

         Muſcq   - - - - - à tant de florins l'once.
         Nids d'Oiſeaux.   - - - à tant de ſols la ℔.
         Noix Muſcade, voyez
                 Muſcade
24000   Noix confites   - - de 2¼ à 3 ſ. piece le C. eſt de.
    50 ℔ Nux Vomica - - de 2¼ ſ.   la ℔.
       1   Pedro de Porco, ou Pier-
            re de Porcà   - - 222: - florins.
         Perles à piler   - - - - à tant de florins ou à tant
                                                  de ſols l'once.

         Pierres de Bezoar, voyez
                 Bezoar.
    374   Planches d'Ambonſe   de 250 à 315 florins la pile d'environ
                                                  50 planches.
20155 ℔ Poivre blanc - - - de 32 à 40¼ ℔ la ℔. le C. eſt de 6 bales
                                                  d'environ 300 ℔. pie -
                                                  ce, la tare eſt de 3 ℔.
                                                  par bale ſans aucune
                                                  deduction.

6124776 ℔ Poivre brun   - - - - à tant de ß la livre, le C.
                                                  eſt de 10 bales peſant
                                                  autour de 400 ℔. pie-
                                                  ce, la tare eſt de 4½ ℔.
                                                      par

par bale, ſans aucune deduction.

600 ℔ Poivre long - - de $12\frac{3}{4}$ à $13\frac{3}{4}$ ſ. la ℔. le C. eſt de.

4730 ℔ Radix China - - de $16\frac{1}{4}$ à $18\frac{1}{2}$ ſ. la ℔. le C. eſt de 10 caiſſes ou moins ſelon qu'il eſt à bon marché, ou cher, la caiſſe eſt d'autour de 100 ℔. & la tare y eſt deſſus, 1 p. cent bon poids.

85 ℔ Radix Coſtus - - à 50 ſ. - la ℔.

290 ℔ Sel Armoniac - - à $11\frac{1}{4}$ ſ. - la ℔.

2001000 ℔ Salpetre - - - de $19\frac{3}{4}$ à 21 florins les 100 ℔. le C. eſt d'environ 10000 ℔. 1 p. cent bon poids.

500 ℔ Sang de dragon - - de 36 à $38\frac{1}{2}$ ſ. la ℔. le C. eſt de 2 caiſſes ou de 2 barils d'environ 100 ℔. piece, la tare y eſt deſſus, 1 p. cent bon poids.

217070 ℔ Soye de Bengale, *il y en, a ordinairement des 3 ſortes ſuivantes ſavoir*

Tany - - de 14 ß 11 § à 20 ß 7 § la ℔.
Cabeſſe - - de 14 ß 11 § à 17 ß 9 § la ℔.
Bariga - - de 12 ß 1 § à 21 ß 8 § la ℔.

} Le C. eſt de 2 ſacs peſant autour de 150 ℔. piece; la tare eſt de $1\frac{1}{2}$ ℔. par ſac, on y ajoûte 4 p. cent pour la reduire au poids d'Anvers, & on en deduit 1 p. cent pour bon poids.

Chacune de ces ſortes ſe diviſe en 4 ou 5 degrez de fineſſes & de bonté qui ſe diſtinguent par les lettre A. B. C. &c.

3927425 ℔ Sucre en Poudre ou Caſſonade. - - - $6\frac{1}{2}$ à $8\frac{7}{8}$ § la ℔. le C. eſt de 26 Cabas ou Canaſtes ou de 20 Caiſſes le Cabas, donne 30 ℔. de tare,

& la Caiſſe en donne 60 ℔. & 1 p. cent bon poids.

43208 ℔	Thee verd - - -	de 39 à 49 ſ. la ℔.	le C. eſt de.
66072 ℔	Thee Boe - - -	de 40 à 75 ſ. la ℔.	

Seconde Partie de la Cargue

Contenant les Etoffes de Soye

Nombre des Pieces			
1600	Alegias - -	vendus à $15\frac{7}{8}$ -	la Piece, le C. eſt de 50 Pieces.
12720	Armoiſins des diverſes ſortes ſuivantes ſavoir,		
	doubles unis - - -	de f $14\frac{1}{4}$ à $16\frac{1}{4}$	la piece, le C. eſt de 50 Ps.
	ſimples unis - - -	de $7\frac{7}{8}$ à 8 -	
	doubles rayez - -	de $14\frac{5}{8}$ à $14\frac{7}{8}$	
	à fleurs - - -	de $13\frac{1}{4}$ à $13\frac{7}{8}$	
	ſimples à Carreaux - -	de $9\frac{7}{8}$ à 10 -	
	Atlas - - - - -		à tant de florins la Ps. le C. eſt de 50 Ps.
3599	Bandanoes ou Tafta de foula - - -	de $11\frac{1}{4}$ à $11\frac{3}{8}$	la Ps. le C. de 50 Ps.
300	Boutidars - -	de $26\frac{5}{8}$ à $27\frac{5}{8}$	La Ps. le C. de 50 Ps.
300	Chits peintes - -	de $21\frac{1}{2}$ à $22\frac{7}{8}$	
8000	Cravates de Bethilles - -	de 23 à $31\frac{7}{8}$ ſols	la Ps. le C. eſt de 500 Cravates.
24000	dito de Bengale - -	de $20\frac{1}{2}$ à $22\frac{3}{4}$ ſols	
300	Dotanys - - -	de f $14\frac{1}{2}$ à $15\frac{1}{8}$	la Ps., le C. eſt de 50 Ps.
160	Etoffes de Kaketoe. - -	de $17\frac{1}{4}$ à $17\frac{3}{4}$	
600	Golgas - - -	de $22\frac{1}{8}$ à $26\frac{1}{8}$	
400	Lhymenias - - -	de $20\frac{1}{2}$ à $20\frac{3}{4}$	
100	Maaypooſten - - - - -	a $8\frac{1}{2}$ -	
16000	Mouchoirs peints - -	de $10\frac{1}{4}$ à $33\frac{3}{4}$ ſols	le mouchoir, le C. eſt de.
354	Nekies ou Golmandels -	à f $8\frac{1}{4}$ -	la Ps. le C. eſt de 50 Ps.
200	Reſtas - - -	de $14\frac{1}{2}$ à $14\frac{5}{8}$	
1885	Roemals de Soye - -	de $10\frac{3}{4}$ à $10\frac{5}{8}$	
5600	Soeſſies - - -	de $18\frac{1}{4}$ à 25 -	
300	Soucouriaſſen - - -	à $8\frac{1}{2}$ -	

Troiſie-

Troisieme Partie de la Cargue

Contenant les Toiles de Coton.

Nombre des Pieces		Longueur des Pieces.	Largeur des Pieces.	Nombre des pieces de chaque Bale ou Cavelin.	Prix des Pieces vendues.
200	Adathys - -	18 cobidos	3 cobidos.	100	*f* $8\frac{7}{8}$ la Ps.
900	Alegias de Teſſer	18 cob.	$2\frac{1}{4}$ cob.	100	$6\frac{1}{4}$ à $7\frac{1}{2}$
5100	Alibances - -	23 à 24 cob.	$2\frac{7}{8}$ à 3 cob.	100	$7\frac{1}{2}$ à $8\frac{1}{2}$
867	Amierties - -	22 à $22\frac{1}{2}$ cob.	$1\frac{1}{4}$ cob.	150	$4\frac{3}{4}$
1800	Atchiabanys - -	21 cob.	2 cob.	100	$6\frac{3}{4}$ à $6\frac{7}{8}$
9874	Baſtas des diverſes ſortes ſuivantes, ſavoir.				
	fins blancs de Patena-	36 cobidos.	$1\frac{1}{2}$ cob.	80	$8\frac{1}{2}$
	larges blancs de la Cote - -	32 à 33 cob.	$2\frac{1}{2}$ cob.	80	$6\frac{1}{2}$ à $6\frac{7}{8}$
	larges entiers blancs de Surate. - -	32 à 33 cob.	$2\frac{1}{2}$ cob.	80	$5\frac{1}{4}$ à $5\frac{3}{4}$
	blancs étroits de Surate. - -	22 à $22\frac{1}{2}$ cob.	$1\frac{1}{4}$ cob.	120	4 à $4\frac{1}{2}$
	noirs entiers larges de Surate. - -	22 à $22\frac{1}{2}$ aun.	$1\frac{3}{8}$ aunes	80	8
	bleus dito - -	22 aunes	$1\frac{3}{8}$ aunes	80	$6\frac{5}{8}$
1204	Behrms larges-	$18\frac{3}{4}$ à 19 aun.	$1\frac{5}{16}$ aun.	100	$5\frac{7}{8}$
	Behrms étroits -	$18\frac{3}{4}$ à 19 aun.	$\frac{7}{8}$ aun.	160	$71\frac{1}{2}$ ſols
6600	Beraupats blancs-	$25\frac{7}{16}$ aun.	$1\frac{13}{32}$ aun.	100	$6\frac{1}{2}$ à $6\frac{5}{8}$
	Beraupats bleus -	24 aun.	$1\frac{13}{32}$ aun.	100	$7\frac{1}{2}$
14040	Bethilles divers ſavoir-				
	Otiſaals. - -	38 à 40 cob.	$2\frac{1}{8}$ cob.	100	$9\frac{1}{4}$
	Tarnatanes. - -	30 à 32 cob.	$2\frac{1}{4}$ cob.	100	$15\frac{3}{4}$
	Cangan - -	40 cob.	$2\frac{1}{4}$ cob.	80	$12\frac{7}{8}$ à $14\frac{1}{8}$
	fines larges de Madrapaxa. - -	30 à 32 cob.	3 cob.	80	$25\frac{1}{2}$ à $26\frac{1}{4}$
	fines étroites dito-	30 à 32 cob.	2 cob.	80	$25\frac{1}{2}$ à 26
	fines larges blanchies. - -	20 à 21 aun.	2 aun.	80	$22\frac{3}{4}$ à $24\frac{7}{8}$
	dito étroites. - -	20 à 21 aun.	1 aun.	100	$12\frac{7}{8}$ à $13\frac{1}{8}$
	groſſieres larges blanchies. - -	20 à 21 aun.	2 aun.	100	$14\frac{3}{4}$ à $15\frac{1}{8}$

Nombre des Pieces		Longeur des Pieces.	Largeur des Pieces.	Nombre des pieces de chaque Bale ou Cavelin.	Prix des Pieces vendues.	Piece
	dito étroites - -	20 à 21 aun.	1 aun.	100	$7\frac{1}{8}$ à $8\frac{1}{4}$	sols.
	communes claires blanchies - -	20 à 21 aun.	$1\frac{1}{2}$ aun.	100	$7\frac{1}{8}$ à $11\frac{1}{2}$	
800	Boelongs - -	16 cob.	2 cob.	160	$3\frac{7}{8}$	
800	Brandams - -	16 cob.	2 cob.	160	$4\frac{1}{8}$	
5000	Braules ou Chiaderboraal - -	$6\frac{1}{3}$ aun.	$1\frac{1}{4}$ aun.	250	$36\frac{3}{4}$ à 37 sols.	
500	Broules Lamby -	$23\frac{1}{2}$ aun.	$1\frac{13}{32}$ aun.	100	$12\frac{1}{4}$ à $12\frac{3}{8}$	
	Caaties, il n'en est pas venu par ces vaisseaux, elles sont ordinairement de	18 à 22 aun.	$1\frac{1}{2}$ à 2 aun.	80		
960	Cabayen cruës -	15 à 16 cob.	$2\frac{1}{4}$ cob.	160	$5\frac{1}{2}$ à $5\frac{5}{8}$	
17040	Cassa Bengale de diverses sortes, savoir fines à la tête d'or	40 cob.	2 à 3 cob. en caisse de	50 à 60	$19\frac{5}{8}$ à $32\frac{1}{8}$	
	Cassa Bengale - -	40 cob.	3 cob. de	40 à 70	$9\frac{7}{8}$ à $22\frac{1}{8}$	
	Cassa Bohaarse	48 cob.	$1\frac{15}{16}$ cob.	100	$14\frac{3}{4}$ à 15	
8400	Chiauters Deriabadis	32 cob.	$1\frac{15}{16}$ cob.	160	$5\frac{1}{2}$ à $5\frac{3}{4}$	
8400	Chits Patena. - -	$10\frac{1}{2}$ cob.	$2\frac{1}{4}$ cob.	160	$5\frac{1}{2}$ à $5\frac{3}{4}$	
4000	Chits Chaboutrias, les larges - -	$12\frac{27}{32}$ aun.	$1\frac{11}{32}$ aun.	200	$9\frac{1}{8}$	
	dito étroits - -	12 aun.	$\frac{11}{16}$ aun.	250	$4\frac{3}{8}$	
600	Chits, metsilia.	$12\frac{27}{32}$ aun.	$1\frac{1}{32}$ aun.	200	6	
12800	Coroots, - -	6 aun.	$1\frac{5}{16}$ aun.	400		$33\frac{1}{2}$ sols.
	Coroots grossiers	6 aun.	$1\frac{3}{4}$ aun.	400		34 sols.
3040	Dongrys blanchis de la Côte - -	18 cob.	$2\frac{1}{4}$ cob.	160	$3\frac{7}{8}$	
	Dongrys ou Poukas	26 à 27 cob.	$1\frac{1}{8}$ à $1\frac{1}{4}$ cob	160	$3\frac{3}{8}$ à $3\frac{3}{4}$	
9590	Dourias à fleurs	40 cob.	$2\frac{1}{4}$ cob.	50	$25\frac{1}{2}$ à $30\frac{1}{2}$	
	Dourias ordinaires	40 cob.	$2\frac{1}{4}$ cob.	80	$17\frac{1}{8}$ à $18\frac{1}{8}$	
11300	Gerras blanchis	30 cob.	$2\frac{1}{4}$ cob.	100	4[illegible] à $6\frac{1}{8}$	
10300	Gingans de diverses sortes, savoir					
	Gingans unis - -	18 cob.	$2\frac{1}{4}$ cob.	100	$5\frac{7}{8}$ à $6\frac{1}{8}$	
	Gingans Tafachelas	18 cob.	$2\frac{1}{4}$ cob.	100	6 à 7.	
	Gingans Pinasse	18 cob.	$2\frac{1}{4}$ cob.	100	$6\frac{3}{4}$ à $7\frac{1}{2}$	

Gin-

Nombre des Pieces.		Longeur des Pieces.	Largeur des Pieces.	Nombre de pieces de chaque Bale ou Cavelin.	Prix des Pieces vendues.
	Gingans de fil, rayez	18 cob.	2¼ cob.	100	14¼ à 15 la Ps.
	Gingans de fil à carreaux ou Cherchanes - -	18 cob.	2½ cob.	100	9½ à 9¾
	Gingans à Caleçons	16 cob.	2 cob.	100	17⅞ 24¼
40760	Guinées de diverses sortes, savoir				
	Guinées fines blanchies - -	48 à 50 aun.	1½ aun.	30	28¼ à 29
	Guinées communes blanchies de Bengale - - -	75 cob.	2¼ cob.	40	14¼ à 15¼
	dito de la Côte.	48 à 50 aun.	1½ aun.	20	14¼ à 16½
	dito, de Matura.	48 à 50 aun.	1½ aun.	20	13⅛ à 14¼
	Guinées cruës de la Côte - - -	48 à 50 aun.	1¼ aun.	20	17¼ à 17½
	dito de Matura -	48 à 50 aun.	1½ aun.	20	16 à 16¾
	Guinées de la Côte bleu brun - -	48 à 50 aun.	1½ aun.	20	19½ à 20¼
	dito bleu clair. -	48 à 50 aun.	1½ aun.	20	20⅛ à 20½
960	Habits d'Esclaves.	13 cob.	2 cob.	160	2¼
5039	Hamans divers, savoir				
	fins à têtes d'or	24 cob.	3 cob.	60	17⅔ à 24⅞
	communs - -	24 cob.	3 cob.	60	16¾ à 18½
	grossiers - -	23 à 24 cob.	2¾ cob.	60	8½ à 10⅞
1200	Kankenyns - -	8¼ aun.	⅞ aun.	400	27½ sols.
1166	Locharias - -	22 cob.	1⅛ cob.	140	4
17080	Mallemoles diverses, savoir				
	à fleurs - -	40 cob.	2¼ cob.	50	21½ à 31
	fines - -	40 cob.	3 cob.	50	23⅞ à 26⅜
	ordinaires - -	40 cob.	3 cob.	60	12⅞ à 24½
300	Milmils - -	27 cob.	1½ cob.	150	8¼ à 9
	Mouchoirs, voyez Roemaals				
2200	Mouris diverses savoir.				
	fines larges - -	12 aun.	1¼ aun.	100	11⅞ à 13¼
	dito étroites - -	12 aun.	1¼ aun.	100	9¾ à 10
	grossieres blanchies	12 aun.	1¼ aun.	100	6¼

dito

Nombre des Pieces.		Longeur des Pieces.	Largeur des Pieces.	Nombre de pieces de chaque Bale ou Cavelin.	Prix des Pieces vendues.
	dito rouges - -	12 aun.	$1\frac{1}{8}$ aun.	100	$6\frac{1}{8}$ à $7\frac{1}{4}$ Alo la Ps.
5600	Nicquanias divers, savoir				
	fins - -	14 à $14\frac{1}{2}$ aun.	$1\frac{1}{16}$ aun.	120	5
	longs - -	$17\frac{1}{2}$ aun.	$1\frac{1}{16}$ aun.	120	$6\frac{1}{8}$ à $6\frac{7}{8}$
	gros bleus - -	14 aun.	$1\frac{1}{16}$ aun.	120	$3\frac{1}{4}$
1600	Putemaroepoe- -	16 cob.	2 cob.	160	$4\frac{1}{4}$ à $4\frac{7}{8}$
200	Percalen - -	$10\frac{2}{3}$ aun.	$1\frac{1}{2}$ aun.	200	6
10200	Photaffen - -	24 cob.	$2\frac{1}{4}$ cob.	100	$6\frac{1}{2}$ à $8\frac{1}{2}$
17700	Roemaals ou Mouchoirs de fil	15 aun.	1 aun.	150	$4\frac{1}{4}$ à $5\frac{1}{4}$
	Roemaals $\frac{1}{2}$ Teffer & $\frac{1}{2}$ fil -	15 aun.	1 aun.	150	$4\frac{7}{8}$
51679	Salempouris de diverfes fortes, favoir				
	fines blanchies de la Côte. - -	$21\frac{1}{2}$ aun.	$1\frac{1}{4}$ aun.	80	12 à $12\frac{1}{2}$
	communes blanchies.	$37\frac{1}{2}$ cob.	$2\frac{1}{4}$ cob.	80	$6\frac{1}{4}$
	dito de la Côte. -	30 cob.	$2\frac{1}{4}$ cob.	80	$6\frac{1}{4}$ à 7
	dito de Matura. -	$21\frac{1}{2}$ aun.	$1\frac{1}{4}$ aun.	80	$4\frac{7}{8}$ à $6\frac{1}{8}$
	cruës de Matura. -	21 aun.	$1\frac{1}{4}$ aun.	80	$6\frac{1}{4}$ à $6\frac{1}{2}$
	bluës. - -	30 à 32 cob.	$2\frac{1}{4}$ cob.	80	$9\frac{1}{4}$ à $9\frac{1}{2}$
	rouges. - -	20 aun.	$1\frac{1}{8}$ aun.	80	$8\frac{1}{4}$ à $8\frac{1}{2}$
1200	Sanen, fins. - -	20 cob.	$2\frac{1}{4}$ cob.	100	$11\frac{1}{4}$
	Sanen groffiers. -	20 cob.	$2\frac{1}{4}$ cob.	100	$3\frac{1}{2}$ à $3\frac{7}{8}$
6000	Savogaffies. - -	23 à 24 aun.	$1\frac{1}{16}$ aun.	120	$5\frac{1}{4}$ à $5\frac{1}{2}$
400	Sologeffies. - -	14 cob.	2 cob.	100	12 à $13\frac{1}{4}$
3150	Tansjeeps blancs ou d'homs. - -	40 cob.	$2\frac{1}{4}$ cob.	50	$31\frac{1}{4}$ à $33\frac{1}{2}$
	Tansjeeps ordinaires.	40 cob.	$2\frac{1}{4}$ cob.	50	$22\frac{7}{8}$ à $42\frac{1}{4}$
3000	Tepekankenias fins larges. - -	$4\frac{1}{4}$ aun.	$1\frac{1}{8}$ aun.	300	53 fols.
	Tepekankenias ordinaires. - -	$4\frac{1}{4}$ aun.	$1\frac{1}{8}$ aun.	300	48 fols.
	dito étroites. - -	$2\frac{1}{2}$ aun.	$1\frac{1}{16}$ aun.	300	21 fols.
1700	Therindains. - -	40 cob.	$2\frac{1}{4}$ cob.	40	$24\frac{1}{4}$ à $36\frac{1}{2}$
8156	Toile à voile blanchie de Bengale. -	30 cob.	$2\frac{1}{4}$ cob.	120	9
	Toiles à voile cruë.	30 cob.	$2\frac{1}{4}$ cob.	120	$8\frac{1}{8}$ à $9\frac{1}{2}$

Le

Le Cobido, Cubido ou Cavido fait ⅔ de l'aune d'Amsterdam de forte que 100 Cobidos font 66⅔ aunes d'Amsterdam, ou 100 aunes d'Amsterdam font 150 Cobidos des Indes.

Ce font là les principales marchandifes qui arivent ordinairement tous les ans des Indes. Il en arive de tems en tems de quelques autres fortes, mais comme elles ne font pas également courantes, j'ai trouvé qu'il étoit inutile d'en faire la recherche, laiffant cela aux Curieux qui voudront s'en donner la peine.

J'ai déja dit ou infinué que toutes les marchandifes qui arivent chaque année, ordinairement dans les mois de Juillet ou d'Août, excepté le Poivre brun, le Macis, la Canelle & quelques autres articles de peu d'importance, fe vendent dans les mois d'Octobre & de Novembre. La vente étant finie, ou même pendant qu'elle dure encore, ceux qui veulent recevoir les marchandifes qu'ils ont déja achetées, font un calcul en gros de ce à quoi elles peuvent monter, & en écrivent la fomme en Banque à la Compagnie ; ils vont enfuite le lendemain demander la marchandife qu'ils veulent recevoir, il faut s'adreffer pour cela aux Directeurs qui vaquent à la livraifon, & leur dire qu'on leur a écrit une telle fomme en Banque pour tels & tels Cavelins de telle marchandife que l'on a achetée : auffi-tôt l'un des Directeurs regarde fi la fomme eft entrée dans leur livre de Banque, & y trouvant la partie, il délivre à l'Acheteur un ordre figné de fa main, par lequel il eft ordonné, au garde du magazin de livrer à l'Acheteur tels & tels cavelins de telle marchandife, lequel ordre l'Acheteur ou quelqu'un de fa part n'a qu'à porter au Garde du magazin, lequel délivre fur le champ la marchandife contenuë dans l'ordre, qu'il raporte aux Directeurs après y avoir fait metre un reçu.

Et comme j'ai dit auffi qu'à la referve du Gerofle & de la Mufcade, les Acheteurs font obligez de faire eux-mêmes, le compte de ce qu'ils ont acheté, & que bien des gens qui n'ont jamais acheté de la Compagnie, font en peine de le faire lors qu'il en eft queftion, je donnerai les Exemples fuivans, fur lesquels on fe pourra regler.

Premier Exemple.

Je fupofe avoir acheté 40 bales de Poivre à environ 15 & de gros la ℔. l'un portant l'autre. Je calcule en gros, parce que je n'en fai pas encore le poids, qu'à raifon de 400 ℔. net la bale, cela ira à 6000 florins : ainfi après avoir écrit le jour precedent 6000 florins en Banque à la Compagnie, je vais demander les 40 bales de Poivre, que l'on pefe & que l'on me livre fur le champ ; & lors que je veux folder avec la Compagnie, je tire un Compte comme fuit.

Ddd   N· N.

N. N. a acheté, ou doit à la Compagnie des Indes 4 Cavelins Poivre, favoir

No. 54 -	10 Bales pefant 4120 ℔.	tare 50 ℔.	net 4070 ℔. à 15¼ ℔	f 1538: 19: 0
68 -	10 d. - - - 4050 ℔.	- 50 ℔.	- 4000 ℔. à 14⅞ ℔	1487: 10: 0
120 -	10 d. - - - 4088 ℔.	- 50 ℔.	- 4038 ℔. à 15- ℔	1514: 5: 0
150 -	10 d. - - - 4100 ℔.	- 50 ℔.	- 4050 ℔. à 15¼ ℔	1531: 8: 0

$$f\ 6072: 2:\ 0$$

J'ajoute pour les Pauvres 1 pour mille.   -   -   - f 6: 0. 0

$$f\ 6078: 2:\ 0$$

Je deduis pour le payement de 3 mois à ½ p. cent par mois   91: 3: 0

$$f\ 5986:\ 19:\ 0$$

Second Exemple.

Je fupofé avoir acheté 3 Cavelins de fil de Coton de Java à environ 41 fols la ℔. ce que je calcule en gros aller à environ 1500 florins, que j'écris en Banque comme ci-deffus, & lors que je fai le poids des 3 Cavelins, je fay le Compte comme fuitis après avoir mis mon nom au haut comme au précedent.

No. 25 {128 ℔. / 124}	252 ℔.	tare 3 ℔.	net 249 ℔. -	à 40½ f. ℔.	f 504: 4: 8
32 {130 - / 125 -}	255 ℔.	3	252 ℔. -	à 41¼ f.	f 525: 18: 8
37 {129 - / 126 -}	255 ℔.	3	252 ℔. -	à 41½ f.	f 529: 2: 8

$$f\ 1559:\ 5:\ 8$$

Deduit 1 p. cent bon poids.   -   -   15: 12: 0

$$f\ 1543:\ 13:\ 8$$

1 pour mille pour les Pauvres   -   -   1: 10: 0

$$f\ 1545:\ 3:\ 8$$

Deduit pour promt payement de 3 mois à ½ p. cent par mois   27: 3: 8

$$f\ 1518:\ 0:\ 0$$

Troi-

Troisieme Exemple.

Je supose avoir acheté 6 Bales de Guinées, & que je ne les paye que 15 jours après la vente, j'en fai le Compte comme suit.

Nº. 21 - - 30 Pieces Guinées. - - -	à f 28¼	f 847: 10 -
29 - - 30 Ps. d. - - -	à 28½	f 855: - -
57 - - 40 Ps. d. - - -	à 14½	f 580: - -
58 - - 40 Ps. d. - - -	à 17¾	f 710: - -
74 - - 40 Ps. d. ⎫ 80 Pieces. - -	à 17½	f 1400: - -
82 - - 40 Ps. d. ⎭		

$$f\ 4392:\ 10: -$$

1 pour mille pour les Pauvres - -   4: 8: -

$$f\ 4396:\ 18: -$$

Deduit pour promt payement de 2½ mois à ½ p. cent par mois - 65: 19: -

$$f\ 4330:\ 19: -$$

Remarques à faire fur les Comptes ci-deffus.

On peut voir par les 3 Exemples ci-deffus que lors qu'il s'agit de faire un Compte des marchandifes achetées à la Compagnie, il faut obferver 5 chofes principales, favoir

1. Le poids, la quantité, ou le nombre de la marchandife achetée, puis que fans cela il eft impoffible d'en faire le calcul:

2. La tare que donne la marchandife achetée, fi c'eft de la marchandife qui fe vende au poids.

3. Si la Compagnie donne quelque deduction pour le bon poids, ou pour autre chofe, comme, par exemple, elle donne 2 pour cent de deduction fur l'Indigo, pour la pouffiere, & 1 pour cent bon poids, ou bien s'il faut y ajouter quelque augmentation, comme les 4 pour cent d'augmentation qu'il faut ajoûter aux Soyes des Indes qui fe vendent au poids d'Anvers auffi bien que les Soyes d'Italie, & c'eft pour cela que j'ai mis toutes les tares & les deductions que la Compagnie donne à la fuite de chaque marchandife, dans la Cargue que j'en ai donnée ci-deffus, à laquelle on pourra avoir recours.

La quatrième chofe qu'il faut favoir pour bien dreffer un Compte des marchandifes achetées de la Compagnie, eft que l'Acheteur paye un pour mille du montant de la marchandife pour les Pauvres, qu'il faut toûjours ajoûter au compte avant ce que l'on deduit pour le promt paye-

ment.

ment. On apelle en Hollandois l'argent qui provient de cet un pour
mille, *Armen gelt* c'est-à-dire argent des pauvres; il monte tous les ans
à une somme fort considerable que les Directeurs partagent comme ils
le trouvent à propos, aux Diacres des Eglises Reformées, pour le distribuer aux Pauvres de leur ville.

La cinquième chose qu'il faut savoir, est que, comme je l'ai déja dit,
l'Acheteur a 3 mois de tems pour payer & retirer les marchandises qu'il
a achetées de la Compagnie, que ces 3 mois commencent à courir du
Lundi qui suit immediatement la semaine dans laquelle la vente se fait, &
que si on ne paye la marchandise qu'à la fin des 3 mois, on ne jouït d'aucune deduction pour le promt payement, mais qu'au contraire tous ceux
qui payent comptant ou avant la fin desdits 3 mois, jouïssent d'un rabais de ½ pour cent par mois à proportion du tems qu'ils payent avant
l'échéance, & c'est pourquoi on apelle à juste titre ce promt payement en
Hollandois *voor-betaling* c'est-à-dire, en propres termes, avant-payement,
& c'est toûjours le dernier article que l'on deduit du Compte que l'on fait.

Pour ne rien obmetre de ce qui peut donner une entiere connoissance
de ce qui se pratique lors que l'on a acheté quelque marchandise de la
Compagnie, je ne dois pas passer sous silence la maniere dont on solde
les comptes avec elle, & pour cet effet remarquez que j'ai suposé
dans le premier Exemple avoir écrit 6000 florins à la Compagnie, &
que cependant le 40 Bales de poivre que j'ai achetées ne montent qu'à
5986 florins 19 sols, que par conséquent j'ai payé trop 13 florins 1 sol.
Or pour solder mon compte avec la Compagnie, je porte le Compte
des 40 bales de Poivre tel que je l'ai fait ci-dessus, au Teneur des Livres
de la Compagnie, qui le verifie, & s'il le trouvé d'accord, la Compagnie
me récrit le lendemain lesdits 13 florins 1 sol, & c'est une affaire finie.
Mais si mon Compte n'accorde pas, & que je voye que la Compagnie ne
me rembourse pas ce que je crois avoir payé de trop, je vais en demander la raison au Teneur des Livres qui me fait voir mon erreur, & je
paye la Compagnie si je lui dois, ou elle me paye si elle me doit.

Et au contraire j'ai suposé dans le second Exemple n'avoir écrit à la
Compagnie que 1500 florins pour les 3 Cavelins de fil de Coton qui
montent à 1518 florins, de sorte que je lui reste 18 florins, & voulant
solder mon Compte, je le porte comme dessus au Teneur des Livres de
la Compagnie, qui me disant qu'il est d'accord, je le solde en écrivant 18 florins à la Compagnie. Au reste ceux qui écrivent des pareils restants, ou
quelques petites sommes que ce soit à la Compagnie, ne sont point obligez de payer à la Banque les 6 sols par partie, que l'on est obligé de payer
lors que l'on écrit à d'autres des sommes au dessous de 300 florins.

La Compagnie fait très-sagement d'obliger les Acheteurs à faire eux
mêmes le Compte de ce qu'ils ont acheté; car s'il arive que le Teneur des

Livres

Livres se trompe en débitant quelqu'un sur les Livres de la Compagnie, il n'est guere possible que l'Acheteur fasse justement la même faute que lui : d'ailleurs s'il voit la moindre diference entre le Compte qu'il a fait, & celui qu'il reçoit de l'Acheteur, il l'examine avec d'autant plus d'exactitude, & par ce moyen il est impossible que la Compagnie perde faute de bien calculer ; & d'un autre côté si l'Acheteur fait erreur à son propre préjudice, on la redresse avec toute la bonne foi possible.

On peut conclurre de tout ce que j'ai dit jusques ici, que la Compagnie ne fait aucun credit à personne, puisque chacun est obligé de payer à peu près la valeur de la marchandise avant que de la recevoir. En effet c'est l'usage le plus ordinaire, cependant lors que quelqu'un a acheté souvent de la Compagnie, qu'il a toûjours bien payé, & qu'il est connu pour bon ; s'il se trouve par hazard qu'il ait acheté, par exemple, pour 20 mille florins de marchandise de la Compagnie, qu'il doive envoyer ou faire travailler incessamment, & qu'il n'en puisse payer que 14 ou 15 mille florins, la Compagnie lui livre toute la partie, & lui fait credit de 5 à 6000 florins, mais ce n'est que moyennant qu'il donne une bonne Caution dont la Compagnie soit contente, & encore faut-il que cela n'arive pas souvent. Que si le Marchand à qui la Compagnie aura fait ce credit, ne paye pas ce qu'il reste dans les 3 mois après la vente, la Caution est obligée de le faire, & même avec l'interêt à raison de 8 p. cent par an depuis l'echeance desdits 3 mois, jusques au jour du payement effectif, suivant les conditions établies par la Compagnie avant la vente.

Des Actions de la Compagnie des Indes.

J'ai dit à la page— que le fonds de la Compagnie a été en commençant de 6459840. florins argent de Banque : ce fonds fut divisé dès le commencement en portions de 500 Livres de gros ou de 3000 florins chacune, & ce sont ces mêmes portions que l'on apelle *Actions Capitales* ou simplement *Actions*, elles s'achetent & se vendent, soit comptant ou à terme, tantôt à haut & tantôt à bas prix selon les repartitions ou devidents qu'il y a lieu d'esperer que la Compagnie donnera à peu près, ou plutôt tout de même que les sortes de marchandises dont j'ai parlé au chapitre VI. la livraison s'en fait par un transport que le Vendeur en fait à l'Acheteur, & voici ce qui s'observe à cet égard.

Lors que deux personnes ont conclu entre elles, ou par l'entremise du Courtier le prix d'une ou de plusieurs Actions & qu'il est question de les livrer, le Vendeur se transporte à la Maison des Indes dans la Chambre ou se font les transports, & dit au Teneur des Livres, qu'il est là

pour tranſporter une ou pluſieurs Actions à un tel, ſur quoi le Teneur
des Livres prend le livre dans lequel ſe font les tranſports, qui y ſont
tous imprimez, ſur un ſceau, & où il n'a qu'à remplir le nom de celui
qui tranſporte & de celui auquel il tranſporte, & la date du jour, après
quoi il le fait ſigner à celui qui fait le tranſport, & en ſuite à l'un des Directeurs : ce qui étant fait celui qui a fait le tranſport, lequel outre cella
declare en preſence d'un des Directeurs la vente qu'il en a faite & le Directeur ſigne que le tranſport a été fait devant lui, en ſuite celui qui a
fait le tranſport avertit celui a qui il à tranſporté l'action, qu'il l'a lui
a tranſportée : ſur quoi ce dernier peut aller à la Maiſon des Indes,
s'il veut, pour ſavoir s'il eſt vrai, au cas qu'il ne ſe fie pas ſur la parole du Vendeur ; & ayant trouvé que l'action lui eſt tranſportée, il
doit lui en écrire la valeur en Banque au prix qu'ils ont accordé, &
lors que le vendeur a trouvé ſa ſomme écrite en Banque, il doit retourner à la Maiſon des Indes pour en ſigner la quittance au bas du
tranſport qu'il en a fait quelque jour auparavant; car juſques à ce que
le Vendeur ait ſigné cette quittance, l'Acheteur ne peut diſpoſer en aucune maniere de l'action, quoi qu'il l'ait effectivement payée. Que ſi
le Vendeur refuſoit d'en ſigner la quittance après en avoir reçu la valeur
en Banque, l'Acheteur pourroit l'y obliger ſur la ſimple Requête qu'il
préſenteroit à Meſſieurs les Echevins. Il en coûte 3 florins 18 ſols
pour chaque tranſport, tant pour le ſceau que pour le droit du Teneur
des Livres.

On apelle Repartition & en Hollandois *Uytdeeling* ce que la Compagnie diſtribue & paye tous les ans à ceux qui ont quelque action dans
la Compagnie, laquelle Repartition la Compagnie régle ſuivant les
profits qu'elle fait, ou les Retours qu'elle a reçus des Indes, à compter toujours du premier Capital de chaque Action de 500 livres de gros.
Voici pour les Curieux la liſte des Repartitions qu'elle a faites depuis
ſon origine.

Liſte

Liste des Repartitions

Que la Compagnie des Indes a faites depuis son origine
qui fut en l'année 1602.

Années.

en 1605	en Juillet - 15	}
1606	Mars - - 75	
1607	Juillet - 40	
1608	Avril - - 20	
1609	Juin - - 25	
1610	Août - - 50	} pour
1612	Decembre 57½	cent en
1615	Août - - 42½	Argent.
1616	Fevrier - 62½	
1620	Avril - 37½	}

1623 - - - 25 pour cent en Cloux de Gerofle.

1625	Août - - 20	}
1627	Mars - - 12½	
1629	Janvier - 25	} pour
1631	Janvier - 17½	cent en
1633	Janvier - 12½	Argent.
1633	Decembre 20	}
1635 {	Mars - - 20	}
	May - - 12½	
	Août - - 12	} pour
1636 {	Mars - - 25	cent en
	Novembre 12½	Cloux de
1637 {	Mars - 15	Gerofle.
	Novembre 25	}
1638 {	Octobre - 19	p. cent en grabau d'épiceries.
	Novembre 25	p. cent en Argent.

total des 21 années
ci-dessus   723½

Années.

1640 {	Janvier - 15	p. cent en Cloux de Gerofle.
	Novembre 25	p. cent en Argent.
1641 {	Fevrier - 15	} p. cent en Cloux de Gerofle.
	Novembre 25	}
1642	Decembre 50	p. cent en argent.
1643	Janvier - 15	} p. cent en Cloux de Gerofle.
1644	Novembre 25	}

1644	Decembre 20	}
1646 {	Janvier - 22½	
	Decembre 25	}
1648	Janvier - 25	
1649	Janvier - 30	
1650	Janvier - 20	
1651	Janvier - 15	} p. cent en argent.
1652	Janvier - 25	
1653	Janvier - 12½	
1654	Juin - - 15	
1655	Janvier - 12½	
1656	Decembre 27½	
1658	Decembre 40	
1659	Decembre 12½	}

Total des 19 années
ci-dessus.   472½
les 21 années de
l'autre part.   723½

porte en l'autre part 1196 p. cent.
Vient

Vient de la page pre- 1196 p. cent.
cedente
Années.

Années	Mois		
en 1660	en Novembre	40	
1661	Novembre	25	
1663	Novembre	30	
1665	Janvier	27½	
1668	Juin	12½	p. cent en Argent.
1669	Juillet	12½	
1670	Juin	40	
1671 {	Juin	45	
	Juillet	15	
1672	Juin	15	
1673	Juin	33⅓	P. cent en Obligations sur la Hollande.
1676	Fevrier	25	p. cent en Argent.
1679	Janvier	12½	p. cent en Obligations sur la Hollande.
1680	Janvier	25	
1681	Janvier	22½	p. cent en Obligations sur la Compagnie.
1682	Juillet	33⅓	
1685	Fevrier	40	
1686	Mai	12½	
1687	Avril	20	p. cent en Argent.
1688	Avril	33⅓	
1689	Avril	33⅓	

vient de ci à côte 1749½ p. cent.
Années.

Années	Mois		
en 1690	en Avril	40	
1691	Août	20	
1692	Avril	25	
1693	Avril	20	
1694	Avril	20	p. cent en Obligations.
1695	Novembre	25	
1696	Juin	15	
1697	Juin	15	
1698 {	Juin	15	
	Septembre	15	
1699 {	Juin	20	
	Decembre	15	
1700	Juillet	25	
1701	Mai	20	
1702	Mai	20	
1703	Mai	25	
1704	Juin	25	
1705	Mai	25	
1706	Mai	25	
1707	Avril	25	
1708	Mai	25	p. cent en Argent.
1709	Mai	25	
1710	Mai	25	
1711	Mai	25	
1712	Mai	15	
1713	Mai	30	
1714	Mai	33⅓	
1715	Avril	40	
1716	Mai	40	
1717	Mai	40	
1718	Mai	40	
1719	Mai	40	
1720	Mai	40	

2602⅔

total de 63 années 1749½ p. cent.

Ce qui fait en tout 2602⅔ pour cent, & revient à environ 22⅛ pour cent par an du fonds Capital.

Je finirois ici volontiers ce Chapitre si je ne me croyois obligé, de dire un mot du Commerce des Actions en general qui à ruiné un très grand

grand nombre de familles dans l'année 1720. Personne n'ignore que les rapides & surprenantes fortunes qui se firent en France dans l'année 1719. depuis le mois de Mars jusques au mois de Decembre, par ceux qui a- voient pris portion dans la Compagnie du Mississipi, à present la Compa- gnie des Indes, inventée par le fameux Monsieur Law, donnerent d'a- bord lieu en Angleterre de pousser avec la même fureur les Actions de la Compagnie du Sud, où beaucoup de gens s'enrichirent d'abord : ce qui donna lieu à établir un grand nombre de toutes sortes de Compa- gnies, prémierement à Londres & ensuite dans presque toutes les villes de la Hollande, excepté Amsterdam, Leyden & Haarlem, dont les sages & prudents Magistrats, prevoyant que de telles Compagnies ne pou- voient enfin que tourner à la destruction du Commerce, & à la ruine des Habitans, rejetterent, après plusieurs meures déliberations, tous les Pro- jets qui leur furent présentez. La Ville de Rotterdam fut la premiere qui vers la fin de Juin ou au commencement de Juillet de l'année der- niere 1720. établit une Compagnie d'Assurances. Les Villes de Delft & de Gouda suivirent d'abord son exemple, & dans moins d'un mois après, chaque Ville de la Nord-Hollande établit une Compagnie de Commer- ce, de Navigation & d'Assurances, & il n'y eut pas jusques aux moin- dres petites Villes qui n'en fissent autant. Enfin les Directeurs de la Compagnie des Indes Occidentales de ces Pays, qu'on nomme plus com- munement la Compagnie du West, croyant ne pouvoir pas trouver un tems plus propre pour rétablir & ameliorer les affaires de leur Compa- gnie, & peut-être poussez à cela par certaines gens qui cherchoient plus leur propre avantage, que celui de la Compagnie, firent tant d'instan- ces auprès des Seigneurs les Etats Generaux, qu'ils leur accorderent la per- mission de faire de nouvelles souscriptions sur le pied de 250 pour cent; & comme tous les esprits généralement tant des grands que des petits avoient tous les jours les oreilles frapées des grosses fortunes qui s'étoient faites à Paris & à Londres, on couroit en foule dans toutes les villes, où il s'établissoit quelque Compagnie, & on en achetoit les Actions à tout prix, dans l'esperance qu'elles monteroient toutes considerablement, ensorte qu'un très-grand nombre de gens s'engageoient sans aucune re- flexion à livrer ou à recevoir de toutes sortes d'Actions pour 10 fois plus qu'ils n'avoient vaillant, jusques à ce qu'enfin les Actions du Sud & toutes les autres ayant baissé à Londres, & causé beaucoup de Banqueroutes, on a commencé de reconnoître la vanité de ce malheureux Commerce. Alors chacun a voulu en sortir & se defaire de ses Actions, mais il ne s'est plus trouvé d'Acheteurs, ou s'il s'en est trouvé quelques-uns, ils n'ont pas été en état de les payer, lors qu'il a été question de les rece- voir, ce qui a causé une baisse si rapide & si considerable des Actions, que si l'on en écrivoit l'histoire, la Posterité auroit de la peine à y ajoû-

ter

ter foi. Mais comme j'écris ceci dans un tems où perſonne ne l'ignore, je ne ferai aucune difficulté de marquer ici la chute de quelques-unes de ces Actions, pour ſervir d'exemple à ceux qui vivront après nous.

Les Actions du Sud d'Angleterre qui étoient au commencement de l'année 1720 à environ 120 p. cent, ont été pouſſées dans les mois de Juillet de la même année jusques à 1000 p. cent, & ſont retombées au commencement de Janvier 1721 à 150 p. cent.

Celles de la Banque d'Angleterre qui valoient 148. ont été pouſſées à 300. & plus & ont retombé à 130 p. cent.

Celles de la Compagnie des Indes d'Angleterre, qui valoient 198. ont été à près de 500. & ſont retombées à 160 p. cent.

Celles de la Compagnie d'Aſſurances de Londres, à laquelle on n'avoit fourni que 10 p. cent, ont valu jusques à 120 p. cent, c'eſt-à-dire 12 fois leur Capital, & ſont retombées à 12 ou 15 p. cent.

Les Actions de la Compagnie des Indes de ces Pays, qui étoient à 1000. p. cent, ont été pouſſées à 1260. & ſont retombées à 850.

Celles de la Compagnie du Weſt qui n'étoient qu'à environ 100 p. cent, ont été pouſſées jusques à 650. & ſont retombées à 100 p. cent.

Les Actions de la Compagnie d'Aſſurance de Rotterdam, qui ſont de 5000 florins, pour lesquelles on n'avoit fourni que 4 ſols pour cent, c'eſt-à-dire 10 florins par Action, ont été pouſſées jusques à 100 p. cent: de ſorte qu'on a donné 5000 florins pour un Capital de 10 florins, & elles ſont retombées à 8 ou 10 p. cent.

Celles de Gouda pour lesquelles on n'avoit fourni qu'un pour cent, ont valu 30 p. cent, & ſont retombées à 1½ p. cent.

C'eſt là une partie des revolutions arivées dans la malheureuſe & fatale année 1720, qui ont ruiné un nombre infini de familles, ce qui ne ſeroit pas arrivé, ſi l'on eût ſuivi à la lettre les Reglemens qui ont été faits ci-devant au ſujet des Achats, Ventes & Tranſports des Actions des Compagnies des Indes Orientales & Occidentales, dont la plûpart des Acheteurs prétendent ſe ſervir preſentement qu'ils voyent qu'ils ne gagnent pas comme ils avoient eſperé, mais qu'au contraire ils ſeront entierement ruinez s'ils ſont obligez de tenir les Achats qu'ils ont faits; & comme dans le tems que j'écris ceci beaucoup de gens ſe recrient & veulent s'en tenir à un certain Placat qu'on nomme de *Frederik Hendrik*, je l'ai cherché par tout & même chez pluſieurs Avocats, ſans pouvoir le trouver, & la plûpart ſoutiennent qu'il eſt tout-à-fait chimerique, & qu'il n'y en a jamais eu: on prétend qu'il déclare nuls & invalides tous les Achats qui ſe font à termes.

Mais j'en ai trouvé trois qui concernent le Commerce des Actions des Indes tant Orientales qu'Occidentales, qui n'ont, que je ſache, jamais paru en François, que j'ai traduits le plus exactement qu'il m'a été
possible,

possible, & que je donne ici pour ceux qui voudront faire dans ce Commerce.

PLACAT

Qui régle les Ventes & les Transports des Actions des Compagnies des Indes Orientales & Occidentales, & défend à toutes Personnes d'en vendre aucune, s'ils n'en ont pas effectivement sur leurs Comptes, avec l'ordre que l'on suivra pour les transporter, & Défenses contre ceux qui par des Renonciations ou autres inventions cherchent à éluder le présent Placat.

Les Etats Generaux des Provinces-Unies des Pays-bas, A tous ceux qui ces présentes verront ou entendront lire, Salut. Comme il est parvenu à notre connoissance, que nonobstant notre Placat précedent du 27 Fevrier 1610. au sujet de la Vente des Actions de la Compagnie des Indes, beaucoup de gens se sont ingerez de vendre, & ont même vendu de grosses parties d'Actions (montant à beaucoup de milliers de florins) sans avoir pourtant aucune Action ni même aucune participation dans ladite Compagnie ; & cela dans la seule veuë de les faire baisser beaucoup au dessous du prix qu'ils ont accordé, lors qu'ils voyent aprocher le tems auquel ils doivent les livrer, par divers moyens indignes jusques à repandre & à faire courir des bruits aussi faux que desavantageux, tant au credit de la Compagnie qu'au bien de l'Etat, au grand dommage des Veuves, des Orphelins, & des bons Participants de ladite Compagnie, lesquels ne pouvant pas toûjours attendre le tems des repartitions qu'elle donne de tems en tems, se trouvent obligez de vendre leurs Actions à des prix fort bas & desavantageux. Vu que même il nous a été representé que quelques-uns ont été assez hardis de presenter à vendre, & ont vendu effectivement des Actions de la Compagnie des Indes Occidentales (que nous venons seulement d'octroyer, quoi qu'elles ne soient pas encore ni souscrites ni remplies) & cela pour les livrer long-tems après que lesdites Actions auront été remplies, ce qui ne tend, outre ce qui est dit ci-dessus, qu'au mépris & detriment de notre autorité, bonne resolution & intention ; de sorte que s'ils n'est pourvu en tems à cette contremine qui pourroit être préjudiciable à l'avancement & à la bonne réussite d'une chose si desirable, & si avantageuse pour les habitans de ces Pays, & aprouvée après plusieurs meures deliberations des bons Compatriotes. A ces causes, voulant prévenir & empê-

cher

cher à l'avenir toutes & telles mauvaifes pratiques & malignes malverfations, nous avons défendu de nouveau, à l'égard de la Compagnie des Indes Occidentales, comme nous défendons de nouveau par le Prefent, à chacun de quelque qualité ou condition qu'il puiffe être, à compter du jour de la publication du Prefent, de vendre aucune Action dans lesdites Compagnies, foit à terme foit comptant, s'il ne les a pas effectivement fur fon compte dans lesdites Compagnies, fur peine de nullité de la vente, au cas que l'Acheteur ne veuille pas s'y tenir, ce qui fera à fon choix & volonté, & que le Vendeur payera, outre cela, le quart du prix qui avoit été accordé pour l'Action, applicable le tiers au Delateur, l'autre tiers aux Pauvres, & l'autre à l'Officier qui fera l'execution. Ordonnons en outre, que ceux qui vendront leurs Actions dans lesdites Compagnies, feront obligez de les indiquer & de les faire enregiter, livrer & tranfporter dans la Chambre de leur reffort, dans le tems d'un mois après la vente d'icelles, fur peine de nullité au choix de l'Acheteur, & du quart de la valeur accordée pour l'Action comme ci-deffus, outre les dommages & interêts que l'Acheteur pourra prétendre du Vendeur, fi l'Action ne lui a pas été livrée en tems. Entendons cependant que s'il a été conditionné que l'Action fera payée à terme, le Vendeur aura droit d'hipoteque jufques à ce qu'il en foit payé, quoi que le tranfport en ait déja été fait: Et comme nous voyons que les Contracts de vente d'Actions qui fe font paffez jufques ici, contreviennent à nos Placats précedents par des claufes illufoires, par lesquelles les Acheteurs renoncent auxdits Placats, & au droit de demander les Actions dans le tems prefcrit par iceux, nous défendons de renoncer à l'avenir à nosdits Placats directement ou indirectement, & déclarons dès à prefent telles renonciations nulles & invalides, comme induës, & contraires à notre bonne intention, au bien de ces Pays & de celui des bons Participants desdites Compagnies. Voulons que nonobftant une telle renonciation les Acheteurs foient en droit d'obliger & de contraindre les Vendeurs, de leur livrer & tranfporter les Actions, en la maniere qu'il a été dit ci-deffus, en fe reglant ponctuellement fur le contenu de notre prefent Placat : ce que pourront faire auffi tous ceux qui jufques ici ont acheté des Actions de la Compagnie des Indes Orientales, foit avec ou fans ladite renonciation, & qui ne leur ont pas encore été livrées, & cela d'autant plus que nous trouvons quelques Contracts qui outre ladite renonciation, contiennent d'autres conditions desavantageufes pour les Acheteurs, & que fi cela s'eft fait à l'égard des Actions de la Compagnie du Weft, cela ne s'eft fait que dans la feule veuë de tromper malicieufement, & à des très-mauvaifes intentions ; & pour mieux prevenir toutes lesdites mauvaifes pratiques, nous défendons bien expreffement à tous Courtiers qui conclurront à l'avenir quelque marché d'Action, de faire, ni de délivrer aucun Contract

qui

qui contienne aucune renonciation au préfent Placat, ni qui y contre-
vienne en aucune maniere, fur peine d'être privez fur le champ de leurs
Offices; & afin que perfonne n'en prétende caufe d'ignorance, & que
cette notre préfente Ordonnance puiffe être obfervée & fuivie par tout,
& que ceux qui y contreviendront puiffent être dûment punis, nous
prions & recommandons à tous nos chers & bien aimez Etats, Gouverneurs, Confeillers d'Etat, & Députez des Provinces refpectives de Gueldre & Comté de Zutphen, de Hollande & de Weftfrife, de Zeelande,
d'Utrecht, de Frize, & d'Overyffel, la Ville de Groningue & les Ome-
landes, & tous autres Jufticiers & Officiers, de faire publier cette notre
préfente Ordonnance par tout où l'on a acoûtumé de faire les publica-
tions. Ordonnons auffi à notre Chancellier, & aux Confeillers Provinciaux, aux Avocats Fifcaux & Procureurs Generaux, & à tous autres
Officiers & Juges defdits Pays-bas, d'obferver cette notre préfente Ordonnance, & de la faire fuivre & obferver avec toute l'attention poffible, en procedant & faifant proceder contre les Contrevenants d'icelles,
tant à l'égard des plaintes qui leur feront portées, qu'à l'égard des Sentences, qui feront données fans aucune grace, faveur, diffimulation ni
accord; car nous le trouvons ainfi bon pour le bien de ces Pays. Donné à la Haye dans notre Affemblée fous notre Contrefceau, parafe &
fignature de notre Grefier, le 15 de Juillet de l'année 1621 &c.

P L A C A T

Au fujet des ventes des Actions de la Compagnie des Indes Occidentales.

LEs Etats Géneraux des Provinces-Unies des Pays-bas, A tous ceux qui
ces Préfentes verront ou entendront lire, Salut. Savoir faifons qu'ayant
trouvé à propos pour le bien de ces Pays, & pour le profit de fes Habitans, d'établir une Compagnie Génerale des Indes Occidentales, & voulant la pouffer, la foutenir & la maintenir, contre toute contremine &
tout ce qui pourroit lui être desavantageux, ce qui pourroit arriver par la
malignité de certaines perfonnes qui fans y avoir aucune Action ni aucune
portion, en vendroient les Actions pour les faire baiffer dans la fuite, comme
cela s'eft fait ci-devant dans la Compagnie des Indes Orientales, à ces
caufes, voulant pourvoir & prevenir toutes telles & pareilles entreprifes,
mauvaifes pratiques, & mauvais tours, nous avons défendu & défendons
par la Préfente à toutes perfonnes, de quelque qualité ou condition qu'elles puiffent être, à compter du jour de la publication de la préfente Ordonnance, de vendre foit à comptant foit à terme, aucune Action dans

ladite Compagnie du Weſt , ſi elles ne les ont pas effectivement & en
nature ſur leurs comptes dans les Livres de ladite Compagnie , ſur peine pour le Vendeur, qu'il payera le quart du prix accordé, applicable un
tiers au Delateur , un tiers aux Pauvres & un tiers à l'Officier qui fera
l'execution. Ordonnons en outre que desormais ceux qui vendront leurs
Actions de ladite Compagnie , ſeront obligez de les faire enregîtrer,
livrer & tranſporter dans la Chambre de leur reſſort dans le tems de qua-
torſe jours , ſi l'Action eſt du reſſort de la Chambre de la ville dans laquelle l'Action a été venduë , ou dans le tems d'un mois ſi l'Action eſt
du reſſort de la Chambre d'une autre Ville, & cela à compter du jour
de la vente de l'Action, ſur pareille peine du quart comme ci-deſſus. Entendons cependant que s'il a été convenu que ladite Action ou Actions
ſe payeront à terme, qu'en ce cas les Vendeurs qui auront livré & tranſporté les Actions , auront & retiendront droit d'hipoteque ſur icelles,
juſques à ce qu'ils en ſoient effectivement payez, & que ſi l'Acheteur manque de les payer au jour convenu , le Vendeur pourra proceder contre
lui , & ſe faire retranſporter & remettre l'Action ou les Actions ſur ſon
compte, moyenant la permiſſion de la Juſtice de la ville dans laquelle aura
été fait le Tranſport, laquelle permiſſion ſera accordée au Vendeur ſur ſa
ſimple Requête, & l'Acheteur pourra reprendre à bon compte l'Action
ou les Actions au prix qu'elles ſe trouveront avoir valu couramment en
Bourſe au jour de l'écheance, & pour le ſurplus ou excedant du prix de
la vente , avoir ſon recours ſur les biens & ſur la perſonne de l'Acheteur. Et pour prevenir & empêcher toute conteſtation & toutes ſortes de
ruſes & mauvaiſes pratiques que des eſprits chicaneurs pourroient inventer
pour éluder le ſens des Préſentes , nous défendons bien expreſſement de
faire directement ni indirectement aucune renonciation au préſent Placat , que nous déclarons nulles & invalides comme non permiſes & directement opoſées à notre bonne intention, au bien du Pays, & au profit des bons Participans de ladite Compagnie. Et malgré toutes telles
renonciations, ſeront tenus & obligez les Acheteurs de contraindre les
Vendeurs à leur tranſporter les Actions dans les tems marquez ci-deſſus,
& de ſe regler ponctuellement ſur le contenu du preſent Placat, ſur pareille peine qu'il a eté dit ci-deſſus à l'égard des Vendeurs, d'une amende
du quart du prix de l'Action ; à quoi ſeront pareillement obligez tous
ceux qui juſques-ici ont acheté ou vendu quelque Action dans ladite
Compagnie, dont le tranſport n'a pas été encore fait , notre intention
& volonté étant que tous les marchez qui ſe ſont faits juſques à preſent
pour des Actions à terme, s'accompliſſent & ayent leur entier effet, &
que les Actions ainſi venduës ſoient tranſportées à leurs Acheteurs, dans le
tems de 14 jours après la publication des Préſentes, ſi elles ſont du reſſort de la Chambre de la ville dans laquelle la vente en a été faite, ou
dans

dans le tems d'un mois, si elles ont été venduës ailleurs, sur les peines ci-dessus ordonnées à l'égard des Actions qui se vendront à l'avenir, lesquelles sont toutes renduës égales par la Presente. Déclarons de plus qu'aucun transport n'aura aucune force ni vertu ni ne sera sensé fait, (quand même il seroit fait & passé par les Officiers des Tribunaux de Justice, ou autres personnes publiques, & encore moins par des Contracts sous seing privé) que lors qu'on les aura anoncez & fait coucher sur les Livres de la Compagnie. Et pour ôter & prevenir toutes disputes, chicanes & mauvaises pratiques, nous défendons très-expressement à tous les Courtiers qui conclurront desormais quelque marché d'Actions, d'en passer ni d'en délivrer aucun Contract qui contienne renonciation au present Placat, sur peine d'être privez sur le champ de leur Office. Ordonnons en outre sur les mêmes peines que dessus, que si les Proprietaires de quelques Actions viennent à emprunter de l'argent sur icelles ou à les engager à quelqu'un, elles seront incessamment enregîtrées sur les Livres de la Compagnie, & couchées sur un compte de tems de l'Emprunteur, où elles demeureront hipotequées, sans pouvoir en être transportées, que le Prêteur n'ait été entierement remboursé de son avancé, après quoi elles seront remises sur le Compte ordinaire qui les avoit engagées. Que si l'Emprunteur manque de rembourcer l'avance au jour de l'écheance de l'engagement, le Prêteur pourra prendre les Actions à lui au prix qu'elles vaudront alors, moyennant qu'il en ait obtenu la permission du Magistrat, comme il est ordonné ci-dessus à l'égard des Actions qui se vendront à l'avenir. Et afin que personne n'en prétende cause d'ignorance, & que cette notre présente Ordonnance puisse être suivie & executée par tout, & que les contrevenants en puissent être punis comme il apartient, nous requerons & prions nos chers & bien aimez Etats, Gouverneurs, Députez au Conseil & les Etats des Provinces respectives de Gueldre & Comté de Zutphen, de Hollande & de Westfrise, de Zeelande, d'Utrecht, de Frise & d'Overyssel, la Ville de Groningue & les Ommelandes, & tous autres Justiciers, de faire publier & afficher la Presente dans tous les lieux accoûtumez. Ordonnons aussi à notre Chancelier, aux Conseillers Provinciaux, Avocats Fiscaux, Procureurs Generaux & à tous autres Officiers, Juges & Justiciers desdits Pays-bas, de suivre exactement cette notre presente Ordonnance & Commandement, & de la faire observer avec toute l'attention possible, en procedant & faisant proceder contre les Contrevenants, tant dans les plaintes & démandes, que dans les condamnations & sentences, sans aucune grace, faveur, dissimulation, ni accord, vu que nous le trouvons ainsi utile & nécessaire pour le bien desdits Pays.

Donné à la Haye dans notre Assemblée, sous nôtre contresceau, parafe & signature de notre Grefier le 20 Mai 1624 &c.

Autre

Autré Placat des Etats de Hollande & de Weftfrife au fujet des Actions de la Compagnie des Indes.

PLACAT

LEs Etats de Hollande & de Weftfrife, A tous ceux qui la Prefente verront ou entendront lire, Salut. Comme il eft parvenu à notre connoiffance que nonobftant plufieurs Placats precedents au fujet de la vente des Actions de la Compagnie des Indes, plufieurs perfonnes fe font emancipées de vendre, & vendent journellement de groffes parties d'Actions montant à plufieurs tonnes d'or, fans même avoir aucune Action ni aucune portion dans ladite Compagnie, & qu'enfuite lors que le tems de la livraifon approche, ils font tout leur poffible pour en faire diminuer le prix, par des moyens indignes & fcandaleux, & par des pratiques iniques, en répandant même de fauffes nouvelles auffi ridicules & honteufes, qu'elles font préjudiciables tant à l'Etat & à la Regence en general, qu'au bien, à l'avancement & à la bonne reputation de la dite Compagnie en particulier, tant dans ces Pays que dans les Pays étrangers, auffi bien qu'au grand dommage de plufieurs Veuves, Orphelins & autres, qui ne pouvant pas attendre les repartitions ordinaires que fait ladite Compagnie, font obligez de vendre leurs Actions à bas prix. A ces caufes, voulant abolir & prevenir toutes ces mauvaifes pratiques, & ces indignes machinations, nous avons de nouveau défendu & défendons par la Prefente à un chacun, de quelque qualité & condition qu'il foit, à commencer du jour de la publication de la Prefente, de vendre desormais, foit à terme ou comptant, aucune Action de ladite Compagnie, que lui ou celui pour lequel il la vendra, ne l'ait effectivement & réellement fur fon compte dans le tems qu'il la vendra, fur peine pour le Vendeur de payer une amende du quart de la valeur, pour laquelle il l'aura venduë, applicable un tiers au Delateur, un tiers aux Pauvres, & un tiers à l'Officier qui fera l'execution. Ordonnons en outre que ceux qui vendront desormais leurs Actions dans ladite Compagnie, ou dans quelqu'une des Chambres d'icelle, feront obligez de les faire enregîtrer & tranfporter dans la Chambre de leur reffort, favoir 14 jours après la vente d'icelles, fi elles fe font venduës dans la ville de la Chambre de leur reffort, & dans un mois fi elles fe font venduës dans une autre ville, fur pareille peine du quart du prix accordé, applicable comme deffus; que cependant s'il a été conditionné qu'elles feront payées à terme, les Vendeurs auront & retiendront droit d'hipoteque fur icelles, quoi que le Tranfport en ait été fait, jufques à ce qu'ils en foient entierement payez, & fi l'Acheteur

manque

manque de payer promtement à l'écheance, le Vendeur pourra proceder contre lui par Decret, & se faire retransporter les Actions, moyenant la permission du Magistrat de la ville, dans laquelle le transport aura été fait, laquelle permission sera accordée au Vendeur sur sa simple Requête. Et en conséquence pourront les Vendeurs s'en payer jusques à la somme qu'auront valu les Actions au jour de l'écheance, & auront leur recours pour le surplus ou le restant sur les biens & sur la personne des Acheteurs: Et comme nous avons vu que dans les Contracts passez ci-devant pour des ventes d'Actions il s'est inseré certaines clauses par lesquelles les Acheteurs renoncent entierement aux Ordonnances precedentes, & au droit de demander le transport des Actions qu'ils achetent, ce qui est contraire auxdites Ordonnances & aux bons effets qu'on avoit lieu d'en attendre, nous défendons très-expressement de faire à l'avenir aucune pareille renonciation, ni directement ni indirectement, contraire à la présente Ordonnance, les déclarant toutes nulles & invalides, comme insoutenables & contraires à notre bonne intention, au bien de ces Pays, & à celui des bons Participants de ladite Compagnie; & nonobstant une pareille renonciation les Acheteurs seront obligez de démander les Actions qu'ils auront achetées, & de contraindre les Vendeurs de les leur livrer & transporter, & cela sur peine d'une amende du quart du prix accordé pour icelles, applicable comme il est ordonné ci-dessus à l'égard des Vendeurs, ce que seront pareillement tenus & obligez de faire tous ceux qui ont acheté ci-devant quelques Actions dans ladite Compagnie, & qui ne sont pas encore transportées, voulant & entendant que tous les marchez pour des Actions de ladite Compagnie, conclus avant la date de la presente, ayent leur entier effet & accomplissement, & pour cet effet lesdites Actions seront indiquées & transportées sur les Livres de la Compagnie dans la Chambre de leur ressort, savoir 14 jours après la publication de cette notre presente Ordonnance, si l'Action est du ressort de la Chambre de la ville, dans laquelle la vente a été faite, ou d'un mois après si la vente s'en est faite ailleurs, & cela sur les peines infligées ci-dessus à l'égard des Actions qui se vendront à l'avenir, auxquelles celles-ci sont renduës conformes & égales; & pour encore mieux prevenir & empêcher toutes mauvaises pratiques, nous défendons très-expressement à tous les Courtiers qui se mêleront de conclurre quelque marché d'Actions de ladite Compagnie, de faire ni de délivrer aucun Contract qui contienne aucune clause de renonciation à la présente Ordonnance, ni qui y soit contraire en aucune maniere, sur peine d'être privez sur le champ de leur Office de Courtier, & que si ceux qui ne sont point Courtiers osent l'entreprendre, ils en seront punis arbitrairement selon l'exigence des cas. Ordonnons aussi sur les mêmes peines ci-dessus infligées, que si quelqu'un a emprunté ci-devant de l'argent sur

F ff

ses

fes Actions, ou que fi quelqu'un en emprunte à l'avenir, & qu'en confequence de cet emprunt les Actions ayent été tranfportées dans les Livres de la Compagnie fur les comptes des Prêteurs, elles feront retranfpor-
tées dans lesdits tems refpectifs de 14 jours & d'un mois, fur un compte
de tems des Proprietaires, où elles demeureront engagées à celui qui y
aura prêté de l'argent deffus, & qu'elles ne pourront fe vendre ni s'aliener que les Prêteurs n'ayent été rembourfez de leur avance, & que les
Actions engagées n'ayent été remifes fur les comptes des Proprietaires,
fur mêmes peines que deffus. Que fi les Proprietaires manquent à rembourfer les Prêteurs au jour de l'écheance, les Prêteurs pourront prendre les Actions pour leur compte au prix qu'elles vaudront ce jour-là,
moyenant la permiffion des Magiftrats conformement à ce qui eft ordonné ci-deffus à l'égard des parties venduës. Ordonnons & commandons
bien expreffement à tous nos Officiers & Jufticiers de s'informer & de
fe faire informer exactement de tous ceux qui contreviendront au préfent
Placat, & de tous ceux qui repandront quelque faux bruit tant au desavantage de l'Etat & de la Regence en géneral, qu'à celui de ladite
Compagnie en particulier, & de proceder tant contre les Contrevenants
à la préfente Ordonnance, que contre ceux qui repandront de tels faux
bruits, comme contre des perturbateurs du repos public, fans aucune
grace, diffimulation ni connivence, fuivant le droit, fur peine de privation de leurs Employs & Offices, & afin que perfonne n'en prétende
caufe d'ignorance, nous ordonnons que la Préfente foit publiée & affichée
par tout où l'on a accoûtumé de le faire en pareil cas. Fait à la Haye
le 16 Septembre 1677. &c.

CHAPITRE XX

De la Compagnie des Indes Occidentales,

Dite communement la Compagnie du Weft.

LA Compagnie des Indes Occidentales, qui autrefois a été plus puif-
fante & plus riche que celle des Indes Orientales; lorsqu'elle jouïf-
foit du Brezil, & des Iles Françoifes de l'Amerique, fe voit à préfent
beaucoup inferieure à l'autre, par la perte qu'elle a faite de l'un & de
l'autre Pays; & elle fe feroit entierement ruinée fans la bonne conduite
de Mrs. les Etats, qui voyant que ce qui reftoit du fonds capital ne pouvoit pas fournir à l'entretien de ladite Compagnie, qui avoit pris fon
commencement le 8. Juin 1621. par la permiffion que les Etats Généraux lui avoient accordée, trouverent bon d'en former une nouvelle,
pour conferver ce qui leur reftoit encore, tant en Afrique qu'en Amerique,

que, & pour cet effet d'accorder les differens qui étoient entre les Participans & les Créanciers, ou ceux qui avoient donné leur argent à *Deposito*, ou à Interêt à ladite Compagnie, ce qu'ils firent le 20. Septembre 1674. & déclarerent que les anciens Participans auroient 15. florins de Capital dans cette nouvelle Compagnie, au lieu de 100. florins qu'ils avoient dans l'ancienne ; les Dépositaires 30. florins pour ce de ce qu'ils avoient prêté à ladite ancienne Compagnie, & les autres Créanciers 100. florins de Capital qui leur étoient dûs; & que pour rétablir le Commerce de ladite Compagnie, chaque Participant fourniroit 4. florins pour chaque 100. florins d'ancien Capital, & chaque Dépositaire 8. florins pour chaque 100. florins qui leur étoient dûs , moyennant quoi ladite Compagnie a reçu en argent comptant pendant les années 1674. 1675. & 1676. cent vingt mille florins, qui avec ce que devoient avoir les Participans Dépositaires & les autres Créanciers, a fait un fonds de six cens trente mille florins, ou environ, dans lequel fonds les Villes, les Provinces, & les Places sous-mentionées participent, savoir,

Amsterdam	-	pour 4. ⎤
La Zélande	-	pour 2. ⎟
La Meuse	-	pour 1. ⎬ Neuviémes.
La West-Frise	-	pour 1. ⎟
Groningue	-	pour 1. ⎦

L'Assemblée Générale qui se tient pendant six années consecutives en cette Ville, pendant deux années à Middelbourg, & ainsi de suite dans les autres places ; & qui régle toutes les affaires qui concernent ladite Compagnie, tant en ce Pays, que dans les Terres de leur dépendance, est nommée l'Assemblée des Dix-sept, & est composée

De 4. Directeurs ou Deputez de la Chambre d'Amsterdam.

D'1.   - - - de la Chambre de Zélande.

D'1.   - - - de celle de la Meuse.

D'1.   - - - de West-Frise.

D'1.   - - - de Groningue.

D'1.   - - - des Etats Généraux.

Cette Compagnie ne permet à personne de négocier sur les Côtes d'Afrique : mais bien dans l'Amerique, à Suriname, & à Curaçau, en payant 3. florins par Last de la Charge des Vaisseaux qui vont à Surinam , & autant au retour, & deux & demi pour cent de la valeur des marchandises que l'on envoye, ou qui viennent de Curaçau.

Les marchandises que ladite Compagnie reçoit, sont vendües au plus offrant & dernier encherisseur, en argent de Banque, & consistent ordinairement,

En Sucres bruts,	En dents d'Elephant,
En poudre d'or,	En Cacao.

De la Colonie établie à Suriname, appartenant à la Compagnie des Indes Occidentales.

AVant que de faire voir quelles fortes de marchandifes & denrées l'on envoye d'Amfterdam à la Colonie qui eft établie à Suriname, & celles qui en viennent, il eft bon de faire voir l'Octroi ou les conditions fondamentales, fous lefquelles Leurs Hautes Puiffances, ayant en vuë les avantages des Habitans de ces Provinces, ont mis cette Colonie entre les mains & fous la conduite des Directeurs de ladite Compagnie des Indes Occidentales. Premierement je ferai voir la Notification qui a été faite à ce fujet.

NOTIFICATION.

L'on fait à favoir, qu'enfuite de la Ceffion faite par Meffieurs les Directeurs de la Compagnie des Indes Occidentales, à Meffieurs les Bourguemaîtres & Confeil de la Ville d'Amfterdam, & au Seigneur de Somelsdyck, chacun un tiers, en fe refervant le tiers reftant de la Colonie de Suriname, qui leur a été mis en main par les Seigneurs Etats Généraux des Provinces-Unies, fous l'Octroi qui fera déclaré ci-bas.

Ledit Seigneur de Somelsdyck eft parti de ce Pays le 3. Septembre de la préfente année 1683. en qualité d' Gouverneur de la fufdite Colonie de Surina-me, avec 3. Navires munis de 300. foldats & toutes fortes de Munitions de Guerre, Vivres & autres néceffitez generalement requifes, pour le fervice de la Fortereffe & Habitans de la Colonie, confiftant en 5. à 600. Familles y établies depuis quelques années, & de tous ceux qui de temps en tems s'y voudront rendre & y aller habiter, lefquels y feront reçus amiablement, & ce qui fuit leur fervira d'information.

Que ladite Colonie eft fituée dans l'Amerique en Terre Ferme, à la hauteur de 7. degrez, terre très-fertile, haute & baffe: la baffe qui eft au bord des Rivieres (qui s'y trouvent en abondance) étant très-propre à la culture des Su-cres, Ris, &c. & la haute pour l'Indigo, Cotton, Cacao, &c.

Il s'y envoye inceffamment des Navires tant de Hollande que de Zélande, de forte que ceux qui s'y voudront tranfporter, trouveront en tout temps occa-fion pour ce faire, & ceux qui n'auront pas la commodité, ou ne feront pas en état de payer leur tranfport avant leur départ, fuivant l'ordre de 30. flo-rins par Perfonne, l'on ne laiffera pas pour cela de les recevoir, & de s'ac-commoder avec eux pour le tranfport, jufqu'à leur bonne arrivée à Suriname.

Toutes fortes de Perfonnes generalement de quelle faculté qu'ils puiffent être, foit de Manœuvriers comme Charpentiers, Maffons, Marêchaux, Tonne-liers,

liers, &c. ou d'autre vacation sans distinction, qui s'y voudront rendre, aussi ceux qui s'engageront pour Soldats, l'on les assure qu'ils jouiront en ladite Colonie entierement de tous les avantages, immunitez, & libertez concedées aux Colonies par nos Seigneurs les Etats Généraux, conformement à l'Octroi qui sera ponctuellement & religieusement observé.

Pour le service des Colonies & Habitans en général, l'on fait mener à ladite Colonie de tems en tems des Esclaves Mores, lesquels y seront vendus à des prix modiques, & à des termes commodes pour le payement suivant l'Octroi.

Comme aussi on assignera & donnera en propre à chacun qui le voudra, autant de terre qu'il aura le pouvoir de cultiver.

OCTROI,

Ou Conditions fondamentales, sous lesquelles Leurs Hautes Puissances ayant en vûë les avantages des Habitans de ces Provinces & autres, ont mis la Colonie de Suriname entre les mains & sous la conduite des Directeurs de la Compagnie des Indes Occidentales.

LEs Etats Généraux des Provinces-Unies, A tous ceux qui ces Presentes verront ou entendront lire, Salut. Etant persuadez que la Colonie de Suriname est de telle nature, qu'elle peut devenir considerable en peu d'années, mais que cela pourroit être entrepris avec peu d'esperance d'y réüssir, si l'Entrepreneur n'étoit résolu de supporter de grandes dépenses au commencement, dans l'attente qu'après le cours de plusieurs années, il retireroit les fruits des peines qu'il y auroit employées, & de l'argent qu'il y auroit dépensé. Et qu'une Colonie seroit nécessairement étouffée dans sa naissance, si on imposoit aux habitans des charges plus pesantes qu'ils ne seroient capables de supporter, si on ne leur donnoit pas quelques Privileges. D'autant que sans toutes ces assistances, ils se trouveroient découragez & épouvantez, & ceux qui auroient envie de s'y transporter seroient dégoutez par les difficultez. Au contraire si l'on traittoit lesdits Habitans avec douceur dans les commencemens, si on leur donnoit quelques secours, & qu'ils fussent assurez qu'après avoir acquis quelques moyens & facultez, ils ne se trouvassent point épuisez par les impositions. En ce cas une Colonie étant établie dans une bonne place pourroit beaucoup augmenter par le concours d'une infinité de personnes qui s'y rendroient de toutes parts. Et d'autant que la Compagnie Générale des Indes Occidentales veut bien continuer & poursuivre l'éta-

blisse-

blissement de la Colonie de Suriname, que Mrs. les Etats de Zélande avoient commencé quelques années auparavant, & la conduire au but desiré, sous la favorable protection & bénédiction de Dieu tout-puissant, à l'avantage de ces Provinces & de la susdite Compagnie. A ces causes considérant l'utilité qui proviendra de cette Colonie, par l'accroissement du Commerce & de la Navigation; par le débit de toutes sortes de Manufactures & Fruits; par la Manufacture des marchandises crues, qui étant apportées de là ici, & en après y étant manufacturées, seront transportées dans les autres Pays, pour y être débitées & vendues, par la continuelle construction & reparation des Vaisseaux necessaires pour y aller & pour en revenir, & par l'entretien de plusieurs Matelots qui deviennent habiles par l'exercice, Nous avons jugé & jugeons à propos par ces Présentes, de ceder & transporter à la susdite Compagnie Générale des Indes Occidentales, cette Colonie de Suriname avec toutes les apartenances & dépendances, sous les conditions dont il sera parlé ci-après, avec les mêmes droits que la Compagnie a sur toutes les Conquêtes situées dans les Limites de l'Octroi qui lui a été accordé, avec cette difference seulement, qu'à l'avenir la Compagnie ne pourra faire aucun changement dans les choses contenues ès Articles suivans, puisque nous permettons & accordons lesdits Articles comme un Octroi & Privilege donné pour la seureté de ceux qui s'y sont déja établis, ou qui s'établiront dans la suite, sans que jamais il y puisse être contrevenu au préjudice desdits habitans.

I.

Que les Nobles & Puissants Seigneurs les Etats de Zélande delivreront à la susdite Compagnie Generale des Indes Occidentales, leur Canon & Munitions de Guerre, ensemble tout ce qui dépend de ladite Colonie, de la maniere que lesdits Seigneurs Etats en ont joüi jusqu'à présent. Aux conditions que les charges & avantages de la Colonie, viendront & commenceront à courir pour le compte de ladite Compagnie du jour que cet Octroi sera arrêté. Et que toutes les charges & dépenses ci-devant faites, soit pour payement, gages & entretenement des gens de Guerre, ou pour autres cas, de quelques causes qu'ils puissent proceder & de quelque nature qu'ils puissent être, sans aucune exception, demeureront à la Charge desdits Seigneurs les Etats de Zélande, sans que jamais la Compagnie en puisse être recherchée.

II.

Que la susdite Compagnie accordera à tous les Habitans de la Colonie indistinctement, exemption de toutes charges pendant le terme de dix années consecutives, excepté seulement du droit de last pour les Vaisseaux, & du droit de poids, de la maniere qu'il sera reglé par le quatriéme Article. Et ce pour obvier aux fraudes & desordres

qui jufqu'à préfent ont eu cours au grand defavantage de la Colonie.
I I I.
Et que ceux auffi qui viendront s'établir dans ladite Colonie, auront même franchife & immunité pour le même terme de dix années.
I V.
Que les fufdites dix années étant écoulées, la Compagnie ne pourra jamais mettre d'autres impofitions que celles qui font nommément exprimées dans cet Article, fi ce n'étoit en cas d'une neceffité preffante, & par le franc & libre confentement du Gouverneur & du Confeil d'Etat, lequel Confeil d'Etat fera formé par les meilleurs Habitans d'entr'eux, & fpécialement que la fufdite Compagnie ne pourra jamais lever que trois livres pour chaque laft de Vaiffeau qui fortira, & autant pour chaque laft de Vaiffeau qui entrera: & pour les charges & impofitions du dedans, rien autre chofe que 50. ℔ de Sucre fur chaque Habitant foit blanc ou noir, pour l'Impofition par tête de chaque année, & deux & demi pour cent pour le droit du poids des marchandifes qui feront envoyées de là ici, ou bien qui feront vendues là. Et à cet effet, & principalement pour obvier à plufieurs fraudes & defordres, on y établira un ou plufieurs Poids. Et à chaque Poids on établira un Vifiteur intelligent, qui examinera fi les Sucres font bien conditionnez. Et ce droit de deux & demi pour cent, fe payera chaque fois que les marchandifes feront vendues, ou bien qu'on les envoyera en ce Pays.
V.
Que la fufdite Compagnie par ce tranfport étant à préfent Maîtreffe & Proprietaire de ladite Colonie, ne pourra pas proceder à toute rigueur, à la levée des dettes ci-devant contractées au fujet de l'achat des Efclaves. Mais que pour le repos des Habitans qui n'ont pas le pouvoir de payer promptement, le payement s'en fera en trois termes, chaque terme de douze mois, dont le premier terme écherra douze mois après que la Compagnie aura pris poffeffion actuelle de la Colonie.
V I.
Que puisque la Colonie ne peut être foûtenuë & continuée que par le moyen des Negres, & que perfonne, excepté la Compagnie, n'a la faculté de tirer des Efclaves de la Côte d'Afrique, qui eft le lieu d'où feulement on en peut avoir, la Compagnie fera tenue de livrer annuellement à la fufdite Colonie, le nombre d'Efclaves qui lui fera demandé.
V I I.
Et afin que pour l'avancement des Ouvrages & Plantages, chaque Habitant ou Planteur, tant le pauvre & le foible, que le riche & le puiffant, foit pourvu des Negres dont il aura befoin; la Compagnie fera tenue de vendre publiquement ceux que l'on amenera de tems en
tems

tems, & les exposera chaque fois en vente deux à deux , & la Compagnie pour s'assurer du payement du prix auquel leurs Esclaves seront vendus, pourra stipuler telles conditions qu'elle jugera lui être utiles & convenables.

VIII.

Que le payement des Negres ainsi vendus en public, se fera en trois termes, chaque terme de six mois , reglez selon le tems que les Sucres seront en état d'être livrez, & le payement s'en devra faire précisément en ce tems-là. Et à faute de payement les Débiteurs seront contraints par toutes voyes. Laquelle contrainte pourtant le Gouverneur aura le pouvoir de suspendre, lors qu'il y aura cause legitime de ce faire, dont on fera apparoir, & cela avec l'approbation de Messieurs les Directeurs de la Compagnie.

IX.

Que puisqu'il est nécessairement requis pour le bon établissement de la Colonie, que l'on y augmente avec toute la diligence possible le nombre des Hommes blancs; la Compagnie prendra soin d'y en faire transporter autant qu'il se pourra, & qu'elle le jugera nécessaire.

X.

Que pour cet effet tous les Vaisseaux qui s'en iront d'ici là, seront tenus, si la Compagnie le souhaitte, d'y transporter chacun douze personnes, pour la somme de trente florins pour chaque personne , tant pour le passage , que pour la nourriture, en comptant deux personnes pour une seule s'ils ont moins de douze ans.

XI.

Et afin de continuer fortement ladite Colonie autant qu'il se pourra, & pour procurer aux Habitans & Planteurs, tous les avantages qu'ils peuvent prétendre de leurs peines & travaux, le Negoce & Trafic de Suriname sera ouvert & libre à tous les Habitans de cet Etat, surquoi ils seront obligez de reconnoître la Compagnie, en conformité de l'Octroi qui lui a été accordé, & lui payer par forme de reconnoissance le droit de last contenu dans le quatrième Article , & outre cela seront tenus de donner caution , qu'ils n'iront point sur la Côte d'Afrique , ni aux autres Places où la Compagnie a seule le Privilege de negocier à l'exclusion de tous autres ; & qu'ils retourneront avec leursdits Vaisseaux & chargement dans ces Provinces. Les susdits Vaisseaux ayant payé le droit de last & donné caution , seront munis de Passeports & Commission de la Compagnie, afin qu'ils ne soient point retardez en faveur d'autres Vaisseaux. En outre pour la satisfaction particuliere des susdits Nobles & Puissants Seigneurs les Etats de Zélande , il est ordonné que les Habitans de ladite Province, tant pour l'aller, que pour le retour, & séjour qu'ils feront à Suriname , joüiront des mêmes franchises dans le Commerce

merce & la Navigation, que ceux de Hollande & des autres Provinces, sans y pouvoir être troublez ny inquietez en aucune sorte que ce soit. Mais que sur le fondement de cet Octroi, toutes choses, tant les Charges, que les Privileges, seront égales indifferemment aux Habitans de ces Provinces.

XII.

Que le negoce & le transport des marchandises pour la Colonie ne se pourra faire que directement & à droiture de là ici, & d'ici là, & que tous les fruits & marchandises de là ne pourront être envoyez ailleurs qu'ici. Comme aussi que toutes les choses nécessaires pour la Colonie, ne pourront être envoyées d'ailleurs que de ces Pays, & non d'aucun autre endroit.

XIII.

Et afin que nos Habitans qui trafiquent là, puissent être assurez, que dans la liberté qu'ils ont de naviger de là ici & d'ici là, ils ne seront point troublez par les Vaisseaux de la Compagnie, auxquels elle pourroit donner des avantages à leur préjudice, ladite Compagnie ne pourra entreprendre d'y envoyer plus grand nombre de Vaisseaux que ceux qui seront nécessaires pour le transport des Negres, & pour raporter de là ici les Sucres & les autres marchandises qu'elle aura acquises par la vente des Negres, ou par la levée de ses droits. Ladite Compagnie n'ayant aucun pouvoir de charger les marchandises des Particuliers, sinon seulement dans les Vaisseaux qui y auront porté des Esclaves.

XIV.

Que les Marchands y étant arrivez avec leurs vaisseaux & marchandises, pourront se mettre és lieux qu'ils jugeront les plus commodes & profitables, moyennant que par là ils n'apportent aucune incommodité à la Compagnie, ni aux Habitans; & que par ce moyen la Compagnie ne soit point fraudée de ses droits, sur quoi le Gouverneur & le Conseil feroit des réfléxions exactes.

XV.

Que comme il est libre à chacun de venir dans la Colonie avec sa Famille & ses marchandises, il est aussi permis à chacun, tant à ceux qui y sont déja établis, qu'à ceux qui s'y établiront à l'avenir, d'en partir en tout tems avec leurs Esclaves, Bêtes & autres biens meubles, pour se retirer dans telles Places & Iles qu'il leur plaira. Et que pour faire ce transport, ils pourront louer ou acheter tels Vaisseaux & Barques de passage, qu'ils jugeront nécessaires pour executer leur dessein.

XVI.

Et afin que les Habitans & Planteurs de Suriname, & les Habitans de ces Provinces qui negocieront avec eux, puissent être parfaitement assurez qu'ils joüiront effectivement & à plein desdites exemptions, & que

leurs

leurs Privileges leur feront confervez, le Gouverneur & le Confeil d'Etat
feront tenus fur leur ferment, de prendre bien garde qu'il ne fe faffe aucune infraction là-deffus.

XVII.

Le Gouverneur à qui la principale autorité appartient, fera établi
abfolument par la Compagnie, moyennant que fa perfonne & fon Inftruction foient approuvez par Leurs Hautes Puiffances, defquels &
de Son Alteffe Monfeigneur le Prince d'Orange il recevra fa Commiffion.

XVIII.

Que le Confeil d'Etat fera compofé à prefent pour la premiere fois de
dix Perfonnes, & dans la fuite des tems ce nombre pourra être augmenté, à proportion que la Colonie deviendra plus nombreufe, de maniere que fuivant que les Habitans le fouhaitteront, & que la Compagnie
le trouvera bon, il pourra monter jufqu'à quarante Perfonnes inclufivement.

XIX.

On prendra ces Confeillers d'entre les Habitans, defquels on choifira
les plus confiderables, les plus intelligens & les plus moderez, & ils exerceront cette charge tant qu'ils vivront ; & feront faits à la pluralité des
Voix des Habitans, qui y nommeront un double nombre, dont le Gouverneur fera le choix. Et en cas que quelqu'un d'eux vint à mourir,
ou à fe retirer, on continuera à remplir fa place de la maniere que deffus, jufques au tems que le nombre des Habitans pourroit devenir fi
grand, que cela ne pourroit être pratiqué fans beaucoup de defordre &
de confufion, auquel cas la Compagnie, avec l'approbation de Leurs
Hautes Puiffances, pourra ordonner que ces places foient remplies par
la Nomination que les Confeillers d'Etat en feront annuellement, à un
certain jour à ce deftiné, mais ce changement ne fe pourra faire, que
lors que le nombre des Confeillers fera augmenté pour le moins jufqu'à
trente.

XX.

Combien que le Gouverneur dans toutes les affaires Politiques & Mi-
litaires, doive avoir la principale autorité; fi-eft-ce que dans celles d'importance il fera tenu d'affembler le Confeil, d'y propofer l'affaire, la
mettre en déliberation, & enfuite former la Conclufion, en telle forte
qu'il fera trouvé bon & expedient par la pluralité des Voix ; & le Gouverneur fera tenu de fuivre cette Conclufion, telle qu'elle puiffe être, &
de la faire mettre fidellement en éxecution.

XXI.

Excepté toutesfois que le Gouverneur & le Confeil d'Etat conjointement, & chacun en particulier, feront tenus de fuivre & d'obferver les
ordres

ordres qui leur feront donnez de tems en tems par la Compagnie, dans toutes les affaires qui ne font pas fpecifiées, & nommement exprimées dans ces Articles fondamentaux. Et cela fur le ferment qu'ils ont fait refpectivement à l'entrée de l'exercice de leurs fonctions. De forte que leurs Ordonnances auront lieu feulement dans les affaires contenues dans ces Articles comme Privileges ; & outre plus dans toutes les autres affaires, fur quoi le Gouverneur n'a point reçu d'ordre ou d'inftruction expreffe.

XXII.

Que le fufdit Gouverneur & les Confeillers vaqueront auffi à l'Adminiftration de la Juftice Criminelle.

XXIII.

Pour ce qui eft de la Juftice Civile feparée de la Juftice Criminelle, elle fera adminiftrée par le fufdit Gouverneur avec adjonction de fix Perfonnes, des plus confiderables & intelligentes, que l'on élira de deux en deux ans, tant d'entre les Confeillers d'Etat que d'entre les autres Habitans. Ce qui fe fera de la même maniere que dans les déliberations du Confeil d'Etat, à la pluralité des Voix, & le Gouverneur n'aura qu'une Voix, mais en cas que les Voix fe trouvaffent égales des deux côtez, il fera conclu fuivant l'avis du Gouverneur.

XXIV.

Les fix Perfonnes fufnommées ayant exercé la Juftice pendant deux ans, comme Juges & Confeillers, la moitié d'iceux fe retirera, pour faire place à d'autres qui leur fuccederont dans cet Emploi, pour pendant deux autres années remplir le Siege Judicial, avec le Gouverneur & les trois Confeillers qui feront reftez : lefquels fufdits Confeillers de Juftice feront établis comme s'enfuit. Douze Perfonnes étant nommées pour la premiere fois à la pluralité des Voix nommément par le Gouverneur & le Confeil d'Etat ; & enfuite de deux en deux ans le premier jour de Janvier, fix Perfonnes étant nommées, le Gouverneur en choifira pour la premiere fois fix Perfonnes, & enfuite de deux en deux ans trois Perfonnes, & des anciens Officiers de Juftice trois Perfonnes, pour avec lui comme ci-deffus, adminiftrer la Juftice pendant deux ans.

XXV.

Les fufnommez Confeillers d'Etat tiendront un plus haut rang, & feront en plus grande confideration que les Confeillers de Juftice. Et dans chaque College ceux-là auront la préféance, qui dans la premiere élection fe feront trouvez être les plus vieux. Et dans la fuite ceux qui auront été appellez les premiers à ces Dignitez, avec cette diftinction que les Confeillers d'Etat qui feront faits Officiers de Juftice, tiendront le premier rang devant les autres Officiers de ce College-là.

Les

LE NEGOCE

XXVI.

Les fufdits Confeillers tant d'Etat que de Juftice , exerceront leurs Charges, fans en recevoir aucuns gages ni émolumens, mais feulement pour l'amour qu'ils portent au bien public.

XXVII.

L'entretien de la Fortereffe à la Riviere de Suriname , outre la conftruction , & l'entretien des autres Fortifications qu'il conviendra faire, en cas que l'on le juge néceffaire , fera à la charge de ladite Compagnie , comme auffi le Canon , les Munitions de Guerre, les Gages & Entretiens de la Garnifon, & tout ce qui concerne la défenfe de la fufdite Colonie.

XXVIII.

Les fufdits Directeurs de la Compagnie prendront foin, que les Habitans foient pourvus en tout temps , d'un ou de plufieurs Miniftres de la Parole de Dieu , fuivant que la Conftitution de la Colonie le requerra ; afin que lefdits Habitans foient inftruits dans la crainte du Seigneur, & dans la connoiffance falutaire de la Religion , & qu'ils puiffent participer aux Saints Sacremens comme il eft convenable. Les fufdits Miniftres feront entretenus , non pas aux dépens de la Compagnie, mais aux dépens des Habitans. Surquoi le Gouverneur & les Confeillers ordonneront qu'il foit fait un fonds pour cela , avec l'approbation des Directeurs.

XXIX.

Le Gouverneur & le Confeil fous l'approbation des Directeurs, pourront impofer quelques Charges modiques, pour fubvenir aux frais néceffaires , que les Colleges de Police & de Juftice feront obligez de faire ; enfemble pour l'entretien du fervice de l'Eglife , des Maîtres d'Ecole, & autres chofes , pour autant qu'ils le jugeront néceffaire & utile.

XXX.

Le Gouverneur & les Confeillers ne pourront impofer aucunes charges , finon avec l'approbation de Leurs Hautes Puiffances, & de Meffieurs les Directeurs de la Compagnie , afin que les Habitans puiffent être en repos à l'égard des attentats que lefdits Confeillers pourroient entreprendre.

XXXI.

Le Gouverneur fera tenu de faire ferment de fidelité à Leurs Hautes Puiffances, & auffi aux Directeurs de la Compagnie, & les Confeillers & Magiftrats feront un femblable ferment entre les mains du Gouverneur , fuivant un certain formulaire dont on conviendra. Et les Soldats , Matelots & autres gens de fervice étant aux gages de la Compagnie , feront reçus & prêteront le ferment fuivant l'Article général de la

la Compagnie; les Habitans de la Colonie feront auſſi ſerment de fidelité à l'Etat & à la Compagnie, ſous un formulaire particulier qui ſera reglé ſemblablement, ſuivant l'exemple du ſerment des Bourgeois & Habitans de ces Provinces.

XXXII.

F'inalement, ſi par l'experience de quelques années il ſe trouvoit que
la Colonie fût incommode à la Compagnie, de ſorte que les Directeurs
& principaux intereſſez jugeaſſent, que ce ſeroit une affaire préjudiciable & ruineuſe à la Compagnie d'entretenir davantage ladite Colonie.
En ce cas, il ſera permis aux Directeurs de pouvoir faire un deſiſtement,
en abandonnant ladite Colonie. Et alors ce ſera à l'Etat d'en prendre le
ſoin, comme étant tenu d'y mettre ordre, ſans que ladite Compagnie
s'en mêle davantage.

C'eſt-pourquoi, nous mandons & requerons, enjoignons & ordonnons à tous & chacun à qui cela peut toucher, qu'ils faſſent joüir plei-
nement & parfaitement de notre préſent Octroi, & de tout le contenu
en icelui, comme auſſi des libertez & exemptions couchées ci-deſſus,
tant ladite Compagnie des Indes Occidentales, que ceux qui ſe ſont déja établis dans la Colonie, ou qui pourroient s'y établir à l'avenir, ſans
leur donner ni permettre qu'il leur ſoit donné aucun trouble ni empê-
chement; Car c'eſt là notre véritable & ſérieux ſentiment. Donné à
la Haye, ſous le grand Sceau de l'Etat, la Paraphe de Monſieur le Pré-
ſident de notre Aſſemblée, & la Signature de notre Greffier, le 23.
Septembre 1682. Ainſi Paraphé *A. Gerlacius*. Et plus bas, par l'Ordonnance de Leurs Hautes Puiſſances Meſſieurs les Etats Généraux, ſigné *H. Fagel*, avec le ſceau de Leurs Hautes Puiſſances en cire rouge,
en lacs de ſoye rouge.

Marchandiſes & Denrées qu'on envoye d'Amſterdam aux Colonies de Surinam & de Curaçao.

Des Briques pour bâtir des maiſons, & des Eſſentes ou pieces de
bois, en forme d'Ardoizes pour couvrir les maiſons ou cazes.

Des Cloux de toutes les ſortes, des Serrures, des Pentures, des Ver-
roux & toutes ſortes de fer ouvragé, mais on prefere tous les ouvrages
de cuivre qui peuvent faire le même ſervice, parce que le fer s'y rouille
facilement.

Des Quincailleries de toute ſorte, comme Cadenats, Cizeaux, Bou-
cles, Miroirs grands & petits, du Corail rouge &c.

Des Haches, des Serpes & toute ſorte d'inſtruments à remuer la terre,
& pour Tonneliers, Charpentiers & Maſſons.

Des

Des Chaines de fer pour attacher les bateaux de 8. à 10. pieds de long avec leurs Cadenats.

Des Pots ou Marmites de fer, des Cannes ou Cruches de terre.

Des ouvrages de Cuivre, comme Caffetieres, Pots à Thé, Chandeliers, Chauderons & Baffins.

Des Eguilles, des Epingles, des Verres à Biere & à Vin, & des Cartes à jouër.

Des Epiceries, comme Poivre, Gerofle, Mufcade, Macis, &c.

Des Raifins fecs, des Prunes, du Ris, du Caffé, du Thé &c.

Du Lard & du Bœuf falé en barils, du Beure, & des Fromages.

Des Chandeles de fuif, & à Curaçao des Chandeles & Bougies de cire blanche.

Du Savon blanc & marbré.

Du Papier & des Livres à écrire, & autres papiers à plier.

De l'Huile d'olive, & des Huiles pour les lampes.

De la Poudre & du Plomb à gibier.

Des Vins rouges & blancs, de l'Eau de vie, & de la Biere.

Des Dantelles, des Rubans, & toutes fortes de galanteries.

De petites Etoffes de laine & des Etoffes de foye legeres.

Des Toiles tant de Hollande que de Silefie.

Des Toiles peintes de toutes fortes.

Des Mouffelines, Batiftes & Gazes de toute forte.

Des Boutons d'or, d'argent, de cuivre ou de metal, de poil de Chameau & de foye.

De la Soye & du Fil à coudre.

Des Chapeaux, des Bas de fil, de foye & de laine.

Des Souliers & des Pantoufles pour hommes, pour femmes & enfans.

Des Evantails, des Coiffes & Coifures, des Gands pour hommes & pour femmes, & enfin tout ce qui peut fervir aux ameublements, & à la commodité de la vie.

On n'a tiré jufques à prefent prefque que des Sucres de Surinam qui y valent ordinairement depuis 6. à 7. duites jufques à 12. à 15. duites la livre, il en vient aufii de petits Citrons & Oranges confits, quelque peu de Rocou, & quelques Banilles qui font fort groffes & bien nourries, mais elles ne font pas fi bonnes que celles qui viennent des Indes Efpagnoles. Au refte on affure que depuis environ 3 ou 4 ans on y a planté du Caffé qui y croit fort bien, & qui eft aufii bon que celui qui vient du Levant.

On tire de Curaçao, du Cacao de Caraques qui eft le meilleur, des Cuirs fecs, du Bois de Ste. Marthe, des Sucres, des Piaftres, de l'Indigo, des Noix de Coco, de bon Tabac en Canaftes &c.

Les

Les Ecritures se tiennent à Surinam en florins, sols, & penins; mais à Curaçao on parle plus par piaftres ou pieces de huit reaux, que par florins: mais les Poids & les Mesures font les mêmes qu'à Amfterdam.

La fortie & l'entrée des marchandises qu'on envoye d'Amfterdam dans ces deux Colonies ne coûte que 30. fols pour le Paffeport.

Lors qu'un navire eft revenu de Surinam, le Proprietaire le fait entierement décharger, & fait mettre tous les Sucres dans un magazin où il les fait pefer, après quoi il envoye un Compte à celui auquel ils font adreffez, contenant le poids de chaque barique & à quoi monte le fret du tout en rabatant 14. pour cent pour la tare des bariques, parce que le fret en eft conditionné à tant de duites par livre.

Mais lors qu'un navire eft arivé de Curaçao, c'eft la Compagnie qui le fait décharger & qui a le foin d'en faire recevoir le fret, & de le payer en fuite au proprietaire du navire.

Les Actions de cette Compagnie font de 1000. Livres de gros de Capital qui font 6000. florins argent de Banque, elles fe vendent & fe tranfportent, comme je l'ai dit au chapitre précedent, de la même maniere que celles de la Compagnie des Indes Orientales. J'ai déja dit dans le même chapitre qu'elles ont été pouffées en l'année paffée 1720. jufques à 650. pour cent, à caufe des nouvelles foufcriptions qu'elle a faites fur le pied de 250. pour cent, mais la chute de toutes les Actions en général les a reduites à 108 & 110. pour cent. Voici l'Etat des Repartitions qu'elle a faites depuis fon nouvel Etabliffement.

en 1679	- - - -	2		Argent.
1682	- - -	8		Argent.
1684	- - -	6		Obligations.
1687	- - -	10		Obligations.
1691	- - -	5		Obligations.
1692	- - -	8		Argent.
1693	- - -	5		Obligations.
1695	- - -	4		Argent.
1697	- - -	5	pour cent en	Argent.
1699	- - -	5		Argent.
1700	- - -	5		Argent.
1702	- - -	4		Argent.
1704	- - -	5		Argent.
1705	- - -	4		Argent.
1708	- - -	5		Recipicez.
1710	- - -	4		Argent.
1712	- - -	5		Argent.

en

en 1714 - - - 4 ⎫ ⎧ Argent.
1716 - - - 6 ⎬ pour cent en ⎨ Argent.
1717 - - - 4 ⎭ ⎩ Argent.

Et cette Année 1721. on doit faire une repartition de 4. pour cent en Argent.

CHAPITRE XXI.

De la Pêche de la Baleine, & du Commerce au Détroit de Davis.

LA Pêche de la Baleine se fait dans la Mer Glaciale entre les Côtes de Groenland & Spitsbergen & dans le Detroit de Davis. Cette Pêche n'est pas également bonne tous les ans, car il y a des années dans lesquelles les vaisseaux qui y vont, raportent 4 à 5. Baleines l'un portant l'autre, & d'autres qu'ils n'en portent pas plus d'une, l'un portant l'autre, ce qui selon la croyance des gens les plus experimentez à cette Pêche, dépend beaucoup de la rigueur du froid qu'il a fait pendant l'hiver dans ces mers, où il se trouve même dans les mois de Juin & de Juillet une si grande quantité de glaces, qu'elles empêchent souvent les vaisseaux d'aprocher des endroits où se tiennent ordinairement le plus de Baleines, en forte qu'ils sont obligez de s'en retourner ou vuides ou avec une mauvaise Pêche, après avoir battu la mer pendant 2. ou 3. mois.

Il part tous les ans pour cette Pêche autour de 250. navires, tant d'Amsterdam que de Rotterdam, Hoorn & Enchuysen, que de quelques villages voisins. Ces navires sont d'ordinaire du port de 2 à 300. Tonneaux, & prennent avec eux un Equipage proportionné au nombre des Chaloupes qu'ils ont. Chaque vaisseau a d'ordinaire 4, 5, 6 ou 7. Chaloupes, & l'on compte 6 ou 7. hommes par Chaloupe. Les Equipages sont payez par mois suivant l'emploi qu'ils ont: les Rameurs ont depuis 18 à 20. florins, les Harponeurs 50 à 60. & le Commandeur qui est le Maitre ou le Capitaine, en a depuis 100. jusques à 120. par mois, & outre cela l'Equipage se reserve quelquefois un droit sur chaque Baleine qu'il prend.

Il y a plusieurs Marchands qui équipent eux seuls 2, 3 ou 4. navires tous les ans pour cette Pêche; mais comme il ne convient pas à tous ceux qui veulent y risquer quelque chose, de faire de gros debours, on trouve fort facilement à s'interesser pour telle portion que l'on veut dans un ou plusieurs navires, parce qu'il y a des gens qui font construire, ou qui fretent des vaisseaux à leur risques pour en avoir la direction & en donner des portions à ceux qui en veulent. Ces portions sont d'ordinai-

re

re d'un quarante - huitieme, d'un trente - deuxieme, d'un feizieme, ou plus groffes.

Les vaiffeaux qui vont pêcher dans le Détroit de Davis partent d'Amfterdam lors que la faifon le permet, vers la fin de Fevrier, mais ceux qui vont en Groenland ne partent qu'à la fin d'Avril ou au commencement de Mai. Le Teneur de Livres qui eft celui qui a la direction du navire, a le foin conjoinctement avec le Commandeur de faire toutes les provifions neceffaires tant pour le voyage que pour la Pêche, & quelques jours avant le départ du navire il avertit tous ceux qui y ont interêt, de s'y trouver un tel jour pour faire la revuë de l'Equipage, & donner les ordres neceffaires pour le voyage ; & après que le navire eft parti, il donne un compte général aux intereffez, & chacun lui paye fa portion. Enfuite lors que le navire eft de retour il a le foin de payer l'Equipage, & de vendre le lard & les fanons de Baleine qu'il a aportez, & quand tout eft fini il en fournit de même un compte général aux Intereffez auxquels il paye à chacun fa portion, lors qu'il y a du benefice, ou s'il y a de la perte chacun des Intereffez lui paye au prorata de fa portion.

Les vaiffeaux qui partent de Hollande pour Groenland arivent d'ordinaire dans un mois ou 6. femaines près des Glaces où fe fait la Pêche, & alors ils fe feparent, & l'un va d'un côté & l'autre de l'autre, & quoi qu'il dépende beaucoup d'avoir un Commandeur bien experimenté, qui fache bien les endroits où il y a d'ordinaire le plus de Baleines, & d'avoir d'habiles Harponeurs, il dépend cependant encore plus du bonheur ou du hazard de trouver les Baleines. Lors qu'un navire eft arivé à la hauteur où fe fait la Pêche, on met toutes les chaloupes dans l'eau pour être prêtes à voguer au premier cri d'un Matelot qui fe tient fur la Hune du navire pour découvrir de plus loin. Lors qu'il aperçoit une Baleine il en avertit l'Equipage, & chacun faute dans fa chaloupe, & elles voguent toutes enfemble vers la Baleine, il y a ordinairement 6. hommes dans chaque chaloupe & quelquefois fept, & on ne laiffe que 2 ou 3. hommes fur le navire pour le gouverner. Lors qu'à force de rames les chaloupes ont aproché la Baleine, le Harponneur qui fe tient toûjours fur le devant de la chaloupe, fe leve & lui lance le Harpon qui eft un gros Javelot attaché à une corde groffe d'environ un pouce & longue de 5 à 6. braffes, qui eft fort fouple ; à celle-là en eft attachée une autre plus groffe qui a depuis 100 à 120. braffes de longueur. Cette corde eft rangée dans la chaloupe en un rouleau, d'une maniere que rien ne la puiffe empêcher de couler, lors que la Baleine s'enfonce dans la mer, quand elle fe fent bleffée, car elle coule fouvent à fond, ou s'enfuit avec une fi grande rapidité, que fi la corde s'acrochoit à quelque chofe de la chaloupe, elle l'entraineroit à fond avec tout ce qui y feroit dedans, & il faut auffi lorfque la Baleine s'enfonce ou s'enfuit avec tant

Hhh de

de viteffe, que le Harponneur mouille continuellement l'endroit du bord de la chaloupe fur lequel la corde paffe, de peur que le mouvement rapide n'y mette le feu. Il y a ordinairement 6 ou 7 pareils rouleaux de corde dans chaque chaloupe, que l'on atache l'un à l'autre, afin de laiffer à la Baleine tout le tems de perdre fes forces. Lorsque l'on voit que la Baleine ne tire plus la corde, c'eft figne ou qu'elle eft morte ou du moins qu'elle a perdu toutes fes forces, & alors on la retire fur l'eau en rengeant toûjours la corde d'une maniere à pouvoir la laiffer filer de nouveau, fi la Baleine fait encore quelque effort, & lors qu'on l'a retirée fur l'eau, & qu'elle eft morte, les chaloupes s'attachent l'une à l'autre, & à force de rames ils l'amenent jusques au navire, auquel on l'attache, on en ôte enfuite le lard ou la graiffe que l'on coupe en petits morceaux que l'on met dans les quarteaux, pour le faire fondre en huile, lorsque l'on eft de retour en Hollande.

Il y a des Baleines beaucoup plus groffes & plus graffes les unes que les autres, car il s'en prend entre le *Noord Caap* ou Cap du Nord & Spitsbergen qui ne rendent que depuis 10. jufques à 30. quarteaux de lard, mais près de Spitsbergen il s'en trouve communement de 50 à 60. pieds de long, qui rendent depuis 60 à 90. quarteaux de lard, on dit même qu'il s'en eft trouvé qui en ont rendu jufques à 130. quarteaux.

La peau fuperficielle des Baleines eft fort mince & s'arrache auffi facilement que la peau d'une jeune branche de faule; après celle-là on en trouve une autre qui a environ un pouce d'epaiffeur, mais comme elle n'eft propre à rien, parce qu'elle fe déchire facilement lors qu'elle eft feche, on la jette, après cette peau fe trouve le lard qui eft de l'épaiffeur de 5 ou 6 pouces plus ou moins felon qu'elles font grandes ou graffes, l'endroit le plus gras & où le lard eft plus épais eft aux nageoires, où il eft fouvent épais d'un pié, & à la babine inferieure qui a deux pieds de lard.

Les fanons de Baleine fe tirent de la partie fuperieure de fa gueule, où il s'en trouve jufques à 4 ou 500. tant grands que petits: après le lard fe trouve la chair de ces Animaux qui n'eft bonne à rien, excepté celle qui eft près de la queüe que les gens de mer mangent quelquefois pour épargner leurs provifions.

Lors qu'un navire a été affez heureux que d'avoir pêché des premiers la charge entiere de lard & de fanons de Baleine, & qu'il veut s'en retourner, il arbore fon grand Pavillon, pour avertir de fon départ les autres navires qui le voyent, lesquels leur donnent des lettres pour leurs Bourgeois, mais lors qu'ils n'ont pas le tems d'écrire ou qu'ils ne peuvent pas s'aprocher affez pour fe faire entendre, ils font figne avec le chapeau combien de Baleines ils ont prifes, dont le Commandeur du navire qui part, fait une lifte qui fe publie d'abord qu'il eft arivé au lieu de fa deftination.   Pen-

Pendant que les vaiſſeaux ſont à la Pêche, il ſe fait à Amſterdam d'aſſez groſſes gageures ſur le nombre des Baleines que la Flote raportera, on donne & on tire auſſi beaucoup de Primes pour livrer ou pour recevoir les fanons & l'huile de Baleine à un certain prix pendant les mois d'Octobre, de Novembre, & de Decembre, & ceux qui ont le bonheur de donner des Primes à propos, font aſſez ſouvent des profits conſiderables, car ces deux ſortes de marchandiſes ſont devenuës ſi neceſſaires, que lorſque la Pêche eſt mauvaiſe, l'une & l'autre augmentent quelquefois de 50. pour cent & de plus.

Outre les vaiſſeaux qui vont exprès pour la Pêche de la Baleine au Détroit de Davis, il y va tous les ans 25 ou 30. petits bâtimens comme Hockers ou Dogres, Galliotes & autres de 50, 60 à 70. Tonneaux, qui vont le long des côtes dudit Detroit pour negocier avec les Sauvages qui y habitent. Les Cargaiſons de ces bâtimens conſiſtent en

Quelques Planches du Nord,
Des Chauderons & Baſſins de cuivre,
Des Haches, des Couteaux,
Des Chemiſes de toile bleuë,
Et quelques Quincailleries & Merceries.

Ces Vaiſſeaux mettent à l'ancre dans quelque Baye frequentée des Sauvages, qui ne manquent pas de venir à bord auſſi tôt qu'ils ont découvert un navire, où ayant vu les marchandiſes que le Capitaine leur montre, ils s'en retournent à terre, & reviennent le lendemain avec leurs femmes pour choiſir ce qui leur convient le mieux, & offrent en échange de ce qui leur plait, des Peaux, comme Peaux de Veaux Marins, de Renards, d'Ours & quelques autres, des Fanons & de l'huile de Baleine, & d'autres Poiſſons qui ſont toutes les marchandiſes que ces vaiſſeaux raportent de ce Pays-là. Les Sauvages de cette côte paroiſſent aſſez bonnes gens lors qu'ils craignent l'Equipage d'un navire, mais un Capitaine doit bien prendre garde de n'en laiſſer pas venir plus de 10 ou 12 à la fois ſur ſon bord, & de tenir les autres écartez juſques à ce que ceux-là en ſoient ſortis, car ils ſont grands voleurs, & ne manqueroient pas de ſe rendre maîtres du vaiſſeau s'ils pouvoient; ils ſont outre cela Antropophages, ce qui fait que les Equipages n'oſent guere aller à terre, car ſi quelque matelot tomboit entre leurs mains ils ne manqueroient pas de le tuer & de le manger, & à ce propos je ne ſaurois me diſpenſer de raporter une hiſtoire tragique qui arriva il y a 5 ou 6 ans, de l'Equipage d'un vaiſſeau qui fit naufrage ſur les côtes de ce pays là: 7 ou 8 matelots s'étant ſauvez à terre, furent aſſaillis par une troupe de ces barbares qui les prirent tous à la reſerve de trois qui eurent aſſez de force pour s'enfuir; ceux qui furent pris furent d'abord conduits dans les habitations de ces barbares pour leur ſervir de pâture, & les 3 autres ayant échapé à leur pourſuite & ne ſe croyant pas

Hhh 2

en

en fureté à terre fe refugierent fur un rocher affez éloigné de terre pour n'en être point aperçus. Ces pauvres malheureux n'ayant rien pour fub-fifter, voulurent prendre le tems que la mer étoit baffe pour chercher fur un peu de fable que la mer laiffoit découvert, s'ils trouveroient quel-que coquillage pour fe nourrir, mais le malheur voulut qu'ils n'y trouve-rent pas la moindre chofe, & que l'un d'entre eux voulant décendre au pied du rocher, tomba du haut en bas & fe tua, ce qui fut un grand furcroit d'afliction pour les 2 autres, qui par bonheur pour eux s'avife-rent de l'enterrer dans le fable, tandis que l'eau étoit encore baffe, après quoi ils retournerent fur le rocher dans l'efperance qu'ils verroient paffer quelque navire auquel ils fairoient figne de les venir prendre. Ayant paffé quelques jours de la forte & à chercher quelque chofe pour fe nourrir, tandis que la mer étoit baffe, & fans rien trouver, ils refolurent enfin de deterrer le cadavre de leur camarade & de s'en repaître, pour prolonger leur vie tant qu'ils pourroient, ils en avoient déja mangé pendant 4 jours lorf-qu'un petit Dogre de 70. Tonneaux nommé l'Anne Galere, (dans lequel j'avois pour lors un quart d'interêt) commandé par Cornelis Groenen-dyk, paffa heureufement près du rocher où étoient ces miferables, qui fi-rent d'abord un fignal pour qu'on les fût tirer de la dure extremité où ils étoient reduits, ce que notre Capitaine ne manqua pas de faire, & il les ramena tous deux fains & faufs dans cette ville.

CHAPITRE XXII.

Du Commerce de Mofcovie, dont le principal fe fait avec Archangel.

IL fe fait un Negoce très-confiderable entre Amfterdam & Archangel, ville de Mofcovie fituée fur la Riviere Dweyna ou Dwyna qui fe de-charge dans la Mer Blanche à 7 ou 8 lieuës au deffous d'Archangel. Il part tous les ans autour de 60 ou 80. gros vaiffeaux d'Amfterdam pour ladite ville; il en part d'ordinaire 5 ou 6 dès le commencement de Mai, mais le gros de la Flote ne part qu'à la fin de Mai ou au commencement de Juin. Les premiers n'ont point d'efcorte, mais les derniers font efcor-tez en tems de guerre de 3, 4 ou 5. navires de guerre, & en tems de paix feulement d'un ou de deux. Il feroit inutile que ces vaiffeaux par-tiffent plûtôt, parce qu'ils ne peuvent arriver à Archangel que dans le mois de Juin, les glaces n'étant fonduës dans ces mers froides que dans ce temps-là, & ils revienent d'ordinaire à Amfterdam dans les mois d'Octo-bre ou de Novembre.

La foire commence à Archangel le premier de Septembre, & ne finit que lorfque les glaces font affez fortes pour pouvoir en tranfporter les

mar-

marchandifes fur la glace, à Moſcou & dans les Provinces voiſines, ce qui va quelquefois juſques à la fin du mois de Decembre, ou au commencement de Janvier.

Le plus grand commerce d'Archangel ſe faiſoit autrefois en troc des marchandiſes, les unes contre les autres, & quelquefois on payoit auſſi celles de Moſcovie partie en argent & partie en marchandiſes venuës de Hollande, mais à préſent ils aiment mieux les vendre argent comptant & les donner à quelque choſe de moins, c'eſt pourquoi ceux qui peuvent y envoyer de l'argent en eſpece trouvent ſouvent mieùx leur compte que ceux qui y envoyent des marchandiſes. Autrefois ce commerce étoit beaucoup meilleur qu'à preſent, parce qu'il n'y avoit guere que les Hollandois qui le fiſſent, mais depuis que les Anglois y vont, les Moſcovites de ce quartier-là que l'on apelle communent Ruſſes, ſe tiennent plus fiers avec leurs marchandiſes. D'ailleurs depuis 8 ou 10. ans quelques Marchands d'Amſterdam non contents du profit qu'ils faiſoient ſur les marchandiſes qu'ils recevoient d'Archangel, & qu'ils envoyoient enſuite dans la Mer Mediterranée, ſe ſont aviſez de faire aller leurs vaiſſeaux & leurs marchandiſes à droiture d'Archangel à Genes, à Livourne & à Veniſe, ce qui, ſuivant mon opinion, fait un grand grand tort à ce commerce en général, & à l'Etat en particulier, qui ſe voit fruſtré par là des Droits d'entrée & de ſortie que ces marchandiſes payeroient ſi elles paſſoient par ce Pays comme autrefois.

Marchandiſes qu'on tranſporte de Hollande en Moſcovie.

Des Ducats d'Or.
Des Rixdalles vieilles.
Du Papier à écrire & pour l'impreſſion. } L'on peut avoir pour ceci telles marchandiſes qu'on veut.
Des Etoffes de ſoye de toutes ſortes.
Des Draps d'or & d'argent.
Des Draps de laine de toutes les couleurs.
Des Etoffes de laine de toutes ſortes.
Des Caſtors de Canada neufs, c'eſt-à-dire de ceux qui n'ont point été portez par les Sauvages, qui ayent la peau mince & le poil long & ſerré.
De l'Eau de vie.
Des Vins rouges & blancs.
De l'Etain & du Plomb.
De la Ceruſe & toute ſorte de teintureries communes.
De l'Indigo. De l'Encens. Du Soufre. De la Couperoze.
De toute ſorte d'Epiceries, & particulierement du Poivre & du Gingembre.

Des

Des Merceries & Quincailleries.

Des Bois du Brezil, & de St. Marthe & autres bois de Teinture.

Du Haran de la premiere pêche.

Des Perles à l'once & à la piece.

Des Diamans.

Des Fils d'or & d'argent.

Des Dentelles.

Des Bagues & de toute forte de Bijouterie.

Et quantité d'autres fortes de marchandifes, qu'il feroit trop long de décrire par le menu. Ceux qui n'y ont jamais envoyé, s'adreffent le plus fouvent aux Capitaines de navire qui y vont tous les ans, qui font au fait de ce commerce, & favent ordinairement quelles marchandifes y feront les meilleures; beaucoup de gens leur en donnent même en commiffion, & quelques-uns en rendent très-bon compte.

Marchandifes que l'on porte d'Archangel à Amfterdam.

Presque de toutes fortes de Peaux & de Fourreures, comme Martes-Ze-belines, Petit-gris, Peaux d'Ours, de Renard, de Lievre, de Loup, de Bouc, des Peaux de Caftor que l'on apelle graffes, parce qu'on les a por-tées, & qu'elles font engraiffées par la fueur des Mofcovites qui s'en ha-billent & mettent le poil en dedans.

Des Aumuffes de Poil.

Du Chanvre.

Des Mâts de navire, plus eftimez que ceux de Norwegue.

Du Froment & du Seigle fec.

Du Goudron.   Des Cendres dites Weedas & Potas.

Des Vaches de Ruffie, dites Cuir de Rouffi.

Des Cuirs fecs & falez.

Du Suif & des Chandelles.

De la Cire jaune.

Du Poil de Porc, ou Soye de Cochon pour les Cordonniers.

De l'Huile de Baleine & de Chien marin.

Des Peaux de Chien marin.

De la Colle de Poiffon.

Du Caviar.   Des Anchois.

Des Mattes pour embaler.

Du Saumon falé & fumé, la feule charge d'un vaiffeau qui par Contraﬆ va le prendre dans la Riviere de Cola, & quantité d'autres mar-chandifes.

Des

Des Droits d'Entrée & de Sortie.

On paye à Archangel cinq pour cent d'entrée de toutes les marchandises qui s'y transportent à l'exception des Vins & des Eaux de vie, dont les Droits d'entrée se payent sur le pié de l'estimation qu'en font les Fermiers du Czar; l'on paye aussi cinq pour cent pour la sortie de celles que l'on y achete pour faire les retours. Mais lorsque l'on déclare que les marchandises qui entrent, sont pour vendre sur le lieu & pour en faire le retour en marchandises, alors on ne paye ce Droit de cinq pour cent que de la partie qui monte le plus. Par exemple si l'on a declaré une marchandise en entrant pour cent *Roubles* ou *Roebels*, & qu'en déclarant celle que l'on renvoye en retour pour cent cinquante Roubles, on ne paye que le Droit de 150. Roubles, ou seulement le Droit du surplus de ce que l'on a payé en entrant.

Mais si les marchandises vont plus loin qu'Archangel, ou si elles y viennent de plus loin pour en être transportées, elles payent dix pour cent tant d'entrée que de sortie.

Des Mesures, des Monnoyes & des Ecritures de Moscovie.

Les marchandises qui se vendent au Poids se vendent par *Poet ou Poede* qui pese 40. ℔. d'Archangel, & fait 32 à 33. ℔. d'Amsterdam, & les marchandises grossieres, comme les Chanvres & les Potasses, s'y vendent par *Berkewits* qui fait 10. Poedes ou 400. ℔. d'Archangel, & par consequent 320 à 330. ℔. d'Amsterdam, & non 125. comme on l'a marqué dans la précedente Edition de ce Livre.

Le Rouble vaut 100. Kopeyties & le Kopeytie vaut 2. Moscosques.

Le Rouble se divise aussi en 10. Grives, & la Grive en 10. Kopeyties ou en 20. Moscosques.

Autrefois les Rixdales de Banque y valoient depuis 52. jusques à 54. Kopeyties, parce qu'un Kopeyke valoit environ un sol d'Hollande, mais depuis que le Czar a augmenté ses monnoyes, elles en valent davantage, puis qu'à présent le Change d'Archangel sur Amsterdam n'est qu'à 56. sous argent courant pour un Rouble d'Archangel, ce qui n'est que 100. kopeyties pour 56. sous d'Hollande.

Les Ecritures se tiennent à Archangel en Roubles, Grives & Moscosques, & l'on y suit le vieux stile.

Les 14. Rixdales de Banque pesent justement une ℔. à Archangel, lorsqu'elles ont tout leur poids. On ne payoit autrefois les droits qu'en
Rix-

Rixdales de Banque, mais à prefent on les paye en toutes fortes d'efpeces, & même en Barres d'argent, mais fi les Rixdales qu'on y paye font
legeres, & que les 14. ne pefent pas une livre, il faut y en ajoûter pour
faire le poids.

On tire beaucoup de lettres de Change d'Archangel fur Amfterdam
pendant les mois de Septembre & d'Octobre, qui eft le tems du plus
grand commerce, elles font ordinairement à un mois de veuë, ou payables au dernier de Decembre, mais on n'en tire guere d'Amfterdam fur
Archangel, où les lettres de Change ne font point privilegiées comme
par tout ailleurs, mais font regardées comme de fimples Obligations, il
n'y a pas non plus des jours de faveur.

Il fe fait auffi un affez grand commerce entre Amfterdam & Mofcou
qui eft la Capitale de toute la Mofcovie, l'on y envoye à peu près les
mêmes marchandifes qu'à Archangel, & on en raporte auffi les mêmes
qui viennent d'Archangel: le commerce qui fe fait avec Mofcou fe fait
pour la plûpart par la voye d'Archangel.

CHAPITRE XXIII.

Du Commerce de Norwegue.

LEs Principales Villes de la Norwegue où fe fait le plus grand Commerce font

Chriftiania.	Jedder.
Cooperwyk.	Stafanger.
Laarwyk.	Bergen.
Mardou.	Romsdal.
Vlekeren.	Dronthem.

Je comprens toutes ces Villes enfemble auffi bien que plufieurs autres
qui font fur les côtes de Norwegue que je paffe fous filence, parce
qu'on envoye d'Amfterdam dans toutes les Villes de cette côte à peu près
les mêmes marchandifes, & que l'on en retire auffi à peu près des mêmes fortes.

En tems de paix les Navires deftinez pour les Villes ci-deffus, partent quand ils veulent, & lors qu'ils font prêts, fans Convoi; mais en
tems de guerre ils ne partent qu'en flote de cent 150 ou 200. Vaiffeaux
fous l'efcorte de quelques Vaiffeaux de guerre.

L'argent eft fort rare dans la plûpart de toutes ces villes, fur tout
dans celles qui font les plus avancées vers le Nord, & c'eft pour cela que
l'argent en efpece eft la meilleure marchandife qu'on y puiffe envoyer,
car

car quoiqu'on y puiſſe avoir des marchandiſes du cru du Pays en troc à un prix raiſonnable, on peut encore les acheter à beaucoup meilleur marché en les payant en argent comptant, les Eſpeces que l'on y en-voye le plus ſont des vieilles Rixdales & des Ducats.

Marchandiſes qui ſe portent d'Amſterdam dans les Villes de Norwegue.

Des Vins blancs en aſſez grande quantité, mais peu de rouges.
Des Eaux de vie, & de toute ſorte de liqueurs qui ſe font avec l'Eau de vie.
Du Vinaigre.
Du Sel de France & de Portugal.
De toutes ſortes d'Epiceries.
Des Sucres, du Ris, des Amandes, Raiſins & Prunes.
Du Tabac en gros & en petits rouleaux.
Du Fromage.
Des Draps fins, des Bayes, des Serges &c.
Quelques Etoffes de Soye, des Bas de Soye & de Laine.
De toute ſorte de Teintureries.

Marchandiſes qu'Amſterdam tiré des Villes de Norwegue.

Des Mats de Navire, dont les petits ſe tirent de Chriſtiania, & des Planches de Sapins qui ſont très-belles, il en vient auſſi du côté de Dron-them.
Du Goudron qui ſe tire de Bergen, mais peu, & il ne vaut pas celui de Suede à cauſe de l'humidité de ſa futaille.
Du Suif qui ne vaut pas celui de Moſcovie.
Des Peaux de Bouc dont on fait le Maroquin.
Du Mairin & du Bordillon.
Du Stokviſch ou Poiſſon ſec en grande quantité.
Du Cuivre qui va quaſi du pair avec celui de Suede, mais il eſt un peu plus aigre, les mines en fourniſſent environ 2000. Schipponds tous les ans, ce qui fait 660000. ℔. poids d'Amſterdam.
Quantité de Poutres, de Perches, & de Bois à brûler.
Ce ſont ordinairement les Maîtres ou Capitaines des Navires que l'on envoye dans ces Ports, qui ont le maniment de ce commerce, ils ven-dent ou troquent les marchandiſes qu'ils y aportent, & prennent pour le retour celles qu'ils y trouvent ou qu'ils ſavent convenir le mieux. Que s'ils

ne

ne trouvent pas à negocier dans le Port où ils font, ils vont de l'un à l'autre, jufques à ce qu'ils ayent leur charge.

Les Ecritures fe tiennent à Bergen en Rixdales, Marcs, & Schellings Danois, ou Dantz.

Une Rixdale y vaut 6. Marcs Danois.

Un Marc y vaut 16. Schellins Danois.

Et à Cooperwyk, Laarwyk, Mardou, Vlekeren, Jedder, Stafanger, Romsdal & à Dronthem, les Ecritures fe tiennent en Rixdales, Oorts & Schellings Danois ou Dantz.

La Rixdale y vaut 4. Oorts. Et l'Oort y vaut 24. Schellings Danois.

Le Schippond qui eft le Poids auquel fe vendent la plûpart des marchandifes, eft de 300. ℔. qui rendent 315. ℔. à Amfterdam, ainfi 105. ℔. d'Amfterdam font 100. ℔. desdites Villes, & 100. ℔. d'Amfterdam font 95$\frac{1}{4}$ ℔. desdites Villes.

10. Aunes d'Amfterdam font 11. Aunes desdites Villes.

C H A P I T R E XXIV.

Du Commerce de la Mer Baltique.

IL y a quantité de Villes fur les bords & près des côtes de la Mer Baltique, qui font un negoce fort confiderable avec la Hollande qui employe pour ce commerce en tems de paix du moins mille à 1200. navires tous les ans. Les navires qui partent d'Amfterdam pour aller dans cette Mer partent quand ils veulent, & quand ils font prêts en tems de paix, mais en tems de guerre ils ne partent qu'en Flotes fous l'efcorte de quelques Vaiffeaux de guerre. Les principales Villes ou fe fait le commerce font les fuivantes à commencer par le Sond qui eft le Détroit par lequel les Vaiffeaux entrent dans la Mer Baltique.

Elfeneur.		Norkoping	
Helfingborg.		Nykoping	
Coppenhague.	Toutes ces Villes font de la domination du Roi de Danemarck.	Stokholm	à la Suede.
Landskroon.		Toorn	
Nykoping dans l'Ile de Falfter.		Abo	
Udfeda.		Wybourg,	en Finlande.
Ahuys.		Nerva	
Chriftianftad.		Revel	dans la Livonie.
Chriftianopel.		Riga	
Calmar		Mittaw	en Courlande.
Wefterwyk	en Gotlande	Windaw	

Li-

D'AMSTERDAM. 435

Libau }en Courlande.
Memel

Coningsberg }en Pruſſe.
Dantzick

Wolgaſt }en Pomeranie.
Stetin

Stalſond, en Pomeranie.
Roſtok }dans le Meklenbourg.
Wiſmar

Lubec, dans le Duché de Holſtein.
Flensbourg, dans le Duché de Sleswik.

Tous les navires qui paſſent par le Sond ſont obligez de s'arrêter à Elſeneur pour payer les droits de paſſage aux Commis du Roi de Danemark. Les vaiſſeaux Hollandois qui vont & viennent de la Mer Baltique doivent payer les droits ſur le pié du Tarif ſuivant qu'il a été accordé entre la Danemarck & la Hollande le 13. Août 1645. & renouvellé pour 20. ans le 15. Juin 1701.

T A R I F

Des Droits que doivent payer les Navires Hollandois en paſſant par le Sond.

Poiſſon & Marchandiſes graſſes & ſalées.

Beure le Laſt.
Miel, le Laſt ou les huit aams. }une Rixdale & un Oort

Lard, le Schippont. trois Rycksoort.
Fromage, le Schippont. une demi Rixdale.

Graiſſe de Vache, le Laſt.
Huile de Baleine, le Laſt ou les huit quarteaux. }trois Rycksoort.

Sel d'Eſpagne, le Laſt.
Sel de France, le Laſt. }demi Rixdale.

Chair ſalée, le Laſt. trois Rycksoort.
Haran, le Laſt. demi Rixdale.

Cabeliau ou Moruë fraiche, le Laſt.
Plies ſeches, le Laſt ou les vingt milliers. }un Rycksoort.

Poiſſon fumé dit *Rootſchaar* le Laſt.
Anguiles, le Laſt ou les 6. bariques. }deux Rycksoort & demi.
Morue, ou Poiſſon ſec, les mille Pieces.

Eturgeon, le Laſt ou les 6. bariques.
Saumon, le Laſt. }une Rixdale & un oort.

Haran fumé, le Laſt de vingt pailles. demi Rixdale.

Suif, les ſix Schippont.
Sel de Lunebourg, le Laſt ou les douze Tonnes. }trois Rycksoort.

Iii 2   Grains

Grains.

Froment, le Laſt.	une Rixdale.
Seigle, le Laſt.	demi Rixdale.
Orge, le Laſt.	} demi Rixdale.
Farine, le Laſt.	
Mout ou Malt, le Laſt.	un Rycksoort & demi.
Aveine, le Laſt.	} un Rycksoort.
Pois, le Laſt.	
Gruau d'Aveine, le Laſt.	
Pain de Seigle, le Laſt.	
Biſcuits de froment, le Laſt.	un Rycksoort & demi.
Blé Sarazin, le Laſt.	un Rycksoort.
Gruau de Blé Sarazin, le Laſt.	un Rycksoort & demi.
Millet, le Laſt.	deux Rycksoort & demi.
Noix, le Laſt.	un Rycksoort.
Pommes, le Laſt.	demi Rykſoort.
Graine de Moutarde, le Laſt.	deux Rycksoort & demi.
Noix de Galle, le Laſt de trente-ſix Boiſſeaux ou de dix-huit tonnes.	un Rycksoort.

Diverſes Marchandiſes.

Cire, le Schippont.	trois Rycksoort.
Brai, les ſix Schippont.	deux Rycksoort & demi.
Duvet, le Schippont.	} trois Rycksoort.
Plumes à lits, les ſix Schippont.	
Laine fine, les quatres Schippont.	
Laine groſſiere, les ſix Schippont.	deux Rycksoort & demi.
Chardons ou Cardes, le Boucaut ou les trente douzaines.	un Rycksoort & demi.
Chapeaux communs, le Boucaut.	un Rycksoort.
Bourre de laine, les huit Schippont.	} trois Rycksoort.
Coton en laine, le ſac de deux cents livres.	
Potaſſe, le Laſt ou les douze Schippont.	une Rixdale.
Vedaſſe ou Weedaſſe, le Laſt.	un Rycksoort.
Poix ou Goudron groſſier, le Laſt.	un Rycksoort & demi.
Poix ou Goudron fin, le Laſt.	neuf Schellings lubs.

Verre

Verre de France, de Hesse, ou de Danzick
   les huit Paniers.   -
Bouteilles, les trente Schocks.   -   } deux Rycksoort & demi.
Pierres, les mille Pieds.   -   -
Bouteilles, le Tonneau ou les deux Pipes.   un Rycksoort.
Houblon, les six Schippont.,   -   -   trois Rycksoort.

Lin & Chanvre.

Lin ou Chanvre, le Last ou les six Schippont. } une Rixdale.
Lin saint, les quatre Schippont.
Lin nettoyé, le Schippont.   -
Fil à Cable, Corde pour Cables & autres cor-
   des les six Schippont.   -   -
Fil de Chanvre, le Schippont.   -   } trois Rycksoort.
Fil de Lin, les quatre Schippont.
Filasse de Lin ou de Chanvre, les dix Schip-
   pont.   -   -
Graine de Lin, le Last.   -
Graine de Navette, ou Rabette, le Last.
Graine de Chanvre, le Last.   -   -   un Rycksoort & demi.
Graine de Canarie, le Tonneau.   -   demi Rycksoort.

Cuivre, Etain, Plomb, & Fer.

Cuivre, le Schippont.   -   -
Etain, le Schippont ou le Panier.   -
Cuivre jaune travaillé, le Panier.
Plomb, le Schippont ou une Charge.
Fer blanc, les huit barils.   -   -
Fer en verges, les six Schippont.
Fer d'osmond, le Last ou les douze Schippont. } demi Rixdale
Boulets, le Schippont.   -   -
Plaques de fer pour des Poëles, les six Schip-
   pont.   -   -
Plaques de fer, les quatre Schippont.
Fer vieux les huit Schippont, ou les huit Ba-
   riques.   -   -
Pierrders, les six Schippont.   -

       Cloux

Cloux d'Hollande, les fix Tonnes.
Acier, les fix cents livres. - -
Fil de fer, le Baril ou le Panier. - } demi Rixdale.
Cercles de fer, les fix Schippont. -
Cloux de Lubec, les fix cents livres.

Munitions de Guerre.

Lames de Sabre, les cent. - - demi Rixdale.
Poignées, les cent. - - huit Schellings lubs.
Bois pour Piques, les cent. - - } demi Rixdale.
Gros fabres, les cinquante. - -
Cuiraffes, les cent. - - une Rixdale.
Casques, les cinquante. - - demi Rycksoort.
Halebardes, les cent. - - demi Rixdale.
Pointes de Piques, les cent. - - demi Rycksoort.
Mousquets, la caiffe de cent pieces. } demi Rixdale.
Mousquets courts, les quatre douzaines.
Salpetre, & Poudre à Canon, les fix cents li-
vres. - - - trois Rycksoort.
Soufre, le Laft ou douze Schippont. une Rixdale.

Bois.

Un grand Mât de quinfe Palmes & au deffus. demi Rixdale.
Un petit Mât. - - huit Schellings lubs.
Perches, les vingt-cinq. - - deux Rycksoort & demi.
Bois pour Pipes, le demi cent. } une Rixdale.
Bois pour Bariques le grand cent.
Bourdillon de Courlande, le cent. - une Rycksoort & demi.
Planches de Chêne, le Schock. - une Rixdale.
Planches de Pruffe ou de Stetin, le Schock. trois Rycksoort.
Perches petites, les mille. - - huit Schellings lubs.
Poutres de Chêne grandes, les dix. - } deux Rycksoort & demi.
Caiffes, le Laft. - -
Caiffes de *Cipres* la garniture ou les douze. un Rycksoort & demi.
Caiffons peints, le Panier. - - trois Rycksoort.
Rames ou Avirons, le Schock. - un Rycksoort.
Planches de Chêne doubles, le Schock. une Rixdale.

Plan-

Planches de Norwegue Suedoifes, les mille. — trois Rycksoort.
Petites Rames ou Avirons, le Schock. — huit Schellings lubs.
Péles de bois, les quarante Schocks.
Saloirs, les vingt Schocks.
Douves à Pipes, le grand cent.
Chevilles ou Cloux pour Navires, les quarante milliers.
Liege, les trente cents. } trois Rycksoort.
Affietes de Bois, les vingt Schocks.
Cercles ou Bois pour cercles, les deux milliers. } huit Schellings lubs.
Bois courbes ou genoux, les vingt-cinq. — trois Rycksoort.
Bois de Heftre, les quarante pieces. — trois Rycksoort.
Bourdille de Pruffe, les cent pieces. — une Rixdale.

Fourrures.

Peaux de Martre, le Timmer. — deux Rycksoort & demi.
Peaux de Caftor, les cent. — une Rixdale.
Peaux de Renard, les cent. — trois Rycksoort.
Peaux de Loutre, les cent. — une Rixdale & demi.
Peaux d'Hermines, les vingt Timmers.
Petit gris, les mille.
Peaux de Chat fauvage, le millier.
Peaux de *Romeynekens*, les feize douzaines.
Peaux de lapin noires, les deux milliers.
Peaux de Lapin grifes, les quatre milliers.
Sabres ou Palatines, de la valeur de cent Rixdales. } trois Rycksoort.

Peaux & Cuirs.

Peaux d'Elan, les quatre Deckers, *c'eft-à-dire les 8. Pieces.*
Peaux de Cerf, les quatre Deckers.
Peaux de Bouc, les vingt Deckers.
Peaux de Veau, les quarante Deckers.
Peaux de Mouton grandes, le millier.
Peaux d'Agneau, les deux milliers.
Peaux de Chevreau, les quatre milliers. } trois Rycksoort.

Peaux

Peaux de Chevre, le millier. -
Cuirs blancs, le millier. - -
Cuir gras, les dix Deckers. -
Cuir d'Espagne ou Maroquin, les six Deckers.
Cuir de vache, les vingt Deckers.
Cuirs de Russie communs, les dix Deckers.
Cuirs salez, ou aprêtez, les six Deckers.   }trois Rycksoort.
Cuirs secs, les dix Deckers. - -
Gands de Russie, les mille Peires.
Cuir à semele, les quatre cents livres.
Cols & ventres, les huit cents livres.
Cuirs ou Peaux de vache de Roussi les quatre
    Deckers. - - -

Velours, Etoffes de Soye & Draperies.

Brocard, les deux Pieces. - -
Velours fin, les quatre pieces. -
Drap d'Angleterre, ou du Pays, les huit pie-
    ces. - - -
Serge double, les huit pieces. -
Demi Velours, les huit pieces. -
Satin, les huit pieces. - - }trois Rycksoort.
Burat de soye, les huit pieces. -
Taffetas, les huit pieces. - -
Caffa, les huit pieces. - -
Drap d'Angleterre, de Dusink, de Fierloot
    ou du Pays, les seize pieces. -
Baye, les douze Pieces. - -
Ras bleu mêlangé, les dix pieces.
Drap grossier d'Écosse, d'Amsterdam, de Flan-
    dres ou de France, le balot ou les seize pie-
    ces. - - -
Gros grain de Turquie double, les douze pie-
    ces. - - -
Carisayes d'Osnabrug, Gros grain, Serge sim- }deux Rycksoort & demi.
    ple, Tripe, Bombasin & Tirentaines, les
    vingt-quatre pieces. - -
Merceries, le Tonneau. - -
Frange, Passements & Cordons, les douze li-
    vres. - - -
Frange à batons, les seize livres. -

Cou-

Couvertes de Lit, d'Angleterre, d'Efpagne, ou de Nuremberg les quatre douzaines.

Couvertures pour Chevaux, les quatre douzaines. - - -

Lifieres de Drap, les trente douzaines.

Bas de laine fins, les cent paires. -

Bas de gros drap, ou gros bas drapez, les trente douzaines. - -

Bas de laine, les foixante douzaines.

Camifoles de laine d'Ecoffe, les cent.

Une Bale ou un Tonneau de la valeur de cent Rixdales. - - -

Bas de foye, les douze paires. -

Bas tricotez, les cinquante paires.

Paffements d'or ou d'argent, les fix livres.

Soye cruë non teinte, & non travaillée, les cent livres. - - -

} **deux Rycksoort & demi.**

Toiles.

Toile dé Hollande, le Tonneau.

Toile de Hollande ou de Silefie les douze Pieces. - - -

Toile de Cambrai, les huit pieces.

Canevas, ou Boldavid de France ou de Danzick les huit pieces ou rouleaux de double largeur. - -

Canevas fimple de Melving, les vingt pieces.

Toile de Crin, les quarante pieces.

Toile, les vingt pieces. - -

Toile de Pomeranie & femblable, les vingt pieces. - -

Camelot ou Damas de Lille, les douze pieces.

Toile à trois fils, les vingt pieces.

Toile de Stetin, les trente pieces.

Toile de Cracovie, les quarante pieces.

Toile de fil noir, les quatre-vingts pieces.

Plets ou Pledings, les mille aunes.

Coitis fin, les huit pieces. -

Coitis gros, les cinquante pieces.

Papier, les huit bales. -

} **deux Rycksoort & demi.**

Fil à coudre, les cinquante livres.   } deux Rycksoort & demi.
Toile de Coton, les feize pieces.   -

Epiceries, Drogueries, & Teintureries.

Une bale ou trois cens livres de Poivre.   ⎫
Gingembre, les trois cens livres.   ⎪
Gingembre confit, les cent cinquante livres.   ⎪
Cloux de Gerofle, Canelle, Noix mufcade,   ⎪
   Macis ou Fleur de Mufcade, & Indigo, les   ⎪
   cent livres.   -   -   ⎪
Safran, les huit livres.   -   -   ⎪
Raifins fecs & Figues, le Laft, les trente-   ⎪
   fix Cabas, ou les feize cens livres.   ⎪
Raifins fecs longs, la piece ou botte de qua- ⎬ trois Rycksoort.
   tre cens livres.   -   -   ⎪
Amandes, les quatre cens livres.   -   ⎪
Ris, les huit cens livres.   -   -   ⎪
Graine de Laurier, les huit cens livres.   ⎪
Tabac, les quatre cens livres.   -   ⎪
Savon d'Efpagne, les quatre cens livres.   ⎪
Savon blanc, les quatre bales.   -   ⎪
Savon, le Laft.   -   -   ⎪
Manuguette ou Maniquette, les quatre cens li- ⎪
   vres.   -   -   -   ⎭
Noix de Galle, le tonneau ou la bale de quatre
   cens livres.   -   -   -   un Rycksoort & demi.
Corinthes, les quatre bales ou les huit cens li- ⎫
   vres.   -   -   -   ⎪
Dattes, les quatre cens livres.   -   ⎪
Prunes, Citrons falez, Capres, & Olives, les ⎬ trois Rycksoort.
   deux Pipes.   -   ⎪
Prunes, les feize cens livres.   -   ⎪
Sucre en pains, les quatre cens livres.   ⎭
Sucre Candi & Confitures, les quatre cens li-
   vres.   -   -   -   une Rixdale & demi,
Sirop, la barique.   -   -   ⎫
Anis & Cumin, les quatre bales, ou les qua- ⎪
   tre cens livres.   -   -   ⎬ trois Rycksoort.
Sucre en poudre ou Caffonade, la barique ou ⎪
   la Caiffe de quatre cens livres.   -   ⎭

                                          Cina-

Cinabre, la bale double de trois cens livres.　　une Rixdale & demi.

Crayon rouge, & Garances, les fix bales de
　huit cens livres.　　　　-　　　　　-

Sumac, les feize cens livres.　　-　　　-

Rouge ou Teinture de Danzick, les quatre
　Schippont.　　　-　　　　　-　　　　}trois Rycksoort.

Calmine, les fix Schippont ou les dix-huit
　cens livres.　　　-　　　-　　　-

Cochenille, les cent livres.　　　-　　　-

Calamus, les feize cens livres.　　　-　　}

Rouge ou Teinture de Suede, le Laft.　-　　une Rixdale.

Vaude ou Goude, la barique ou les trois Schip-
　pont.　　-　　　　-　　　　-　　un Oortrycks & demi.

Vitriol ou Couperos, les fix Schippont.
Mine de Plomb, les fix Schippont.
Alun, les trois Schippont.　　　-
Ambre jaune ou rouge, les trente livres.　　}trois Rycksoort.
Bois de Gayac, les quatre cens livres.
Reglifle, les quatre cens livres.　　-
Gomme, les quatre cens livres.　　　-

Amidon, les trois cens livres, ou le baril de trois
　cens livres.　　-　　　-　　　-　　huit Schellings lubs.

Graine de Paradis, les mille livres.
Bois de Brefil, les mille livres.　　-　　}deux Rycksoort & demi.

Colle, les trois cens livres.　　-　　-　　un Rycksoort & demi.

Huile de Lisbonne, le tonneau.　　-
Huile de Navete, le Laft ou les huit Aams.
Huile de Lin, le Laft ou les huit Aams.　　}trois Rycksoort.
Argent vif, les cinquante livres.　　-
Ecorce de Citron confite, la barique.

Prunes de Hongrie, les huit cens livres.　　}un Rycksoort & demi.
Encens, la barique ou les deux cens livres.

Bray ou Terebentine, les fix Schippont.　　trois Rycksoort.

Vin, Hidromel, Biere,
& autres Liqueurs.

Il fera payé le trentième denier de tous les vins de quelque forte
qu'ils foient, qui ne font pas fpecifiez ci-deffous.

Eau de vie d'Efpagne, la piece.　　　-　　demi Rixdale.

Eau

Eau de vie du Rhin, l'Aam.   -   ⎱
Eau de vie de France, la piece.   -   ⎰ demi Rixdale.
Vinaigre, la Pipe.   -   -
Hidromel, le Laſt.   -   -   une Rixdale & demi.
Biere d'Angleterre ou Vinaigre de Biere, les ⎱
  huit bariques.   -   -   ⎰ trois Rycksoort.
Biere de Jopen, ou Mom, les ſix bariques. ⎰
Biere de Lubec, les ſix Bariques.   ⎱
Biere de Roſtock, de Wiſmar & de Stralſond,   ⎰ un Rycksoort & demi.
  le Laſt.   -   -   -
Verres à boire, les quatre Caiſſes.   ⎱
Cannes & Gobelets, le Panier.   -   -
Dents d'Elephant, les quatre cens livres.   ⎰ trois Rycksoort.
Chevaux, la piece.   -   -
Cavettes, les quarante.   -   -

Et toutes les Cargaiſons qui ne ſont pas ſpecifiées dans la liſte ci-deſſus payeront & ſeront comptées ſur le pied qu'elles ont cours dans le
Commerce, comme cela s'eſt obſervé de tout tems, fait à Chriſtiano-
ple le 13. Août 1645.

La Ville d'Amſterdam fournit à toutes les villes de la Mer Baltique à
peu près les mêmes marchandiſes, aux unes en plus grandes & aux autres en plus petites parties, ſuivant l'étendue de leur commerce. Mais
comme elle ne retire pas de chacune de ces villes les mêmes ſortes de
marchandiſes, je dirai dans la ſuite quelles marchandiſes ces villes fourniſſent à Amſterdam, cependant pour n'être pas obligé de repeter ſouvent, quelles ſortes de marchandiſes Amſterdam fournit aux villes de la
Mer Baltique je vais en donner une liſte generale, & je ferai voir enſuite quelles marchandiſes Amſterdam tire de chacune de ces villes en
particulier.

Liſte generale des marchandiſes qui s'envoyent d'Amſterdam
aux villes de la Mer Baltique.

des ⎰ Rixdales en eſpece. Ducats d'or. Etofes de ſoye de toutes ſortes. Draps d'or & d'argent. Danteles. Galons d'or, d'argent & de ſoye.	des ⎰ Rubans d'or, d'argent, de ſoye & de fil. Draps fins & groſſiers. Etofes de laine de toutes ſor-tes. Bas de ſoye, & de laine. Camelots.

Gazes

des
- Gazes.
- Evantails.
- Merceries de toutes fortes.
- Epiceries de toutes fortes.

du Gingembre en quantité.
des Sucres en pains, & Caſſonade.
du Sirop.
du Sel de France, de Portugal &
d'Eſpagne.

des Vins blancs & rouges.
des Eaux de vie.
du Vinaigre.
du Papier.
du Tabac en cordes, & du Breſil.
des Bois de teinture.
toute fortes de Teintureries.
toute forte de Drogueries.
des verres à vitres, & à boire.

Du Commerce avec le Dannemark.

La plus grande partie du commerce qui ſe fait entre Amſterdam & les Villes des Dannemarck à l'exception de Coppenhague, qui en eſt la Capitale, ſe fait ou en troc des marchandiſes ou par le moyen des Rixdales que les Negocians d'Amſterderdam y envoyent en eſpece, lesquelles leurs Maîtres de navire changent contre les marchandiſes qu'ils trouvent ſur les lieux. Les villes les plus frequentées du Dannemarck par les Hollandois dans la Mer Baltique ſont Uſted ou Udſted, Chriſtiaanſtad, Carelscroon, Salsbourg & Carelshaven; l'on tire de ces villes quelques petits Mâts, quantité de planches de ſapin, du Goudron & du Suif, des Peaux de Bœufs & de Vaches, & des Peaux de Boucs.

Et on tire de Coppenhague où ſe fait le plus grand commerce,
Du Poiſſon ſec, ou Stokviſch.
du Suif.
des Chanvres.
des Lins.
des Mâts de Navire, mais petits.
des Planches de Sapin.

des Peaux de Bœufs & de Vaches.
des Peaux de Boucs.
du Cuivre, & du Fer.
des Cendres.
Du Goudron.

Des Ecritures & des Monnoyes de Dannemarck.

Les écritures ou les comptes y ſont tenus en Rixdales, Marcs & Schellings Dantz ou Danois, l'on y obſerve encore le vieux ſtile.
La Rixdale vaut 4. Oorts ou 6. Marcs Dantz ou Danois.
L'Oort vaut 24. Schellings Dantz, ou un Marc & demi.
Le Marc vaut 16. Schellings, & le Schelling 3. Penins.
Deux Marcs Dantz ou Danois, font un Marc Lubs.
Il ſe fait aſſez peu en change entre Amſterdam & Coppenhague, mais quand il s'en fait on donne des Rixdales courantes d'Amſterdam, pour recevoir à Coppenhague des Rixdales de 6. Marcs Dantz, ou des Rix-

dales

dales de 6. Marcs Dantz de Coppenhague, pour recevoir à Amſterdam
des Rixdales courantes de 50. ſous piece, ce change ſe fait à un ou deux
pour cent de perte ou de benefice pour les Tireurs des lettres ſelon le
beſoin que l'on en a.

Il y a dix jours de faveur pour les lettres de change.

Des Poids & Meſures du Dannemarck.

Le Schippont auquel ſe vendent toutes les marchandiſes groſſieres, y
eſt de 320. ℔. & ſe diviſe en 20. Liesponden, chaque Liespond peſe 16
livres.

100. Livres de Coppenhague font 98¼ ℔. d'Amſterdam, & 100. ℔.
d'Amſterdam font 101¼ ℔. de Coppenhague.

L'Aune de Coppenhague eſt d'un tiers plus courte que la verge de
Londres ſuivant quoi elle eſt égale à l'Aune d'Amſterdam.

Les 100. Pieds de Coppenhague font 103½ Pieds d'Amſterdam.

Du Commerce avec la Suede & Stockholm.

Le principal commerce entre Amſterdam & la Suede ſe fait à peu près
comme avec le Dannemarck; car quoi qu'il y ait pluſieurs bonnes villes
de la domination du Roi de Suede dans la Mer Baltique, d'où Amſterdam tire des Bois, des Poutres, des Planches, des Goudrons, des Chanvres, & pluſieurs autres ſortes de marchandiſes, le principal commerce ſe
fait à Stockholm qui en eſt la Capitale. Cette ville a un très-bon port
où les Navires ſont en toute ſeureté; on peut y entrer par deux endroits
differents dont l'un eſt à 15. lieuës de Stockholm, & l'autre à huit lieuës:
mais il y a un grand nombre de petites Iles & de rochers à paſſer avant
d'y arriver, que l'on nomme les Daelders de Stockholm.

On y obſerve le vieux ſtile.

Les droits d'entrée y ſont ſi gros que l'on y envoye beaucoup moins
de marchandiſes qu'on ne fairoit s'ils étoient reduits à moins, & à ce propos je ne ſaurois m'empêcher de dire que ſi les Puiſſances qui établiſſent
de ſi gros droits, connoiſſoient bien leurs Interêts, ils ſe contenteroient de
les faire payer plus petits; car il n'y a rien de plus conſtant que lorſque
les droits ſont gros, les Marchands mettent tout en pratique pour les frauder, de ſorte que les Princes n'en profitent pas, au lieu que lors qu'ils
ſont mediocres, les Marchands les payent avec plaiſir, & font venir de
plus grandes quantitez de marchandiſes, de ſorte que tout bien compté
il eſt ſeur qu'ils recevroient plus d'argent ſen faiſant payer des droits
mediocres, qu'ils n'en reçoivent lors qu'ils les établiſſent ſi hauts: il

y

y a bien des chofes à dire fur ce fujet, qui ne plairoient pas à quantité de Commis de Bureau, qui étant établis pour veiller à l'interêt de leurs Princes, font ceux qui les volent le plus. Mais en voila affez, revenons à Stockholm.

Les Vins de France y payent foixante Rixdales d'entrée par Tonneau.

Les Eaux de vie y payent douze Rixdales & trois quarts par barique de 30. verges.

Le Sel y paye dix-huit Rixdales par Laft, & les autres marchandifes à proportion.

Des Poids & Monnoyes de Stockholm.

L'on s'y fert de deux fortes de Schippont, l'un eft pour les marchandifes groffieres qui eft de 400. ℔. & fe divife en 20. Liesponden, de 20. ℔. chacun, l'autre eft pour les marchandifes fines & le cuivre, celui-ci eft de 320. ℔. qui fe divife en 20. Liesponden de 16. ℔. chacun.

Les 400. ℔. de Stockholm font 342 ℔. d'Amfterdam.

Et les 320. ℔. - - font 273½ ℔.

Ainfi 100. ℔. de Stockholm font 85½ ℔. d'Amfterdam à peu de chofe près, car à compter à la rigueur elles ne font que 85 4/11 ℔. d'Amfterdam, & 100. ℔. d'Amfterdam font à peu près 117. ℔. de Stockholm.

Les 7. aunes de Stockholm font 6. aunes d'Amfterdam, ainfi 100. aunes de Stockholm font 85 5/7 aunes d'Amfterdam, & 100. aunes d'Amfterdam font 116⅔ aunes de Stockholm.

Les Livres y font tenus en Daalders, Marcs, & Oorts Monnoye de cuivre.

La Daalder vaut 4. Marcs, & le Marc 8. Oorts, ou Rontftuken.

Les 2 Marcs de Stockholm font un Marc Lubs.

Il y a des Rixdales de cuivre de 6. Daalders ou de 24. Marcs.

Il y a auffi de la Monnoye d'argent qu'on nomme *Silvergelt ou Silvermunt*, & on compte un Marc monnoye d'argent pour 2½ Mars monnoye de cuivre.

La Daalder d'argent fe divife en 3. Marcs, & le Marc en 3. Oorts.

Le pair entre Stockholm & Amfterdam eft d'une Rixdale de cuivre de 6. Daalders ou 24. Mars de Stockholm, pour un Rixdale de 50. fols courant d'Amfterdam, & l'on change à un ou deux pour cent de profit ou perte d'une ces villes à l'autre.

Il y a 10. jours de faveur pour les lettres de change.

Marchandises qui se tirent de Stockholm.

Du Cuivre qui est ordinairement presque aussi bon marché à Amster-dam qu'en Suede même, parce que les Fermiers des Mines ayant toûjours besoin d'argent, & n'en trouvant pas en Suede l'engagent & l'envoyent par avance à leurs Correspondants d'Amsterdam, qui à mesure qu'ils doivent faire de nouvelles avances sont obligez de le vendre au cours.

Du Goudron & du Brai estimé le meilleur, qui vient tout à Amster-dam à ceux qui s'engagent d'en donner le plus d'argent au Roi de Suede ou à ses Fermiers.

Du Fer en quantité.	des Canons de bronze & de fer.
Du Fil de fer & de laiton.	des Boulets.
des Marmites.	des Plaques pour les cheminées & pour les poëles.

Des Bassins & Chauderons de cuivre.

Des Planches, Poutres & Chevrons de sapin qui sont les meilleurs du Nord.

R I G A.

Riga est une Ville fort considerable pour le commerce, elle est située sur le fleuve Duna qui ayant son cours fort avant dans la Moscovie & dans la Transilvanie, après avoir reçu plusieurs autres Rivieres va se dé-charger dans la Mer Baltique à une lieuë de Riga, devant laquelle les navires peuvent monter chargez jusques à douze pieds d'eau, ceux qui en tirent davantage sont obligez de s'alleger, mais les frais de charge & recharge y sont grands.

Marchandises qui se tirent de Riga.

Des Mâts qui croissent en Moscovie & dans la Livonie, ils sont esti-mez les meilleurs qu'il y ait.

Toute sorte de Bois pour faire des Tonneaux, Pipes & Bariques.

Des Bordages & Poutres de Chêne, des Planches de sapin, & Bois tortus pour la construction des Navires.

Des Chanvres de Moscovie, & des Lins.

Des Potasses & Weedasses.

Des Goudrons & de la Poix.

De la Cire jaune.

Des

Des Suifs.

Des Pelleteries.

Du Blé & du Seigle.

De la Graine de Lin à femer, dont on envoye quantité en France.

De la Graine de Lin à faire de l'huile.

Des Cuirs de Bœufs & Vaches, falez & fecs.

Un grand cent de Bourdillon eft de 48. Schocks.

Un Schock eft de 60. pieces, ainfi un grand cent eft de 2880. pieces.

Des Poids, Mefures & Monnoyes de Riga.

Le Schippont eft de 400. ℔. ou de 20. Liesponden.

Le Liespond eft de 20. ℔.

Le Schippont de Riga rend autour de 336. ℔. à Amfterdam.

Suivant quoi 100. ℔. de Riga font 84. ℔. d'Amfterdam, & 100. ℔. d'Amfterdam font 119$\frac{1}{4}$ ℔. de Riga.

Les 100. aunes d'Amfterdam font autour de 77. aunes de Riga, & les 100. aunes de Riga font à peu près 130. aunes d'Amfterdam.

Le Pied eft égal à très-peu de chofe près à celui d'Amfterdam.

L'on y fuit le vieux ftile, & les Livres & Comptes s'y tiennent en Rixdales & Gros.

La Rixdale eft de 90. Gros.

La Rixdale fe divife aufli en 15. Marcs de Riga ou Rigifch, & en 3. Florins Polonois.

Le Florin Polonois fe divife en 5. Mars de Riga, & en 30. Gros Polonois.

Le tems le plus propre pour faire les achats eft le tems des foires qui s'y tiennent aux mois de Mai & de Septembre, & ceux qui y ont de l'argent comptant achetent à beaucoup meilleur marché, qu'en achetant à credit ou en troc de marchandifes.

On tire fort peu de lettres de change d'Amfterdam fur Riga, il s'en tire beaucoup plus de Riga fur Amfterdam; on donne à Riga de 96. à 100. Rixdales de 90. Gros pour recevoir 100. Rixdales argent courant à Amfterdam, les lettres fe font pour l'ordinaire à 41. jours de date ou à un mois de veuë.

Ceux qui prennent de l'argent pendant l'hiver pour le rendre en été, rendent 11. florins Polonois pour 10. qu'on leur a avancez, ce qui eft un interêt de 10. pour cent pour 7. ou 8. mois.

M I T T A U

Eſt la Capitale du Duché de Courlande, ſur la *Muss* à environ ſept lieuës d'Allemagne de Riga; on en tire les mêmes marchandiſes, que l'on tire de Riga.

N E R V A.

R E V E L.

P E R N A U.

Nerva eſt une belle ville & de grand commerce, ſituée ſur une Rivie-re qui porte le même nom, qui ſe jette près de cette ville dans le Golfe de Finlande.

Revel, ou Reval eſt auſſi une ville de grand commerce, ſituée ſur les bords du Golfe de Finlande. On en tire quantité de ſeigle ſec, du petit mil-let appellé *Geerſt* en Hollandois, & de la graine de lin à battre & à ſe-mer.

Le Laſt de 400. livres de Revel rend environ 342. livres à Amſter-dam.

Le Laſt de ſel y eſt plus grand que celui de Riga & de Nerva, le cent de ſel d'Amſterdam rend ordinairement à Revel cinq laſt & un tiers.

On change de Revel ſur Amſterdam en donnant de 110. à 130. Rix-dales de 52. Witten, pour recevoir à Amſterdam 100. Rixdales argent courant.

100. Aunes d'Amſterdam font 78. aunes de Revel, & 100. de Revel font 128,⅔ aunes d'Amſterdam.

Pernau eſt une ville forte à l'Embouchure d'une Riviere qui porte le même nom, & qui ſe jette là dans le Golfe de Finlande.

On tire de toutes ces villes quantité de Bois, Poutres & Planches, & des grains, & graines de lin.

L I B A U.
M E M E L.

Libau eſt une ville du Duché de Courlande ſur les bords de la Mer Baltique à environ 10. lieuës d'Allemagne au delà de Memel, l'on en tire quantité de Grains, de toutes ſortes de Bois, du Chanvre, du Lin, & principalement quantité de Lin tant pour ſemer que pour faire de l'huile.

Memel eſt une petite ville de la Pruſſe Polonoiſe, qui, quoi que petite, a un grand port qui eſt fort, il s'y fait un commerce fort conſiderable, & l'on en tire les mêmes marchandiſes que de Libau.

C O N I N G S B E R G.

Coningsberg eſt une ville d'un fort grand commerce, & fort peuplée, elle eſt ſituée ſur la Riviere de Pregel qui ſe décharge dans le Friſch-Haft autrement le Hap, qui a ſon ouverture dans la Mer Baltique en un endroit nommé le Pilau, diſtant de huit lieuës de ladite ville, où les Navires ne peuvent monter qu'à 10. pieds d'eau, ceux qui en prennent davantage ſont obligez de charger & décharger au Pilau.

L'on y peut débiter par an autour de 7. à 8000. Laſts de ſel tant de France que de Portugal, mais il faut que ce ſoit du plus noir.|

L'on y tranſporte des Vins de France blancs & rouges, dont il ſe peut débiter 250. à 300. Tonneaux par an, il faut que tous les vins qu'on y envoye ſoient doux.

Des Eaux de vie, & des liqueurs fortes.

Du Vinaigre, & des Fruits ſecs.

Du Tabac en cordes & en feuilles.

Des Epiceries de toutes ſortes.

Des Sucres rafinez.

Du Papier, & du Verre de France &c.

Des Draps & Etofes de laine.

Des Soyeries.

Des Beures & Fromages.

Et l'on en retire

Des Bois de Chêne & de Sapin de toutes ſortes, qui ſont meilleurs que ceux de Riga.

Des Chanvres moindres que ceux de Riga.

Des

Des Cendres gravelées.   Des Potaffes & Guedaffes.
De la Cire jaune.   Du Lin.
Des Suifs, & des Grains de toutes fortes.
De l'Ambre jaune duquel le brut fe vend pour les Côtes de Guinée,
& le travaillé pour les Indes Orientales.

Des Poids, Mesures, & Monnoyes de Coningsberg.

Le Schippont de Coningsbergen eft de 400. ℔. & fe divife en 10.
Steen de 40. ℔. chacune ; ledit Schippont ne rend à Amfterdam que
306. à 307. ℔. fi la marchandife eft achetée d'un Bourgeois de Coningsberg, mais fi elle eft achetée d'un Etranger ou Campagnard, il rend
à Amfterdam autour de 320. ℔. parce que les Etrangers font 4½ à 5. pour
cent de bon poids à ceux qui achetent leurs marchandifes, mais de Bourgeois à Bourgeois on ne bonifie rien pour bon poids.

100. ℔. d'Amfterdam font 125. ℔. de Coningsberg, & 100. ℔. de
Coningsberg en font 80. d'Amfterdam.

Le cent de fel de France rend à Coningsberg environ 10. Lafts, qui
font 40000. ℔. & un peu plus, mais il n'y eft pas permis aux Etrangers
de le mettre en magazin pour le vendre quand il leur plait ; car il faut
ou qu'ils le vendent à l'arrivée hors des vaiffeaux, ou bien qu'ils en laiffent la direction à quelque Bourgeois qui puiffe le mettre en magazin
fous fon nom, & le vendre quand on le trouve à propos.

L'Aune de Coningsberg eft d'environ ¼ plus courte que celle d'Amfterdam, d'où les 100. aunes en font autour de 120. de Coningsberg, &
100. aunes de Coningsberg en font autour de 80. d'Amfterdam.

Le Pied de Coningsbergen eft plus long que celui d'Amfterdam, d'environ 1½ pour cent.

Les Ecritures & les Comptes fe tiennent à Coningsberg en Rixdales
& Gros, ou en Florins Polonois qu'on nomme auffi _Timpfen_, & en Gros
Polonois, & Deniers ou Penins.

La Rixdale fe divife en 90. Gros Polonois, ou en 3 Florins Polonois,
& le Gros en 18. Penins ou Deniers.

Le Florin fait 30. Gros Polonois.

L'on change de Coningsberg fur Amfterdam en donnant à Coningsberg de 250. à 300. Gros Polonois pour recevoir à Amfterdam une Livre
de Gros de 6. florins argent courant : les lettres de change fe font tant
de l'une que de l'autre place à 41. jours de date.

DANT

DANTZICK.

Dantzick ou Danzick eſt un ville d'un fort grand commerce, elle eſt la Capitale de la Pruſſe Polonoiſe à une lieuë de l'embouchure de la Viſtule qui ſe jette dans la Mer Baltique, mais l'eau y eſt ſi baſſe que les Navires qui prennent plus de 8. pieds d'eau, ne peuvent y monter & ſont obligez de décharger dans des Aleges. Les fraix y ſont cependant beau-coup moindres qu'à Riga & à Coningsberg, mais les Marchands de Dant-zick ſont garants de la perte des marchandiſes, qui ſe mettent dans les Aleges, juſques à ce qu'elles ſoient en magazin, ou juſques à ce qu'elles ſoient renduës à bord.

Marchandiſes qu'Amſterdam tire de Dantzick.

Des Grains de toutes ſortes en très-grandes parties.

Des Laines de Pruſſe & de Pomeranie.

De la Cire jaune qui eſt eſtimée la meilleure de tous les Pays du Nord.

Des Mâts de Navire qui ſont fort bons.

Des Bois de Chêne & de Sapin.

Du Lin & des Chanvres.

Des Potaſſes & Guedaſſes.

Du Suif, du Brai, & du Goudron.

De l'Acier en billes.

Des Lames de cuivre de Pologne.

Du Plomb, & du Salpetre.

Du Bordillon & du Mairin.

Des Douves pour pipes & bariques qui ſe vendent au grand cent de 48. Schocks, le Schock eſt de 60. pieces, de ſorte que le grand cent eſt de 2880. douves.

De l'Ambre jaune.

Des Plumes à écrire & pour les lits, du Duvet.

Du Comin, de l'Anis.

Du Houblon, & quantité d'autres marchandiſes.

Les marchandiſes ſe vendent diverſement à Dantzick.

La Cochenille, l'Indigo, le Gerofle, la Muſcade, le Caffé, l'Ami-don, les Cuirs, le Tabac & les Baleines ſe vendent à la livre.

D'autres marchandiſes, comme le Poivre, l'Anis, les Sucres, les Fi-gues, les Raiſins & autres fruits ſecs, les Noix de galle, les Huiles d'O-

live,

live, les Sirops, & le Gingembre ſe vendent à la petite Pierre qui pezé 24. ℔. de Danzick.

D'autres, comme les Amandes, les Ris, les Suifs, les Laines, la Graine de Laurier, les Capres, les Lins & les Chanvres, ſe vendent à la groſſe Pierre de 34. ℔.

D'autres, comme les Garances, le Tartre, les Bois de teinture, l'Alun, le Brai, la Terebentine, le Plomb, l'Etain, le Soufre, le Sumac, le Salpetre, l'Acier, la Calmine, & le Fil de laiton ſe vendent au quintal ou *Centenaar* qui peſe 120. ℔.

Des Poids, Meſures & Monnoyes de Danzick.

Le Schippont de Danzick eſt de 320. ℔. il ſe diviſe en 20. Liespond de 16. ℔. chacune. On y vend par Schippont la Cire, le Stokviſch, la Potaſſe, l'Houblon, & le Fer de Suede.

Le Laſt des Grains y eſt de 60. Scheepels.

Le Cent de Sel de France rend 11½ à 12. Laſts de Danzick, le Laſt dudit ſel eſt de 18. Tonnes, mais le Laſt de Sel de Lunebourg n'y eſt que de 12. Tonnes, de même que le Laſt du Haran.

Les 100. ℔. d'Amſterdam font 112½ ℔. de Danzick, & 100. ℔. de Danzick font 88⅞ ℔. d'Amſterdam.

Les 100. aunes d'Amſterdam font à peu de choſe près & ſe comptent pour 121. aunes de Danzick, & 100. aunes de Danzick font 82. aunes d'Amſterdam.

Le Pied de Danzick eſt un peu plus long que celui d'Amſterdam; les 100. pieds de Danzick en rendent 101. à Amſterdam.

Les Ecritures s'y tiennent en Rixdales & en Gros, ou en Florins & en Gros, à la volonté d'un chacun.

La Rixdale eſt de 3. Florins ou de 90. Gros Polonois.

Le Florin Polonois qu'ils nomment auſſi Timpf, eſt de 30. gros Polonois, & le gros eſt de 18. Penins.

Le change entre Danzick & Amſterdam eſt ordinairement de 250. à 300. gros Polonois pour une Livre de gros argent courant d'Amſterdam. Les lettres de change ſe tirent comunement de l'une de ces places reciproquement à 40. jours de date.

Les lettres de change doivent ſe payer à Danzick ſuivant l'Ordonnance du 18. Mars 1701. en pieces de 6. ou de 18. Gros, & dans 10. jours après leur écheance, faute dequoi les Porteurs doivent les faire proteſter.

Comme la reduction du change de Coningsberg & de Dantzick ſe fait de la même maniere, voici comment il faut s'y prendre pour reduire l'argent d'Amſterdam en Rixdales ou en Florins Polonois, le change étant à 285. gros Polonois pour une Livre de Gros.

On demande combien de Rixdales ou Florins Polonois rendront 5846.
Florins courant d'Amsterdam.

Reduisez en Livres de Gros les Florins 5846.

En en prenant le ⅙ vient - - - 974⅓ Livres de Gros.
Multipliez les par le prix du Change 285.

vient - . - - - - 277780. Gros Polonois.

Lesquels 277780. ⎧ par 90. gros produiront 3086. Rixdales 40. Gros ⎫ à Coningsberg
Gros Polonois divi- ⎨ par 30. gros produiront 9259. florins 10. Gros ⎬ ou à Danzick.
sez ⎩ ⎭

Et pour reduire ces mêmes Rixdales & Florins en argent d'Hollande,
multipliez les 3086. Rixdales 40. Gros par 90. Gros, viendra 277780.
Gros Polonois, ou les 9259. florins 10. Gros par 30. Gros, viendra également 277780. Gros Polonois, qui divisez par les 285. gros du prix du
change rendront 974⅓ Livres de Gros argent courant d'Amsterdam.

E L B I N G.

Elbing est aussi une ville d'assez grand commerce de la Prusse Polonoi-
se, elle est située sur une Riviere qui porte le même nom, & qui se jette assez près de ladite ville dans le Frischaft ; elle a un beau & bon port,
& fait le même commerce que Danzick.

Les Poids, les Mesures & les Monnoyes y sont les mêmes qu'à Danzick, mais il n'y a point de cours de change reglé entre Elbing & Amsterdam, & s'il s'en fait entre ces deux places c'est par Danzick.

S T E T I N.

Stetin est la Capitale de la Pomeranie, elle est située sur l'Oder qui
forme un Lac un peu plus bas que Stetin, lequel les habitans du Pays
appellent *Gross-Hafi* c'est-à-dire grand lac, il va se décharger ensuite
dans la Mer Baltique par trois embouchures. Stetin est eloigné de 18.
lieues du principal Port, où il y a une fort bonne Rade Les Navires montent à 9. ou 10. Pieds d'eau jusques à Steenwet, distant de 2. lieuës de
la Rade, où ils chargent & dechargent, ou bien à Volgast qui est plus
avancé de deux lieuës.

Les marchandises s'y transportent par des bateaux plats qu'on nomme
Bordings, les fraix y sont fort mediocres, & les vivres à grand marché
le

le Roi de Pruſſe a fait publier depuis peu des Privileges qu'il accorde à ceux qui voudront s'y aller établir.

On en tire de forts bons Mâts de Navire.

Des Bois de Charpente.

Des Laines.

Des Grains en quantité.

Des Poids, Meſures & Monnôyes de Stetin.

Le Cent de ſel de France rend 10. Laſts à Stetin.

Le Schippont y eſt de 180. & la Pierre de 21. ℔.

Les 110. ℔. de Stetin font 100. ℔. d'Amſterdam, ainſi le poids eſt de 10. pour cent plus leger que celui d'Amſterdam.

Le Pied y eſt égal à celui d'Amſterdam.

La Rixdale y eſt comptée de 36. ſols ou Schellings lubs, & les livres ſe tiennent en Rixdales & Sols lubs.

LUBECK.

Lubeck étoit autrefois un des plus floriſſantes villes du monde, & la Capitale de toutes les villes Anſeatiques, dont les Archives ſe conſervent encore dans la Maiſon de ville de Lubeck. Comme on entend aſ-ſez ſouvent parler des Villes Anſeatiques, & de la Hanſe Teutonique, & que bien des gens ignorent ce que c'eſt, il ne ſera pas hors de propos d'en inſtruire ceux qui ne le ſavent pas.

La Hanſe Teutonique étoit autrefois une eſpece de Société de pluſieurs Villes de commerce ſituées ſur les bords ou près de la Mer, car c'eſt de là qu'on leur a donné le nom de *Aanzee-ſteeden* qui ſignifie Villes ſur le bord de la Mer. Cette aſſociation commença de ſe former l'an 1254. par les Bourgeois & Marchands des villes de Lubeck, Brunswyk, Danzick, & Cologne, qui ſe communiquerent les unes aux autres les droits de Bourgeoiſie, & l'exemption des droits d'entrée & de ſortie des mar-chandiſes qu'elles s'envoyoient reciproquement les unes aux autres. Quan-tité d'autres Villes animées d'émulation par les profits qu'elles voyoient fai-re aux Negocians de ces quatre villes, ne furent pas long-tems à deman-der d'être admiſes à cette Aſſociation: ce qu'on leur accorda facilement, puiſque le tout ne tendoit qu'à l'agrandiſſement du commerce, de ſorte que dans aſſez peu de tems cette Aſſociation ſe trouva être de plus de 60. villes, & quelques Auteurs en comptent juſques à 72. & d'autres juſques à 81. Les Aſſemblées générales de cette ſocieté qu'on nomma la

Anſe

Anſe ou Hanſe Teutonique, ſe tenoit à Lubeck qui en étoit la Capitale elle y fit en l'année 1597. de très-beaux Reglemens pour la Navigation, qui ſervent encore de Loi dans pluſieurs villes, & ſont ſouvent citez dans les Plaidoyers qui ſe font pour le commerce Maritime. Cette Aſſociation devint ſi puiſſante qu'elle pouvoit mettre de groſſes Flotes en mer, & auroit pu donner de la crainte à toutes les Puiſſances du Nord, ſi elle eût continué: mais ſoit pour cette même raiſon, ſoit par l'inſtabilité des choſes du monde, cette Aſſociation eſt tombée preſque d'elle même depuis que la Ville d'Amſterdam a atiré la plus grande partie du commerce, par la ruine de celui des Pays-bas Eſpagnols. Cette Compagnie avoit des magazins & des Comptoirs fort conſiderables à Novogrod en Moſcovie, à Bergen en Norwegue, à Londres, à Bruges, à Anvers & dans pluſieurs autres villes où elle tenoit bon nombre de Facteurs & Commis pour debiter toutes les marchandiſes qu'elle leur envoyoit. Elle étoit diviſée en 4. claſſes, dont Lubeck étoit la Capitale ou le Chef de la premiere, Cologne de la ſeconde, Bronſwyk de la troiſième, & Danzick de la quatrième, comme on pourra le voir par la liſte ſuivante.

La premiere Claſſe étoit compoſée des 13. villes ſuivantes.

1	Lubeck.		
2	Hambourg.		
3	Wiſmar.		
4	Roſtock.		
5	Stralſond.		
6	Stetin.		
7	Anclam.		
8	Gripſwalde.		
9	Colberg.		
10	Statgard.		
11	Stolpe.		
12	Golnou.		
13	Lunebourg.		

La ſeconde Claſſe étoit compoſée des 30. villes ſuivantes dont Cologne étoit le Chef.

1	Cologne.	16	Groningue.
2	Beyleveld.	17	Harderwyk.
3	Coeſfeld.	18	Nimegue.
4	Hervorden.	19	Roermont.
5	Lemgou.	20	Venloo.
6	Lippe.	21	Zutphen.
7	Munſter.	22	Swol.
8	Oſnabrug.	23	Duysberg.
9	Paderborn.	24	Emmerik.
10	Warbourg.	25	Weſel.
11	Arnhem.	26	Ham.
12	Bolſwart.	27	Soeſt.
13	Campen.	28	Dortmonde.
14	Deventer.	29	Unna.
15	Elburg.	30	Stavoren.

La

La troisième Claſſe étoit compoſée des 13. villes ſuivantes dont Bronswyk étoit le Chef.

1 Bronswyk.
2 Bremen.
3 Boxtehoede.
4 Eimbekke.
5 Goſlar.
6 Gottingen.
7 Hamelen.
8 Hanover.
9 Hildesheim.
10 Magdebourg.
11 Staden.
12 Ulſen.
13 Munda.

La quatrième Claſſe étoit compoſée des 10. villes ſuivantes dont Danzick étoit le Chef.

1 Danzick.
2 Coningsberg.
3 Brunsberg.
4 Kulm.
5 Elbing.
6 Toorn.
7 Bergen en Norwegue.
8 Riga.
9 Revel.
10 Derpt.

La ſuperiorité ou primauté que la ville de Lubeck avoit ſur ces 66. villes devoit ſans doute lui donner un grand luſtre , & de très-bonnes occaſions pour étendre ſon commerce dans toutes les parties du Monde. Mais ſoit par les revolutions qui arrivent à tous les Empires & Royaumes de la Terre , ſoit par la negligence de ſes habitans elle eſt comme tombée avec l'aſſociation de toutes ces villes , qui a été enfin diſſoluë, & rompuë peu de tems après le Regne de l'Empereur Charles V. & quoi qu'elle ſoit encore une ville d'aſſez grand commerce , il s'en faut beaucoup qu'elle aproche de ce qu'elle a été autrefois ; elle eſt ſituée ſur la Riviere de Trave qui à trois lieuës de Lubeck ſe decharge dans la Mer Baltique devant une petite ville nommée Travemunde, où les Navires viennent tout chargez , & y dechargent partie de leur cargaiſon dans des Aleges , pour ſe mettre à 8. piés d'eau & monter ainſi juſques à Lubeck.

On en tire du Lin & des Chanvres.

Des Vaches de Ruſſie qu'ils tirent de Moſcovie.

Du Fer & des Ancres pour les Navires.

Des Bois de Chapente.

Des Grains.

Des Laines & diverſes autres marchandiſes.

Des Poids, Mesures, & Monnoyes de Lubeck.

Le Schippont y est de 300. ℔. qui rend autour de 285. ℔. à Amsterdam, il se divise en 20. Liespond de 15. ℔. chacune.

100. ℔. de Lubeck font 95¼ ℔. d'Amsterdam, & 100. ℔. d'Amsterdam font 105. ℔. de Lubeck.

Les Grains s'y vendent par Lasts de 96. Schepels.

100. Aunes de Lubeck font 83⅓ aunes d'Amsterdam, & 100. aunes d'Amsterdam font 120. aunes de Lubeck.

Le Pié contient 10½ Pouces du Pié de France.

Les Ecritures y sont tenuës en Marcs, Schellings, & Penins ou Deniers Lubs.

Le Marc se divise en 16. Sols ou Schellings, le Sol ou Schelling vaut 12. Penins ou deniers.

La Rixdale vaut 3. Marcs lubs ou 48. Schellings lubs.

Les droits y sont fort mediocres, car on n'y paye qu'environ trois quarts pour cent pour l'entrée de toutes sortes de marchandises, & que deux tiers pour cent pour la sortie, sans qu'il y ait aucune diference d'un Bourgeois à un Etranger qui y sont traitez également à cet egard.

Mais il n'est pas permis aux Etrangers d'y vendre leurs marchandises à d'autres qu'aux Bourgeois, cependant cela n'interrompt point le commerce, parce que pour une modique commission, les Bourgeois prêtent leur nom aux Etrangers qui y veulent vendre leurs marchandises à d'autres Etrangers, & cela même se pratique presque par toutes les villes de la Mer Baltique dont j'ai déja parlé.

Il y a encore plusieurs autres Ports & villes le long ou près des Côtes de la Mer Baltique, que je passe sous silence, parce que le commerce qui s'y fait est presque le même que celui des villes dont j'ai fait mention ci-dessus, ainsi j'ai trouvé à propos de n'en point parler pour éviter des repetitions inutiles.

CHAPITRE XXV.

Du Commerce de Breslau, Hambourg & Bremen.

BReslau est une des plus belles & des plus florissantes villes de l'Allemagne, elle est située sur la Riviere Oder, dans le Royaume de Boheme, entre la ville d'Olssen & celle de Schweidnits, elle est la Capi-

tale

tale de la Silefie & d'un petit Duché de même nom , & fe gouverne en forme de République; il fe fabrique dans cette ville & aux environs une infinité de Toiles qui fe debitent dans toutes les parties du monde.

Marchandifes qui s'envoyent d'Amfterdam à Breflau.

Toute forte d'Epiceries, & de Drogueries.
Des Draperies & Etoffes de laine de toutes fortes.
Des Bois de Teinture rapé & moulu.
Des Sucres en pain, & Caffonades.
Des Indigos, & autres Teintureries.
Des Garances, & de plufieurs autres marchandifes.

Et Amfterdam tire de Breflau,

Des Toiles de plufieurs fortes, que l'on nomme en général Toiles de Silefie : comme Toiles fines & groffes, Linge de table uni & Jamaffé de toutes les façons, des Toiles dites Platilles & Stopilles, dont on envoye de groffes quantitez en Efpagne, & en Amerique.

Les Toiles de Silefie fe vendent à Amfterdam de 4. & de 5. Pieces au Schoc , qui eft compté de 60. aunes de Breflau & de 48. aunes d'Amfterdam, & de 63. aunes de Breflau & de 50. aunes d'Amfterdam. Celles de 5. Pieces au Schoc font bien plus belles & plus fines , que celles de 4. au Schoc.

Il en vient auffi quantité de fil tant pour faire des Toiles , que pour coudre & pour tricoter, lequel fe blanchit à Haarlem.

Des Poids, des Mefures, & des Monnoyes de Breflau.

100. ℔. de Breflau font 80. ℔. d'Amfterdam , & 100. ℔. d'Amfterdam font 125. ℔. de Breflau.

100. Aunes de Breflau font 80. aunes d'Amfterdam , & 100. aunes d'Amfterdam font 125. aunes de Breflau.

Les Ecritures s'y tiennent en Rixdales & Gros d'argent dits *Silver Grofchen* & en Penins ou *Fenings.*

La Rixdale vaut 30. Gros d'argent , le Gros d'argent vaut 12. Fenings.

La Rixdale fe divife auffi en 90. Creutfers, & le Creutfer en 4. Fenings.

On

On nomme lesdites Rixdales *Monnoye Imperiale* augmentée de 17. Creutsers.

Il se fait un grand commerce de change entre Amsterdam & Breslau. Amsterdam donne ordinairement de 35. à 37. sols argent de Banque pour recevoir à Breslau une Rixdale de 30. Gros d'argent. Les lettres de change se font presque toûjours à six semaines de date, & il y a 6. jours de faveur, mais les lettres de change qui sont à moins de 8. jours de veuë, y doivent être payées ou protestées dans 24. heures après l'écheance.

Reduction de l'argent de Breslau en argent d'Amsterdam, & de celui d'Amsterdam en celui de Breslau.

Suposez qu'il faille tirer ou remetre sur Breslau 6355. florins d'Hollande, le change étant à 36½ sols par Rixdale, reduisez en sols les 6355. florins, en les multipliant par - 20 sols.

vient - - 127100 sols.
Reduisez ces sols en demi sols - 2

vient - - - 254200 demi-sols.

Reduisez ensuite les 36½ sols du prix du change, en les multipliant par 2. & y ajoutant la fraction, viendra 73. demi-sols avec lesquels il faut diviser les 254200. demi-sols, il viendra 3482. Rixdales, & il restera 14. qu'il faut multiplier par 30. & diviser le produit par 73. viendra 5. gros d'argent, & il restera 55. qu'il faut multiplier par 12. & diviser encor le produit par 73. viendra 9 *fenings*, ainsi pour 6355. florins d'Amsterdam, on doit recevoir à Breslau le change à 36½ s. par Rixdale, 3482. Rixdales, 5. gros 9. fenings.

Et suposez qu'on veuille remettre lesdites 3482. Rixdales 5. gros 9. fenings de Breslau à Amsterdam, le change étant à 36½ s. par Rixdale.
Multipliez les - - - Rixd. 3482: 5: 9.
par le prix du change qui est - - 36½ sols.

125352.
Pour le ½ s. prenez la ½ des Rixd. 3482. vient - 1741
Pour les 5. gros prenez le ⅙ du prix du change 6
Pour les 9. fenings le ⅙ des 5. gros - - 1

Tranchez la derniere figure & prenez la ½ 127101 0

viendra - - - 6355 fl. à recevoir

à Amsterdam pour les 3482. Rixdales 5. gros 9. fenings de Breslau.
H A M.

LE NEGOCE

HAMBOURG.

Cette ville eſt une des principales & floriſſantes villes de l'Allemagne, qui étend ſon commerce dans tous les ports de l'Europe , elle eſt ſituée ſur l'Elbe à 20. lieuës de la Mer du Nord. Les navires chargez n'en peuvent aprocher que de trois lieuës, n'y ayant que 10. piés d'eau devant la ville, mais il y a quantité d'Aleges qui ne ſervent qu'à tranſporter les marchandiſes des Navires à la ville & de la ville aux Navires.

On y porte d'Amſterdam indiferemment de toutes ſortes de marchandiſes , comme l'on tranſporte auſſi reciproquement de Hambourg à Amſterdam toutes ſortes de marchandiſes, ſelon l'abondance ou la rareté qu'il y a dans ces deux villes ; car il arrive aſſez ſouvent , lors qu'il manque certaines marchandiſes d'Eſpagne, d'Italie, de Barbarie & d'ailleurs à Amſterdam, que les Marchands de cette derniere ville en font venir de Hambourg, & il m'eſt arrivé plus d'une fois d'en faire venir des Sirops, du Caffé , de l'Alun & autres marchandiſes où je trouvois aſſez bien mon compte, mais on n'y trouve guere de profit que lors qu'on prévoit de bonne heure que quelque marchandiſe augmentera, & que l'on donne des premiers les ordres pour l'acheter.

Et outre toutes ſortes de marchandiſes qu'Amſterdam peut tirer de Hambourg dans les occaſions, on en tire particulierement ,

Des Fils de fer & de laiton ⎫
Du Cuivre en feuilles ⎬ qui vient de Saxe.
Du Fer blanc. ⎭

De fort bonnes Planches de Chêne, & des Bois de Charpente.

Des Douves, du Miel, & de la Cire jaune.

Et en général de toutes les ſortes de marchandiſes du Nord.

Les Soyes cruës s'y achetent à payer en 13. mois, mais on rabat 8⅓ pour cent en les payant comptant.

Les Peleteries s'y achetent à payer en 7. mois, mais on les paye comptant en rabatant 4½ pour cent. Les manufactures de ſoye ſe vendent à l'aune de Brabant, dont les 5. font 6. aunes d'Hambourg. Les marchandiſes de France & d'Angleterre ſe vendent à 7. mois de terme, mais on n'excompte point pour celles de France, ni pour celles d'Angleterre ; les Acheteurs fourniſſent leurs billets aux Vendeurs qui peuvent les negocier & les endoſſer pour en faire de l'argent. Les Grains & toutes ſorte de vivres ſe vendent comptant.

Certaines marchandiſes s'y vendent en argent courant, mais la plûpart ſe vendent en argent de Banque.

Les

Les Sucres rafinez & le Sucre Candy se vendent aussi à 7. mois de rabat.

Les Douves se vendent au cent de 1200.

Les Huiles d'Olive par Pipes de 820. ℔. pesant net.

Les Huiles de graines, comme de Lin, de Navette ou Rabette & autres, par 112. ℔. pesant.

Le Plomb, le Fer, l'Etain, le Cuivre, le Lin & le Chanvre se vendent par Schippont de 280. ℔.

Les Laines, par Pierres de 10. ℔.

Le Fil de fer, par Torches de 10. ℔.

Le Goudron & la Poix, par Last de 12. Tonnes.

Le Sel, par Last de 18. Tonnes.

Cette ville envoye tous les ans 40. ou 50. Navires à la Pêche de la Baleine.

Hambourg a aussi une Banque fort bien établie, dans laquelle il faut que toutes les lettres de change soient payées à peu près comme à Amsterdam. Les livres de la Banque y sont tenus en Marcs, & Sols lubs ou Schellings lubs, & on ne peut y payer moins de 100. Marcs, & pour écrire au dessous de 300. Marcs il en coûte 2. sols lubs. Pour s'y faire ouvrir un compte en Banque il faut payer 50. Rixdales de 48. sols lubs piece, ce qui est beaucoup plus qu'à Amsterdam où il n'en coûte que 10 florins, comme on le verra dans son lieu.

La Banque de Hambourg prête de l'argent sur des Joyaux, & sur de l'argenterie moyenant un interêt raisonnable.

Droits d'Entrée & de Sortie des marchandises à Hambourg.

Les Droits d'Entrée & de Sortie par Mer sont fort modiques, puisqu'ils n'excedent pas demi pour cent, on paye à Staden qui apartient au Roy de Suede 4. sols par Last.

Les Bourgeois de Hambourg n'ont point d'autre Privilege sur les Etrangers que de l'Expedition du Droit d'entrée & de sortie par terre, qui se prend des Etrangers, & qui vaut aux environs d'un tiers pour cent.

Il se prend encore un droit de Convoi sur toutes sortes de Navires, pour la dépense des vaisseaux de guerre qui escortent les Navires qui vont dans la Mer Mediterranée.

Les droits vont jusques à 200. Marcs pour chaque Navire, & on paye une Rixdale par Last de la décharge des marchandises.

On paye pour les droits d'entrée des Eaux de vie 30. sols par barique.

Des

Des Poids, Mesures & Monnoyes de Hambourg.

Le Cent de sel de France rend à Hambourg environ 11¼ à 11½ Lasts.

Les 100. ℔. de Hambourg ne rendent que 98. ℔. à Amsterdam , & 100. ℔. d'Amsterdam font 102. ℔. de Hambourg.

Les 100. aunes d'Amsterdam font 120. aunes de Hambourg , & 100. aunes de Hambourg n'en font que 83½ à Amsterdam.

Les livres y font tenus en Marcs, Sols, & Deniers lubs, argent de Banque, & ceux qui ne font pas en Banque, les tiennent en Rixdales, Sols & Deniers argent courant.

Le Marc, ou Marc lubs, se divise en 16. sols lubs, & le sol lubs en 12. deniers lubs.

La Rixdale est de 48. sols lubs, ou de 3. Marcs lubs.

La Daalder qui est imaginaire, est de 32. sols lubs, ou de 2. Marcs lubs.

Les Schellings & Deniers de gros font aussi imaginaires, le Schelling lubs vaut 6. sols lubs ou 12. deniers de Gros.

Il y a 12. jours de faveur pour les lettres de change, y compris les Dimanches & jours de Fêtes, & si le douzième jour se trouve un Dimanche, ou jour de Fête, il faut protester le onzième jour.

Le pair entre Amsterdam & Hambourg se prend pour 48. sols lubs ou une Rixdale de Banque de Hambourg, contre une Rixdale de 50. sols d'Amsterdam aussi argent de Banque.

Il se fait un fort grand commerce en change entre Amsterdam & Hambourg, on donne à Amsterdam de 32. à 33. sous argent de Banque pour recevoir à Hambourg une Daalder de Banque.

Reduction de l'argent d'Amsterdam en argent d'Hambourg, & de l'argent d'Hambourg en argent d'Amsterdam.

Suposez vouloir remettre d'Amsterdam sur Hambourg 4856. florins de Banque, le change à 32½ sols par Daalder.
Reduisez en demi-sols les - 4856. florins. Reduisez pareillement en demi-sols
En les multipliant par -   40.   les 32½ sols du prix du change,

Vient   -   -   194240. demi-sols. Vient 65. demi-sols.

Et divisez les 194240. demi-sols par les 65. demi-sols du prix du change , viendra 2988. Daalders, & il restera 20. que vous multiplierez
par

par 32. fols lubs valeur de la Daalder qui produiront 640. à divifer par les 65. demi-fols du prix du change, & il viendra 9. fols lubs & un refte de 55. qu'il faut multiplier par 12. deniers valeur du fol lubs, viendra 660. qu'il faut encore multiplier par les 65. demi-fols du prix du change, & il viendra 10. deniers & un refte de 10. qui fe comptent pour rien. Ainfi pour 4856. florins de Banque d'Amfterdam vous aurez à remettre à Hambourg, le change à 32½ fols par Daalder, 2988. Daalders 9. fols 10. deniers lubs.

Et au contraire fi vous avez la même fomme 2988. Daalders 9. fols 10. deniers lubs à tirer d'Amfterdam fur Hambourg, ou à remettre d'Hambourg fur Amfterdam, & que vous vouliez favoir combien d'argent d'Amfterdam elles rendront, multipliez les   -   Daalders 2988: 9: 10
par le prix du change qui eft   -   -   32½ fols d'Amfterd.

Viendra   -   -   -   -   95616
Pour le ½ fol prenez la ½ de 2988.   -   1494
Pour 8 fols lubs prenez le ¼ de 32.   -   8
Pour 1 fols lubs prenez le ⅛ des 8 fols lubs -   1
Et pofez 1 pour 10. deniers lubs qui eft prefque un fol   1

Viendra le tout ajouté enfemble   -   97121 0 fols d'Amfterd.

Dont il faut retrancher la derniere figure & prendre la ¼ viendra 4856. florins d'Amfterdam à compter ou à recevoir à Amfterdam pour les 2988. Daalders 9. fols 10. deniers lubs de Hambourg.

BREMEN.

Cette Ville eft fituée fur le Wefer à 15. lieuës de la Mer, entre Hambourg & Embden. Les gros Navires chargez ne peuvent en aprocher que de 4. lieuës, & les moyens que d'une lieuë & demie, où il y a un bon port; on pêche là & aux environs quantité de faumon.

Marchandifes qui fe tranfportent d'Amfterdam à Bremen.

Des Manufactures de foye de toutes fortes.
Des Draps & Etoffes de laine de toutes fortes.
Des Teintureries, des Drogueries, & toutes fortes de Bois rapez & moulus pour les Teintures.
Des Drogueries de toutes fortes.
Du Haran.

N n n

Des

Des Vins & des Eaux de vie.
Et on en tire
   Des Fourneaux de fer pour les Rafineries.
   Des Poëles & Plaques de fer de fonte.
   De très bons Bois de Charpente.
   Des Potaſſes calcinées.
   Du Miel & de la Cire jaune.
   Des gros Draps dits *Peylakens*, des Serges & des Ras.
   De la Biere forte.
   Des Fils d'Erford & de Bronswyk.
   Des Laines d'Allemagne.
   De l'Anis.   Des Plumes à lits & à écrire.
   Des Toiles d'Oſnabrug & de Tekelenbourg.
   Des Grains de toutes ſortes.

Droits d'Entrée & de ſortie de Bremen.

Les droits d'Entrée & de ſortie ſont fort mediocres, puisqu'on ne paye pour les uns & pour les autres qu'environ un & demi pour cent, ſans aucune diſtinction entre les Etrangers & les Bourgeois, qui n'ont point d'autre avantage ſur les premiers, que le privilege de faire paſſer leurs marchandiſes au delà de la ville ſur la Riviere, ce qui n'eſt pas permis aux Etrangers.

Des Poids, des Meſures & des Monnoyes de Bremen.

100. ℔. De Bremen ſont comptées pour 97. ℔. d'Amſterdam, & 100. ℔. d'Amſterdam ſont comptées pour 103. ℔. de Bremen.
   Les 100. aunes de Bremen ſont comptées pour 83½ aunes d'Amſterdam, & 100. aunes d'Amſterdam ſont comptées pour 120. aunes de Bremen.
   Le Pied eſt égal à celui d'Amſterdam.
   Les Ecritures y ſont tenuës en Rixdales & en Gros.
   La Rixdale ſe diviſe en 72. Gros, en 3. Marcs lubs, & le Marc lubs 16. ſols lubs, le ſol lubs y étant compté de 24. Gros.
   Il n'y a point de change reglé entre Amſterdam & Bremen, & s'il arrive que l'on ait de l'argent à tirer ou a remettre d'une place à l'au-tre, l'on donne à Bremen de 100. à 102 ou 103. Rixdales de 72 Gros pour reçevoir à Amſterdam 100. Rixdales de 50. ſols argent courant à Amſterdam.

Cette

Cette ville envoye auſſi tous les ans 20. ou 25. navires à la Pêche de la Baleine.

CHAPITRE XXVI.

Du Commerce entre Amſterdam , & Leipſic , Naumbourg , Bronswic & quelques autres villes des environs.

Leipſic, ou Lypzig Ville d'Allemagne dans la haute Saxe dans le Marquiſat de Miſnie eſt ſur la Riviere de Pleiſſ. Cette ville eſt grande, belle & fort celebre par ſon commerce & par les foires qui s'y tiennent trois fois l'année , auxquelles viennent ſe pourvoir non ſeulement tous les Marchands des environs, mais ſmêmes beaucoup qui en demeurent à plus de 100. lieuës. Ceux de toute l'Allemagne, de Suiſſe, de Geneve & même d'Italie y portent de toutes ſortes de leurs Fabriques & Manufactures. Celles que la Ville d'Amſterdam fournit à Leipſic ſont

De toutes ſortes de Manufactures de ſoye.

Des Draps d'or & d'argent.

Des Draps d'Angleterre & de Hollande fins , & toute ſorte d'Etoffes de ſoye.

Des Dentelles d'or, d'argent, & de fil.

Des Galanteries de toutes ſortes.

Des Toiles peintes, & des Indiennes.

Des Mouſſelines , & Toiles de Cambrai.

Des Teintureries de toutes ſortes.

Des Merceries, & des Bijouteries de toutes ſortes.

Et l'on en tire du Fil, & du Fer blanc.

Des trois foires qui ſe tiennent par an à Leipſic, la premiere qui s'appelle *du nouvel an*, commence le premier jour de l'année ou le Lundi ſi le premier ſe trouve un Dimanche.

La ſeconde qui s'appelle *de Pâques* ou de *Jubilate*, commence le Lundi de la troiſième ſemaine après Pâques.

La troiſième qui s'appelle *de St. Michel*, commence le jour de la St. Michel qui eſt le 29. de Septembre : mais ſi ce jour échoit à un Dimanche, elle ne commence que le Dimanche ſuivant, chacune de ces Foires dure quatorze jours ou deux ſemaines. Je parlerai plus particulierement de ces Foires, en traitant des changes ſur les Foires & Marchez en général.

De:

Des Poids, Mesures, & Monnoyes de Leipsic.

Les 100. ℔. d'Amsterdam font 105. ℔. de Leipsic, & 100. ℔. de Leipsic sont comptées pour 95¼ ℔. d'Amsterdam.

Les 100. aunes d'Amsterdam sont comptées pour 120. aunes de Leipsic, & 100. aunes de Leipsic pour 83⅓ aunes d'Amsterdam.

Les Ecritures s'y tiennent en Rixdales ou Ecus, Gros, & Fenings. La Rixdale est de 24. Gros, & le Gros de 12. Fenings.

Il se fait beaucoup en change entre Amsterdam & Leipsic. Les lettres que l'on tire d'Amsterdam sont pour la plûpart payables dans une des Foires, en donnant à Amsterdam de 36. à 40. sols argent courant pour recevoir à Leipsic une Rixdale de 24. gros: mais à Leisic on donne de 127. à 133. Rixdales de 24. pour recevoir à Amsterdam 100. Rixdales de 50. sols courant.

Reduction de l'argent d'Amsterdam en argent de Leipsic, & de celui de Leipsic en celui d'Amsterdam.

Suposé qu'on veuille remettre d'Amsterdam à Leipsic 3560. florins argent courant, le change étant à 38. sols par Rixdale, reduisez en sols les   -   3560. florins.

En les multipliant par   -   20. sols valeur du florin.

Vient   -   -   71200. sols, qu'il faut diviser par les 38.

sols du prix du change, il viendra 1873. & un reste de 26. qu'il faut multiplier par 24. Gros valeur de la Rixdale, & diviser le produit par les 38. sols du prix du change, viendra 16. Gros, qui laisseront un reste de 16. qu'il faut multiplier par 12. Fenings, valeur du Gros, & diviser encore le produit par les 38. sols du prix du change, & viendra 5. Fenings. Ainsi pour 3560. florins courant d'Amsterdam, le change à 38. sols, on recevra à Leipsic 1873. Rixdales 16. Gros 5. Fenings.

Et suposé qu'on veuille remettre 1873. Rixdales de Leipsic sur Amsterdam, le change étant à Leipsic à 131½ Rixdales, pour 100. Rixdales d'Amsterdam il faut dire par la Regle de Trois.

Rixdales de Leipsic. Rixdales d'Amsterdam.   Rixdales de Leipsic.
Si 131½ donnent - 100. Combien donneront. - 1873.

Et il viendra pour réponse 1424. Rixdales 16. Sols 8. Penins à recevoir ou à faire compter à Amsterdam.

NAUM-

NAUMBOURG.

Cette Ville eſt conſiderable par un Marché qui s'y tient tous les ans, qui s'appelle le Marché de St. Pierre & de St. Paul ; il commence le jour de ces deux Saints qui eſt le 29. de Juin, & ne dure que 8. jours. La plûpart des Marchands de Leipſic y aportent leurs marchandiſes, & on y envoye d'Amſterdam les mêmes qui s'envoyent à Leipſic.

Les Poids, les Meſures & les Monnoyes y ſont auſſi les mêmes qu'à Leipſic : l'on change aſſez peu d'Amſterdam ſur Naumbourg, mais quand il y a des occaſions le change ſe regle & ſe reduit comme celui de Leipſic.

BRONSWIC.

Bronswic, Bronwyk, & en Allemand *Braunsweig* eſt une fort grande ville de la baſſe Saxe ſur la Riviere Ocre, qui paſſe au milieu de la ville; il s'y tient une Foire chaque année; l'on en tire quantité de fil cru pour la Hollande que l'on fait blanchir à Haarlem, & il s'y fait une ſorte de Biere forte qu'on appelle *Mom de Bronſwic*, dont on envoye quantité aux Indes.

Les Ecritures y ſont tenuës en Rixdales, Mariengros & Penins.

La Rixdale ſe diviſe en 36. Mariengros, & le Mariengros en 8. Penins.

ERFORT.

Cette ville eſt ſituée dans la Turinge dont elle eſt la Capitale, elle eſt ſur la Riviere de Gera, l'on en tire des Fils, du Paſtel, & du Saffre.

100. ℔. d'Erfort ſont comptées pour 92. ℔. d'Amſterdam, & 100. ℔. d'Amſterdam, pour 108½ ℔. d'Erfort.

100. aunes d'Erfort ſont comptées pour 61. aunes d'Amſterdam, & 100. aunes d'Amſterdam pour 164. aunes d'Erfort.

LE NEGOCE

LANGENSALTZ.

Cette Ville eft auffi dans la Turinge près de la Riviere Unſtrut.
L'on y porte des Teintureries & Drogueries.
Des Epiceries, des Draps & Etoffes de ſoye & de laine.
Et l'on en tire des Sayes, des Ras & autres étoffes de Laine.
   Du Saffre & de l'Anis.
On compte que les 6. aunes de Langenſaltz font 5. aunes d'Amſterdam.
Suivant quoi 100. aunes de Langenſaltz font 83⅓ aunes d'Amſterdam,
& 100. aunes d'Amſterdam en font 120. de Langenſaltz.
Les Monnoyes y font les mêmes qu'à Erfort.

OSNABRUG

Ville Epiſcopale, & Capitale de l'Eveché d'Oſnabrug en Weſtphalie
ſur la Riviere d'Haſe à environ huit lieuës de Munſter.
On en tire grande quantité de Toiles cruës qui ſe blanchiſſent à Haarlem, de très-bons Jambons & des Saucices fumées, & du Lard ſalé, &
fumé dont il ſe fait un grand commerce.
100. aunes d'Oſnabrug font 175. aunes d'Amſterdam, & 100. aunes
d'Amſterdam en font 57. d'Oſnabrug.
Les Ecritures s'y tiennent en Rixdales, Mariengros & Penins.
La Rixdale y eſt auſſi de 36. Mariengros, & le Mariengros de 8. Penins.

BERLIN

Ville Capitale des Etats de Brandebourg, ſituée ſur la Riviere de Spre-
he, eſt d'un aſſez grand commerce ; & quoi qu'elle tire la plûpart de
ſes marchandiſes de Hambourg, elle ne laiſſe pas de tirer d'Amſterdam
par la même voye,
   De toutes ſortes de Manufactures de ſoye, d'or & d'argent.
   Des Rubans, & Galons d'or & d'argent.
   Des Draps, & Etoffes de laine.
   Des Epiceries, Drogueries & Teintureries.
   Des Mouſſelines, & Batiſtes.

Des

Des Indiennes, & Toiles de Coton peintes.
Des Dentelles, & plufieurs autres fortes de marchandifes.
Et l'on en tire
Quantité d'Ouvrages d'Acier.
De belles Glaces de miroir.
Et plufieurs fortes de galanteries.

CHAPITRE XXVII.

Du Commerce avec la Suiffe.

Es Villes de Suiffe avec lesquelles Amfterdam fait le plus grand commerce font

Zurich.   St. Gal.
Zurfac.   Bafle.
Schafoufe   Geneve, alliée des Suiffes.
Berne.

Zurich Ville Capitale du Canton qui porte ce nom, eft fituée fur la Riviere de Limmat qui la traverfe en fortant du Lac de Zurich ; l'on y envoye d'Amfterdam

Quantité de Toiles peintes.   Des Cannes.
Des Mouffelines.   Des Epiceries.
Des Batiftes.   Des Teintureries.
Des Cotons des Barbades & de Curaçao.
Des Drogueries de toute forte.
Des Draps & Etoffes de laine.
Du Thée & du Chocolat.

Et l'on en tire

Des Soyes Organfin, & Trame qui y viennent d'Italie & de Piemont.
Du Fil de Fleuret.
Des Crépons de laine, & moitié foye & moitié laine foulez & non foulez, & des Crêpes.

Les Marchands de Zurich font auffi un fort grand commerce avec l'Italie, le Piemont & la Savoye, où ils vont tous les ans faire leurs achats de foyes, non feulement pour leurs propres manufactures, mais pour en envoyer en Allemagne, en Hollande & en Angleterre.

Les Ecritures s'y tiennent en Rixdales, & Creutzers.
La Rixdale ou Ducat de Zurich y vaut 28. Batz & 2. Schellings de Zurich, qui valent plus que les Batz de Suiffe, & moins que ceux qu'on appelle bons Batz.

Le

Le Goulde ou Florin de Zurich, qu'on appelle bon Goulde, eſt de 16;
Batz ou de 40. Schellings de Zurich.

Le Batz y vaut 2½ Schellings de Zurich.

Le Schelling vaut 6. Anſters ou 1⅓ Creutzer.

Le Batz vaut 4. Creutzers.

Z U R Z A C H

Eſt un gros Bourg de Suiſſe qui eſt fort celebre en Allemagne pour
ſes Foires, dont la premiere ſe tient huit jours après la Pentecôte, & la
ſeconde le premier de Septembre; l'on y envoye les mêmes marchandiſes qu'à Zurich, & il en vient des ſoyes & des Fabriques de Suiſſe.

Il y a diverſes ſortes de Monnoyes en Suiſſe, qui ont toutes cours aux
Foires de Zurzach, c'eſt pourquoi ceux qui vendent & achetent doivent
convenir en quel argent ils payeront, ou ſeront payez.

S C H A F O U S E

Ou Schafhouſe Capitale du Canton de ce nom eſt ſituée ſur le Rhin
qui à quelque centaine de pas au deſſous de ladite ville ſe precipite au
travers des grands Rochers avec un bruit effroyable, ce qui oblige tous
les bateaux qui deſcendent du Lac de Conſtance, d'y decharger les marchandiſes qui doivent paſſer outre, que l'on y charge ſur des Charretes
pour les tranſporter dans d'autres bateaux qui les rechargent en deça de
ce ſaut du Rhin, ce qui porte un grand profit à cette Ville; le commerce y eſt à peu près le même qu'à Zurich, mais moins conſiderable.

La Rixdale y vaut 27. bons Batz.

Le Goulde ou Florin de Zurich y vaut 15. bons Batz.

Le bon Batz y fait 10 Baps.

Le Batz eſt de 4. Creutzers.

B E R N E

Eſt la plus puiſſante & plus la floriſſante ville de toute la Suiſſe, & la
Capitale du Canton de ce nom ſituée ſur la Riviere d'Aar; l'on y envoye
des mêmes marchandiſes qu'à Zurich, & on en tire quelques Manufactures & des Crêpes.

La Rixdale y vaut 30. Batz communs ou de Suiſſe.

Le

Le bon Goulde ou Florin de Zurich y vaut 16. Batz & 2. Schelings de Suiffe.

Le Batz y vaut 4. Creutzers ou $2\frac{1}{2}$ Schelings.

L'on compte ordinairement que 6. aunes de Berne en font 5. d'Amfterdam, fuivant quoi

100. Aunes de Berne font $82\frac{2}{3}$ aunes d'Amfterdam.

Et 100. aunes d'Amfterdam font 120. aunes de Berne.

100. ℔. de Berne font comptées pour 90. ℔. d'Amfterdam.

Et 100. ℔. d'Amfterdam pour 111. ℔. de Berne.

SAINT GAL

Eft une Ville qui n'eft pas fort grande, mais elle eft bien bâtie & fort propre, & très-confiderable par le grand commerce des Toiles qui s'y fabriquent, dont elle fournit beaucoup l'Allemagne, la France, l'Efpagne & l'Italie. Il faut bien que les Manufactures y fleuriffent, puifque de 12. Tribus dont la ville eft compofée, la premiere eft celle des Gentilshommes & des Tifferans, & que ces derniers marchent du pair avec les premiers, ce qui marque qu'on ne méprife pas tant ces fortes d'Artifans, qu'il femble qu'on les meprife dans bien d'autres villes, où ils fervent pourtant à enrichir bon nombre de Fabriquans, qui ne s'agrandiffent que de la fueur & des veilles de ces pauvres gens, auxquels ils payent fi peu pour leurs ouvrages, qu'à peine ils peuvent fubfifter. On fabrique auffi à St. Gal diverfes petites Etoffes de Laine. Les marchandifes qu'on y envoye d'Amfterdam font

Des Toiles peintes, & des Mouffelines.

Des Draps, & Serges.

Des Etoffes de Soye des Indes.

Des Cuirs de Rouffi, & quelques autres marchandifes.

Des Monnoyes & Mefures de St. Gal.

La Rixdale de St. Gal y vaut $25\frac{1}{2}$ Batz ou 102. Creutzers.

Le Goulde ou Florin eft de 15. Batz ou de 60. Creutzers.

Le Scheling eft de 6. Creutzers ou d' $1\frac{1}{2}$ Batz.

Le bon Batz eft de 5. Creutzers.

Le Batz commun eft de 4. Creutzers.

Le Creutzer eft de 4. Hellers, ou Penins.

Les Livres y font tenus en Gouldens, en Creutzers & Hellers.

Le pair entre Amfterdam & St. Gal eft compté de 30. Batz ou 120. Creutzers, pour une Rixdale de 50. fols courant d'Amfterdam, mais il

n'y

n'y a point de change ouvert entre ces deux Places, & lorsque l'on tire de St. Gal fur Amfterdam, on donne à St. Gal certain nombre de Creutzers dont on convient, pour recevoir à Amfterdam une Rixdale de 50. fols de Banque.

On fe fert à St. Gal de deux fortes d'aune, l'une eft pour mefurer les Toiles, & l'autre pour mefurer les Etoffes de laine.

100. Aunes de St. Gal pour $\left\{\begin{array}{l}\text{les Toiles}\\\text{les Etoffes}\end{array}\right\}$ font à Amfterdam $\left\{\begin{array}{l}116\\89\frac{1}{4}\end{array}\right\}$ Aunes.

Et 100. aunes d'Amfterdam font $\left\{\begin{array}{l}86\\112\end{array}\right\}$ Aunes pour $\left\{\begin{array}{l}\text{les Toiles}\\\text{les Etoffes}\end{array}\right\}$ de St. Gal.

B A S L E.

Cette Ville eft auffi la Capitale du Canton Suiffe de même nom, elle eft fort grande, belle & bien bâtie, fur le Rhin qui la partage en grande & petite Bafle, l'on y envoye d'Amfterdam

    Des Draps de Hollande & d'Angleterre.
    De Etoffes de foye des Indes.
    Des Toiles peintes.
    Des Velours.   Des Caffas.
    Des Mouffelines.
    Des Drogueries & Epiceries.
    Des Teintureries.
    Des Dents d'Elephant.
    Des Cannes.   De la Baleine.
    Des Cuirs de Rouffi.
    Des Flanelles, & des Calaminques.
La Rixdale y eft de 27. bons Batz.
Le bon Goulde, de 15. bons Batz, ou de 60. Creutzers.
Le bon Batz eft de 10. Raps, ou de 4. Creutzers.
Le Florin d'Empire y vaut 25. Schlines, ou *Plapperts.*
Le Florin y vaut auffi 20. Gros.
Le Gros eft de $7\frac{1}{2}$ Raps.
Le Plappert eft de 6. Raps.
L'on compte 6. aunes de Bafle pour 5. aunes d'Amfterdam, fuivant quoi
    100. Aunes de Bafle font $83\frac{1}{3}$ aunes d'Amfterdam.
Et 100. aunes d'Amfterdam font 120. aunes de Bafle.

G E-

GENEVE.

Cette Ville, quoi que mediocrement grande, & Souveraine d'une petite République qui n'est composée que de quatre ou cinq villages, est renommée & connuë par tout le monde, à cause de quantité de Genevois qui voyagent & s'établissent dans les principales villes non seulement de l'Europe, mais même des trois autres parties du Monde. Elle est située dans l'endroit d'où le Rhône sort du Lac de Geneve: elle fait un commerce fort considerable; & quoi qu'éloignée de la Mer, quantité de Marchands qui l'habitent ne laissent pas de faire un commerce fort considerable tant par Mer que par Terre, ce qu'ils font par le moyen de leurs Correspondans tant de Marseille, que d'Amsterdam & d'ailleurs, qui achetent des Navires entiers pour leur compte, & les font naviguer suivant les ordres qu'ils leur donnent.

Il se fabrique dans cette ville une très-grande quantité de dorures, comme Dentelles & Galons d'or & d'argent de toutes sortes, des Rubans d'or, d'argent, de soye & de fil, & plusieurs belles Etoffes de soye, & quantité d'autres choses.

L'on y envoye d'Amsterdam

Quantité de Toiles peintes.
Des Mousselines.   Des Batistes.
Des Toiles d'Hollande fines.
Des Draps fins.
Des Porcelaines, du Thée, du Chocolat & plusieurs autres marchandises.

Et on en tire

Des Dorures de toute sorte.
Des Livres en quantité, des Montres, & des Bijouteries.
Des Soyes d'Italie.
Des Taffetas de Lion & autres frabriques de soye.

Des Poids, Mesures & Monnoyes de Geneve.

100. ℔. de Geneve sont comptées pour 112½ d'Amsterdam.
Et 100. ℔. d'Amsterdam pour 89. ℔. de Geneve.
100. Aunes de Geneve font 166⅔ aunes d'Amsterdam.
Et 100. Aunes d'Amsterdam pour 60. aunes de Geneve.

La

La Rixdale ou Ecu y vaut 10. florins 6. fols.

Le Florin eft de 12. fols.

Le Sol de 12. deniers.

On change entre Amfterdam & Geneve en donnant à Amfterdam depuis 92. jufques à 98. deniers de Gros, argent de Banque, pour recevoir à Geneve un Ecu de 60. fols Tournois, ou de 20. fols d'or fol.

L'Ecu fe divife en 60. fols Tournois, & le fol Tournois en 12. deniers.

Et l'Ecu d'or fol fe divife en 20. fols d'or fol, & le fol d'or fol en 12. deniers, ainfi un fol d'or fol vaut 3. fols Tournois, & le denier d'or fol vaut 3. deniers Tournois.

Reduction de l'argent de Geneve en argent d'Amfterdam, & de l'argent d'Amfterdam en argent de Geneve.

Supofez avoir à remettre de Geneve à Amfterdam 4358. florins de Banque, le change étant à 94. §. de gros de Banque d'Amfterdam pour un Ecu de Geneve.

Reduifez en deniers de Gros les   -   4358. florins.

En les multipliant par   - -   40. §. valeur du florin.

Viendra   - - -   174320. §. de gros, qu'il faut divi-

fer par 94. §. de Gros valeur de l'Ecu à Amfterdam, il viendra 1854 Ecus, qui laifferont un refte de 44. qu'il faut multiplier par 60. fols valeur de l'Ecu de Geneve, & divifer le produit par 94. §. il viendra 28. fols qui laifferont un refte de 8. qui multipliez par 12. deniers valeur du fol de Geneve, & divifez par 94. §. donneront 1. denier. Ainfi pour avoir 4358. florins de Banque à Amfterdam, le change à 94. §. de gros par Ecu, il faudra compter à Geneve 1854. Ecus 28. fols 1. denier.

Et au contraire pour remettre d'Amfterdam à Geneve la même fomme de 1854. Ecus 28. fols 1. denier, le change étant à 94. §. de Banque d'Amfterdam pour un Ecu de Geneve,

Multipliez les   - - -   1854 Ecus 28. fols 1. denier

Par le prix du change qui eft   -   94 deniers de gros.

Viendra   - -   1743210 deniers de gros.

Dont il faut trancher la derniere figure
& prendre le ¼

Viendra   - · -   4358 florins de Banque à

compter à Amfterdam, pour avoir à Geneve 1854. Ecus 28. fols 1. denier, ce qui fert de preuve à la regle ci-deffus.

CHA-

CHAPITRE XXVIII.

Du Commerce de Cologne, de Francfort & de plufieurs
autres Villes tant fur le Rhin que dans l'Empire
d'Allemagne.

COLOGNE.

Cologne eft une Ville Imperiale libre, & une des plus grandes Villes d'Allemagne, fituée fur le Rhin, 4. lieuës au deffous de Bone, & 7.
lieuës au deffus de Duffeldorp; elle étoit autrefois l'une des 4. Capitales
des Villes Anfeatiques, il s'y fait un fort grand commerce, & l'on y
porte d'Amfterdam

Des Epiceries de toutes fortes.
Des Drogueries.
Des Sucres rafinez & Caffonnades.
Des Bois de Teinture rapez & moulus.
Du Poiffon fec & falé. Des Harans.
Des Huiles d'Olive, de Graines & de Poiffon.
De toutes fortes d'Etoffes de Soye & de Laine.
Des Rubans, & Dentelles d'or, d'argent, de foye & de fil.
Des Galanteries de toutes fortes.
Des Fromages, Beurres & diverfes Provifions de bouche.
Du Savon, des Fruits fecs d'Efpagne & d'Italie.
Des Toiles de Coton, Mouffelines & Batiftes.
Du Caffé, du Thé, du Chocolat, & des Porcelaines.
  Et l'on en tire
Quantité de Vins de Rhin, & de la Mofelle.
Des Canons de Fer, des Boulets, des Grenades, des Carcaffes & des
Bombes.
Des Poutres & Planches de Chêne, & autres Bois eftimez les meil-
leurs de tous.
Des Poteries de terre & de grais de toute forte.
Des Ardoifes & des Carraux de pierre grife à paver les maifons.

Des Poids , Mesures & Monnoyes de Cologne.

100. ℔. de Cologne font 96. ℔. d'Amsterdam.
Et 100. ℔. d'Amsterdam font 104. ℔. de Cologne.
100. Aunes de Cologne font 83¼ aunes d'Amsterdam.
Et 100. aunes d'Amsterdam font 120. aunes de Cologne.
Les Ecritures y sont tenuës en Rixdales, Albus & Penins.
La Rixdale se divise en 78. Albus.
L'Albus est de 12. deniers, ou de 2. Creutzers, & le Creutzer de 4.
Hellers.
La Daalder y vaut 52. Albus.
Le Florin 24. Albus.
Le Blaffart 4. Albus.
On ne change guere d'Amsterdam sur Cologne , mais bien de Cologne sur Amsterdam, en donnant audit Cologne de 100. à 105. Rixdales de 78. Albus pour recevoir à Amsterdam 100. Rixdales argent courant.

Reduction de l'argent de Cologne en argent d'Amsterdam.

Suposez vouloir tirer ou remettre de Cologne sur Amsterdam 2250.
Rixdales de Cologne, le change étant à 102½ Rixdales de Cologne pour
100. Rixdales argent courant d'Amsterdam, dites par la Regle de Trois :

| Rixdales | Rixdales. | Rixdales. |

Si 102½ de Cologne donnent 100. d'Amsterdam, combien 2250. de Cologne.

Pour éviter de repeter souvent la maniere dont se doivent faire les Regles de Change qui se travaillent par la Regle de Trois, comme celle qui est posée ci-dessus, je vais expliquer comment il faut la travailler : ce qui servira d'Exemple aux plus novices pour toutes les autres Regles de cette nature, qui se presenteront dans la suite.

Lors qu'il y a une fraction dans la première ou dans la derniere somme d'une Regle de Trois, il faut necessairement reduire la première & la derniere somme à la même fraction, comme, par Exemple, la première somme de la Regle ci-dessus est de 102½ Rixdales, ainsi il faut la reduire en demi Rixdales en la multipliant par 2. & y ajoutant la ½ Rixdale il viendra 205. demi Rixdales, ensuite il faut reduire les 2250. Rixdales en demi Rixdales en les multipliant aussi par 2. il viendra 4500. qu'il faut multiplier par les 100. Rixd. de la seconde somme, viendra 225000. à diviser par 205. & vous aurez au quotient de la division 2195. & un reste de 25. qu'il faut considerer comme des Rixdales d'Amsterdam, & multiplier par 50. sols valeur de ladite Rixdale, & diviser le produit par 205. viendra 6. qui laisseront un reste de 20.
qu'il

qu'il faut confiderer comme 20. fols d'Amfterdam, & les multiplier par 16.
Penins valeur du fol, & divifer le produit par 205. viendra 3. & environ
demi ½ : mais comme on ne compte rien au deffous de 8. Penins on peut s'éviter la
peine de les mettre; de forte que pour 2250. Rixdales de Cologne le change à
102½ pour cent, l'on aura à Amfterdam 2195. Rixdales 6. fols argent courant.

Nota que lorfque dans de parcilles Regles les fractions font

de
$\begin{cases} \frac{1}{4} \\ \frac{1}{8} \\ \frac{1}{2} \\ \frac{1}{8} \\ \frac{1}{4} \\ \frac{1}{8} \end{cases}$
il faut reduire la première & la troifième fomme en
$\begin{cases} \text{quarts.} \\ \text{huitièmes.} \\ \text{demis.} \\ \text{huitièmes.} \\ \text{quarts.} \\ \text{huitièmes.} \end{cases}$

Et travailler enfuite fuivant les preceptes de la Regle de Trois.

Reduction de l'argent d'Amfterdam en argent de Cologne.

Supofez avoir à remettre ou à tirer d'Amfterdam fur Cologne 2195.
Rixdales 6. fols argent courant d'Amfterdam, & que vous vouliez favoir
combien de Rixdales cette fomme rendra à Cologne, le change étant à Amfterdam à 2½ pour cent de benefice, ou à 102½ Rixdales de Cologne pour
100. Rixdales d'Amfterdam, ce qui eft la même chofe.

Multipliez les   -   -   - 2195 Rixd. 6. f. d'Amfterd.
Par le prix ou benefice du change qui eft   - 2½

                                    4390

Pour le ½ prenez la moitié de 2195. Rixd. vient 1097: 25: 0
Pour 5. f. prenez le 1/10 de 2½ Rixd. qui font 125.
fols, vient   -   -   -   12: 8
Pour 1. f. prenez le ¼ de 5. fols vient.   -   -   2: 8

Et le tout ajouté enfemble il viendra   -   5487: 40: 0

Qu'il faut divifer par 100. ou trancher les 2. dernieres figures, viendra
54. & un refte de 87. Rixdales & 40. fols, lefquelles 87. Rixdales & 40.
fols multipliées par 50. fols valeur de la Rixdale y ajoûtant les 40. fols,
il viendra (après avoir encore divifé par 100. ou tranché les 2. dernieres
figures, ce qui eft la même chofe) 43. fols ⁴³/₁₀₀. ce qui doit fe compter
pour 44. fols, ce qui étant ainfi trouvé
Pofez les   -   -   - 2195 Rixd. 6. f. d'Amfterd.
Et ajoûtez y les 54. Rixd. 44. f. que vous trouvez de benefice   -   -   - 54 - 44

Et vous aurez à payer ou à recevoir à Cologne - 2250 - 0 Rixdales.

La

La fleur de Muſcade, les Noix muſcades, le Gerofle, la Canelle l'In-digo, la Cochenille, le Verdet ou verd de gris, le Rocou, le Caffé & le Thée, ſe vendent à Cologne à la livre.

La plûpart des autres marchandiſes s'y vendent au Quintal , ou Cen-tenaar de 100. ℔.

Les Huiles d'Olive s'y vendent par 640. Meſures ou *Maiz* en Livres de Gros.

Les Huiles de Baleine par Quarteaux.

Les Huiles de Poiſſon venant du Nord à la Tonne.

Les Huiles de Navette & de Lin, les Eaux de vie & le Vinaigre, par Aams.

Les Vins d'Eſpagne, & Vins ſecs à la Pipe.

Les marchandiſes qui s'envoyent de Hollande à Francfort ou autres Villes d'Allemagne & qui paſſent par Cologne , doivent ſe decharger à Cologne pour être rechargées ſur d'autres bâteaux pour payer les droits de paſſage, ou ſi elles reſtent dans les mêmes bâteaux, elles payent égale-ment lesdits droits qui ſont comme ſuit ſur les marchandiſes ſous ſpéci-fiées, ſavoir.

Un Boucaut de Sucre. - -		60
Un demi Boucaut. - -		30
Un quart de Boucaut - -		16
Et pour les Travailleurs - -		$2\frac{2}{3}$
Une bale de Poivre - -		32
Et pour les Travailleurs - -		$2\frac{2}{3}$
Un Boucaut de Cire blanche -		36
Haran, le Laſt - - -	2 Rixd.	36
Pour droit dit onderkoopers geld par Tonne		4
Pour decharge par Laſt - -		16
Pour recharger - - -		36
Le Poiſſon ſalé paye les mêmes fraix que le Haran par Laſt - -		
Huile de Navette, & de Lin l'Aam -		10
Pour l'Acciſe dite Heeren Accys par Aam		16
Savon, le Laſt. - - -	2 Rixd.	36
Pour les Travailleurs par baril ou Tonne		4
Stockvis le rouleau *pour les Travailleurs*		10
Port au Poids. - -		3
Droit dit Heeren geld - -		6
Droit de Cercles ou Band geld -		4
Droit dit Onderkaopers geld - -		6
Pour paſſage du Ryn - -		24
Droit dit kraangeld : :		10

Paye } Albus.

Etain

Etain en Saumons, le Saumon. -

			paye	
Etain en Saumons, le Saumon.		2 Rixd. 16		
Droit dit Kraangeld du Boucaut.		36		
Pour les Travailleurs - -		2⅔		
Tabac { le Boucaut ou Barique -		32		
la Caiffe - -		16		Albus.
la Cuve - -		12		
Pour les Travailleurs -		2⅔		
Huile de Baleine, le Quarteau -		10		
Accife ou Heeren Accys - -		24		
Huile de foye de Poiffon, la Tonne		5		

La Commiffion de l'Expedition eft d'ordinaire comme fuit.

Pour un Laft ou 12. Tonnes Huile de foye de Poiffon
Pour un Laft Huile de Baleine - -
Pour un Laft Harans - - - } 2. Rixdales.
Pour un Laft Poiffon falé ou Moruë. - -

Les marchandifes qui vont d'Hollande à Francfort doivent payer auffi les mêmes droits à Mayence, cette Ville ayant auffi le privilege qu'aucune marchandife n'y peut paffer devant, fans payer les droits de Paffage.

ELVERVELT,

Quoi qu'affez petite Ville dans le Duché de Berg fur la Riviere de Wupper à deux lieuës de Duffeldorp vers l'Orient, ne laiffe pas de faire un grand commerce avec Amfterdam par le grand nombre de Fil, de Rubans de fil, & de Toiles qui s'y fabriquent. On y envoye d'Amfterdam

Toute forte de Teintureries.
Des Epiceries de toute forte.
Des Toiles de Coton, des Mouffelines & autres marchandifes.

Et on en tire en quantité

Des Rubans de fil de toutes les couleurs & largeurs, qui s'envoyent d'Amfterdam dans toutes les parties du monde.
Des Toiles rayées de couleur.
Des Fils crus.
Du Poil de Porc, ou Soye de Cochon.
Du Coitis & plufieurs autres fabriques.

COBLENS

Ou Coblentz fituée au confluent du Rhin & de la Mofelle, ne fait pas un fort grand commerce directement avec Amfterdam, parce qu'elle a beaucoup plus de correfpondance avec Cologne, mais Coblens fournit pourtant à Amfterdam, tous les Vins de Mofelle, quantité de Vins de Rhin, des Bois de Charpente, du Fer qui y vient de Lorraine, & plufieurs autres marchandifes·

FRANCFORT *fur le Mein.*

Cette Ville qu'on diftingue de Francfort fur l'Oder, eft fituée fur le Mein Riviere qui fe decharge à 7. lieuës de là dans le Rhin vis à vis de Mayence. C'eft une des villes libres de l'Empire, qui a le droit que les Empereurs y doivent être couronnez : elle eft divifée par ladite Riviere en deux parties par un fort beau Pont de pierre ; la principale partie s'appelle Francfort & par les Allemans Francfurt; l'autre partie qui eft du côté du Pays de Darmftad, s'apelle *Saxenhaufen.* Cette ville eft de mediocre grandeur, mais belle & bien bâtie, très-riche & très-celebre tant par fon grand commerce ordinaire que par celui de fes Foires qui s'y tiennent deux fois l'année, & le feroit encore davantage, fi les Reformez y avoient le libre exercice de leur Religion, n'y ayant que les Lutheriens, les Catholiques, & les Juifs qui puiffent y exercer leur Religion. Ces derniers font obligez d'habiter dans un feule ruë fort étroite que l'on ferme tous les foirs, & que l'on n'ouvre point la nuit, à moins qu'il n'y ait du feu dans la ville, lequel ils font obligez d'éteindre. On dit ordinairement de Francfort où j'ai demeuré autrefois, que les Reformez ou Calviniftes ont l'argent, les Lutheriens les clefs de la ville, & les Catholiques les Eglifes, pour marquer que les Reformez font les plus riches, les Lutheriens les maîtres de la ville, & que les Catholiques y ont le plus d'Eglifes, quoi qu'ils faffent prefque la plus petite partie des Habitans.

Marchandifes qui s'envoyent d'Amfterdam à Francfort.

De toutes fortes d'Etoffes d'or, d'argent & de foye.
Des Draperies & petites Etoffes de laine de toutes fortes.
Des Dentelles & de toute forte de Galanteries.

Des

Des Rubans d'or, d'argent, de foye, & de fil.

Des Chapeaux, des Gands, des Epingles & des Aiguilles.

Des Toiles, des Indiennes, & Toiles peintes de toute forte.

De toute forte de marchandifes des Indes & Curiofitez.

Des Epiceries, des Teintureries, & Drogueries.

De l'Etain, & du Plomb.

Du Cuivre, & quantité d'autres marchandifes, dont la plûpart s'envoyent pour y arriver juftement dans les 2. ou 3. premiers jours des Foires, parce qu'alors elles ne payent point de droits.

Et l'on en tire

Des Vins du Rhin & de Franconie.

Des Potaffes blanches calcinées.

Du Tartre. Du Saffre.

Des Laines. Des Soyes d'Italie.

Du Tabac en feuilles & plufieurs autres marchandifes.

Des Foires de Francfort.

Il fe tient chaque année à Francfort deux Foires fort confiderables, où les Etrangers, de quelle nation qu'ils foient, peuvent venir & étaler leurs marchandifes publiquement, ce qui hors du tems des Foires n'eft permis qu'aux feuls Bourgeois de la ville : ces deux Foires font la *Foire de Pâques* & la *Foire de Septembre.*

La premiere commence toûjours le Dimanche avant le jour des Rameaux, qui eft 14. jours avant la Fête de Pâques, & la feconde le Dimanche avant la Fête de la Nativité de la Vierge, fi ce jour-là qui échoit au 8. de Septembre, fe rencontre un Lundi, un Mardi ou un Mecredi : mais fi cette Fête fe rencontre un Jeudi, la Foire ne commence que le Dimanche fuivant, ou fi la Fête fe rencontre un Dimanche elle commence ce jour-là.

On commence à fonner la cloche pour l'entrée de ces Foires toûjours le Dimanche avant la Fête des Rameaux pour celle de Pâques, & le Dimanche avant la Fête de la Nativité de la Vierge pour celle de Septembre. Chaque Foire dure ordinairement 14. jours ou deux femaines, dont la première à l'égard des lettres de change s'appelle la femaine des Acceptations, & la feconde la femaine des Payemens. Je dirai ailleurs, en parlant de changes, ce qui s'y obferve à l'égard des lettres de change tirées fur les Foires de Francfort; je dirai feulement ici que les lettres de change tirées fur Francfort hors du tems des Foires y doivent être payées ou proteftées le quatrième jour d'après leur écheance, & celles qui font tirées à veuë ou à deux ou trois jours de veuë, y doivent être

Ppp 2 payées

payées ou proteſtées dans 24. heures après la preſentation ou après l'échéance.

Des Poids, Meſures, & Monnoyes de Francfort.

100. ℔. de Francfort ſont comptées pour 102. ℔. d'Amſterdam. Et 100. ℔. d'Amſterdam ſont comptées pour 98. ℔. de Francfort.

100. Aunes de Francfort ſont comptées pour 83⅓ aunes d'Amſterdam. Et 100. aunes d'Amſterdam pour 120. aunes de Francfort.

Mais en tems de Foires la plûpart des Marchands étrangers y vendent leurs marchandiſes à l'aune de leur Pays, ceux de France à l'aune de France, & ceux de Hollande à l'aune d'Amſterdam ou à celle d'Anvers, ce qu'il faut pourtant conditionner.

Les Ecritures y ſont tenuës en Rixdales & Creutſers.

La Rixdale eſt de 90. Creutſers qu'on marque ainſi. ✗

Le Creutſer fait 4. Hellers.

Il y a de deux ſortes de Monnoyes, l'une eſt la Monnoye courante, & l'autre l'argent ou la Monnoye de change.

Le pair entre l'argent de change & le courant ſe prend ſur le pied des vieilles *Philipes d'Eſpagne ou Philip Daalders,* qui ſont comptées de 82. Creutſers de change, & de 100. Creutſers argent courant : ſuivant cela, la Rixdale de 90. Creutſers argent courant qui ne varie point, ne fairoit que 73⁴⁄₅ Creutſers argent de change. Mais pour éviter les fractions on compte 74. Creutſers de change à la Rixdale de change, avec leſquelles toutes les lettres de change ſans diſtinction qui ſont payables ſimplement en Rixdales, doivent être payées, à moins qu'elles ne portent par exprès de payer en argent courant.

De cette différence de ⅕ de Creutſer il reſulte que 369. Rixdales de 74. Creutſers argent de change font 370. Rixdales en Eſpece ou de 90. Creutſers argent courant ; & comme les diverſes ſortes de Monnoyes dont on ſe ſert à Francfort, embaraſſent ceux qui ne ſont pas accoûtumez à ces ſortes de calculs, voici une Table de Reduction dont on ſe ſert à Francfort, au moyen de laquelle on peut reduire toutes ſortes de ſommes d'argent courant en argent de change, ou d'argent de change en argent courant.

100. Gouldens ou Florins de 65. Creutſers argent de change

font
{
108. Gouldens 20. Creutſers, de 60. Creutſers } argent de change.
87. Rixdales 2. Creutſers, de 74. Creutſers }
88. Rixdales 6. Creutſers 34⅛ ℔. de 90. Creutſers } argent courant.
132. Gouldens 6. Creutſers 3⁴⁄₁₁ ℔. de 60. Creutſers }
}

100.

100. *Gouldens de 60. Creutfers argent de change*

font
- 92. Gouldens 20. Creutfers - de 65. Creutfers ⎤ argent de change.
- 81. Rixdale 6. Creutfers - de 74. Creutfers ⎦
- 81. Rixdale 27. Creutfers ⅓ ⅜. de 90. Creutfers ⎤ argent courant.
- 121. Goulden 57. Creutfers ⅓ ⅜. de 60. Creutfers ⎦

100. *Gouldens de 60. Creutfers argent courant*

font
- 75. Gouldens 45. Creutfers - de 65. Creutfers ⎤
- 82. Gouldens - - de 60. Creutfers ⎬ argent de change.
- 66. Rixdales 36. Creutfers - de 74. Creutfers ⎦
- 66. Rixdales 60. Creutfers - de 90. Creutfers argent courant.

100. *Rixdales de 74. Creutfers argent de change*

font
- 113. Gouldens 55. Creutfers - de 65. Creutfers ⎤ argent de change.
- 123. Gouldens 20. Creutfers - de 60. Creutfers ⎦
- 100. Rixdales 24. Creutfers 1⅓ ⅜. de 90. Creutfers ⎤ argent courant.
- 150. Gouldens 24. Creutfers 1⅓ ⅜. de 60. Creutfers ⎦

100. *Rixdales de 90. Creutfers argent courant*

font
- 113. Gouldens 35. Creutfers - de 65. Creutfers ⎤
- 123. Gouldens - - de 60. Creutfers ⎬ argent de change.
- 99. Rixdales 54 Creutfers - de 74. Creutfers ⎦
- 150. Gouldens - - de 60. Creutfers argent courant.

Francfort change avec Nuremberg & Venize par Gouldens ou Florins de 60. Creutfers argent de change, mais avec Amfterdam on change par Rixdales en donnant à Francfort de 125 à 130. Rixdales de 90. Creutfers argent courant pour recevoir à Amfterdam 100. Rixdales argent courant, l'ufance ordinaire entre Amfterdam & Francfort eft de 14. jours de veuë.

Reduction de l'argent de Francfort en argent d'Amfterdam, & de l'argent d'Amfterdam en argent de Francfort.

Suppofez vouloir tirer ou remettre d'Amfterdam fur Francfort 2125. Rixdales argent courant d'Amfterdam, le change étant à 128. pour'cent, & favoir ce que cela rendra à Francfort.

Mul-

Multipliez les - Rixd. 2125 courant d'Amſterdam
Par les - - 28 qu'il faut ajoûter à chaque 100. Rixd.

Viendra - - 595|00 qu'il faut diviſer par 100. ou, ce qui
eſt la même choſe, trancher les deux dernieres figures.
Viendra 595. Rixdales qui ajoûtées aux 2125. Rixdales d'Amſter-
dam, donneront à Francfort 2720. Rixdales de 90.|Creutſers argent
courant.

*Et au contraire pour reduire les 2720. Rixdales de Francfort
en Rixdales d'Amſterdam, dites par la Regle de Trois.*

Rixdales de Francfort.   Rixdales.   Rixdales.
Si 128. ne donnent que 100. d'Amſterdam, combien donneront 2720. de
Francfort.
Viendra pour reponſe 2125. Rixdales d'Amſterdam.

HANAUW

Eſt une fort jolie ville à quatre lieuës de Francfort & la reſidence ordinaire des Comtes de Hanauw. Les Reformez y ont le libre exercice de leur Religion, & une Egliſe Hollandoiſe & une Françoiſe fort
bien bâties. Cette ville fournit quantité de Tabac en feuille à Amſterdam, que l'on y file en cordes, & dont on envoye en quantité dans
divers pays ; il s'y fabrique auſſi beaucoup de Camelots & Gros grains
qui s'envoyent d'Amſterdam en Eſpagne pour les Indes Eſpagnoles.
Les Monnoyes y ſont les mêmes qu'à Francfort.

NUREMBERG

Eſt une ville Imperiale libre, des plus grandes, des mieux bâties & des
plus peuplées d'Allemagne. Elle eſt ſituée ſur la Riviere de Peignitz qui la
ſepare en deux parties preſque égales, qui ſe communiquent enſemble
par onze beaux Ponts de pierre qu'on a conſtruits ſur ladite Riviere.
Cette ville eſt fameuſe par quantité de Manufactures qui s'y font, & particulierement par le grand nombre de Quincailleries & Merceries qui en
viennent à Amſterdam, dont on voit quantité de boutiques remplies, &
qui s'envoyent de là dans toutes les parties du Monde.

Mar-

Marchandifes qui s'envoyent d'Amfterdam à Nuremberg.

Des Cuirs de Rouffi.
Du Poivre & des Epiceries de toutes fortes.
Du Gingembre.
Des Indigos de toutes les fortes.
Des Bois de Teinture rapez & moulus.
Des Sucres rafinez, & en Caffonnade.
Des Dents d'Elephant.
Des Cuirs à femelle.
Des Camelots de Leyde & autres Etoffes legeres.
Des Draps, des Serges, des Carifayes & des Flanelles.
Des Toiles fines de Hollande.
Des Toiles peintes & des Indiennes.
Des Moufselines & Batiftes.
Et beaucoup d'autres marchandifes.

On en tire un fi grand nombre de chofes, qu'il feroit ennuyeux de les coucher toutes ici, c'eft pourquoi je ne mettrai que les fuivantes qui font les principales, favoir,

Toutes fortes d'ouvrages d'Ivoire, & de Bois tournez fort proprement.
Des Ouvrages de cuivre de toutes fortes.
Des Ouvrages de Filagrame d'or & d'argent.
Des Coffres de Fer pour ferrer l'argent.
Du Fil d'or & d'argent.
Des Luftres ou Chandeliers de cuivre de 2, 3. à 400. ℔. pefant.
Uune infinité de Poupées de Plâtre verni.
Des Jouëts de toute forte pour les enfans.

Et enfin de toutes fortes de Merceries & Quincailleries qui fe donnent à fi bon marché à Amfterdam, qu'on a de la peine à comprendre, comment on peut les faire & les tranfporter en Hollande à fi bas prix.

Les droits de fortie y font fort modiques ; il y a tous les ans un tems de Franchife qui commence le jour de Pâques, & qui dure trois femaines, pendant lefquelles aucune marchandife de quelque qualité ou valeur qu'elle foit, ne paye aucun droit de fortie, de forte que tous ceux qui en font venir des marchandifes, attendent, lors qu'ils le peuvent, pour profiter de ce tems-là.

Cette Ville a auffi une Banque qui eft fort riche, dans laquelle on ne peut mettre que le meilleur argent qu'il y ait, & il n'eft pas permis de l'en fortir. Toutes les lettres de change doivent être payées dans cette

te Banque, où on fait les payemens par des affignations & par des tranſports des uns aux autres comme à Amſterdam.

Il y a 6. jours de faveur pour les lettres de change, non compris le
Dimanche ni les jours de Fête, & les lettres y doivent être proteſtées le
ſixième jour. Mais lors qu'une lettre de change échoit pendant la fermature de la Banque, les 6. jours de faveur ne commencent à courir
que du premier jour de ſon ouverture. Que ſi les 6. jours de faveur
ont commencé lorſque la Banque ſe ferme, on continuë à les compter
du jour de l'ouverture. Par exemple, ſi une lettre eſt échuë depuis 3.
jours, lorſque la Banque ſe ferme, le jour de l'ouverture de la Banque
eſt compté pour le quatrième jour de faveur, & ainſi de ſuite.

Il n'y a point de change ouvert entre Amſterdam & Nuremberg,
c'eſt-à-dire que l'on tire rarement d'Amſterdam ſur Nuremberg, mais
on tire aſſez ſouvent de Nuremberg ſur Amſterdam en donnant à Nuremberg de 124. à 130. Rixdales, pour recevoir à Amſterdam 100. Rixdales argent de Banque, l'uſance ordinaire de Nuremberg eſt de 14. jours
de veuë.

Des Poids, Meſures & des Monnoyes de Nuremberg.

100. ℔. de Nuremberg ſont comptées pour 100. d'Amſterdam.

Et 100. ℔. d'Amſterdam pour 98. ℔. de Nuremberg.

100. Aunes de Nuremberg ſont comptées pour 104¼ aunes d'Amſterdam.

Et 100. aunes d'Amſterdam pour 96. aunes de Nuremberg.

Les Livres y ſont tenus en Gouldens ou Florins, Creutſers, & Hellers.

Le Florin ou Goulden eſt de 60. Creutſers.

Et le Creutſer de 4. Hellers.

La Rixdale eſt d'un Florin & demi, ou de 90. Creutſers.

L'argent de Nuremberg ſe reduit en argent d'Amſterdam de la même
manière que l'argent de Francfort.

AUSBOURG

Ou Augsbourg eſt auſſi une ville libre Imperiale, grande, belle, bien
bâtie & fort conſiderable par ſon commerce; elle eſt ſituée dans la Souа-
be aux confins de la Baviere, ſur un bras de la Riviere du *Lech* & ſur le
Werdack; il s'y fait une quantité incroyable de toute ſorte de vaiſſelle d'or
& d'argent, & toute ſorte de Bijouteries & Quincailleries dont cette ville

le fournit toutes les Foires d'Allemagne , on y envoye d'Amsterdam
    Des Draps & Etoffes de laine.
    Des Epiceries, & Drogueries.
    Des Teintureries.
    Des Toiles de Coton peintes & des Indiennes.
    Des Mousselines & Batistes.
    Des Galanteries de toutes sortes & plusieurs autres marchandises.

Les Monnoyes y sont les mêmes qu'à Nuremberg : on ne tire guere d'Amsterdam sur Ausbourg, mais il se change d'Ausbourg sur Amsterdam comme à Nuremberg, en donnant à Ausbourg de 124. à 130. Rixdales, pour recevoir à Amsterdam 100. Rixdales argent de Banque, & l'usance est comme celle de Nuremberg de 14. jours de veuë.

Il y a 5. jours de faveur à Ausbourg pour les lettres de change, non compris le Dimanche ni jours de Fêtes, mais les lettres payables à veuë ou à 2. ou 3. jours de veuë doivent y être payées au plus tard 24. heures après la presentation, ou après l'écheance.

CHAPITRE XXIX.

Du Commerce de Liege , du Brabant & de la Flandres.

L I E G E

ESt la Capitale de l'Evêché de ce nom, c'est une grande & belle ville bâtie dans une vallée fort agreable, sur la Riviere la Meuse entre Mastricht & Huy, environ à quatre lieuës de l'une & de l'autre. Cette ville est fameuse par le grand nombre de toutes sortes d'armes à feu qui s'y font ; l'on y envoye d'Amsterdam :
    Des Draps & Etoffes de laine legeres.
    Des Etoffes de soye, des Toiles de Coton & Mousselines.
    Des Teintureries, des Drogueries, & des Epiceries.
    Des Vins & des Eaux de vie.

    Et l'on en tire

Des Serges, & Sayes qu'on appelle Serges de Liege.
De gros Draps, dit *Pylaakens*.
Des Rubans de fil, blancs & de couleur.
Des Boutons de Crin, de l'Alun.
Des Barres & Verges de fer.

Qqq   Des

Des Cloux tant petits que grands, & des Chevilles de fer pour la conſtruction des Navires & des maiſons.

Des Vis, & Ecrous de toute ſorte.

Des Armes à feu de toute ſorte, comme Mousquets, Fuzils, Carabines, Piſtolets &c.

Des Canons, & Mortiers de fer, des Bombes, & des Boulets de Canon.

Des Serrures, des Pots & Marmites de fer.

Et de toute ſorte de Merceries de fer & d'acier.

Des Poids, Meſures & Monnoyes de Liege.

100. ℔. de Liege ſont comptées pour 95. ℔. d'Amſterdam.

Et 100. ℔. d'Amſterdam pour 105. ℔. de Liege.

100. Aunes de Liege ſont comptées pour 80. aunes d'Amſterdam.

Et 100. aunes d'Amſterdàm pour 125. aunes de Liege.

Les Ecritures s'y tiennent en Livres, Sols & Deniers.

La Livre eſt de 20. Sols, & le Sol de 16. Penins.

L'Ecu ou la Rixdale de Liege y vaut 4. Livres, qui ſont comptées au pair de la Rixdale de 50. ſols d'Amſterdam argent courant.

Il ſe change peu d'Amſterdam ſur Liege. Mais Liege change ſur Amſterdam, & donne de 155. à 160. Livres, pour recevoir 100. florins argent courant à Amſterdam; il n'y a point d'uſance reglée pour les lettres de change, mais on tire à un ou deux mois de date ou à tant de jours de date.

Reduction de l'argent de Liege en argent d'Amſterdam, & de celui d'Amſterdam en celui de Liege.

Supoſez vouloir remettre 6000. Livres de Liege à Amſterdam, le change étant à 160. Livres de Liege pour 100. florins courant d'Amſterdam, dites par la Regle de Trois.

Livres.   *Florins.*   *Livre.*

Si 160. *de Liege ne donnent que* 100. *d'Amſterdam combien* 6000. *de Liege.*

Viendra 3750. florins à faire compter à Amſterdam, & pour reduire lesdits 3750. florins courant d'Amſterdam en argent de Liege à 100. florins d'Amſterdam pour 160. Livres de Liege,

Mul-

Multipliez les   -   -   3750 florins d'Amſterdam
Par le ſurplus que donne Liege, qui eſt   60

Vient   -   -   -   2250|00 qui diviſez par 100. laiſſent
2250. qui ajoûtez aux 3750. d'Am-
ſterdam,   -   -   3750

Donnent   -   -   6000 Livres à recevoir à Liege.

AIX-LA-CHAPELLE.

Cette Ville eſt fameuſe pour ſes Eaux qu'on prétend être bonnes pour guerir pluſieurs ſortes de maladies, & l'on y vient de bien loin tant pour boire de ſes Eaux que pour s'y baigner. C'eſt une ville Imperiale libre ſituée entre des montagnes & un valon fort agreable aux confins des Duchez de Juliers & de Limbourg entre Liege & Cologne, l'on y envoye d'Amſterdam
    Du Cuivre de toutes ſortes.
    De la Calmine.
    Des Laines d'Eſpagne pour les Manufactures.
    Des Epiceries, Teintureries & Drogueries.

    Et l'on en tire

    Des Baſſins & Chauderons de cuivre en quantité.
    Du Fil de fer & de laiton.
    Des Cuirs à ſemelle.
Les baſſins de Cuivre qui viennent d'Aix-la-Chapelle ſe vendent à Amſterdam, au poids dudit Aix, dont les 106. ℔. ne font que 100. ℔. d'Amſterdam: ainſi quand on en achete à Amſterdam, on n'en a qu'environ 94. ℔. du poids d'Amſterdam, pour 100. ℔. d'Aix la Chapelle.

ANVERS.

Anvers étoit autrefois, comme je l'ai dit dans le Chapitre premier, une des plus floriſſantes villes du monde par l'étenduë de ſon commerce, qui par les guerres & les vexations des Gouverneurs des Pays-bas Eſpagnols a été preſque entierement ruiné, la plûpart des Marchands & fabriquans
d'An-

d'Anvers ayant quitté cette ville pour faire valoir leurs talens dans des Pays de liberté. C'eſt un fort grande & belle ville ſituée ſur l'Eſcaut à environ 17. lieuës de la mer : ſon principal commerce avec Amſterdam ſe fait en change , l'on y envoye d'Amſterdam aſſez peu de marchandiſes , parce que Rotterdam étant beaucoup plus à portée, ceux d'Anvers en tirent la plûpart des marchandiſes dont ils ont beſoin. On y envoye

De toute ſorte d'Etoffes de ſoye, d'or, & d'argent.
Des Draps & Etoffes de laine.
Des Epiceries.
Des Potaſſes , & Wedaſſes.
Des Vins & des Eaux de Vie.
Du Sel de France , d'Eſpagne & de Portugal.
Du Haran , & du Stockvis.
Des Huiles de Baleine , & de Graines.
Des Toiles peintes , des Indiennes & Mouſſelines.
Des Sucres & pluſieurs autres ſortes de marchandiſes.

Et l'on en tire

Quantité de Dentelles de fil de toutes ſortes , qui s'envoyent d'Amſterdam dans toutes les parties du monde.

Des Poids , Meſures , & Monnoyes d'Anvers.

100. ℔. d'Anvers ſont comptées pour 95¼ ℔. d'Amſterdam.
Et 100. ℔. d'Amſterdam pour 105. ℔. d'Anvers.
100. Aunes d'Anvers font 101¼ aunes d'Amſterdam.
Et 100. aunes d'Amſterdam font 98¼ aunes d'Anvers.
Les Ecritures s'y tiennent en Livres , Sols & Deniers de Gros.
La Livre de Gros eſt de 20. Sols de gros ou Schellins , & le Sol de Gros de 12. Deniers de Gros , qu'on nomme à Anvers auſſi bien qu'à Amſterdam , & dans tout le Brabant & la Flandres , *Ponden, Schellingen & grooten Vlams.*
Il y a de deux ſortes de Monnoye tant à Anvers que dans tout le Brabant & la Flandres , ou , pour mieux dire , il n'y en a que d'une ſorte à laquelle on donne deux differentes valeurs ; car les mêmes eſpeces valent tant en argent de change & tant en argent courant. Par exemple , le Patagon ou la Rixdale y eſt comptée pour 8. Schellings ou 48. ſols argent de change , & pour 56. ſols argent courant , & le Schellin ou Sol de gros qui eſt de 6. ſols argent change , fait 7. ſols en argent courant , & une Livre de gros de 6. florins argent de change fait 7. Florins argent courant , de ſorte qu'il faut 116⅔ Florins , ou 116⅔ Livres de

Gros

Gros, pour faire 100. Florins ou 100. Livres de Gros argent de change: que si on veut reduire 4648. florins d'argent courant en argent de change, il faut dire par la Regle de Trois,

Si 7. florins courant ne donnent qne 6. florins argent de change combien 4648. florins courant.

Viendra 3984 florins argent de change.

Autrement il n'y a qu'à prendre le $\frac{1}{7}$ des 4648 florins argent de change,

Qui est - - - 664

Et les deduire des 4648. restera - 3984 florins argent de change.

Et au contraire pour reduire l'argent de change en argent courant il faut ajoûter le $\frac{1}{6}$ à l'argent de change. Par exemple, ajoutez

aux - - - - 3984 florins argent de change,

Le $\frac{1}{6}$ qui est ; - 664

Viendra - - - 4648 florins argent courant.

On change d'Amsterdam sur Anvers, & d'Anvers sur Amsterdam, par Livres de Gros, & par Florins ordinairement à courts jours, & quelquefois à un ou à deux mois de date, quelquefois au pair, c'est-à-dire à 100. Livres de gros argent de Banque d'Amsterdam, pour 100. Livres de Gros argent de change d'Anvers, mais le plus souvent de 2. à 4. pour cent de perte pour Anvers.

Reduction de l'argent d'Anvers, du Brabant & de Flandres en argent d'Amsterdam, & de l'argent d'Amsterdam en argent d'Anvers.

Supofez que vous voulez remettre d'Amsterdam sur Anvers 1000. Livres de Gros argent de change, le change étant à 2. pour cent de perte pour Anvers.

Pour faire cette reduction on ne suit pas la regle générale qui est de dire par la Regle de Trois, si 102. Livres d'Anvers ne font que 100. Livres d'Amsterdam combien feront 1000. Livres d'Anvers, suivant laquelle Regle il faudroit payer à Amsterdam 980. Livres 7. sols 11. deniers de Gros, ou peu moins, mais on multiplie les 1000. Livres par le 2. pour cent du prix du change, & on divise le produit par 100. ce qui rend 20. Livres que l'on deduit des 1000. Livres, & on ne paye à Amsterdam que 980. Livres de Gros, ce qui est 7. sols 10. deniers de Gros à l'avantage du Remetteur & au defavantage du Tireur sur 1000. Livres de Gros, à quoi on ne fait pas attention, lorsque le change n'est qu'à 2. où 3. pour cent de perte: mais s'il étoit à 5. où 6. pour cent de perte il

vau-

vaudroit la peine de faire la reduction par la **Regle de Trois**, & d'en foutenir l'ufage; car fi d'Anvers on veut remettre à Amfterdam les 980. Livres 7. fols 10. deniers de Gros qui devroient être comptez à Amfterdam, & calculer jufte, on trouvera qu'il faut compter juftement 1000. Livres de Gros à Anvers, & que pour les 980. Livres qu'on voudroit remettre d'Anvers fur Amfterdam, on ne devroit payer à Anvers que 999. Livres & 12. fols de gros,

Car multipliez les　　-　-　980 Livres de Gros à remettre à Amfterd.
Par les 2. p. cent du prix du change　2

Vient　-　　-　　-　19|60. & travaillez fuivant les Regles,

Il viendra 19. Livres 12. fols de Gros qu'il faut ajoûter aux 980. Livres de Gros d'Amfterdam, & il viendra 999. Livres 12. fols de Gros à compter à Anvers.

Toutes les Reductions de l'argent de Brabant & de Flandres, en argent d'Hollande fe font de la même maniere.

B R U X E L L E S

Eft la principale Ville du Brabant dont elle eft la Capitale, elle eft située fur la Senne à fix lieuës d'Anvers, on lui donne deux lieuës de tour, c'eft une ville d'une grande confommation à caufe des diverfes Cours qui y refident. On y envoye

De toute forte de Manufactures tant de foye que de laine.

Des Drogueries, Epiceries & Teintureries.

Des Vins, & des Eaux de vie.

Des Toiles peintes, & Moufelines.

Des Huiles, du Sel & plufieurs autres marchandifes.

Et on en tire auffi bien que d'Anvers quantité de dentelles.

Le Poids y eft égal à celui d'Anvers.

100. Aunes de Bruxelles font comptées pour 99¼ aunes d'Amfterdam. Et 100. aunes d'Amfterdam pour 100¼ aunes de Bruxelles.

Les Monnoyes y font les mêmes qu'à Anvers.

Il fe fait peu en change entre Amfterdam & Bruxelles.

M A-

MALINES

Eft une autre Ville du Brabant fituée fur la Dyle entre Anvers & Louvain, à quatre lieuës l'une de l'autre; l'on y envoye d'Amfterdam les mêmes marchandifes qu'à Anvers & à Bruxelles, & on en tire des Dentelles en quantité, & du fil fin.

Les Poids, Mefures & Monnoyes y font les mêmes qu'à Bruxelles.

Il n'y a point de change ouvert entre Amfterdam & Malines.

GAND

Eft une des plus grandes villes de l'Europe, Capitale du Comté de Flandres; elle eft fituée au confluent des Rivieres du Lys, de la Lieve, & de
la Moere avec l'Efcaut, & a plus de trois lieuës de circuit; elle eft éloignée de 10. lieuës d'Anvers, & à peu près d'autant de Bruxelles, on y
envoye les mêmes marchandifes que dans le Brabant, & on en tire

Des Grains, du Lin & du Chanvre.

Des Fils, & quelques Toiles.

Des Dentelles.

Du Kool-Zaat, ou Graine de Chou, pour faire de l'huile.

Les Poids, les Mefures & les Monnoyes y font égales à celles d'Anvers.

On change d'Amfterdam fur Gand à ½ ou à 1. pour cent de plus de
perte que fur Anvers.

BRUGES

Eft une Ville de Flandres encore fort confiderable par fon commerce, quoique beaucoup déchu de ce qu'il a été autrefois; elle eft fituée
à trois lieuës d'Oftende, au bout d'un Canal qu'on a tiré depuis cette
derniere ville jufques à Bruges, au bout duquel il y a un beau Baffin qui
peut contenir plus de 100. Navires fort feurement. Cette ville negocie
beaucoup par mer par le moyen d'Oftende, qui eft fur le bord de la
Mer. Les Marchands de Bruges tâchent de faire venir des marchandifes
de par tout, pour en fournir tout le Brabant & la Flandres, & ne tirent de Hollande que le moins qu'ils peuvent. Amfterdam ne laiffe pas
cependant de leur fournir diverfes marchandifes fuivant le befoin qu'ils
en ont. Il fe fabrique plufieurs Etoffes de laine à Bruges, & principalement

ment des Anaſcotes & des Lamparilles, dont il s'envoye quantité en Eſpagne, pour l'Amerique.

On en tire pour Amſterdam

Des Grains, & des Graines pour faire des huiles.
Des Anaſcotes, & Lamparilles.
Des Serges & des Toiles de Flandres.
Des Dentelles, &c.
Les Poids, Meſures, & Monnoyes y ſont les mêmes qu'à Anvers.

LILLE

Eſt une Ville de la Flandres Françoiſe, grande, belle & très-bien bâtie, depuis la derniere guerre elle a été fort embellie. Elle eſt ſituée ſur la Deule à 6. où 7. licuës de Douay, il y s'y fabrique quantité de Camelots & de toutes ſortes d'Etoffes de ſoye & de laine, des Toiles & des Batiſtes.

On en tire

Des Toiles fines, & des Batiſtes.
Des Camelots & Bouracans.
Des Gros grains.
Des Dentelles & pluſieurs autres marchandiſes.
Les Ecritures y ſont tenuës en Livres, Sols & Deniers de Gros.
100. ℔. de Lille font 88¼ ℔. d'Amſterdam.
Et 100. ℔. d'Amſterdam font 114. ℔. de Lille.
100. Aunes de Lille font 103¼ aunes d'Amſterdam.
Et 100. aunes d'Amſterdam font 96¼ aunes de Lille.
On change d'Amſterdam ſur Lille à 40. ou 45. pour cent de perte pour Lille, c'eſt-à-dire qu'on donne depuis 140. à 145. Livres de gros argent courant de Lille pour recevoir à Amſterdam 100. Livres de Gros argent de Banque; & pour reduire l'argent de Lille en argent d'Amſterdam il faut dire par la Regle de Trois, ſi 145. de Lille font 100. d'Amſterdam, combien tant de Lille.

Et pour reduire l'argent d'Amſterdam en argent de Lille il faut multiplier la ſomme d'Amſterdam par le ſurplus de l'argent de Lille, diviſer le produit par 100. & ajoûter ce qui en vient à l'argent d'Amſterdam, pour avoir la ſomme qu'il rendra à Lille.

TOURNAY

Eft auffi une Ville des Pays-bas dans la Flandres Wallone, fituée fur l'Efcaut entre Valenciennes, Lille, Courtray & Audenaarde; elle eft fameufe par les Tapifferies qui s'y fabriquent, & que l'on en tire en abondance, auffi bien que des Toiles des Coitis & plufieurs autres Manufactures.

CHAPITRE XXX.

Du Commerce de la Grande Bretagne, ou d'Angleterre, d'Ecoffe, & d'Irlande.

QUoique le Commerce de la Grande Bretagne en général avec la Hollande foit fort confiderable, il eft certain qu'il le feroit encore beaucoup davantage, fi les Anglois, qui veulent bien fournir à tous les Pays étrangers leurs denrées & leurs Fabriques, mais qui ne veulent recevoir chez eux que celles dont ils ne peuvent pas fe paffer abfolument, étoient plus traitables. Cette Nation qui voudroit, fi elle pouvoit, fe rendre maîtreffe de tout le commerce de l'Europe, eft fi jaloufe des fes Manufactures, qu'elle ne permet pas l'entrée chez elle d'aucune des marchandifes qu'elle peut fabriquer elle même: de forte que l'on ne peut y en envoyer publiquement que de quelques fortes; mais malgré les precautions des furveillans il ne laiffe pas d'y en entrer, fans payer aucun droit, quantité de marchandifes de contrebande, & de celles qui font fujettes à des droits exorbitans; car comme c'eft fur celles-là qu'il y a toûjours le plus à gagner, il ne manque pas des gens qui favent les faire entrer fans être decouverts. Le principal commerce du Royaume d'Angleterre proprement dit fe fait avec la Ville de

LONDRES

Qui en eft la Capitale, fituée fur la Tamife à dix lieuës de fon embouchure. Cette ville eft une des plus grandes, des plus floriffantes & des plus peuplées de l'Europe; les plus gros navires peuvent monter tout chargez devant la ville jufques au Pont de Londres qui traverfe la Rivière & qui fepare la ville en deux parties. Il y a devant cette ville en tout tems un fort grand nombre de navires, & une infinité de bâteaux pour le tranfport des marchandifes,

Rrr

difes ; elle negocie avec la plûpart des villes de l'Europe auxquelles elle fournit quantité de Manufactures qui fe fabriquent en Angleterre, & je croi que c'eft avec la France qu'elle fait le moins de commerce. On y envoye d'Amfterdam

Quantité de Toiles de Hollande tant fines que groffieres.
Des Toiles à voile.
Des Papiers.
Des Amidons.
De la Baleine coupée.
Des Etoffes de foye de diverfes fortes.
Des Dentelles de fil.
Des Potaffes, & Wedaffes.
De l'Orfeille, & de la Laque.
Des Toiles de Batifte ou de Cambray.
Du Fer blanc, & du Cuivre.
Du Rocou & diverfes autres marchandifes.

Et on en tire

Quantité de Tabac en feuilles de Viginie & d'ailleurs.
De l'Etain, & du Plomb.
Du Vitriol, ou Couperofe.
De la Colle eftimée la meilleure.
De l'Alun.
Du Malt pour faire la biere.
Des Verres, & Glaces de miroir.
Des Grains.
Des Cuirs preparez.
Des Draps, des Flanelles, des Serges, & quantité de petites Etoffes de laine.
Quelques Etoffes de foye.
Des Bas de foye & de laine.
Des Chapeaux fins.
Des Sucres bruts des Barbades & autres lieux de l'Amerique.
Des Cornes à lanterne.
De la Cerufe & de la Craye.
Des Pendules & des Montres.
Quantité de Galanteries de toute forte.
Toute forte d'Ouvrages d'acier & de Merceries fines.
Des Toiles de Coton & de toutes les marchandifes des Indes qu'il n'eft pas permis de confumer en Angleterre.
Des Efpeces d'or & d'argent étrangeres en très-grande quantité, lors-

que le change eft avantageux pour cela , comme depuis peu que l'on voit par les Gazettes qu'il n'y a prefque point de femaine que l'on n'y declare 4. à 5. mille onces d'or pour la Hollande, & autant & plus d'argent.

La Ville de Londres a elle-même un fort grand nombre de Manufactures, & elle en tire quantité des Provinces & villes voifines. Les Anglois font fi jaloux de leurs Manufactures, qu'il n'eft pas permis, fur peine de la vie, de fortir des laines de leur pays, afin qu'elles y puiffent fervir pour toutes leurs fabriques.

Des Poids , Mefures & Monnoyes d'Angleterre ou de Londres.

Il y a deux fortes de Poids à Londres ou pour mieux dire il n'y en a qu'un, mais on le diftingue de 2. manieres differentes.

100. ℔. de Londres font 103. ℔. d'Amfterdam.

Et 100. ℔. d'Amfterdam font 97. ℔. du Poids de Londres ou un peu plus, mais quand on fait un calcul on compte ordinairement 102. ℔. de Londres pour 100. ℔. d'Amfterdam.

Le quintal ou grand cent pour certaines marchandifes eft de 112. ℔. mais pour d'autres il n'eft que de 104. ℔. encore faut-il être Bourgeois de Londres pour jouïr de ces 4. pour cent ; car ils ne fe donnent ni aux Etrangers ni même aux habitans de Londres qui ne font pas Bourgeois.

Le Poids des Soyes Greges eft de 24. onces à la livre, qui font une livre & demie, & les 150. ℔. ne font comptées & payées que pour 100. ℔. mais le Poids des Soyes Organcin, Trame, Rondelette ou Perlée, & des Soyes teintes eft de 16. onces à la livre.

Le Quintal ou grand Cent fe divife en quarts de quintal & en livres, & lors qu'on reçoit des marchandifes de Londres achetées au quintal, on eft furpris, lorfque l'on ne le fait pas, de voir les comptes dreffez en quintaux, quarts, & livres, fans aucune explication ; & comme les plus novices font embarraffez pour faire ce calcul, je vais en donner un modelle.

Comp-

Compte ou Facture de 20. Bariques de Sucre des Barbades achetées à Londres &c.

1 Barique pesant	6 q.	- 2 q.	15. ℔.	1 Barique pesant	8 q.	- 1 q.	12. ℔.
1 dito -	7	- 1 -	12.	1 dito -	7	- 3 -	8.
1 dito -	6	- 3 -	6.	1 dito -	6	- 3 -	12.
1 dito -	6	- 2 -	10.	1 dito -	7	- 1 -	0.
1 dito -	7	- 1 -	14.	1 dito -	6	- 3 -	20.
1 dito -	7	- 0 -	4.	1 dito -	7	- 2 -	10.
1 dito -	6	- 2 -	6.	1 dito -	7	- 1 -	14.
1 dito -	7	- 1 -	18.	1 dito -	6	- 2 -	8.
1 dito -	6	- 3 -	26.	1 dito -	7	- 0 -	20.
1 dito -	6	- 2 -	20.	1 dito -	7	- 3 -	4.
	69 q. - 1 q. 19. ℔.				**73 q. - 2 q. 24. ℔.**		

Ce qui s'additionne comme suit. On commence par les ℔. qui pour les 10. premieres bariques font 131. ℔. que l'on divise par 28. ℔. qui font le quart de 112. & il vient 4. quarts & 19. ℔. lesquelles 19. ℔. on pose sous les livres : ensuite on additionne les quarts en ajoûtant les 4. quarts qui restent des 131. ℔. & il vient 21. quarts, qui font 5. quintaux & 1. quart, lequel 1. quart on pose sous les quarts, & on additionne ensuite les quintaux en y ajoûtant les 5. quintaux qui restent des 21. quarts, & il vient pour les 10. premieres bariques 69. quintaux 1. quart de quintal & 19. ℔. & ainsi des autres semblables additions.

100. Verges de Londres font 133⅓ aunes d'Amsterdam.

Et 100. aunes d'Amsterdam font 75. verges de Londres.

La verge qu'on appelle Yard à Londres, est pour mesurer les Etoffes, mais pour les Toiles on se sert plus communement de l'aune, qui est à peu près égale à l'aune de Paris : elle contient 1¼ verge, & la verge ne fait que ⅘ de ladite aune.

On compte à Londres le Tonneau de Vin de 252. Galons, & la Barique de 53. Galons. Le Galon pese 7½ ℔. poids de Londres, suivant quoi le Tonneau doit peser 1890. ℔. & la Barique 472½ ℔. on compte aussi le Galon pour 4. Pintes mesure de Paris, & à l'égard des Grains le Galon fait un Boisseau.

Le Last d'Amsterdam est compté à Londres pour 10¼ Quarteaux.

Les Ecritures se tiennent tant à Londres que dans toute l'Angleterre, l'Ecosse, & l'Irlande en Livres, Sols, & Deniers Sterlin.

La Livre Sterlin est de 20. Sols Sterlin, & le Sol Sterlin de 12. Deniers Sterlin.

Il se fait un grand commerce de change entre Amsterdam & Londres, parce que toutes ou du moins la plus grande partie des villes de commerce d'Ecosse & d'Irlande, font leur commerce de change par le
moyen

moyen de Londres , qui change avec Amſterdam en donnant une Livre
Sterlin, pour recevoir à Amſterdam depuis 32. juſques à 37. Schelins ou
Sols de gros. Les lettres d'une place à l'autre ſe tirent ordinairement à
deux uſances qui ſont 2. mois : on ſuit à Londres le vieux ſtile.

Reduction de l'argent de Londres , ou d'Angleterre , d'Ecoſſe & d'Irlande en argent d'Amſterdam , & de celui d'Amſterdam , en argent de Londres.

Supoſez vouloir remettre de Londres ſur Amſterdam 584. Livres 10.
Sols Sterlin, le change étant à 34. Schelins 6. deniers de gros, argent de
Banque d'Amſterdam, pour une Livre Sterlin. Pour ſavoir combien cette
ſomme rendra à Amſterdam,

Multipliez premierement les   -   -   34 ß. 6. ꝑ. en deniers de gros.
Par   -   -   -   .   -   12 ꝑ. de gros valeur de ß.

Vient   -   -   414 ꝑ. de gros.
Multipliez enſuite par ces deniers de gros les   584 ſ. 10. ſ. Sterlin.

Viendra   -   -   -   241776
Pour les 10. ſ. Sterlins prenez la ½ des ꝑ.   207

Fait enſemble   -   -   241983 ꝑ. de gros qui reduits en

florins, en tranchant la derniere figure, donnent 6049 florins 11. ſols 8. penins à faire compter à Amſterdam pour les 584. Livres 10. ſols ſterlin.
Et pour reduire lesdits 6049 florins 11. ſ. 8. penins en Livres Sterlins,
Multipliez les par   -   40 ꝑ. de gros valeur du florin en y ajoûtant 23.
pour les 11. ſ. 8. p.

viendra. -   -   241983 ꝑ. de gros, qu'il faut diviſer par les 414 ꝑ. que

vaut la Livre Sterlin à 34. ß. 6. ꝑ. il viendra 584. & un reſte de 207. qui
multipliez par 20. ſ. valeur de la Livre Sterlin, & le produit diviſé par
414. donnera 10. ſ. Sterlin. Ainſi pour 6049. florins 11. ſ. 8. p. le change à 34. ß. 6. ꝑ. on aura à payer à Londres 584. Livres 10. ſols Sterlin.
    Comme il n'y a point de change ouvert entre Amſterdam & les
autres Villes d'Angleterre, d'Ecoſſe & d'Irlande, lorſque les Marchands d'Amſterdam tirent quelques marchandiſes de quelque ville
de ces Royaumes, ils ordonnent à leurs Correſpondants de tirer ſur
leurs Amis de Londres auxquels ils remettent les fonds des Traites
qu'ils font faire ſur eux. Les lettres d'Ecoſſe, & d'Irlande ſur Londres gagnent ordinairement de 4. à 10. pour cent, c'eſt-à-dire que

pour 100. Livres Sterlin qu'ils fourniffent fur Londres, ils reçoivent de 104. à 106. Livres Sterlins.

Il y a auffi une Banque à Londres où l'on aporte & d'où l'on retire l'argent quand on veut. Les payemens s'y font ou par tranfport des comptes, ou par billets payables au Porteur, ou en argent qui ne differe en rien du courant. Cette Banque qui eft compofée d'un certain Capital apartenant à divers particuliers, fait valoir fon argent à leur avantage, foit en prêtant à l'Etat, foit en excomptant des lettres de change, & le profit qu'elle fait fe partage entre les Intereffez, qui font ceux qui y ont des Actions, lesquelles Actions fe vendent, s'achetent & fe tranfportent à peu près de la même maniere que les Actions des Compagnies des Indes Orientales & Occidentales à Amfterdam.

BRISTOL.

Cette Ville qui eft fituée fur les Rivieres d'Avon & de Froome qui à quelques lieuës de là fe jettent dans la Manche ou Canal de Briftol, paffe pour la plus confiderable ville d'Angleterre après Londres pour le commerce; elle eft grande & fort peuplée ; les navires chargez y peuvent monter fans être allegez; elle envoye quantité de navires dans les Colonies Angloifes de l'Amerique & ailleurs, & on y fabrique & aux environs quantité de petites Etoffes de laine, des Draps & des Bas dont on fournit la Hollande & plufieurs autres Pays.

NEWCASTEEL

& SUNDERLAND.

Newcafteel, ou Neucaftel eft la Capitale du Comté de Northumberland au Nord d'Angleterre; elle eft fituée à l'embouchure de la Tyne, & a un fort beau port. C'eft de là & de Sunderland petite Ville près de la Mer, qui eft peu éloignée de Briftol, que l'on tire le Charbon de Terre, dont fe fervent les Forgerons, les Braffeurs, les Rafineurs, les Teinturiers, &c.

EDIM-

EDIMBOURG

Eft la ville Capitale du Royaume d'Ecoffe , fituée fur la Riviere de Forth qui à une mille de là fe jette dans le Golfe d'Edimbourg. C'eft une ville grande & bien bâtie, defendue par une citadelle qui paffe pour l'une des plus fortes de l'Europe. On dit qu'il y a dans cette Citadelle un Canon fi grand & fi gros que deux hommes s'y peuvent coucher dedans avec un matelas fans s'incommoder.

On envoye d'Amfterdam à Edimbourg les mêmes marchandifes qu'on envoye à Londres, & on en tire quantité
De Draps, & de Flanelles.
Des Serges, & Bayes.
Des Bas & plufieurs autres manufactures de laine.
Du Charbon de Terre qui n'eft pas eftimé fi bon que celui d'Angleterre.

DUBLIN,
WATERFORT,
CORCK,
KINSAL,
LIMERICK,
DUNEGAL.

Ces fix Villes font les principales du Royaume d'Irlande pour le commerce; l'on y envoye d'Amfterdam & fur tout de Rotterdam qui a plus de communication avec ces villes qu'Amfterdam,
Des Toiles de Hollande & autres de toute forte.
Des Papiers.
Des Etoffes de foye.
Des Dentelles.
Des Epiceries, des Drogueries & Teintureries.
Des Toiles peintes, & Mouffelines qu'on fait entrer en cachette.

Des

Des Briques, des Quarteaux & Poteries de Fayance, & plusieurs autres marchandises.

Et on en tire

Des Frises, des Ratines, & de grosses Bayes.
De gros Bas & Bonnets de laine pour les Matelots.
Quantité de Beures.
Des Suifs.
Du Boeuf salé en barils.
Des Cuirs salez.
Des Grains & plusieurs autres marchandises.

CHAPITRE XXXI.

Du Commerce de France.

LEs principales Villes de France avec lesquelles la Ville d'Amsterdam fait commerce, sont les sousmentionnées savoir,

Paris.	La Rochelle.
Rouen.	L'Isle de Rhé.
Orleans.	L'Isle d'Oleron.
Dieppe.	Bourdeaux.
Dunquerque.	Bergerac.
St. Valery.	Montauban.
Caën.	Bayonne.
Nantes.	Marseille.
St. Malo.	Lion.

On envoye d'Amsterdam en France les marchandises suivantes,

Des Draps de laine.
Des Camelots.
Des Toiles de Hollande.
Des Cotons en laine, & filez.
Des Indiennes & Mousselines, mais en cachete, y étant de contrebande.
Des Sucres candis.

Des

Des Poivres, de la Canelle, du Gerofle, de la Muscade, & Fleur de Muscade.

Des Plumes à écrire.

Des Laines fines, des Crins, des Cornes de Bœufs & Vaches.

Des Drogueries, des Bois pour la Teinture, & diverses Teintureries.

Des Diamans, des Perles & Semence de Perles.

Des Garances, des Noix de Galle, des Gommes.

De l'Alun, de la Couperose, ou Vitriol.

De l'Etain, du Plomb, du Cuivre, du Fer blanc.

De l'Acier, du Fer, des Plaques de fer.

Des Marmites & divers ouvrages de fer.

Des Chaudieres à faire de l'Eau de vie, & des Sucres, qu'on envoye aux Isles de l'Amerique.

Du Fil de fer & de laiton.

De l'Argent Vif, du Souffre rafiné.

Des Cuirs tanez de toute sorte.

Des Vaches de Russie des plus legeres & des plus belles.

De toute sorte de Peleteries.

Des Lins, & des Chanvres.

Des Cables & Cordages pour les navires.

Des Toiles à Voile.

Des Mâts, des Vergues & toute sorte de Bois pour la construction des navires.

Des Planches, Poutres, Perches, & autres Bois pour la construction des maisons.

Des Resines, des Poix, des Goudrons, & Brais.

Des Fromages, des Suifs, des Chandeles.

Des Beures, du Saumon salé & fumé, du Haran.

De la Baleine coupée & en fanons.

Des Huiles de Baleine, de Poisson, de Lin, & de Navette.

Des Graines de Lin pour semer.

De la Civette, du Musc, de l'Ambre gris.

Du Corail, & de l'Ambre jaune.

Du Merrain, Bourdille & Bourdillon.

Des Bariques pour le Vin, & des Pieces pour l'Eau de vie.

Des Cendres pour les Savonneries, & Blancheries.

De la Cire jaune, & blanche, des Cierges & Bougies de Cire.

Des Amidons.

Des Cavettes garnies de flacons.

Des Fils blanchis, fins & grossiers de toute sorte.

Du Fil à cables, & Fil à voiles.

Des Porcelaines des Indes, du Thée, & du Chocolat.

Des Couris, & des Baffins de Cuivre & toute forte de Merceries
pour porter à la traite de Guinée.

Des Tapifferies de haute liffe & autres.

Des Canons, & des Armes à feu de toutes fortes.

De la Poudre à Canon, des Boulets & des Bombes.

Par contre la Hollande tire de diverfes Villes de France les marchandifes qui s'y fabriquent, & les denrées qui s'y recueillent, comme je le dirai en parlant de chaque ville en particulier. Je remarquerai en paffant, que le commerce de France avec la Hollande eft très-confiderable; & s'il en faut croire l'Auteur des Memoires *fur le Commerce des Hollandois*, Monfieur Boreel qui étoit Ambaffadeur en France pour la Hollande, prouva qu'en l'année 1658. on avoit declaré dans les divers Bureaux des Sept Provinces pour plus de 34. millions de florins en marchandifes de France, fuivant l'état qu'il en donna aux Miniftres de la Cour de France, que j'ai trouvé affez curieux pour inferer ici comme cet Auteur l'a publié.

Etat des Marchandifes venant de France en Hollande, declarées aux divers Bureaux des Sept Provinces en l'année 1658.

Des Panes, des Velours, des Satins, des Draps d'or & d'argent, & des Taffetas fabriquez à Lion, à Tours, & à Paris pour plus de fix millions - - - - - *f.* 6000000.

Des Rubans de foye, des Dentelles, des Paffements, des Boutons, des Lacets fabriquez à Paris, à Rouen, & aux environs pour deux millions - - - - 2000000

Des Caftors, des Vigones, des Caudebecs, des Fabriques de Paris & de Rouen, pour - - - 1500000

Des Plumes, des Baudriers, des Evantails, des Coifes, des Miroirs dorez ou travaillez, des Orloges, Pendules & Montres, & autres marchandifes de cette qualité, pour deux millions - - - - - 2000000

Des Gands faits à Paris, à Rouen & à Vendome pour plus de - - - - 1500000

Des Laines filées en Picardie, pour plus de quinze cents mille florins - - - 1500000

Des Papiers de toute forte de Fabriques, d'Auvergne, Limofin, Poitou, Champagne & Normandie pour deux millions - - - - 2000000

Suit en l'autre part   *f.* 16500000

Vien

Vient de l'autre part - - -	ƒ. 16500000
Des Epingles & des Aiguilles, de Paris & de Norman-die, des Peignes de Buis & d'Ebene ou d'Yvoire pour -	500000
De la Clinquaillerie d'Auvergne pour - -	500000
De la Lingerie & des Toiles de Bretagne & de Norman-die pour cinq millions - - -	5000000
Des Emmeublemens, Lits, Matelas, Tours de Lits, Cou-vertures de laine, & Franges de soye pour plus de cinq mil-lions - - - -	5000000
Des Vins de Bourdeaux, de Gascogne, de Saintonge, d'Orleans, d'Anjou, de Nantes & autres pour plus de cinq millions -	5000000
Des Eaux de vie & du Vinaigre pour - -	1500000
Du Saffran, du Savon, du Miel, des Amandes, des Oli-ves, Capres, Prunes &c. pour - - -	2000000
Ce qui monte ensemble à trente-six millions de florins	**ƒ. 36000000**

Monsieur Borcel, ajoûte cet Auteur, représenta qu'outre cela la Hollande tiroit encore tous les ans, de la Rochelle, de Marans, de Brouage, des Isles de Rhé & d'Oleron, la charge de cinq à six cens Navires de Sel, sans comprendre encore les Bleds & autres Grains, & les Chanvres qu'elle tire de France dans les années abondantes, ce qui est monté quelquefois à plus de six millions.

PARIS

Capitale du Royaume de France, située sur la Seine à huit lieuës au dessous de Meaux & à vingt lieuës au dessus de Rouen, est une des plus grandes & des plus belles villes de l'Europe ; il s'y fait un fort grand commerce en toutes sortes de marchandises ; on y fabrique quan-tité de riches Etoffes d'or, d'argent & de soye, quelques Etoffes de Laine, des Galanteries, des Bijouteries, & quantité d'autres marchandi-ses. On en tire pour Amsterdam

De toute sorte de riches Etoffes d'or, d'argent & de soye.

Des Gros de Tours, des Damas, & des Parterres.

Des Grizettes, des Mignonettes.

Des Echarpes, des Tabliers, des Coifures.

Des Rubans, des Gands, des Evantails.

Quantité de Bijouteries & Galanteries.

Des Livres, & quantité d'autres marchandises.

Des

Des Poids, Mesures & Monnoyes de Paris.

La Livre de Paris est égale à la Livre d'Amsterdam,
Et se divise en 2. marcs   -   -   ou 16. onces.
Le Marc en   -   -   8. onces.
L'Once en   -   -   -   8. gros.
Le Gros en   -   -   -   3. deniers.
Le Denier en   -   -   -   24. grains.
Les 4. aunes de Paris font 7. aunes d'Amsterdam, sur lequel pié
100. aunes de Paris font 175. aunes d'Amsterdam.
Et 100. aunes d'Amsterdam font 57¾ aunes de Paris.
    19. Sétiers de Paris pour le Froment font un Last de 27. Mudes d'Amsterdam.
Le Sétier doit peser de 244. à 248. ℔. Poids de Marc.
Le Muid de Paris pour les Grains contient   -   12. Sétiers.
Le Sétier   -   -   -   12. Boisseaux.
Le Boisseau   -   -   -   4. Quarts.
Le Quart   -   -   -   4. Litrons.

Ledit Muid doit peser de 2928. à 2976. ℔.

Le Muid pour le Vin contient   -   36. Sétiers.
Le Sétier   -   -   -   -   8. Pintes.
La Pinte   -   -   -   2. Chopines.
La Chopine   -   -   -   2. demi-Sétiers.
Le demi-Sétier   -   -   -   2. Poissons.
    Les 3. Muids font un Tonneau, ledit Muid est composé de Pipes, de
Poinçons ou Quarteaux, de Queuës & demi-Queuës.
    Le Poinçon de Paris & celui d'Orleans contiennent 15. Stekans ou
environ, d'Amsterdam, & doivent peser avec la futaille autour de 666.
℔. peu plus ou moins.
    Pendant les dernieres guerres que la France a euës avec l'Empire,
l'Angletterre & la Hollande, le Roy Louïs XIV. a si souvent haussé &
baissé ses monnoyes, qu'on seroit trop long à dire les divers changemens
qu'il y a faits ; & cette maxime ruineuse d'attirer l'argent des Sujets &
des Etrangers dans les coffres du Roi par les divers changemens faits
aux Especes, est si fort en usage en France, qu'à peine peut-on dire sur quel pié y est l'argent & l'or. Je me contenterai de dire qu'à
l'égard des changes aussi bien à Paris que par toute la France, l'E-
cu y est compté de 60. sols, & le sol de 12. deniers, ou bien de 3. Livres Tournois de 20. sols & le sol de 12. deniers.

                                                                Re-

Reduction de l'argent de France en argent d'Amſterdam, & de l'argent d'Amſterdam en argent de France.

Il faut ſavoir que ſoit que les Eſpeces ſoient hautes ou baſſes en France, Amſterdam donne toûjours un nombre de deniers de gros proportionné à la valeur effective de 60. ſols de France, ou *d'un Ecu de 60. ſols*; car ſoit que l'Ecu réel ou en eſpece y ſoit à 4, 5, 6 ou à 7. Livres ou plus, comme nous l'avons vu plus d'une fois, l'Ecu qui doit ſe payer pour les lettres de change eſt de 60. ſols qui font partie de ces mêmes Ecus en eſpece. Par exemple, lorſque l'Ecu n'eſt qu'à 4. Livres qui ne font que 80. ſols, il eſt cenſé que 60. de ces ſols valent bien plus de deniers de gros à Amſterdam, que ne vaudront 60. ſols de l'Ecu en eſpece mis à 6. Livres, puiſque pour faire ces 6. Livres il faut 120. de ces mêmes ſols: c'eſt pourquoi le change d'Amſterdam ſur Paris hauſſe & baiſſe fort ſouvent à proportion des diminutions & augmentations continuelles qui ſe font en France aux Eſpeces. Le change d'Amſterdam ſur Paris & ſur toute la France roule aujourdhui depuis 41. juſques à 43. deniers que l'on donne à Amſterdam en argent de Banque pour recevoir à Paris ou dans quelque autre ville de France un Ecu de 60. ſols Tournois.

On veut remettre d'Amſterdam ſur Paris ou quelque autre ville de France 2500. Ecus, le change à 42. ǧ. de gros par Ecu, & on demande combien il faut payer à Amſterdam pour leſdits 2500. Ecus.

Multipliez les - - - 2500 Ecus.
Par le prix du change qui eſt - 42 ǧ. de gros.

Viendra - - - 105010 ǧ. de gros.

Tranchez la derniere figure & prenez le ½ viendra 2625 florins argent de Banque à compter à Amſterdam.

Et au contraire ſi on veut remettre 2625. florins de Banque de Paris ſur Amſterdam, le change étant à 42. ǧ. par Ecu, & voir combien il faudra payer à Paris ou autre ville de France,

Reduiſez en deniers de gros les - 2625 florins.
En les multipliant par - - 40 ǧ. de gros valeur du florin.

Il viendra - - - 105000 ǧ. de gros, qui diviſez par 42. deniers de gros valeur de l'Ecu, donneront 2500. Ecus à payer à Paris ou ailleurs.

Nota qu'il ne reſte rien ici de la Diviſion; mais lorſque le cas échoit qu'il reſte quelque choſe, il faut multiplier le reſtant par 60. ſols valeur de l'Ecu, & divifer le produit par 42. §. de gros, & ce qui en provient font des fols. Que s'il refte encore quelque chofe de cette feconde Divifion, on multiplie le reftant par 12. deniers valeur du fol, & on divife le produit par les 42. §. de gros, ce qui en provient font des deniers, & s'il refte quelque chofe, cela ne fe compte pour rien.

Cet exemple feul fufit pour la reduction de l'argent de toutes les Villes de France, en argent d'Hollande, & de l'argent d'Hollande en celui de toutes les Villes de France, qui y eft par tout le même.

Les Ecritures & Comptes fe tiennent à Paris & par toute la France, en Livres, Sols, & Deniers Tournois.

R O U E N.

Cette Ville qui eft une des grandes Villes de France, eft fituée fur la Seine à vingt lieuës au deffous de Paris, & à feize lieuës de fon embouchure & du Havre de Grace ; elle fait un commerce fort confiderable, tant par mer que par terre, mais les Navires de 100. Tonneaux ne peuvent y monter chargez, que rarement : elle fert d'entrepôt pour toutes les marchandifes qui s'envoyent par mer à Paris, & pour celles qui s'envoyent de Paris dans les autres Pays. Amfterdam en tire

Des Toiles de Rouen, des Chapeaux de Caudebec.
Des Dentelles de foye, d'or & d'argent, fines & fauffes.
Des Bas de foye & de laine.
Diverfes Merceries & Quincailleries.
Des Vaudes, ou Gaudes pour les Teinturiers.
Des Chardons pour les Drapiers.
Des Verres pour les Vitres.
Des Poires de bon Chrétien, & des Pommes Reinetes fort eftimées.
Du Cidre, & de bonnes Confitures.

Des Poids, & Mefures de Rouen.

Il y a de deux fortes de Poids à Rouen favoir,
Le Poids de Vicomté dont les 100. ℔. en font 104. du Poids de Marc, de forte que le Quintal Poids de Vicomté eft de 104. ℔. Poids de Marc ; le demi Quintal de 52. ℔ ; le quart de Quintal de 26. ℔. & le huitième ou demi quart de 13. ℔, mais tout ce qui eft au deffous de 13. ℔. fe pefe au Poids de Marc qui eft égal à celui d'Amfterdam & de Paris.

100.

100. ℔. Poids de Vicomté de Rouen font 104. ℔. d'Amſterdam.

Et 100. ℔. d'Amſterdam font 96⅓ ℔. Poids de Vicomté de Rouen.

L'Aune de Rouen eſt tenue égale à celle de Paris , & ſuivant l'uſage on y donne 120. aunes pour 100. ou 24. pour 20. pour certaines Toiles à cauſe du Pouce qu'on donne au delà de l'aune, ou bien l'on y donne 25. aunes pour 20. quand on meſure au Crochet , mais les Etoffes s'y vendent aune pour aune.

4. Muids de Rouen pour les Grains font trois Laſt d'Amſterdam.

O R L E A N S

Eſt une Ville aſſez conſiderable pour ne pas la paſſer ſous ſilence; elle eſt dans l'Orleanois, ſituée ſur la Loire à environ vingt - quatre lieuës de Paris; elle eſt fort grande & fort bien bâtie avec un beau pont, elle fournit à Amſterdam

Du Saffran Gâtinois qui eſt le meilleur.

Des Vins d'Oleans & de Loire, & des Eaux de vie.

D I E P P E.

Cette Ville eſt dans le Pays de Caux en Normandie à l'embouchure de la Riviere d'Arc , environ à dix lieuës de Rouen du côté du Nord. Elle a un fort beau port, c'eſt elle qui fournit Paris de Poiſſon de Mer. Amſterdam en tire

Des Verres à Vitres.

Des Dentelles.

Et quantité de Merceries & Quincailleries.

On y fait beaucoup de Peignes & de Tabatieres de corne qui ſe donnent à grand marché.

100. Aunes de Dieppe font 171. aunes d'Amſterdam.

Et 100. aunes d'Amſterdam font 58¼ aunes de Dieppe.

17. Mines de Dieppe pour les Grains font 17. Mudes d'Amſterdam.

D U N Q U E R Q U E.

Cette Ville fameuſe par la force dont elle étoit autrefois, & par la beauté des Magazins & Arſenaux que Louïs XIV. y avoit fait bâtir, n'étoit n'étoit pas moins à craindre pour l'Angletterre & pour la Hollande par le grand commerce maritime qu'elle commençoit de faire, que par les Pirateries, que fes habitans commettoient en tems de guerre, qui interrompoient extremement le commerce de ces deux nations: ce qui porta les Anglois à obliger Louïs XIV. d'en ruiner le Port, & d'en demolir toutes les fortifications, lorfqu'ils firent la dernière paix avec la France. Quoi que le commerce de cette ville foit fort diminué depuis, il ne laiffe pas d'y avoir encore bon nombre de riches Marchands qui envoyent des Navires dans les Ifles de l'Amerique & en d'autres Ports; ils envoyent le fuperflu des marchandifes qu'ils reçoivent en retour pour la plûpart à Rotterdam, d'où elle tire auffi diverfes fortes de marchandifes.

St. VALERY

Eft une petite ville de la Picardie fur la Somme à environ trois lieuës de fon embouchure; il ne peut y monter que de fort petits vaiffeaux & des barques. Comme elle eft près d'Abbeville, où eft la fameufe Manufacture de Draps de Meffieurs van Robais, on y envoye beaucoup de Laines d'Efpagne, des Teintureries, & Bois de teinture, & on en tire des Canevas & quelques autres marchandifes.

CAEN

Eft fitué fur la Riviere d'Orne à trois lieuës de la Mer dans la Baffe-Normandie dont elle eft la Capitale, il s'y fait & aux environs beaucoup de papier, qui s'envoye à Amfterdam & à Rotterdam.

St. MALO

Eft dans la Baffe-Bretagne fur une petite Ifle jointe à la terre ferme par une Chauffée. Ses habitans qui font un grand commerce par mer fe font fort enrichis dans la dernière guerre, les uns par les prifes qu'ils faifoient des Navires Anglois & Hollandois, & les autres en envoyant leurs Navires dans la Mer du Sud, d'où ils recevoient des retours très-confiderables. Cette Ville où il y a un grand nombre de très-bons Negocians, fait beaucoup de commerce avec Amfterdam qui lui fournit beaucoup de marchandifes, entre autres quantité de Graine de Lin à femer.

Et

Et Amsterdam tire de St. Malo,

Du Papier.
Du Miel, des Grains.
Des Peaux de Veau.
Des Meules de Moulin.
Des Marchandises des Indes.
Des Sucres bruts, & plusieurs marchandises qui y viennent d'Espagne.

Le Poids de St. Malo est estimé égal au Poids d'Amsterdam, cependant j'ai remarqué plusieurs fois que je trouvois deux pour cent de moins, sur diverses marchandises que j'en ai receuës.

Le Tonneau de St. Malo pour les grains fait 13. Mudes d'Amsterdam.

NANTES.

Cette Ville qui est en Bretagne sur la Loire & sur l'Ardre, est fort grande, belle & considerable par son grand commerce tant par mer que par terre ; elle envoye quantité de Navires aux Isles Françoises de l'Amerique d'où elle tire quantité de Sucres, des Indigos, du Cacao, du Coton & autres marchandises; elle fait aussi un grand commerce avec l'Espagne. Les Navires chargez ne peuvent pas y monter, & sont obligez de charger & de decharger à Painbœuf qui en est éloigné de huit lieuës.

On tire de Nantes

Des Toiles de Bretagne.
Du Beure lorsqu'il est cher en Hollande.
Des Grains, comme Froment, Seigle & Meteil.
Du Miel, du Saffran Gâtinois qui y vient d'Orleans.
Des Vins de Loire, & des Eaux de vie.
Du Papier, des Prunes de Ste. Catherine.
Des Sucres, des Indigos.
Du Cacao, du Rocou, & des Cotons en laine.
100. ℔. de Nantes font 101. ℔. d'Amsterdam.
Et 100. ℔. d'Amsterdam font 99. ℔. de Nantes.
100. Aunes de Nantes font 171. aunes d'Amsterdam.
Et 100. aunes d'Amsterdam font 58¼ aunes de Nantes.
Le Tonneau de Nantes pour les Grains fait 13¼ Mudes d'Amsterdam.
L'Eau de vie s'y vend par 29. Veltes.

Ttt   L A

LA ROCHELLE.

Cette Ville qui est située sur le bord de la Mer de Gascogne vis à vis de l'Ile de Rhé, est la Capitale du Pays d'Aunis. Quoi qu'elle ne soit pas des plus grandes du Royaume de France, elle en est une des plus considerables par le grand commerce qu'elle fait avec la Hollande, l'Espagne & les Iles de l'Amerique.

Elle fournit à Amsterdam

Des Vins & des Eaux de vie.
Du Sel de Brouage & de Marenes.
Du Papier d'Angouleme.
Des Sucres bruts, & des Sirops.
De l'Indigo, du Cacao de la Martinique.
Des Planches de Noyer &c.
Les Poids & les Mesures sont égaux à ceux de Paris.
Les Eaux de vie s'y vendent par 27. Veltes.
Le Tonneau de la Rochelle pour les Grains fait 13. Mudes d'Amsterdam.

L'ISLE de RHÉ.

L'Ile de Rhé qui est située vis à vis de la Rochelle, peut avoir autour de 7. lieuës de tour; elle renferme les bourgs de St. Martin, de Loye, de la Flote, & le Fort de la Prée. Cette Ile est fort abondante en petits Vins, & en Sel, dont on envoye la plus grande partie en Hollande. C'est ordinairement de St. Martin que viennent à Amsterdam tous les ans les premiers Vins nouveaux & les Vins muets, qui s'y vendent mieux par raport à la nouveauté que par leur bonté, n'étant que de petits Vins qui ne sont point de garde.

L'ILE D'OLERON qui n'est separée de l'Ile de Rhé que par un petit bras de mer, produit quantité de Sel.

COGNAC, petite Ville sur la Riviere de Charante qui a son embouchure entre Soubise & Rochefort vis à vis l'Ile d'Oleron, est fameuse par les Eaux de vie qu'elle fournit à Amsterdam, qui sont estimées les meilleures de toutes, & valent ordinairement demi Livre ou une Livre de Gros plus que les autres; elles se vendent à Cognac par 27. Veltes.

BOUR-

BOURDEAUX.

Bourdeaux eft fans contredit une des plus grandes & des plus florif-fantes Villes de France; elle eft située fur la Garonne quatre lieuës au deffus du Confluent de la Dordogne, à douze lieuës de fon embouchure. Elle envoye tous les ans autour de deux cens vaiffeaux tant grands que petits aux Iles Françoifes de l'Amerique, & étend fon commerce maritime par toutes les Villes de l'Europe. Son commerce en Vins & en Eaux de vie eft fi confiderale qu'elle feule en fournit tous les ans à la Hollande plus de deux cens navires chargez ; on en tire pour Amfter-dam,

Des Vins de Pontac, de Grave, de Langon, de Bourdeaux, & de tous les endroits, qui font le long de la Garonne, & du haut Pays, & des Vins de Gaillac.

Des Eaux de vie, & des Vinaigres.

Des Chataignes du Perigord.

Des Prunes de St. Antonin.

Des Noix, & des Planches de Noyer.

Du Miel.

Du Saffran de Montauban.

De la Graine de lin à battre, ou à faire de l'huile.

Du Papier.

De la Terebentine, de la Refine & du Bray.

Des Sucres bruts, des Indigos & du Rocou.

Des Sirops & quantité d'autres marchandifes.

L'Eau de vie s'y vend par 32. Veltes ou Verges.

Il y a deux Foires tous les ans à Bourdeaux, dont la premiere commence le premier jour de Mars, & la feconde le quinziéme d'Octobre, elles durent quinze jours chacune. Pendant ces foires les marchandi-fes qui y entrent & qui en fortent pour les pays étrangers payent moins de droits que dans les autres tems, & celles qui y viennent des autres villes de France ou qui en fortent pour les autres villes de France font entierement franches.

Des Poids, & Mefures de Bourdeaux.

100. ℔. de Bourdeaux font égales à 100. ℔. d'Amfterdam.
100. Aunes de Bourdeaux font 171. aunes d'Amfterdam.
Et 100. aunes d'Amfterdam font 58½ aunes de Bourdeaux.

 38. Boif-

38. Boisseaux de Blé font un Last à Amsterdam , le Boisseau de blé, lorsqu'il est bon, doit peser 122 à 124. ℔. Poids de Marc.

Il se fait à present plus en change entre Amsterdam & Bourdeux qu'avec aucune autre ville de France.

B E R G E R A C.   ❧

Cette Ville qui est dans le Perigord sur la Dordogne à huit lieuës de Perigueux , est plus recommandable par la grande quantité de ses Vins qu'elle fournit à Amsterdam, que par sa grandeur, étant une assez petite ville, les vaisseaux ne peuvent pas y aller charger, ils sont obligez de s'arrêter à Libourne qui est aussi située sur Dordogne dans l'endroit où la Lille se jette dans cette Riviere. Il vient tous les ans de Bergerac ou de Libourne plus de 150. navires à Amsterdam chargez de Vins, & de Chataignes.

B A Y O N N E

Est située sur la Riviere d'Adour tout près de la Mer de Biscaye, elle est la Capitale du Pays de Labourd en Gascogne ; c'est une ville qui, quoique petite, fait un fort grand commerce par mer, ses habitans étant fort habiles pour la marine, & les Basques leurs voisins, dont ils se servent pour Matelots, fort lestes & adroits tant pour la Manœuvre que pour aller vîte à la Rame. Cette ville fait un fort grand commerce en laines à cause de sa proximité de l'Espagne : c'est la seule ville de France qui envoye des navires à la Pêche de la Baleine , elle envoye aussi de petits vaisseaux & de grosses barques à la Pêche de la Morue.

On en tire pour Amsterdam,

De bons Vins de Juranson, de Bearn, de Chalosse , & de Cap Breton.

Des Eaux de vie, des Chataignes.

Des Prunes, des Jambons.

Du Reglisse.

De la Terebentine, de la Resine & du Brai.

Des Laines d'Espagne en quantité.

Du Miel, des Plumes à lits.

De la Graine de lin à battre.

Il s'y tient aussi tous les ans deux foires qui durent chacune quinze jours,

jours, la première commence le jour des Cendres, & la feconde le premier jour d'Août.

Le Poids de Bayonne eft égal à celui d'Amfterdam.

Les 36. Sacs de blé de Bayonne font un Laft d'Amfterdam.

L I O N.

Lion fituée au confluent du Rhône & de la Saone, eft dans le Lionnois dont elle eft la Capitale, & la plus confiderable ville de France après Paris ; il fe fabrique dans cette ville une quantité prodigieufe d'Etoffes d'or, d'argent & de foye, des Rubans & de toute forte de manufactures de foye, fes Taffetas font eftimez les meilleurs qui fe fabriquent.

Il y a quatre Foires confiderables chaque année à Lion, favoir

Celle
{
Des Rois qui commence en Janvier le Lundi après la Fête des Rois.
De Pâques qui commence en Avril, à la Fête de St. Nifier.
D'Août qui commence en Août à la Fête de St. Dominique.
Des Saints qui commence en Novembre à la Fête de St. Hubert.
}

Chaque Foire a fon Payement, favoir

Celui
{
Des Rois qui commence le premier de Mars
De Pâques qui commence le premier de Juin
d'Août qui commence le premier de Septembre
Des Saints qui commence le premier de Decembre
}
& finit le dernier jour des mêmes mois.

Des Poids & Mefures de Lion.

On fe fert à Lion de deux fortes de Poids, l'un eft le *Poids de ville*, auquel fe vendent toute forte de marchandifes, dont la livre de 16. onces ne fait que 14. onces du Poids de Marc, l'autre eft le Poids pour la foye, dont la livre ne pefe que 15. onces du Poids de Marc, de forte que 100. ℔. du Poids de foye font 108. ℔. Poids de ville.

100. ℔. Poids de ville de Lion font 86. ℔. d'Amfterdam.

Et 100. ℔. d'Amfterdam font 116. ℔. Poids de ville de Lion.

L'aune y eft prefque égale à celle de Paris, puifque 100. aunes de Lion en font 99. de Paris.

100. Aunes de Lion font 173¼ aunes d'Amfterdam.

Et 100. aunes d'Amfterdam font 57½ aunes de Lion ou environ.

4. Afnées de Lion pour les Grains font 7. Mudes d'Amfterdam.

Il fe fait un fort grand commerce de change entre Amfterdam & Lion, & comme en traitant des changes j'aurai occafion de dire ce qui

Ttt 3   fe

fe pratique à l'égard des payemens des lettres de change , je dirai feule-ment ici que Lion change avec Amfterdam comme toutes les autres villes de France , en Ecus de 60. fols tournois , mais avec l'Italie en Ecus de 20. fols d'or fol, dont le fol eft compté de 3. fols tournois , & le denier de 3. deniers tournois.

MARSEILLE.

Cette Ville eft dans la Provence fur la Côte de la Mer Mediterranée à cinq lieuës d'Aix & à douze d'Arles ; elle eft une des plus anciennes & des plus grandes de France , & fait un commerce fort confiderable avec la Turquie, la Barbarie, l'Efpagne, l'Italie & la Hollande. Elle étoit il n'y a qu'une année, dans le le tems que j'écris ceci, extremement peuplée, mais la Pefte qui n'y a pas encore tout-à-fait ceffé, y a fait de fi grands ravages depuis environ le mois de Juin 1720. que cette pauvre ville eft prefque reduite en defert. Il y a cependant lieu d'efperer fuivant les nouvelles que nous en avons à prefent, que la Contagion y ceffera entierement dans peu, & que cette belle & grande ville par fa bonne fituation pour le commerce y attirera de nouveaux habitans qui y feront refleurir le commerce comme ci-devant. La plûpart des marchandifes qui en font forties depuis un an, ont été brûlées pour éviter qu'elles ne portaffent la Contagion dans les Pays où elles alloient : ce qui a caufé bien des pertes aux Proprietaires, & aux Affureurs d'Amfterdam, qui y avoient affuré de fortes fommes deffus. En tems de fanté la ville de Marfeille fert fort fouvent d'entrepôt pour les marchandifes qui s'envoyent d'Amfterdam à Conftantinople & autres villes de Turquie, pour lesquelle il part fort fouvent des vaiffeaux & des barques de Marfeille, d'où on tire pour Amfterdam ,

Des Huiles d'Olive, du Savon blanc & marbré.

Des Eaux de vie, qui valent moins que celles de Bourdeaux.

Des Vins Mufcats de St. Laurens.

Des Olives de St. Chamas dites de Luques.

Des Capres, des Anchois.

De beau Miel blanc, des Amandes, des Figues & des Raifins.

Des Corinthes de Santen, du Ton mariné, des Dattes.

Du Verd de Gris & des Parfumeries de Montpellier.

Du Paftel de Languedoc.

Des Piqueures de Marfeille, & des Bas de foye de Nimes.

De toute fortes de Drogues du Levant & d'Arabie.

Du Caffé.

Des Soyes, des Cotons filez & en laine.

Du

Du Poil de Chevres d'Angora.
Du Poil de Chameau & quantité d'autres marchandiſes.

Des Poids & Meſures de Marſeille.

100. ℔. de Marſeille font 81. ℔. d'Amſterdam.
Et 100. ℔. d'Amſterdam font 123½ ℔. de Marſeille.
100. Canes de Marſeille font 286. aunes d'Amſterdam.
Et 100. aunes d'Amſterdam font 35. canes de Marſeille.
La charge de Marſeille pour les Grains y peſe 300. ℔. & fait 1½ mude d'Amſterdam.
On ſe ſert à Marſeille pour l'achat & vente de certaines marchandiſes,
d'Ecus imaginaires de 3. Livres 4. Sols , ou de 4. Florins faiſant le florin de 16. ſols Tournois. Les Cotons s'y vendent à tant de ces Ecus les
100. ℔. & les Noix de Galle à tant de ces mêmes Ecus la charge de
300. ℔.

CHAPITRE XXXII.

Du Commerce d'Eſpagne.

L'Eſpagne eſt un Pays ſi chaud , que dans pluſieurs Villes on y dit
pour Proverbe, qu'il faut être chien ou François pour aller par la ville entre onze heures du matin & deux heures après midi, & ſoit par la
chaleur du Climat, ſoit par les richeſſes qui y arrivent tous les ans de l'A-
merique, & qui ſe repandent non ſeulement dans tout le Royaume, mais
même dans bien d'autres Pays étrangers, les Eſpagnols en général ne ſont
pas grands travailleurs ; ils aiment mieux vivre ſans prendre beaucoup
de peine, & tirer beaucoup de marchandiſes des Pays étrangers , qu'ils
pourroient fabriquer ou cultiver eux mêmes, que s'attacher au travail : ce
qui joint à ce que l'on envoye tous les ans 15. ou 20. Navires chargez
de toute ſorte de marchandiſes à l'Amerique, fait que l'Eſpagne en général tire quantité de marchandiſes des Pays étrangers. Ses principales
villes de commerce ſont

Madrid.	Mallaga.
St. Sebaſtian.	Cartagene.
Bilbao.	Alicant.
Seville.	Valence.
Cadix.	Barcelone.

Marchandifes qu'on porte d'Amfterdam en Efpagne.

Des Toiles de Hollande fines, des Toiles de Silefie, & d'Ofnabrug.
Des Toiles de Coton peintes, & des Indiennes.
Des Mouffelines, & des Batiftes.
Des Dentelles de Brabant & de Flandres.
Des Dentelles & Galons d'or & d'argent.
Des Draps d'Hollande & d'Angleterre.
Des Etoffes de foye, d'or & d'argent.
Des Gazes, des Rubans, des Evantails, des Perruques.
Des Velours, Panes de Velours & Caffas.
Des Bas de foye, & des Bas de laine.
Des Merceries & Quincailleries de toutes fortes.
Du Poivre, du Gerofle, de la Mufcade, & du Macis.
Du Froment & autres Grains, lors qu'ils manquent en Efpagne.
Des Bois pour la conftruction des Navires.
Des Toile à Voile, du Fil à Voile & des Cordages.
Des Navires qu'on y envoye exprès pour vendre aux Efpagnols.
Des Anafcotes, & Lamparilles de Bruges & des Picottes de Lille.
Des Rubans de fil, blancs & de couleur, & du Fil à coudre.
Du Papier, des Cartes à jouer.
Du Linge de Table.
Du Cacao de Carraques, des Cuirs de Rouffi.
Et quantité d'autres marchandifes.

Des Monnoyes d'Efpagne en général.

On fe fert de deux fortes de Monnoye en Efpagne, favoir *de vieille Platte* & *de nouvelle Platte.*

La Mónnoye qu'on nomme *vieille Platte*, vaut 25. pour cent plus que la *nouvelle Platte.*

La vieille Platte a cours à Cadix & à Seville.

La nouvelle Platte a cours à Madrid, à Bilbao & à St. Sebaftian.

Et c'eft à caufe de cette difference de monnoyes que le change fur Cadix & Seville, eft toûjours plus haut à Amfterdam que fur Madrid & fur Bilbao.

Les Ecritures fe tiennent en Efpagne le plus communement en Reaux, & quelques uns les tiennent en maravadis.

Le Reau vaut 34. Maravadis.

La Piftole d'or y vaut 32. Reaux ou 1088. Maravadis vieille Platte.

Lc

Le Ducat y eſt imaginaire, & n'eſt compté que pour 11. Reaux ou 374. Maravadis, pour l'achat des marchandiſes; mais pour les changes le Ducat y eſt compté de 11 Reaux, 1. Maravadis qui font 375. Maravadis.

La Piaſtre, qu'on appelle auſſi *Reale*, *& Piece*, *ou Piece de huit*, vaut 8. Reaux ou 272. Maravadis.

MADRID

Eſt la Capitale du Royaume d'Eſpagne, elle eſt preſque au cœur du Royaume ſur le Manzanares, Riviere qui eſt preſque à ſec au milieu de l'été. Quoique cette ville ne ſoit pas maritime, elle ne laiſſe pas de faire un grand commerce par le moyen des Correſpondants qu'elle a dans les divers ports de mer d'Eſpagne & d'ailleurs, & ſur tout à Cadis où divers Marchands de Madrid ont leurs Commis pour expedier les marchandiſes qu'ils font venir des Pays étrangers, ou celles qu'ils y envoyent.

100. ℔. de Madrid font 87½ ℔. d'Amſterdam & un peu plus, l'on compte ordinairement 114. ℔. de Madrid pour 100. ℔. d'Amſterdam.

Le Quintal y eſt de 4. arobes de 25. ℔. chacune.

Ainſi l'arobe de Madrid fait à Amſterdam 25½ ℔. ou fort peu moins.

Reduction de l'argent d'Amſterdam en argent d'Eſpagne,
& de l'argent d'Eſpagne en argent d'Amſterdam.

Amſterdam n'a de change ouvert avec l'Eſpagne qu'avec Madrid & Bilbao, & avec Cadis & Seville; & quoique dans les deux premieres villes on ſe ſerve de la monnoye *nouvelle Platte* qui vaut, comme j'ai dit, 25. pour cent moins que *la vieille Platte* dont on ſe ſert à Cadis & à Seville, le Ducat y eſt compté également de 375. Maravadis, & Amſterdam donne un nombre de deniers de gros argent de Banque pour recevoir dans ces 4. Places un Ducat de 375. Maravadis, avec cette difference qu'on donne à Amſterdam moins de deniers de gros pour le Ducat de Madrid & de Bilbao, que pour le Ducat de Cadis & de Seville. Le change d'Amſterdam ſur leſdites villes eſt à preſent

Sur { Cadis - Seville } à 110. deniers de Gros par Ducat.

Sur { Madrid Bilbao } à 89½ deniers de Gros par Ducat.

Supoſez qu'un Marchand d'Amſterdam doive 12560. Reaux à ſon Correſpondant de Madrid, de Bilbao, de Cadis, ou de Seville, & qu'il veuille ſavoir combien de Ducats il doit remettre pour cette ſomme, & combien il devra payer en Banque à Amſterdam le change étant

Sur Madrid ou Bilbao à 89½ deniers de Gros pour un Ducat de 375.
Sur Cadis ou Seville à 110 Maravadis.
Reduisez premierement les   12560 Reaux
En Maravadis, les multipliant par   34 Maravadis valeur du Reau.

Viendra - -   427040 Maravadis qui divisez par 375.

Maravadis valeur du Ducat, donneront 1138. Ducats, & un reste de 290. qu'il faut multiplier par 20. & diviser le produit par 375. Maravadis, il viendra 15. vingtièmes de Ducat, & un reste de 175. qu'il faut multiplier par 12. & diviser le produit par 375. Maravadis, il viendra 6. douzièmes de vingtièmes de Ducat, & ainsi 1138. Ducats 15. sols, 6. deniers, à remettre d'Amsterdam pour les 12560. Reaux.

Nota que le Ducat se divise en 20. sols & le sol en 12. deniers, c'est-pourquoi on multiplie les Restants des divisions par 20. & par 12.

Pour savoir à present combien de Florins, Sols, & Penins argent de Banque il faudra à Amsterdam pour remettre les susdits 1138. Ducats 15. sols, 6. deniers à Madrid ou à Bilbao au prix ci-dessus de 89½ ₰. de gros par Ducat,

Multipliez les - - Ducats 1138 : 15. ſ. 6. ₰.
Par les - - - 89½ ₰. de gros du prix du change.

Il viendra - -   1019210 ₰. de gros, dont il faut trancher

la derniere figure, & prendre le ½. viendra 2548 florins argent de Banque à payer

à Amsterdam pour les 1138. Ducats 15. sols 6. deniers de Madrid ou de Bilbao.

Sur Cadis & Seville.

Multipliez les - - Ducats 1138 : 15. ſ. 6. ₰.
Par les - - - 110 ₰. de gros du prix du change.

Il viendra - - - 125265 ₰. de gros, dont il faut trancher

la derniere figure & prendre le ½. viendra 3131 Florins, 12. Sols, 8. Penins, à payer à Amsterdam pour les 1138. Ducats 15. sols 6. deniers de Cadis ou de Seville.

Et au contraire si un Marchand de Madrid ou de Bilbao doit à Amsterdam 2548. florins de Banque, & qu'il veuille savoir combien de Ducats il devra remettre pour payer cette somme, le change étant à 89½ ₰. de gros par Ducat,

Il

Il faut qu'il reduife les 2548 florins en demi deniers de gros,
En les multipliant par 80 demi deniers de gros que vaut le florin.

Il viendra - 203840 demi deniers de gros.

Il faut auffi reduire en demi deniers les 89½. §. de gros, & y ajoûter le demi denier de la fraction, viendra 179. demi deniers de gros, par lesquels il faut divifer les 203840. demi deniers ci-deffus, & il viendra 1138. Ducats qui laifferont un refte de 138. qu'il faut multiplier par 20. & divifer le produit par les 179. du prix du change, viendra 15. fols qui laifferont encore un refte de 75. qui multipliez par 12. & le produit divifé par 179. donneront 6. deniers ou un peu moins, ainfi pour les 2548. florins d'Amfterdam il faudra payer à Bilbao 1138. Ducats 15. fols 6. deniers.

De Cadis & Seville.

Et fi un Marchand de Cadis & de Seville doit à Amfterdam 3131. florins 12. fols, 8. penins, & qu'il veuille favoir combien de Ducats il doit lui remettre pour faire cette fomme à Amfterdam, le change étant à 110. §. de gros par Ducat.

Il faut reduire les - 3131 f. 12. f. 8. p. en deniers de gros,
Les multipliant par - 40 §. de gros valeur du florin.

Viendra - 125265 §. de gros, qu'il faut divifer par les

110. deniers de gros du prix du change, & il viendra 1138. Ducats, qui laifferont un refte de 85. qui multipliez par 20. & le produit divifé par 110. donneront 15. fols & laifferont un refte de 50. qu'il faut multiplier par 12. & divifer le produit par 110. viendra 6. deniers ou un peu moins, ainfi pour les 3131. florins 12. fols 8. penins d'Amfterdam il faudra payer à Cadis ou à Seville 1138. Ducats 15. fols 6. deniers.

Ces exemples fufifent pour faire voir à ceux qui ne le favent pas, comment fe font toutes les Reductions de l'argent d'Efpagne en argent d'Hollande, & de l'argent d'Hollande en argent d'Efpagne.

St. SEBASTIAN.

Après avoir parlé de Madrid comme Capitale d'Efpagne, je commence par St. Sebaftian non pas tant pour fa grandeur ni pour l'étendue de fon commerce, que parce que cette ville eft la plus près de nous, & que je fuivrai le long des côtes d'Efpagne.   St. Sebaftian donc eft fituée fur les côtes de la Province de Guipufcoa à trois lieuës des terres de France & de Fontarabie ; la ville eft affez grande & a un fort bon Port ; elle fait un très-grand commerce en laines d'Efpagne, & en fournit beaucoup à la France & à la Hollande, il en vient auffi des Chataignes & des Noifettes en quantité, tant de là que de Gigon qui n'en eft pas loin.

Le Quintal de fer y eft compté de 155. ℔. & la ℔. de 16. onces, il eft d'environ 2. ℔. plus fort fur 100. ℔. d'Amfterdam , quelquefois il fe trouve plus de benefice & quelquefois moins, & le plus fouvent on les compte égaux.

J'ai déja dit que la Monnoye y eft de *nouvelle Platte.*

B I L B A O.

Cette Ville qui eft la Capitale de la Bifcaye, eft fituée fur la Riviere de Nervio ou d'Ibaycaval à environ deux lieuës de la Mer ; fon port eft un des meilleurs d'Efpagne, & la ville eft grande & bien bâtie ; elle fait un commerce fort confiderable , & les Bifcayens font bons marins ; on en tire pour Amfterdam

Des Laines en quantité.
Du Fer, du Saffran.
Des Chataignes, des Oranges & des Citrons.
Le Quintal pour le fer y eft compté comme à St. Sebaftian de 155. ℔.

S E V I L L E.

Seville eft la Capitale de l'Andaloufie, fituée fur le Guadalquivir à 16. lieuës de fon embouchure, & à vingt-deux lieuës au deffous de Cordouë.   C'eft après Madrid la plus grande ville d'Efpagne, les Efpagnols en font tant de cas qu'ils ont pour proverbe, que qui n'a pas veu Seville n'a rien vu de merveilleux.

On en tire

Des Huiles d'Olive, & de groffes Olives.
Des Laines en quantité.
Des Oranges & des Citrons.
Des Cuirs & Marroquins.
Des Vins d'Efpagne.
La monnoye de vieille Platte y a cours, & les mefures & les poids y font les mêmes qu'à Cadis.

CA-

CADIS

Ou Cadiz, eft fituée dans l'Ile de Cadix à environ vingt-deux lieuës de Seville, & à dix-huit de Gibraltar, elle n'eft par fort grande, mais belle & bien bâtie, ayant été fort embellie depuis l'année 1696. que les Anglois la bombardèrent & en ruinèrent la plus grande partie. Cette ville eft celle de toute l'Espagne où fe fait le plus grand commerce : c'eft de là que partent & où arrivent tous les Galions & Vaiffeaux qui vont dans toute l'Amerique Efpagnole ; & comme il n'y a que les Efpagnols qui ayent droit d'envoyer des marchandifes aux *Indes Efpagnoles*, (c'eft ainfi qu'on y nomme les Pays que les Efpagnols poffedent dans l'Amerique) la plûpart des Marchands de Cadis ne font prefque que des Commiffionaires auxquels les Marchands des Pays Etrangers envoyent leurs marchandifes pour les charger en leur nom pour l'Amerique, & leur renvoyer les Piaftres & autres marchandifes qu'ils reçoivent en retour.

On en tire

Des Piftoles, doubles Piftoles, & Quadruples.
Des Lingots d'or & d'argent.
Des Piaftres dites Mexicanes & Pilares.
De l'Indigo Guatimalo.
De la Cochenille.
Du Tabac de Verines.
Du Quinquina, de la Salfepareille.
Des Vanilles & quantité d'autres Drogues de l'Amerique.
Des Cuirs fecs de l'Amerique.
Du Sel, des Vins fecs.
Des Huiles d'Olive.
Des Figues & des Raifins fecs & autres fruits.
Des Laines & diverfes autres fortes de marchandifes.
100. ℔. de Cadis font 93½ ℔ d'Amfterdam.
Et 100. ℔. d'Amfterdam font 107. ℔. de Cadis.
100. Varres font 123⅐ aunes d'Amfterdam.
Et 100. aunes d'Amfterdam font 81. varres de Cadis.
Le quintal y eft de 100. ℔. qui fe divife en 4. arobes de 25. ℔. chacune.
L'Arobe de Cadis doit pefer à Amfterdam 23½ ℔.

Vvv 3   M A-

MALAGA.

Cette ville eft fituée fur les côtes de la Mediterranée dans le Royaume de Grenade, à dix-fept lieuës au delà du Detroit de Gibraltar à l'égard de la Hollande ; elle n'eft pas fort grande, mais elle eft fort peuplée, & a un fort bon port où les Navires fe peuvent mettre en fureté.

On en tire

Des Laines.
Des Huiles d'Olive.
Des Olives.
Des Raifins fecs, & des Figues.
De bons Vins d'Efpagne.
Les Ecritures s'y tiennent en *Reaux velons* ou de *Cuivre*, dont les 187½ valent 100. Reaux de Platte d'argent.

CARTAGENE

Eft auffi fituée fur les côtes de la Mer Mediterranée, dans le Royaume de Murcie : fon Port qui eft le meilleur qu'il y ait en Efpagne, eft tout entouré de hautes Montagnes, & par une petite Ile qui eft à l'embouchure du Port.

On en tire

Quelques Laines.
Des Huiles d'Olive & des Olives.
Des Raifins fecs & des Figues.
Et quelques Amandes.

ALICANT

Ou Alicante, eft fituée au fond d'un petit Golfe de la Mer Mediterranée, au pied d'une Montagne du Royaume de Valence, entre le Cap Martin & celui de Palos ; la ville n'eft pas fort grande, mais elle eft bien peuplée & affez bien bâtie, elle fait un grand commerce.

On

On en tire

De bons Vins , & du Vin qu'on nomme Vin de Tinte ou d'Alicant qui eſt un très-bon remedé pour la diſſenterie.

Des Savons blancs & marbrez.

De la Soude.

De l'Anis.

Des Amandes, des Raiſins & des Figues.

Du Sel d'Almate ou d'Alemate qui eſt eſtimé le meilleur d'Eſpagne.

Les Ecritures s'y tiennent comme à Malaga en Reaux velons ou de cuivre , dont les 187½ valent 100. Reaux de Platte d'argent.

Le Poids y eſt un peu plus leger que celui de Cadis.

VALENCE.

Cette ville qui eſt la Capitale du Royaume du même nom, eſt ſituée ſur la Riviere Gualdalaviar à demi-lieuë de ſon embouchure dans le Golfe de Valence ; elle eſt grande & bien bâtie, on en tire des Amandes en quantité , connuës ſous le nom d'Amandes de Valence ; on en tire auſſi quelques Vins , & des fruits ſecs.

BARCELONNE

Eſt auſſi ſituée ſur les côtes de la Mer Mediterranée, à l'embouchure de la Riviere de Beſos & de celle du Lobregat dans la Catalogne dont elle eſt la Capitale ; elle a un bon port, on y fabrique d'aſſez bons Draps & de très-bonnes couvertes de laine conuës en France ſous le nom de Catalanes. Cette ville fournit beaucoup d'Eau de vie à Amſterdam dans le tems qu'elles ſont demandées , mais elles ſont eſtimées les moindres de toutes.

CHAPITRE XXXIII.

Du Commerce de l'Amerique Eſpagnole.

J'Ai dit en parlant de Cadis, que c'eſt la ville où ſe fait le plus grand commerce d'Eſpagne, parce que c'eſt de là que partent & où arrivent les Galions & les Flotes qui vont en Amerique & qui en viennent. Avant que de
quit-

quitter entierement l'Espagne il ne sera pas hors de propos de faire voir que, quoique les Rois d'Espagne ayent depuis long-tems défendu à tous les Etrangers sur peine de la vie, de negocier dans ses terres de l'Amerique, quantité d'Etrangers ne laissent pas d'y negocier indirectement, sans quoi les Espagnols ne pourroient jamais fournir les choses necessaires à un nombre infini de personnes qui habitent les terres de la domination des Rois d'Espagne dans l'Amerique; car outre qu'il faudroit que les Marchands de Cadis fussent extremement riches pour pouvoir acheter & payer tout ce qui s'envoye tous les ans dans l'Amerique, il faudroit encore qu'ils eussent des biens immenses pour fournir de nouveau, des marchandises la seconde année, si les retours de ce qu'ils auroient envoyé l'année precedente manquoit à venir avant le depart d'une nouvelle Flote. Ainsi les Espagnols ne pouvant fournir seuls toutes les marchandises qu'il faut pour fournir ce nouveau monde, la plûpart des Marchands de Cadis ont des Correspondans dans les principales villes de commerce des Pays étrangers, qui leur envoyent les marchandises propres pour envoyer en Amerique, soit pour les vendre à Cadix même, ou pour les envoyer en leur nom en Amerique pour le compte des mêmes Correspondans, & leur en faire le retour, lorsqu'ils les ont venduës, ou lorsqu'ils en ont reçu eux mêmes les retours de l'Amerique.

Ceux qui envoyent leurs marchandises à Cadis pour les faire envoyer pour leur compte à l'Amerique, font des profits bien plus considerables que ceux qui les font vendre à Cadis même; car ils ont souvent des retours avec 80. à 100. pour cent & plus de profit: il est vrai qu'ils n'ont pas toûjours leurs retours au bout d'un an ni de deux, & que cela va quelquefois jusques à 3. ou 4. ans, selon la bonne foi ou la vigilance de ceux auxquels on se confie.

Il peut partir de Cadis tous les ans en tems de Paix autour de douze à vingt navires pour l'Amerique, dont la plûpart sont destinez pour la Havana ville de l'Ile de Cuba, pour la Vera-Cruz qui est située sur les bords du Golfe de Mexique, & pour Porto-Bello aussi sur les bords de la mer dans l'Istme de Panama, où l'Amerique est si étroite qu'elle n'a que dix-huit lieuës de large. Lorsque les vaisseaux d'Espagne arrivent dans ces Ports, tous les Marchands de villes voisines y viennent pour faire leurs achats, & s'il se trouve qu'ils portent plus d'or & d'argent qu'il n'y a de marchandises, elles se vendent fort cher, & au contraire s'il y a beaucoup de marchandises & peu d'argent, elles se donnent à bon marché, parce que la plûpart de ceux qui font ces voyages pour negocier, aiment mieux vendre leurs marchandises que de les raporter en Espagne. Voici un modele des divers assortiments des marchandises qui s'envoyent dans ces Pays-là.

De

De Hollande & de Flandres.

Des Draps fins de 2. aunes de large, 12. Pieces affortiers des couleurs suivantes.

  2 Pieces noir.
  2 Ps. d'écarlate.
  2 Ps. Noizette clair.
  2 Ps. couleur d'Olive.
  2 Ps. couleur de Canelle foncé.
  2 Ps. couleur de Mufc.

Des Toiles de Coton teintes aux Indes, apellées Guinées, qu'on nomme en Efpagne Hollandilles, longues de 25. aunes ou environ; l'affortiment de 100. Pieces fe fait des couleurs suivantes.

  30 Pieces de bleu foncé.
  20 Ps. bleu mourant.
  15 Ps. verd de Perroquet.
  15 Ps. couleur d'Orange.
  10 Ps. couleur de Mufc.
  5 Ps. jaune.
  5 Ps. incarnat.

Ou bien comme fuit.

  50 Ps. bleu foncé, & clair.
  10 Ps. incarnat clair.
  10 Ps. verd de Perroquet.
  10 Ps. Orange.
  10 Ps. Mufc.
  10 Ps. jaune.

Quelques Pieces de Poil de chevre, larges & étroites, fines couleur de Mufc & noires.
Des Nonpareilles.
Des Palamites.
Des Serges de Liege écarlate hautes en couleur.
Des Serges Perlées d'Hollande de couleurs gayes.
Des Bazins, bruns, & verds.
Des Sayes fines, la moitié de noires, & la moitié blanches du plus beau blanc.
Des Rubans de fil d'Erverveld blanc de 28. fils les deux tiers.
Dito incarnat de 18. fils l'autre tiers.
Des Chapeaux de Caftor fins les ⅔ blancs & le ⅓ noirs.

Xxx   Du

Du Poivre, & de la Canelle quand ils font à bon marché, parce qu'il y a beaucoup de fraix.

Des Cloux de Gerofle en petite quantité, n'étant pas de grande confommation.

Des Cuirs de Rouffi, du Mufc en veffies & hors des veffies.

De la Cire blanche en pains de 5. Arobes.

Des Couteaux à manche d'Ivoire.

Des Serges de Leyde d'un bon noir.

Du Velours uni de 2. & de 3. fils.

Des Pannes de velours.

Des Brocards de foye de couleurs honêtes, (c'eft ainfi qu'ils apellent les couleurs modeftes) parmi lesquelles il ne doit point y avoir du rouge ni de l'incarnat.

Des Barracans de Lille, & des Barracans doubles de Valenciennes.

Des Picottes de laine de couleurs modeftes & brunes.

Des Picottes de foye, des Lamparilles, des Anafcotes.

Des Serges fines d'Allemagne tout de couleurs brunes.

Des Batiftes des plus fines & claires.

Des Toiles de Hollande des plus fines.

Des Dentelles de toute forte, fur tout des plus fines.

Des Dentelles qu'on nomme Cortes, du prix depuis 8. jufques à 16. Reaux de Platte la *varre*. On fait les Affortiments des Cortes d'Anvers des fortes fuivantes pour 100. affortimens.

20 Sortes de *Tranfillas* en 2. affortimens, favoir,
     10 d'un même patron larges de 2. à 4. doigts.
     10 d'un autre même patron larges de 2. à 5. doigts.

40 *Abuxeriados* à petits trous en
     25 larges de 2. à 4. doigts.
     15 larges de 2. à 5. doigts.

20 *Puntas de Mofquito* la moitié depuis 3. jufques à 8. ou 10. doigts de large, & l'autre moitié depuis 4. jufques à 8. ou 10. doigts de large, mais chaque forte d'un même Patron.

10 *Licenciados* très-fines d'un à deux doigts de large, & quelques unes de 3. à 4. doigts de large, pour faire des voiles ou mouchoirs que les femmes portent fur la tête.

10 *Tranfillas*, & *Abuxeriadas* des plus fines, larges d'un à deux doigts.

Des Servietes & des Napes Damaffées.

Du Coiti Damaffé.

Des Platilles & Eftopilles, & quelques Bocadilles.

D'Angleterre.

Des Draps tous de couleur brune, & dans 20. Pieces, une Piece de noir.

Des *Sempiternas*, l'affortiment de 40. Pieces eft des couleurs fuivantes.

15 Pieces verd de Perroquet.
15 Ps. bleu celefte.
5 Ps. Mufc.
5 Ps. noir.

Des Serges de couleur brune ou bien afforties comme les Sempiternas.

Des Etamines larges & bien calandrées, brunes & vertes.

Des Serges fines de couleur écarlate.

Des Sayes blanches, & noires bien calandrées.

Des Bomafins doubles, bruns & verdâtres.

Des Serges *d'Hoogwet*, la moitié blanches, & la moitie noires fort fines & bien calandrées.

Des Bayes de *Golchefter* de cent fils les 100. Pieces afforties comme fuit.

20 Pieces noir.	10 Ps. *Efcarolados*.
15 Ps. verd de Perroquet.	8 Ps. violet très-fin.
15 Ps. bleu celefte.	5 Ps. beau blanc.
12 Ps. du plus beau jaune.	5 Ps. *Caraccicha*.
10 Ps. écarlate.	

Des Bas de laine de la premiere & feconde forte.

Des Bas de foye tricotez ordinaire en paquets de 10. paires, favoir

3 paires bleu celefte.
2 paires *Colombina*.
3 paires verd de Perroquet.
2 paires jaune clair.

De France.

Des *Rouenes, Florettes, Blancartes Reformados, Rouen.*

Des Chapeaux de Caftor les ⅔ blancs & le ⅓ de noirs.

Pane de velours les 12. Pieces afforties comme fuit.

4 Ps. Mufc.	1 Ps. incarnat.
2 Ps. couleur d'Olive.	1 Ps. verd de Perroquet.
2 Ps. couleur d'Ambre.	1 Ps. noir.
1 Ps. bleu celefte.	

Des

Des Lamas 12. Pieces aſſorties comme ſuit.

 3 Ps. incarnat.   3 Ps. verd de Perroquet.
 3 Ps. bleu celeſte.   3 Ps. *Caracucha.*

Des Bas de fil.

Des Dentelles fines d'or & d'argent, larges depuis un juſques à 8. doigts, le tiers de chaque façon.

Cortes de Dentelles noires de *Mofquetas* larges d'un tiers à demi *varre.*

D'Italie.

Des *Lames* de ſoye de Naples, les 10. Pieces aſſorties comme ſuit.

 2 Ps. incarnat.   3 Ps. bleu celeſte.
 3 Ps. verd de Peroquet. 2 Ps. *Colombino.*

Des Bas de ſoye de Milan à longues fourchettes chaque douzaine ſeparée des couleurs ſuivantes.

 3 paires *Colombino.* 3 paires bleu celeſte.
 3 paires verd de Peroquet. 3 paires jaune clair.

Des Bas pour femmes des mêmes couleurs.

Des Bas de Meſſine, & de Genes, la moitié moins que de ceux de Milan.

Des Bas pour des Enfans, des mêmes couleurs que deſſus.

Des Guirviones ou Corcondilles de Naples, de Meſſine & de Genes, de couleurs brunes.

Des Etamines de ſoye, des Gorgeranes des dites couleurs.

Des Etoffes de Florence unies qui ne ſoient pas de haut prix, les 10. Pieces aſſorties comme ſuit.

 3 Ps. verd de Peroquet. 1 P. jaune clair.
 3 Ps. Colombino.   1 P. d'un beau blanc.
 1 P. bleu celeſte.   1 P. couleur d'Ambre.

Des Etoffes de ſoye à fleurs, de prix mediocre, & de couleurs gayes, & quelques unes brunes.

Des Brocards d'or & d'argent du prix de 20. à 24. Reaux la varre.

Des Lamas, de couleurs gayes, toutes avec de l'argent & point du tout avec de l'or.

Des Fondos de Milan pour les Livrées bleuës & couleur de Peroquet.

De la Soye de Calabre les 100. maſſes aſſorties comme ſuit.

 50 maſſes de couleurs brunes. 10 bleu foncé, & bleu celeſte.
 10 de noir, de gris de perle, & blanc. 5 verd foncé.
 10 verd de Peroquet.   5 jaune foncé.
 10 Columbino.

Des

Des Rubans de Naples des numeros 10, 15, 20, 30 & 40. les 100. paquets assortis comme suit.

15 incarnat.	21 Columbino.
21 bleu celeste.	11 jaunes.
21 verd de Peroquet.	11 bruns.

Des Rubans de Genes minces des numeros 20, 30 & 40. des couleurs
ci-dessus.

Des Rubans de soye à fleurs sans envers de numero 80. à 100. les 50.
Pieces assorties comme suit.

15 verd de Peroquet.	10 bleu celeste.
10 incarnat.	5 couleur de Musc.
10 Columbino.	

Outre toutes les marchandises ci-dessus on envoye à l'Amerique Espa-
gnole quantité de Merceries & de Quincailleries qu'il seroit trop long
de specifier ici par le menu : toutes ces marchandises se vendent ou se
troquent à l'Amerique & l'on en raporte à Cadix

Des Lingots d'or, des Pistoles, doubles Pistoles & Quadruples.

Des Barres d'argent.

Des Piastres qu'on nomme Mexicanes, parce qu'elles sont fabriquées
à Mexique & sont estimées les meilleures.

De l'argent travaillé.

Des Indigos de Guatimalo.

De la Cochenille.

Du Quinquina, & diverses Drogueries.

Du Cacao de Carraques, des Vanilles.

Du Tabac de Verines en cordes.

Du Tabac de la Havana, en feuilles & en poudre.

Des Perles, & des Diamans.

Des Laines de Vigone.

Du Bois de Campêche.

Des Cuirs secs de la Havana, de St. Domingue & du Mexique.

Et plusieurs autres marchandises dont la plus grande partie s'envoye de
Cadis à Amsterdam, où s'en fait le plus grand debit.

CHAPITRE XXXIV.

Du Commerce de Portugal.

Les principales villes de commerce du Royaume de Portugal sont Lisbonne, Port à Port, & St. Ubes. Le Roi de Portugal possede outre

ſes Etats d'Europe le Brezil qui eſt un grand Pays dans l'Amerique Meridionale, d'où il reçoit tous les ans des grandes richeſſes : & comme le
Portugal ne peut pas le fournir de toutes les choſes neceſſaires, Amſterdam fournit à Lisbonne à peu près comme à Cadix la plûpart des marchandiſes qui s'envoyent au Brezil.

LISBONNE

Eſt, comme je viens de dire, la Capitale du Portugal ; elle eſt dans l'Eſtramadure ſur la Riviere du Tage qui à deux lieuës au deſſous ſe jette dans
l'Occean, on lui donne deux lieuës d'étenduë le long de cette Riviere
qui a une lieuë de largeur devant la ville ; les plus gros Navires y peuvent monter tout chargez, & ſon port qui eſt très-grand, eſt à l'abri des
vents par les colines & les montagnes voiſines ; cette ville eſt une des
plus conſiderables de l'Europe pour le commerce, c'eſt de là que partent & où arivent tous les ans les vaiſſeaux qui vont & viennent du Brezil, de Goa, des Iles Açores, de Madere, & du Cap Verd qui ſont de
la Domination du Portugal.

Marchandiſes qui s'envoyent à Lisbonne.

Des Manufactures de laine, de ſoye & de fil de toutes ſortes.
Des Etoffes de ſoye noires & autres.
Des Toiles de Coton peintes, & des Indiennes.
Des Toiles de Hollande, d'Oſnabrug & de Sileſie.
Des Serges de Seigneur de Delft.
Des Mouſſelines & des Batiſtes.
Des Habits tant pour homme que pour femme tout faits.
Des Peruques, des Chapeaux & des Gands.
Des Bas de ſoye & de laine.
Des Cuirs de Rouſſi.
Des Baſſins & Marmites de cuivre.
De l'Acier, des Merceries & Quincailleries.
De la Poudre, & des Boulets de Canon.
Des Lins & des Chanvres.
Des Grains, du Papier, des Cartes à jouer.
Et quantité des mêmes marchandiſes qui ſe portent à Cadix, qui ſont
bonnes à trafiquer au Brezil & aux autres terres de la dependance du Por-
tugal.

Et

Et on en tire les Marchandises suivantes.

Des Cassonades & Sucres du Brezil.
Du Tabac de Brezil en cordes, & en poudre.
Du Bois de Brezil, de Campêche & de Fernambouc.
Des Cuirs secs de Taureaux & de raches.
Des Cotons en laine, du Gingembre.
Des Drogueries de diverses sortes.
De la Sucade ou Ecorce de Citron confite & des Confitures seiches.
Quelque Indigo & Cochenille.
Du Sumac, de l'Anis.
Des Laines en quantité.
Des Huiles d'Olive & de grosses Olives.
Des Fruits secs, comme Figues, Raisins & Amandes.
Des Citrons & Oranges en quantité.
Des Perles, des Diamans & autres pierres precieuses.
Des Lingots d'or & d'argent & des Cruzades d'or.

Des Poids, Mesures & Monnoyes de Lisbonne & de tout le Portugal.

Le Quintal est compté de 128. ℔. & se divise en 4. arobes de 32. ℔. chacune.

L'Arobe rend 28. à 29. ℔. à Amsterdam, ainsi en la comptant à 28½ ℔. Poids d'Amsterdam

Les 100. ℔. de Lisbonne font 89¼ ℔. d'Amsterdam,

Et 100. ℔. d'Amsterdam font 112½ ℔. de Lisbonne à peu de chose près.

Les 4. Muids de Portugal pour le sel font un Last d'Amsterdam.

Les Grains s'y vendent à l'Alquiere dont les 4. font une Fanegue, il faut 15. Fanegues pour faire un muid ce qui revient à 216. Alquieres pour le Last d'Amsterdam.

Les Huiles d'Olive se vendent par *Almoudes* de 12. Canodors, la *Canodor* fait près d'une mingle d'Amsterdam, les 52. Almoudes font un Tonneau, & les 26. une Pipe.

Les Etoffes & les Soyes s'y vendent par mesures differentes, les unes s'y vendent au *Cavido* qui est égal à l'aune d'Amsterdam, les autres à la *Barro* ou *varra* dont les 61. font 100. aunes d'Amsterdam, & 100. *Barros* ou *varras* font 164. aunes d'Amsterdam.

Les

Les Ecritures font tenues à Lisbonne & dans tout le Portugal en Rès dont les 400. font une Cruzade; & comme c'eft un très-petite monnoye, & qu'il en faut un grand nombre pour faire une forte fomme, on les fepare dans les comptes & factures par millions, par milliers & par centaines comme dans l'addition fuivante.

$$3. \ 530 \ m. \ 454. \ Rès.$$
$$2. \ 620 \ m. \ 640.$$
$$1. \ 452 \ m. \ 820.$$

$$7. \ 603 \ m. \ 914. \ Rès.$$

C'eft-à-dire 7. millions 603. mille 914. Rès.
Il y a de groffes Pieces d'or fin de Ducat qui valent 10000. Rès.
La Dopio Moeda, ou double Piftole qui vaut 4000. Rès.
La Moeda, ou Piftole vaut 2000. Rès.
La Mimoeda ou demi Piftole vaut 1000. Rès.
Les Cruzades d'argent non marquées valent 400. Rès.

Reduction de l'argent de Portugal en argent d'Amfterdam, & de l'argent d'Amfterdam, en argent de Portugal.

L'on donne; à Amfterdam depuis 40. jufques à 45. 8. de gros argent de Banque, pour recevoir à Lisbonne une Cruzade de 400. Rées : la Cruzade fe caractérife ainfi ×.

Un Marchand de Lisbonne veut remettre 6850. Cruzades à Amfterdam, & il veut favoir combien de florins de Banque elles lui rendront à Amfterdam, le change étant à $42\frac{1}{2}$ 8. de gros par Cruzade. Pour faire cette reduction il n'y a qu'à multiplier les 6850 Cruzades
Par les   -   -   - $42\frac{1}{2}$ 8. du prix du change.

Vient   -   -   -   291125 8. de gros dont il faut trancher la dern.

figure & prendre le $\frac{1}{4}$ il viendra 7278 florins 2. fols 8. Penins qu'il aura à Amfterdam pour les 6850. Cruzades à $42\frac{1}{2}$ 8. de gros par Cruzade.
Et au contraire fi un Marchand d'Amfterdam veut remettre à Lisbonne 7278. florins 2. fols 8. penins & favoir, combien de Cruzades cette fomme lui rendra à Lisbonne, le change étant à $42\frac{1}{2}$ 8. de gros par Cruzade,
Reduifez en demi deniers de Gros les 7278 florins 2. fols 8. penins
En les multipliant par   -   -   80 demi deniers que vaut le florin,

Viendra   -   -   -   582250 demi deniers de gros.

Re-

Reduifez auffi en demi deniers de gros les 42½ ₰. de gros du prix du change en les multipliant par 2. & y ajoutant le demi denier, viendra 85. demi deniers de gros, par lesquels vous diviserez les 582250 demi deniers ci-deffus, & vous trouverez que les 7278. f. 2. f. 8. p. rendront à Lisbonne 6850. Cruzades.

Dans les Connoiffements qui fe font d'Amfterdam pour Lisbonne, on met de payer le fret à tant de Cruzades de 480. Rès la piece.

PORT à PORT,

Ou Porto, eft après Lisbonne la principale ville maritime du Portugal; elle eft fituée fur la Douro à une lieuë de la mer. L'Angleterre qui a mis des Droits de 40. ou de 45. Livres fterlin par Tonneau de Vin de France, tire quantité de Vins de Port à Port, qui y payent beaucoup moins d'entrée. Les Vins de Port à Port font de gros Vins rouges qui ont beaucoup de corps & de la douceur, il n'en vient que peu en Hollande depuis que les Hollandois ont connu la delicateffe des Vins rouges qui viennent du côté de Bourdeaux.

ULLA DE CONDA,

Que les Hollandois appellent *Condaat*, eft un gros Bourg du Portugal fur les côtes de la Mer, le terroir des environs produit quantité d'Oranges douces, des Citrons, des Figues, des Raifins & des Noifettes, o n en tire des Cargaifons entieres pour la Hollande.

St. UBES,

Ou Setuval, eft une ville confiderable du Portugal, dans l'Eftramadure, fur les côtes de la Mer, à l'embouchure du Zadaon, à 6. ou 7. lieuës de Lisbonne, il y va tous les ans grand nombre de Navires tant Anglois qu'Hollandois, qui en tirent du fel en très-grande quantité.

MADERE & les ILES AÇORES.

Les Iles de Madere & du Fayal apartiennent auffi aux Portugais, l'Ile de Madere eft dans l'Ocean Atlantique entre le Royaume de Maroc, & les Iles Açores, les lieux principaux de Madere font Moncerico, Sta. Croce, & Fonzal; on en tire

Yyy

Des

Des Vins & des Eaux de vie.

Des Ecorces de Citron, ou Sucade, & des Confitures feches & liquides fort eftimées.

Des Sucres, & Caffonades.

Les Iles Açores, Azores, Iles Flamandes, ou Terceres; car elles portent ces divers noms, font 9. Iles de l'Ocean Atlantique entres les côtes d'Efpagne & celles de Canada, la principale & qui eft la Capitale de toutes eft *Tercere*, les autres font *St. Michel*, *Ste. Marie*, *St. George*, *Pico*, *Fayal ou Fayals Gratiofa*, *Fores*, & *Corvo*, on en tire les mêmes marchandifes que de Madere.

CHAPITRE XXXV.

Du Commerce d'Italie, de la Mer Mediterranée, & du Levant.

LE Commerce qui fe fait entre Amfterdam, & les villes d'Italie, de la Mer Mediterranée, & du Levant, fe fait en quelque maniere fous la conduite d'une Chambre de Direction pour le commerce du Levant, établie à Amfterdam en l'année 1625. qui a droit d'Infpection fur tous les vaiffeaux qui vont au delà du Detroit de Gibraltar, & qui ne devroient pas, fi les ordres étoient bien executez, être moins forts que de 20 à 24. Pieces de Canon, & de 60. à 70. hommes d'Equipage, pour pouvoir fe defendre contre les Corfaires d'Alger, de Tunis, & de Tripoli, qui nous enlevent fouvent des vaiffeaux, quand nous avons guerre avec eux, comme ceux d'Alger en ont enlevé beaucoup depuis 5. à 6. ans, ce qui les a tellement encouragez, qu'ils ofent bien venir dans l'Ocean, & enlever nos petits Bâtimens qui vont & viennent de France, d'Efpagne & de Portugal, au grand desavantage des Intereffez & des Affureurs de cette ville, qui certainement ont plus perdu depuis 6. ans, par les Pirateries des Algeriens, qu'il n'en auroit couté pour équiper une Flote pour aller bombarder cette retraite de Brigans, comme fit Louïs XIV. vers la fin du fiecle paffé. Je fai bien dans le fond, que ceux qui ont perdu par ces Pirateries, font peut-être plus à blâmer qu'à plaindre, puis qu'ils envoyent, dans la Mer Mediterranée, des vaiffeaux prefque fans defenfe & fans force, & qu'ils en ôtent la connoiffance aux Directeurs du Commerce du Levant, en déclarant qu'ils n'envoyent ces vaiffeaux que dans quelque port d'Efpagne, ou de Portugal. Quoi qu'il en foit, les Pirates d'Alger incommodent fi fort notre navigation dans le Levant, que l'Etat a trouvé bon d'armer quelques navires de guerre contre eux, & on travaille

vaille dans le tems que j'écris ceci, à les équiper. Je fouhaite de tout mon cœur qu'ils puiffent nettoyer la mer, de ces Pirates, en forte que de long-tems ils ne foient plus en état de faire mal à perfonne.

Les principales Places de la Mer Mediterranée, & des environs, après les villes d'Efpagne & de France, avec lesquelles Amfterdam negocie, font les fuivantes.

Genes.	Parme.
Milan.	Regio.
Rome.	Modene.
Livourne.	Smirne.
Florence.	Conftantinople.
Luques.	Alexandrete ou Scanderone.
Naples.	Alep.
Meffine.	Saide.
Palerme.	Alexandrie.
Venife.	Rofete.
Bologne.	Bichieri.
Bergame.	Le Grand Caire.
Verone.	

On envoye d'Amfterdam dans la plûpart desdites villes les marchandifes fuivantes.

Du Poivre, de la Canelle, du Gerofle, de la Mufcade, & du Macis ou Fleur de Mufcade.

Du Cacao, du Gingembre, du Thée & des Porcelaines.

Des Toiles peintes, des Indiennes, des Furies.

Des Satins, Damas & petites Etoffes des Indes.

Des Mouffelines, des Batiftes.

Des Toiles fines de Hollande, de Silefie & d'Ofnabrug.

Des Draps d'Hollande & d'Angleterre.

Des Camelots, & des Serges.

Des Fils blancs de Harlem & de Flandres.

Des Rubans de Fil de Harlem & d'Elverveld.

De petites Etoffes de laine.

Du Vermillon, & de toute forte de Bois de Teinture.

Des Dents d'Elephant, des Garances.

Des Cuirs de Rouffi, des Fanons & Huiles de Baleine.

Du Cuivre rouge & jaune, du Fer de Suede & du Plomb.

De l'Etain, du Goudron, du Brai & de la Refine.

Du Mufc, de l'Ambre, & de la Civette.

Yyy 2

Des

Des Merceries & Quincailleries.

Du Haran falé & fumé, & du Saumon.

Du Fer blanc, de l'Acier, & quantité d'autres marchandifes. Nous verrons dans la fuite, quelles marchandifes on tire de chacune desdites villes en particulier.

G E N E S.

Genes que les Italiens appellent *Genova*, eft la ville Capitale d'une petite Republique du même nom , fur les côtes de la Mer Mediterranée, à environ vingt-fept lieuës de la ville de Milan; on lui donne deux lieuës de circuit, c'eft une ville de grand commerce , & il s'y fabrique quantité d'Etoffes, & des Bas de Soye; on en tire

Des Draps de foye, des Velours pleins & façonnez.

Des Ras de foye, des Tabis, des Satins, des Taffetas & diverfes autres Etoffes de foye.

Des Etoffes d'or & d'argent.

Des Bas & Gands de foye.

Des Soyes, des Rubans, Galons & Cordons de foye.

Des Dentelles de fil appellées Point de Genes.

Du Papier, des Savons, du Ris.

Des Huiles d'Olive, & des Olives.

Des Figues, des Amandes, des Anchois.

Du Marbre blanc.

Des Confitures feches, des Limons.

Des Huiles de fenteur, & des Parfumeries.

De la Creme de Tartre d'Italie.

Des Fromages de Parme.

Du Corail rouge.

Du Caffé , des Cotons & de toutes les Drogueries qui viennent du Levant.

Des Poids, Mefures, & Monnoyes de Genes.

On s'y fert de cinq fortes de Poids pour pefer les marchandifes.

Le premier eft nommé *Gros Poids*, duquel on pefe à la Douane toutes les marchandifes qui y entrent, & qui payent les Droits fuivant ledit Poids.

Le fecond s'appelle *Poids de Caiſſe*, duquel on fe fert pour pefer les Piaſtres, & autres Pieces d'argent.

Le

Le troisième s'appelle *Cantaro*, ou Quintal commun auquel se pesent & se vendent les marchandises grossieres.

Le quatrième s'appelle *Balance grosse* , auquel se pesent & se vendent les soyes cruës & non fabriquées.

Et le cinquième & dernier Poids est appellé *Balance legere* , qui sert à peser les marchandises fines.

90¾ *Rotoli* ou ℔. Gros Poids
100 *Rotoli* Poids de caisse
100 *Rotoli* Cantaro commun } font 100. ℔. d'Amsterdam.
144 ℔. Balance grosse
153 ℔. Balance legere

Les Grains s'y mesurent par Mines, Quartes , & Gombettes.
La Mine se divise en 8. Quartes.
La Quarte en 12. Gombettes.
25. Mines font un Last d'Amsterdam.
On se sert aussi à Genes de trois sortes de Mesures pour mesurer les Draperies, les Toiles, & les Etoffes de soye, savoir,
De la Cane de 9. Palmes, pour les Draperies & Etoffes de laine.
De la Cane de 8. Palmes pour les Toiles.
De la Brasse de 2⅓ Palmes pour les Etoffes de soye.

100. Canes de 9. Palmes font 327 1/2 aunes
100. Canes de 8. Palmes font 363 /3 aunes } d'Amsterdam.
275. Palmes de 9. à la Cane font 100 aunes

100. Aunes d'Amsterdam font { 32⅞ Canes de 9. Palmes
27½ Canes de 8. Palmes } de Genes.
375 Palmes de 9 à la Cane

Le Palme est la plus commune étenduë de la main , qu'on fait de 8. Pouces; c'est la mesure dont on se sert en Italie.
Le Palme moderne de Genes est de 9. Pouces 2. Lignes.
Les Ecritures se tiennent à Genes
Ou en { Liras de 20. Soldi, faisant le Soldi de 6. Sixains ou de 12. deniers.
Piastres de 100. Soldi.
Piastres ou Ecus Courans de 96. Soldi.

On change entre Amsterdam & Genes , en donnant une Piastre à Genes pour recevoir à Amsterdam , depuis 90. jusques à 100. g. de gros, & en fait de change la Piastre se divise en 20. sols, & le sol en 12. deniers.

Reduction de l'argent d'Amsterdam en argent de Genes, & de l'argent de Genes en argent d'Amsterdam.

Supofez vouloir remettre d'Amfterdam à Genes 5992. florins 10. fols de Banque, & qu'on demande combien de Piaftres cette fomme rendra à Genes, le change étant à 94. 8. par Piaftre ou Piece de huit.

Reduifez en deniers de gros les　5992 f. 10 f.

En les multipliant par　　-　　40 8. valeur du florin.

Viendra　-　-　-　239700 8. de gros, qu'il faut divifer

par les 94. 8. de gros du prix du change, & il viendra 2550. Piaftres à payer à Genes pour les 5992. florins 10. fols argent de Banque d'Amfterdam.

Et pour favoir combien de florins rendront à Amfterdam 2550. Piaftres de Genes, le change étant à 94. 8. de gros, par Piaftre,

Multipliez les　-　-　2550 Piaftres.

Par les　-　-　-　94 8. de gros valeur de la Piaftre.

Viendra　-　-　-　239701|0 8. de gros dont il faut trancher

la derniere figure, & prendre le quart, viendra 5992. florins 10. fols à payer ou a recevoir à Amfterdam pour les 2550. Piaftres des Genes.

M I L A N.

Cette ville qui eft la Capitale du Duché de même nom en Italie, eft fituée dans une belle plaine à fix lieuës de Pavie, entre les Rivieres de Teffin & d'Adda, avec lefquelles cette ville fe communique par deux grands Canaux. Cette ville eft une des plus grandes de l'Europe, ayant dix milles de tour, il s'y fait un commerce fort confiderable, & il s'y fabrique des plus beaux Paffements d'or & d'argent, des Dentelles d'or & d'argent, des Broderies, & on y travaille très bien en Criftal, il s'y cultive quantité de foye, & on y fabrique auffi beaucoup de Taffetas & autres Étoffes de foye d'or & d'argent ; le commerce avec Amfterdam s'y fait par la voye de Genes.

On en tire

Des Soyes cruës, & des Soyes toutes aprêtées pour les fabriques.
Du Fil d'or & d'argent trait & filé.

Des

Des Tabis & autres Manufactures de foye.

Des Velours fond fatiné à grandes fleurs de foye , & à fond d'or & d'argent.

Des Dentelles, Galons & Paffements d'or & d'argent.

De beaux Ouvrages de Criftal & plufieurs autres marchandifes.

Des Poids, Mefures & Monnoyes de Milan.

100. ℔. de Milan font 59½ ℔. d'Amfterdam.

100. ℔. d'Amfterdam font 168. ℔. de Milan.

Les Etoffes de foye s'y vendent à la Braffe dont les 128¼ font 100. aunes d'Amfterdam.

Et les Etoffes de Laine s'y vendent à une autre forte de Braffe, plus longue, dont les 102. font 100. aunes d'Amfterdam.

Les Ecritures s'y tiennent en Lires, Soldi & Denari, ou Lires, Sols & Deniers.

La Lire vaut 20. Soldi, & le Soldi 12. deniers.

Il y a de deux fortes de Monnoyes, favoir l'argent courant & l'argent de change.

La Piftole d'Efpagne y vaut 17. Lires 5. foldi } argent de change.
Le Ducat d'or y vaut 115. foldi ou 5. Lires 5. foldi }

La Piftole d'Efpagne y vaut 20. Lires } argent courant quelquefois plus
Le Ducat d'or y vaut 6. Lires 15. foldi } & quelquefois moins.

Il n'y a point de change ouvert entre Amfterdam & Milan , mais il fe fait par le moyen de Genes.

ROME.

Cette ville qui a été autrefois pendant long-tems la Capitale du Monde, ne l'eft plus à prefent que d'un affez petit Pays qu'on apelle l'Etat Eclefiaftique, dans l'Italie, quoi qu'elle le foit encore en quelque forte de tous les Pays où on fuit la Religion Romaine. Cette ville fi fameufe eft fituée fur le Tibre à quatre lieuës au deffous de fon embouchure dans la Mer Tirrhene, on lui donne quatre lieuës & demi de circuit. Quoique la Cour du Pape & la refidence de plufieurs Cardinaux doive y faire faire un grand debit de beaucoup de marchandifes, je croi que le plus grand commerce qui s'y fait, eft celui des Bulles, des Indulgences & des Reliques, pour lefquelles le pauvre Peuple Catholique Romain a tant de veneration. Comme la Hollande a fecoué depuis long-tems le joug du Pape,

pe, il ne fe fait pas grand commerce entre Rome & Amfterdam, mais cette derniere fournit pourtant plufieurs marchandifes à la premiere par la voye de Genes, & Amfterdam tire de Rome, par la même voye

De l'Anis.
De l'Alun.
Du Soufre cru ou non rafiné.
Des Parfumeries & quelques autres marchandifes.

Des Poids, Mefures & Monnoyes de Rome.

100. ℔. de Rome font 71½ ℔. d'Amfterdam fort peu moins.
100. ℔. d'Amfterdam font 140. ℔. de Rome
33 Canes de Rome pour les Toiles ⎫
100 Canes　　-　　pour les Draperies ⎬ font 100. aunes d'Amfterdam.
374½ Palmes　-　　-　-　⎪
107 Braffes de 3½ Palmes　-　⎭

On y mefure les Grains par Rubby, dont les 10¼ font un Laft d'Amfterdam.

Les Ecritures y font tenuës en Ecus, Jules & Bajoches.
L'Ecu vaut 10. Jules.
Le Jule 10. Bajaches.
L'Ecu courant fe divife auffi en 20. foldi, d'or, & le foldi d'or en 12. deniers.

LIVOURNE.

Livourne qu'on nomme en Italien Ligourno, eft une ville de Tofcane, fur la côte du Pifan, à quatre lieuës de Pife & à cinq de Florence, elle n'étoit autrefois qu'un Bourg apartenant aux Genois, qui le cederent aux Ducs de Tofcane, pour la ville de Surzane. Ces Ducs en ont fait avec le tems & les Privileges qu'ils lui ont accordez, la ville la plus marchande de toutes celles qui font fur les bords de la Mer Mediterranée. Elle fait un grand commerce par Mer, & fert fouvent d'entrepôt entre Amfterdam, & les villes du Levant, avec lefquelles elle a beaucoup de correfpondances; on y envoye d'Amfterdam, quantité des marchandifes que j'ai fpecifiées dans le commencement de ce Chapitre, & de toutes celles qui font bonnes pour le Levant, & l'on en tire

Du Caffé qui y vient d'Alexandrie.
Du Coton filé & en laine.
Des Soyes.

De

De l'Alun, & de l'Anis de Rome.

De la Laque fine.

Des Marbres blancs, noirs, & rouges.

Du Corail rouge.

De toutes fortes de Drogues du Levant, & de l'Arabie.

Du Savon, des Vins de Florence, & diverfes autres marchandifes.

Des Poids, Mefures, & Monnoyes de Livourne.

On s'y fert de deux fortes de Poids, favoir du Poids gros, & du Poids leger.

95 ℔. gros Poids
140 ℔. Poids leger } de Livourne font 100. ℔. d'Amfterdam.

Le Quintal y eft compté diverfement fuivant les marchandifes que ce font, par exemple, le Quintal d'Alun de Rome, de la Moruë, du Haran fumé, du Haran falé, & du Saumon falé y eft de 150. ℔.

Le Quintal des Sucres du Brezil & des Mofcouades y eft de 151. ℔.

Pour mefurer les Etoffes de foye & de laine, on fe fert des mefures fuivantes.

Pour les Draps & Etoffes de laine.

De Palmes dont les 349½
De Braffes de 2. Palmes dont les 116⅛ } font 100. aunes d'Amfterdam.
De Canes de 8. Palmes dont les 29⅗

Pour les Etoffes de foye.

De Palmes dont les 238⁴⁄₇
De Braffes de 2. Palmes dont les 119⁴⁄₇ } font 100. aunes d'Amfterdam.
De Canes de 8. Palmes dont les 29¹⁴⁄₁₇

400. Braffes font 343. aunes d'Amfterdam.

Les Mefures pour les Grains font, le Rubby, le Ruggy, le Sacchi, & le Stara. Le Stara pefe ordinairement 54. ℔.

10¼ Rubby
11⅓ Ruggy
40 Sacchi ou Sacs } font un Laft d'Amfterdam.
112⅞ Stara

Le fac de Froment pefe autour de 150. ℔. Poids de Livourne.

Quelques-uns y tiennent leurs livres en Ecus, Sols & Deniers d'or, de 7½ Lires à l'Ecu qu'ils divifent en 20. fols d'or, & le fol d'or en 12. deniers.

Zzz

D'au-

D'autres les tiennent en Piaſtres que l'on nomme auſſi Ecus de 6. Lires.

Les Ducats d'or y valent 7. Lires 10. ſols.

Les Ducats courans - - 7. Lires juſte.

La Lire vaut 20. ſols ou 1½ Jule.

Il n'y a point de jours de faveur limitez à Livourne pour les lettres
de change , & il depend des Porteurs des lettres de les faire payer d'a-
bord après l'écheance, ou d'attendre autant qu'il le trouve à propos.

Le change entre Amſterdam & Livourne ſe reduit comme celui de
Genes ſur Amſterdam , qui donne de 90. à 100. ⅜. de gros argent de
Banque pour recevoir une Piaſtre à Livourne.

F L O R E N C E.

Cette ville qui eſt la Capitale des Etats de Toſcane en Italie , eſt ſituée ſur la Riviere d'Arno , qui la ſepare en deux parties qui ſe rejoi-
gnent par quatre beaux ponts , elle eſt la reſidence ordinaire des Grands
Ducs de Toſcane , grande & bien bâtie, ayant ſix mille de circuit, la
beauté de ſes bâtimens la fait nommer *Florence la Belle*, on en tire par
la voye de Livourne,

Des Satins de toute ſorte de couleurs, & particulierement de blancs
qu'on eſtime plus que tous les autres qui ſe fabriquent ailleurs.

Des Ratines legeres très-fines , & de petites Etoffes de laine minces,
fines & legeres.

Des Taffetas, Armoiſins, & Ras de ſoye.

Des Brocards , des Draps d'or & d'argent , & toute ſorte de riches
Etoffes de ſoye.

Des Soyes cruës, & preparées.

Des Laines de la Pouille tant ſales que lavées.

De l'Or trait & filé en bobines.

Des Vins de Florence.

Les Poids & les Meſures y ſont les mêmes qu'à Livourne , l'argent
s'y vend à livres, onces, grains, & deniers.

La livre eſt de 12. onces.

L'once de 24. deniers.

Le denier de 24. grains.

Les Ecritures s'y tiennent en Ecus, ſols & deniers d'or, faiſant l'Ecu
de 7½ Lires, la Lire de 20. ſols, & le ſol de 12. deniers.

Il n'y a point de change ouvert entre Amſterdam & Florence , il ſe
fait par Livourne.

L U C-

LUCQUES,

Capitale d'une petite Republique du même nom en Italie, eſt à environ cinq lieuës de Piſe, ſur la Riviere de Serchio, on y fabrique quantité de belles Etoffes de ſoye, & toute ſorte de beaux ouvrages: ce qui a fait donner à cette ville le nom de *Lucques l'Induſtrieuſe*, on en tire par la voye de Livourne,

Des Damas & Satins de toutes ſortes.

Des Taffetas & toute ſorte de belles Etoffes de ſoye.

Des Huiles, & des Olives.

Des Soyes greges, & metaſſes.

Des Poids, Meſures & Monnöyes de Lucques.

On ſe ſert à Lucques de deux ſortes de Poids, ſavoir,

Du Poids gros dont les 94½ Rottoly ou livres ⎫
Du Poids leger dont les 141½ Rottoly ou livres ⎭ font 100. ℔. d'Amſterd,

On s'y ſert auſſi de deux ſortes de meſures, ſavoir de Braſſes

dont les { 114½ pour les Etoffes de laine ⎫
{ 119½ pour les Etoffes de ſoye ⎭ font 100. aunes d'Amſterdam.

Les Grains s'y vendent par Stara, dont les 119. font un Laſt d'Amſterdam.

Les Ecritures s'y tiennent en livres, ſols & deniers d'or, qu'on appelle Ecus de Banque, ou en Ecus de 7. Livres 10. ſols.

La Livre vaut 20. ſols, & le ſol 12. deniers d'or.

La plûpart des marchandiſes s'y vendent par Ducats de 7. Livres 18. ſols, 6. deniers un peu moins monnoye dudit lieu, & l'on reduit ces Ducats en Ducats de Banque ſur le pié de 71. desdits Ducats pour 75. Ducats de Banque, qui en eſt la juſte proportion.

Le change entre Amſterdam & Lucques ſe fait pār la voye de Genes, ou de Livourne.

NAPLES.

Cette ville qui eſt la Capitale du Royaume de Naples, eſt une des grandes villes d'Italie, ayant deux lieuës de tour, y compris les fauxbourgs: elle eſt très-belle & magnifiquement bâtie ſur le bord d'un petit golfe

Zzz 2 de

de la Mer Mediterranée, qui porte le même nom que la ville, que les Italiens appellent *Napoli*, son port est grand & à l'abri des vents, on en tire

Des Soyes.

Des Etoffes de soye de diverses sortes.

Des Huiles de Pouille.

De l'Huile & de la Graine de Laurier.

Du Souffre cru.

De la Manne de Calabre.

De la Fleur de Rômarin.

De l'Anis, & du Coriandre.

Des Raisins secs excellents.

Des Corinthes.

De la Creme de Tartre.

Des Figues & des Olives.

Des Savons.

Des Ecorces d'Orange & de Citron seches.

Des Bas & des Camisoles de soye.

Des Essences, Quintessences, & Parfumeries.

Des Poids, Mesures & Monnoyes de Naples.

On y a aussi de deux sortes de Poids, savoir le Poids gros, & le Poids leger.

100. ℔. ou Rottoly gros Poids ⎱ font ⎧ 185½ ℔. un peu plus ⎱ d'Amsterdam.
100. ℔. Poids leger ⎰ ⎩ 65½ ℔. un peu plus ⎰

100. ℔. d'Amsterdam font ⎧ 54. Rottoly gros Poids ⎱ de Naples.
⎩ 152. ℔. Poids leger ⎰

Le Poids de Bergame est égal au Poids de Naples.

La Mesure pour les Etoffes tant de soye que de laine est la Cane de 8. Palmes.

800. Palmes ou 100. canes de Naples font 310. aunes d'Amsterdam, fort peu moins.

100. Aunes d'Amsterdam font 258½ Palmes ou 30⅓ canes de 8. Palmes.

La Palme rend à Amsterdam justement ¼ aunes & 4. lignes du Pié de Roi de France.

Et la Cane   -   -   -   3¼ aunes moins 6. lignes du même Pié.

Les Grains s'y vendent par *Carros*, le Carro contient 36. *Tomols* qui pesent chacun 40. Rottoly ou Livres gros Poids.

1½ Carro ou 54. Tomols font un Last d'Amsterdam.

Les Livres y sont tenus en Ducats, Taris, & Grains.

Le Ducat se divise en 5. Taris.

Et le Taris en 20. Grains.

Tous les changes entre Amsterdam & Naples se font par Livourne ou par Venise.

R E-

REGIO,

Regge, ou Rhega, eſt la Capitale de la Calabre Ulterieure ſur le Fa-
re de Meſſine vis à vis de cette derniere ville : on en tire
Quantité de ſoyes cruës.
De la Manne.
Des Huiles, & des Fruits ſecs.

PALERME.

Cette ville qui eſt la Capitale du Royaume & de l'Ile de Sicile, eſt
ſur la Côte Septentrionale de cette Ile, dans la vallée de Mazara, à l'embouchure de l'Oreto, la ville eſt fort grande & belle, ornée de quantité de fontaines & de jets d'eau, & d'un très-bon port pour les vaiſſeaux, on en tire
Des Soyes & Soyeries.
Du Souffre cru.
De la Creme de Tartre.
Des Eponges fines.
L'Ile de Sicile produit du beau Froment en abondance, & elle en
fournit à pluſieurs villes d'Italie, & à Marſeille.

Des Poids, Meſures & Monnoyes de Palerme.

L'on s'y ſert auſſi de deux ſortes de Poids, ſavoir du gros Poids, &
du Poids leger.
100. Rottoly gros Poids ⎱ font ⎰ 141¾ ℔. fort peu moins ⎱ d'Amſterdam.
100. ℔. Poids leger ⎰   ⎱ 65 ℔. fort peu moins ⎰

100. ℔. d'Amſterdam font ⎰ 70½ Rottoly gros Poids ⎱ de Palerme.
                          ⎱ 154. ℔. Poids leger   ⎰

Les Etoffes de ſoye, & de laine, s'y vendent à la cane de 8. Palmes.
100. Canes de 8. Palmes font 287¼ aunes d'Amſterdam fort peu plus.
100. Aunes d'Amſterdam font 33⁷⁄₁₂ canes de Palerme.
Les Grains ſe meſurent par Salmes, Tomolo & Mondili, le Salme ſe
diviſe en 16. Tomolos, & le Tomolo en quatre Mondilis.
10½ Salmes ⎱
171⅓ Tomolos ⎰ font un Laſt d'Amſterdam.
685⅓ Mondilis ⎰

Les

Les Monnoyes y font comme à Naples, & on y tient les Ecritures de même.

M E S S I N E

Eft une autre ville confiderable de l'Ile de Sicile, Capitale de la vallée de Demona, fituée fur le Fare de Meffine, vis à vis la ville de Regio en Calabre. Meffine a deux lieuës de tour, & un port où les vaiffeaux font en toute fureté, il s'y fait un fort grand commerce en foyes, & il s'y fabrique quantité d'Etoffes de foye ; on y envoye & on en tire les mêmes marchandifes que de Palerme.

V E N I S E.

Cette ville qui eft la Capitale de la Republique de Venife, eft fituée au fond du Golfe du même nom fur de petites Iles qu'il forme tout près de la terre ferme ; elle a cela de commun avec Amfterdam que les maifons y font toutes bâties fur des Pilotis, & qu'il y a un grand nombre de Canaux & de Ponts. Venife fait un fort grand commerce tant par mer que par terre, & eft la plus riche ville de toute l'Italie à caufe de quoi on lui donne l'épithete de Venife la Riche; on en tire

Des Ris.
Des Corinthes.
Des Glaces de miroir.
Des Dentelles & Points de Venife.
Des ouvrages de Criftal.
Des Grains de verre ou Raffade.
Des Gands, des Tabatieres.
Des Soyes.
Du Corail.
Du Tartre & de la Creme de Tartre.

Des Huiles, & des Olives.
Des Drogueries du Levant.
De la Laque fine.
De l'Orpiment.
De l'Anis & du Coriandre.
Du Souffre.
De l'Acier très-fin.
De la Terebentine.
Des Savons.

Des Velours fond de Satin à grandes fleurs de toutes couleurs tant de foye qu'à fond d'or & d'argent.
Des Brocatelles pour faire des Tapifferies.
Des Tabis tant de foye, que d'or & d'argent &c.

Des

Des Poids, Mesures & Monnoyes de Venise.

On s'y sert du Poids gros, & du Poids subtil , ou leger, qu'on nomme *Sottile*.

La Livre du Poids subtil est de 12. onces , dont les 8. onces pesent 1152. Carats qui composent le Marc d'or & d'argent.

Une livre gros Poids fait 18¾ onces du Poids subtil , autrement on compte

100. ℔. gros Poids pour 158. ℔. Poids subtil.

100. ℔. Poids subtil pour 63½ ℔. gros Poids.

100. ℔. gros Poids } font } 95½ ℔. } d'Amsterdam.
100. ℔. Poids subtil }   } 60½ ℔. }

100. ℔. d'Amsterdam font à Venise { 104. ℔. gros Poids.
                                  { 164½ ℔. Poids subtil.

On s'y sert aussi de la Romaine du Prince, c'est ainsi qu'on appelle la République.

Il y a un reglement fait à Venise , du Poids auquel se vendent & se pesent les diverses marchandises dont ceux qui veulent negocier à Venise doivent s'informer , parce qu'il n'en est pas là comme dans plusieurs autres villes, où les marchandises grossieres se vendent au gros Poids, & les fines au Poids leger; car, par exemple, les Laines se pesent à Venise au gros Poids, & les Cotons au Poids subtil , & il semble que cela devroit être tout au contraire, puisque les laines y valent plus que les cotons.

On y mesure par Brasses de deux sortes, l'une est

La Brasse pour mesurer les Draps de laine, & l'autre est

La Brasse pour mesurer les Etoffes d'or & d'argent & les Toiles.

La Brasse pour les Draps de laine a 2. piez 8. lignes , ou 296. lignes du Pié, de France, & est plus longue de 6¼ pour cent que la Brasse pour les Etoffes d'or & d'argent. Ainsi

100. Brasses pour les Draps de laine font 106¼ Brasses pour les Etoffes d'or &c.

100. Brasses pour les Etoffes d'or &c. font 94¹⁄₇ Brasses pour les Draps &c.

100. Brasses pour les Draps &c. } de Venise font { 98 } aunes d'Amsterd.
100. Brasses pour les Etoffes &c. }   { 92¹⁄₇ }

                    { 102 Brasses pour les Draps &c. }
100. Aunes d'Amsterd. font { 108½ Brasses pour les Etoffes &c. } de Venise.
                   { un peu moins }

Les Grains se mesurent à Venise par Stara & par Quartes.

Un Stara fait 4. Quartes & pese 128. ℔. gros Poids.

35

35⅐ Stàra   ⎫
140⅘ Quartes ⎬ font un Laſt d'Amſterdam.
              ⎭

Il y a une Banque conſiderable à Veniſe du Treſor de laquelle la République eſt garante , & comme le fonds en eſt fixé à cinq millions de
Ducats , ne peut pas y porter de l'argent qui veut , mais lorſque l'on y
veut avoir de l'argent on l'achête, & on le fait tranſporter ſur ſon compte , comme il ſe pratique à Amſterdam. Toutes les lettres de change tant
celles qui ſont tirées ſur Veniſe que celles qui s'y negocient ſur les pays
étrangers doivent ſe payer dans ladite Banque dont l'argent eſt fixé à 20.
pour cent plus que le courant.

Cette Banque ſe ferme toûjours une fois la ſemaine, ſavoir le Vendredi,
pour faire la balance de tous les comptes , outre cela elle ſe ferme encore 4. fois l'année , & demeure 20. jours fermée chaque fois, ſavoir
le 20. de Mars , le 20. Juin , le 20. Septembre, & le 20. Decembre,
& elle ſe ferme auſſi pendant 8. ou 10. jours le Carnaval , & dans la
Semaine Sainte.

Les lettres de change y doivent être payées tout au plus tard ou proteſtées
le ſixième jour d'après celui de l'Echeance, & ſi elles échoient pendant
la fermature de la Banque , elles doivent y être payées ou proteſtées le
ſixième jour d'après l'ouverture d'icelle.

Les lettres de change payables à ordre ne ſont point admiſes à Veniſe, mais il faut qu'elles ſoient payables directement à celui qui en doit recevoir le montant : Et s'il y en a quelqu'une endoſſée ou faite à l'ordre de
quelqu'un, il faut que celui à l'ordre duquel elle eſt envoyée, envoie ſa
Procuration à Veniſe, à celui qui en doit recevoir le montant, ſans quoi
il n'eſt pas en droit de l'exiger.

Les Écritures ſont tenuës à Veniſe en Ducats, & en ſols ou ſoldi.

Le Ducat tant de Banque, que courant eſt de 24. ſols.

Le Ducat eſt imaginaire, & fait 6⅕ Lires, ou 6. Lires 4. ſoldi, la Lire étant de 20. ſoldi.

Dans les calculs de change le Ducat ſe diviſe en 20. ſols , & le ſol en
12. deniers.

La diference entre l'argent de Banque , & le courant eſt, comme je
l'ai dit ci-deſſus, de 20. pour cent, que celui de Banque vaut plus que
le courant, & il eſt defendu par Decret public aux Courtiers de le negocier à plus haut prix.

Reduction de l'argent de Venise en argent d'Amsterdam, & de l'argent d'Amsterdam en argent de Venise.

On donne toûjours à Venise un Ducat de Banque, pour recevoir à Amsterdam depuis 80. jusques à 100. deniers de gros argent de Banque. Suppofez qu'un Marchand de Venise veuille remettre 2548. Ducats à Amsterdam, & savoir combien de florins cette somme lui rendra, le change étant à 85. &. de gros par Ducat.

Multipliez les - 2548 Ducats
Par les - - - 85 &. de gros valeur du Ducat.

Viendra - - 216581 0 &. de gros, dont il faut trancher la der-

niere figure & prendre le quart,
viendra - - 5414 florins 10. sols à recevoir à Amsterdam.

Et au contraire si un Marchand d'Amsterdam doit remettre à Venise 5414. florins 10. sols, & qu'il veuille savoir combien de Ducats il aura à Venise pour cette somme, le change étant à 85. &. de gros par Ducat.

Multipliez les - 5414 f. 10. s.
Par - - - 85 &. de gros valeur du florin.

Viendra - - 216580 &. de gros qu'il faut diviser par 85. &. de

gros que vaut le Ducat, & il viendra 2584. Ducats à compter à Venise pour les 5414. florins 10. sols d'Amsterdam.

BOLOGNE.

Bologne dite la Grasse à cause de la fertilité de son terroir, est de la dependance du Pape, dans le Bolonois dont elle est la Capitale; elle est très-bien bâtie & fort grande, ayant deux lieuës de circuit; son terroir abonde en soyes, en grains & en fruits, & particulierement en Vins Muscats excellents. On y fabrique quantité de Toiles, des Bas de soye, & des Draps, on en tire par la voye de Genes & de Livourne

Quantité de soyes toutes aprêtées pour la teinture, qu'on appelle Organsin de Bologne.

Des Soyes greges & Metasses.
Des Satins.

Des Crêpes pour le deuil.
Des Etoffes de foye de toutes fortes.
Des Sauciffons de Bologne.
De l'Alun & quelques fruits fecs.

Des Poids, Mefures & Monnoyes de Bologne.

100. ℔. de Bologne font 66. ℔. d'Amfterdam.

100. ℔. d'Amfterdam font 151½ ℔. de Bologne.

Il y a de deux fortes de Braffes pour les Etoffes, l'une pour mefurer les Etoffes de foye, & l'autre pour mefurer les Etoffes de laine.

100. Braffes pour les Etoffes de foye $\}$ font $\{ {92\frac{7}{16} \atop 86\frac{4}{7}} \}$ aunes d'Amfterdam.
100. Braffes pour les Etoffes de laine $\int$

100. Aunes d'Amfterdam font $\int$ 116. Braffes pour les Etoffes de foye.
comptées égales à $\qquad$ $\{$ 108. Braffes pour les Etoffes de laine.

Les Livres font tenus à Bologne en Livres, fols & deniers.

La Livre eft de 20. fols, & le fol de 12. deniers.

L'Ecu y vaut 4. Livres 5. fols, ou 85. Boulonins.

Il n'y a point de change ouvert entre Amfterdam & Bologne, il fe fait par la voye de Genes, de Livourne, ou de Venife.

BERGAME.

Bergame eft une ville de la dependance des Venitiens, à environ dix lieuës de Milan, dans le Bergamafque dont elle eft la Capitale, on y fabrique des Tapifferies de laine de toute forte de couleurs, des Etamines, des Ferandines, des Poudefoye, des Crêpes, & plufieurs Etoffes de foye, qui fe debitent en divers Pays.

On y porte de plufieurs endroits quantité de laines tant pour les manufactures de la ville que pour les environs, où on les met en œuvre; on y envoye auffi toute forte de Grains & d'Huiles, des Lins, des Toiles, des Cheveux, des Epiceries, de la Civette, du Mufc, & de l'Ambre pour les Parfumeurs.

Des Poids, Mefures & Monnoyes de Bergame.

Il y a à Bergame comme à Venife, deux fortes de Poids, favoir le gros Poids, & le Poids fubtil.

Le Poids fubtil n'eft que de 12. onces à la ℔. & le gros Poids eft de 30. onces ou de 2½ ℔. du Poids fubtil.

On

On se sert du Poids subtil pour peser les Soyes, la Cochenille, l'Indigo, la Cire, & les autres Drogueries.

On pese les Laines, & les autres marchandises grossieres au gros poids.

100. ℔. Poids subtil ⎫ de Bergame font ⎰ 59. ℔. ⎱ d'Amsterdam.
100. ℔. gros Poids ⎭   ⎱ 147½ ℔. ⎰

100. ℔. d'Amsterdam font ⎰ 169½ ℔. Poids subtil ⎱ de Bergame.
                         ⎱ 68 ℔. gros Poids un peu moins ⎰

100. Brasses de Bergame font 97⅓ aunes d'Amsterdam.

100. Aunes d'Amsterdam font 102⅓ Brasses de Bergame.

Les Ecritures se tiennent à Bergame en Livres, Sols, & deniers, faisant la livre de 20. sols, & le sol de 12. deniers.

VERONE

Est une autre ville dependante des Venitiens, située sur l'Adige à sept lieuës de Mantouë, & environ autant de Bressia; on y fabrique quantité d'Etoffes, & d'ouvrages de soye; on en tire pour la Hollande, par la voye de Venise

Du Ris.

Des Huiles d'Olive.

Des Olives.

De la Terre verte.

PARME

Est une des grandes villes d'Italie, Capitale du Duché de Parme, & située sur la Riviere de même nom, elle est la residence ordinaire des Ducs de Parme; on en tire par la voye de Venise,

Quantité de Soyes cruës.

Et des Fromages de Parme, renommez par toute l'Europe.

MODENE

Capitale du Duché de ce nom, est dans la basse Lombardie, située près de la Sechia, à sept lieuës de Bologne, on en tire

Des Soyes Organsin.

Des Etoffes de soye de diverses sortes.

Des Velours, & quelques autres Manufactures.

SMIR-

SMIRNE.

Smirne, que les Turcs appellent *Smir*, eſt une ville de Turquie en Aſie, elle eſt dans la Natolie, près de l'embouchure du Sarabat dans le Golfe de Smirne, à treize lieuës d'Epheſe; elle eſt une des villes les plus marchandes & les plus peuplées de la Mer Mediterrannée; la plûpart de ſes habitans ſont Turcs, il y a auſſi quantité de Grecs, d'Armeniens, & de Juifs, & quelques Italiens, François, Anglois & Hollandois, qui y jouïſſent tous du libre exercice de leur Religion, elle a un très-bon port qui eſt preſque toûjours plein de vaiſſeaux tant François, qu'Anglois, Hollandois & autres, cette ville ſert ſouvent d'entrepôt pour les marchandiſes qui vont à Conſtantinople, ou qui en viennent.

Marchandiſes que l'on porte à Smirne.

Des Draps de Leyde fins, de 2. aunes de large; les couleurs les meilleures pour ce Pays-là ſont, le Verd, le Pourpre, l'Ecarlate, le Cramoiſi, & le Violet.

Des Cloux de Gerofle.

De la Canelle.

Des Noix Muſcades.

Du Macis ou Fleur de Muſcade.

Du Gingembre.

De la Cochenille.

Des Indigos.

De la Couperoſe.

De l'Argent vif.

Du Fil de fer & de laiton.

De l'Acier de Danzick.

De l'Etain & du Plomb d'Angleterre.

De l'Ambre jaune non travaillé.

Du Tartre.

Des Dents de Veau marin.

De l'Azur.

Des Sucres en pain & des Caſſonades.

Du Cinabre.

Du Crayon rouge.

Des Bois de Campet, de Jappon, & autres Bois de teinture.

Du Fer blanc.

Des Cuirs de Rouſſi.

Et diverſes autres ſortes de marchandiſes.

L'on y porte auſſi pour faire les achats, des Ducats de Hongrie, des Piaſtres Mexicanes & Sevillianes, des *Leeuwedaalders*, qui ſe fabriquent exprès en Hollande pour ces Pays-là, & qui valent 42. ſols courans d'Amſterdam, des Pieces de 28. ſols, dont les 3. ſont comptées à Smirne pour 3. *Leeuwedaalders*.

Et on en tire

Des Poils de Chevre d'Angora.
De la Rubarbe, de la Scamonée.
De l'Opium, du Sené.
De la Gomme adragant, & Arabique.
Du Caffé.
De la Cire jaune.
De l'Alun.
Des Cotons en laine & filez.
Des Raifins fecs.
Des Camelots fins.
Des Gros grains de Turquie.
Des Laines fines de Metelin.
Des Maroquins du Levant.
Des Peaux de Bufle.

Du Chagrin.
Des Eponges.
Du Maftic.
Du Poil de Chameau.
Du Saffran.
Du Galbanum.
Des Noix de Galle.
Des Cendres pour les Blancheries.
Du Bois de Bouïs.
De l'Anis.
Des Futaines.
Du Treillis.
Des Tapis de pié.
Des Soyes dites Cerbaffi, Legis, Ardaffe & Ardaffetes.

Des Bas de Coton & quantité d'autres marchandifes.

Des Poids, Mefures & Monnoyes de Smirne.

On y vend les marchandifes au *Cantar* ou Quintal, au Batmen, au Schies, à l'Oque ou Okke, au Routel & à la Dragme.

Le Quintal pefe 45. Oques ou 100. Routels.

Le Batmen fait - 6. Oques.

Le Sechie fait - 2. Oques.

Le Routel fait 180. Dragmes.

L'Oque fait 400. Dragmes.

Le Quintal de 100. Routels, ou de 45. Oques fait 114. ℔. d'Amfterdam, fur lequel pié

100. ℔. d'Amfterdam font 87$\frac{1}{2}$ Routels ou environ de Smirne.

On compte que l'Oque pefe un peu plus de 2$\frac{1}{2}$ ℔. d'Amfterdam, mais c'eft fuivant la marchandife.

100. Aunes d'Amfterdam font 103. Pies de Smirne.

100. Pies de Smirne font comptez pour 97. aunes d'Amfterdam.

L'Etain d'Angleterre, le Bouïs, les Cotons, les Laines, l'Anis, les Peaux de Bufle, les Maroquins, & quelques autres marchandifes s'y vendent au Quintal de 44. Oques.

L'Opium fe vend à l'Oque de 250. Dragmes.

Le

Le Saffran à l'Oque de 120. Dragmes.

Les Ecritures font tenuës à Smirne en *Leeuwedaalders*, & en Mines ou Afpres.

La Leeuwedaalder fait 80. Mines ou 90. Afpres.

On ne tire pas des lettres de change d'Amfterdam fur Smirne, mais bien de Smirne fur Amfterdam; les lettres font ordinairement à un mois ou 6. femaines de veuë, payables en Rixdales de 50. fols argent courant.

CONSTANTINOPLE.

Conftantinople que les Turcs appellent *Stamboul*, eft la Capitale de l'Empire Ottoman, elle eft fituée dans la Romanie, fur une langue de terre qui s'avance vers l'Afie Mineure dont elle n'eft feparée que par le Canal d'une lieuë de large, qui joint la Mer Noire à la Mer Blanche. Cette ville a quatre ou cinq lieuës de circuit, & fon port paffe pour le meilleur du Monde. Quoi qu'il parte quelquefois des vaiffeaux à droiture d'Amfterdam pour Conftantinople, la plûpart des marchandifes qu'on y envoye paffent par Smirne, parce qu'il part plus de navires pour cette derniere ville que pour Conftantinople, & lors qu'il ne fe trouve point d'occafion de navires pour Smirne, on envoye les marchandifes ou par Livourne, ou par Marfeille. On envoye à Conftantinople les mêmes marchandifes qu'à Smirne, & fur tout quantité de Draps, que l'on met dans des Caiffes qui contiennent 12. Demi Pieces, que l'on affortit des couleurs fuivantes.

3 Pieces violet.	ou bien.
3 Pieces cramoifi.	3 Pieces cramoifi.
1 Piece écarlate.	2 Ps. verd clair.
1 P. verd obfcur.	2 Ps. verd foncé.
1 P. verd naiffant.	2 Ps. violet.
1 P. verd de Peroquet.	1 P. écarlate.
1 P. bleu fort foncé.	1 P. bleu de Roi.
1 P. bleu ordinaire, ou blanc.	1 P. noir.

Tous les Draps que l'on envoye à Conftantinople, doivent être des demi Pieces de 60. aunes de long & de 8. quarts, ou de 2. aunes de large, ceux de 9. & de 10. quarts, ne s'y debitent pas fi bien, parce que les Anglois y en portent en trop grande quantité, on met ces Draps ainfi affortis,

Les

Les Rouges dans des Toiletes vertes⎫
Les Verds dans des Toiletes Rouges⎬ ornées aux bouts de franges
Les Bleus dans des Toiletes jaunes⎭ d'or ou d'argent.

On fait outre cela 4. paquets des 12. demi Pieces, favoir 3. Pieces dans chaque paquet que l'on corde entre deux planches, & on met les 4. paquets dans une caiffe, ce qui fe fait tant afin qu'on les puiffe voiturer de Smirne à Conftantinople, fans defaire ces paquets dont les deux font la charge ordinaire d'un Cheval, que pour épargner les fraix qu'il coûteroit de les faire à Smirne, où les Draps courroient auffi rifque de fe gâter, ou de fe tacher: ce qui en empêcheroit la vente, parce que les Turcs font fort fcrupuleux pour les habits tachez.

Les fraix d'une pareille caiffe de Draps d'Amfterdam à Smirne, en paffant par Livourne, vont à environ 160. *Leewedaalders* par caiffe, lorfqu'elles y font portées par des vaiffeaux Hollandois, & 2½ *Leewedaalders* de plus par Piece de Drap, pour le Droit du Confulat, lorfqu'elles y font portées par des vaiffeaux étrangers, les fraix de Smirne à Conftantinople vont à environ 16. *Leewedaalders* par Paquet.

On tire de Conftantinople, tant pas Smirne que par Livourne,

Des Poils de Chevre, & de Chameau.
Des Soyes.
Des Cuirs de Bœuf falez & des Peaux de Bufle falées.
Des *Moltolinos* ou Peaux de Mouton aprêtées.
Du Bois de Bouïs.
De l'Anis de Galipoli.
Des Cotons filez, & en laine.
Des Laines, de l'Alun.
De la Rubarbe, & de la Scamonée.
Des Camelots, & Gros grains de Turquie.
Du Chagrin, du Benjoin, du Maftic, du Caviar.
De beaux Tapis de pié & diverfes autres marchandifes.

Des Poids, Mefures & Monnoyes de Conftantinople.

Le Poids de Conftantinople eft le plus pefant de tous ceux du Levant, on y pefe par Quintaux & par Oques.
Le Quintal eft de 45. Oques, & l'Oque eft de 400. Dragmes, l'Oque pefe 2 7/8 ℔. d'Amfterdam.

On

On compte que le Quintal de Conftantinople pefe $\begin{cases} 112\frac{1}{4}\text{ ℔. d'Amfterdam.} \\ 181\text{ ℔. de Venife.} \\ 160\text{ ℔. de Livourne.} \end{cases}$

Le Quintal fe divife auffi en 100. Rottes, & la Rotte en 180. Dragmes.

Le Batman fait 6. oques.

La Cheque fait 2. oques.

100. Pies de Conftantinople font 97½ aunes d'Amfterdam.

100. Aunes d'Amfterdam font 102½ Pies de Conftantinople.

Les Ecritures fe tiennent à Conftantinople en Pieces & Afpres.

La Piece eft comptée pour 120. Afpres.

Les Piaftres de poids y paffent pour 108. à 110. Afpres, & les autres feulement à proportion de leur poids, & dans les changes on compte 118. à 120. Afpres à la Piaftre, pourvu que les 10. pefent 87. Dragmes.

Les Caragrouchs, qui font une monnoye de l'Empire, à peu près de la valeur de la Rixdale de 50. fols courant d'Amfterftam, y valent 120. Afpres.

Les Affelanis, Abouquels, & Leeuwedaalders d'Infpruk ou de Hollande, y valent 116. Afpres.

Les Abras de Pologne y paffent pour ¾ d'Affelani.

Les Turcs ou Tourqs Monnoye de Loraine, y paffent pour ⅓ d'Affelani.

Les Sequins de Venife y valent 2½ Affelani.

ALEXANDRETE.

Cette Ville que les Turcs & les Hollandois nomment *Scanderone*, eft fituée dans la Syrie, fur le bord du Golfe d'Ajadzzo à vingt-huit ou trente lieuës d'Alep. C'eft une ville qui feroit entierement abandonnée fi fon voifinage d'Alep auquel elle fert de Port, n'y retenoit quelques Habitans qui n'y reftent que comme Facteurs & Commiffionaires, pour charger & decharger les marchandifes qui vont & viennent d'Alep par Alexandrete, l'air étant fi mauvais dans cette ville que quand les chaleurs aprochent, les habitans fe retirent dans un village nommé *Belan*, fitué fur une Montagne voifine. Comme c'eft là qu'arivent tous les Bâtimens qui portent des marchandifes pour Alep, il ne laiffe pas de s'y faire un grand commerce, qui eft le même que celui d'Alep, dont je parlerai tout à l'heure. Divers Voyageurs affurent que pour porter à Alep les nouvelles de l'arrivée de quelques vaiffeaux à Alexandrete, on fe fert de Pigeons que l'on y porte d'Alep, lorfque l'on attend quelque vaiffeau, & lorfque le vaiffeau eft arrivé on en écrit un petit billet, que l'on l'on atache au cou du Pigeon, que l'on laiſſe aller auſſi·tôt : ce Pigeon qui n'aſpire qu'à s'en retourner à ſon Pigeonnier, ne manque pas de voler droit à Alep, & ſon Maitre qui le connoit, ne manque par de l'épier & de lui ôter le billet qu'il a au cou pour ſavoir ce qu'il deſire. On dit que ces Pigeons arrivent ſouvent dans trois heures de tems d'Alexandrete à Alep.

A L E P.

Alep eſt une ville de Turquie en Syrie, ſituée ſur quatre colines. C'eſt une des plus grandes & des plus conſiderables villes de Turquie pour le commerce, elle eſt éloignée de 28. à 30. lieuës d'Alexandrete, qui, comme j'ai dit ci-deſſus, lui ſert de Port. Toutes les marchandiſes, tant celles qui y arrivent par Alexandrete que des autres villes de Turquie plus éloignées de la Mer, & de Perſe, s'y tranſportent par terre, c'eſt pourquoi lorſque l'on y envoye des marchandiſes d'Amſterdam , on fait les caiſſes ou les balots d'une maniere à pouvoir être tranſportez par les voitures dont on ſe ſert dans ce pays-là , afin qu'on ne ſoit pas obligé de les déballer à Alexandrete , pour en faire de petits balots. Les voitures dont on ſe ſert pour le tranſport des marchandiſes, ſont des Chevaux, des Mulets & des Chameaux. Les Chevaux & les Mulets portent ordinairement chacun deux balots de 50. à 55. Rottels d'Alep, qui reviennent à environ 400. ou 425. ℔. d'Amſterdam, & les Chameaux portent chacun deux bales de 70. à 75. des mêmes Rottels , qui reviennent à environ 400. ou 425. ℔. d'Amſterdam. Les Nations Françoiſe , Angloiſe , Hollandoiſe, & quelques autres y ont leurs Conſuls, qui ont ſoin chacun de ce qui peut être avantageux au commerce de leur Nation.

Marchandiſes qui s'envoyent d'Amſterdam à Alep.

Des Draps aſſortis, des couleurs que l'on envoye à Smirne & à Conſtantinople.

Du Poivre, de la Canelle, des Noix muſcades, du Gerofle & du Bois de gerofle.

Du Gingembre blanc & bleu.

Du Sucre en pain, & des Caſſonades blanches.

Du Fil de fer & de laiton.

Du Fer de Suede, & de l'Acier de Danzick.

De l'Etain & du Plomb d'Angleterre.

De

De l'Etain de Siam que l'on fait jetter en Saumons, pareils à ceux d'Angleterre qui s'y debitent le mieux.

De l'Arfenic, de l'Acier, du Tartre, & du Mini.

Du Bois de Brefil, de Campêche, & de Ste. Marthe.

Du Vermillon, & du Curcuma.

De l'Ambre jaune brut & travaillé.

Du Fer blanc, des Aiguilles, & des Epingles.

Des Indigos, de la Cochenille, de l'Argent vif.

Des Dents de veau marin.

Des Pieces de vingt-huit fols, des Leeuwedaalders, & des Piaftres.

Et on en tire

Des Noix de Galle.

Des Laines fines de Turquie & de Perfe, pour les Chapeliers.

Des Piftaches, des Dattes.

De la Cire jaune.

Des Cotons filez & en laine.

De la Coloquinte.

Des Soyes de diverfes fortes.

Du Chagrin.

Des Toiles peintes & des Tapis de Perfe.

De l'Ambre gris, & des Perles à piler.

Des Poils de Chevre & de Chameau.

Du Sené, des Gommes Adragant & d'Arabie.

Du Calamus & du Labdanum.

Du Galbanum & plufieurs autres Drogueries.

Des Savons, & des Cendres pour faire le favon.

De l'Encens, & de la Mirrhe.

Des Maroquins du Levant.

Des Toiles de diverfes fortes.

Des Mouchoirs peints & brodez.

Du Baume de la Mecque, & plufieurs autres.

Des Poids, Mefures & Monnoyes d'Alep.

On fe fert à Alep de diverfes fortes de Poids, favoir

Du Quintal ou *Cantar* de 100. *Rottels*, chaque Rottel eft de 720. Dragmes.

Du Surlo qui eft de 27¼ Rottels.

Du Rottel avec lequel la plûpart des marchandifes fe pefent, qui eft, comme j'ai dit, de 720. Dragmes, qui font 4$\frac{13}{17}$ ℔. d'Amfterdam.

Le Rottel, auquel on pefe les foyes des environs, eft de 700. Dragmes, & pefe 4$\frac{1}{3}$ ℔. d'Amfterdam.

Le Rottel auquel on pefe les foyes de Perfe, Legi de Burma, Ardaffe & Ardaffete, eft de 680. Dragmes, & pefe 4$\frac{14}{17}$. ℔. d'Amfterdam.

Le Rottel Damaffin auquel on pefe le Laiton ou Cuivre jaune, le Fil de laiton, l'Ambre jaune, le Camfre, le Benjoin, le Spicanardi, le Baume

me de la Mecque, & le Bois d'Aloés, eſt de 600. Dragmes qui font 3 ⅞
℔. d'Amſterdam.

L'Ok ou Oque eſt de 400. Dragmes.

Le Metical avec lequel on peſe les Perles & l'Ambre gris , peſe 1½ Dragme.

$$\left.\begin{array}{l} \text{1 ℔. d'Amſterdam} \\ \text{1 ℔. de Veniſe Poids ſubtil} \\ \text{1 ℔. de Veniſe} \end{array}\right\} \text{fait à Alep} \left\{\begin{array}{l} 156 \\ 98 \\ 112 \end{array}\right\} \text{Dragmes.}$$

Le Quintal de Tripoli fait 1¼ Quintal d'Alep de 720. Dragmes.

On compte que 100. aunes d'Amſterdam font 102. Pics d'Alep , & que 100. Pics d'Alep font 98. aunes d'Amſterdam.

Les Ecritures font tenuës à Alep en Piaſtres & en Aſpres, la Piaſtre y fait 80. Aſpres.

La *Leeuwedaalder* y eſt fort ſouvent égale à la Piaſtre , mais quelquefois elle y vaut quelque choſe de plus.

On compte que 150. Dragmes, qui peſent juſte 15. onces d'Amſterdam, peſent autant que 17. Piaſtres de Poids.

S E Y D E

Ou Sayd ou Sayde, eſt l'ancienne Sidon dont il eſt ſouvent fait mention dans l'Ecriture Sainte. Elle eſt ſituée dans la Phenicie en Syrie, ſur les bords de la Mer Mediterranée , à dix-huit lieuës de Damas. Cette ville autrefois ſi fameuſe & ſi opulente, à laquelle on attribuë la premiere invention de la Navigation & du verre, eſt à preſent fort peu de choſe, & n'a plus aucun reſte de cette magnificence, que quelque Prophetes reprochent à ſes Marchands. Je ne ſai s'il y a preſentement un ville auſſi ancienne qu'elle dans le monde, puis qu'elle a été bâtie par Sidon petit-fils de Cam fils de Noé. Autrefois les Navires pouvoient entrer tout chargez dans le port, mais à preſent il ne peut y entrer que quelques barques legeres & des chaloupes , & les navires ſont obligez de s'en tenir éloignez d'une portée de Canon; cette ville eſt plus frequentée par les François que par les Hollandois , parce que le negoce qui s'y fait , n'eſt pas aſſez conſiderable pour y attirer des navires de diverſes Nations.

L'on y peſe avec deux ſortes de Poids, ſavoir,

Avec le Rottel Damaſſin ou Damaſquin, auquel ſe vendent les Soyes & Fils de Coton, il eſt compté de 600. Dragmes, qui à font Amſterdam 3¼ ℔.

Et avec l'Acre, auquel ſe vendent la plûpart des marchandiſes groſſieres, il rend 4⅞ ℔. d'Amſterdam.

On

On s'y fert du Pie pour mefurer les Toiles & Etoffes, il eft de la mê-me longueur que celui de Smirne.

ALEXANDRIE

Eft fituée en Egypte, fur le bord de la Mer Mediterannée, à environ quatre lieuës de l'embouchure la plus Occidentale du Nil, les Turcs l'appellent *Scanderia*. Cette ville étoit autrefois une des plus confiderables du Monde par le grand commerce qui s'y faifoit, elle fervoit d'entre-pôt pour toutes les marchandifes qui alloient & venoient des Indes, qui paf-foient par la Mer Rouge: mais depuis que les Portugais ont decouvert le chemin que l'on tient prefentement pour aller aux Indes, le commerce d'Alexandrie a fi fort diminué, que quelques Voyageurs affurent qu'il n'y eft refté que fept à huit mille Habitans. Cependant il ne laiffe pas de s'y faire encore beaucoup de commerce, parce que fa fituation fur le bord de la Mer Mediterannée, & fa proximité de Suez fur la Mer Rouge, dont elle n'eft éloignée que d'environ vingt lieuës, fait que toutes les marchandifes qui viennent par la Mer Rouge en Europe, & qui vont d'Europe par la Mer Rouge, paffent par là, & c'eft par Alexandrie que nous vient le Caffé du Levant, & toutes les Drogues de l'Arabie.

On y porte de Hollande les mêmes marchandifes qu'à Smirne & à A-lep, & l'on en tire

Du Caffé.

Des Cuirs fecs de Bœufs & de Vaches.

Des Toiles, des Futaines & du Lin.

De l'Encens, de la Myrrhe de Sedoar.

Du Tamarin, du Saffran.

De la Gomme Arabique.

Du Fil de Coton, & Cotonen laine.

Du Sel Armoniac, du Curcuma & diverfes autres marchandifes.

Des Poids, Mefures & Monnoyes d'Alexandrie.

Les marchandifes fe vendent à Alexandrie au *Cantar* ou Quintal qui eft de diverfes pefanteurs fuivant la qualtité des marchandifes, le Quin-tal pour les unes étant de 100. Rottels, pour d'autres de 105, de 110, de 112½, de 115, de 120, de 125, de 130 & de 133. Rottels.

Le Rottel Farfarin y eft de 144. Dragmes, 100. de ces Rottels font comptez pour 125. ℔. de Livourne.

Le Rottel Gerouin eft de 312. Dragmes.

L'Ok

L'Ok ou l'Oque y eſt de 400. Dragmes.

Le Cantar ou Quintal de 100. Rottels, eſt compté pour 120. ℔. d'Amſterdam.

On s'y ſert du Pie pour meſurer les Toiles & Etoffes, il ne differe preſque de rien de celui de Smirne, & on compte que

100. Aunes d'Amſterdam font 103. Pies d'Alexandrie.

Et que 100. Pies d'Alexandrie font 97. aunes d'Amſterdam.

Toutes les marchandiſes s'y vendent par Piaſtres courantes ou par Abouquels.

La Piaſtre courante y vaut 33. Medini, & l'Abouquel 30. Medini.

Les Piaſtres Mexicanes & Sevillianes qui ſont de poids, y valent 70. Medini.

L'Aſſelani ou *Leeuwedaalder* y vaut 52. Medini.

ROSETTE,

Que l'on nomme auſſi Raſchit, & Raſit, eſt une ville de la baſſe Egipte, ſituée ſur la côte de la Mer Mediterranée, à l'embouchure d'un des bras du Nil, où elle a un fort bon port. Elle eſt à vingt lieuës au delà d'Alexandrie, on y envoye les mêmes marchandiſes, que dans cette derniere ville, & on en tire auſſi des mêmes, mais non en auſſi grande quantité que d'Alexandrie; il n'y a aucune difference des Poids, des Meſures & Monnoyes d'Alexandrie, avec celles de Roſette.

BICHIERI,

Qu'on nomme auſſi Bochier, & Bouluier, eſt une ancienne ville ruinée ſur le bord de la Mer Mediterranée, ſur le Cap de Bochir entre Alexandrie & Roſette. Lorsque quelque Navire paſſe par là, & qu'il s'y trouve du Caffé, & d'autres marchandiſes, il les prend en échange de celles qu'il peut avoir; il s'y fait d'ailleurs fort peu de commerce.

LE GRAND CAIRE

Eſt la Capitale de l'Egipte, & fort conſiderable tant par le grand commerce qui s'y fait, que par ſa grandeur; elle eſt ſur le bord Oriental du Nil, à l'endroit où il commence à ſe ſeparer & à former ce qu'on appelle le *Delta*, ou l'Errif; elle eſt diviſée en trois parties qu'on appelle *Bulac, le vieux Caire*, & *le nouveau Caire* : les deux premiers font deux gros Bourgs, & on tient que le dernier tout feul eft auffi grand que Paris, on y porte les mêmes marchandifes qu'à Alep, & on en tire

Du Caffé.

Des Cotons filez & en laine.

De l'Encens, de la Mirrhe, & du Sené.

Des Cuirs, & des Toiles.

Des Drogueries, & des Momies d'Egipte. C'eft à trois lieuës de cette ville que fe voyent les fameufes Piramides d'Egipte.

L'on y pefe les marchandifes par Quintal, ou Cantar de 100. Rottels, qui rendent à Amfterdam 88. ℔.

Le Quintal ou Cantar de Caffé rend à Amfterdam, à peu près 95. ℔.

On s'y fert du Pic pour mefurer les Toiles & les Etoffes.

Au refte il n'y a point de change reglé entre Amfterdam & aucune des villes de Turquie. On tire quelquefois de Smirne, de Conftantinople & d'Alep, fur Amfterdam, & les lettres fe font payables à 6. femaines, ou à deux mois de date, en Rixdales de 50. fols argent courant, en donnant auxdites Places un nombre de Piaftres ou de *Leewedaalders*, pour recevoir à Amfterdam un nombre defdites Rixdales.

Comme il n'eft pas poffible de décrire par le menu toutes les fortes de marchandifes que la ville d'Amfterdam tire de tous les endroits du Monde, non plus que celles qu'elle leur envoye en échange, & que même il auroit falu fouvent faire des repetitions ennuyeufes & inutiles, je me fuis contenté de fuivre le Plan qu'on s'eft propofé dans la precedente Edition du Livre qui porte le nom de celui-ci, & d'ajoûter le commerce de quelques villes qui y ont été omifes. J'aurois fort fouhaité de mettre, en parlant de chaque ville, le Tarif des Droit d'entrée & de fortie que les marchandifes y payent, parce que je trouve cela fort neceffaire à favoir, mais comme cela feul feroit un gros volume, & que plufieurs Marchands qui ne negocient qu'en certaines villes, ne fe foucieroient peut-être pas d'acheter un volume de plus, & que d'ailleurs c'eft un très-penible ouvrage, j'en ai abandonné le deffein. Cependant fi j'en ai jamais le tems je me propofe de faire un Recueil en François, de tous les Tarifs des Droits d'entrée & de fortie que payent les marchandifes dans toutes les villes de l'Europe. Cependant fi quelqu'un, qui ait plus de tems, & autant de defir pour l'avancement du commerce que moi, veut l'entreprendre, je puis l'affurer qu'il rendra un grand fervice, & fera un très-fenfible plaifir à tous les vrais Amateurs du commerce.

Je croi avoir traité fuffifamment jufques ici de ce qu'il y a de principal dans le Commerce d'Amfterdam, pour la marchandife. Dans une feconde Édition j'ajouterai avec plaifir ce que les habiles Negocians voudront bien me

faire

faire remarquer que j'ai paffé mal à propos fous filence. Ils me feront auffi un grand plaifir, s'ils decouvrent que j'aye fait quelque erreur dans le raport des Poids, des Mefures, & des Monnoyes des diverfes villes dont j'ai parlé, de vouloir bien m'en avertir, afin de pouvoir les corriger, & rendre ce livre le plus parfait qu'il fe pourra. Et comme je le croirois fort imparfait fi je ne difois rien de la Banque d'Amfterdam, & de ce qui fe pratique de plus effentiel à l'égard des Changes, j'ai cru en devoir parler feparement dans le Traité fuivant, où j'ai tâché de mettre le plus brievement que j'ai pu, toutes les principales chofes qu'un Banquier doit favoir, tant par raport à la Banque, que par raport au Change.

TRAITÉ

DE LA

BANQUE D'AMSTERDAM,

Contenant tout ce que doivent favoir & obferver
ceux qui y ont des Comptes ouverts, ou
qui veulent y en avoir.

COMME AUSSI

Ce qui fe pratique de plus effentiel dans les

CHANGES,

Et ce que doivent obferver ceux qui prénent ou qui tirent des
Lettres de Change, foit pour leur propre compte,
ou pour celui d'autrui.

Avec quelques Regles d'Arbitrage, faites

Par JACQUES MONDOTEGUY

Bayonnois.

Ccc c

CHAPITRE XXXVI.

De la Banque d'Amſterdam

Et de tout ce qui s'y pratique par rapport aux Negocians, qui y ont de l'argent.

LA Banque d'Amſterdam paſſe pour la plus conſiderable, & pour la plus riche de l'Europe ; elle fut établie le 31. Janvier 1609. en ver-tu du Privilege des Seigneurs Etats Generaux des Provinces-Unies, par Meſſieurs les Bourguemaîtres de la Ville, qui eſt caution de tout l'argent qui y eſt, & de celui que l'on y porte journellement. Elle eſt d'une commodité ſi grande pour les Banquiers & autres Negocians, qu'il eſt difficile de le comprendre, à moins qu'on n'ait demeuré & negocié quelque tems dans cette ville, puisque l'on y peut payer des millions par jour, par de ſimples Aſſignations qu'on appelle ordinairement Bil-lets de Banque. Voici comment ils ſont conſtruits.

Fol.　　　De Heeren Commiſſariſſen van de Wiſſelbank gelieven te

betalen aan

de ſomma van

ƒ.　　　Actum Amſterdam den　　　　　　1721

C'eſt-à-dire.

Fol.　　　Meſſieurs les Commiſſaires de la Banque il vous plaira

payer à

la ſomme de

ƒ.　　　à Amſterdam ce　　　　　　1721

Je ne m'amuſerai pas à dire, que ce qui eſt en blanc dans ces bil-lets, qu'on trouve imprimez chez la plûpart des Libraires autour de la

　　　　　　Bour-

Bourfe, eft laiffé pour écrire le nom des Perfonnes à qui on doit payer, & les fommes qu'on veut payer, de même que la date du jour ; parce que cela s'entend, ce me femble, de foi même, je dirai feulement, que le mot Fol. qui eft au haut, fignifie le folio du Livre de la Banque, fur lequel eft le compte de celui qui veut payer. Ainfi fi mon compte eft, par exemple, à folio 2390. je mettrai ce nombre après le mot Fol. ce qui fe fait pour épargner la peine aux Teneurs des Livres, d'avoir recours à l'Alphabet, pour trouver le compte de ceux qui payent.

Pour fe faire ouvrir un compte en Banque, il en coûte dix florins, argent de Banque, que la Banque retient de la première partie qui entre fur le compte, c'eft-à-dire que lors qu'on a payé, par exemple, 2000. florins à celui qui s'eft fait ouvrir un compte, il doit d'abord debiter la Banque de 2000. florins, & la crediter de 10. florins pour l'ouverture du compte ; on peut après cela payer & recevoir en Banque tant qu'on voudra toute fa vie, fans qu'il en coûte rien pour l'ouverture des nouveaux comptes, lorsque ceux que l'on a eus, font remplis, & qu'il faut en raporter la folde fur des nouveaux.

Comme la plus grande partie des Lettres de change, & quantité de marchandifes ne fe payent qu'en Banque, il eft difficile & même fort incommode pour ceux qui font des affaires tant foit peu confiderables, de n'avoir point de compte en Banque, c'eft pourquoi il y a très-peu de Marchands, qui n'y ayent le leur, & il y a même beaucoup de Marchands des villes voifines, qui y ont toûjours de l'argent & un compte ouvert.

Les payemens s'y font par le fimple tranfport des fommes du compte de celui qui paye, fur le compte de celui qui reçoit ; & comme on n'y tient les Livres qu'en maniere des grands Livres, fi A. paye à B. 6000. florins, on debite A. de 6000. florins à B. & on credite B. par A. de la même fomme, ce qui eft une maniere fort courte.

Quand on n'a point de compte en Banque, & qu'on veut y en avoir un, il faut neceffairement, ou acheter de l'argent de Banque, ou attendre que l'on ait quelque Lettre de change payable en Banque, ou que l'on ait vendu quelque marchandife payable en Banque, ou enfin porter des Efpeces à la Banque.

Lors qu'on veut acheter de l'argent de Banque, l'on n'a qu'à aller au devant de la Maifon de Ville, où les Caiffiers, les Courtiers, & les Marchands qui ont de l'argent de Banque à vendre, ou à acheter, fe trouvent tous les jours que la Banque eft ouverte depuis 10. heures jufques à 11. heures du matin; on s'informe là du prix de l'Agio, on en convient avec quelqu'un, & on fe fait écrire la fomme que l'on fouhaite.

Il faut favoir à cet égard, que l'argent de Banque fe paye toûjours
com-

comptant, à moins qu'on ne le conditionne autrement, & que si on n'est pas bien connu, un Caissier ni un Marchand n'écriront point en Banque, la somme accordée, qu'ils n'en ayent reçeu la valeur en argent courant, parce que moyennant demi pour cent on peut disposer de cette somme le même jour , & qu'un fripon pourroit bien se faire écrire une somme le matin, & la revendre l'après midi, en recevoir l'argent, & l'emporter, sans payer celui qui la lui auroit écrite en Banque.

Je viens de dire que l'argent de Banque se paye toûjours comptant à moins qu'on ne le conditionne autrement: en effet on s'acquerroit une très-mauvaise reputation si ayant acheté une partie d'argent de Banque sans rien conditionner que le prix de l'Agio, on prétendoit donner en payement des Assignations, ou même des Lettres de change qu'on sauroit devoir être payées en argent courant le même jour. Les raisons de cela sont premierement, que ce marché n'est qu'un simple change d'un argent contre un autre, & que tous les deux devroient se payer dans le même moment, s'il étoit possible ; car il n'est pas naturel, par exemple, si je veux changer un Louïs d'or pour de l'argent blanc , que l'on me donne l'argent blanc, aujourdhui, & qu'on vienne demain chercher le Louïs d'or chez moi, ou que je donne le Louïs d'or aujourdhui, & que je reçoive l'argent blanc demain. Secondement, que les moindres Especes qui se payent pour l'argent de Banque, sont des Schelings de 5. sols & demi , & qu'on ne le paye pas avec des Schelings de 6. sols , ni avec des Pieces de 2. sols, ni en autres pareilles Especes, qui donnent trop de peine à compter, & qu'on en donne souvent beaucoup plus qu'il ne faudroit, lors qu'on paye des Assignations ou des Lettres de change en courant. Aussi voit-on que lors qu'on achete de l'argent de Banque d'un Caissier, à condition qu'on lui en payera partie en Schelings de 6. sols, en Pieces de 2. sols, en Assignations ou en Lettres de change, ils font toûjours payer du moins $\frac{1}{16}$ ou $\frac{1}{8}$ pour cent de plus pour l'Agio qu'on ne feroit autrement.

Quand on n'a point de compte en Banque , & que l'on attend pour s'y en faire ouvrir un, que l'on ait quelque Lettre de change payable en Banque, on doit s'informer de ceux qui doivent payer, quel jour ils écriront la partie, afin d'en avertir à tems les Teneurs de Livres, qui sans cela ne vous ouvriroient point de compte, & rendroient le billet à celui qui vouloit vous payer , en lui disant que vous n'avez point de compte en Banque.

Quand on porte des Especes à la Banque pour s'y faire ouvrir un compte, on les porte au Receveur de la Banque, qui les compte & les pese en votre presence, les met dans un sac, & vous le fait cacheter à vous même, lors que ce sont des Especes d'or. Voici les Especes qu'elle reçoit le plus ordinairement, & à quel prix elle s'en charge.

Des

Des Ducats d'or qui valent ordinairement   - . *f. 5: 5:* courant Piece,

Qu'elle prend fur le pied de   -   *f. 4: 19: 8* ⎫

Des Ducatons de 63. fols courant   -   pour *f. 3: - -* ⎬ la Piece.

Des Rixdales ou Ryxdaaders de 50. fols courant pour   48. fols la Piece.

Des Piaftres   -   -   -   -   pour   22. florins le Marc.

Des Loüis d'or vieux, tels qu'ils avoient cours en 1710. pour *f.* 8: 16. la Piece.

Des Loüis d'or neufs, ou au foleil.   -   pour *f.* 10: 14. la Piece.

     Mais on n'y reçoit point de lingots d'or ni de barres d'argent, comme on l'a dit dans la precedente Edition de ce Livre. Quand le Receveur de la Banque a fait cacheter votre fac, il vous en donne un reçu, que l'on nomme Recipicé, & vous pouvez difpofer fur le champ de cette fomme, & la faire écrire à qui vous voulez. Ces Recipicez font tous imprimez, & le Receveur de la Banque ne fait que remplir la date, le nom de celui qui a porté les Efpeces, leur qualité, & le prix auquel la Banque s'en charge, comme dans le modele fuivant, où j'ai mis en lettre Italique ce que le Receveur écrit de fa main.

Anno 1721. den 15. February

Heeft *N. N.*   -   -   -   -   -   in Banco gebracht *duyfend nieuwe Goude Fra. Piftolen* à 10. *gl.* 14. *ft.* '*t ftuk*, met die conditie dat hy gehouden zal zyn de zelve binnen den tydt van fes maanden, daar wederom uyt te halen, mits betalende aan de Banke een half per cento, ofte dat die anderfins, naar expiratie van de voorfz. tydt, zullen verftaan werden ten voorfz. pryfe aan de Banke vervallen te zyn.   *C. P.*

     f. 10700.

C'eft-à-dire.

Le 15. Fevrier 1721.

N. N.   -   -   -   -   a porté à la Banque *mille Louis d'or neufs de France,* à 10. *florins* 14. *fols la Piece,* à condition qu'il fera obligé de les en retirer dans le tems de fix mois, en payant à la Banque un demi pour cent, faute dequoi après l'expiration desdits fix mois ils refteront pour le compte de la Banque au fusdit prix.   *C. P.*

     f. 10700.

     On nomme ces Recipicez du nom des Efpeces qu'ils contiennent, comme Recipicez de Ducats, Recipicez de Ducatons, Recipicez de Rixdales &c., & on peut les negocier, comme je dirai dans la fuite.

     Après avoir fait voir les moyens qui font ufitez pour fe faire ouvrir

un

un compte en Banque il ne me reste plus, sur ce sujet, qu'à expliquer aux plus novices ce que c'est qu'un compte en Banque, & ce qu'il faut faire pour s'en faire ouvrir un. Un Compte en Banque n'est autre chose qu'un Espace ou Portion d'un Folio du Livre de la Banque, au haut duquel on met du côté gauche le nom de la Personne à laquelle on ouvre le compte avec le mot *Debit* ensuite, & le mot *Credit* du côté droit, comme suit.

Jean Pierre Ricard - Debit. | Credit.

C'est là un Compte ouvert que les Teneurs de Livres de la Banque laissent plus ou moins grand selon qu'ils croyent que je ferai peu ou beaucoup en Banque. Tout ce qu'on m'écrit en Banque s'y met du côté du Credit, & tout ce que je paye à autrui se met du côté du Debit. Mais pour me faire ouvrir ce Compte en Banque, je dois donner mon sein ordinaire aux Teneurs de Livres de la Banque, & leur dire qu'on me doit écrire quelque chose en Banque, & que je les prie de m'ouvrir un Compte; car sans cela on auroit beau m'écrire tous les jours en Banque, ils ne m'ouvriroient point de compte sans le leur avoir dit, & sans leur avoir donné mon sein.

J'ai déja dit qu'il en coûte 10. florins pour se faire ouvrir un Compte, & que la Banque les retient de la première partie qui entre sur le compte : ainsi supposé qu'on m'ait ouvert un Compte aujourd'hui & qu'on m'ait écrit 6000. florins, je dois aller demain matin à la Banque, demander si on m'a ouvert un Compte, & à quel Folio il est. Si la Personne qui devoit m'écrire les 6000. florins, ne me les a pas écrits, on me répondra qu'on ne m'a point ouvert de Compte, mais si elle me les a écrits, on me dira quel est mon Folio, alors je dois demander si un tel m'a écrit 6000. florins, si on me répond oui, la première chose que je dois faire étant arrivé chez moi, est de debiter la Banque à Folio tant, pour les 6000. florins écrits par un tel, & la crediter de 10. florins pour l'ouverture de mon Compte, & continuer ainsi mon compte de Banque en mettant au Debit tout ce qui entre au Credit de mon Compte, & en mettant au Credit tout ce que je paye, ou que j'écris à autrui, article par article.

Comme il ne suffit pas de savoir tout ce qui a été dit ci-dessus, qui ne regarde que les moyens d'avoir un Compte en Banque, il faut encore savoir ce qu'on doit observer tant pour le tenir dans un bon ordre, que pour éviter de payer de certaines amendes, qui sont infligées à ceux

qui

qui ne favent, ou qui ne fuivent pas les ordres que la Banque obferve, qui font,

1. Que fi quelqu'un vous écrit aujourdhui, par exemple, 6000. florins, vous ne pouvez en difpofer que le lendemain, à moins que vous ne payiez en argent courant demi pour cent de ce dont vous difpofez de ladite fomme. Par exemple, on m'a écrit 6000. florins, & je veux difpofer le même jour de 4000. ou de 5000. florins, mon billet ne paffera pas ni aujourdhui, ni demain, ni aucun autre jour, que je n'aye payé 20. ou 25. florins, pour le demi pour cent des 4. ou 5000. florins dont j'ai voulu difpofer.

2. Il y a cependant ordinairement trois jours dans l'année, auxquels on peut difpofer des fommes qui entrent le même jour. Ces trois jours font les feconds jours de l'ouverture de la Banque, lors qu'après avoir été fermée pour faire les Balances, ou aux Fêtes de Pentecôte, elle s'ouvre un Vendredi, ce que je remarque ici pour ne point fortir de mon fujet, & j'expliquerai dans la fuite pour quelles raifons on a ce privilege ces 3. jours-là feulement.

3. Que fi l'on difpofe d'une plus groffe fomme que celle que l'on a en Banque, on paye non feulement trois pour cent d'amende, de tout ce que l'on a voulu difpofer de plus qu'on n'y avoit, mais même aucune des parties, dont on difpofe, ne paffe pas, qu'on ne fe foit fait écrire fur fon Compte la fomme dont on a voulu de trop difpofer, & qu'on n'en ait payé 3. pour cent d'amende, fans qu'aucune raifon d'ignorance ou d'erreur en puiffe exempter. Par exemple, je n'ai effectivement que 20. mille florins en Banque, mais par une erreur que j'ai faite fur mes Livres ou fur mon Compte de Banque, je crois y avoir 21. mille florins, & ayant 5. ou 6. parties à payer en Banque, qui montent enfemble à 20950. florins, j'écris & je porte en Banque mes 5. ou 6. billets montant à ladite fomme de 20950. florins; aucun de mes billets ne fera payé, que je ne me fois fait écrire 950. florins, ou plus fur mon Compte, & que je n'aye payé en argent courant 28. florins 10. fols pour l'amende de 3. pour cent des 950. florins dont j'ai voulu de trop difpofer. J'aurai beau alleguer mon erreur ou mon ignorance pour éviter de payer cette amende, ou pour qu'on paye feulement 4. ou 5. de mes billets qui ne paffent pas 20. mille florins, on n'en fera rien, & il n'en paffera pas un feul que je ne me fois fait écrire ce qui me manquoit, & que je n'aye payé l'amende. La raifon de cela eft que la Banque ne fait aucun credit à perfonne, & que fi elle excufoit de pareils abus, il arriveroit fouvent aux Marchands d'en faire: ce qui ne manqueroit pas à la fin, ou de mettre les Livres de la Banque en defordre, ou de lui faire perdre ce qu'elle donneroit de credit à ceux auxquels elle permettroit de difpofer de plus qu'ils n'y ont; & à cet égard on peut dire que la Banque eft la meilleure Ecole

le du monde, pour aprendre aux Marchands à tenir leurs Livres en ordre.

4. Il faut savoir aussi que la Banque se ferme deux fois l'année pour faire la balance & des Livres nouveaux, & que chacun de ceux qui y ont un compte, sont obligez de le solder conforment avec le Banque, dans le tems de six semaines après l'ouverture d'icelle, sur peine de 25 florins de Banque, sans aucune remission, pour ceux qui ne verifient pas leur compte dans ledit tems. Cela s'apelle demander la Solde, & je dirai dans la suite comment cela se fait.

5. Quand on a une fois un compte ouvert en Banque, il n'en coûte rien de tout ce qui entre au credit du compte, & autrefois il n'en coûtoit qu'un sol de chaque partie qui en sortoit ou que l'on payoit à autrui. Mais comme les affaires avoient fort augmenté en 1714, & qu'il falut mettre un plus grand nombre d'Officiers à la Banque pour pouvoir écrire tous les billets qu'on y portoit, il fut ordonné qu'au lieu d'un sol qu'on payoit pour chaque billet qu'on écrivoit, on en payeroit desormais deux : ce qui commença le premier Fevrier 1715. Quoi que les affaires eussent fort diminué cette même année, on paye toûjours depuis deux sols de chaque partie que l'on écrit en Banque: cela s'apelle *Parteye gelt*, c'est à dire Argent des parties, & la Banque se retient elle même cet argent, en le passant au debit du compte de ceux qui les ont écrites, au premier article du debit du nouveau Livre, dans lequel on a porté la solde du vieux Livre, ce qui ne se fait que deux fois l'année, savoir au commencement du mois de Fevrier, & au commencement du mois d'Août. Par exemple, suposé que j'aye écrit 100 Parties en Banque depuis la fermateure de Fevrier jusques à la fermateure de Juillet, & qu'il me reste 6000 florins en Banque, on transporte les 6000 florins sur le Livre nouveau, & on m'y debite aussi-tot de 10 florins pour les 100 parties, que j'ai écrites pendant les 6 mois precedents.

On peut conclure de tout ce que j'ai dit dans les 5 Articles ci-dessus, qu'il est necessaire d'être fort exact à coucher les parties qui entrent & qui sortent d'un compte de Banque; & comme on ne peut pas toujours compter sur la parole des gens qui promettent d'écrire, il ne suffit pas de debiter la Banque d'une somme, qu'un homme vous a dit avoir écrite, mais il faut aller ou envoyer quelqu'un le lendemain matin à la Banque demander si la partie est entrée: voici comment cela se fait. Suposé que Jean George m'ait écrit aujourdhui 4000. florins, & que mon Folio soit 2390, j'irai demain matin à la Banque, & m'adressant à un des Teneurs de Livres, je lui dirai Folio 2390. Quand je voi qu'il est au Folio que je demande, je lui dis Jean Pierre Ricard *van Jean George* 4000. *guldens*, c'est à dire Jean Pierre Ricard de Jean George 4000. florins; & si Jean George m'a écrit, on me répond *goet ou accord*, c'est à dire bon ou d'acord,

ou

ou ſi un autre m'a écrit pour Jean George, on me dit un tel l'a écrit pour
lui. Mais ſi lui ou un autre pour lui, n'a point écrit, on me répondra
niet gekomen, c'eſt comme qui diroit, la partie n'eſt point entrée.

Cette demande des parties ſe fait tous les matins depuis 7. heures juſques à 8. mais depuis 8. heures jusques à 9. il faut payer de la poche
2. ſols pour chaque partie que l'on veut demander, & depuis 9. heures
juſques à 3. heures après midi & le reſte du jour, il en coûte 6. ſols
par partie.

Mais comme il arrive fort ſouvent que ceux qui font demander ainſi
les parties, brouillent leur compte de Banque, ſoit que les Teneurs de Livres n'entendent pas bien, ou qu'ils ne veuillent pas entendre, ou que
ceux qui demandent les parties, entendent mal eux mêmes, ceux qui veulent éviter le chagrin que cela cauſe, ſe font porter chez eux des billets des parties qu'on leur écrit, & alors on peut compter ſeurement ſur
les parties qui ſont entrées : il en coûte pour ces billets depuis 4. ducatons
juſques à 60, 80, ou 100 florins par an, ſelon les affaires que l'on fait ;
& j'oſe dire que ce profit qui eſt pour les Teneurs de Livres, qui ont deux
valets pour porter ces billets, n'eſt pas un de leurs moindres revenus ;
car ils ont ſi bien ſu faire, que je croi qu'ils ont obligé les trois quarts
des Banquiers, à ceſſer de faire demander les parties, & à ſe faire porter
les billets chez eux ; mais il eſt vrai auſſi que les billets épargnent beaucoup de chagrins & d'embarras à ceux qui font beaucoup en Banque.

On ne peut écrire en Banque aucune ſomme au deſſous de 300. florins, ſans donner 6. ſols pour les Pauvres aux Teneurs de Livres en leur
delivrant le billet qu'on veut écrire au deſſous de cette ſomme : mais les
ſeules Compagnie des Indes Orientales & Occidentales ont le privilege,
qu'on peut leur écrire quelque petite ſomme que ce ſoit, ſans donner 6
ſols ; & comme le Negoce rafine ſur tout, lors qu'on ſe connoit, & que
l'on veut s'entendre enſemble, celui qui doit payer, par exemple, 200.
florins à quelqu'un, lui en écrit 500, & celui-ci en écrit 300 à l'autre,
par ce moyen il eſt payé de 200 florins, & épargne les 6. ſols à ſon ami.
Mais outre qu'il lui en coûte 2 ſols à lui même, pour recrire les 300 florins, il ſemble que cette épargne ne vaut pas la peine que l'on a de
coucher ces 2 parties ſur le Journal.

On peut écrire en Banque depuis 7 à 8 heures du matin juſques à 11
heures, mais depuis 11. heures juſques à 3 heures après midi il en coûte 6 ſols pour chaque billet que l'on y porte, & après 3 heures les Teneurs de Livres ne prenent plus aucun billet, & il faut les garder pour
le lendemain.

J'ai dit ci-devant, qu'on ne peut pas diſpoſer de ſon argent le même
jour qu'il entre en Banque, ſans payer demi pour cent d'amende, ni
diſpoſer de plus que l'on n'y a, à moins de 3 pour cent d'amende, mais
cela

cela doit s'entendre des parties qu'un autre vous écrit, & de ce que vous avez effectivement en Banque; car, par exemple, si vous avez fait faute ou abus en disposant de 4000. florins qu'on vous a écrits le même jour, ou en disposant de 4000. florins de plus que vous n'avez sur votre compte, & que vous en apercevant le même jour avant 3 heures, vous vouliez éviter de payer l'amende de demi pour cent, ou celle de 3 pour cent, il faut promtement chercher pour 4000. florins des especes que la Banque reçoit, & les y porter au plus vîte, parce que lors qu'on y porte des especes, on peut disposer sur le champ de la somme qu'on y a portée, sans être sujet à aucune amende. Mais comme ce remede n'est pas propre pour tout le monde, le meilleur est de tenir son compte de Banque en bon ordre, & de savoir toûjours au juste ce que l'on y a, & ce que l'on n'y a pas.

La Banque se ferme ordinairement 6 fois l'année, savoir vers la fin de Fevrier pour faire la balance & des Livres nouveaux; aux Fêtes de Pâques; à celles de la Pentecôte; vers la fin du mois de Juillet, pour faire encore la balance & des Livres nouveaux; à la Karmesse ou Kermis; & aux Fêtes de Noel, & on affiche à la porte de la Banque 10 ou 12 jours à l'avance, quel jour elle doit se fermer, & quel jour elle se doit ouvrir.

Quand elle s'ouvre après les Fêtes de Pâques, après la Karmesse, & après les Fêtes de Noël, elle s'ouvre toûjours un Jeudi, & l'on n'a pas la permission de disposer le second jour des parties qui entrent ce jour là même, comme on l'a aux autres trois ouvertures qui se font toûjours un Vendredi, auquel cas on peut disposer le Samedi qui est le second jour de l'ouverture, des sommes qui entrent ce même jour: ce qui a été accordé, parce qu'il y a une Ordonnance pour le payement des lettres de change qui porte, que les lettres de change qui seront échuës avant ou pendant la fermateure de la Banque, devront se payer ou se protester le troisième jour d'après l'ouverture de la Banque. Or comme la Banque ne s'ouvre pas le Dimanche, qui se trouve ici le troisième jour de l'ouverture, & que ceux qui ne recevoient leurs parties en Banque que le Samedi, ne pouvoient payer que le Lundi qui étoit le quatrième jour, il s'en protestoit quantité; & pour prevenir cela, on permit de disposer le Samedi de ce qui entreroit le jour même. Mais comme cela a aussi ses difficultez, on a depuis ordonné que quand la Banque s'ouvre, les Porteurs des lettres de change pourront attendre à protester jusques au Mardi suivant, si les lettres ne sont pas payées le Lundi qui est le quatrième jour, & on a cependant laissé la liberté de disposer le Samedi des sommes qui entrent ce jour-là. Mais il seroit beaucoup meilleur pour tous les Banquiers qu'on abolît cette coutume, & que la Banque s'ouvrît toûjours un Lundi, un Mardi ou un Mecredi, parce qu'alors le troi-

sième

fième jour ne feroit jamais un Dimanche. Il eft vrai que cela ne plairoit
peut-être pas à ceux qui profitent des amendes que plufieurs perfonnes
payent fouvent dans de pareils jours, pour avoir voulu difpofer des fommes
qu'on leur a promis de leur écrire, ce qui peut prefque aller à l'infini;
car prenons, par exemple, qu'on me doive écrire le fecond jour de l'ouverture 20. ou 30. parties montant à 50. mille florins, que chacun m'ait
promis de m'écrire ce qu'il me doit, & que là-deffus je difpofe auffi de
20. parties montant à 48. mille florins, fi 3. ou 4. de mes debiteurs
negligent de m'écrire 10. mille florins, me voila court de 8. mille florins, & condamné à 3. pour cent d'amende. Ce n'eft pas tout, aucun de
mes 20. billets ne paffe, & les 20. perfonnes à qui j'ai voulu payer, &
promis de payer, ayant compté fur ce que je devois leur écrire, peuvent
fe trouver courts de même que moi, & en faire trouver 20. autres chacun, auffi courts qu'eux & moi, ce qui devroit être confideré. Pour
éviter cet embarras, il faut que divers Banquiers fuent fouvent fang &
eau pour fe faire des fonds fuffifants qui puiffent être prêts à l'ouverture
de la Banque, ou du moins s'affurer, autant qu'ils peuvent, de ceux qui
doivent leur écrire, lors qu'ils veulent difpofer de leurs parties le même
jour.

J'ai déja dit que chacun eft obligé d'aller folder fon compte à la Banque, les 2. fois de l'année, après qu'on a fait des Livres nouveaux, fur
peine de 25. florins de Banque d'amende. Ainfi il faut être exact à le
faire dans les 6. femaines d'après les jours de l'ouverture. Ce font Meffieurs les Commiffaires de la Banque qui difent fi la folde eft bonne ou non:
mais ils n'y vaquent que quatre jours de la femaine, favoir le Mardi, le
Mecredi, le Jeudi, & le Vendredi depuis 9. heures jufques à 11. ou 11.
& demie. Voici ce qu'il faut obferver pour demander la folde.

Il faut premierement additionner votre compte de Banque en debit &
en credit, & voir combien vous avez de plus en debit qu'en credit, ce
qui eft votre folde. Enfuite il faut compter combien de parties vous avez
écrites depuis la derniere ouverture, qui font toutes les parties du credit, & prenant une note de votre Folio de la Banque, de votre folde,
& de vos parties, vous allez la dire à Meffieurs les Commiffaires. Comme,
par exemple, mon Folio étant à 2390, & trouvant ma folde de 12450
florins, & avoir écrit 110. parties depuis la derniere ouverture, je nomme premierement mon Folio à celui de Meffieurs les Commiffaires qui a
le nombre de mon Folio, enfuite je lui dis mon nom & 12450. florins;
fi nous fommes d'acord, le Commiffaire me le dit, & enfuite je dis
110. parties, fi le nombre des parties eft d'acord, il me le dit auffi.
Mais fupofé que les Teneurs de Livres en euffent compté 3. ou 4. plus ou
moins que moi, il me diroit leur nombre, que je ne manquerois pas de
noter pour en crediter la Banque, fans m'arrêter à ne la crediter que
des

des 110. parties que j'ai trouvées, parce que 3. parties de moins feroient
6. fols à mon avantage, ou parce que 3. parties de plus feroient 6. fols
à mon defavantage, & une erreur de 6. fols fur mon nouveau compte,
qui, fi je ne m'en aperçois pas, m'obligera tôt ou tard de tirer copie de
mon compte, & de le faire confronter avec le Livre de la Banque.

Supofé que j'aye 8. penins de plus, ou de moins fur les Livres de la
Banque, que les ƒ12450. que je demande, le Commiffaire me dira qu'il y a
8. penins de plus ou de moins; mais s'il y a feulement un fol de plus ou
de moins que ce que je demande, le Commiffaire me répondra que ce
n'eft point d'acord, & je ne pourrai favoir où eft la faute ou la difference, qu'en tirant une copie de mon compte de Banque en Debit & Credit, que je porterai aux Teneurs de Livres pour le verifier, & le lendemain ou deux jours après que je le redemande, il faut que je paye 12.
fols, & on me rend mon compte dans lequel on a noté l'erreur; de là
il faut retourner devant Meffieurs les Commiffaires & demander de nouveau la folde, qui alors ne manque pas d'être d'acord. L'un des Commiffaires vous dit auffi toûjours fur quel Folio du nouveau Livre on a mis
votre nouveau compte, qui ordinairement eft le même que le premier
que l'on a eu.

Il eft bon de dire ici que toutes les fois qu'on vous dit à la Banque,
que votre compte eft plein, & qu'il eft tranfporté fur un nouveau Folio,
il faut s'informer quelles parties on a mifes fur votre nouveau compte,
non feulement pour regler votre compte d'acord avec la Banque, mais
auffi pour pouvoir demander la folde jufte, qu'il ne faut pas manquer de
demander fitôt qu'on a un nouveau compte, fi on veut s'épargner beaucoup d'embarras au cas qu'il y ait de l'erreur, lors qu'on ne va demander la folde que de 6. en 6. mois. Pour en faire voir la neceffité à ceux
qui ne la favent pas, ou qui ne la croyent pas de confequence, ils n'ont
qu'à fuppofer que depuis l'ouverture de Fevrier jufques à l'ouverture d'Août
ils ont eu 10. ou 12. nouveaux comptes ou Folios, & qu'ayant négligé
de demander la folde chaque fois qu'on a tranfporté leur compte, on
leur dit au bout des 6. mois, que leur folde n'eft pas jufte. S'ils favoient
alors fur quel des 10. ou 12. Folios eft l'erreur, ils n'auroient qu'à tirer un
feul compte, pour le faire verifier, comme il a été dit ci-deffus: mais
comme on ne le dit jamais à la Banque, on eft obligé de tirer 10. ou
12. comptes, & de les faire tous verifier, d'où on peut juger de la
neceffité qu'il y a de demander la folde, chaque fois qu'on a un nouveau Folio.

Lors qu'il arrive à quelqu'un d'écrire par erreur & par diftraction, à un
homme à qui on ne doit pas, au lieu d'écrire à celui à qui on doit, quoiqu'on s'en avife affez tôt, & que la partie ne foit pas encore fur les Livres
de la Banque, on ne peut pas retirer fon billet de la Banque, en difant

qu'on

qu'on s'eſt trompé, quand même celui à qui vous avez écrit par erreur, viendroit avec vous à la Banque, declarer que vous ne lui deviez rien : les Teneurs de Livres vous diront, qu'il faut que la partie ſoit écrite en Banque, & que celui à qui vous avez écrit par erreur, n'a qu'à vous la remettre le lendemain ſur votre compte.

Tous ceux qui ont à écrire en Banque ſont obligez d'y porter eux mêmes leurs billets, de même que tous ceux qui y ont des comptes ſont obligez d'aller demander eux mêmes la ſolde, ou s'ils veulent s'en épargner la peine, ils ſont obligez de paſſer une Procuration à la Banque en faveur d'un de leurs garçons, qui les authoriſe à faire l'un & l'autre. Cette Procuration coûte 32. ſols qu'on paye hors la poche, & il faut la renouveller au bout d'un an & 6. ſemaines ; & ſi par hazard on eſt obligé de faire un voyage un peu long, & qu'on ait paſſé une Procuration Notariale à ſa femme ou à quelque autre perſonne, pour faire toute ſorte de payemens, ſans avoir laiſſé un nombre de billets de Banque, ſignez en blanc à proportion des parties qu'on compte avoir à payer pendant le voyage, ſi la perſonne, à laquelle vous avez paſſé la Procuration Notariale, ſigne les billets de Banque, ſans que cette Procuration ſoit enregîtrée à la Banque, ils ne paſſeront pas, & dans ce cas il faut que la perſonne authoriſée porte & laiſſe à la Banque une copie authentique de ſa Procuration, & qu'elle ſigne tous les billets de Banque de ſon nom, en ajoutant, par Procuration d'un tel : la note de cette Procuration coûte 50. ſols qu'on paye hors la main.

Lors qu'un homme qui a un compte en Banque eſt malade & hors d'état de ſigner ſes billets de Banque, ou d'aller à la Banque ſigner une Procuration, la perſonne qui ſe mêle de ſes affaires, doit aller a la Banque declarer que cet homme eſt fort mal & hors d'état de ſigner des billets de Banque ou une Procuration, & que cependant on voudroit payer des parties qu'il y a à payer ; dans ce cas il faut faire une declaration Notariale ſignée du Medecin qui voit le malade, & d'un ou deux des plus proches voiſins ou parens, laquelle on porte à la Banque, qui outre cela envoye un valet chez le malade pour ſavoir dans quel état il eſt, & s'il trouve qu'il ſoit effectivement dans l'état qu'on a declaré, la perſonne qui ſe mêle des affaires, eſt authoriſée à ſigner les billets de Banque, tout comme ſi le malade avoit ſigné la Procuration a la Banque. Mais ſi le malade eſt en état de ſigner la Procuration, celui qui doit être authoriſé, peut aller prier les Teneurs de Livres de vouloir paſſer une Procuration du malade en ſa faveur, & de l'envoyer chez lui pour la ſigner, ce qu'ils font en envoyant un valet de la Banque avec le livre des Procurations chez le malade, qui ſigne la Procuration en ſa preſence ſur ledit livre, & dès-lors qu'une Procuration eſt ſignée celui

qui

qui eft authorifé peut figner & porter les billets à la Banque, quoi qu'il n'ait pas encore l'extrait de fa Procuration, qu'on ne lui delivre le plus fouvent que 8. ou 10. jours après. Mais lors que la Banque la lui a une fois delivrée, il eft obligé de la montrer toutes les fois qu'il porte un billet à la Banque ou qu'il demande la folde. Que fi le malade vient à mourir, après avoir paffé fa Procuration, & avant qu'on l'ait delivrée à celui en faveur duquel elle eft paffée, on ne la lui delivre point, parce que la perfonne étant morte, fa Procuration n'a plus aucun effet.

Lors qu'un Chef de famille ou tout autre qui a eu un compte en Banque eft mort, après avoir fait Teftament, fes Heritiers ou les Curateurs qu'il a nommez, doivent porter à la Banque une copie authentique du Teftament en y payant hors la poche 50. fols pour la noter; ils demandent en même tems la folde du compte du defunt pour voir fi fes livres font d'acord avec la Banque, & ils peuvent faire tranfporter cette folde fur un compte nouveau, foit fur le nom de la veuve du defunt, de fes heritiers, curateurs de fes enfans, ou executeurs de fon teftament, fans qu'il leur en coûte les 10. florins qu'on paye pour faire ouvrir un nouveau compte.

Mais fi celui qui a eu un compte en Banque eft mort fans avoir difpofé de fes affaires, ceux qui prétendent être fes heritiers, ou fe mêler de la fucceffion, doivent fe faire authorifer à cela par les Seigneurs Echevins, & porter copie de leur fentence à la Banque, avant de pouvoir difpofer de la folde du compte du defunt.

On a pu remarquer ci-devant, que la Banque ne fe charge des efpeces qu'elle reçoit que fur le pied d'environ 5. pour cent au deffous de leur valeur ordinaire, puifque j'ai dit qu'elle ne prend les Ducatons de 63. fols courant que pour 60. fols ou 3. florins, & les Rixdales de 50. fols courant que pour 48. fols, ce qui doit faire juger qu'il y a une difference entre la valeur de l'argent de Banque, & la valeur de l'argent courant. En effet il y a toûjours une difference entre l'un & l'autre, qui roule le plus ordinairement depuis 4. jufques à 5. pour cent, & cette difference s'apelle *Agio de Banque* ou fimplement Agio; & lors qu'on veut acheter ou vendre de l'argent de Banque on marchande le prix de l'Agio le plus avantageufement qu'on peut, en tâchant d'avoir le plus haut prix en vendant, ou de donner le plus bas prix en achetant. Les Caiffiers qui font ceux qui fe mêlent le plus de ce negoce, & qui achetent & vendent tous les jours de l'argent de Banque, font ⅛ ou ⅓ pour cent de difference de l'achat à la vente, c'eft à dire que s'ils vendent à 4⅜ pour cent, ils offrent en même tems d'acheter à 4¼ pour cent, de forte qu'il n'y a guere à marchander, & il fe negocie tous les matins depuis 10. jufques a 11. heures, une infinité de parties de cette maniere fur le Dam au devant de la Banque. Il y a des tems aufquels le gros argent (comme Pieces

ces

ces de trois florins, Rixdales, & Pieces de 30. sols, qu'on nomme gros argent) est recherché, & alors on peut avoir facilement l'Agio à $\frac{1}{8}$ pour cent au dessous de son prix.

Pour faire le compte d'une partie d'argent de Banque que l'on a acheté, on multiplie la somme achetée par le prix de l'Agio, puis on retranche les deux dernieres figures (ce qui est diviser par cent) & si les deux dernieres figures retranchées sont deux Zeros, les chifres qui précedent les deux qui sont retranchez, sont l'Agio de la somme achetée, parce que deux Zeros seuls multipliez tant qu'il vous plaira, ne sont jamais rien, que lors qu'ils sont précedez d'un nombre. Mais si les deux chifres retranchez sont nombre, on les multiplie par 20. & on en retranche encore les deux dernieres figures pour avoir les sols, & si les deux dernieres figures sont aussi un nombre, on les multiplie par 16. & on en retranche encore les deux dernieres figures pour avoir des Penins, comme dans les deux exemples suivants.

Je supose avoir acheté *f.* 4740. de Banque à 5. pour cent, je pose 4740.
Que je multiplie par 5. qui est le prix de l'Agio - 5

237|00

Vient 237. florins juste pour l'Agio de ladite somme à laquelle je les ajoûte, & je vois que je dois payer en argent courant *f.* 4977. pour les 4740. florins d'argent de Banque, que j'ai achetez : mais si j'ai acheté lesdits *f.* 4740. de Banque à $4\frac{7}{8}$ pour cent, je pose - 4740
Que je multiplie par $4\frac{7}{8}$ qui est le prix de l'Agio - $4\frac{7}{8}$

18960
Pour $\frac{4}{8}$ je prens la $\frac{1}{2}$ des 4740. qui fait 2370
Pour $\frac{2}{8}$ je prens la $\frac{1}{2}$ des $\frac{4}{8}$ ou le $\frac{1}{4}$ des 4740 1185
Pour $\frac{1}{8}$ je prens la $\frac{1}{2}$ des $\frac{2}{8}$ ou le $\frac{1}{8}$ des 4740 592-10

Vient - - *f.* 231|07-10
Je multiplie ces deux chifres retranchez par 20. pour avoir des sols 20

Vient - - - sols 1|50
Je multiplie ces deux derniers chifres par 16. pour avoir des Penins 16

300
50

Vient - - - Penins 8|00

Ajou-

Ajoutez aux   -   -   4740 de Banque.
L'Agio à 4⅔ pour cent que vous trouvez être 231-1-8

Vous aurez à payer en argent courant *f*. 4971-1-8 pour les 4740. florins de Banque. Mais sans s'amuser à ces deux dernieres multiplications, un bon Chifreur fait toûjours de tête, combien de sols & de penins rendent les deux dernieres figures retranchées de la premiere multiplication, parce qu'il fait par cœur que 5. florins multipliez par 20. sols, font 100. sols, qui divisez par 100. font un sol, & que 50. centièmes de sol font 8. penins ou demi sol : ce qui peut servir de regle generale pour toutes les quantitez qui restent retranchées d'une division, de 100. où il est question de sols & de penins ou de deniers ; car quand je sai une fois que 5. florins de reste me font un sol, je conclus que *f*. 7: 10. me font 1. sol & demi, que 10. florins me font 2. sols, que 30. m'en font 6. que *f*. 32: 10. m'en font 6½, & ainsi de suite, jusques à 97. florins 10. sols qui rendent 19. sols 8. penins.

Ou si on l'aime mieux, on peut prendre le cinquième de la somme qui reste retranchée, qui est dans l'exemple precedent   7 - 10

Dont le ⅕ est   -   -   -   1 - 8

Mais lorsque l'on veut reduire l'argent courant, en argent de Banque, on le fait par la Regle de Trois, comme dans les exemples suivans qui serviront de preuve aux precedents.

Je supose avoir *f*. 4977. argent courant, & je veux savoir combien d'argent de Banque je pourrai avoir pour cette somme, si je paye l'Agio à 5. pour cent, je dis,

Si pour 105. florins courant j'ai 100. florins de Banque, combien en aurai-je pour   -   -   -   4977 courant.
                                     100

Mon diviseur est 105.   497700

Vient pour réponse   4740 florins de Banque 747.

LE NEGOCE

Preuve de la feconde Regle.

Si pour 104⅞ florins courant j'ai 100. florins de Banque, combien pour
florins   -   -   -   4971 - 1 - 8 courant.

$$100$$

$$839 \qquad\qquad 497100$$

        Pour 1. ſ. je prens la $\frac{1}{20}$ de 100.   5
        Pour 8. penins je prens la ⅓ d'un ſol   2 - 10

$$497107 - 10$$
$$8$$

Mon diviſeur eſt 839   𝟹𝟿𝟽𝟾𝟾𝟼𝟶

Vient pour réponſe   4740 florins de Banque   𝟼𝟸𝟶𝟾𝟶
                                           𝟹𝟹

Quand on écrit en Banque des ſommes où il ſe trouve des penins, on
n'en écrit jamais ni plus, ni moins de 8. Ainſi qu'il ſe trouve 7, 9, 10,
11 ou 12. penins, dans une partie qu'on doit écrire en Banque, on n'en
écrit que 8. mais s'il y en a au delà de 12. on écrit un ſol entier.
La Banque eſt une quittance ſuffiſante de toutes les ſommes qui s'y
payent, & ceux qui ont écrit à quelqu'un pour la valeur, ou pour
le payement d'une lettre de change, ou pour le payement de quelque
marchandiſe qui ſe paye en Banque, n'ont beſoin d'aucune quittance, parce que cela ne ſe pratique pas, & que ceux qui ont payé pouvent toûjours prouver qu'ils l'ont fait, par les Livres de la Banque. Mais lorsque
quelqu'un doit en argent courant, & qu'il paye en Banque, après avoir
accordé l'Agio, celui qui reçoit la partie en Banque, ne doit pas manquer de ſe faire donner une quittance de la valeur de l'argent de Banque,
tout comme s'il l'avoit payée effectivement en argent courant, parce que
ſouvent celui qui a écrit la partie en Banque, peut mieux prouver qu'il
l'a écrite, que celui à qui elle a été payée, ne peut prouver qu'elle lui
étoit dûë. Ainſi quand il eſt dû à quelqu'un une ſomme d'argent courant
qu'on lui paye en Banque, il doit donner une quittance pure & ſimple de
la ſomme qui lui étoit dûë en argent courant, & s'en faire donner une
de celui qui lui a écrit en Banque, comme s'il lui en avoit payé la valeur en argent courant. Par exemple A. me doit 4500. florins courant
pour des marchandiſes que je lui ai venduës, & il me propoſe de me les
payer en Banque; nous convenons de l'Agio à 4½ pour cent, & il m'é-
crit

crit *f.* 4306: 4: 8. de Banque qui avec l'Agio à 4½ pour cent font les *f.* 4500. qui m'étoient dus. Quand je trouve ma partie en Banque, je donne une quittance à A. où je dis que j'ai reçu de lui *f.* 4500. pour telles marchandises à lui venduës, & je me fais donner une quittance de lui, par laquelle il reconnoit avoir reçu de moi *f.* 4500. courant pour *f.* 4306: 4: 8 de Banque qu'il m'a écrit, l'Agio à 4½ pour cent. Que si je ne me fais pas donner une telle quittance de A. & qu'il soit malhonnête homme, il pourra tôt ou tard me demander les *f.* 4306: 4: 8. qu'il m'a écrits en Banque; & j'aurai beau dire qu'il me les a écrits pour me payer *f.* 4500. courant qu'il me devoit, il produira ma quittance, & n'en pouvant point produire de lui, il pourra tout au moins me faire consigner la valeur de ce qu'il m'a écrit en Banque, & me trainer dans un long procez, à moins que je ne puisse bien prouver qu'il me devoit cette somme en courant.

Comme j'ai promis de dire comment se negocient les Recipicez de la Banque, il ne sera pas hors de propos d'en parler avant que de finir ce Chapitre; & pour donner une entiere intelligence de ce commerce, qui n'est pas connu de tout le monde, je dirai que l'on ne porte des Especes à la Banque, que lors qu'elles sont à un bas prix, & qu'il y a lieu d'esperer qu'elles augmenteront dans la suite, en telle sorte qu'on pourra les vendre avec avantage, soit en les retirant de la Banque, ou en vendant les Recipicez. Pour donner un exemple de ce negoce, je supose avoir mille Loüis d'or au soleil, qui valent ordinairement depuis *f.* 11: 8. jusques à *f.* 11: 14. courant la piece, mais les voulant vendre on ne m'en offre que *f.* 11: 8. & ne voulant point les vendre à ce prix-là, dans l'esperance qu'ils augmenteront, & ayant cependant besoin d'argent, je les porte à la Banque qui les prend comme j'ai déja dit, page 574. sur le pied de *f.* 10: 14. ce qui me fait *f.* 10700. de Banque, dont je puis me servir moyennant ½ pour cent pendant 6. mois, qui est le terme de mon Recipicé; & si les Loüis d'or viennent à être demandez & à augmenter pendant ces 6. mois, je puis les retirer de la Banque pour les vendre au prix courant, ou vendre mon Recipicé, au prix que je trouve me convenir. Mais si dans les 6. mois, les Loüis d'or n'augmentent pas, & que j'aye cependant opinion qu'ils augmenteront dans les 6. mois suivans, je puis prolonger mon Recipicé, en le portant à la Banque, & en écrivant à la Chambre *des Speces*, qu'on nomme *de Specie Kamer f.* 53: 10. pour le demi pour cent que je dois payer pour la garde mentionnée dans le Recipicé, moyennant quoi on met au bas de mon Recipicé, un tel jour, prolongé pour $\frac{6}{m}$, & si après ces six mois je veux encore le prolonger pour autres 6. mois, je puis le faire en payant chaque fois *f.* 53: 10. comme dessus, & ainsi de suite. Il m'en est passé par les mains qui ont été ainsi prolongez jusques à 7. & 8. fois, d'où on peut juger des

gros

gros profits que fait la Banque de tems en tems. On tient qu'il y eſt entré en 1714. & 1715. plus d'un million de Louïs d'or en eſpeces, dont le ſeul demi pour cent monte à 53500. florins, ſans compter les prolongations. Mais ſans nous arrêter à cela, voyons le profit ou la perte qu'il peut y avoir pour un Negociant ſur les 1000. Louïs d'or que j'ai ſupoſez avoir porté en Banque.

J'ai dit & ſupoſé qu'on ne m'offroit que ƒ. 11: 8. courant pour un Louïs d'or, ainſi mille ne me rendroient que ƒ. 11400. courant.

Et la Banque me fait bon pour les mille   -   ƒ. 10700: - 1 -
A quoi il faut ajoûter l'Agio que je ſupoſe à 4½ pour cent   481: 10 -

Vient en argent courant   -   -   -   ƒ. 11181: 10 -

Suivant cela je perdrois ƒ. 218: 10: ſupoſé que je ne puiſſe rien faire de mon Recipicé, & que les Louïs d'or fuſſent à ſi bas prix, que je ne trouvaſſe pas à propos de les retirer au bout des 6. mois, ce qui n'eſt pas poſſible, parce que la Banque ne s'en charge pas ſur l'entier pied de leur valeur, ainſi il faut neceſſairement que mon Recipicé vaille quelque choſe, où je puiſſe retrouver mes ƒ. 218: 10. de difference. Or en multipliant cette difference de ƒ. 218: 10. par 20. pour la reduire en ſols, & diviſant le produit par mille, je trouve que mon Recipicé me revient à 4. ſols 5⁴⁄₁₀ penins par Louïs d'or ; & ſi pendant les 6. mois que je puis le garder ſans prolongation, j'en puis faire 5. ou 6. ſols par Louïs d'or, je le vends, & le cede ſans aucun endoſſement ni tranſport, à celui à qui je l'ai vendu, qui m'en paye la valeur en argent courant ; & ſi l'Acheteur trouve à le revendre avec avantage, il peut le revendre comme j'ai fait, & le Recipicé peut paſſer ainſi dans 7. ou 8. mains ou plus, dans l'eſpace de 6. mois, ſans aucun endoſſement ni tranſport.

Que ſi pendant les 6. mois que court mon Recipicé, je veux retirer les mille Louïs d'or de la Banque, ſoit que j'aye occaſion de les envoyer moi même, ou que je les aye vendus à quelqu'un pour de l'argent courant, il faut que je reſtituë à la Banque les ƒ. 10700. qu'elle m'a avancez, en y ajoûtant ƒ. 53: 10. pour le ½ pour cent porté par le Recipicé : ce qui fait enſemble ƒ. 10753: 10: auquel cas j'écris mon billet de Banque, comme ſuit.

Fol. 2390. Meſſieurs les Commiſſaires de la Banque, il vous plaira payer
à moi même
la ſomme de dix mille ſept cents cinquante-trois florins, dix ſols.
A Amſterdam ce &c.

Je porte ce billet à la Banque, & je demande les mille Louïs d'or,
con-

contenus dans mon Recipicé : auffi-tôt le Teneur de Livres à qui je donne mon billet, regarde fi je puis bien difpofer de cette fomme, & voyant que j'ai affez d'argent fur mon Compte pour cela, il envoye un valet de la Banque avec moi, à Meffieurs les Commiffaires de la Banque, pour leur dire, qu'ils peuvent me donner les 1000. Louïs d'or que je demande, fur quoi l'un de Meffieurs les Commiffaires les va chercher, & me les delivre fur le champ tout cacheté avec le poids marqué deffus, & je lui delivre mon Recipicé.

Au refte, quoique j'aye des Recipicez qui contiennent des Efpeces portées à la Banque, par tout autre que moi, je fais toûjours le billet de Banque payable à moi même, lorsque je veux les retirer, fans qu'il foit neceffaire d'y mettre le nom de celui qui les y a portées ni leur qualité ni quantité.

Il y a des tems où il fe fait un commerce très-confiderable de femblables Recipicez, fur tout pour les Piaftres, les Ducats & les Louïs d'or. Il entra une fi grande quantité de ces derniers à la Banque en 1714. & en 1715. que les Recipicez n'en valoient que 4. à 5. fols par Louïs d'or, & en 1716. on les a vu valoir jufques à 16. & à 17. fols.

Lorsque l'on a vendu à quelqu'un des marchandifes payables en Banque, on lui en delivre le compte, & on met feulement au bas, *Gelieft den inhout in Banco te betalen*, c'eft-à-dire, il vous plaira payer le contenu en Banque; & lorsque l'on a une lettre de change fur quelcun, qui eft payable en Banque, on met l'endoffement à peu près de même, & on le figne, & on delivre la lettre à celui qui la doit payer, fans qu'il foit neceffaire d'autre formalité.

Voila à peu près ce que j'ai trouvé de plus neceffaire à dire au fujet de la Banque, pour l'inftruction de ceux qui ne favent pas ce qui s'y pratique. Il ne me refte, à mon avis, qu'à prevenir les prejugez qu'on pourroit fe former contre la grande exactitude de la Banque, à ne faire prefque aucune grace à ceux qui commettent quelque erreur, auxquels elle fait payer l'amende fans quartier, ce qui fembleroit devoir rebuter les Marchands d'y tenir leur argent; & pour cela je dirai premiement qu'il eft prefque impoffible de faire des affaires tant foit peu raifonnables à Amfterdam, fans avoir un compte en Banque; car quoi qu'on puiffe y faire payer ou recevoir tout fous le nom d'un autre ou d'un Caiffier, on eft obligé, ou du moins il eft neceffaire de tenir un compte bien reglé, avec la Perfonne ou avec le Caiffier, de toutes les parties qu'il paye ou qu'il recoit en Banque. Or puifqu'il faut tenir ce compte en bon ordre, auffi bien avec un autre, qu'avec la Banque, pourquoi ne le pas tenir preferablement avec la Banque elle même, qui eft toûjours en état de vous redreffer fi vous avez fait quelque erreur à votre defavantage, ce qui n'arrivera pas toûjours fi vous en faites quelqu'une avec un Caiffier ou un autre.

Ece e 3

Se-

Secondement, que votre argent étant en Banque fur votre nom, y eft en plus grande feureté que chez vous même; car qu'on le vole à la Banque fi on veut, la Ville vous en eft caution, & on ne peut l'arrêter, ni le faifir fous aucun pretexte, à moins que vous n'ayiez manqué, & que la Chambre des fonds defolez ne fe foit faifie de tous vos effets, au lieu que fi vous laiffez votre argent en Banque fur le nom de quelqu'autre, il peut vous envelopper dans les malheurs qui peuvent lui arriver, ou fe fervir de votre argent pour fes propres affaires, & vous laiffer en peine lors que vous en avez befoin pour vous même.

Enfin, en troifième lieu, que lors que l'on eft une fois bien informé de tout ce qu'il faut obferver tant pour bien tenir fon compte en bon ordre, que pour éviter les amendes que la Banque fait payer, il n'y a rien de fi aifé que de fuivre l'ufage, en prenant garde de ne pas difpofer de trop, de porter fes billets à la Banque au tems qu'il faut, d'aller demander les parties aux heures marquées pour cela, & la folde du moins les deux fois de l'année après l'ouverture des Livres nouveaux. Si on compare toutes ces petites fujettions avec la grande incommodité qu'il y auroit à payer tous les jours des 20, 30, à 40. mille florins ou plus en argent comptant, on trouvera qu'elles ne font abfolument rien, en comparaifon de ces embarras.

CHAPITRE XXXVII.

Des Changes d'Amfterdam en general, de quelle maniere ils fe contractent, & les principales chofes que le Tireur & le Donneur doivent obferver.

LA plus grande partie des changes qui fe contractent à Amfterdam, fe marchandent & fe concluent fur la Bourfe, pour plufieurs raifons, dont je me contenterai d'alleguer la principale, qui eft que c'eft feulement fur la Bourfe que l'on peut s'affurer du veritable cours du change, & que l'on pourroit être fort fouvent trompé, fi l'on s'amufoit à refter chez foi & à y conclure des parties de change fur le fimple dire d'un Courtier qui affureroit que le veritable cours eft le prix qu'il demande, ou le prix qu'il offre, ce qui ne peut pas ariver en Bourfe, où dans un moment on fe peut informer de quantité de Courtiers, quel eft le veritable cours; car comme ils ne font que roder par toute la Bourfe pour tâcher de faire autant de parties qu'ils peuvent, ils favent au jufte ce qui fe paffé, & le difent en paffant à ceux qui le leur demandent.

Il fe fait cependant bien quelquefois des parties hors de la Bourfe, & on ne court aucun rifque de conclurre une partie de change lors que,

par

par exemple, un Tireur n'a pas pu tirer fur la Bourfe toute la fomme qu'il avoit à tirer, & qu'un Donneur, qui n'a pas voulu fe refoudre à lui donner le prix auquel il a tiré d'autres parties, lui envoie demander des lettres au même prix auquel il les lui a voulu donner en Bourfe ; car dans ce cas ils favent tous deux ce qui s'eft paffé en Bourfe, & ne doivent pas craindre d'être trompez, fur tout fi c'eft le même jour du depart de la pofte, & que le Donneur faffe dire qu'il doit envoyer les lettres de change ce jour·la même. Mais fi les lettres de change qu'on demande, étoient fur une place pour laquelle on negociât le lendemain, le Tireur auroit lieu de craindre quelque furprife, & que celui qui demanderoit ainfi fes lettres, ne fût que le change doit hauffer le lendemain. On peut faire la même reflection lors que les Courtiers vont le matin dans les Comptoirs des Banquiers ou Negocians, demander des lettres de change, ou en offrir, & differer toûjours, autant qu'on peut, d'en contracter jufques à la Bourfe.

Le cours ou prix du change fe regle toûjours fur l'une des trois circonftances fuivantes,

ou fur $\left\{\begin{array}{l}\text{le prix qui s'eft fait l'ordinaire precedent fur}\\ \text{le prix auquel le change eft revenu le dernier}\\ \text{ordinaire, de}\\ \text{l'abondance, ou la rareté de l'argent, ou des}\\ \text{lettres qui fe trouvent fur}\end{array}\right\} \begin{array}{l}\text{la place fur}\\ \text{laquelle on}\\ \text{traite.}\end{array}$

Lors qu'un Banquier ou Negociant eft tant foit peu connu, les Courtiers, en entrant en Bourfe, ne manquent pas de lui demander s'il a quelque chofe à remettre ou à tirer, & c'eft à lui à répondre difcretement, prenant bien garde de ne fe pas ouvrir indifferemment à toute forte de Courtiers ; car s'il dit à tous qu'il a beaucoup à tirer, chacun va prefenter fes lettres par tout, ce qui les fait meprifer, & eft très-fouvent caufe qu'on n'en veut avoir qu'à bas prix ; & fi d'un autre côté il dit qu'il a beaucoup à remettre chacun va demander des lettres pour lui, & cela fait hauffer le change. Ainfi un Banquier fe feroit tort à foimême en plus d'une maniere ; car outre qu'il ne tireroit qu'à bas prix, & ne trouveroit des lettres qu'à haut prix, il pafferoit ou pour fanfaron ou pour étourdi, de forte qu'il faut qu'un Banquier foit extremement prudent, fur tout lors qu'il a de groffes parties à tirer ou à remettre ; qu'il examine bien ce qui fe paffe, & lors qu'on lui propofe une partie qui lui convient, il doit la prendre fans hefiter, car change & vent changent fouvent ; & par cette raifon il arrive très-fouvent qu'on ne peut plus attraper une partie qu'on a laiffé échaper, & qu'on a pu avoir, un moment auparavant, à un prix avantageux, ce qui ne fera pas difficile à comprendre fi on confidere que le fort du commerce du change fe fait fur la Bourfe fort fouvent dans moins d'une heure de tems, & que pendant

cette

cette heure un feul Banquier tirera ou prendra pour 100. mille florins de lettres de change.

L'on ne negocie pas tous les jours indifferemment fur toutes les places avec lefquelles Amfterdam a change ouvert, mais feulement les jours du départ des Courriers, ou le jour précedent à l'égard de quelques unes. Ainfi on negocie

Le Lundi, fur toute la France, fur Geneve, fur Francfort, Leipzig, Nuremberg, Breslauw, Dantzik & Coningsbergen, & fur le Brabant & la Flandre.

Le Mardi, fur Londres & toute l'Angleterre, fur Hambourg & fur la Zeelande.

Le Mecredi il fe fait quelque chofe fur France, Geneve, Brabant & Flandre.

Le Jeudi fur les mêmes places que le Lundi, & fur l'Efpagne, le Portugal, & l'Italie.

Le Vendredi fur les mêmes places que le Mardi.

Le Samedi fur Hambourg.

Mais on negocie tous les jours fur Rotterdam & fur les autres villes de Hollande.

Lors qu'une Banquier veut traiter une partie de change il doit bien expreffement dire au Courtier, fur quelle place il veut tirer ou remettre, à quel terme, quelle fomme, & telles autres conditions auxquelles il veut le faire, & fur tout s'il a à tirer fur une place, payable dans une autre place, comme, par exemple, fur Rouen, payable dans Paris, il doit le dire avant toutes chofes au Courtier, fans quoi il feroit obligé de fournir fes lettres fur Paris directement, ou d'annuller la partie.

Lors qu'en traitant une partie de change, l'on ne conditionne aucun terme pour le payement ou pour l'écheance des lettres de change, il eft toûjours fous-entèndu que les lettres feront aux termes ordinaires que l'on a acoûtume de les faire fur les places pour lefquelles on traite. Par exemple, on tire ordinairement fur l'Efpagne à ufance qui eft de 2 mois, & fur Londres à 2. ufances qui font auffi 2. mois, & fi on ne conditionne aucun terme en prenant ou en tirant des lettres fur Efpagne, ou fur Londres, il eft cénfé que celles fur l'Efpagne doivent être à ufance, & celles fur Londres à 2. ufances.

D'abord qu'un Courtier a conclu une partie de change, celui pour qui il prend les lettres, doit lui donner l'ordre, ce qui fe fait en lui difant fimplement, *à mon ordre*, s'il veut que les lettres foient à fon ordre, ou s'il veut que les lettres foient à l'ordre d'un autre, il dit, *à l'ordre d'un tel, valeur de moi*, fur quoi le Courtier fait promtement une double note de la partie, lui en donne une à lui, & porte l'autre à celui de qui il prend les lettres, fur quoi il faut bien remarquer que

tant

tant celui qui tire ou negocie, que celui qui prend une lettre de change, ne doit pas prendre la note du Courtier sans examiner si elle contient bien clairement la somme conditionnée, le terme du payement, & le prix du change accordé, aussi bien que le nom tant de la place sur laquelle on a contracté, que de celui qui fournit les lettres, & de celui qui les prend ; & si le moindre de ces Articles y manque, l'un ni l'autre ne doivent pas prendre la note que tous ces Articles n'y soient bien exprimez pour éviter beaucoup de disputes qui peuvent arriver dans ce cas.

Lors que la Bourse est finie, celui qui y a tiré ou negocié quelque partie de change, ne doit pas manquer, aussi-tôt qu'il est de retour chez lui, ou qu'il a diné, de faire ou d'endosser les lettres de change qu'il a negociées, & cela suivant la note, ou les diverses notes que le Courtier, ou les Courtiers lui ont delivrées, en prenant bien garde qu'elles ne contiennent rien de contraire aux conditions contenuës dans les notes, & pour cela il y a 9. observations à faire dans le corps d'une lettre de change, savoir

1. Le nom de la ville d'où l'on tire la lettre de change.

2. La date du jour & de l'année, (*on date ordinairement les lettres de change du jour du départ du Courrier.*

3. Le terme du payement, ou le tems auquel la lettre doit être payée.

4. A qui, ou à l'ordre de qui elle doit être payée.

5. La somme qui doit être payée, & à quel prix du change, lors que c'est sur une place où la monnoye nommée dans la lettre de change, n'a pas cours.

6. De qui la valeur en est reçuë.

7. L'ordre, sur quel compte celui sur qui la lettre est tirée, doit passer la somme portée par la lettre de change lors qu'il la payera.

8. Le nom & l'adresse de celui sur qui la lettre est tirée.

9. La signature du Tireur.

On peut encore ajoûter une dixième observation, au cas que la lettre soit payable dans une autre place que celle sur laquelle elle est tirée, qui est de ne pas manquer de mettre le nom de la ville dans laquelle elle doit être payée.

Si celui qui a negocié les lettres de change, ne les tire pas de sa main, & qu'il n'en soit que simple Endosseur, il doit avoir fait toutes les observations ci-dessus, avant même que d'avoir pensé de les negocier, & outre cela il doit avoir exactement regardé si les endossements sont dans toutes les formes requises ; car on se moqueroit de lui, s'il endossoit des lettres où il manquât quelque chose d'essenciel ou dans le corps des lettres de change, ou dans les endossemens, & il seroit obligé de fournir d'autres lettres en place de celles-là, si le Donneur le souhaittoit.

F f f f   Le

Le Courtier qui a contracté en Bourse une partie de change, va querir les lettres de change chez le Tireur ou l'Endosseur vers les 3. à 4. heures après midi, & son devoir est de bien examiner aussi, avant que d'en sortir, s'il n'y a aucune faute, erreur, ou omission tant dans le corps des lettres que dans les endossements. S'il n'y trouve rien à dire, il les porte chez le Donneur, (*c'est ainsi qu'on appelle celui qui prend les lettres, parce qu'il en donne ou en paye la valeur à celui qui les lui fournit*) lequel, en recevant les lettres des mains du Courtier, doit à son tour les bien examiner, afin de n'envoyer point à ses Correspondants des lettres defectueuses, dont ils ne puissent faire aucun usage, ou dont ils ne puissent être payez à l'écheance, qu'avec mille & mille difficultez qui se peuvent rencontrer, ou qu'en donnant caution.

Ces difficultez arrivent souvent sur une date mal mise, sur le terme du payement mal expliqué, sur le nom d'une personne mal ortographié, & sur pareilles omissions, pour lesquelles plusieurs Banquiers, qui ont accepté, & qui doivent payer, font mille difficultez, en sorte que c'est chez eux une grace, s'ils payent sous une simple garantie du Porteur de la lettre, qui les mette à couvert de toute recherche, s'il se trouve qu'ils ayent mal payé dans la suite du tems, d'où il peut arriver plusieurs facheux accidents à ceux qui par la faute & la legereté du Tireur ou des Endosseurs, sont obligez de donner des tels billets de garantie.

Comme le Donneur ne reçoit ordinairement à Amsterdam, les lettres de change qu'il a prises en Bourse, que vers les 4. ou 5. heures après midi, lors qu'il n'est plus permis d'écrire en Banque ce jour-là, il ne peut en payer la valeur en Banque que le lendemain; mais on ne laisse pas pour cela de mette toûjours ou dans le corps de la lettre de change, ou dans les endossements, *valeur receue, ou valeur dudit Sieur, ou valeur d'un tel*, ce qui emporte la même signification à l'égard du payement de la valeur. Mais si celui qui a pris & receu les lettres de change n'a pas conditionné, en concluant la partie, qu'il n'en payera la valeur que dans quelques jours, il doit, s'il ne veut pas perdre entierement son credit, écrire sans faute le lendemain en Banque la valeur à celui qui lui a fourni les lettres de change, faute dequoi ce dernier peut sur le champ obtenir prise de corps contre lui, suivant l'Ordonnance du 31. Janvier 1656. qui porte, *que si le payement des changes contractez sur la Bourse d'Amsterdam, pour lesquels on a fourni & delivré les lettres, ne se fait pas aussi-tôt qu'elles auront été delivrées, on pourra l'exiger à la rigueur par l'emprisonnement du Debiteur.*

Celui qui a pris des lettres de change de quelqu'un, n'en doit écrire la valeur en Banque, qu'à celui qui lui a fourni ou endossé les lettres, à moins que celui qui lui a fourni les lettres, ne le prie par un billet signé de sa main, d'écrire cette valeur pour lui à un autre, & qu'il ne soit
bien

bien fpecifié dans ce billet, que la fomme qu'il le prie d'écrire, eft pour
la valeur de telle ou de telles lettres de change, qu'il lui a fournies fur
une telle Place à un tel prix. La raifon en eft que fi les lettres de change
revenoient proteftées, & que celui qui les a fournies, voulût dire que la valeur ne lui en a pas été payée, le Donneur ne pourroit prouver l'avoir
payée que par le billet par lequel le Fourniffeur des lettres l'a prié d'é-
crire cette valeur à un autre, & par les livres de la Banque. Je dis premierement par le billet &c., qui eft une preuve évidente que le Fourniffeur
des lettres a fouhaitté que la valeur en fût payée à un autre: fecondement
par les livres de la Banque, qui prouvent que la fomme de la valeur portée par le billet, a été écrite à la perfonne qui y eft nommée, par le Fourniffeur; & que ce font deux preuves qui fe foutiennent enfemble; car fi
le Donneur fe contente d'écrire la valeur à un autre fur la fimple priere
verbale du Fourniffeur des lettres, il aura beau dire, fi celui-ci le veut
nier, que la fomme qu'il a écrite un tel jour à l'autre, étoit pour la valeur de telles lettres de change, les Livres de la Banque ne font dans ce
cas-là que des demi preuves, & il peut arriver des chofes facheufes, fi le
Donneur ne peut pas prouver par un billet du Fourniffeur des lettres,
qu'il en a payé la valeur fuivant fon ordre.

Et le Donneur qui écrit la valeur en Banque, à tout autre qu'au Fourniffeur des lettres, après s'en être fait donner un billet dans les formes
prefcrites ci-deffus, ne doit, fur tout, pas oublier de mettre dans le billet
de Banque, à un tel pour un tel. Comme, par exemple, je dois à Jean qui
me prie d'écrire à Pierre, je fais mon billet de Banque payable à *Pierre
pour Jean*, ou pour compte de Jean, parce qu'il paroit par là que je paye
pour Jean à qui je devois.

Mais au contraire fi le Donneur paye ou écrit la valeur en Banque directement au Fourniffeur des lettres, il n'a befoin ni de billet, ni de
quittance de la fomme qu'il a payée, parce que la Banque eft une quittance fuffifante pour tout ce que l'on y paye directement à ceux à qui
l'on doit.

Lors qu'un Donneur, foit qu'il n'ait point de compte en Banque, ou
qu'il n'y ait pas affez d'argent pour payer la valeur d'une lettre de
change qu'il a prife, veut la faire écrire en Banque par un autre, au
Fourniffeur des lettres, il doit bien prendre garde que celui qui écrit cette valeur pour lui, mette dans fon billet de Banque que c'eft pour lui
ou pour fon compte qu'il paye. Par exemple, je m'appelle Pierre, & je
dois à Jean; Guillaume le payant pour moi, il doit faire fon billet de
Banque, *à Jean pour (ou pour compte de) Pierre*, & dans ce cas ce n'eft
point à Jean, à me donner une quittance de la fomme que je lui fais
payer, pour la raifon déja alleguée, que la Banque eft une quittance fuffifante. Mais fi je paye Guillaume, en argent courant, il me doit donner

une

une quittance comme quoi il a reçu telle fomme de moi, pour une telle fomme qu'il a écrite à Jean pour mon compte, en Banque; & au contraire fi je paye cette fomme en Banque, audit Guillaume, je n'ai pas befoin de prendre aucune quittance de lui.

Il eft ordonné par les Reglements faits pour l'établiffement de la Banque, *que toutes les lettres de change qui fe negocient dans Amfterdam, de 600. florins & au deffus, fe doivent payer dans la Banque, fur peine d'être tenuës pour mal payées, & de 25. florins d'amende à chaque fois pour les contrevenants,* & par la troifième partie des Ordonnances L. 3. T. 3. N. 10. il eft defendu à tous Courtiers, *de contracter aucune partie de change de cent Livres de gros & au deffus payable hors de la Banque, & d'en diminuer la fomme ou d'en faire plufieurs lettres de change au lieu d'une pour frauder la Banque, fur peine de fufpenfion & de privation de leurs offices.*

Ce feroit d'une grande commodité pour ceux qui entendent la Banque, que ces Ordonnances fuffent fuivies à la lettre: mais comme l'argent de Banque vaut ordinairement de 4. à 5. pour cent plus que le courant, & que le prix en varie fort fouvent, la plûpart des Marchands des villes voifines & de plufieurs villes d'Allemagne, qui ne doivent à Amfterdam qu'en argent courant, n'ont pas pu s'affujettir à remettre en argent de Banque, de crainte d'être trompez par la variation de l'Agio, & ont toûjours voulu negocier avec Amfterdam en argent courant: ce qui fait que les Ordonnances que je viens de raporter, ne font pas fuivies à l'égard des changes qui fe contractent à Amfterdam, fur plufieurs villes qui ne veulent point entendre parler d'argent de Banque ni d'Agio, comme fur Leipfig, fur Cologne, fur Bremen & plufieurs autres villes d'Allemagne, pour lesquelles on negocie en argent courant, comme je l'ai dit dans les Chapitres XXVI. & XXVIII.

Cependant il faut remarquer que la valeur des lettres qui fe negocient en argent courant, ne doit pas fe payer moins promptement, ni moins exactement que la valeur de celles qui fe negocient en argent de Banque; mais le Donneur ne doit en payer la valeur que fur la quittance, ou l'affignation de celui qui lui a fourni les lettres, fans quoi il ne pourroit pas prouver en avoir payé la valeur.

Au refte fi un Tireur ou Endoffeur ne confie pas la valeur de fes lettres de change au Donneur, il peut & eft en droit de s'en faire payer la valeur avant que de fe defaifir des lettres qu'il a contractées avec lui: mais il arrive peu fouvent qu'on faffe un tel affront à un Donneur. Cependant lors que le cas arrive, les Tireurs ou Endoffeurs doivent dire au Courtier, en concluant la partie, qu'ils veulent être payez de la valeur, avant que de fournir les lettres; mais alors le Donneur a droit de ne point payer qu'on ne lui donne en même tems les lettres de change.

J'ajou-

J'ajouterai, pour finir ce Chapitre, & ne rien omettre de ce qui se pratique lorsque l'on prend ou que l'on fournit des lettres de change à Amsterdam, que le Tireur est obligé de faire autant & de si petites lettres de change d'une somme qu'il a negociée, qu'il plait au Donneur, & de lui en fournir premiere, seconde, troisième & quatrième, s'il le souhaite ; & lorsque les lettres qu'on a negociées, sont ce qu'on appelle *des lettres faites*, c'est-à-dire des lettres qui sont tirées d'Amsterdam même ou d'ailleurs, soit par celui-là même qui les fournit ou par un autre, lors, dis-je, que l'on fournit des lettres faites par un autre, que l'on n'en a pas les secondes ou les troisièmes en main, & que cependant le Donneur en demande, l'Endosseur (qui n'a pas manqué s'il est exact dans ses affaires de tenir une copie des premieres ou du moins une note) tire une copie des premieres avec tous les endossements qui y étoient dessus, & met au haut de la date, *Copie pour servir de seconde*, ou *Copie pour servir de troisième*, & la delivre signée de sa main au Donneur, au defaut des veritables secondes ou troisièmes.

CHAPITRE XXXVIII.

Des Acceptations des Lettres de change, tant simples que sous protest.

Accepter une Lettre de change, c'est s'engager & s'obliger à la payer sans que rien en puisse garantir. *La coûtume de cette ville est que ceux qui acceptent des Lettres de change, s'en constituent les debiteurs, de sorte que si ceux qui les ont tirées, viennent à manquer, soit avant ou après l'écheance, les Accepteurs ne peuvent pas avoir leur recours contre aucun des Endosseurs.* Ordonnances d'Amsterdam, Apendix des Coûtumes, page 842.

Toutes les Acceptations de lettres de change doivent se faire par écrit, avec la date & la signature du nom & surnom des Accepteurs, ou de ceux qui acceptent pour eux, qui doivent mettre en quelle qualité ils le font, faute de quoi les Porteurs des lettres de change pourront les faire protester faute d'acceptation, tout comme si l'acceptation en étoit absolument refusée. Ordonnances d'Amsterdam, troisième Partie, L. 1. T. 8. n°. 12. art. 3.

Ceux qui ont des lettres de change pour faire accepter à Amsterdam, les envoyent chez les personnes sur lesquelles elles sont tirées, ou les leur donnent en Bourse, & le lendemain on va les redemander, & ceux sur lesquels elles sont tirées, les rendent, après les avoir acceptées, s'ils ont trouvé à propos de les accepter, en mettant simplement *Accepté*, & leur signature au bas des lettres de change, & c'est ce qu'on appelle une Acceptation simple.

Fff 3

Mais

Mais fi celui fur lequel une lettre de change eft tirée, ne trouve pas à propos de l'accepter fi-tôt, ou qu'il n'ait point reçu d'avis de celui qui l'a tirée, ou de celui pour le compte duquel elle eft tirée fur lui, il le dit à celui qui la lui prefente, qui peut d'abord la faire protefter, s'il le trouve à propos, fans être obligé d'attendre que l'autre ait reçu l'avis. Cependant d'ordinaire le Porteur attend un ordinaire ou deux, lors qu'il peut le faire fans fe caufer ou à fon Correfpondant aucun prejudice; & fi alors celui fur lequel la lettre eft tirée, dit encore qu'il n'a point reçu d'avis, ou s'il ne veut pas l'accepter, le Porteur peut la faire protefter, & en envoyer le proteft à celui qui lui a envoyé la lettre, laquelle il peut garder encore quelque Ordinaire s'il le trouve à propos, pour voir fi celui fur qui elle eft tirée, voudra enfin l'accepter.

On appelle Acceptation fous proteft, celle qui fe fait, foit par celui-là même fur qui la lettre eft tirée, ou par un autre, après que l'Accepteur a declaré par devant un Notaire & deux temoins, les raifons qu'il a pour ne point accepter fimplement, & alors il met au bas de la lettre de change, *Accepté S. P.* ce qui fignifie fous proteft, & enfuite fa fignature. Que s'il accepte pour compte d'un autre que le Tireur, ou de celui pour compte duquel la lettre eft tirée, il met ordinairement *Accepté S. P.* *pour compte ou pour l'honneur d'un tel*, en y nommant celui pour compte duquel il accepte.

Lorsque l'on accepte, foit fimplement ou fous proteft, une lettre de change tirée à tant de jours de date, ou à un terme ufité qui commence à courir du jour de la date de la lettre, on ne met prefque jamais de date à l'acceptation, mais il eft très-effentiel & neceffaire de la mettre, lors qu'on accepte une lettre de change tirée à tant de jours de veuë, ou à un certain terme ufité, qui ne commence qu'à courir du jour de l'acceptation; car fans cela on ne peut pas favoir le jour de fon écheance.

Lors qu'en prefentant un lettre de change, pour accepter, à celui fur qui elle eft tirée, il répond qu'elle eft bonne, il eft obligé de l'accepter, & s'il le refufoit, foit parce qu'il auroit apris depuis, quelque mauvais bruit du Tireur ou autrement, le Porteur pourroit l'obliger à l'accepter s'il l'avoit dit en prefence de deux temoins, finon le Porteur peut l'obliger à faire ferment, & s'il eft affez malhonnête homme pour faire un faux ferment, le Porteur de la lettre ne doit pas manquer de la faire protefter inceffamment & de la renvoyer avec le proteft.

Celui qui reçoit une lettre de change pour la faire accepter, foit qu'elle foit pour fon compte ou pour compte d'autrui, eft obligé de fe contenter de l'acceptation qu'en fait celui fur lequel elle eft tirée, quelque mauvaife opinion qu'on puiffe avoir de lui. Mais lorsque celui fur qui la lettre eft tirée, refufe de l'accepter, & qu'un autre fe prefente pour l'accepcepter fous proteft, le Porteur n'eft pas obligé de la lui laiffer accepter, s'il a la moindre mefiance de lui, & fur tout s'il a un bon Tireur & de bons Endoffeurs, & il n'eft pas même obligé de la laiffer accepter par quelque autre, quelque bon qu'il foit, s'il veut l'accepter lui même pour l'honneur du Tireur, ou de quelque Endoffeur.

Celui qui reçoit une lettre de change pour la faire accepter pour autrui, ne doit pas fouffrir que l'Accepteur l'accepte avec quelque referve ou reftriction, ni avec aucune condition qui puiffe alterer ni changer en aucune maniere, la fomme portée par la lettre de change, ni le terme du payement, s'il n'a pas un ordre bien exprès de celui pour compte duquel elle lui eft envoyée, de le fouffrir, & il doit plûtôt renvoyer la lettre avec proteft, que de fe contenter d'une telle acceptation, parce qu'il en feroit refponfable.

Il n'y a rien de plus libre que d'accepter, ou de ne point accepter une lettre de change, foit qu'elle foit tirée fur foi-même ou fur un autre; mais auffi il n'y a rien qui oblige & qui engage plus étroitement que l'acceptation d'une lettre de change, & combien de faillites & de banqueroutes n'arive-t'il pas tous les jours, par de malheureufes acceptations que l'on fait fur la parole & fur les belles promeffes des Tireurs, qui ne manquent pas de faire tout ce qu'ils peuvent pour engager ceux fur lesquels ils tirent, d'accepter leurs traites, & qui enfuite les laiffent dans la peine & dans l'embarras. Ainfi on ne fauroit trop prendre garde à quoi l'on s'engage lorfque l'on accepte; & ne point accepter pour perfonne, fur tout fi l'on n'a pas des effets en main; car une acceptation une fois faite ne peut pas fe revoquer, & quand même l'Accepteur voudroit la rayer, après l'avoir faite, il feroit obligé de payer la lettre de change, & regardé comme un fripon.

Celui auquel on préfente, pour accepter, une lettre de change, tirée fur lui, dont il n'a point d'avis, doit bien prendre garde de ne pas accepter à la legere, fur tout s'il a des lettres du Tireur, de la même date que la lettre de change qu'on lui préfente, qui ne lui en marquent rien: Et s'il trouve à propos de l'accepter, il ne doit le faire que fous proteft pour l'honneur du Tireur.

Lors que quelqu'un croit avoir accepté une lettre de change d'une certaine date, fomme & teneur, & qu'on lui en préfente une autre pour accepter, du même Tireur, de la même date, fomme & teneur, il ne doit pas l'accepter fans protefter formellement qu'au cas qu'il fe trouve à l'écheance qu'il en ait accepté une autre du même contenu, l'acceptation de celle-ci fera nulle.

Celui qui accepte une lettre de change fous proteft pour l'honneur du Tireur ou de quelque Endoffeur, ne doit pas manquer d'en donner inceffament avis à celui pour l'honneur duquel il accepte, foit afin qu'il

lui

lui en puiſſe remettre la proviſion en tems, ou lui ordonner comment il doit s'en prevaloir, ſoit afin qu'il puiſſe prendre ſes précautions contre celui ſur lequel la lettre eſt tirée, ou contre les Endoſſeurs qui le précedent, & il doit lui en envoyer le proteſt, afin qu'il puiſſe avoir ſon droit ſur ſon Debiteur; c'eſt à celui qui accepte ſous proteſt à payer les fraix du proteſt, dont le Porteur ne doit rien payer.

C H A P I T R E XXXIX.

Du Tems des payemens ou Echeances des Lettres de change, &
des Uſances des Lettres tirées, tant d'Amſterdam ſur les
principales places de l'Europe, que de celles qui ſe ti-
rent des mêmes places ſur Amſterdam, avec des
Tables pour le vieux & nouveau Stile.

L'Echeance ou le tems du payement d'une lettre de change eſt toûjours connu par l'un des termes ſuivans, qui font ordinairement le commencement des lettres de change.

I. A veuë.

II. A tant de jours, de ſemaines, ou de mois de veuë.

III. A un certain jour fixé, comme au 10. de Mai, au 20. Juin, au 5. Juillet &c.

IV. A uſances, à deux uſances, à trois uſances &c.

Toutes les lettres de change dans leſquelles le tems du payement n'eſt pas exprimé d'une des quatre manieres ci-deſſus, doivent être conſiderées comme tirées à veuë, & le jour auquel on les preſente à ceux ſur leſquels elles ſont tirées, doit être tenu pour le jour de leur écheance.

Une lettre de change payable *à veuë*, échoit dès le moment qu'elle eſt preſentée à celui ſur lequel elle eſt tirée, & un bon payeur n'en renvoyera pas le payement au lendemain, ni à deux ou trois jours, comme font bien des gens; car chacun ſait bien qu'une lettre *à veuë* coûte fort ſouvent plus cher au Donneur, qu'une autre qui aura quelque temps à courir, & on peut aiſément conclurre de là, que puis qu'il a remis à *veuë*, ſon Correſpondant a beſoin de la ſomme contenue dans la lettre de change pour s'en ſervir inceſſamment. Auſſi le Porteur d'une telle lettre eſt-il en droit de la faire proteſter d'abord, ſi on ne le paye pas à la preſentation.

Il y a cependant des gens qui font diſtinction entre une lettre de change tirée à *veuë* ſimplement, & une autre tirée à *veuë par Caiſſe*, & qui prétendent que celles qui ſont tirées à veuë doivent avoir 6. jours de fa-

veur

veur aussi bien que celles qui sont tirées à long terme ; mais que les lettres tirées *a veuë par Caisse* doivent se payer dès la présentation sans aucun delai. C'est ainsi qu'on l'entend & qu'on le pratique dans le Brabant, dans la Flandres & dans quelques villes voisines, mais à Amsterdam toute lettre de change tirée à *veuë* ou *à veuë par Caisse*, est estimée également échuë dès la présentation.

Une lettre de change tirée à tant de jours, à tant de semaines, ou à tant de mois de vuë, n'échoit qu'au bout de tant de jours, de tant de semaines ou de tant de mois d'après le jour de son acceptation.

Une lettre de change tirée à jour fixé, échoit au jour fixé par la lettre de change.

Mais pour savoir quel jour échoit une lettre de change tirée à usance, ou à deux ou trois usances, il faut savoir & de quelle place la lettre est tirée, & de combien on en compte l'usance dans la place dans laquelle elle doit être payée ; car les usances different suivant l'éloignement des places les unes des autres, comme on va le voir.

A Amsterdam on compte *l'usance* ou *l'uso* des lettres de change tirées de toutes les villes des sept Provinces-Unies, de tout le Brabant & la Flandres, de toute la France, de Geneve & de toute l'Angleterre, d'un mois de date, c'est à dire que si une lettre est tirée *à usance* d'une de ces villes ou pays sur Amsterdam du premier jour d'un mois, elle y échoit le premier jour du mois suivant, soit que le mois soit court, ou long de 31. jours.

L'usance de toute l'Italie, de toute l'Espagne & de tout le Portugal sur Amsterdam, est de deux mois de la date des lettres de change, & deux usances sont quatre mois.

L'usance de Dantzik, de Coningsberg & de Riga sur Amsterdam est d'un mois de veuë, mais le plus souvent on tire de Dantzik sur Amsterdam à 40. jours de date, & de Conningsberg & de Riga à 41. jours de date, & quelquefois aussi à un mois ou deux de date, mais le plus souvent à 10. & à 11. jours de date.

L'usance de Vienne, d'Augsbourg, de Francfort, de Nuremberg, de Cologne, de Leipzig & de la plûpart des villes d'Allemagne sur Amsterdam est de 14. jours de veuë, double usance de 28. jours, & demi usance de 7. jours.

Et par contre

l'Usance des lettres de change tirées d'Amsterdam sur toutes les villes des sept Provinces-Unies sur tout le Brabant, la Flandres, Geneve & toute l'Angleterre est reciproquement d'un mois après la date des lettres de change.

Gggg

Mais

Mais l'ufance des lettres tirées d'Amfterdam fur Paris & fur toute la France n'eft que de 30. jours.

L'ufance d'Amfterdam fur toute l'Italie, fur toute l'Efpagne, & fur tout le Portugal eft de deux mois de date.

On tire le plus fouvent d'Amfterdam fur Dantzik, Coningsberg & Riga à un mois de date fans parler d'ufance, & quelquefois à 40. & à 41. jours de date.

Et fur Breslauw à fix femaines de date.

Mais on tire ordinairement d'Amfterdam fur Vienne, fur Augsbourg, fur Nuremberg, fur Cologne (fur Francfort & Leipzig hors de foires) à 14. jours de veuë, ou de date.

Car la plûpart des lettres qui fe tirent d'Amfterdam fur Francfort & fur Leipzig fe font payables dans les foires desdites villes, de même que celles qui fe tirent fur Lion, qui la plûpart fe font payables en payemens des foires, comme il fera dit au Chapitre XLII.

Le tems du payement d'une lettre de change, payable à quelques jours de veuë ou après veuë, à quelques jours de date ou après date, commence à courir du jour de la préfentation, ou de la date d'icelle, comme, par exemple, une lettre de change datée, ou préfentée le premier de Mai, payable à trois jours de veuë, ou après veuë, à trois jours de date ou après date, écherra le quatrième dudit mois. Ordonnances d'Amfterdam du 6. Fevrier 1663.

J'ai déja dit qu'une lettre de change payable à jour fixe, échoit au jour porté ou exprimé par la lettre, mais il faut bien prendre garde, en concluant une partie de change à jour fixé, que fi la lettre eft fur une place où l'on fuit le vieux ftile, elle n'écherra que 11. jours plus tard, que fi elle eft tirée fur une place où l'on fuit le nouveau. Par exemple, une lettre tirée de Londres fur Amfterdam, payable au 31. Mars, échoit à Amfterdam le 31. Mars nouveau ftile, & une lettre tirée d'Amfterdam fur Londres payable le 31. Mars, échoit à Londres le 31. Mars vieux ftile, qui eft le 11. Avril nouveau ftile : ce qui peut quelquefois differer de beaucoup à ceux qui n'y penfent pas.

Une lettre de change tirée fur Amfterdam à un mois de date, ou de vuë, datée ou préfentée, par exemple, du 15. Janvier, échoit le 15. Fevrier, & court 31. jours; mais fi elle eft datée ou préfentée du 31. Janvier, elle échoit le 28. Fevrier ou le 29. lors que l'année eft Biffextile, & ne court que 28. ou 29. jours: la raifon en eft qu'un mois de date ou de vuë, eft compté d'un tantième à l'autre, & non pas de 30. jours comme en France.

Il faut encore remarquer qu'une lettre de change tirée d'une place où l'on fuit le nouveau ftile fur Amfterdam, par exemple du 15. Mai à un mois de date, y échoit bien le 15. Juin; mais fi elle eft tirée de Londres ou d'une autre place où l'on fuit le vieux ftile, elle n'échoit que

le

le 26. Juin, & si on la payoit le 15. Juin on la payeroit à 19. jours de date, & par conséquent 11. jours trop tôt, à cause de la différence des 11. jours qu'il y a entre le vieux & le nouveau stile.

Lorsqu'une lettre de change sur Amsterdam, est tirée, par exemple, de Paris ou d'une autre ville de France à usance, ou de l'Italie, de l'Espagne ou du Portugal à demi usance, & datée du premier Fevrier, elle échoit le premier de Mars, & ne court que 28. ou 29. jours, & si elle est datée du 28. Fevrier elle échoit le 28. de Mars, & ne court aussi que 28. jours, mais si elle est datée du *dernier de Fevrier*, elle n'échoit que le 31. de Mars qui est le dernier jour de ce mois.

Mais une lettre de change datée en vieux stile, payable à un mois de date, ou à usance, dans une place où on suit le nouveau stile, n'échoit pas toûjours un mois après la date du vieux stile, mais bien un mois après la date qu'on écrivoit & comptoit le jour que la lettre a été tirée en nouveau stile; & au contraire une lettre de change payable à un mois de date nouveau stile, sur une place où l'on compte le vieux stile, n'échoit pas toûjours un mois de date en nouveau stile, mais un mois après la date que l'on écrivoit en vieux stile, le jour que la lettre a été tirée ou datée.

Par exemple, une lettre de change datée de Londres le 25. Avril vieux stile, payable à usance dans Amsterdam où l'on suit le nouveau, n'y échoit pas le 25. Mai vieux stile qui est le 5. Juin du nouveau, mais bien le 6. Juin; car lorsqu'on comptoit à Londres le 25. Avril vieux stile, l'on comptoit à Amsterdam le 6. Mai, duquel jour l'usance doit être comptée; & au contraire une lettre de change datée d'Amsterdam du 5. Avril nouveau stile, payable à Londres à un mois de date, n'échoit pas le 5. Mai nouveau stile; car lorsqu'on comptoit le 5. Avril nouveau stile, l'on écrivoit le 25. Mars vieux stile, duquel jour le mois ou l'usance commence.

Plusieurs personnes savent que depuis le premier de Mars 1701. le vieux stile diffère de 11. jours du nouveau, & que divers Roiaumes, Etats, Pays & Villes qui jusques à ladite année avoient observé le Calendrier Julien, l'ont abandonné pour suivre le Calendrier Gregorien, excepté la Moscovie, la Suede, le Dannemarc, l'Angleterre l'Ecosse & l'Irlande qui continuent d'observer le vieux Calendrier Julien, qui est en arriere de 11. jours par raport au Gregorien.

Il est bon qu'on sache qu'en Angleterre, en Ecosse, & en Irlande, on commence l'année le premier de Janvier en vieux stile, lequel jour répond au douzième du même mois du nouveau stile. Mais l'Eglise & l'Etat n'en comptent le commencement qu'au 25. Mars vieux stile, lequel jour répond au 5. Avril du nouveau. C'est la cause pour laquelle l'on marque dans les lettres missives & dans les lettres de change, qu'on écrit, & qu'on tire ou re-

met

met reciproquement d'Angleterre, d'Ecoffe, d'Irlande, de Suede & de Dannemark, fur les Royaumes & Etats qui fuivent le nouveau ftile, on marque, dis-je, les deux ftiles, & les années jufqu'au 24. Mars, comme, par exemple, 26. Decembre $\left.\vphantom{\begin{matrix}a\\b\end{matrix}}\right\}$ 172$\frac{0}{1}$ & de même 24. Mars $\left.\vphantom{\begin{matrix}a\\b\end{matrix}}\right\}$ 172$\frac{0}{1}$. Mais le 25. de
6. Janvier

4. Avril

Mars l'on commence la même année que nous comptons en cette maniere, 25. Mars $\left.\vphantom{\begin{matrix}a\\b\end{matrix}}\right\}$ 1721. & ainfi des autres annés, étant pourtant à remarquer,
5. Avril

que, quoi qu'en Angleterre, Ecoffe, Irlande, Suede & Dannemark, on prenne le 25. Mars vieux ftile pour le commencement de l'année, on ne laiffe pas pour cela de continuer de compter le mois de Mars jufqu'au 31. dudit mois. Tout cela fe doit pratiquer de même dans tous les Royaumes & Etats de la Chrétienté, qui fuivent le nouveau Calendrier. C'eft ce qui m'a obligé de dreffer les Tables fuivantes des deux Calendriers Julien & Gregorien pour les douze mois de l'année, pour faire connoître la difference qu'il y a de l'un à l'autre ftile; ce qui eft d'une très-grande utilité pour connoître les écheances des lettres de change, tirées ou remifes des fufdits Royaumes & Etats qui fuivent le nouveau ftile, different du vieux d'onze jours, comme je l'ai dit ci-deffus, & comme il fe verra par lefdites Tables.

Calen-

Calendriers Julien & Gregorien, pour les douze mois de l'Année, ou Difference du Vieux & du Nouveau Stile.

JANVIER.		FEVRIER.		MARS.	
Nouv. Stile. Jours.	Vieux Stile. Jours.	Nouv. Stile. Jours.	Vieux Stile. Jours.	Nouv. Stile. Jours.	Vieux Stile. Jours.
1 - -	21 Dec.	1 - -	21 Janv.	1 - -	18 Fevr.
2 - -	22 - -	2 - -	22 - -	2 - -	19 - -
3 - -	23 - -	3 - -	23 - -	3 - -	20 - -
4 - -	24 - -	4 - -	24 - -	4 - -	21 - -
5 - -	25 - -	5 - -	25 - -	5 - -	22 - -
6 - -	26 - -	6 - -	26 - -	6 - -	23 - -
7 - -	27 - -	7 - -	27 - -	7 - -	24 - -
8 - -	28 - -	8 - -	28 - -	8 - -	25 - -
9 - -	29 - -	9 - -	29 - -	9 - -	26 - -
10 - -	30 - -	10 - -	30 - -	10 - -	27 - -
11 - -	31 - -	11 - -	31 - -	11 - -	28 - -
12 - -	1 Janv.	12 - -	1 Fevr.	12 - -	1 Mars.
13 - -	2 - -	13 - -	2 - -	13 - -	2 - -
14 - -	3 - -	14 - -	3 - -	14 - -	3 - -
15 - -	4 - -	15 - -	4 - -	15 - -	4 - -
16 - -	5 - -	16 - -	5 - -	16 - -	5 - -
17 - -	6 - -	17 - -	6 - -	17 - -	6 - -
18 - -	7 - -	18 - -	7 - -	18 - -	7 - -
19 - -	8 - -	19 - -	8 - -	19 - -	8 - -
20 - -	9 - -	20 - -	9 - -	20 - -	9 - -
21 - -	10 - -	21 - -	10 - -	21 - -	10 - -
22 - -	11 - -	22 - -	11 - -	22 - -	11 - -
23 - -	12 - -	23 - -	12 - -	23 - -	12 - -
24 - -	13 - -	24 - -	13 - -	24 - -	13 - -
25 - -	14 - -	25 - -	14 - -	25 - -	14 - -
26 - -	15 - -	26 - -	15 - -	26 - -	15 - -
27 - -	16 - -	27 - -	16 - -	27 - -	16 - -
28 - -	17 - -	28 - -	17 - -	28 - -	17 - -
29 - -	18 - -	29 - 18 -		29 - -	18 - -
30 - -	19 - -			30 - -	19 - -
31 - -	20 - -			31 - -	20 - -

Lors que l'Année est Bissextile le 1. de Mars nouveau stile, se rencontre au 19. Fevrier V. S & si elle ne l'est pas, il vient au 18. Fevrier.

Calen-

Calendriers Julien & Gregorien, pour les douze mois de l'Année,
ou Difference du Vieux & du Nouveau Stile.

AVRIL.		MAI.		JUIN.	
Nouv. Stile. Jours.	Vieux Stile. Jours.	Nouv. Stile. Jours.	Vieux Stile. Jours.	Nouv. Stile. Jours.	Vieux Stile. Jours.
1	21 Mars.	1	20 Avril.	1	21 Mai.
2	22	2	21	2	22
3	23	3	22	3	23
4	24	4	23	4	24
5	25	5	24	5	25
6	26	6	25	6	26
7	27	7	26	7	27
8	28	8	27	8	28
9	29	9	28	9	29
10	30	10	29	10	30
11	31	11	30	11	31
12	1 Avril.	12	1 Mai.	12	1 Juin.
13	2	13	2	13	2
14	3	14	3	14	3
15	4	15	4	15	4
16	5	16	5	16	5
17	6	17	6	17	6
18	7	18	7	18	7
19	8	19	8	19	8
20	9	20	9	20	9
21	10	21	10	21	10
22	11	22	11	22	11
23	12	23	12	23	12
24	13	24	13	24	13
25	14	25	14	25	14
26	15	26	15	26	15
27	16	27	16	27	16
28	17	28	17	28	17
29	18	29	18	29	18
30	19	30	19	30	19
		31	20		

Calen.

Calendriers Julien & Gregorien, pour les douze mois de l'Année, ou Difference du Vieux & du Nouveau Stile.

JUILLET.		AOUT.		SEPTEMBRE.	
Nouv. Stile. Jours.	Vieux Stile. Jours.	Nouv. Stile. Jours.	Vieux Stile. Jours.	Nouv. Stile. Jours.	Vieux Stile. Jours.
1	20 Juin.	1	21 Juill.	1	21 Août.
2	21	2	22	2	22
3	22	3	23	3	23
4	23	4	24	4	24
5	24	5	25	5	25
6	25	6	26	6	26
7	26	7	27	7	27
8	27	8	28	8	28
9	28	9	29	9	29
10	29	10	30	10	30
11	30	11	31	11	31
12	1 Juill.	12	1 Aout.	12	1 Sept.
13	2	13	2	13	2
14	3	14	3	14	3
15	4	15	4	15	4
16	5	16	5	16	5
17	6	17	6	17	6
18	7	18	7	18	7
19	8	19	8	19	8
20	9	20	9	20	9
21	10	21	10	21	10
22	11	22	11	22	11
23	12	23	12	23	12
24	13	24	13	24	13
25	14	25	14	25	14
26	15	26	15	26	15
27	16	27	16	27	16
28	17	28	17	28	17
29	18	29	18	29	18
30	19	30	19	30	19
31	20	31	20		

Calendriers Julien & Gregorien, pour les douze mois de l'Année, ou Difference du Vieux & du Nouveau Stile.

OCTOBRE.		NOVEMBRE.		DECEMBRE.	
Nouv. Stile. Jours.	Vieux Stile. Jours.	Nouv. Stile. Jours.	Vieux Stile. Jours.	Nouv. Stile. Jours.	Vieux Stile. Jours.
1	20 Sept.	1	21 Oct.	1	20 Nov.
2	21	2	22	2	21
3	22	3	23	3	22
4	23	4	24	4	23
5	24	5	25	5	24
6	25	6	26	6	25
7	26	7	27	7	26
8	27	8	28	8	27
9	28	9	29	9	28
10	29	10	30	10	29
11	30	11	31	11	30
12	1 Oct.	12	1 Nov.	12	1 Dec.
13	2	13	2	13	2
14	3	14	3	14	3
15	4	15	4	15	4
16	5	16	5	16	5
17	6	17	6	17	6
18	7	18	7	18	7
19	8	19	8	19	8
20	9	20	9	20	9
21	10	21	10	21	10
22	11	22	11	22	11
23	12	23	12	23	12
24	13	24	13	24	13
25	14	25	14	25	14
26	15	26	15	26	15
27	16	27	16	27	16
28	17	28	17	28	17
29	18	29	18	29	18
30	19	30	19	30	19
31	20			31	20

CHA-

CHAPITRE XL.

*Du Payement des Lettres de Change tant en argent de Banque,
qu'en courant, & ce que les Porteurs & les Payeurs doivent obferver, comme auffi des Jours de faveur
tant à Amfterdam que dans les principales Places de l'Europe.*

TOutes les lettres de change doivent être payées ponctuellement felon leur contenu tant à l'égard des fommes & des efpeces, qu'à
l'égard du tems porté par icelles, à ceux qui en font les veritables proprietaires.

La coûtume d'Amfterdam, à l'égard des lettres de change payables
en Banque, eft qu'au jour de l'écheance le Porteur à l'ordre duquel une
lettre eft payable, met au dos d'icelle, ou après le dernier endoffement,
Il vous plaira payer fur mon compte en Banque, ou *Payez fur mon compte en
Banque,* ou *Payez,* ou *Ecrivez en Banque à* &c. & fa fignature, après quoi il
l'envoye chez l'Accepteur, qui ordinairement la paye le même jour ou le
lendemain : mais fi au bout de deux ou trois jours le Porteur ne trouve
pas la partie écrite fur fon compte en Banque, il en demande ou en envoye demander la raifon à l'Accepteur, qui promet alors de la lui écrire
pofitivement le quatrième ou le cinquième jour de l'écheance, ou s'il lui
declare qu'il ne peut pas la payer, le Porteur ne doit pas manquer de reprendre la lettre, & de la faire protefter faute de payement le cinquième ou tout au plus tard le fixième jour pour les raifons qui feront dites
dans la fuite de ce Chapitre.

Lors qu'une lettre de change eft payable à Jean directement, Jean
ne peut pas l'endoffer à un autre, *fi ce n'eft que l'Accepteur lui promette
qu'il la payera à l'écheance à celui qu'il lui ordonne, & quand même Jean
viendroit à manquer dans l'intervalle du tems, l'Accepteur doit la payer
à celui qu'il a promis, pourvu qu'il paroiffe que la lettre a été remife audit
Jean pour fon propre compte.* C'eft ce que dit J. Phoonfen, dans le Stile du Change d'Amfterdam, Chap. XVI. Article V. Mais quoique
je foutienne que tout honnête homme doit tenir fa parole, il eft cenfé
que lorfque l'Accepteur fait cette promeffe à Jean, ou à l'autre qu'il
promet de payer, il compte que Jean reftera bon du moins cinq ou fix
jours après l'écheance de la lettre, auquel cas il ne court aucun rifque de
payer à celui auquel il a promis ; mais Jean venant à manquer avant
l'écheance, l'Accepteur auroit beau dire aux Creanciers de Jean, qu'il
s'étoit engagé de payer à un autre qu'à Jean, & qu'il veut le payer, je
fuis de fentiment que s'il la paye fans fe faire donner une promeffe de

celui

celui à qui il paye, il remboursera le montant de la lettre au cas qu'il foit prouvé qu'elle a été mal payée, & qu'il court grand rifque de la payer deux fois; car comme une lettre de change ne doit pas fe payer avant l'écheance, & que le Porteur n'en peut faire de l'argent avant l'écheance, qu'en l'endoffant ou en l'excomptant; Jean qui n'a pas eu droit d'exiger le payement de fa lettre avant l'écheance, le touche en quelque maniere du moment que l'Accepteur promet de la payer à l'autre, qui tient d'abord compte à Jean du montant de la lettre, en deduction ou en payement de ce qu'il peut lui devoir. Cela peut même être foubçonné de quelque intelligence entre l'Accepteur & Jean, ou entre tous les trois enfemblé. Ainfi un Accepteur ne doit jamais promettre, à mon avis, de payer une lettre, qui n'eft pas payable à ordre, à un autre qu'à celui à qui elle eft payable directement, fans prendre bien fes precautions.

Lors qu'une lettre eft payable à quelqu'un directement, il n'eft pas befoin de mettre au dos, *Payez fur mon compte en Banque*, ni de figner fon nom, parce que l'ordre porte pofitivement à qui on doit payer, & que le Payeur qui la paye en Banque à celui à qui elle eft payable, fatisfait à l'ordre.

Mais fi une lettre de change eft payable à *Jean ou ordre*, Jean peut l'endoffer, & la faire payable à qui il lui plait. Que fi la lettre eft payable en Banque, & qu'il n'ait point de compte en Banque, ou qu'il veuille en faire écrire le montant à Pierre ou à un autre, fans que Pierre puiffe l'endoffer, ce qui arrive fouvent pour de bonnes raifons, il met au dos de la lettre, *il vous plaira payer ou payez à Pierre*, enfuite dequoi il figne fon nom, auquel cas le Payeur doit bien prendre garde d'écrire en Banque à Pierre, fuivant la teneur de l'ordre.

Un Accepteur doit bien prendre garde, avant de payer fes acceptations, fi tous les endoffemens font bons, & fi tous les noms des Endoffeurs font bien ortographiez dans les endoffemens, afin que s'il manque quelque nom effentiel dans quelqu'un, il ne paye pas fans fe faire donner une bonne garantie de toutes les demandes qu'on pourroit lui faire au fujet de quelqu'un des endoffemens qui fe pourroient trouver faux.

Et comme en pareil cas un Porteur rifque de fon côté en donnant une garantie pour des endoffemens que fouvent il ne connoit pas, s'il ne peut pas s'accorder avec l'Accepteur, & qu'il ne veuille pas lui être garant des endoffemens, il peut obliger l'Accepteur à configner le montant de la lettre de change, jufques à ce qu'il ait fait venir les fecondes, troifièmes, ou quatrièmes, bien & diftinctement endoffées.

On fe pique beaucoup à Amfterdam, de payer les lettres de change qui font payables en Banque, le jour même de l'écheance, & on ne fait pas beaucoup de cas d'un Accepteur qui n'a de coûtume de payer que le fecond ou le troifième jour après l'écheance. Il y a cependant beaucoup
de

de gens qui foutiennent que fi celui auquel on a payé une lettre le jour de l'écheance, venoit à manquer le même jour, la lettre feroit tenuë pour mal payée, difant que la lettre n'eft écheuë qu'après minuit du jour de l'écheance. Par exemple, une lettre tirée du premier Mars, à un mois de date, échoit le premier Avril; & ceux qui font dans ce fentiment, foutiennent que, quoi qu'elle échoie ce jour-là, elle n'eft pourtant échue qu'à minuit d'entre le premier & le deux d'Avril, & que la payant le premier d'Avril, on court rifque de mal payer, fi celui à qui on paye, manque le même jour. Je ne deciderai pas du cas, mais je dirai feulement que s'il avoit lieu, je croi que beaucoup de bons Banquiers d'Amfterdam differeroient plûtôt à payer leurs acceptations au lendemain de l'écheance, que de fe mettre au rifque de mal payer en payant le jour même de l'écheance

On n'eft pas fi fcrupuleux à l'égard des lettres payables en argent courant, que l'on ne paye fouvent que le 3, 4, 5. ou fixième jour; il y a les mêmes obfervations à faire à l'égard des ordres & des endoffemens, qu'aux lettres de change payables en Banque.

Au refte fi l'Accepteur d'une lettre de change payable en Banque, fouhaitte de la payer en argent courant, il doit demander au Porteur fi cela lui couvient; & s'il l'agrée ils conviennent enfemble du prix de l'Agio, & alors le Porteur de la lettre doit en écrire la quittance au dos de la lettre de change, & marquer qu'il en a reçu le contenu avec l'Agio de Banque au prix accordé, & la figner. Mais le Porteur de la lettre n'eft nullement obligé de recevoir en argent courant le montant d'une lettre de change qui eft payable en Banque, de forte que fi l'Accepteur n'a point de compte ou d'argent en Banque, il eft obligé (lorfque le Porteur ne veut pas être payé en courant) d'acheter de l'argent de Banque, & de lui en faire écrire le montant en Banque, par un autre.

Toutes les lettres de change de trois cents florins & au deſſus ſe doivent payer à Amſterdam dans la Banque, nonobſtant quelques clauſes, ſtipulations ou acceptations contraires, ſur peine d'être tenuës pour mal payées, & de vingt-cinq florins d'amende. Ordonnances, 3. Partie, L. 1. T. 8. n. 9. Mais il faut noter qu'il en eft de cette Ordonnance, comme de celle que j'ai raportée page 596. au fujet du payement de la valeur des lettres de change, & que celles qui font tirées des Places d'où l'on ne tire fur Amfterdam, qu'en argent courant, font cenfées exemptes de cette Loi, & fe payent en courant.

Mais une lettre de change tirée de France, d'Angleterre, d'Efpagne, d'Italie ou de quelque autre Pays ou ville avec laquelle on negocie à Amfterdam en argent de Banque, qui porte fimplement de payer tant de florins, fans exprimer en Banque ou en courant, doit être payée en

Ban-

Banque, ne fût-elle que de 10. ou de 20. florins, & le Porteur ne doit en recevoir le montant qu'en Banque , ou avec l'augmentation de l'Agio, s'il le reçoit en courant.

On appelle Jours de grace ou Jours de faveur, un certain nombre de jours determinez par les **Loix** de chaque Pays ou place de commerce, accordez à ceux qui ont accepté des lettres de change, pour les payer après le jour de l'écheance , pendant lesquels jours les Porteurs des lettres font obligez d'en exiger le payement ou de protefter faute de payement , & les Accepteurs obligez de payer ou de manquer.

Les Porteurs des lettres de change , qui negligent de les faire protefter le fixième jour d'après l'écheance , perdent par leur delai & par leur negligence leur droit fur les Tireurs & les Endoffeurs , fuivant l'explication du fecond Article de l'Ordonnance du 31. Juillet 1660. donnée par les Seigneurs Magiftrats de cette ville , au fujet des protefts des lettres de change , le 29. Mars 1661. Apendix des Ordonnances, page 848.

Toutes les lettres de change qui viennent de dehors pour être payées dans la ville d'Amfterdam, y doivent être proteftées faute de payement dans le fixième jour , après celui de l'écheance , y compris les Dimanches & jours de fêtes , en comptant le jour qui fuit immediatement celui de l'écheance , pour le premier , à moins que la Banque ne foit fermée , & que pour cette raifon les lettres ne puiffent être payées dans leur veritable temps , dans lequel cas il faut protefter le fecond , ou au plus tard le troifième jour après l'ouverture de la Banque , pourvu que le fixième jour d'après l'écheance foit écoulé. Ordonnances d'Amfterdam, 3. Partie, L. 1. T. 8. N°. 12. Article 1. 2. du 31. Juillet 1660.

Comme il arrivoit fouvent des difputes entre ceux qui interpretoient cette Ordonnance d'une maniere, & ceux qui l'interpretoient d'une autre, Nos-Seigneurs de la Juftice publierent, pour l'amplifier & l'interpreter , les 3. Articles fuivans, le 6. Fevrier 1663.

I.

Que le tems du payement d'une lettre de change payable à quelques jours de veuë ou après veuë , à quelques jours de date ou après date , commence à courir du jour de la date , ou du jour de la prefentation. Par exemple , une lettre de change datée ou prefentée du premier Mai , à trois jours de veuë ou après veuë , à trois jours de date ou après date , écherra le 4. Mai , jour qui fera tenu être celui de l'écheance de la lettre de change , de forte que le tems auquel il faudra protefter , commence à courir le cinquième & finira le dixième dudit mois.

II.

Que le tems pour protefter après l'ouverture de la Banque , commencera au jour qui fuit celui de l'ouverture d'icelle , fans aucune diftinction de quelque jour que ce puiffe être. Par exemple , la Banque s'ouvrant un Samedi , les
trois

trois jours commenceront à courir le Dimanche , & par conséquent il faudra protester le Mardi.

III.

Les Porteurs des lettres de change échuës avant la fermature de la Banque , mais desquelles les six jours de faveur ne sont pas expirez , pourront attendre à protester jusques au second ou troisième jour après l'ouverture de la Banque , selon l'Ordonnance, Apendix des Ordonnances, page 857.

Suivant ces Ordonnances il y a six jours de grace ou de faveur à Amsterdam, pendant lesquels l'Accepteur d'une lettre de change ne peut point être inquiété ni attaqué en Justice pour la payer, mais aussi il faut qu'il la paye le sixième jour ou qu'il manque. Mais comme la Loi ne defend pas de protester avant le sixième jour, il y a des Porteurs qui font protester faute de payement dès le quatrième jour, auquel cas si l'Accepteur paye la lettre le cinquième ou le sixième jour, il doit payer les fraix du protest; mais si le Porteur fait protester le second ou le troisième jour, les fraix du protest sont pour lui.

Si le Porteur d'une lettre de change qu'il fait protester faute de payement le quatrième jour, renvoye la lettre avec le protest, sans attendre que le sixième jour soit expiré, & que l'Accepteur puisse ou veuille la payer le cinquième ou le sixième jour, celui-ci doit lui en offrir le payement avec les fraix du protest, moyennant qu'il s'oblige de faire revenir la lettre , & de la lui remettre en main; & s'il le refuse, il ne doit pas manquer de lui faire insinuer la même offre par un Notaire, & de protester contre lui de toutes les prétentions de dommage & d'interêt, qu'il pourroit prétendre contre le Tireur ou les Endosseurs.

Lorsque des lettres de change payables dans Amsterdam, ou tirées sur Amsterdam, n'y arrivent qu'après les six jours de grace, comme il arrive assez souvent de celles qui y viennent d'Angleterre d'où elles ne peuvent venir que par Mer, ce qui depend des vents, bons ou contraires, les Porteurs n'en perdent pas pour cela leur droit contre les Accepteurs, pourvu qu'ils puissent prouver que les lettres sont parties assez tôt des lieux d'où ils les ont receuës, pour arriver à Amsterdam avant l'écheance ou pendant les jours de grace, si le vent ne les avoit pas retenuës. Mais à l'égard de celles qui viennent des lieux pour lesquels il y a des Courriers qui arrivent regulierement à certains jours, il y a plus de difficultez ; car quoi que le Porteur puisse dire & prouver qu'il n'a reçu les lettres qu'après les jours de grace, il n'a plus droit de change contre l'Accepteur, c'est-à-dire que l'Accepteur, quoi qu'il soit & demeure toûjours obligé de payer, peut le trainer en longeur, & outre cela il perd son droit contre le Tireur & contre les Endosseurs.

Il y a aussi 6. jours de grace ou de faveur à Rotterdam, à Middelbourg, à Anvers & dans tout le Brabant, & la Flandres, à Cologne, à Breſlauw, à Nuremberg & à Veniſe, lesquels 6. jours ſont comptez du lendemain du jour de l'écheance, de même qu'à Amſterdam, excepté qu'à Nuremberg & à Veniſe, les Dimanches & les jours de fêtes ne ſont point comptez dans lesdits 6. jours.

A Londres il n'y a que 3. jours de faveur.

A Francfort ſur le Mein, il y en a 4. hors du tems des foires, & les lettres qui ſont payables à veuë, y doivent être payées à la preſentation ou du moins 24. heures après la preſentation.

A Leipſig il y en a 5. hors du tems des foires, comme auſſi à Augsbourg, ſuivant le cinquième Article de l'Ordonnance de ladite ville, qui dit expreſſement, que les lettres de change payables à veuë, y doivent être payées à la preſentation, ou tout au plus tard 24. heures après.

A Naples, il y a 8. jours de faveur.

A Dantzick dix.

A Paris & dans toute la France, il y en a auſſi dix, ſans y comprendre le jour de l'écheance, mais ſeulement celui du proteſt, des Dimanches & des fêtes, même des ſolemnelles qui y demeurent compris, *ſuivant la Declaration de Loüis XIV. du 31. Mai 1686. pour regler les differents que cauſoient les Articles IV. & VI. du Titre V. de ſon Ordonnance du mois de Mai 1673. concernant le Commerce.*

A Hambourg il y a 12. jours de faveur, y compris le jour de l'écheance. Mais comme il n'eſt pas permis de proteſter un Dimanche, ni un jour de fête, s'ils ſe rencontre être le douzième jour, on peut proteſter le lendemain qui eſt le treiſième, ſans ſe porter aucun prejudice.

A Stokholm il y a auſſi 12. jours de faveur.

A Madrid, à Seville, à Cadix & dans toute l'Eſpagne, il y en a 14.

A Genes, à Livourne, à Milan & dans quelques autres places d'Italie, il n'y a point de tems reglé pour les jours de faveur, mais le Porteur a la liberté d'attendre quelque tems, ou de faire proteſter d'abord après l'écheance.

CHA-

CHAPITRE XLI.

Des Traites & Remises que l'on fait en commission, ou pour compte d'autrui.

UNe lettre de change a deux noms differents selon la relation qu'elle a avec les personnes qu'elles concerne. Elle est *Traite* à l'égard de celui qui la tire, & à l'égard de celui sur lequel elle est tirée; & elle est *Remise*, à l'égard de celui qui l'envoye à quelqu'un, & à l'égard de celui auquel elle est envoyée, soit pour en recevoir le payement à l'écheance, soit pour la negocier.

Les Traites en Commission se font, ou pour compte de celui sur qui l'on tire, ou pour compte d'un troisième.

Lorsque la Traite est pour le compte de celui sur lequel on tire, on met simplement dans la lettre de change, de passer la valeur *suivant l'avis*. Mais lors qu'elle est pour le compte d'un troisième, on met dans la lettre de change, *que passerez à compte d'un tel suivant l'avis*, ou au lieu de mettre le nom de ce tel tout du long, on met simplement les premieres lettres de son nom.

Lorsque la Traite est pour compte de celui sur qui l'on tire, le Tireur ne doit pas manquer de lui donner incessamment avis de la somme qu'il a tirée sur lui, en combien de lettres dont la somme de chacune soit bien expliquée, de quelle date, à qui, & quand payables, de qui la valeur, à quel prix ou cours du change, & de quelle somme il le credite pour cette Traite ou pour ces Traites.

Mais si la Traite est pour compte d'un troisième, il suffit de donner avis à celui sur qui l'on tire, qu'on a tiré sur lui un tel jour pour compte d'un tel une telle somme, à un tel terme, en une ou en tant de lettres de change, de telle & telle somme, à l'ordre d'un tel, valeur d'un tel, sans qu'il soit necessaire de lui marquer à quel prix ou cours de change l'on a tiré; & dans l'avis que l'on en donne à celui pour compte duquel on a tiré, il suffit de dire que l'on a tiré pour son compte sur un tel, une telle somme, à un tel terme & à un tel prix, sans qu'il soit besoin de marquer en combien de lettres.

Entre les Marchands d'honneur, on observe que lorsque quelqu'un tire une lettre de change sur une place, le Tireur est obligé d'en donner avis par le premier Courrier à celui pour compte duquel on a tiré. Ordonnances d'Amsterdam, Chap. 2. 2. Part.

Celui qui tire pour compte d'un troisième, ne doit pas manquer de recommander ses lettres au cas que celui sur lequel il tire pour compte
du

du troifième, ne trouvât pas à propos d'y faire honneur pour le compte dudit troifième, c'eft-à-dire qu'il doit prier ou celui fur qui il tire, ou quelque autre ami, s'il en a dans la place fur laquelle il a tiré, d'accepter ou de faire honneur à fes Traites pour fon compte, au cas que celui fur qui il a tiré, ne trouve pas à propos de les accepter pour le compte de celui pour lequel elles font tirées. Cette recommandation fe fait ou par une lettre d'avis que l'on écrit à celui auquel on recommande fes Traites, ou fimplement en attachant aux lettres de change avec une épingle, ou avec une oublie, un petit morceau de papier fur lequel le Tireur écrit de fa propre main, *en cas de refus il faut s'adreffer à un tel*, ou *en cas de difficulté s'adreffer à un tel*. Cette precaution eft doublement bonne, parce qu'outre qu'elle fait voir que le Tireur a du credit & des amis, elle le met fouvent à l'abri de payer un rechange facheux, dont il peut profiter lui même en le faifant payer à celui pour compte duquel il a tiré.

On tire quelquefois pour compte d'un troifième, fur un ami qui ne connoit aucunement celui pour le compte duquel la Traite fe fait, auquel cas celui fur lequel les Traites font faites, ne doit point accepter fans l'obligé du Tireur. Que fi celui-ci a manqué de lui être garant pour la provifion, il ne doit pas manquer d'accepter fous proteft pour compte du Tireur, puifqu'il ne connoit que lui, & qu'il ne connoit point le troifième pour le compte duquel les Traites font faites.

Par exemple A. a befoin d'argent, & B. fon ami ne peut pas lui en avancer; mais comme il a du credit chez C. de Venife que A. ne connoit pas, ne fachant pas même qui il eft, B. pour aider A. tire une certaine fomme fur C. pour compte de A. avec fon obligé, c'eft-à-dire que B. s'oblige envers C. que fi A. manque de lui fournir la provifion à l'écheance, lui B. fera obligé de le faire, & lui fera garant jufques à ce qu'il foit rembourfé par A. Il arrive auffi fouvent en pareil cas, que B. donne ordre à C. de tenir un compte particulier de ces Traites qu'il fait pour compte de A. & de s'en prevaloir à l'écheance fur lui-même ou fur A. Mais de quelque maniere que foit l'ordre de B. à C, celui-ci ne doit accepter que fous proteft pour compte ou pour l'honneur de B, fi B. ne lui a pas marqué qu'il lui refteroit garant ou obligé pour A. *Cette methode de change fe pratique auffi affez communement lorfque A. étant debiteur de B. & que ne pouvant pas le payer auffi promptement qu'il voudroit, lui demande encore quelque tems, & qu'ils conviennent enfemble que B. tirera comme ci-deffus fur C. pour compte de A. afin que par ce moyen B. puiffe joüir de la fomme qu'il tire, & que A. ait le tems pour en fournir la provifion à C. ou de payer les retraites que B. lui a ordonné de faire foit fur lui-même, ou fur A.* On appelle Retraite en fait de change, la lettre que celui qui a payé, ou doit payer une lettre de change, tire fur celui qui

l'avoit

l'avoit tirée fur lui, pour s'en rembourfer, commerce ruineux qui caufe à la fin la perte de ceux qui le font continuellement.

On tire auffi fort fouvent pour compte d'un troifième à l'ordre d'un quatrième, comme par exemple,

B. d'Anvers ayant ordre de D. de Madrid, de tirer pour fon compte fur C. de Hambourg, & n'en trouvant point d'occafion, ordonne à A. d'Amfterdam, de tirer une telle fomme fur C. dudit Hambourg, pour compte de D. de Madrid, & de lui en remettre la valeur; ou bien B. tire fur A. avec ordre de fe prevaloir fur C. pour compte de D. auquel cas A. ne doit pas fe charger d'une telle commiffion qu'avec ou fous l'obligé de B. & en tirant fur C. il ne doit pas manquer de lui donner avis qu'il tire fur lui par l'ordre de B. pour compte de D. & il doit auffi donner avis à B. qu'il a tiré fur C. fuivant fon ordre, dans ce cas A. peut ne pas connoître C. de Hambourg, ni D. de Madrid, & il ne reconnoit que B. d'Anvers, qui lui a donné l'ordre, & c'eft à C. de Hambourg, & à B. d'Anvers à connoître D. de Madrid pour compte duquel feul fe faite la Traite.

Lors qu'un Tireur en commiffion fournit fes lettres à quelqu'un, qui ne lui en paye pas promptement la valeur, il peut & doit en exiger le payement à la rigueur felon le droit du change ; car il ne peut lui accorder aucun delai qu'à fes rifques.

Que s'il lui a accordé quelque delai moyennant un avantage proportionné au terme qu'il lui donne, & qu'il n'en veuille pas courir les rifques, il doit en donner avis à fon Principal ou Commettant, & lui marquer qu'il a obtenu un meilleur prix que le cours, en accordant un tel terme au Donneur pour payer la valeur, & que s'il en eft content il lui fera bon le change au prix accordé; que fi le Commettant l'aprouve, le Tireur ne court aucun rifque fi le Donneur vient à manquer avant que d'avoir payé la valeur, parce que dès-lors le terme accordé court au rifque du Commettant. Mais fi le Commettant n'aprouve pas le terme accordé, il refte & court aux rifques du Tireur qui dans ce cas n'eft pas obligé de lui faire bon le change au prix qu'il a accordé, mais feulement au prix courant, auquel il étoit le jour de la Traite : mais comme cela eft fort fujet à des difputes, un Commiffionnaire fait beaucoup mieux de ne point du tout tirer, que de fournir des lettres à pareilles conditions.

Un Commiffionnaire qui a ordre de tirer à veuë, doit l'éviter autant qu'il eft poffible, parce que des lettres à veuë, ou à quelques jours ou femaines de veuë, fe peuvent garder auffi long-tems que les Porteurs le trouvent à propos pour leur interêt, & qu'il peut arriver pendant ce tems-là des accidens facheux tant au Commettant, qu'à celui fur lequel on a tiré, & que de telles lettres peuvent revenir fur le Tireur long-tems après qu'il s'eft degarni de la valeur, & qu'il a cru fes Traites payées; c'eft pourquoi un prudent Commiffionnaire, qui a ordre de tirer à veuë,

Iii i   ou

ou à tant de jours, ou de femaines de veuë, fera toûjours fes lettres à tant de jours, à tant de femaines, ou à tant de mois de date, parce qu'alors il peut s'affurer qu'au bout du terme fes Traites font payées fi elles ne reviennent pas à proteft.

Lors qu'un Commiffionnaire a ordre de ne tirer qu'à un certain prix, cela fe doit toûjours entendre, que, s'il peut faire mieux, il doit le faire; mais il ne doit jamais tirer au deffous du prix limité, que pour de bonnes & folides raifons, comme, par exemple, dans ce cas. B. d'Amfterdam doit payer pour compte de A. de Paris, une fomme de dix mille florins, & n'a ordre de fe prevaloir de cette fomme fur A. de Paris, qu'à 48. gros par écu, ou fur C. de Hambourg, qu'à 33. fous par daalder, cependant B. qui doit payer inceffamment, ne trouve à tirer fur Paris, qu'à 47. gros par écu, ou fur Hambourg, qu'à 32¼ fous par daalder. Dans ce cas s'il ne veut pas ou ne peut pas avancer les 10. mille florins du fien, il doit tirer de toute neceffité, & en tirant fur l'une de ces deux places pour laquelle le change eft le plus avantageux pour A. & le plus aprochant du prix limité; car fupofé que A. fût affez déraifonnable pour limiter le prix à plus haut qu'il ne peut venir raifonnablement, le Commiffionnaire n'eft pas obligé d'attendre que le change vienne au prix limité, lors qu'il n'y a point de convention faite entre lui & fon Commettant, qu'il attendroit à tirer jufques à ce que le change fût au prix limité.

Il arrive quelquefois à caufe de la prompte variation du change, qu'un Commiffionnaire ayant conclu au commencement de la Bourfe, une partie de change qu'il tire fur fon Commettant à bas prix, le change vient à augmenter tout d'un coup confiderablement; & comme la plûpart des Banquiers notent ordinairement le plus haut cours du change à leurs Correfpondans, un Commiffionnaire qui a eu le malheur d'avoir tiré à bas prix, fe fait un fcrupule & un point d'honneur que fon Commettant s'aperçoive qu'il a tiré à fi bas prix, & lui fait bon la partie qu'il a tirée, au haut cours qui s'eft fait le même jour, en quoi il perd fouvent plus que fa Commiffion. Mais lorfque le cas arrive, & que le même Commiffionnaire a dans une autre tems occafion de tirer à un haut prix, & que le change baiffe auffi-tôt, on n'eftime pas qu'il faffe tort à fon Correfpondant s'il ne lui paffe alors le change, qu'au bas cours auquel il eft tombé, après qu'il a eu conclu la partie. Mais chacun doit fe connoître là deffus, & ne faire à autrui que ce que l'on fouhaitte être fait à foi-même. Pour moi je trouve plus à propos d'avouer franchement, que le change a hauffé depuis qu'on a conclu la partie, & qu'on tâchera de faire à un meilleur prix une autre fois.

Un Commettant a raifon de foupçonner un Commiffionnaire qui tire fur lui, fans lui marquer le prix du change auquel il a tiré, ou lors qu'il tire fur lui d'une maniere extraordinaire, & inufitée, comme, par exemple

ple lors qu'on tire de France, de Londres & de Hambourg fur Amfterdam en florins; car l'ufage de France eft de tirer fur Amfterdam, tant d'écus à tant de gros, ou deniers de gros par écu; celui de Londres eft de tirer tant de livres fterlins, à tant de fchelings & deniers de gros par livre fterlin; & celui de Hambourg, tant de daalders, à tant de fous par daalder, de forte que lors qu'un Commiffionnaire d'une de ces Places tire fur fon Commettant d'Amfterdam, des lettres payables en florins, ce dernier peut fe douter avec raifon, que fon Commiffionnaire n'ait negocié à un autre prix que celui qu'il lui accufe, au lieu que lors que les lettres font tirées dans les formes ordinaires, & que le prix du change eft exprimé dans les lettres de la maniere que je viens de le dire, le Commettant ne peut pas craindre aucune fupercherie, à moins de fupofer que le Commiffionnaire s'eft entendu pour le tromper, avec celui auquel il a fourni la lettre, ce qui n'eft guere apparent.

Un Tireur en commiffion doit avoir foin, autant qu'il lui eft poffible, de faire procurer le plûtôt que faire fe peut, l'acceptation des Traites qu'il fait, & particulierement fi elles font fur un autre que fur celui pour compte duquel il tire; car c'eft toûjours un fujet de tranquillité que de favoir fes Traites acceptées, & un Tireur dont les Traites font acceptées a toûjours un Debiteur de plus, lors que fes Traites font fur un troifième, & non fur celui pour compte duquel elles font.

Lors qu'un Commiffionnaire reçoit ordre d'acheter des marchandifes, & d'en tirer le montant fur un troifième, & qu'il ne connoit pas bien fon Commettant, ou qu'il ne fe fie pas affez à lui, il eft de fa prudence d'en donner avis à celui fur lequel il a ordre de tirer, & de lui demander s'il acceptera la Traite qu'il a ordre de faire fur lui, afin de fe regler fur fa reponfe.

Lors qu'un Commiffionnaire reçoit ordre de tirer fur quelqu'un, & de remettre le montant de fes Traites ailleurs; ou bien de remettre quelque fomme en quelque endroit, & d'en tirer le montant fur une autre place, il doit agir avec prudence, tant felon fes forces que felon fa connoiffance, & la bonté de fes Commettans; car s'il n'eft pas bien foncé il ne doit pas remettre que premierement il n'ait tiré, ni s'il a la moindre mefiance de fon Commettant, tirer fans être affuré fi celui fur lequel il doit tirer, acceptera fes Traites ou non, & s'il eft affez bon pour pouvoir s'affurer fur lui.

Des Remifes en Commiffion & du Demeurer du Croire.

Les remifes en commiffion font celles qu'un Commiffionnaire fait pour compte de celui auquel il remet, ou pour compte d'un troifième, foit qu'il demeure du croire ou non.

Demeu-

Demeurer du Croire, en general, c'eſt être garant à ſon Commettant de toutes les dettes que l'on contracte pour lui , & en fait de change c'eſt être garant à ſon Correſpondant des lettres de change que l'on prend par ſon ordre & pour ſon compte , ſoit pour les remettre à lui même ou à tel autre qu'il ordonnera, bien entendu que celui qui demeure du croire, n'eſt garant que de la bonté & validité des lettres de change juſques à leur écheance & aux jours de faveur incluſivement ; car ſi un Commettant, après avoir laiſſé écouler le jour de l'écheance, & les jours de faveur ſans faire proteſter les lettres de change, prétendoit que le Commiſſionnaire le rembourſât, ſi l'Accepteur ou les Endoſſeurs venoient à manquer, il ſe tromperoit groſſierement, pour diverſes raiſons bonnes & ſolides.

Celui qui a ordre de prendre des lettres de change pour les remettre, ſoit à ſon Commettant même, ou à un autre pour ſon compte, ne doit pas manquer de les faire faire en la maniere qui lui eſt preſcrite, & s'il ſe trouve qu'il ait lui même en mains des lettres telles qu'on les lui demande, il peut, ſans aucun ſcrupule, les remettre, en les paſſant à ſon Commettant au veritable cours du change auquel il auroit pu les negocier en Bourſe, & ne pas manquer de les endoſſer à l'ordre preſcrit.

Celui qui prend des lettres de change en commiſſion pour compte d'autrui, doit éviter, le plus qu'il peut, de les faire faire, ou paſſer à ſon ordre, parce qu'alors il eſt obligé de les endoſſer, ce qui le rend reſponſable des lettres, pour leſquelles on peut avoir recours ſur lui, au cas que l'Accepteur ou les Endoſſeurs viennent à manquer, mais il doit les faire faire , ou paſſer à l'ordre de celui auquel il doit les remettre , valeur de lui, car par ce moyen il n'eſt reſponſable de rien au cas que les lettres viennent à n'être pas acceptées ou payées comme dans l'exemple ſuivant.

A. de Paris ordonne à B. d'Amſterdam de lui remettre 1000. *Ducats ſur Madrid, B. ne demeurant pas du croire prend pour* 1000. *Ducats de lettres ſur Madrid, les fait paſſer à ſon ordre, & les endoſſe à A. auquel il les envoye, A. les endoſſe à C. & C. les endoſſe à un autre &c. Or ſi pendant le tems que ces lettres vont ainſi d'une main à l'autre, celui ſur lequel elles ſont tirées, & le Tireur viennent à manquer, les Endoſſeurs ont leur recours ſur les Endoſſeurs qui les precedent. Ainſi celui à qui C. les avoit endoſſées, a ſon recours ſur lui, & A. venant à manquer auſſi, C. ne peut avoir ſon recours que ſur B. qui doit rembourſer C. en qualité d'Endoſſeur , ce qui n'arrivera pas ſi B. fait faire ou endoſſer les lettres à A. valeur de lui B. mais ſi B. demeure du croire pour ces remiſes, il peut les faire paſſer à ſon ordre, & les endoſſer à A. comme ci-deſſus, puiſqu'il en eſt garant & reſponſable à A.*

La Commiſſion du demeurer du croire pour les lettres de change eſt ordinairement de ½ ou de ⅓ pour cent, & c'eſt à ceux qui demeurent du croire, de bien connoître ceux deſquels ils prennent des lettres ; car pour

gagner

gagner une plus forte commiffion, qui dans le fond n'eft qu'une bagatelle, on s'expofe dans certains tems à perdre de groffes fommes.

Lors qu'un Commiffionnaire remet par ordre de fon Commettant des lettres de change à un troifième, & qu'elles lui font dûment endoffées, ni lui ni fon Commettant ne peuvent pas les faire revenir au prejudice de celui auquel elles ont été remifes.

Le Commiffionnaire qui prend des lettres pour un Commettant qui ne demeure pas dans la place fur laquelle les lettres font tirées, fait fort prudemment d'envoyer les premieres à l'acceptation, & d'envoyer en même tems les fecondes à fon Commettant, en lui donnant avis qu'il a envoyé les premieres à l'acceptation, & en mettant au bas de chaque feconde, *la premiere fe trouvera chez un tel*; car par cette precaution il peut s'affurer beaucoup plûtôt fi les remifes font acceptées ou non, & fi elles ne le font pas, il peut s'en faire rembourfer beaucoup plus promtement que s'il faloit qu'elles paffaffent par les mains du Commettant avant que de lui parvenir.

Lors qu'un Commiffionnaire demeurant du croire a remis, fuivant l'ordre de fon Commettant, des lettres de change qui dans la fuite reviennent à proteft faute de payement, & qu'il en reçoit le rembourfement du Tireur avec le rechange & les fraix, il n'eft pas en droit, pour en profiter, de faire d'autres remifes à fon Commettant de la même fomme, & payables dans le même tems qu'étoient celles qui font revenuës, lors qu'il ne les a pas endoffées lui même, car dans ce cas il doit lui faire bon le benefice du rechange; mais s'il a endoffé les lettres qui font revenuës à proteft, il a droit de s'aproprier ce même benefice, parce que par fon endoffement il a fait de ces lettres, fes propres lettres, & s'en eft rendu refponfable, tant envers le Commettant qu'envers tous les Endoffeurs qui le fuivent, en vertu dequoi il peut accorder avec le Tireur ou l'Endoffeur le plus à fon avantage, & à fon profit que faire il fe peut.

Lors qu'un Commiffionnaire qui demeure du croire, remet de fes propres lettres à fon Commettant ou à tel autre qu'il lui a ordonné, il eft obligé, au cas qu'elles reviennent à proteft faute de payement, d'en rembourfer le montant à fon Commettant avec le rechange, les fraix & le proteft, qu'il auroit droit de prétendre lui même de tout autre Tireur, duquel il auroit pu prendre des lettres, parce que fa qualité de Tireur ne peut pas préjudicier le Commettant à l'égard duquel il n'eft que Commiffionnaire, & qu'en cette qualité il doit lui rendre bon & fidele compte du rechange, comme s'il le recevoit d'un autre.

Lors qu'un Commiffionnaire qui demeure du croire, tire lui même fur fon Commettant, & lui remet fes propres lettres, fon rifque du demeurer du croire finit au jour de l'écheance des lettres; de forte que fi le Com-

met-

mettant, qui en pareil cas feroit & Accepteur & Porteur tout enfemble, venoit à manquer le lendemain de l'écheance, ou pendant les jours de faveur fans protefter contre lui même, la perte feroit pour lui & non pour le Commiffionnaire, quoique Tireur des lettres; mais s'il venoit à manquer avant l'écheance, la perte feroit pour le Commiffionnaire entant que Tireur, ou pour celui pour compte duquel il a tiré lesdites lettres.

Lors qu'un Commettant ordonne à un Commiffionnaire demeurant du croire de remettre pour fon compte à un troifième une certaine fomme, que le Commiffionnaire a effectué fon ordre, & que ce troifième, après avoir été payé de ces remifes, vient à manquer, la perte eft pour le compte du Commettant, & non pour le Commiffionnaire, duquel le demeurer du croire eft fini dès le moment que le troifième a été payé des remifes à lui faites, & que fi le Commettant a laiffé fes deniers en mains du troifième, cela n'a pu être qu'à fes rifques, & non aux rifques du Commiffionnaire qui n'eft plus obligé à rien dès le moment que fes remifes font payées.

Un Commiffionnaire qui demeure du croire, ayant ordre de tirer fur quelque place, & d'en remettre le montant en une autre place, s'il a le malheur de n'être pas payé de la valeur de la Traite qu'il fait, il eft obligé d'en porter la perte, parce que dans ce cas le demeurer du croire ne s'étend pas feulement fur les Remifes, mais auffi fur les Traites, ou fur toute la negociation. Mais il n'en eft pas de même fi ayant tiré fur celui que le Commettant lui a indiqué, l'Accepteur vient à manquer à l'écheance, & que le Commiffionnaire foit obligé à rembourfer; car dans ce cas c'eft au Commettant à fuporter la perte, comme ayant donné l'ordre exprès de tirer fur celui qui a manqué, pour lequel le Commiffionnaire ne lui étoit point garant.

Un Commiffionnaire qui vend des marchandifes pour compte d'autrui, & qui demeure du croire pour les dettes, ne demeure pas en confequence du croire pour les remifes qu'il fait, lorsque les dettes font entrées, à moins qu'il n'en foit convenu avec fon Correfpondant.

Un Commiffionnaire ne doit pas, ou du moins il n'eft pas obligé de remettre par avance & par anticipation, les fommes qu'il n'a pas encore receuës, mais qui doivent lui entrer pour le compte de fon Correfpondant; & s'il le fait, il ne doit pas manquer de lui marquer expreffement qu'il fait ces remifes par anticipation & fans préjudice, jufques à ce que les fommes qu'il doit recevoir pour lui, lui foient entrées.

Un Commiffionnaire qui remet à fon Commettant des lettres de change qu'il fait faire d'une maniere inufitée, fur la place fur laquelle il remet, comme, par exemple, de Paris fur Amfterdam, en florins & non en écus à tant de gros par écu, s'attire le même foupçon de fon Commettant, que celui que j'ai marqué, page 619. à l'égard des Tireurs en Commiffion.　　　　　　　　　　　　　　　　　　　　　　Et

Et comme un Commiſſionnaire n'eſt pas obligé de remettre à ſon Commettant par anticipation ni lors qu'il ne peut pas trouver des lettres de change, au prix qu'il lui a limité, il ne doit pas auſſi lui paſſer le change au prix limité, s'il a pris les lettres qu'il lui remet, à un plus bas prix. Mais s'il demeure du croire, & qu'il ait de la confiance pour quelque Tireur dont les lettres ne ſoient pas bien connuës en Bourſe, & qu'à cauſe de cela il les puiſſe avoir au deſſous du cours, il peut ſans faire tort à ſon Commettant, les lui paſſer au cours des meilleures lettres, parce que ſoit qu'elles ſoient bonnes ou mauvaiſes, c'eſt lui qui en court le riſque par ſon du croire; mais s'il ne demeure par du croire, & que les riſques en ſoient pour compte du Commettant, il fait fort mal de lui paſſer de telles lettres de change à plus haut prix qu'il ne les a priſes, & c'eſt pure friponerie.

Lors qu'un Commiſſionnaire doit tirer une ſomme *par Apoint* il doit y ajoûter les ports des lettres, ſa Commiſſion ou Proviſion, avec le Courtage de ſa Traite, & le tout enſemble eſt *l'Apoint* qu'il doit tirer.

Et au contraire lors qu'un Commiſſionnaire doit remettre une ſomme *par Apoint*, il doit en deduire les ports des lettres, ſa Commiſſion & le Courtage, & la ſomme qui reſte, eſt celle qu'il doit remettre *par Apoint.*

Comme l'on eſt aſſez ſouvent embarraſſé pour trouver la juſte ſomme que l'on doit tirer ou remettre par Apoint, à cauſe de la Commiſſion & du Courtage qu'il faut ajoûter en tirant, ou qu'il faut deduire en remettant par Apoint, & que l'on eſt obligé de chercher cette juſte ſomme comme à tâtons, en faiſant divers calculs juſques à ce qu'on l'ait trouvée, voici une regle ſeure & generale pour trouver les juſtes ſommes qu'il faut tirer ou remettre par Apoint.

Pour faire cette regle il faut premierement ajoûter à la ſomme que l'on a à tirer & deduire de celle que l'on a à remettre par Apoint la Commiſſion ou Proviſion que quelques uns paſſent à ½ pour cent, & d'autres à ⅓ pour cent, enſuite il faut ſavoir le prix auquel on a conclu la partie que l'on doit tirer ou remettre, prendre une partie juſte des eſpeces que l'on tire ou que l'on remet, & les reduire en la monnoye du Pays où l'on eſt, après quoi il faut en deduire le courtage, lorſque l'on tire par Apoint, ou l'y ajoûter, lorque l'on remet par Apoint, & dire enſuite par la Regle de Trois, ſi tant donnent tant, combien tant. Par exemple,

A. d'Amſterdam doit tirer par apoint ſur Paris ou ſur Londres une ſomme de 25000. florins argent de Banque, & il a accordé le change à 46. 8. de gros par écu ſur Paris, ou à 33. ſ. 4. 8. par livre ſterlin ſur Londres.

Opera-

Operation sur Paris.

Ajoûtez premierement aux 25000 florins qu'il faut tirer par apoint, la commission qui à ½ p. cent est   125 florins,

Fait ensemble   -   -   25125 florins que vous savez déja que vous

devez tirer. Mais comme vous ne pouvez savoir à combien montera le courtage dont vous devez aussi tirer le montant, sans le chercher comme à tâtons, en faisant diverses regles jusques à ce que vous ayiez trouvé la somme juste des écus qu'il faut tirer de plus pour payer le courtage,

Voyez combien font 1000. w. à 46. ⅝. par écu, il viendra *f.* 1150 : 0 : 0
Deduisez en le courtage que vous savez être pour 1000. w.   2 : 5 : 0

Reste à tirer pour chaque mille Ecus   -   -   *f.* 1147 : 15 : 0

Dites ensuite par la Regle de Trois,

Si pour 1147½ florins je dois tirer 1000. écus , combien pour 25125. florins. Et vous aurez pour reponse, 21890. w. 39. *s.* 4. ⅝. la Commission & le Courtage y compris , & pour preuve de cela reduisez les 21890. w. 39. ß. 4. ⅝. en florins à 46. ⅝. par écu, il viendra 25174. florins 5. sols qui est là juste somme du montant de votre apoint avec la Commission & le Courtage.

Car la somme que vous avez à tirer par apoint est   *f.* 25000 : 0 : 0
Votre commission à ½ pour cent qu'il faut ajoûter, est   125 : 0 : 0
Et le courtage des 21890. w. 39. *s.* 4. ⅝. à 45. *s.* par 1000. w. est   49 : 5 : 0

f. 25174 : 5 : 0

Operation sur Londres.

Ajoûtez aux 25000. florins à tirer par apoint, 125. florins pour la commission à ½ pour cent, & vous aurez comme ci-dessus 25125. florins.

Voyez ensuite combien de florins font 100. livres sterlin
à 33. ß. 4. ⅝. viendra   -   -   -   *f.* 1000 : 0 : 0
Deduisez en le Courtage que vous savez être pour 100. livres sterlin   ⸗   ⸗   -   ⸗   15 : 0

f. 999 : 5 : 0

Dites

Dites enfuite par la Regle de Trois,

Si pour 999¼ florins je dois tirer 100. Livres Sterlins, combien pour 25125. florins. Et vous aurez pour réponfe 2514: Livres, 7: 8. Sterlin, la commiffion & le courtage y compris, lesquelles 2514: Livres 7: 8. Sterlin font 25143. florins 15. fous, qui font la jufte fomme de l'apoint que vous devez tirer.

Car la fomme que vous devez tirer par apoint eft	f. 25000: 0: 0
Votre commiffion à ½ pour cent eft - -	125: 0: 0
Et le courtage des 2514: Livres 7: 8. Sterlin à 15. f. par 100. Livres eft - - -	18: 15: 0
	f. 25143: 15: 0

Et au contraire fupofé que quelqu'un d'Amfterdam ait à remettre par apoint 25000. florins argent de Banque, fur Paris ou fur Londres, & qu'il accorde le change fur Paris à 46. ⅝. par Ecu, & fur Londres à 33. § 4. ⅝. il faut faire la Regle comme fuit.

Operation fur Paris.

Deduifez premierement des   25000. florins à remettre par apoint, la Commiffion qui à ½ p. cent eft   125. florins

Refte   -   -   24875. florins.

Voyez enfuite combien font 1000. w à 46. ⅝. par Ecu, il viendra - - - -	f. 1150: 0: 0
Ajoûtez y le courtage de 1000. w qui eft - -	2: 5: 0
	f. 1152: 5: 0

Puis dites par la Regle de Trois,

Si pour 1152¼ florins je dois remettre 1000. w combien pour 24875. florins. Et vous aurez pour réponfe 21588. w 11. f. 9. ⅝. qui reduits en florins à 46. ⅝. par Ecu, font 24826. florins 8. fous qui eft la jufte fomme qu'il faut remettre.

K k k k

Car

Car la fomme à remettre par apoint eft   -   -   *f.* 25000: 0:0
D'où il faut deduire la commiffion à ½ p. c. qui eft *f.* 125: 0:0
Et le courtage des 21588. w 11. *f.* 9. ₰. qui eft   48: 12:0

173: 12:0

f. 24826. 8:0

Operation fur Londres.

Deduifez des 25000. florins à remettre par apoint, 125. florins pour la
Commiffion à ½ pour cent, & vous aurez comme ci-deffus 24875. florins.

Voyez enfuite combien font 100. Livres Sterlin à 33. ₰.
4. ₰. il viendra   -   -   -   *f.* 1000: 0: 0
Ajoûtez y le courtage de 100. Livres Sterlin qui-eft   : 15: 0

f. 1000: 15: 0

Puis dites par la Regle de Trois,

Si pour 1000¼ florins je dois remettre 100. Livres Sterlin, combien
pour 24875. florins.   Et vous aurez pour réponfe 2485: Livres, 12: 8
Sterlin, qui reduites en florins à 33. ₰. 4. ₰. par Livre Sterlin font 24856.
florins 7. fous, qui eft la jufte fomme qu'il faut remettre.

Car la fomme à remettre par apoint eft   -   -   *f.* 25000: 0:0
D'où il faut deduire la Commiffion à ½ p. c. qui eft *f.* 125: 0:0
Et le courtage des 2485: Livres, 12:8 Sterlin qui eft 18: 13.

143: 13:0

f. 24856: 7: 0

Que fi l'on a une pareille fomme de 25000. florins d'argent courant
à tirer ou à remettre par apoint, on peut trouver tout d'un coup le
nombre des Ecus, des Livres Sterlin, ou telle autre monnoye que l'on
veut, par la même Regle, en y ajoûtant l'Agio, comme dans les deux
exemples fuivans.

Ayant à tirer par apoint 25000. florins argent courant fur Paris, l'A-
gio à 4½ pour cent, le change à 46. ₰. par Ecu.

Voyez

Voyez combien font 1000. w à 46. &. viendra.   -   *f.* 1150: 0: 0
Ajoûtez y l'Agio à 4½ pour cent qui eft   -   -   51: 15: 0

Fait enfemble en argent courant   -   -   *f.* 1201: 15: 0
Deduifez en le courtage de 1000. w qui eft   -   -   2: 5: 0

Refte à tirer pour chaque 1000. w en argent courant   *f.* 1199: 10: 0

Puis dites par la Regle de Trois,

Si pour 1199½ florins courant on peut tirer 1000. w, combien pour 25125 florins courant. Et il viendra pour réponfe 20946. w 13.*f.* 7. &. qui reduits en florins de Banque, à 46. &. par Ecu font *f.* 24088: 3: 0
Dont l'Agio à 4½ pour cent eft   -   -   1083: 19: 0

Fait enfemble   -   -   -   -   *f.* 25172: 2: 0

Preuve.

La fomme à tirer eft en argent courant   -   -   *f.* 25000: 0: 0
La commiffion à ½ pour cent eft   -   -   125: 0: 0
Le courtage des 20946. w 13. *f.* 7. &. à 45. fous par mille
Ecus eft   -   -   -   47: 2: 0

       f. 25172: 2: 0

Nota qu'avant que de faire la Regle de Trois j'ai ajouté les 125. *florins pour la Commiffion.*

Et ayant à remettre par apoint la même fomme de 25000. florins argent courant, l'Agio, à 4½ pour cent, & le change à 46. &. par Ecu,
Voyez combien font 1000. w. à 46 &. viendra   -   *f.* 1150: 0: 0
Ajoûtez y l'Agio à 4½ pour cent qui eft   -   -   51: 15: 0
Ajoûtez y encore le courtage des 1000. w. qui eft   2: 5: 0

       f. 1204: 0: 0

Puis dites par la Regle de Trois,

Si pour 1204. florins courant on peut remettre 1000. w. combien pour 24875. florins courant.

Et il viendra pour réponfe 20660. w. 17. f. 11. §. qui reduits en florins de Banque à 46. §. par écu font. - - - *f.* 23759: 7: 0

Dont l'Agio à 4½ pour cent eft - - - 1069: 4: 0

La commiffion des 25000. florins à ¼ pour cent eft - 125: 0: 0

Le Courtage des 20660. w. 17. f. 11. §. à 45 fous par mille écus eft - - - 46: 0: 0

f. 25000: 0: 0

Nota qu'avant que de faire la Regle de Trois j'ai deduit les 125. *florins pour la Commiffion.*

Comme je fuis affuré que peu de gens favent faire cette Regle qui n'a jamais été imprimée que je fache, & qu'il ne manque pas de bons Chifreurs qui feront bien aifes de l'examiner, foit pour la critiquer, foit pour s'en fervir, je veux prevenir la feule objeétion qu'on peut me faire, qui eft qu'à la referve de la derniere Regle je paffe le Courtage en argent de Banque, au lieu qu'on ne le paye qu'en argent courant, ce qui differe d'environ 2. florins 3. fous. Mais outre que la plûpart des Banquiers tiennent compte en argent de Banque, avec leurs Correfpondants, & qu'ils paffent le Courtage en argent de Banque, j'avouë que je compte le Courtage en argent de Banque, pour éviter des fraétions que l'on ne fauroit éviter en voulant ne le compter qu'en argent courant : la Regle eft d'ailleurs très-bonne, & je fuis affuré que beaucoup de Banquiers s'en ferviront avec plaifir.

CHAPITRE XLII.

Du Change fur les Foires & Marchez en general.

QUoiqu'il y ait plufieurs villes dans l'Europe, où il fe tient des Foires confiderables, pour lesquelles il fe fait beaucoup en change, dans les villes qui y ont des correfpondances, on ne negocie d'ordinaire à Amfterdam, en change, que fur les Foires de Francfort fur le Mein, de Leipzig, & de Lion, & fur le Marché de Naumbourg.

A

A Francfort.

Il y a tous les ans deux Foires, la premiere eft la *Foire de Pâques*, qui commence le Dimanche avant la Fête des Rameaux, c'eft-à-dire quinze jours avant Pâques; la feconde eft la *Foire de Septembre*, qui commence le Dimanche avant la Fête de la Nativité de la Vierge, fi cette fête fe trouve un Lundi, un Mardi, ou un Mecredi; ou le Dimanche d'après, fi cette fête fe trouve un Jeudi, un Vendredi, ou un Samedi, ou bien le Dimanche même de la fête, fi elle fe recontre ce jour-là.

Chacune de ces foires dure quinze jours ou deux femaines; la premiere femaine eft la femaine des Acceptations, & la feconde eft celle du Payement des lettres de change.

L'Acceptation des Lettres de change payables en foire, fe fait depuis le Lundi de l'ouverture de la foire jufques au Mardi à 9. heures du matin de la feconde femaine, qui eft celle du Payement, après laquelle heure le Porteur d'une lettre de change n'eft pas obligé de donner aucun delai à celui fur qui elle eft tirée, mais il doit la faire protefter, ou du moins faire noter qu'elle n'eft pas encore acceptée; cependant il lui eft permis de protefter avant ce tems-là, & même dès le moment que l'on lui en refufe l'Acceptation.

Les lettres de change fur les foires de Francfort, s'y acceptoient autrefois fimplement de bouche ou verbalement, mais à prefent il faut que les Acceptations fe faffent par écrit avec la fignature des Accepteurs, & la date du jour de l'Acceptation.

Lors qu'une lettre de change qui a été acceptée, n'eft pas payée le Samedi avant midi de la femaine du payement, le Porteur eft obligé de la faire protefter faute de payement, & de la porter chez le Notaire établi pour cela, entre les deux heures après midi & le coucher du foleil, pour la noter, après quoi il doit envoyer le Proteft par la premiere pofte ou du moins par la feconde.

A Leipzig.

Il y a trois Foires chaque année, la premiere eft la *Foire du nouvel an*, qui commence le premier de Janvier, ou le fecond, lorfque le premier eft un Dimanche; la feconde eft la *Foire de Pâques*, qui commence le jour d'après le *Jubilate* qui eft toûjours trois femaines après le Lundi de Pâques; la troifième eft la *Foire de St. Michel*, qui commence le jour de la fête de ce Saint, qui eft le 29. de Septembre, s'il fe rencontre

un Dimanche, autrement elle ne commence que le Dimanche fuivant.

On y fonne la cloche pour l'ouverture de la Foire le premier de Janvier, le jour de Jubilate & le jour de St. Michel, s'il fe trouve un Dimanche ; car autrement on ne fonne l'ouverture de cette deniere foire
que le Dimanche d'après ladite fête ; & huit jours après on fonne la cloche pour finir la Foire, de forte que les huit jours qui font entre ces
deux fonnemens de la cloche, font les veritables tems des Foires, pendant lesquels chacun peut exercer librement fon commerce.

On y demande l'Acceptation des lettres de change dès le premier ou
le fecond jour de la foire, mais fi ceux fur lesquels elles font tirées, veulent en differer l'Acceptation, jufques dans la femaine du payement, il
leur eft permis; la femaine ou le tems du Payement commence immediatement après que la cloche a fonné la fortie de la foire, & dure jufques
au cinquième jour fuivant inclufivement, de forte que les lettres fur les foires du nouvel an, y doivent être payées le 12. de Janvier, & celles fur les
foires de Pâques & de St. Michel, y doivent être payées le Jeudi de la
femaine du payement, ou proteftées faute de payement.

Il y eft permis aux Porteurs des lettres de change, de les faire protefter faute d'Acceptation, d'abord qu'on refufe de les accepter, mais non
pas de les renvoyer d'abord, au contraire ils font obligez de les garder
jufques à ce que la foire foit entierement finie, pour voir s'il ne fe prefentera pas quelqu'un qui offre de les payer. Ce que l'on appelle le Convoy de Nuremberg, doit partir de Leipzig, à 10. heures du foir du jour
des protefts, & paffé cette heure il n'eft plus tems de protefter, & les
Porteurs perdent leur droit fur les Tireurs.

A Naumbourg.

Il y a un Marché confiderable chaque année, qu'on appelle le Marché de St. Pierre & de St. Paul, qui eft eftimé comme une quatrième
foire de Leipfig, parce que la plûpart des Marchands de cette derniere
ville s'y trouvent. Ce Marché commence le jour de la fête de ces deux
Saints, qui eft toûjours le 29. de Juin, & il ne dure en tout que huit
jours. Les Acceptations des lettres de change s'y font le premier & le
fecond jour du marché, & elles y doivent être payées au plus tard le
troifième de Juillet, ou proteftées faute de payement, mais on n'a pas
accoûtumé de les renvoyer avec le proteft qu'après le cinquième du
même mois, auquel jour le Marché finit, & fi alors les lettres ne font
pas payées, le Porteur peut le renvoyer avec le proteft par la premiere
pofte.

A

A Lion.

Il y a tous les ans quatre Foires à Lion, dont chacune a *son Payement* qui porte le nom de la Foire qui le precede; la premiere est *la Foire des Rois*, qui commence toûjours dans le mois de Janvier, le Lundi d'après le jour des Rois; la seconde est *la Foire de Pâques*, qui commence le jour de St. Nisier au mois d'Avril; la troisième est *la Foire d'Août*, qui commence le jour de St. Dominique au mois d'Août; la quatrième est *la Foire de tous les Saints*, *de la Toussaints*, *ou des Saints* qui commence le jour de St. Hubert.

Comme chaque Foire a son payement, on fait la plûpart des lettres de change sur Lion, non payables en foire *des Rois*, *de Pâques* &c. mais en *Payement des Rois*, en *Payement de Pâques*, en *Payement d'Août*, ou en *Payement des Saints*, car quand même les lettres seroient tirées & payables dans quelqu'une de ces foires, elles ne seroient payées que dans les Payements des mêmes foires.

Le Payement *des Rois* commence le premier & finit le dernier de Mars; celui de *Pâques* commence le premier & finit le dernier de Juillet; celui *d'Août* commence le premier & finit le dernier de Septembre, & celui *des Saints* commence le premier & finit le dernier de Decembre. Ainsi lorsque l'on tire des lettres de change sur l'un des Payements de Lion, qui n'est pas encore commencé, on met dans les lettres de change, *en prochain Payement des Rois*, *en prochain Payement de Pâques*, payez cette premiere lettre de change &c. Mais si le Payement est déja commencé, on met, *en ce courant Payement des Rois*, *en ce courant Payement de Pâques* &c.

La coûtume la plus usitée étoit, il n'y a pas encore fort long-tems, de faire tant à Amsterdam, qu'ailleurs, les lettres de change sur les Payements de Lion, payables en écus d'or sol, de 20. sous d'or sol à l'écu, & de 12. deniers d'or sol au sou, lesquels écus étoient comptez de 60. sous, le sou d'or sol pour 3. sous, & le denier d'or pour trois deniers communs, mais cet usage s'abolit de jour en jour, & l'on tire presque toûjours d'Amsterdam, sur les Payements de Lion, en écus de 60. sous piece comme sur le reste de la France.

Les lettres de change tirées sur les Payements de Lion, ne s'acceptent que les six premiers jours du Payement, & ceux sur lequels elles sont tirées ne sont pas obligez de declarer s'ils les accepteront ou non avant le sixième jour, mais après ce jour-là les Porteurs peuvent les faire protester faute d'acceptation, & garder cependant les lettres de change jusques à ce que le Payement soit fini, pour voir si quelqu'un offrira

de

de les payer, en donnant cependant avis du proteſt à ceux qui leur ont remis les lettres.

Perſonne ne peut payer une lettre de change dans un des Payements de Lion, avant le ſixième jour, qu'à ſes riſques & fortunes, parce que ce qu'on appelle le virement des parties qui eſt proprement payer les lettres de change , ne commence que le ſixième jour du Payement, ou le ſeptième jour, lorsque le ſixième ſe rencontre un jour de fête.

Les Porteurs des lettres de change qui ne ſont pas payées au dernier jour du Payement, doivent les faire proteſter dans le troiſième jour d'après le payement , faute de quoi ils perdent leur droit contre les Tireùrs; mais ſi après les avoir fait proteſter dans le tems preſcrit , quelqu'un veut les leur payer, ils ſont en droit de refuſer le payement qu'on leur offre, & de prendre leur rembours ſur le Tireur avec les fraix & le rechange.

Les Porteurs des lettres de change proteſtées , ſont obligez de prendre leur rembourſement ſur les Tireurs ou ſur les Endoſſeurs , dans un certain tems limité , ſavoir de toutes les lettres de change tirées de toutes les villes du Royaume de France, dans deux mois; de celles qui ſont tirées d'Italie, de Suiſſe, d'Allemagne, de Hollande , de Flandres, & d'Angleterre , dans le tems de trois mois, & de celles qui ſont tirées d'Eſpagne, de Portugal, de Pologne, de Suede & de Dannemark , dans ſix mois de tems , à compter du jour de la date du proteſt , faute de quoi ils perdent leurs droits ſur lesdits Tireurs , ou Endoſſeurs.

Obſervations neceſſaires à faire par ceux qui prennent des lettres de change ſur quelque Foire ou Marché.

Il eſt conſtant que la plûpart de ceux qui prennent des lettres de change ſur des Foires, ne les prennent que dans la veuë de faire gagner l'argent qu'ils y employent, ſoit en negociant ces mêmes lettres lorsque le tems des Foires ou des Payements aproche , ou en les envoyant eux mêmes dans les Foires ou Payements pour en avoir les retours , avec quelque benefice qui ordinairement raporte un très-bon interêt. Mais comme il y a ſans contredit beaucoup plus de riſque à prendre des lettres de change ſur des Foires, que d'en prendre ſur des places dans lesquelles ceux ſur lesquels elles ſont tirées, ſont obligez de les accepter, ou du moins de ſe declarer d'abord qu'on les leur preſente, ceux qui prennent des lettres de change ſur quelque foire , courent certainement de plus grands riſques que les autres, ainſi ils ne ſauroient prendre garde de trop

trop près à la bonté & à la folidité de ceux dont ils prennent des lettres.

La raifon en fautera d'abord aux yeux, fi l'on confidere que fi je prens, par exemple, une lettre de change fur Lion, à trois ufances, datée du 22. d'Avril, je puis d'abord l'envoyer à Lion pour la faire accepter, & au bout de 16. ou 17. jours que je fai qu'elle eft acceptée, j'ai d'abord deux Debiteurs, favoir le Tireur & l'Accepteur, au lieu que fi je fais faire cette lettre le même jour, payable en Payement de Pâques, qui finit le 31. de Juillet, & qui fe trouve être le dernier jour de grace de la lettre prife le 22. d'Avril à 3. ufances, je ne puis favoir fi cette lettre fera acceptée ou non qu'environ le 13. ou le 14. de Juillet, parce que, comme je l'ai dit ci-deffus, *les lettres tirées fur les Payemens de Lion, ne s'acceptent que pendant les fix premiers jours du Payement* ; or fi depuis le 22. d'Avril jufques au commencement de Juillet, le Tireur de ma lettre vient à manquer, j'ai tout lieu de craindre que ma lettre ne fera ni acceptée ni payée, au lieu que vers le 8. ou le 9. de Mai, fi ma lettre à 3. ufances n'eft pas acceptée, je puis avoir mon recours fur le Tireur, qui peut fe trouver alors beaucoup mieux en état de me rembourfer, ou de me donner caution, que le 13. ou le 14. de Juillet, ou que le 10. ou 11. d'Août, après que j'aurai ma lettre à proteft faute de Payement.

D'ailleurs ceux d'Amfterdam, ou d'ailleurs, qui ont de l'argent à Lion, & qui en tirent le montant fur leurs Correfpondans de Lion, en quelque Payement, font fort fouvent dans l'inquietude de favoir fi leurs lettres feront acceptées ou non, c'eft pourquoi les Etrangers ont voulu introduire plus d'une fois la coûtume de mettre & de faire mettre dans le corps des lettres de change, *Acceptez à veuë & payez en tel Payement :* mais les Banquiers de ladite ville s'y font fortement oppofez, & ont fi bien foutenu que cet ufage étoit contraire au Droit, aux Privileges de leurs Foires, & aux us & coûtumes de toutes les autres Foires, que cet ufage n'a pas pu s'introduire, c'eft pourquoi auffi il y a bien des Tireurs qui voulant negocier fur un des Payemens de Lion, aiment mieux faire leurs lettres à 2. ou à 3. ufances, ou à plus court ou plus long terme, & faire en forte que leurs lettres échoient dans le Payement qu'ils veulent, parce qu'en tirant de cette maniere, ceux fur lesquels elles font tirées, font obligez de les accepter d'abord qu'on les leur prefente, ou d'en refufer l'acceptation, fur quoi les Tireurs peuvent prendre leurs mefures.

Les mêmes obfervations doivent fe faire à l'égard de toutes les autres Foires.

Au refte ceux qui ne prennent des lettres de change fur quelques Foires que pour les negocier, doivent avoir foin de ne pas les garder trop long-tems, mais de les negocier affez tôt pour qu'elles puiffent arriver dans les Foires dans les tems des Acceptations, ou du moins avant la fin

des

des tems des Payemens; & ceux qui prénent de pareilles lettres dans le deffein de les envoyer pour s'en faire faire le retour, doivent aussi les y envoyer assez à tems, pour qu'elles puissent y arriver dans le tems des Acceptations, ou tout au plus tard avant la fin des Payemens.

CHAPITRE XLIII.

Des Protests, tant faute d'Acceptation, que faute de Payement.

LE Protest est proprement une sommation que le Porteur d'une lettre de change fait faire par un Notaire & deux temoins, à celui sur qui elle est tirée, d'avoir à l'accepter ou à la payer, avec protestation, en cas de refus, de tous depens, dommages & interêts, de prendre de l'argent au change & de renvoyer la lettre au Tireur.

C'est un acte si necessaire, que, si celui qui est Porteur d'une lettre de change, neglige de le faire dans le tems prescrit par les Loix, il perd ce qu'on appelle le Droit du change, qui est une promte sentence qui condamne le Tireur ou l'Endosseur de la lettre, à en rembourser incessamment la valeur, sur peine de prise de Corps & de saisie de ses biens.

Il y a deux sortes de protests, l'un se fait *faute d'Acceptation*, lorsque celui sur lequel une lettre de change est tirée, refuse de l'accepter; l'autre se fait *faute de payement*, lors qu'après l'écheance celui sur qui elle est tirée (soit qu'il l'ait acceptée on non) refuse ou ne se trouve pas en état de la payer.

Le protest faute d'Acceptation, se doit faire tout aussi-tôt que celui sur lequel une lettre de change est tirée, répond qu'il ne l'acceptera pas. Quand cela arrive à Amsterdam, la coûtume est que le Porteur de la lettre dit à celui qui refuse d'accepter, qu'il portera la lettre de change chez un tel Notaire, chez lequel il pourra aller pour donner la réponse qu'il veut faire, & c'est le devoir de celui qui refuse d'accepter, d'aller an plûtôt chez ce Notaire, ou du moins avant le depart du Courrier pour le lieu d'où la lettre en tirée, & de lui declarer les raisons pour lesquelles il ne veut point accepter. Lorsque l'on refuse d'accepter une lettre de change, & que l'on veut garder quelque menagement avec le Tireur, on ne dit pas justement au Notaire les raisons que l'on a pour ne point accepter, mais on dit simplement que l'on n'accepte pas pour des raisons écrites ou à écrire au Tireur.

Celui qui est Porteur d'une lettre de change pour la faire accepter, ne doit pas souffrir que celui sur qui elle est tirée, l'accepte pour un plus long terme, ni pour une moindre somme qu'il n'est porté par la lettre de change, sans un ordre exprès de celui qui en est le veritable proprietaire,

car

car fi, par exemple, il fe contentoit qu'une lettre payable à 8. jours de veuë ou de 2000. florins, fût acceptée à 15. jours de veuë, ou pour 1800. florins, & que l'Accepteur vint à manquer pendant les 7. jours qu'il lui auroit accordez de plus, la perte feroit pour fon compte, ou les 200. florins qu'il auroit fait accepter de moins. Cependant il pourroit bien laiffer accepter la lettre pour 1800. florins, en faifant protefter pour les 200. florins reftans, parce qu'en tout cas le Proprietaire feroit payé des 1800. florins, & auroit fon recours fur le Tireur pour les 200. florins reftans, & diminueroit de beaucoup fes rifques, auffi bien que ceux du Tireur.

Il arrive affez fouvent que celui fur qui une lettre de change eft tirée, répond qu'il n'a point reçu d'avis de cette Traite, lors qu'on la lui prefente pour accepter, & il depend abfolument, en pareil cas, de celui qui en eft porteur, de la faire protefter ou de la garder un ordinaire ou deux pour voir fi celui fur qui elle eft tirée, en recevra l'avis ; & fi alors il perfifte à dire qu'il n'en a pas encore reçu avis, il doit la faire protefter, & envoyer le proteft à celui duquel il a reçu la lettre de change, laquelle il peut garder ou jufques à ce qu'on la lui redemande, ou jufques à l'écheance, afin d'en demander le payement à l'écheance, & de la faire protefter faute de payement, fi celui fur qui elle eft tirée, refufe de la payer.

Si celui fur qui une lettre de change eft tirée, offre de l'accepter après l'avoir laiffé protefter, il doit payer avant toutes chofes les fraix du proteft.

J'ai dit dans le Chapitre XL. page 609. que lors qu'une lettre de change payable en Banque dans Amfterdam eft échuë, le Porteur l'envoye au jour de l'écheance, chez celui fur qui elle eft tirée, ou chez celui qui l'a acceptée, afin qu'il l'écrive en Banque fuivant l'endoffement, & fi le troifième jour d'après l'écheance, il ne la trouve pas écrite en Banque fur fon compte, il en fait demander la raifon à celui qui la doit payer, & fi celui-ci promet de la payer le lendemain ou le jour fuivant, le Porteur eft en droit de fe faire rendre la lettre pour l'avoir à fa difpofition & la faire nôter ou protefter le quatrième jour d'après l'écheance, s'il le trouve à propos ; car de 6. jours de grace qu'il y a à Amfterdam, on en compte 3. pour l'Accepteur & 3. pour le Porteur, de forte que tout proteft fait dans les 3. premiers jours d'après l'écheance, eft pour le compte du Porteur, mais tout proteft fait dans les 3. jours fuivans, eft pour le compte du Payeur ou des Endoffeurs.

C'eft une très-mauvaife coûtume, pour le dire en paffant, que de fe defaire & fe defaifir d'une lettre de change en faveur de celui qui la doit payer, fans en avoir reçu le montant ; car il peut en arriver plufieurs fâcheux accidens, & il eft fort étonnant qu'il n'en arrive pas plus fouvent

vent

vent, cependant combien de gens n'y-a-t'il pas qui ayant des lettres de change à recevoir, les envoyent à ceux qui les ont acceptées, ou qui les doivent payer, fans en tenir feulement une note, afin que fi ceux qui les doivent payer, venoient à les égarer, ou à nier qu'ils les euffent receuës, ils peuffent au moins prouver par de bonnes preuves, qu'ils font Porteurs de ces lettres, & qu'ils les ont fait delivrer un tel jour à celui qui devoit les payer.

Lorfque quelqu'un a reçu une lettre de change pour en procurer l'acceptation & garder à la difpofition de la feconde, & qu'à l'écheance perfonne ne la vient demander, celui qui l'a fait accepter, doit en demander le payement en offrant caution, ou qu'il fera venir la feconde endoffée à fon ordre, ou qu'il en tiendra le montant à la difpofition du veritable Porteur de la feconde, & fi l'Accepteur refufe de la payer à ces conditions, celui qui l'a fait accepter, ne doit pas manquer de la faire protefter; mais l'Accepteur ne doit pas non plus la lui payer fans fe faire donner caution que la feconde lui fera renduë dûment endoffée.

Un pareil cas eft arrivé il n'y a que quelques jours, & j'avouë qu'en ayant voulu dire mon fentiment à deux Banquiers qui me le demanderent, je fus furpris de ce qu'ils me foutinrent que celui qui avoit fait accepter la premiere, n'avoit aucun droit d'en exiger le payement de la maniere que je viens de le dire. Cependant, quoique je les eftime beaucoup, & que je fois perfuadé qu'ils favent parfaitement bien tout ce qui fe pratique à l'égard des lettres de change, je ne faurois entrer dans leur penfée, & fi je me trouvois dans le cas, je ferois protefter la premiere en offrant caution, parce que je fuis perfuadé qu'en le faifant, je conferverois le droit du change non feulement de l'ami qui m'auroit envoyé la lettre pour la faire accepter, mais auffi celui de tous les Endoffeurs fur le Tireur, au lieu que je le leur ferois perdre à tous, fi je negligeois cette formalité. Je fai bien tout ce qu'on peut alleguer pour & contre ce fentiment, mais je ne m'arrêterai pas ici à raporter toutes les objeétions qu'il y a à faire, & je dirai feulement, que celui qui fe trouve Porteur d'une premiere acceptée de la maniere ci-deffus, qui neglige de la faire protefter comme j'ai dit, n'eft point du tout refponfable de fa negligence, & que c'eft au Proprietaire à faire en forte que la feconde dûment endoffée foit dans la place où elle doit être payée, du moins le dernier jour de faveur.

Lors qu'un Banquier d'Amfterdam a fourni une lettre de change fur quelqu'un qui refufe de l'accepter, il n'eft pas obligé d'en rembourfer la valeur d'abord, s'il a affez de tems pour faire en forte que fa lettre foit payée à fon écheance dans la place fur laquelle il l'avoit fournie, quand même le proteft & la lettre lui feroient prefentez en même tems, auquel cas il doit mettre ordre que fa lettre foit payée à l'écheance, & celui

lui qui lui en a payé la valeur, eſt obligé de renvoyer la lettre & d'en attendre l'écheance, mais non pas ſans s'être fait donner caution du Tireur, qu'il la rembourſera promtement avec tous les fraix & le rechange, au cas qu'elle revienne proteſtée faute de payement.

Lorſque celui qui a accepté une lettre de change, refuſe ou ne ſe trouve pas en état de la payer à l'écheance, le Porteur ne doit pas manquer de la faire proteſter, & c'eſt la ſeconde ſorte de proteſts, qu'on appelle proteſt *faute de Payement*. Que ſi le Porteur manque à ce devoir dans les jours de grace ou de faveur limitez par les Loix ou par l'uſage, il perd ſon droit de change tant ſur le Tireur que ſur les Endoſſeurs, & même ſur *l'Accepteur*. Je dis le droit du change ſur *l'Accepteur*, pour diſtinguer *le droit du change*, qui eſt un droit d'arrêt & de priſe de corps ſur la perſonne & ſur les effets de l'Accepteur, d'avec *le droit ordinaire*; car quoique le Porteur d'une lettre de change perde l'un & l'autre droit ſur le Tireur & ſur tous les Endoſſeurs d'une lettre, qu'il neglige de faire proteſter à tems, il ne perd que le droit du change ſur l'Accepteur, mais non pas le droit ordinaire, qui eſt de le faire citer pour lui payer la lettre acceptée, & d'attendre l'évenement d'un procez ordinaire qui peut durer plus ou moins de tems, ſuivant les raiſons que l'Accepteur peut alleguer pour ſe defendre, & c'eſt dans un pareil cas que l'Accepteur eſt plus engagé que le Tireur & les Endoſſeurs; car ſoit que l'un & les autres viennent à manquer ou non, le Porteur n'a aucun droit ſur eux, au lieu qu'il a du moins le droit ordinaire ſur l'Accepteur.

Cependant ce que je viens de dire ſouffre quelque exception; car ſi le Porteur d'une lettre de change a égaré ou perdu ſa lettre, ou même negligé de la faire proteſter dans les 6. jours de faveur, & qu'après leſdits 6. jours celui ſur qui elle eſt tirée, refuſe de la payer, ſoit parce que le Tireur l'a tirée ſur lui pour ſon propre compte, ou pour celui d'un troiſième, ſans lui en avoir remis le fonds neceſſaire pour la payer, ſoit parce qu'il ne veut pas s'en prevaloir ſur le Tireur ſuivant ſon ordre; ou enfin parce qu'il n'a pas aſſez de confiance pour le Tireur, ou pour celui pour compte duquel la lettre eſt tirée; le Porteur n'a dans ce cas aucun droit ſur celui ſur lequel la lettre eſt tirée, & ſi en pareille occaſion le Porteur ne pouvoit pas avoir ſon recours ſur le Tireur qui a déja touché, & s'eſt ſervi de la valeur de la lettre de change, ce ſeroit une choſe très-injuſte & deraiſonnable. Ainſi le Porteur n'ayant dans ce cas aucun droit ſur celui ſur qui la lettre eſt tirée, il doit l'avoir ſur le Tireur. Mais ſi celui-ci peut prouver qu'il a fait le fonds neceſſaire à celui ſur lequel il a tiré, ou que celui ſur lequel il a tiré ait des effets à lui appartenants, ou qu'il s'eſt prevalu de cette Traite, ou enfin s'il peut prouver qu'il a tiré pour compte de celui ſur lequel il a tiré, & qu'il lui en a paſſé la valeur en compte; dans tous ces cas il eſt raiſonnable que le Por-

teur

teur ait son recours sur celui sur lequel la lettre est tirée. Mais parce qu'avec la seule lettre de change non acceptée il ne peut avoir aucune prise sur lui, il peut obliger le Tireur, en cas qu'il ait tiré pour son propre compte, de lui ceder & transporter les effets qu'il peut avoir en mains, apartenant à celui sur lequel la lettre est tirée; & si ces effets ne suffisent pas pour payer la lettre de change, le Tireur est obligé de payer le surplus, mais le Porteur est aussi obligé de retirer à ses depens les effets d'entre les mains du Tireur ; & si la Traite a été faite pour le compte de celui sur lequel elle est tirée, ou pour le compte d'un troisième, & que le Tireur puisse prouver qu'il en a bonifié la valeur à celui pour compte duquel elle a été faite, il n'est obligé à autre chose que d'en donner au Porteur un temoignage suffisant ; & alors celui sur lequel la lettre de change est tirée, ou celui pour compte duquel elle a été tirée, devient le Debiteur du Porteur & est obligé de payer la lettre de change. Car le Porteur qui neglige de faire protester dans les jours de faveur, perd bien son droit sur quelques-uns, mais non pas sur tous, puisque le payement d'une lettre de change non acquitée est & reste dû, quoi qu'elle n'ait pas été acceptée, & que par consequent il faut qu'il y ait un Debiteur Mais lorsque la lettre a été acceptée, & que le Porteur a negligée de la faire protester dans les jours de faveur, il n'y a aucune dispute; car l'Accepteur est & demeure Debiteur, & est obligé de payer, soit que le Porteur ait protesté ou non, c'est pourquoi il est dit dans l'Ordonnance d'Anvers, au sujet des Changes, Article 9. que lors qu'une lettre de change a été acceptée, & que le Porteur a negligé de la faire protester à l'écheance, il perd le droit qu'il a sur le Tireur, si l'Accepteur ne veut pas la payer : ce qui est aussi reglé de même par les Ordonnances de Hambourg, au sujet des Changes, Article 6. par celles de Breslauw, Article 6. & par celles de la Banque de Nuremberg, Article 15. *Loix & Coûtumes du Change par Phooncen, Chapitre 17. Article XII.*

Lorsque celui qui a accepté une lettre de change , refuse de la payer à l'écheance, & qu'un autre offre de la payer en son lieu & place, soit pour compte du Tireur ou de quelque Endosseur, le Porteur est obligé d'en recevoir le payement, si ce n'est qu'il veuille la payer lui même, pour l'honneur de quelqu'un, auquel cas il doit se preferer lui même : mais s'il souffre qu'un autre la paye, celui qui la lui paye, ne doit pas la payer sans avoir fait protester, qu'il la paye pour le compte & pour l'honneur d'un tel, & lors qu'il en écrit la valeur en Banque au Porteur, il n'est pas necessaire qu'il mette dans son billet de Banque, pour compte de qui il paye, parce que cela paroit suffisamment par le protest.

Lors qu'une lettre de change qui a été protestée faute de payement, revient sur le Tireur ou sur quelqu'un des Endosseurs, ils doivent la payer promptement, ou le Porteur peut les y obliger par Justice, dans ce cas

on

on compte le change comme il revient le jour du protest de la place dans laquelle la lettre de change devoit être payée, ce qui s'appelle *Rechange*, & on y ajoûte la provision, fraix du protest, 2. ou 3. ports de lettres, & le courtage : Comme, par exemple, suposez que D. ait tiré d'Amsterdam sur Paris 2000. w. à 46. §. & que sa lettre revienne avec protest faute de payement, lorsque le change de Paris est à 48. §. par écu sur Amsterdam, à deux usances, on fait le compte comme suit.

D.   doit à   pour une lettre de 2000. w. sur *un tel* de Paris, fournie le 6. Janvier dernier à ⅔ revenuë à protest faute de payement montant comme suit 2000. écus, faisant à Paris   L. 6000: 0: 0

Provision à ½ pour cent	30: 0: 0
Protest	1: 10: 0
Port d'une lettre à Paris	0: 16: 0
Courtage de L. 6032: 6: à ⅛ pour cent	7: 11: 0
	L. 6039: 17: 0

L. 6039: 17: 0. faisant 2013. w. 17. s. à 48. §. par écu font   f. 2415: 19: 0
Port d'une lettre de Paris   : 10: 0

                                   f. 2416: 9: 0
Deduit pour l'Interêt d'un mois & 25. jours à 4. p. cent par an   14: 14: 0

                                   f. 2401: 15: 0

Suivant ce compte, D. doit rembourser 2401 florins 15. sous, pour 2300. florins qu'il a reçus lors qu'il a tiré à 46. §. ce qui revient pour lui à environ 4⅔ p. cent de perte pour environ 2. mois & demi de tems qu'il a joüi des 2300. florins, ce qui est ruineux.

J'ai suposé ci-dessus les 2000. w. tirez d'Amsterdam sur Paris à 46. §. par écu, & le rechange revenu à 48. §. par écu, ce qui est à l'avantage de celui qui a pris la lettre à Amsterdam. Mais lorsque le rechange revient plus bas, ce qui seroit à son desavantage, comme, par exemple, s'il ne revenoit qu'à 44. §. de Paris sur Amsterdam, on ne feroit pas le compte comme ci-dessus, mais comme suit.

2000. w. à 46. §. sur Paris	f. 2300: 0: 0
Provision à ½ pour cent	11: 10: 0
Protest 30. s. de France faisant ½ écu à 44. §.	0: 11: 0
Port de lettres	1: 0: 0
Interêt de 55. jours à 4. p. cent par an	14: 1: 0
	f. 2327: 2: 0

Il eſt au choix du Porteur d'une lettre de change proteſtée faute de payement, d'en faire le compte avec le rechange, ou avec l'Interêt ſuivant les 2. modeles ci-deſſus.

C H A P I T R E XLIV.

Des Arbitrages en fait de Change ſur les principales Places de l'Europe.

LEs Arbitrages qui ſe font par change ſur les principales villes de l'Europe, ſont des faits qui ſe pratiquent journellement par des Banquiers, qui font le Commerce du change. Cela ſe fait entre deux Marchands Banquiers, en ſe prenant reciproquement leurs lettres de chanſe ſur differentes villes. Par exemple, A. d'Amſterdam doit tirer ſur Paris 2000. w. au cours du change que je ſupoſe à 40. ₷. ce qui fait 2000. florins. B. dudit lieu doit tirer ſur Londres 200. Livres Sterlin, que je mets à 33. ₷. 4. ₷. faiſant auſſi 2000. florins. Comme A. doit remettre à Londres 200. Livres Sterlin, & que B. doit remettre ſur Paris 2000. w. ils conviennent enſemble de faire un troc de leurs lettres de change, ſans être obligez de ſe payer rien l'un à l'autre, puiſque leurs deux Traites de 2000. w. ſur Paris, à 40. ₷. & les 200. Livres Sterlin ſur Londres à 33. ₷. 4. ₷. produiſent également chacune 2000. florins de Banque, dans cette ville d'Amſterdam. Voilà ce qu'on appelle ordinairement Arbitrage, qui eſt proprement un troc que deux Banquiers ſe font de leurs lettres de change ſur deux differentes villes, au prix & cours du change conditionné.

* Mʳ. Mondoteguy qui a fait toutes les regles qui ſuivent ci-après, m'a donné cette definition des Arbitrages pour mettre à la tête de ſon ouvrage, au lieu de celle qu'il en avoit donnée dans la precedente Edition. Mais comme je ne trouve pas que ce ſoit là, la veritable definition des Arbitrages, qu'il me ſoit permis de donner ici la mienne qui me paroit plus naturelle. L'Arbitrage eſt donc ſuivant moi, une Negotiation d'une ſomme en change, une ou pluſieurs fois reïterée, à laquelle un Banquier ne ſe determine, qu'après avoir examiné par pluſieurs regles de quelle maniere elle lui tournera mieux à compte; car quoi qu'on appelle Arbitrage, le troc que deux Banquiers font de leurs lettres, ce n'eſt qu'une partie des Arbitrages. Au reſte il ſeroit à ſouhaiter que Mʳ. Mondoteguy eût donné l'explication de pluſieurs Regles qu'il a miſes dans cet ouvrage, & les inſtructions neceſſaires pour ceux qui ne les comprennent pas. Mais comme il eſt habile Aritmeticien, il a cru que chacun le doit être comme lui. Si je ne m'étois fait un ſcrupule

de trop groffir cette Edition, & de toucher à ce qu'il a fait, j'aurois éclairci toutes les regles qui me paroiffent obfcures, ce qui fe pourra faire dans une autre Edition, fi celle-ci eft reçuë favorablement.

Exemple.

A. d'Amfterdam ordonne à fon ami de Madrid, de lui remettre fur Lion, à 64. fols tournois pour une Piaftre de 340. Maravadis monnoye nouvelle, & de tirer fur lui à 100. ℔. de gros par Ducat de 375. Maravadis. On demande à quel prix revient le change d'Amfterdam fur Lion. Réponfe à 85. ℔. de gros, par écu de 60. fols tournois.

Maniere ordinaire, qui eft celle des Ecoliers, & beaucoup plus longue que la fuivante.

```
                on a
Pour 64 f. ——————— 340 Ms.
     375 Ms. ——————— 100 ℔. A. ——————60 f. | Réponfe 85 ℔.

     320              34000
     448                 60
     192              ———————
    ———————           2040000
Divifeur 24000
                            85 ℔.
```

Maniere des Savans, en abregeant les Nombres.

```
Pour  ... f. ——————— ... Ms.
      ... Ms. ——————— ... ℔. A. ——————— ... f. | Réponfe 85 ℔.
```

Cette forte de Regle fe nomme la Regle conjointe, qui eft la plus propre & la plus brieve qu'il y ait pour faire ces queftions d'Arbitrages, qui fe font auffi par des Regles de Trois, mais le chemin en eft bien plus long. Les Regles feront travaillées par la plus courte maniere, en abregeant ou racourciffant les Nombres autant qu'il fera poffible de le faire; ce qui eft une des beautez, & des plus grandes utilitez qu'on puiffe tirer de l'Arithmetique.

Il faut regarder la Regle conjointe comme une Regle de Trois, quoique composée de plus de nombres: ainsi les premiers nombres qui sont l'un sous l'autre, sont les Diviseurs, qu'il faut multiplier l'un par l'autre pour en faire un Diviseur general. Les nombres du milieu sont des multiplicateurs, ainsi que le troisième nombre avancé. Cela étant remarqué, les nombres du milieu étant multipliez l'un par l'autre, & ensuite ce produit par le troisième nombre avancé, qui est seul, il vous viendra un produit general, qu'il faut diviser par le Diviseur general venu des premiers nombres.

Cette Instruction generale servira pour toutes les autres questions d'Arbitrages.

B. d'Amsterdam ordonne à Cadix de remettre sur Hambourg à 124. gros lubs pour 1. Ducat de 375. Maravadis, & de tirer sur lui à 126. ß. de gros pour ledit Ducat. On demande à quel prix sera le Change entre Amsterdam & Hambourg. Réponse, à $32\frac{16}{31}$ sols pour 1. Daalder de 32. s. Lubs.

```
      31
Pour 1̸2̸4̸ ß. lubs ——— 1 Ducat
       1 Ducat ——— 126 ß. A. ——— 3̸2̸ s. lubs | Rép. 32 16/31 s.
                     8              ———
             ———————               8
               1008         (1
                             1̸(6
                            1̸0̸0̸8̸ | 32 16/31 s.
                          ————
                             3̸1̸1̸
                              3̸
```

C. d'Ams-

C. d'Amſterdam ordonne à Hambourg de remettre ſur Lisbonne à 49. gros lubs pour 1. Cruzade de 400. Rés, & de tirer ſur lui à 33. ſ. pour 1. Daalder de 32. ſ. Lubs. On demande à quel prix ſera le Change entre Amſterdam & Lisbonne. Réponſe, à 50 $\frac{17}{32}$ ₰. par Cruzade de 400. Rés.

Pour 1 ※ —on a— 49 ₰ lubs
32 ſ. lubs —— 33 ſ. A. —— 1 ※ | Rép. 50 $\frac{17}{32}$ ₰.

147
147
1617   16(17 | 50 $\frac{17}{32}$ ₰.
322
3

D. d'Amſterdam ordonne à Veniſe de lui remettre ſur Genes à 118. ſols pour un écu de 4. Livres dudit Genes, & de tirer ſur lui à 96. ₰. de gros pour un Ducat de 24. gros, ou 124. ſoldi. Amſterdam demande à combien lui reviendra le Change de Genes. Réponſe à 114 $\frac{6}{31}$ ₰. pour une Piece de 5. livres.

Pour 4 Livres —— 118 ſoldi.
124 Soldi —— 96 ₰. A. —— 5 Livres | Rép. 114 $\frac{6}{31}$ ₰.
31   24
6

708   1
5   45(6
3540   3540 | 114 $\frac{6}{31}$ ₰.
3111
33

E. d'Amſterdam ordonne à Livourne de lui remettre ſur Lion à 70. ſols tournois pour une Piaſtre de 6. livres, & de tirer ſur Londres à 55. ₰. ſterlings pour la même Piaſtre. On demande à quel prix ſera le Change entre Amſterdam & Lion, ſi celui d'Amſterdam ſur Londres eſt à 36. ß. 4. ₰. pour une £ ſterling. Réponſe à 85 $\frac{2}{14}$ ₰. pour 1. ∇. de 60. ſ. tournois.

Pour   70 f. ———   1 Piaſtre.
$$\text{(on a)}$$

     1 Piaſtre ———   88 §. ſterling.

20 ß ſterl. ——   36⅓ ß A. ———   60 f. | Rép. 85₁⁴⁄₁₄ §.

$$\begin{array}{l} 66 \\ 333\tfrac{1}{7} \\ \hline 399\tfrac{1}{7} \\ \hline 1199 \; §. \end{array} \qquad \begin{array}{r} 11969 \\ \hline 144 \end{array} \; \Big| \; 85\tfrac{2}{14}\,§.$$

Ces nombres ſont racourcis par 5. & par 3.

F. d'Amſterdam ordonne à Genes de remettre ſur Lion à 219. ▽ d'or ſol, pour 100. △ de Marc, & de tirer ſur lui à 98. §. de gros pour une piece de 5. Livres. On demande à quel prix ſera le Change entre Amſterdam & Lion. Réponſe, à 84₂⁴⁄₁₉ §. pour un écu, de 60. f. tournois.

$$\begin{array}{l} 100 \; \triangle \text{ de marq.} \\ \text{à} \;\; 9\tfrac{2}{5} \text{ Livres.} \end{array}$$

Pour 219 ▽ ———   840 Livres. (on a)

     188

5 Livres ———   98 §. A. ——   1 △ | Rép. 14₂⁴⁴⁄₁₉ §.

$$\begin{array}{l} 1504 \\ 1692 \\ \hline 18424 \; §. \end{array} \qquad \begin{array}{r} (2 \\ 80(8 \\ 18424 \\ \hline 2100 \\ \hline 21 \end{array} \; \Big| \; 84\tfrac{28}{219}$$

G. d'Amſterdam ordonne à Geneve de tirer ſur Paris à 126. écus d'or ſol pour 100. écus en eſpece de Geneve, & de remettre ſur Amſterdam à 101. §. de gros pour un écu en eſpece. On demande à combien reviendra le Change d'Amſterdam pour Paris. Réponſe, à 80₄³⁄₆₃ §. pour un écu de 60. f. tournois.

     Pour

```
    63                    on a      50
Pour 126 ▽ d'or sol ——————————— 100 ▽ de Geneve.
     1 ▽ de Geneve ————————— 101 § A. ——— 1 ▽ d'or sol | Rép. 80 10/63 §.
                                  50
                                 ————
                                 5050        (1
                                         505(0 | 80 10/63 §.
                                         ——————————
                                          633
                                           6
```

H. d'Amsterdam ordonne à Lion de remettre sur Leipsic à 110. Rixdales pour 100. Ecus, & de tirer sur lui 86. §. de gros pour 1. Ecu. On demande à quel prix sera le Change entre Amsterdam & Leipsic.

Réponse à 39 1/11 s. argent courant pour 1 Rixdale de 24. gros.

```
                 on a
Pour 110 ℞ ————————— 100 ▽
     1 ▽ ————————— 86 § A. ——————— 1 ℞ | Rép. 39 1/11 s.
                 ——————
                  860 §
                            0(2
                          860 | 78 2/11 § ou 39 1/11 s.
                          ————
                          111
                           1
```

I. d'Amsterdam ordonne à Paris de remettre sur Hambourg à 111. ▽ pour 100. Rixdales de 48. sols lubs, & de tirer sur lui à 85. §. de gros pour un Ecu de 60. sols tournois. On demande à quel prix reviendra le Change entre Amsterdam & Hambourg. Réponse à 31 9/20 s. pour un Daalder de 32. s. lubs.

```
                      10
                      50          on a    37
Pour 100 ℞ font 150 Daeld. ——————— 111 ▽
                  1 ▽ ——————————— 85 § A. ——————Daeld. | Rép. 31 9/20 s.
                                    17
                                  ——————
                                   259
                                    37
                                  ——————
                                   629 §.

  62(9 | 62 9/10 § ou 31 9/20 s.
 ——————|
  110  |
```

Les nombres ci-dessus sont racourcis par 3. & par 5.

L. d'Ams-

L. d'Amſterdam ordonne à Lille de remettre à Paris à 96. §. de gros de Flandres argent de Change pour un Ecu de 60. ſ. tournois, & de tirer ſur lui à 112. de Lille pour Cent d'Amſterdam. On demande à quel prix ſera le Change entre Amſterdam & Paris. Réponſe à $85\frac{5}{7}$ pour 1 Ecu de 60. ſ. tournois.

Lille — A — Lille
112 —— 100 —— 96 | Réponſe $85\frac{5}{7}$ §.
7 — 6 — 6

600.

(5
600 | $85\frac{5}{7}$ §.

7

Autrement.

Pour 1 ∇ —— 96 Lille
112 Lille —— 100 A. —— 1 ∇ | Rép. $85\frac{5}{7}$ d.

M. d'Amſterdam ordonne à Paris de remettre ſur Lille, à 96. §. de gros de Flandres argent de Change pour 1 Ecu de 60. ſ. tournois; & de tirer ſur lui à 85. §. par Ecu. On demande à quel prix doit être le Change pour Cent d'Amſterdam ſur Lille. Réponſe $112\frac{16}{17}$ de Lille, pour Cent d'Amſterdam.

A. — Lille — A.
Pour 85 § —— 96 —— 100 | Réponſe, à $112\frac{16}{17}$.
17 — 20 — 20

1920 (1
26(6
1920 | $112\frac{16}{17}$, pour Cent.

1777
11

N. d'Amſter-

N. d'Amſterdam ordonne à la Rochelle, de remettre ſur Hambourg à 123. Ecus pour 100. Rixdales de 48. ſols Lubs , & de tirer ſur lui à 145. livres tournois pour 100. florins de Banque. On demande à combien lui peut revenir le Change ſur Hambourg. Réponſe à 33$\frac{27}{29}$ ſ. pour 1 Daelder de 32. ſ. Lubs.

Pour 100 R., ſont 150 Daeld. ———— 123 ▽

         1 ▽ ———————— 5 Livres.

         145 Livres ———— 100 fl. A. ——— 1 Daeld. | Rép. 33$\frac{27}{29}$ ſ.

     5) ————————— 2

      29

              246 florins.

               20 ſ.

                          (2

                 4920   11(7

    5) ———————— 884| 33 $\frac{27}{29}$ ſols.

          984 ſ.

                    100

                     1

O. d'Amſterdam ordonne à Londres de tirer ſur lui à 36$\frac{1}{4}$ ß de gros pour 1. livre ſterling de 20. ſchelings, ou de 240. ß. ſterlings; & de remettre ſur Paris à 47. ß. ſterlings pour 1 Ecu de 60. ſols tournois. On demande à quel prix ſera le Change entre Amſterdam & Paris. Réponſe, à 85$\frac{21}{60}$ ß. de gros pour 1 ▽ de 60. ſ. tournois.

            on a

Pour 1 ▽ ———— 47 ß ſterling.

    20 ß ſterl. — 36$\frac{1}{4}$ ß A. ——— 1 ▽| Réponſe 85$\frac{21}{60}$ ß.

          282

        141

        15$\frac{2}{3}$

     170|7$\frac{2}{3}$ ß

      85$\frac{21}{60}$ ß

P. d'Amſterdam ordonne à B. de Hambourg de lui remettre ſur Cadix à 118. ß lubs par Ducat de 375. Maravadis, & de tirer ſur Londres à 34. ß. 7. ß. lubs par Livre Sterling. Si le Change d'Amſterdam ſur Londres eſt à 35. ß 8. ß. de gros par £ ſterling. On demande à quel prix reviendra

le

le Change entre Amſterdam & Cadix. Réponſe à 121 $\frac{282}{415}$ ß de gros pour 1 Ducat de 375. Maravadis.

35 ß 8. ß de gros.
12 ß

on a

Pour 1 Ducat ——— 118 ß lubs   428 ß de gros.
415 ß lubs ——— 1 £ ſterling.

combien

1 £ ſter. ——— 428 ß A. ——— 1 Ducat | Rép. 121 $\frac{282}{415}$ ß

```
                          944          (2
34 ß 7 ß lubs             236           7
12 ß                      472          8Ø(89
                          ———          8Ø5Ø4 | 121 282/415 gros.
415 ß lubs.               5Ø5Ø4 ß      ———
                                       415.
```

Q. d'Amſterdam ordonne à Anvers de lui remettre mille écus ſur Bourdeaux à 82.½ ß de gros par écu de 60. ſ. tournois, & de tirer ſur lui à 2. pour 100. perte à la Lettre (ou pour le Tireur.) On demande à combien reviendra le Change d'Amſterdam ſur Bourdeaux. Réponſe à 83 $\frac{33}{49}$ ß de gros par écu de 60. ſols tournois.

on a   41

Pour 1 ▽ ——— 82 ß 'Anvers.
98 Anv. —— 100 Å. ——— 1 ▽ | Rép. 83 $\frac{33}{49}$ ß, qui eſt un peu
49   ———   plus de 83½ gros.
      4100

```
                (3
               8(3
              47ØØ | 83 33/49 gros.
              ———
              49Ø
               4
```

R. d'Amſterdam ordonne à Dantſic de remettre ſur Hambourg à 114. gros Polonois par Rixdale de 48. ſ. lubs, & de tirer ſur lui à 276. gros Polonois par Livre de gros de 6. florins piece. On demande à combien reviendra le Change d'Amſterdam ſur Hambourg. Réponſe à 33 $\frac{3}{4}$ ſols par Daelder de 32. ſ. lubs.

```
 8                   38
48 f. lubs ——— 114 gros P.
118 gros P. ——— 8 flo. A. ——— 31 f. lubs | Rép. à 33 7/8 f.
48               20 f.                7
23

               760 f.          7(1
                               780 | 33 7/8 f.
                               ____
                               738
                               7
```

S. d'Amfterdam ordonne à Leipfic de remettre fur Francfort à 100.
Rixdales de 30. gros, pour 96. Rixdales de Francfort de 90. Crutzers
courans, & de tirer fur lui à 40. fols argent-courant par Richedale de 30.
gros. On demande à combien reviendra le Change d'Amfterdam fur
Francfort. Réponfe, à $83\frac{1}{3}$ $\mathfrak{g}$ argent courant, par florin de 65. crutzers de Change.

```
  3
 24            25
98 R. franc. ——— 100 R. Leipfic.
 1 R. Leip. ——— 48 f. A. ——— 1 flor. franc. | Rép. 83 1/3 g.
                 5
       125              (2
                       125 | 41 2/3 f. ou 83 1/3 gros.
                       ___
                       33
```

T. d'Amfterdam ordonne à Breflau de remettre fur Hambourg à 2. pour
cent avance pour la Lettre, & de tirer fur lui à 36. f. par Rixdale de
30. gros. On demande à combien reviendra le Change d'Amfterdam fur
Hambourg. Réponfe à $36\frac{18}{25}$ f. par Daelder de 32. fols lubs.

```
            on 2
Pour 100 H. ——— 102 B.
    1 R. B. ——— 36 f. A. ——— 1. Daeld. H. | Rép. à 36 18/25 f.
            612
            306
        36|072|18
        _____
        100|25
```

N n n n   Autre-

Autrement

H. ~~100~~ 25 ——— 102 B.
B. 1 R~~o~~ ——— ~~36~~ f.A. ——— 1 Daeld. H. I Rép. 36 $\frac{18}{27}$ f.

         9   (1
                      ~~10~~
       918 f.   ~~918~~ (8 | 36 $\frac{18}{27}$ f.

                ~~288~~
                ~~7~~

V. d'Amſterdam ordonne à Francfort de remettre à Ausbourg à 99$\frac{1}{2}$ Rixdales pour 100. dudit Ausbourg, & de tirer ſur lui à 126$\frac{1}{4}$ pour 100. d'Amſterdam. On demande à combien reviendra le Change entre Amſterdam & Ausbourg. Réponſe, à 78$\frac{22}{101}$ d'Amſterdam, pour 100. d'Ausbourg.

                          on a
Pour ~~100~~ d'Ausbourg ——— 99$\frac{1}{2}$ Francfort.
  126$\frac{1}{4}$ Francfort ——— 100 A. ——— ~~100~~ d'Ausbourg 1 Rép. 78$\frac{22}{101}$

    ~~505~~   9950
5) ———   4
    101   (8
                       ~~80~~(2
            ~~39800~~   ~~7000~~ | 78$\frac{22}{101}$.
         5) ———
          7960   ~~1011~~
                     ~~10~~

J. M. d'Amſterdam ordonne à ſon ami de Bourdeaux de lui remettre mille Ecus qu'il lui doit, à 2. uſances, ſur une des 3. places ſuivantes, la plus avantageuſe pour lui, & pour où les Changes ſont, ſçavoir,

Sur { Amſterdam, à 82. $\frac{1}{2}$ de Gros } par Ecu de 60. Sols tournois.
    { Londres, à 50. $\frac{1}{2}$ Sterlings }
    { Hambourg, à 42. Sols Lubs }

Si le Change d'Amſterdam ſur Londres eſt à 33 ß6 $\frac{1}{2}$ de gros par £ : ſterling, & ſur Hambourg à 33$\frac{1}{2}$ ſ. par Daelder de 32. ſ. Lubs. On demande quelle des 3. Villes eſt la plus avantageuſe de remettre pour J. M. Réponſe, ſur Hambourg, puis qu'il y reçoit plus que ſur les 2. autres : & ſur Amſterdam la plus préjudiciable.

            on a
Pour 1 £ ſt. ——— 33 ß 6. $\frac{1}{2}$ ——— 50 $\frac{1}{2}$ ſt. | Rép. 83$\frac{7}{8}$ $\frac{1}{2}$ ſur Londres }
   32 ſ. L. ——— 33$\frac{1}{2}$ ſ. ——— 42 ſ. L. | Rép. 87$\frac{1}{2}$ $\frac{1}{2}$ ſur Hamb. } par ▽.
                                        82 $\frac{1}{2}$ ſur Amſterd. }
                                           L. M.

L. M. d'Amſterdam remet à J. M. de Bayonne trois mille Ecus à 84. &
par Ecu de 60. ſ. tournois, avec ordre de les remettre ſur Lisbonne à 750.
Rés par Ecu. De Lisbonne il les fait remettre à Madrid à 2960. Rés par
Piſtole d'or, de 40. Réaux monnoie nouvelle, faiſant 1360. Maravadis;
pour qu'on lui en faſſe le retour de Madrid ſur Amſterdam, ce qu'on fait
à 104. &. par Ducat de 375. Maravadis. On demande à combien lui revient le retour pour chaque Ecu de Bayonne, & combien de gros il gagne
ou perd par Ecu. Réponſe, à 95$\frac{44}{37}$ &; & il y gagne 11$\frac{44}{37}$ & par Ecu, puis
qu'il ne lui a coûté que 84 & : ſauf à déduire Proviſion & Courtage.

Maniere ordinaire.

```
                        on a
        Pour 1  ▽ ─────── 750 Rés.
            2960 Rés ─────── 1360 Ms.
             375 Ms. ─────── 104 & A. ─────── 1 ▽

            14800
            20720
             8880                1360.
            ─────                 750.
Diviſeur  1110000
                                68000
                                 9520

                              1020000.
                                 104.                    (6
                                                         7(3
                              4080000        100080000 | 95 44/37 &
                             10200000
                             ────────        1111/0000
                            106080000           11
```

Maniere des Savans, en abregeant les nombres du Diviſeur, contre ceux des Multiplicateurs.

```
          1  ▽ ─────── 750 R.    2 }
   37    2900 R. ─────── 1360 Ms. 17 } 34
          375 Ms. ─────── 104 & A. ─────── 1 ▽. |  Réponſe 95 44/37 &, Reçoit.
         (2                   34                            84 &, Donne.
        20(1                                              ───────────────
       3536 | 95 44/37 &.      416                        Reſte 11 44/37 &, Gain.
        377                    312
         8                    ─────
                             3536.
```

I. L. d'Amfterdam ordonne à P. L. de Bayonne de lui remettre deux mille Ecus (qu'il lui doit) à vûë fur Bourdeaux, à 1. pour Cent de perte pour le Tireur; avec ordre à l'Ami de Bourdeaux de les remettre à vûë fur Paris, ce qu'il fait à 2. pour Cent de fon avance, ou perte pour le Tireur. Son Correfpondant de Paris lui remet les 2000. ▽ fur Amfterdam, à 81. §. par Ecu de 60. f. tournois. On demande fi de cette maniere il y trouve plus d'avantage, que s'il en avoit fait faire le retour directement de Bayonne à 84. §. par Ecu. Réponfe, non, parce qu'il ne recevroit que 83½ §. (à peu de chofe près) au lieu que directement de Bayonne il en recevroit 84. §. par Ecu: fans compter le temps plus long, & les frais plus gros.

```
                        on a
     Pour 99 de Bayonne ——— 100 à Bourdeaux.
          11
          98 Bourdeaux ——— 100 Paris.
          49              50
           1 ▽ Paris ——— 81 §. A. ——— 1 △ de Bayonne.
                           9
  49                      50
  11
 ————                    450        (26
  49                     100        188(3
  49                   ————         45000 | 83 161/539 §.
 ————                   45000              ————
 539 Divifeur.                             5555
                                             58
```

Un Marchand d'Amfterdam tire fur fon ami de Madrid, une Lettre de Change de 1000. Ducats (monnoie nouvelle) à 102 § par Ducat, & lui remet pour fon remboursement 1000. Ducats fur Cadix (monnoie vieille, qui vaut 25. pour cent plus que la nouvelle) qui lui coutent 125 § par Ducat. Si l'Ami de Madrid ne peut negotier la Remife fur Cadix qu'à 2. pour cent de fa perte, on demande combien le Marchand d'Amfterdam a gagné ou perdu fur cette partie. Réponfe, perdu 1¼ florin.

Les 1000. Ducats que le Marchand remet à Madrid fur Cadix, font audit Madrid 1250. Ducats, parce que la monnoie vieille à Cadix vaut 25. p. cent plus que la monnoie nouvelle de Madrid. Ainfi les 1000. Ducats de Cadix font 1250. Ducats de Madrid. Cela pofé pour vrai, travaillez comme fuit.

```
              Reçoit
              100
                 2 perte
donne          ────────      donne
100 ─────── 98 ───────── 1250 Duc. | vient 1225. Ducats qu'on re-
                                     çoit à Madrid pour les 1000.
                                     Duc. fur Cadix (faifant 1250.)
                                     negociez à 2. p. c. de perte.
```

Il faut fupofer que l'on tire fur Madrid la fomme qui y eft de A. d'Amfterdam, quoique la queftion (qui eft mal énoncée) dife qu'on y a tiré 1000. Ducats à 102. ⅜. ainfi il faut tirer les 1225. Ducats reftans à Madrid.

```
Duc.      ⅜.        Duc.
1 ─────── 102 ───── 1225 ⎰ Vient 3123½ florins. Reçoit pour la Traite
                         ⎱ fur Madrid.
```

Remife fur Cadix.

```
Duc.      ⅜.        Duc.
1 ─────── 125 ───── 1000 ⎰ Vient 3125. Paye fur Cadix
                         ⎱ 3123½ Reçoit fur Madrid.
```

Réponfe,   1¼ perte.

Un Banquier de Paris ordonne à un Correfpondant de Francfort, de commettre un Négociant d'Anvers pour tirer fur Londres £ 111. 11. ß. 11. ß. fterlings à 34. ß. 5½ ß. de gros par £ fterling, & en remettre la valeur par lui reçûë audit Ami de Francfort à 82½ ß. de gros par florin de 65. crutzers de Change : avec ordre à ce dernier de la lui remettre fur Paris à 74½ crutzers de Change par écu. Le Correfpondant d'Anvers ne trouve à tirer fur Londres qu'à 34. ß. 1¼ ß. de gros par £ fterling, au lieu qu'il remet fur Francfort à 82⅜ ß de gros, felon fon ordre. On demande à quel prix l'Ami de Francfort doit remettre au Banquier de Paris, fuivant fon ordre aux prix marquez. Réponfe, à 74 77/76 crutzers de Change par écu.

β　　　　crut.　　　　　β

Quand il tire à 34¼ —— il remet à —— 74¼ | combien pour —— 34⁷⁄₈ | Rép. 74⁴⁷⁷⁄₈₆₁₆ crut.

137	299	279
69		136
827		1639
8		299
6616		14751
		14751
	(47	3278
	2664(7	
	490061	74⁴⁷⁷⁄₈₆₁₆　490061
	6616	

Preuve selon l'ordre.

on a

Pour 82⅛ β —— 65 Creutsers.
74¼ crutz. —— 1 ▽ —— 34¼ β | Rép. 4⁷¹¹²⁄₇₁₇₇ ▽ |

Preuve selon le cours.

on a

Pour 82⅛ β —— 65 creutzers.
74⁴⁷⁷⁄₈₆₁₆ crut. —— 1 ▽ —— 34⁷⁄₈ β | Rép. 4¹¹¹²⁄₇₁₇₇ ▽ |

} égal pour 1. £ sterling.

Cette Question fut vivement agitée à Paris, il y a quelques années, entre Mrs. Barréme & Irson, Maîtres d'Ecole Jurez, & merita d'être portée comme quelque chose de rare dans la Chambre des Comptes de ladite Ville. Ils ne la firent que par six Regles de Trois, ainsi qu'on le peut voir dans le Traité d'Arithmetique de Mr. Irson, imprimé à Paris, quoi qu'elle se puisse faire par une seule Regle de Trois, comme je l'ai faite ci-dessus; ce qui fait voir qu'elle est facile à résoudre, & qu'il ny a aucune rareté.

Fin des Arbitrages.

C H A-

CHAPITRE XLV.

Contenant diverses Regles curieuses sur le Negoce, & sur le Change des principales Villes de l'Europe,
Par Jacques Mondoteguy.

LEs Queſtions ſont faites juſqu'à la Regle de Trois ; car je ſupoſe que tous ceux qui les voudront faire, ne doivent pas ignorer ladite Regle, que les Anciens ont nommé par excellence, à cauſe de ſa beauté & de ſa grande utilité, la Regle d'or. Elle eſt appellée Régle de Trois, par-ce qu'au moyen de 3. nombres connus, nous en trouvons un quatrième inconnu que nous cherchons. Pour la bien diſpoſer il faut que le premier & le troiſième nombre ſoient de même eſpece, ainſi que le ſecond avec le quatrième qui eſt la Réponſe qu'on cherche.

Cela étant connu, il faut multiplier le ſecond & le troiſième nombre l'un par l'autre, & diviſer le produit qui en viendra, par le premier nombre, pour avoir le quatrième qui eſt la Réponſe.

Exemple.

I. Un Marchand d'Amſterdam, qui veut partir pour la Foire de Leipſic en Saxe, a beſoin pour faire ſon voyage de 400. Ducats d'Allemagne, qui valent 5. florins & 5. ſols piece. Un Changeur Juif lui en demande 2. ſols de profit ſur chacun, & les lui vend à cette condition. On demande combien de florins le Marchand doit donner pour les 400. Ducats. Réponſe, 2140. florins.

$$
\begin{array}{c}
\text{fl. } 5 - 5 \\
2 \text{ profit.} \\
\hline
\end{array}
$$

Ducat	il donne		combien	Ducats
Pour 1	——	fl. 5 - 7 ——		400
			à	5 - 7

$$
\begin{array}{r}
2000 \\
100 \\
40 \\
\hline
\end{array}
$$

Réponſe, 2140 florins.

Com-

II. Combien de florins faut-il donner pour 100. Rofenobles, à 11. florins piece, fi on donne pour chacun un fol & demi de profit. Réponfe, 1107. florins & 10. fols.

1 Rof. ———— fl: 11 - 1½ ———— 100. Rof. | Rép. fl. 1107 - 10.

III. Combien de pieces de 30. fols faut-il donner pour 250. Ducats, à 5. florins piece, fi on donne 1. pour Cent de profit. Réponfe, 841⅓. pieces.

250. Ducats.
à　5 fl.

		profit			
100	———	1	———	1250 fl.	vient 12½ florins.
				12½	
		piece			
30 f.	———	1	———	1262½ fl.	Rép. 841⅓. pieces de 30. fols.

IV. Combien de Rofenobles de 11. florins piece faut-il recevoir pour florins 1107 - 10. fols, fi on donne 1½ fol de profit fur chacun. Réponfe, 100. Rofenobles.

fl: 11 - 1½ ———— 1. Rof. ———— fl: 1107 - 10. | Rép. 100. Rofenobles.

V. Combien de Ducats, valant 5. florins piece, faut-il recevoir pour 1256¼ florins, fi on donne un demi fol de profit fur chacun. Réponfe, 250. Ducats.

fl: 5 - ½ ———— 1 Duc. ———— 1256¼. fl. | Rép. 250. Ducats.

VI. Combien de Ducats, de 5. florins piece, faut-il recevoir pour 841⅓. pieces de 30. fols, fi on donne 1. pour Cent de profit. Réponfe, 250. Ducats.

841⅓ pieces.
à　30 fols.

101	———	100	———	25250 fols,	vient 1250 florins.
5 fl:	———	1 Duc.	———	1250 fl.	Rép. 250 Ducats.

VII.

VII. Un Marchand a 2320. florins en differentes efpeces, qu'il veut changer pour Ducatons de 63. fols, & pour Rixdales de 50. fols piece, autant de l'un que de l'autre. S'il donne fur un Ducaton, & fur une Rixdale enfemble 3. fols de profit : on demande combien de pieces de chacun il recevra. Réponfe, 400. de chacun.

63 fols.
50
3 profit. de chacun.

En 116 f. ——— 1 ——— 2320 fl. | Rép. 400. de chacun.

VIII. Un autre a 5070. florins, qu'il veut changer pour Ducatons de 63. fols, & pour Rixdales de Banque de 52. fols piece : mais il veut avoir une fois plus de Rixdales que de Ducatons. S'il donne fur chaque Ducaton un demi fol, & fur chaque Rixdale trois quarts de fol de profit, on demande combien de pieces de chacun il recevra. Réponfe, 600. Ducatons & 1200. Rixdales.

63 fols.
52
52
0½ ⎫
0¾ ⎬ profit.
0¼ ⎭

En 169 f. ——— { 1. Duc. }
                   { 2. Rix. } ——— 5070 fl. | Rép. 600. Ducatons, &
                                            | 1200. Rixdales.

IX. Un Marchand a 1071. florins, qu'il veut changer en Rofenobles de 11. florins, & pour Ducats de 5. florins piece ; mais il veut une fois autant de Ducats que de Rofenobles. S'il donne 2. pour cent de profit, on demande combien de pieces de chacun il recevra. Réponfe, 50. Rofenobles, & 100. Ducats.

profit.   1 Rof. 11. fl.
           2 Duc. 10.

100 ——— 2 ——————— 21 fl. | vient $\frac{21}{70}$ fl: profit.
                       0$\frac{21}{70}$ profit.

En 21$\frac{21}{70}$ $\left\{\begin{array}{l} \text{1 Ros.} \\ \text{2 Duc.} \end{array}\right\}$ — 1071 fl. | Rép. 50 Rof.
                                             & 100 Duc.

Autrement.

102 ——— 100 ——— 1071. fl. | vient 1050. florins.
1 Rof. 11 fl.
2 Duc. 10

       21 ——— $\left\{\begin{array}{l} \text{1 Rof.} \\ \text{2 Duc.} \end{array}\right\}$ ——— 1050 fl. | Rép. 50. Rofenobles,
                                               & 100. Ducats.

X. Combien de doubles Piftoles de 18. Piftoles de 9. & Angelots de 7. florins piece, aura-t'on pour 1599. florins; fi on veut avoir une fois autant de Piftoles que de doubles Piftoles, & 3. fois autant d'Angelots que de Piftoles, & qu'on donne pour les avoir 2$\frac{1}{2}$. pour Cent de profit. Réponfe, 20. doubles Piftoles, 40. Piftoles, & 120. Angelots.

D: P: 18 ——— 1 | 18 flor.
   P: 9 ——— 2 | 18
   A: 7 ——— 6 | 42

100 ——— 2$\frac{1}{2}$ ——— 78 | vient $\frac{12}{25}$. profit.
                   1$\frac{12}{25}$

En 79$\frac{12}{25}$ ——— $\left\{\begin{array}{l} \text{1 D.P.} \\ \text{2 P.} \\ \text{6 A.} \end{array}\right\}$ ——— 1599. fl.

Réponfe, 20. doubles Piftoles, 40. Piftoles & 120. Angelots.

XI. A d'Amfterdam remet fur Hambourg à vûë, une Lettre de Change de 1032. Daelders, à 32$\frac{1}{4}$. fols par Daelder. On demande combien A
doit

doit payer pour cette Lettre à Amſterdam. Réponſe, fl. 1689. 18. ſols.

1. Dael. ——— 32¼. ſ. ——— 1032. Dael. | Rép. fl. 1689-18.

XII. A. d'Amſterdam remet ſur Francfort une Lettre de Change de 1000. florins, de 65. Crutzers chacun, à 85. ℔. par florin. On demande combien A. doit payer pour cette Lettre. Réponſe, fl. 2125.

$$1000 \text{ fl. de Francfort.}$$
$$85 \text{ ℔.}$$

40 ℔. ——— 1 fl. ———85000 ℔. Rép. 2125. florins.

XIII. B. de Londres remet à A. d'Amſterdam une Lettre de Change de £ 312 - 10. ß ſterlings, à 37½. ß par livre ſterling. On demande combien A. doit recevoir pour cette Lettre. Réponſe, fl. 3515. 12½. ſols.

1 £ ——— 37½ ß ——— 312½ £ | Rép. fl. 3515 - 12½. ſols.

XIV. Si le Change d'Amſterdam ſur Dantzic eſt à 230. gros de. Pologne pour 1. £ de gros, on demande combien de livres de gros doit donner A. d'Amſterdam pour recevoir à Dantzic 4600. florins de Pologne, de 30. gros chacun. Réponſe, 600. £ : de gros.

$$4600 \text{ flor.}$$
$$30 \text{ gros.}$$

230 Gros ——— 1 £ ——— 138000 gros. | Rép. 600. £.

XV. B. de Rouën remet à Amſterdam 800. Ecus, à 99. ℔, à payer par Banque, s'il veut les recevoir par Caiſſe, ou en argent courant, l'Agio à 3¼. pour cent. On demande combien A. recevra. Réponſe, fl. 2044 - 7.

$$800 \text{ Ecus.}$$

Banco	Caiſſe	à 99 ℔
100 ———	103¾ ———	79200 ℔	Rép. fl. 2044-7.

O o o 2   XVI.

XVI. A. d'Amfterdam remet fur Middelbourg 800. £ de gros, à 1½ p:. de perte pour Middelbourg , cela veut dire que A. ne doit donner que 98½. pour recevoir 100. audit Middelbourg.   On demande combien A. doit payer en Banque pour cela. Réponfe, 4728. florins.

$$800 \ \pounds$$
$$à \quad 6 \ \text{florins.}$$

100 Midd. ——— 98½. Amft. ——— 4800 fl. | Rép. 4728. florins.

XVII. B. d'Anvers remet fur A. d'Amfterdam 900. £ de gros, à 2.' p:. de perte pour A. ou gain pour B. On demande combien A. doit payer pour cela.   Réponfe, 5508. florins.

$$900 \ \pounds$$
$$à \quad 6 \ \text{fl.}$$

100 Anv. ——— 102. Amft. ——— 5400 fl. | Rép. 5508. florins.

XVIII. C. de Lille doit à B. d'Amfterdam 600. Livres de gros, ou 3600, florins argent de Banque , que B. lui tire à 21½ p:. de perte pour C. on demande combien C. doit payer à Lille. Réponfe, 4374. Livres argent courant de Lille.

fl.	Livres.	fl.
100. Amft. ———	121½. Lille ———	3600. Amft.	Rép. 4374. £ de Lille.

XIX. B. d'Anvers tire fur A. d'Amfterdam £ 500. de gros à 2½ p:. de perte pour A. On demande combien A. doit payer pour cela. Réponfe, 3075. florins.

$$500. \ \pounds$$
$$à \quad 6. \ \text{fl.}$$

100 Anv. ——— 102½. Amft. ——— 3000. fl. | Rép. 3075. florins.

XX.

XX. B. d'Anvers tire sur A. d'Amsterdam £ 500. de gros, à 2½ p⁚ avance pour A. On demande combien A. doit payer pour cela. Réponse, fl. 2926. 16. 9⁴⁴. penings.

$$500 £$$
$$à \quad 6 \, fl.$$

102½ Anv. ——— 100 Amst. ——— 3000 fl. | Rép. fl. 2926. 16. 9⁴⁴.

XXI. A. d'Amsterdam remet à Cologne une Lettre de Change de 800. £ de gros par Banque, à 1½ p⁚. avance pour Cologne, ou perte pour A. si l'Agio de Banque est à 3. p⁚. On demande combien A. doit payer pour icelle en argent courant. Réponse, fl. 5018. 3⁵⁄₇ sols.

$$800 £$$
$$à \quad 6 \, fl.$$

100 Colog. ——— 101½. Amst. ——— 4800 fl. | vient 4872. fl. de Banque.
100 Banque ——— 103. Caisse. ——— 4872 fl. | Rép. fl. 5018. 3½.

XXII. A. d'Amsterdam veut remettre à Rouën 1100. £ de gros. Si le cours du Change est à 99. gros par Ecu de 60. sols, on demande de combien d'Ecus doit être la Lettre de Change. Réponse, de 2666⅔. écus.

$$1100 £$$
$$à \quad 6 \, fl.$$
$$6600 \, fl.$$
$$40 \, \S.$$

99 § ——— 1 ▽ ——— 264000 § | Rép. 2666⅔. ▽

XXIII. A. d'Amsterdam veut remettre sur Francfort 3340. florins de Banque. Si le cours du Change est à 83½ § par florin d'Allemagne de 65. crutzers, on demande de combien de florins d'Allemagne doit être la Lettre de Change. Réponse, de 1600. florins.

$$\begin{array}{c} 3340 \text{ fl.} \\ \text{à} \quad 40 \text{ ß} \end{array}$$

83½ ß ——— 1 fl. d'Allem. ——— 133600 ß | Rep. 1600. fl. d'Allem.

XXIV. B. de Hambourg doit à A. d'Amſterdam 1080. florins de Banque, que A. lui tire à 33½. ſols par Daelder de 32. ſols lubs. On demande de combien de Daelders doit être la Lettre de Change. Réponſe, de 640. Daelders.

$$\begin{array}{c} 1080. \text{ fl.} \\ \text{à} \quad 20 \text{ ſols.} \end{array}$$

33¼ ſols ——— 1 Daeld. ——— 21600 ſols | Rép. 640. Daelders.

XXV. Si le Change d'Amſterdam ſur Anvers eſt 2 p¾. avance pour Anvers. On demande de combien de Livres de gros doit être la Lettre de Change, ſi A. d'Amſterdam paye en Banque pour icelle 5508. florins. Réponſe, 900 ₤ de gros.

102. Amſt. ——— 100 Anv. ——— 5508. fl. | vient 5400 florins.
6. fl. ——— ——— 1 ₤ ——— 5400. fl. | Rép. 900 ₤ de gros.

XXVI. A. d'Amſterdam paye par Caiſſe, pour une Lettre de Change qu'il prend ſur Anvers, fl. 5018- 3¾. ſols, donnant pour l'Agio de Banque 3. p¾. ſi le Change eſt à 1½ p¾. avance pour Anvers : On demande de combien de Livres de gros doit être la Lettre de Change. Réponſe, 800 ₤ de gros.

103 Caiſſe ——— 100 Banque ——— fl. 5018-3¾ | vient 4872 fl. de Banque.
101½ Amſt. ——— 100 Anv. ——— fl. 4872--- | Rép. 800 Livres de Gros
                                            ou 4800 flor.

XXVII. Si le Change d'Anvers ſur Rouën eſt à 90. ß, pour un Ecu de 60. ſols tournois. On demande combien d'Ecus on pourra avoir à Anvers ſur Rouën, pour 720 ₤ 10. ß de gros. Réponſe, 1921⅓. Ecus.

₤

$$\mathcal{L} \; 720 - 10 \; \beta.$$
$$20 \; \beta.$$
_____
$$14410 \; \beta.$$
$$12 \; \beta.$$
_____

90 β ———— 1 ▽ ———— 172920 β. | Rép. 1921½ ▽.

XXVIII. A. de Londres remet à B. de Paris 600 Ecus, à 50. β. sterlings par Ecu On demande combien de Livres sterlings doit payer A. pour cela. **Réponse, 125. £.**

600 ▽
à 50 β.

240 β ———— 1 £ ———— 30000 β | Rép. 125 £ sterling.

XXIX. B. de Francfort remet à C. de Venise 460. Ducats. Si le Change est à 122. florins de 60. Crutzers chacun, pour 100. Ducats, on demande combien de florins coûte cette remise à B. Réponse, 561. florins 12. Crutzers.

100 Duc. ———— 122 fl. Franc. ———— 460 Duc. | Rép. 561⅕ fl. d'Allemag.

XXX. D. de Lion tire sur Livorne une Lettre de Change de 4000. Piastres, de 6. Lires du Pays, à 3. p⅜. de perte pour le Tireur. On demande si la Piastre est égale à l'Ecu de France, combien d'Ecus il recevra pour sa traitte. **Réponse, 3880. Ecus.**

| | 100. Donne. | | |
Donne	3. Perte.	Donne	Reçoit
100	97. Reçoit.	4000	Rép. 3880. Ecus.

XXX. E. de Florence doit à F. de Venise 896½. Ecus d'or, qu'il lui remet à 81½. Ecus d'or pour 100. Ducats de 6⅔. Livres chacun. On demande de combien de Ducats est la Lettre de Change. Réponse, 1100. Ducats.

81½ ▽ ———— 100 Duc. ———— 896½ ▽ | Rép. 1100. Ducats.

XXXII.

XXXII. Si le Change de Hambourg ſur Dantzic eſt à 48. ſols Lubs pour 85. gros de Pologne, on demande combien de florins de Pologne de 30. gros chacun, recevra Hambourg à Dantzic pour 1558½. Daelders de 32. ſols Lubs chacun. Réponſe, 2943. florins & 25. gros Polonois.

1558½ Daelders.
à 32 ſ. Lubs.

48 ſ. Lubs —— 85 ß P. —— 49872 ſ. Lubs | Rép. 2943⅚. Polonois.

XXXIII. Si une Rixdale vaut à Anvers 8 ß argent de Change, on demande combien elle vaudra à Londres, ſi le Change eſt ſur Anvers à 33 ß 4 ß pour une Livre ſterling. Réponſe 4⅘ ß ſterling.

33⅓ ß —— 20 ß ſterl. —— 8 ß | Rép. 4⅘ ß ſterling.

XXXIV. Si une Rixdale vaut à Amſterdam 48. ſols de Banque, & à Francfort 75. Crutzers, on demande à combien revient à Amſterdam un florin de Change de 65. Crutzers. Réponſe, 83⅕ ß, ou 41⅗. ſols de Banque.

75 Crutz. —— 48 ſols —— 65 Crutz. | Rép. 83⅕ ß.

XXXV. Si un Ducat de Hongrie vaut à Dantzic 190. gros Polonois, on demande combien il vaudra à Amſterdam; ſi le Change eſt à Dantzic à 228. gros Polonois pour une Livre de gros. Réponſe, 5. florins.

228 ß P. —— 6 fl. —— 190 ß P. | Rép. 5. florins.

XXXVI. Une Rixdale vaut à Amſterdam 50. ſols, & à Coninsberg 90. gros Polonois. Si le Change eſt à Coninsberg à 230. gros Polonois pour une Livre de gros, on demande quel eſt le plus avantageux pour Amſterdam, ou de remettre ſon argent en eſpeces ou par Change. Réponſe, par Change de 14. gros Polonois par Livre de gros de 6. florins.

230

230 $\frac{8}{8}$ P. par Change.

50 f. ———— 90 $\frac{8}{8}$. P. ———— 6 fl. | vient 216 $\frac{8}{8}$ P. par efpeces.

Rép. 14. $\frac{8}{8}$ P. plus par Change.

XXXVII. Si 50. fols d'Amfterdam valent à Dantzic 3. florins de Polo-gne de 30. gros chacun, & que le Change y foit à 210. gros Polonois pour une L. de gros. On demande quel eft le plus profitable, d'envoyer l'argent en efpeces ou par Change. Réponfe, en efpeces de 6. gros Polonois par Livre de gros; ou bien Amfterdam donnera par envoi 3$\frac{1}{2}$ fols moins par Livre de gros que par Change, pour avoir 210. gros à Dantzic.

3 fl. P.
à 30 $\frac{8}{8}$. P.

50 f. ———— 90 $\frac{8}{8}$ P. ———— 6 fl. | vient 216 $\frac{8}{8}$ P. par Efpeces.
210 $\frac{8}{8}$ P. par Change.

Rép. 6 $\frac{8}{8}$ P. plus par Efpeces.

Pour trouver la feconde Réponfe.

210 $\frac{8}{8}$ P. ———— 6 fl. ———— 90$\frac{8}{8}$P. | vient 51$\frac{1}{2}$ fols par Change.
50 fols par efpeces.

Refte 1$\frac{1}{2}$ fol gain par efpeces plus
que par Change.

En 51$\frac{1}{2}$ f. ———— 1$\frac{1}{2}$ f. gain ———— 6. fl. | Rép. 3$\frac{1}{2}$ fols, qu'il gagne par
envoi en efpeces plus que par
Change : ainfi il les donne moins.

XXXVIII. A. d'Amfterdam doit à Francfort 1000. florins de 65. crutzers chacun. On demande quel eft le plus avantageux pour A. d'en-voyer des Ducats en efpeces, qui valent à Amfterdam 5. florins, & a Francfort 150. crutzers; ou de remettre par Change à 85 $\frac{8}{8}$ par florin de Francfort, & combien cela differe fur toute la partie. Réponfe, par efpeces A. payeroit plus que par Change fl. 41$\frac{1}{2}$. fans les fraix de l'envoi.

1000. florins.
65. Crutzers.

150. Crutz. —— 5 fl. —— 65000. Crutzers. | Vient $2166\frac{2}{3}$ fl. par Especes.
1. fl. —— 85 §. —— 1000. florins. | Vient 2125 fl. par Change.

Rép. $41\frac{2}{3}$. plus par Especes.

XXXIX. Si un écu de France vaut à Amsterdam $2\frac{1}{2}$. florins, & à Dantzic 90. gros de Pologne, & que le Change y soit à 225. gros Polonois par Livre de gros, on demande de combien pour cent est le plus avantageux pour Amsterdam, d'envoyer à Dantzic des Ecus en espece ou par Change. Réponse, par Change de $4\frac{1}{6}$ p^{c}; ou 30. florins de Pologne sur 100. Livres de gros.

225 § P. par Change.
$2\frac{1}{2}$ fl. —— 90 § P. —— 6 fl. | vient 216 § P. par especes.

216 —— 9 § P. gain – 100 | R. $4\frac{1}{6}$. gain.

1 £ —— 9 § P. gain —— 100 £. | Rép. 900 § P. ou 30 fl. P. gain.

XL. Si le Change de Lisbonne sur Amsterdam est à 56 § par cruzade de 400. Rés, la Pistole vaut à Amsterdam 9. florins, & à Lisbonne 6. cruzades, on demande quel est plus avantageux pour Amsterdam, ou de faire venir des Pistoles en especes (rabatant 4. pour cent pour les frais) ou de faire remettre par Change. Réponse, plus avantageux de $2\frac{6}{7}$. pour cent en recevant des Pistoles.

100
4 frais.

100 —— 96 —— 9 fl. | vient $345\frac{3}{5}$ § par Pistoles, les fraix déduits.
1 ※ —— 56 § —— 6 ※ | vient 336 § par Change.

Reste $9\frac{3}{5}$ § plus par Pistoles.

336 —— $9\frac{3}{5}$ gain —— 100 | Rép. $2\frac{6}{7}$. gain, par Pistoles plus que par Change.

XLI.

XLI. Si A. d'Amſterdam remet ſur Dantzic à 230. gros Polonois par Livre de gros, & que pour le retour on lui remette à 225. gros Polonois pour la même Livre de gros. On demande combien il gagne pour cent. Réponſe, $2\frac{2}{9}$. p%.

$$
\left.\begin{array}{l}
230 \text{ reçoit,} \\
225 \text{ donne,}
\end{array}\right\} \text{à Dantzic}
$$

En 225 ———— 5 gain. ———— 100 | Rép. $2\frac{2}{9}$. gain.

XLII. Si B. d'Anvers remet ſur Paris 240. Livres de gros à 80 ℅ par écu, & que pour le retour on les lui remette à 85 ℅ par écu, on demande combien il gagne pour cent, & auſſi ſur toute la partie. Réponſe, $6\frac{1}{4}$ p%, qui eſt 15. L. de gros (ou 90. florins) ſur toute la partie.

$$
\left.\begin{array}{l}
85 \text{ ℅ reçoit,} \\
80 \text{ ℅ donne,}
\end{array}\right\} \text{à Anvers.}
$$

80 ———— 5 ℅ gain ———— 100 | Rép. $6\frac{1}{4}$. gain.
80 ℅ ———— 5 ℅ gain ———— 240 L. | Rép. 15 L. de gros, gain.

XLIII. A. d'Amſterdam tire ſur Rouën 400. écus à 87 ℅ par écu : leſquels Rouën à l'écheance les retire ſur A. à 90 ℅ avec $\frac{1}{2}$. pour cent pour ſa proviſion, on demande combien A. a gagné ou perdu. Réponſe, il a perdu fl. 34-10. ſols.

$$
\begin{array}{c}
400 \ \triangledown \\
2 \ \triangledown \text{ Proviſion.}
\end{array}
$$

1 ▽ ———— 90 ℅ ———— 402 ▽ | vient fl. 904. 10. donne.
1 ▽ ———— 87 ℅ ———— 400 ▽ | vient fl. 870. - reçoit.

Rép. fl. 34 - 10. perte.

       XLIV.

XLIV. B. d'Anvers remet fur Lisbonne 500. L. de gros à 50 ₷ par Crufade de 400. Rés, lefquels Lisbonne remet à B. à 52 ₷ par Crufade, ayant rabatu ⅓. pour Cent pour fa provifion, on demande combien B. a gagné ou perdu. Réponfe, gagné fl. 109. 12.

50 ₷ ——— 1 ✳ ——— 500 L. | vient 2400. Cruzades.
                                             8 Provifion à ⅓ pour Cent.

                        Refte 2392 Cruzades, que Lisbonne remet à B.

1 ✳ ——— 52 ₷ ——— 2392 ✳ | vient fl. 3109. 12. Reçoit.
1 ✳ ——— 50 ₷ ——— 2400 ✳ | vient fl. 3000.   Paye.

                        Rép. fl. 109. 12. Gain.

XLV. A. de Lion tire fur B. de Londres 1000. Ecus à 42 ₷ fterlings, que B. lui retire à 44 ₷ fterling par Ecu, avec ⅓. p⅔. pour fa provifion, on demande combien A. a gagné ou perdu pour Cent. Réponfe, gagné 4₂⁸⁷⁶₁₀₇. pour Cent, ou 42₁⁷₁. Ecus fur toute la partie.

1 ▽ ——— 42 ₷ fterl. ——— 1000 ▽ | vient 42000 ₷ fterl.
                                  140 ₷ provifion.
                                           1000 ▽ Reçoit
44 ₷ fterl. ——— 1 ▽ ——— 42140 ₷ ft. | vient 957₁⁷₁. ▽ Paye.

                        Rép. 42₁⁷₁. ▽ gain.

Capital	Gain	Capital	
957₁⁷₁ ▽ ———	42₁⁷₁ ▽ ———	100	Rép. 4₂⁸⁷⁶₁₀₇ Gain.

XLVI. A. d'Amfterdam tire fur B. de Dantzic 150 £ de gros à 228. gros Polonois par L. de gros, lefquels B. lui retire à 226. gros par L. avec ⅓. p⅔. pour fa provifion, on demande combien A. perd pour Cent. Réponfe, perd 1₃⁴⁴⁷¹⁷₅ pour Cent.

                                                           1 L.

1 L. —— 228 ₰ P. —— 150 L. | vient 34200 ₰ P.
114 ₰ Provision.

226 ₰ P. —— 1 L. —— 34314 ₰ P. | vient $151\frac{94}{113}$ L. Paye.
150 - L. Reçoit

Rép. - $1\frac{94}{113}$ L. Perte.

$151\frac{94}{113}$ L. —— $1\frac{94}{113}$ L. perte —— 100 | Rép. $1\frac{1181}{5719}$ L. perte.

XLVII. A. de Londres remet à son Facteur d'Amsterdam à 33 ß 4 ₰ de gros par L. sterling, lequel selon ordre il remet sur Middelbourg à 2. p%. de son avance (cela est qu'en donnant 100. à Amsterdam il reçoit 102. à Middelbourg.) On demande à combien revient à A. le Change de Londres sur Middelbourg. Réponse, à 34 ß de Gros.

1 L. sterl. —— $33\frac{1}{3}$ ß A.
100 A. —— 102 M. —— 1 L. sterl. | Rép. 34. ß.

Autrement.

~~100~~ A. —— 102 M. —— $33\frac{1}{3}$ ß A. | Rép. 34 ß.
3 ~~100~~

XLVIII. Si le Change d'Amsterdam sur Francfort est à 85 ₰ par florin de 65. Crutzers, & de Francfort sur Paris à 78. Crutzers par Ecu de 60 sols. On demande à combien revient le Change d'Amsterdam sur Paris. Réponse, à 102 ₰ par ∇.

~~65~~ Crutz. —— ~~85~~ ₰ —— ~~78~~ Creutz. | Rép. 102 ₰.
~~5~~ 17 6

XLIX. Si le Change d'Amsterdam sur Anvers est à $2\frac{1}{2}$. p%. avance pour Anvers, & sur Venise à 95 ₰ par Ducat. On demande à combien revient le Change d'Anvers sur Venise. Réponse, à $92\frac{28}{41}$. ₰.

$102\frac{1}{2}$ Amst. —— 100 Anv. —— ~~98~~ g Amst. | Rép. $92\frac{28}{41}$ g.

~~708~~   19
41   2
     ——
     38

L. A. d'Amsterdam remet sur Francfort à 87 g par florin de 65. Crutzers, & Francfort remet sur Venise à 117 florins de 60 Crutzers pour 100 Ducats: On demande à combien revient le Change d'Amsterdam sur Venise pour 1 Ducat. Réponse, à $93\frac{24}{27}$ g.

117 fl. d'Alle.
60 Crutzers.

65 Crutz. —— 87 g —— 7020 Crutz. | vient 9396 g, pour 100 Ducats.
100 Duc. —— 9396 g —— 1 Ducat | Rép. - $93\frac{24}{27}$ g.

Autrement par Régle conjointe.

Pour 100 Duc. —— 7020 Crutz.
65 Crutz. —— 87 g A. —— 1 Duc. | Rép. $93\frac{24}{27}$ g.

LI. B. de Seville remet sur Anvers à 111 g par Ducat de 375 Maravadis, avec ordre à Anvers de le remettre sur Amsterdam, ce qu'il fait à $2\frac{1}{2}$ p%. de son avance, rabatant $\frac{1}{3}$ p%. pour la provision. On demande combien B. reçoit pour chaque Ducat à Amsterdam. Réponse, $113\frac{1583}{4000}$ g.

111 g
$0\frac{37}{100}$ Provision à $\frac{1}{3}$ p%. à déduire,
—— & remettre le reste.
100. Anv. —— $102\frac{1}{2}$ Amst. —— $110\frac{63}{100}$ g. | Rép. $113\frac{1583}{4000}$ g.

Autrement, par Régle conjointe.

Donne. Reçoit.
Pour 1 Duc. —— 111 g Anvers.
100 Anv. —— $102\frac{1}{2}$ Amst. Donne. Reçoit.
100 Amst. —— $99\frac{2}{3}$ A. —— 1 Duc. | Rép. $113\frac{1583}{4000}$ g.

LII.

LII. Venise reçoit ordre de tirer sur A. d'Amsterdam à 99 § par Ducat, & de remettre la même somme sur Lisbonne à 750 Rés pour le même Ducat, retenant $\frac{1}{3}$ pour Cent pour sa provision: On demande à combien revient le Change d'Amsterdam sur Lisbonne. Réponse, à $52\frac{292}{299}$ §, par Cruzade de 400 Rés.

1 Ducat.
$0\frac{1}{300}$ provision à $\frac{1}{3}$ pour Cent, à déduire.

1 Duc. —— 750 Rés —— $0\frac{299}{300}$ Ducat | vient $747\frac{1}{2}$, Rés.
$747\frac{1}{2}$ Rés —— 99 § A. —— 400 Rés. | Rép. $52\frac{292}{299}$ §.

Autrement, par Regle conjointe.

750 Rés —— 1 Ducat.
1 Duc. —— 99 § A.
$99\frac{2}{3}$ A. —— 100 A. —— 400 Rés | Rép. $52\frac{292}{299}$ §.

LIII. A. d'Amsterdam remet sur Middelbourg à 2 pour Cent de perte pour Middelbourg (cela est que A. donne 98 pour avoir 100. à Middelbourg) lequel remet par ordre cette partie sur Venise à 100 § par Ducat; laquelle A. tire à l'écheance sur ledit Venise à 99 § par Ducat: On demande combien A. a gagné ou perdu pour Cent. Réponse, gagné $1\frac{1}{49}$ pour Cent.

A. Donne { 98 —— ~~100~~ / ~~100~~ §. —— 99 § } A. Reçoit.

98 —— 99 —— 100 Donne | vient $101\frac{1}{49}$. Reçoit.
100 - Donne.

Rép. - $1\frac{1}{49}$. Gain.

LIV. A. d'Amsterdam remet sur Anvers 600 L. de gros à 2 pour Cent avance pour Anvers, qui à l'écheance (par ordre) les remet sur Lisbonne à $52\frac{1}{2}$ §. par Cruzade de 400 Rés: si A. les tire à 51 § par Cruzade. On demande le gain ou la perte qu'il fait pour Cent. Réponse, perte $4\frac{16}{21}$ pour cent.

Donne

Donne   Reçoit.

102 —— 100   ,   Donne.   100   Donne.

$52\frac{1}{2}$ —— 51 —— 100 | Vient $95\frac{4}{21}$ - Reçoit.

Rép. $4\frac{16}{21}$. - perte.

LV. A. d'Amſterdam remet ſur Francfort une certaine ſomme à 80 ℈ de gros par florin de 65 crutzers, que Veniſe par ordre de A. tire à l'écheance ſur Francfort à 120 florins de 60 crutzers pour 100 Ducats, & en même tems les remet à A. à 97 ℈ par Ducat. On demande le gain ou la perte que A. fait pour cent. Réponſe, il gagne $9\frac{111}{211}$ pour cent.

120 fl.
60 crutz.

65 crutz. —— 80 ℈ —— 7200 crutz. | vient $8861\frac{7}{13}$ ℈ pour 100 Ducats.

$8861\frac{7}{13}$ ℈ —— 100 Duc. —— 97 ℈   ⅓ vient $1\frac{142}{1172}$. Ducat reç. pour 97 ℈.

                 1 -- Ducat, donne.

     1 —— $0\frac{142}{1172}$. gain - 100 | R. $9\frac{111}{211}$.g.

Autrement par Regle Conjointe.

Donne.   Reçoit.

16.   80 ℈ —— 65 crutz. 13

     7200 crutz. —— 100 Ducats.

      1 Duc. —— 97 ℈.

1152.   1261 reçoit.

         1152 donne.

                  donne.

1152 —— 109 gain —— 100 | Rép. $9\frac{111}{211}$. gain.

LVI.

LVI. Lion tire pour compte & sur B. de Londres à 78 ₰ sterling par Ecu d'or sol ; que B. ordonne à Lion de les remettre sur Seville à 390 Maravadis par Ecu, & à Seville de les remettre sur Amsterdam à 118 ₰ par Ducat de 375 Maravadis. Si B. tire ladite somme sur Amsterdam à 34 ß 5 d. de gros par livre sterling, on demande combien il gagne ou pert pour cent dans ce negoce. Réponse, il pert $8\frac{4}{7}$ pour cent.

Donne.	Reçoit.	Donne.	Reçoit.	
	1 ₤ sterl.			
	20 ß			
	20 ß			
	12 ₰			
34 ß 5 ₰	240 ₰	118 ₰	$68\frac{4}{7}$ ₰ sterl.	vient
375 Mar.	$68\frac{4}{7}$ ₰	390 Mar.	$71\frac{11}{35}$ ₰ sterl.	vient
78 ₰	$71\frac{11}{35}$ ₰	100	$91\frac{3}{7}$ ₰ sterl.	vient
		100 Donne		
		$91\frac{3}{7}$ Reçoit		

Réponse $8\frac{4}{7}$ Perte.

Autrement par Regle Conjointe.

	Donne.	Reçoit.	
	~~78~~ ₰ st.	1 ▽	
5.	1 ▽	~~390~~ Mar.	~~5~~
~~25~~.	~~375~~ Mar.	~~118~~ ₰ A.	2
	~~413~~ ₰ A.	~~240~~ ₰ sterl.	16
7)	~~59~~		
	35 Donne.	32 Reçoit.	
	32 Reçoit.		

35 —— 3 Perte —— 100 | Rép. $8\frac{4}{7}$ Perte

Nota. Tous les nombres qui sont à côté, sont ceux qui font abreger ceux de la Regle l'un par l'autre, qui le font à la fin comme 35 à 32. en multipliant ceux qui ne sont pas coupez de chaque côté, ce qui abrege bien du chemin.

LVII. Si le Change de Middelbourg fur Londres eft à 35 ß 6 ϙ de gros par Livre fterling, & fur Amfterdam à 1½ pour Cent avancé pour Middelbourg : On demande à combien doit Amfterdam remettre fur Londres pour en recevoir le retour par Middelbourg, au cours de ci-deffus pour y gagner 5 pour Cent. Réponfe, à 34 ß 3⁴⁄₇ ϙ.

Reçoit.	Donne.		
1 L. fterl. ———	35½ ß Mid:		
100 Mid: ———	101½ A.	Reçoit.	Donne.
105 A. ———	100 A. ———	1 L. fterl.	Rép. 34 ß 3⁴⁄₇ ϙ.

Autrement.

105 ——— 35½ ß ——— 101½ | Rép. 34 ß 3⁴⁄₇ ϙ.

LVIII. Si le Change de Venife fur Amfterdam eft à 95 ϙ. par Ducat, & fur Francfort à 123½ florins de 60. crutzers chacun pour 100 Ducats, on demande à combien doit Amfterdam remettre fur Francfort pour un florin de 65 crutzers, pour en recevoir le retour par Venife au cours ci-deffus, pour y gagner 4 pour cent. Réponfe, à 80⁷⁄₁₃ ϙ.

Reçoit	Donne		
60. Crutz. ———	1 florin.		
123½ flor: ———	100 Ducats.		
1 Duc. ———	95 ϙ. A.	Reçoit.	Donne.
104 A. ———	100 A. ———	65 Crutz.	Rép. 80⁷⁄₁₃ ϙ.

Autrement.

123½ florins.
60 Crutz.

100 Duc. ——— 7410 Crutz. ——— 1 Duc. | vient 74¹⁄₁₀ Crutzers.

74¹⁄₁₀ Crutz. ——— 95 ϙ. A. ——— 65 Crutz. | vient 83⅓ ϙ, qu'il faut remettre fans gain, mais comme il veut gagner 4 pour Cent, il faut remettre plus bas.

104 ——— 100 ——— 83⅓ ϙ | Rép. 80⁷⁄₁₃ ϙ.

LIX.

LIX. Si le Change de Hambourg fur Lisbonne eft à 26. fols lubs par cruzade de 400 Rés, & d'Amfterdam fur Lisbonne à 55 ß par cruzade, on demande à combien doit Amfterdam tirer fur Hambourg par Daelder de 32 fols lubs pour y gagner 5 pour cent, fi Hambourg le retire fur Lisbonne, & Lisbonne fur Amfterdam au cours de ci-deffus. Réponfe, à 35 $\frac{1}{7}$ fols.

26$\frac{1}{4}$ fols lubs ——— 55 ß.
                 11 4

105
100 ——— 105 ——— 32 fols lubs | Rép. 70$\frac{2}{7}$ ß, ou 35$\frac{1}{7}$ fols.
20   11
5

                             32
                             32

         55(2 | 70$\frac{2}{7}$ ß.   352
         55

Autrement.

26$\frac{1}{4}$ f. ——— 55 ß A. ——— 32 f. | vient 33$\frac{11}{21}$ fols, qu'il doit tirer fans gain, mais comme il veut gagner 5 pour cent, il faut tirer plus haut.

100 ——— 105 ——— 33$\frac{11}{21}$ | Rép. 35$\frac{1}{7}$ fols, par Daelder.

LX. Si le cours du Change de Francfort fur Venife eft à 123$\frac{1}{2}$ florins de 60 crutzers pour 100 Ducats, & de Venife fur Amfterdam à 95 ß par Ducat, on demande fi Amfterdam remet fur Francfort à 80$\frac{7}{13}$ ß par florins de 65 crutzers, pour en recevoir le retour par Venife au cours de ci-deffus, combien il gagne ou pert par cent. Réponfe, il gagne 4 pour cent.

           123$\frac{1}{2}$ florins.
           60 crutzers.

100 Duc. ——— 7410 crutz. ——— 1 Duc. | vient 74$\frac{1}{10}$ crutzers.

74$\frac{1}{10}$ crut. — 95 ß A. ——— 65 crutz. | vient 83$\frac{1}{3}$ ß reçoit.
                                    80$\frac{7}{13}$ ß donne.

                              Refte   3$\frac{3}{13}$ gain.
capital   gain   capital
80$\frac{7}{13}$ ß ——— 3 ß $\frac{3}{13}$ ——— 100 | Rép. 4. gain.

Autre-

Autrement.

Donne   Reçoit
80$\frac{16}{19}$ $\cancel{8}$ ———— 65 crutz.
60 crutz. ——— 1 fl.
123$\frac{1}{2}$ fl. ———— 100 Duc.   Donne.
    1 Duc. ——— 95 $\cancel{8}$ A. ———— 100 | vient 104 Reçoit.
                                      100 Donne.

                                 Rép.   4 Gain.

LXI. A. de Rouën ordonne à Amsterdam de lui tirer à 97$\frac{3}{4}$ $\cancel{8}$ par écu, & de remettre la même somme sur Hambourg à 34 sols par Daelder de 32 sols lubs. Si Amsterdam ne peut tirer qu'à 97 $\cancel{8}$. on demande à combien il remettra sur Hambourg pour suivre son ordre. Réponse, à 33$\frac{17}{23}$ sols par Daelder.

Reçoit   Donne   Reçoit
97$\frac{3}{4}$ $\cancel{8}$ ———— 34 sols ——— 97 $\cancel{8}$ | Rép. 33$\frac{17}{23}$ sols.

LXII. Comment peut-on voir que la precedente Réponse est bonne, & qu'elle tient preuve. Réponse, quand il paroit par icelle qu'Amsterdam, en faisant de même, suit son ordre.

Posez qu'Amsterdam tire 1000 ▽ à 97$\frac{3}{4}$ $\cancel{8}$ sur A. & de son ordre, & qu'il en remette la valeur sur Hambourg à 34 sols, il aura pour cela 1437$\frac{1}{2}$ Daelders : Et s'il tire à 97 $\cancel{8}$, & qu'il remette à 33$\frac{17}{23}$ sols, il aura de même autant de Daelders.

               1000 ▽   1000 ▽
            à   97$\frac{3}{4}$ $\cancel{8}$ à   97 $\cancel{8}$

            48875 sols.   48500 sols.

34 sols ——— 1 Dael. ——— 48875 sols | Rép. 1437$\frac{1}{2}$ ⎫ Daelders, égal selon
33$\frac{17}{23}$ sols ——— 1 Dael. ——— 48500 sols | Rép. 1437$\frac{1}{2}$ ⎭ l'ordre & selon le
                                                cours.

                                                LXIII.

LXIII. A. de Venife ordonne à Amfterdam de remettre fur Nuremberg à 66 ß par florin d'Allemagne, & de tirer fur lui à 99 ß par Ducat.
Si Amfterdam ne peut tirer fur Nuremberg qu'à 65 ß. on demande à
combien il doit tirer fur Venife pour fuivre fon ordre. Réponfe, à 97¼ ß
par Ducat.

```
Donne      Reçoit    Donne
 66 ß ———— 99 ß ———— 65 | Rép. 97¼ ß
  2          3
```

LXIV. B. de Hambourg ordonne à Amfterdam de remettre fur Anvers
à 2 pour cent avance pour Anvers, & de tirer fur lui à 33¼ fols par Daelder, ou autre prix à fon avantage.   Si Amfterdam felon le cours, tire à
33½ fols, on demande à combien il remettra fur Anvers pour fuivre fon
ordre. Réponfe, à 2¹⁰²⁄₁₃₃ pour cent.

```
Reçoit          Donne          Reçoit
33¼ fols ———— 2 p⁰ₒ. ———— 33½ fols | Rép. 2¹⁰²⁄₁₃₃ p⁰ₒ.
```

Autrement.

```
33¼ fols ———— 102 pₒ. ———— 33½ fols | vient 102 ¹⁰²⁄₁₃₃ Donne.
                                         100         Reçoit.
```

Rép. 2¹⁰²⁄₁₃₃ Perte pour lui,
ou avance pour An-
vers.

LXV. A. d'Amfterdam ordonne à B. de Paris de remettre fur Londres
à 49¼ ß fterling par écu, & de tirer fur lui à 99½ ß pour ledit écu; mais
fi B. ne peut tirer qu'à 101 ß. on demande à combien il doit remettre
fur Londres, pour ne pas outrepaffer fon ordre. Réponfe, à 50½ ß fterling
par écu de 60 fols tournois.

```
Donne        Reçoit          Donne    Reçoit
99½ ß ———— 49¼ ß fter. ———— 101 ß | Rép. 50½ ß fterlings.
——————    ——————
100        100
 2
```

LXVI.

LXVI. A. d'Amſterdam ordonne à B. de Paris de remettre ſur Londres 1000. Ecus à 49¼ ₰ ſterling par Ecu, & de tirer ſur ledit A. à 99½ ₰ pour le même Ecu, mais ſi B. outrepaſſant ſon ordre, remet ſur Londres à 50½ ₰ ſterling ; & qu'il tire ſur A. à 101 ₰. on demande s'il a ſuivi ſon ordre. Réponſe, oui, parce qu'il reçoit à Londres (ſelon le cours) autant plus que ſon ordre, qu'à proportion il paye plus à Amſterdam, en payant à 101 ₰ ſelon le cours, au lieu de 99½ ₰ qui étoit ſon ordre.

Reçoit	Donne	Reçoit
49¼ ₰ ſterl. ———	99½ ₰ A. ———	50½ ₰ ſterl. | Rép. à 101 ₰, qu'il doit tirer

quand il remet ſur Londres à 50½ ₰ ſterling par Ecu; & comme il tire ſelon le cours à 101. ₰, cela eſt égal, ainſi l'ordre eſt ſuivi ponctuellement.

LXVII. A. d'Amſterdam ordonne à Hambourg de remettre ſur Francfort à 51 crutzers par Daelder, & de tirer ſur lui à 34 ſols par Daelder. Si Hambourg ſuivant le cours ne peut remettre ſur Francfort qu'à 50¼ crutzers , on demande à combien il tirera ſur A. pour ſuivre ſon ordre. Réponſe, à 33½ ſols par Daelder de 32 ſols lubs.

Reçoit	Donne	Reçoit
51 crutz. ———	34 ſols ———	50¼ | Rép. 33½ ſols.
8	2	
4		201
2		67

LXVIII. B. de Coningsberg ordonne à Amſterdam de remettre à Rouën à 103½ ₰ par écu, & de tirer ſur Dantzic à 225 gros de Pologne par livre de gros; ſi le Change ſur Dantzic eſt à 230 gros, on demande à combien Amſterdam remettra ſur Rouën pour ſuivre ſon ordre. Réponſe, à 101¼ ₰ par Ecu.

Par Regle de Trois indirecte.

225 —— 103½ ⅌ —— 230 | Rép. à 101¼ ⅌.

```
  225    207    228
   46     9      45
    2
    2
  ─────
    4
```

Puisqu'il paye plus à Dantzic (en tirant felon le cours) que fon ordre ne porte, il faut auffi qu'à proportion il paye moins en remettant fur Rouën: ce qui eft une Regle de Trois indirecte.

LXIX. Mais comment paroîtra-t'il que la Réponfe ci-deffus eft vraye, & qu'elle tient preuve; fi B. de Coningsberg a ordonné à Amfterdam de remettre fur Rouën 1000. Ecus, à 103½ ⅌ par Ecu, & de tirer fur Dantzic à 225. gros de Pologne par livre de gros. Réponfe, quand il paroît qu'ayant remis & tiré au cours de ci-deffus, que Dantzic ne paye pas plus que B. de Coningsberg a ordonné.

```
                    1000 ▽
   ordre            à 103½ ⅌
1 L——225 ⅌ P. ——— 103500 ⅌   | Rép. 97031¼ ⅌ P. ⌝
                    1000 ▽                          ⎬ égal felon l'ordre
   cours            101¼ ⅌                          | & felon le cours.
1 L——230 ⅌ P. ——— 101250 ⅌   | Rép. 97031¼ ⅌ P. ⌟
```

LXX. A. d'Amfterdam reçoit ordre de remettre fur Rouën à 103½ ⅌ par Ecu, & de tirer fur Dantzic à 224. gros de Pologne par livre de gros, mais fi felon le cours il ne peut remettre fur Rouën qu'à 105 ⅌. on demande à combien il tirera fur Dantzic pour parer fon ordre. Réponfe, à 220⅝ gros de Pologne, par livre de gros.

Par Regle de Trois indirecte.

103½ &. ———— 224 ———— 105 &. | Rép. 220⅘ gros de Pologne.
               32
  195   16   103½
  18
7   5   181
                            69

Puisqu'il paye plus fur Rouën, en remettant felon le cours que fon ordre ne porte; il faut auffi qu'à proportion il paye moins à Dantzic, en tirant fur ladite Ville.

LXXI. A. d'Amfterdam ordonne à Londres de remettre fur Lion à 34¼ &. fterlings par Ecu, & de tirer fur Anvers à 35 ß par livre fterling : fi Londres ne peut remettre fur Lion qu'à 35 &. on demande à combien il doit tirer fur Anvers pour fuivre fon ordre. Réponfe, à 34¼ ß par livre fterling.

Par Regle de Trois indirecte.

34¼ &. fterl. ———— 35 ß ———— 35 &. fterl. | Rép. 34¼ ß, de gros.
  35   34¼

Puisqu'il paye plus en remettant fur Rouën au cours que fon ordre ne porte, il faut qu'à proportion il paye moins à Anvers en tirant fur ladite Ville.

LXXII. Londres a ordre d'Amfterdam de remettre fur Lion à 35 &. fterling par Ecu, & de tirer fur Anvers à 34¼ ß par livre fterling, fi Londres ne peut tirer fur Anvers qu'à 35 ß. on demande à combien il remettra fur Lion pour fuivre fon ordre. Réponfe, à 34½ &. fterling par Ecu.

Par

Par Regle de Trois indirecte.

34¼ ß ———— 35 & ſterl. ———— 35 ß | Rép. à 34¼ & ſterlings.
35   34¼

Puis qu'il paye plus en tirant au cours ſur Anvers que ſon ordre ne porte, il faut qu'à proportion il paye moins en remettant ſur Lion.

LXXIII. Comment fera-t'on voir que cette derniere Queſtion eſt
bonne, & qu'elle tient preuve, ſi Amſterdam ordonne à Londres de remettre ſur Lion 1000. Ecus à 35 & ſterling par Ecu, & de tirer cette
ſomme ſur Anvers à 34¼ ß par livre ſterling. Réponſe, quand il paroit
qu'Amſterdam ne paye pas à Anvers plus qu'il n'a ordonné pour les 1000
Ecus, qui eſt 253 ₤ 7 ß 8½ & de gros.

	ordre	1000 ▽ 35 & ſterl.		
1 ₤ ſterl. ——	34¼ ß ——	35000 & ſterl.	R. ₤ 253. 7 ß 8½ & de gros.	⎫ égal ſelon l'ordre & ſe-lon le cours.
	cours	1000 ▽ 34¼ & ſterl.		
1 ₤ ſterl. ——	35 ß ——	34750 & ſterl.	R. ₤ 253. 7 ß 8½ & de gros.	⎭

LXXIV. B. de Rouën ordonne à ſon Ami d'Amſterdam de tirer ſur
lui à 98 & par Ecu, ou ſur Londres à 35½ ß par livre ſterling, mais Amſterdam ne peut tirer ſur Rouën qu'à 97 &, & ſur Londres qu'à 35 ß.
Comme ces prix ſont tous deux au deſſous de l'ordre, on demande quel
differe le moins. Réponſe, ſur Rouën, parce qu'il y tire plus haut.

Ordre   Cours
98 & ———— 97 & ———— 100 | Rép. 98⁴⁸⁄₉₇ ſur Rouën   ⎫ pour Cent.
35½ ß ———— 35 ß ———— 100 | Rép. 98⁴⁴⁄₇₀ ſur Londres ⎭

Autrement.

35⅓ ß ——— 98 ß ——— 35 ß | Rép. 96⅔⅔ ß, doit tirer fur Rouën à pro-
portion de Londres : &
comme il tire directement fur ladite Ville à 97 ß, elle lui eſt plus
avantageuſe que de tirer fur Londres.

LXXV. A. d'Anvers ordonne à Amſterdam de tirer fur Hambourg à
33½ ſols par Daelder: fur Veniſe à 98 ß par Ducat; ou fur Rouën à 101
ß par Ecu: mais ſi le cours differe de ſon ordre, de faire au mieux. Amſterdam ne peut tirer fur Hambourg qu'à 33 ſols, fur Veniſe qu'à 96½
ß, & fur Rouën qu'à 99 ß. On demande fur quelle Place eſt le plus
avantageux pour tirer. Réponſe, fur Hambourg, parce que c'eſt le plus
haut.

Ordre.   Cours.

33½ ——— 33 ——— 100 | Rép. 98⅓⅔ fur Hambourg. ⎫
98 ——— 96½ ——— 100 | Rép. 98⅔⅓ fur Veniſe.   ⎬ pour Cent.
101 ——— 99 ——— 100 | Rép. 98⁷⁄₁₀¹ fur Rouën. ⎭

LXXVI. A. de Hambourg ordonne à Amſterdam de lui remettre à
33 ſols par Daelder, ou fur Francfort à 84 ß par florin de 65. Crutzers: mais il ne peut remettre fur Hambourg qu'à 33½ ſols, & fur Francfort qu'à 85 ß. Comme il y a de la perte à ces deux prix, ſelon l'ordre, on demande auquel il y en a le moins, ou fur quelle place eſt le
plus avantageux de remettre. Réponſe, fur Francfort de ⁷⁄₁₁ ß de gros,
qu'il paye moins par florin d'Allemagne de 65. Crutzers.

33 ſ. ——— 84 ß ——— 33½ ſ. | vient 85⁷⁄₁₁ ß, Paye fur Hambourg ⎫
                                   85 - ß, Paye fur Francfort ⎬ au cours.

Rép. 0⁷⁄₁₁ ß, Paye moins fur Francfort que fur
Hambourg.

Autre-

Autrement.

$33\frac{1}{2}$ sols, Cours.
33 sols, Ordre.

33 sols —— $\frac{1}{2}$ s. perte —— 84 § | vient $1\frac{3}{11}$ §, perte sur Hambourg.
1 - §, perte sur Francfort.

Rép. $\frac{3}{11}$ §, perte, moins sur Francfort.

LXXVII. A. de Venise ordonne à B. d'Amsterdam de lui tirer à 96 §, par Ducat de 24. gros de Banco, ou sur C. d'Anvers à 2 pour cent de sa perte (cela veut dire suivant l'usage d'Amsterdam, que B. ne doit recevoir que 98. pour 100. qu'il doit faire payer à Anvers pour sa traitte) il se trouve que le cours sur Venise, n'est qu'à 95 §, & sur Anvers à $2\frac{1}{2}$ pour cent de sa perte.

Si B. veut tirer au cours du Change sur une des deux Villes de Venise ou d'Anvers, on demande laquelle est la plus avantageuse pour A. en conformité de son ordre. Réponse, sur Anvers, de $\frac{625}{1176}$ pour cent.

Explication.

Si B. en tirant sur Anvers, pour le compte de A. il doit recevoir suivant l'ordre 98, & que suivant le cours il ne reçoive que $97\frac{1}{2}$, combien cela fait-il pour cent? Il vient $99\frac{24}{49}$ qu'il reçoit sur Anvers.

Si B. doit tirer sur Venise, suivant l'ordre, à 96 § & que suivant le cours il ne tire qu'à 95 §; combien cela fait-il pour cent? Il vient $98\frac{23}{24}$ qu'il reçoit sur Venise.

Ordre. Cours.
100 100
2 perte $2\frac{1}{2}$ perte
Ordre

Anvers 98 —— $97\frac{1}{2}$ —— 100 | vient $99\frac{24}{49}$ Reçoit sur Anvers.

Venise 96 —— 95 —— 100 | vient $98\frac{23}{24}$ Reçoit sur Venise.

Réponse $0\frac{625}{1176}$ Reçoit plus sur Anvers: mais comme il devoit recevoir 100. il perd toûjours $\frac{625}{1176}$ pour cent.

Autrement.

Si au lieu de 98. je ne reçois que 97½ fur Anvers, combien cela fait-il fur les 96 ⅌ de Venife? Il vient 95$\frac{24}{49}$ ⅌.

Anvers		Venife.	
Ordre	Cours	Ordre	
98 ———	97½ ———	96	vient 95$\frac{24}{49}$ tiré fur Anvers pour les 96 de Venife.

95 - tiré fur Venife.

Refte 0$\frac{24}{49}$ perte qu'il fait fur les 96 ⅌ qu'il devoit tirer fur Venife fuivant fon ordre.

En 96 ——— il perd $\frac{24}{49}$ ——— combien en 100 | Réponfe, $\frac{644}{1176}$ perte pour cent.

LXXVIII. B. de Dantzic ordonne à C. d'Amfterdam de lui remettre à 220. gros de Pologne par Livre de gros, ou fur Hambourg à 33½ fols par Daelder: mais C. ne peut remettre fur Dantzic qu'à 218 gros, & fur Hambourg qu'à 34 fols. Comme ces Cours de Change font hors de l'ordre & préjudiciables à B. on demande lequel des deux lui eft le plus avantageux. Réponfe, fur Dantzic de $\frac{7}{743}$ ₶ par Livre de gros, felon l'Auteur, & felon moi de $\frac{24}{740}$ L.

L'Auteur de cette Queftion eft feu Mr. Adam van Lintz, très-célébre Arithmeticien de cette Ville d'Amfterdam, comme il l'a fait voir par fon excellent Traité d'Arithmetique qu'il a donné au Public. Comme je ne fuis pas d'accord avec lui, ni pour la Réponfe, ni pour la maniere de travailler ladite Queftion, (quoi qu'elle aye eu des Défenfeurs) je laifferai le jugement au Public pour favoir qui a raifon; & pour favoir fi felon fa demande il a pû donner une telle Réponfe dans le Stile ordinaire du Commerce.

Maniere de l'Auteur, comme je l'ai vûë dans fon manufcrit.

33½ fols — 34 fols —— 1 ₶	vient 1 $\frac{1}{17}$ ₶, donne fur Hamb. ⎫ pour 1 ₶:
218 Gros — 220 Gros —— 1 ₶	vient 1 $\frac{2}{109}$ ₶, donne fur Dantz. ⎬ de Gros.

Rép. 0$\frac{44}{7301}$ ₶ plus profitable fur Dantzic que fur Hambourg.

Manie-

Maniere & Réponſe ſelon moi.

Remiſe ſur Hambourg, en Daelders de 32 ſols Lubs.

$33\frac{1}{2}$ ſ. — 1 D. — 1 £. | vient $3\frac{39}{67}$ D. Doit recevoir ſelon l'ordre } à Hambourg pour 1 L. de Gros d'Amſt.
34 ſ. — 1 D. — 1 £. | vient $3\frac{9}{17}$ D. Reçoit ſelon le Cours }

Reſte $0\frac{60}{1139}$ Daelder. Perte ſur Hambourg, ou qu'il y reçoit moins ſelon le cours que ſelon l'ordre.

Reduiſons cette perte de Hambourg en Livres de Gros.

En $3\frac{39}{67}$ D. —— $0\frac{60}{1139}$ D. perte —— 1 £. | vient $\frac{1}{68}$ £. Perte ſur Hambourg.

Remiſe ſur Dantzic, en Gros de Pologne.

220 Gros. Doit recevoir ſelon l'ordre } à Dantz. pour 1 £ de Gros d'Amſt.
218 Gros. Reçoit ſelon le Cours }

En 220 Gros —— 2 gros Perte —— 1 £ | vient $\frac{1}{110}$ £. Perte ſur Dantzic.

Il y a { $\frac{1}{68}$ £. Perte ſur Hambourg. } ſouſtraire.
{ $\frac{1}{110}$ £. Perte ſur Dantzic. }

Réponſe $\frac{21}{3740}$ £. ſelon moi, plus profitable de remettre ſur Dantzic que ſur Hambourg, pour chaque Livre de Gros d'Amſterdam.

Je prouverai en peu de mots que l'ouvrage de l'Auteur n'eſt pas bon. Il veut que ſur Hambourg & ſur Dantzic on paye à Amſterdam plus que une livre de gros, (ſuppoſé que la Remiſe ne ſoit que d'une livre de gros) ce qui n'eſt pas: car que C. d'Amſterdam remette ſur ces deux Villes ſelon l'ordre ou ſelon le cours, il eſt certain qu'il ne paye jamais plus que la livre de gros; mais B. de Dantzic reçoit moins dans ces deux Places. De plus l'une ou l'autre de ces deux Regles de Trois ſont mal poſées: puis que le premier nombre de la premiere ſur Hambourg eſt l'ordre, & le ſecond le cours; au lieu que dans la ſeconde ſur Dantzic, le premier nombre eſt le cours, & le ſecond l'ordre: ce qui eſt une contradiction manifeſte, & qui provient à cauſe qu'il n'a pas pris garde que le Change ſur Hambourg varie à Amſterdam, & que l'eſpece eſt fixe audit Hambourg:

 au

au lieu que fur Dantzic, l'efpece eft fixe à Amfterdam, & que le Change varie audit Dantzic.

LXXIX. Amfterdam veut donner de l'argent en Change : le cours du Change fur Anvers eft à 2 pour cent avance à la Lettre, c'eft-à-dire qu'on donne 102. à Amfterdam pour recevoir 100 à Anvers, & le retour d'Anvers eft à 104. qu'Amfterdam recevra. Le cours fur Venife eft à 98 §, & le retour à 99½ § par Ducat. Le cours fur Dantzic eft à 230 gros de Pologne, & le retour à 225 gros par livre de Gros. On demande fur quelle Place lui fera-t-il plus avantageux de remettre. Réponfe, fur Dantzic, puis que le retour lui eft plus profitable que fur les deux autres Places.

Donne.	Reçoit.	Donne.	Reçoit.	
102 ——	104 ——	100	Rép. 101⁴⁹⁄₅₁. fur Anvers	⎫
98 ——	99½ ——	100	Rép. 101¹⁵⁄₄₉. fur Venife	⎬ pour cent.
225 ——	230 ——	100	Rép. 102⅖. fur Dantzic	⎭

LXXX. B. de la Rochelle ordonne à A. d'Amfterdam de lui tirer à 98 § par Ecu, & de remettre fur Francfort à 84 § par florin de 65 crutzers, fi A (fuivant le cours du Change) tire fur B. à 100 §, & remet fur Francfort à 86 §. on demande s'il a fuivi l'ordre ou non. Réponfe, non, parce que B. y pert ¹⁰⁰⁄₃₀₁ pour Cent, en faifant felon le cours plus que felon l'ordre.

Donne.	Reçoit.	Donne.		
84 ——	98 ——	86	vient 100⅓ doit tirer	⎫ fur la Rochelle.
8.	7.	43.	100 tire au Cours	⎭
3.				

         100⅓ —— 0⅓ perte —— 100 | Rép. ¹⁰⁰⁄₃₀₁ Perte pour cent, au cours plus que l'ordre.

LXXXI.

LXXXI. B. de Rouën ordonne à Amfterdam de lui tirer à 100 § par Ecu, & de remettre fur Francfort à 86 § ; mais s'il ne peut tirer qu'à 98 §, & qu'il puiffe remettre à 84 §. on demande s'il a fuivi l'ordre ou non. Réponfe, oui, parce que B. y gagne ⅓ pour Cent, plus fur Rouën que fur Francfort.

```
Donne.  Reçoit.  Donne.  Reçoit.
84 ———— 95 ———— 86 | vient 100⅓ felon le Cours ⎫
 8       7       43      100 felon l'ordre.      ⎬ fur Rouën.
 3                                                ⎭
```

$$\text{Rép.} - \tfrac{1}{3} \text{ Gain pour Cent.}$$

Autrement.

```
Donne.  Reçoit.  Donne.  98. Reçoit fur Rouën.
86 ———— 100 ———— 84 | vient 97 33/37. Reçoit fur Francfort.
```

$$\text{Refte } 0\tfrac{4}{37}. \text{ Gain fur Rouën plus que fur Francf.}$$

```
          il y a            combien
Sur 97 33/37 ———— 4/37 Gain ———— 100 | Rép. ⅓ Gain pour Cent.
```

LXXXII. A. de Hambourg ordonne à B. d'Amfterdam de remettre fur Anvers à un pour cent avance à la Lettre, & de tirer fur lui à 33⅔ fols par Daelder de 32 fols lubs: B. ne peut remettre fur Anvers qu'à 2 pour cent avance, mais il peut tirer fur Hambourg à 34 fols. On demande s'il a fuivi l'ordre que A lui a donné. Réponfe, oui, parce que le cours eft égal à fon ordre.

```
Donne   Reçoit    Donne
101 ———— 33⅔ fols ———— 102 | Rép. 34 fols, qui eft égal au Cours.
 3       101
```

Autrement.

```
34 fols ———— 101 ———— 33⅔ fols | Rép. 101. pour cent, qui eft égal felon l'ordre.
 3.      3
        101
```

LXXXIII.

LXXXIII. C. de Dantzic ordonne à B. d'Amſterdam de lui remettre à 230 gros de Pologne par livre de gros; & de tirer ſur Cologne à 2½ pour cent perte à la Lettre, cela eſt que pour 100 il doit payer 102½ à Cologne: mais ſi B. remet à 228 gros; & qu'il tire ſur Cologne à 2 pour cent perte, on demande s'il a ſuivi l'ordre. Réponſe, non, parce qu'il perd $\frac{150}{191}$ pour cent, en tirant & remettant au cours.

Reçoit   Donne   Reçoit.
230 Gros _____ 102½ pour Cent _____ 228 Gros | vient 101$\frac{11}{19}$ pour Cent, qu'il doit payer à Cologne, quand on ne lui remet qu'à 228 Gros.

102 pour Cent, paye ſuivant le Cours.
101$\frac{11}{19}$ pour Cent, qu'il doit payer.

102 _____ 0$\frac{8}{19}$ perte _____ 100 | Rép. 0$\frac{150}{191}$. Perte pour Cent; quand il tire & remet au Cours, à proportion de l'ordre.

LXXXIV. I. d'Amſterdam ordonne à M. de Londres de tirer ſur Lion 4000. Ecus, qu'il y a de fonds, à 36 Sterling par Ecu, & de lui en remettre le produit à 33 ß 4 de gros par Livre Sterling. M. ne peut tirer, ſuivant le Cours ſur Lion, qu'à 35 Sterling par Ecu, mais il peut remettre ſur Amſterdam à 35 ß 6 de gros par Livre Sterling. On demande ſi M. en faiſant la traitte & la remiſe au cours du Change, a fait gagner ou perdre à I. ſon Commettant, en conformité de ſon ordre. Réponſe, il a fait gagner à I. 3$\frac{11}{14}$ pour Cent.

Par Regle de Trois indirecte.

Si en tirant ſur Lion à 36, Sterling par Ecu, il doit remettre ſur Amſterdam à 33 ß 4 de gros par L. Sterling, à combien doit-il y remettre, s'il ne peut tirer ſur Lion qu'à 35. Il eſt certain qu'il doit y remettre à plus haut prix qu'à 33 ß 4: car il doit recevoir ſur la Remiſe à Amſterdam autant plus à proportion, qu'il perd ſur la traitte, à Londres; puis qu'en tirant ſuivant l'ordre il devòit recevoir 36 par Ecu ſur Lion, au lieu qu'en y tirant au Cours, il ne reçoit que 35 ce qui fait voir que cette Regle de Trois doit être Indirecte ou Inverſe.

35⅞ Remet au Cours.

36 ß ——— 33⅓ ß A ——— 35 ß | vient 34⁴⁄₇. Doit remettre à proportion de 35 ß
qu'il tire au cours.

1¹⁄₇. ß , Gain.

Sur 34⁴⁄₇ —— il y a —— 1¹⁄₇ Gain —— combien —— 100 | Rép. 3¹¹⁄₂₄ Gain.

Autrement.

	Cours	4000 Ecus 35 ß fter.	florins.

1 L. ft. —— 35½ ß —— 140000 ß fter. | vient 6212½. fl. Reçoit.

	Ordre	4000 Ecus 36 ß fter.	

1 L. ft. —— 33⅓ ß —— 144000 ß fter. | vient 6000. fl. Donne.

212½ fl. Gain.

Capital.	Gain.	Capital	Gain.
6000 ——	212½ ——	100	Rép. 3¹¹⁄₂₄.

LXXXV. B. d'Amsterdam remet à son ami de Paris, sa propre Lettre de Change de 4000. Ecus, qu'il passe au cours du Change de 39 ß
par Ecu. Son ami lui en fait le retour à 40 ß par Ecu, après avoir retenu sa provision à ½. pour Cent. Si au bout de 2. mois juste, son argent
lui entre sur son Compte en Banque, on demande combien il a gagné pour
Cent par an. Réponse, 12⁴⁄₇. Gain.

1 ▽ ——— 39 ß ——— 4000 ▽. | vient fl. 3900. Paye pour sa Remise.

Remise 4000 ▽.
Provision 20 ▽. à deduire, & remettre le reste.

1 ▽ —— 40 ß —— 3980 ▽ | vient fl. 3980. Reçoit pour le retour.
3900. Paye.

Reste 80. Gain, fait en 2. mois.

Sss s   *Par*

LE NEGOCE

Par Regle de Cinq.

Capital.	Mois.	Gain.	Capital.	Mois.	
3900 ——	2 ——	80 ——	100 ——	12	Rép. 12¹⁷⁄₁₃. Gain.

Le même ouvrage par deux Regles de Trois.

	Cap.		Gain.		Cap.	Gain.
		il gagne		combien avec		
Avec	3900 ——————		80 ——————		100	vient 2²⁄₃₉. dans 2 mois.

	Mois.				Mois.	
En	2 ——————		2²⁄₃₉ ——————		12.	Réponse 12¹⁷⁄₁₃. dans un an.

LXXXVI. C. d'Amfterdam remet à D. de Londres (à 2. ufances) 800. Livres Sterling, à 32 ß 6 ₰ de gros par Livre Sterling. Il paye pour le Courtage à raifon de 15. fols par 100 L. Sterling. A l'échéance D. remet la partie (à 2. ufances) fur Amfterdam, à 33 ß 4 ₰ de gros par Livre Sterling, retenant pour fa provifion ½. pour Cent, & 2. L. Sterling pour Courtage & port de Lettres. On demande combien C. a gagné ou perdu pour Cent par an. Réponfe, gagné 5¹²¹⁄₁₀₁. pour 100. par an de 12. mois.

1 L. ft. —— 32½ ß. —— 800 L. ft. | vient fl. 7800. Paye.

6. Courtage à 15 fols par 100 L.

fl. 7806. Paye en tout pour les 800 L.

Remife L. 800.

Provifion des L. 800. à ½ pour cent. L. 4. ⎫ L. 6.
Courtage & port de Lettres - - 2. ⎭

Refte L. 794. à Londres, qu'on remet à 33 ß 4 ₰ de gros, fur Amfterdam.

1 L. ft. —— 33⅓ ß —— 794. L. ft. | vient fl. 7940. Reçoit. ⎫ à Amfterdam.
fl. 7806. Paye. ⎭

Refte fl. 134. Gain dans 4. mois.

Par

Par Regle de Cinq.

Pour trouver le gain pour Cent par an.

Capital.	Mois.	Gain.	Capital.	Mois.
7806 ——	4 ——	134 ——	100 ——	12.

Rép. 5 $\frac{121}{1301}$. gain.

LXXXVII. A. d'Amsterdam tire sur B. de Cadix, une Lettre de Change de 3000. Ducats à 120½ §. par Ducat (imaginaire) de 375. Maravadis, monnoie vieille, à ½. uso (qui est 1. mois de date.) Il paye pour le Courtage de sa traitte 6½. florins argent de Banque. B. à l'écheance retire la partie sur A, aussi à ½ uso, à 120 §. par Ducat : y joignant ⅛. pour Cent pour sa provision, & 5. Ducats pour Courtage & port de Lettres. Si A. paye la retraitte au bout de 2. mois juste, à compter du jour qu'il a fait sa traitte, on demande combien il a gagné ou perdu; & aussi combien pour Cent par an. Réponse, perdu 29. florins; ce qui fait 1 $\frac{143}{171}$ pour Cent par an.

Ducat.   Ducats.

1 ——— 120½ §. ——— 3000. | vient fl. 9037 - 10. Reçoit pour sa Traitte,
            Deduit fl. 6 - 10. Courtage.

        Reste fl. 9031 - - Reçoit net.

Retraite de B. de Cadix, sur A.

1 ——— ⅛. Prov. ——— 3000. Ducats. | vient 15. Provision } 20 Ducats.
      20.   5. Courtage &c. }

      3020. Ducats, que B. tire sur A. à 120 §.

1 ——— 120 §. ——— 3020. Duc. | vient fl. 9060. Paye.
             fl. 9031. Reçoit.

       Rép. fl. 29. Perte.

Par Regle de Cinq, pour trouver la perte pour Cent par an.

Capital.	Mois.	Perte.	Capital.	Mois.	
9060 ——	2 ——	29 ——	100 ——	12	Rép. 1¹⁴⁹⁄₁₇₁. Perte.

Explication. A. en tirant, a reçu 120½ § par Ducat. Et quand B. de Cadix lui a retiré la partie, A. n'a payé pour icelle que 120 § par Ducat. Il paroit donc clair que A. profite de ½ § par Ducat, cependant il a perdu fur fa traitte de 3000. Ducats fur Cadix, & retraite dudit lieu fur lui, 29. florins. Cela vient de ce que les 20. Ducats qu'il paye à fon ami de Cadix pour fa provifion, courtage & port de Lettres, & auffi les 6½. florins du courtage à Amfterdam, montent plus de 29. florins, que le gain qu'il fait de ½ § par Ducat, pour la difference qu'il y a entre la traitte & la retraite.

LXXXVIII. J. M. d'Amfterdam tire fur M. M. de Bayonne à Ufo, 800 Ecus à 80 § par Ecu. A l'écheance l'Ami de Bayonne lui retire la partie à Ufo, à 78 § par Ecu, avec ½ pour cent pour fa provifion. On demande combien J. M. a gagné ou perdu. Réponfe, gagné 32. florins 4 f. fans compter qu'il s'eft fervi de l'argent pendant 2. mois de tems, outre les jours de faveur.

$$1 \triangledown \text{——} 80 \, \S \text{——} 800 \, \triangledown \mid \text{vient fl. 1600. - Reçoit}$$
$$\text{Provifion} \quad 4 \, \triangledown$$
$$1 \triangledown \text{——} 78 \, \S \text{——} 804 \, \triangledown \mid \text{vient fl. 1567. 16. Paye.}$$

à Amfterdam.

Rép. fl. 32. 4. Gain.

LXXXIX. A. d'Amfterdam remet à B. de Londres, à Ufo, 200. L. fterlings à 33 ß, & donne pour Courtage 30 fols. B. ayant retenu ½ pour cent pour fa Provifion & pour Courtage, remet le refte pour compte de A. fur Middelbourg à 2 Ufo, à 34 ß par L. fterling; Middelbourg retenant fl. 9. 16. fols pour fa Provifion & Courtage, remet le refte à A. à Ufo, avec 2 pour cent avance. On demande combien A. a gagné ou perdu pour cent par an. Réponfe, il a gagné 11¹⁴⁴²⁄₂₇₁ pour cent par an: qui eft près de 12 pour cent par an, ou près de 1 pour cent par mois.

1 £ —— 33 ß —— 200 £ | vient fl. 1980. la Lettre
fl. 1½. Courtage.

fl. 1981½. paye pour les
200 £.

200 L. la Lettre.
deduit 1 L. Provifion & Courtage à ½ p⅖.

1 L. —— 34 ß —— 199 L. | vient fl. 2029. 16. Reçoit ⎫ à Middel.
fl. 9. 16. Paye. ⎭

Refte fl. 2020.-- à Middelbourg, qu'on remet à A.

100 M. —— 102 A. —— 2020 M. | vient fl. 2060. 8. reçoit ⎫ A. à Amf-
fl. 1981. 10. paye. ⎭ terdam.

Refte fl. 78. 18. gain en 4. mois.

Par Regle de Cinq.

Capital	Mois	Gain	Capital	Mois	
1981½ ——	4 ——	78⅞ ——	100 ——	12	Rép. 11¼⁴⁴²₁₃₂₁ gain.

XC. A. d'Amfterdam remet fur Anvers (à Ufo) 600 livres de gros, à
2. pour cent avance pour le Tireur, il donne pour Courtage ¹⁄₁₂ pour cent,
& ordonne à fon Ami de Middelbourg de tirer à l'écheance lesdites 600
L. fur Anvers; ce qu'il fait à 2½ pour cent de fon avance: & retenant 5
L. pour fa provifion & autres frais, remet le refte à A. d'Amfterdam à 2
Ufo avec 1½ pour cent de fon avance. On demande combien A. a gagné
par an. Réponfe, 4⁸⁴₂₄₇ gain pour cent par an.

Reçoit. Donne. Reçoit.
100 —— 102 —— 600 L. | vient 612 L. Paye.
0½ L. Courtage à ¹⁄₁₂ p⅖.

612½ L. Paye en tout, pour les
600. L. de gros.

Sss s 3   Don-

Donne   Reçoit   Donne

100 ——— 102½ ——— 600 L. | vient 615 L. Reçoit à Middelbourg.
deduit   5 L. Provifion &c.

100 ——— 101½ ——————— 610 L. vient 619$\frac{1}{20}$ L. Reçoit⎱ à Amfter-
                                          612 ½ L. Paye. ⎰ dam.

                         Refte   6$\frac{11}{20}$ L. Gain en 3 mois.

Par Regle de Cinq.

Capital	Mois	Gain	Capital	Mois	
612½ ——	3 ——	6$\frac{11}{20}$ ——	100 ——	12	Rép. 4$\frac{2+4}{4+4}$ Gain.

XCI. A. d'Amfterdam tire fur B. de Londres, à 2 Ufo, 200 livres
fterlings, à 36 ß de gros, par livre fterling. B. à l'écheance retire la
partie fur A. 2 Ufo, à 36½ ß de gros par livre fterling, avec ½ pour cent
pour fa provifion; mais comme A. a mis fon argent à l'intérêt pendant
les 4 mois, à 6 pour cent par an, on demande combien il a gagné ou
perdu à la fin des 4. mois. Réponfe, il a gagné fl. 2. 5.

     1 L. ——— 36 ß ——— 200 L. | vient fl. 2160. - Reçoit pour les
Capital Mois Intérêt Capital   Mois   200. L. fterl.
100 —— 12 —— 6 —— 2160 — 4 | vient fl.   43. 4. Reçoit pour interêt
                                               de 4. mois.

                                  fl. 2203. 4. Reçoit en tout.

                 200 L.
        Provifion   1 L.

1 L. ——— 36½ ß ——— 201 L. | vient fl. 2200. 19. Paye.

                   Rép. fl.   2. 5. Gain.

XCII. A. d'Amfterdam tire fur M. de Francfort, pour la prochaine
foire, qui eft à 4. mois de date, 4000. florins d'Allemagne de 65. Crutzers, à 85 ß par florin d'Allemagne. Il paye pour Courtage, 10. florins d'Hollande. M. à l'écheance (par ordre de A.) retire la partie fur P.
de Hambourg en 4020. florins d'Allemagne de 65. Crutzers (y compris

                                                         ß

fa provifion & frais) à 50. Crutzers par Daelder de 32. fols Lubs. P. par ordre retire la partie fur A. d'Amfterdam , avec 24. Daelders pour fa provifion, courtage & frais, à veüe, à 33½ fols d'Hollande par Daelder. On demande la perte de A. pour Cent par an. Réponfe, 5$\frac{11}{37}$. perte pour Cent par an.

1. fl. ———— 85 $\frac{5}{8}$ ———— 4000. fl. | vient fl. 8500. Reçoit pour fa traitte.
Deduit fl. 10. Courtage.

Refte fl. 8490. Reçoit net.

Traitte fl. 4020.
à 65. Crutzers. Daelders.

50. Crutz. — 1. Dael. — 261300. Crut. | vient 5226. Paye à Hambourg.
24. Provifion & frais.

5250. Paye en tout à Hambourg, que P. dudit lieu tire fur A. à 33½. fols par Daelder.

Daelder. Sols. Daelders. Florins.
1 ———— 33½A. ———— 5250 | vient 8750. Paye.
8490. Reçoit.

260. Perte, en 6. mois.

Par Regle de Cinq, pour trouver la perte pour Cent par an.

Capital. Mois. Perte. Capital. Mois.
8750 ——— 6 ——— 260 ——— 100 ——— 12 | Réponfe 5$\frac{11}{37}$. Perte.

___

XCIII. A. d'Amfterdam doit à B. de Lisbonne pour folde de Compte 4000. cruzades, qu'il lui remet à 45 $\frac{5}{8}$ par cruzade de 400 Rés. Si l'Agio de Banque eft à 5 pour cent , on demande combien d'argent de Caiffe il doit payer pour cette partie. Réponfe, 4725 florins de Caiffe.

1 ✳ ———— 45 $\frac{5}{8}$ ———— 4000 ✳ | vient 4500 florins de Banque.
Banque Caiffe Banque
100 ———— 105 ———— 4500 fl. | Rép. 4725 florins de Caiffe.

Autre-

Autrement par Regle Conjointe.

1 ※ ———— 45 ℔ de Banque.
100 Banque ——— 105 Caiſſe ———— 4000 ※ | Rép. 4725 florins de Caiſſe.

XCIV. A. de Hambourg ordonne à B. d'Amſterdam de lui remettre à 33½ ſols par Daelder de 32 ſols lubs, ou ſur Francfort à 85 ℔ par florin de 65 crutzers. Mais comme B. peut remettre à 33 ſols ſur Hambourg, & à 84 ℔ ſur Francfort, on demande quelle Place eſt la meilleure. Réponſe, ſur Hambourg de ⅟₇ ℔ ſur 84 ℔, qu'il donne moins que ſur Francfort.

> 84 ℔ ſur Francfort.　　⎫
33½ ſols ——— 85 ℔ ——— 33 ſols | vient 83⅟₆₇ ℔ ſur Hambourg ⎬ paye.
　　　　　　　　　　　　　　　　　　　　　　　　　　　　　　⎭

Rép.　0⅟₇ ℔, moins payé ſur Hambourg,
　　　　　　　　ſur 84 ℔.

XCV. A. de Rouën doit à B. d'Amſterdam 2050 florins de Banque, ſi un Ecu d'or ſol de 5 livres tournois fait 4½ florins argent courant d'Hollande, & que le Change ſoit à 102½ ℔ de Banque par Ecu de 3 livres tournois, & l'agio de Banque à 3½ pour cent. On demande quel eſt le plus avantageux pour A. pour payer cette ſomme, ou par Change, ou d'envoyer des Ecus d'or ſol en eſpeces. Réponſe, en eſpeces de 42½ livres tournois qu'il paye moins que par Change.

Banco	Caiſſe	Banco	
100 ——	103½ ——	2050	vient 2121¼ florins de Caiſſe.

Caiſſe		Caiſſe	
4½ fl. ——	5 liv. ——	2121¼	vient 2357½ livres, payeroit par eſpeces.

Banco		Banco.	
102½ ℔ ——	3 liv. ——	2050 fl.	vient 2400 livres payeroit par Change.

> 2400. livres, par Change. ⎫
> 2357½ livres, par eſpeces. ⎬ paye.

Rép.　42½ livres, paye moins par eſpeces que par Change.
　　　　　　　　　　　　　　　　　　　　　　　　　XCVI.

XCVI. Si le Change d'Amſterdam ſur Paris eſt à 102 § par Ecu de 3 livres tournois, & de Paris ſur Francfort à 78 Crutzers par Ecu, on demande à combien revient le Change d'Amſterdam ſur Francfort, par florin de 65 crutzers. Réponſe, à 85 §.

~~78~~ crutz. —— ~~102~~ § —— ~~65~~ crutz. | Rép. 85 §.
~~6~~ 17 5

XCVII. A. d'Amſterdam remet ſur Hambourg 4000 Daelders en 4 Lettres de Change; ſavoir 1000 Daelders à 33 ſols, 1000 Daelders à $33\frac{1}{2}$ ſols, 1000 Daelders à $33\frac{3}{4}$ ſols, & 1000 Daelders à 34 ſols. On demande à combien lui revient (l'un dans l'autre) chaque Daelder. Réponſe, à $33\frac{9}{16}$ ſols.

1 Daelder, à 33 ſols.
1 Ditto - à $33\frac{1}{2}$.
1 Ditto - à $33\frac{3}{4}$.
1 Ditto - à 34.

4 Daeld. — $134\frac{1}{4}$ ſols — 1 Daelder | Rép. $33\frac{9}{16}$ ſols.

XCVIII. A. d'Amſterdam remet à ſon Correſpondant de Bourdeaux 1100. Ecus, à 79 § par Ecu, donnant 50 ſols de Courtage. A. l'écheance, le Correſpondant les remet à A. à 80 § par Ecu, ayant retenu pour ſa Proviſion $\frac{1}{3}$ pour cent, & pour Courtage $1\frac{1}{3}$ Ecu. Si pendant ce Change & Rechange il paſſe $2\frac{1}{2}$ mois de tems, on demande combien A. a gagné ou perdu pour cent par an. Réponſe, a gagné $3\frac{9}{29}$ pour cent par an.

1 ▽ —— 79 § —— 1100 | vient fl. 2172 - 10 - Achat de la Lettre.
fl. 2 - 10 - Courtage.

fl. 2175 - - - Paye en tout.

100 ▽ —— $\frac{1}{3}$ Prov. —— 1100 ▽ | vient $3\frac{2}{3}$ ▽. Provision, & $1\frac{1}{3}$ ▽ Courtage,
5 ▽. font 5 ▽ qu'il faut déduire &
remettre le reste.

1 ▽ —— 80 § —— 1095 ▽ | vient fl. 2190. Reçoit
fl. 2175. Paye. } à Amsterdam.

Reste fl. 15: Gain en $2\frac{1}{2}$ mois.

Capital.		Mois.		Gain.		Capital.		Mois.
2175	——	$2\frac{1}{2}$	——	15	——	100	——	12 | Rép. $3\frac{9}{29}$. Gain.
145		5				20		4
29						4		48
								2
								96

(9
96 | $3\frac{9}{29}$.
29

XCIX. A. de Dantzic ordonne à B. d'Amsterdam de remettre sur Rouën à $101\frac{1}{4}$ § par Ecu, & de tirer sur lui à 230 gros de Pologne par livre de gros. Si B. ne peut remettre qu'à $103\frac{1}{2}$ § sur Rouën, on demande à combien il doit tirer sur A. pour suivre son ordre. Réponse, à 225 gros de Pologne par livre de gros de 6 florins d'Hollande.

Par Regle de Trois Indirecte.

$101\frac{1}{4}$ § —— 230 Gros —— $103\frac{1}{2}$ § | Rép. 225 Gros.

$103\frac{1}{2}$	10	$101\frac{1}{4}$
207	5	405
23		45
2		

Puis

Puis qu'en remettant fur Rouën au cours, il paye plus que fon ordre ne porte, il faut qu'à proportion il paye moins à Dantzic en tirant fur ledit A. puis que c'eft de fon ordre & pour fon compte que B. d'Amfterdam remet & tire.

C. A. de Londres ordonne à B. d'Amfterdam de lui remettre à 35 ß de gros par ℒ fterling, & de tirer fur Nuremberg à 66½ ß par florin d'Allemagne. Si B. ne peut remettre qu'à 35½ ß. On demande à combien il doit tirer pour gagner ce qu'il pert par la Remife. Réponfe, à 67$\frac{2}{16}$ ß par florin d'Allemagne.

Donne.	Reçoit.	Donne.	
35 ß	66½ ß	35½ ß	Rép. 67$\frac{2}{16}$ ß.

CI. A. de Londres ordonne à B. d'Amfterdam de lui remettre à 33 ß par ℒ fterling, & de tirer fur Nuremberg à 66 ß par florin d'Allemagne, quitte de frais. Mais s'il ne peut tirer qu'à 65 ß, & qu'il compte fa provifion à ½ pour cent, on demande à combien il doit remettre fur Londres pour fuivre fon ordre. Réponfe, à 32$\frac{81}{201}$ ß de gros par livre fterling, qui eft à peu de chofe près, à 32⅓ ß.

Reçoit.	Donne.	Reçoit.	
66 ß	33 ß	65 ß	vient 32½ ß, fans la Provifion ôtée.
2			
100½	100	32½ ß	Rép. 32$\frac{81}{201}$ ß, que B. d'Amfterdam paye
			par ℒ fterling, en remettant
201		65	fur Londres, après avoir
			retenu fa Provifion à ½ pour cent.

CII. Si un Ducat en Efpagne vaut 375 Maravadis, & à Anvers 9 ß. & que le Change foit à 330 Maravadis pour un Ducat de 7 ß 4 ß. On demande quel eft le plus avantageux de remettre d'Efpagne fur Anvers, par Change ou en Efpeces. Réponfe, par Efpeces de 8 pour cent, fauf à déduire les frais de l'Envoi.

9 ß,

```
                                        9 ß, par Especes.
330 Ms. ——— 7⅓ ß ——— 375 Ms. | vient 8⅓ ß, par Change.
66                                    75
3            77           25        Refte ⅓ ß, Gain par Especes plus
                                              que Change.

8⅓ ß ——— ⅓ ß Gain ——— 100 | Rép. 8. pour cent, Gain.
                           4
75
```

Ce Compte eft fait par Ducats, qui font imaginaires; car les Efpeces qui s'envoient d'Efpagne pour les Pays étrangers font ordinairement des Piaftres.

CIII. B. d'Anvers remet (une fomme inconnuë) à C. de Francfort à 80 ß argent de Change, par florin d'Allemagne de 65. Crutzers, & ordonne à fon ami de Francfort de la remettre net, fans aucun frais, à D. de Venife. Si B. peut tirer la partie fur Venife à 90 ß par Ducat, on demande combien de florins (de 60. Crutzers piece) a reçu l'Ami de Francfort par la remife que B. lui a faite, pour 100. Ducats de Venife. Reponfe, 121⅓. florins d'Allemage de 60. Crutzers.

```
Donne.        Reçoit.
1 Ducat ——— 90 ß.
80 ß ——————— 65 Crutzers.  Donne.           Reçoit.
60 Crutz. ——— 1 fl. ——— 100. Ducats | Rép. 121⅓ florins de 60.
                                                  Crutzers.
```

CIV. A. d'Amfterdam remet fur Londres à 34 ß par Livre fterling, avec ordre à Londres de les remettre à l'écheance fur Lion, & Lion fur Seville: Londres remet fur Lion à 78 ß fterlings par Ecu d'or fol; & Lion fur Seville à 390 Maravadis par Ecu d'or fol. Si A. tire la partie fur Seville à 119 ß par Ducat de 375 Maravadis, on demande combien il a gagné ou perdu pour Cent. Réponfe, 6⅓ pour Cent de perte.

Donne

```
Donne.              Reçoit.
11.  34 ß ——————— 70 ß fterl.  10.
     78 ß fterl. ——— 1 ▽        2.
     1 ▽ ——————— 390 Ms.        5.    Donne.      100. Donne.
     375 Ms. ——————— 115 ß A. ————— 100 | vient 93⅓. Reçoit.
     78.                              20
     78.            7.                  2  Rép.  6⅔. Perte.
     3.
                 x(1                    40
              280 | 93⅓.                 7
              ———                      ———
              33                       280
```

Tous les nombres ci-deſſus s'abregent juſqu'à 3. au Diviſeur ; & 7. 2. & 20. aux multiplicateurs.

Autrement.

```
Donne.        Reçoit.      Donne.        Reçoit.
375 Ms. ——— 119 ß ——— 390 Ms. | vient 123¹⁹/₇₈ ß de gros.
78 ß fterl. ——— 123¹⁹/₇₈ ß ——— 1 £fterl. | vient 31¹¹/₁₇ ß.

              34 ß , Donne   }
              31¹¹/₁₇ ß , Reçoit } pour 1 L. fterling.
              ——————————
34 ß ——————— 2⁴/₁₇ ß , Perte ——— 100 | Rép. 6⅔ Perte.
78                                  20
3              34
```

CV. A. d'Amſterdam ordonne à B. de Veniſe de remettre ſur Anvers à 102 ß par Ducat, & de tirer ſur Lion à 120. Ducats pour 100. Ecus de 3. Livres tournois, ou autre prix qui ne ſoient pas plus préjudiciables pour ledit A. Le Tireur B. ne peut remettre ſur Anvers qu'à 100 ß : mais il peut tirer ſur Lion à 121¼ Ducats pour 100 Ecus. On demande, ſi faiſant de même, en tirant & remettant au Cours, il ſuit l'ordre qu'on lui a donné, ou non. Réponſe, non, car il recevroit à Anvers ½ ß par Ducat, moins qu'il n'a ordonné, ſelon l'Auteur Mr. Adam van Lintz ; & ſelon moi doit être ⁴⁹/₁₀₇ ß.

LE NEGOCE

Par Regle de Trois indirecte.

Tire.	Remet.	Tire.	
120 D.———	102 ₰ ———	121⅓ D.	vient 100⅑₇ ₰, qu'il doit remettre à proportion de l'ordre.
121⅓.		120	100 · ₰. qu'il remet au cours.

Rép.   0⅑₇ ₰, Reçoit moins à Anvers, par Ducat.

Puisque B. de Venife reçoit pour A. d'Amfterdam 121⅓ Ducats, en tirant au cours fur Lion, au lieu de 120 Ducats que portoit fon ordre, il peut remettre audit A. fur Anvers autant moins de 102 ₰ (qui eft fon ordre) qu'à proportion il tire plus fur Lion. Car ce qu'il reçoit de moins à Anvers, quand on lui remet au cours fur ladite Place, il le reçoit de plus à Venife quand fon ami dudit lieu y tire fur Lion au cours : Ce qui revient à la même chofe, parce qu'il gagne fur Lion ce qu'il perd fur Anvers. Cela étant démontré par une Regle de Trois indirecte, il vient en Réponfe, que quand il tire à 121⅓ Ducats fur Lion, il peut remettre à 100⅑₇ ₰ fur Anvers à proportion de fon ordre.   Comme A. doit donc recevoir à Anvers, 100⅑₇ ₰, (à proportion de fon ordre) & que felon le cours il n'y en reçoit que 100 ₰; la difference eft ⅑₇ ₰, qu'il y reçoit moins par Ducat, (felon moi) & non ⅛ ₰ comme dit l'Auteur.

Mon défunt Maître Marten Swaen, favant Mathematicien, & divers autres Maîtres & Amateurs, ont fuivi la même Réponfe de M. Adam van Lintz; ainfi qu'ils ont fait de la 78. Queftion de fes Changes.   Je laifferai encore fur celle-ci le jugement au Public, pour favoir fi ma Réponfe n'eft pas la veritable. La difference n'eft pas bien grande; mais, quoique petite, elle fait voir qu'ils ont pris un mauvais chemin pour donner une telle Réponfe, que je prétens être fauffe. Car fuivant le bon ftile du commerce, quand un Correfpondant a ordre de tirer & de remettre, il ne doit point remettre avant que d'avoir tiré afin de ne remettre qu'à proportion du prix qu'il a tiré, & par la effectuer l'ordre de fon Commettant.

Pour trouver fur ma Réponfe la perte pour Cent.

En 100⅑₇ ——— il y a ⅑₇ Perte ——— combien 100 | Réponfe ⅑₇. Perte.

CVI.

CVI. A. de Venife tire fur & pour Compte de B. d'Amfterdam, 1000 Ducats à 90 ß, qu'il remet d'abord par ordre de B. fur Lion à 124¼ Du-cats pour 100 Écus d'or fol, ayant retenu pour fa Provifion ½ pour cent, & 1 Ducat pour Courtage. D. de Londres, par ordre de B. tire 798 Ecus d'or fol fur Lion, à 78 ß fterlings par Ecu, laiffant à l'Ami de Lion ¼ pour Cent pour fa provifion ; & il en remet d'abord la valeur à B. d'Amfterdam, à 36 ß par £ fterling ; ayant retenu ¼ pour Cent pour fa provifion, & 3 ß 0⁴⁄₁₇ ß fterlings pour Courtage. Si B. a pendant tout ce Negoce débour-fé fon argent 8 mois de temps, on demande combien il a gagné ou per-du pour Cent par an. Réponfe, a gagné 36 pour Cent par an.

1 Duc. ———— 90 ß ——— 1000 Duc. | vient fl. 2250. que B. paye.

100 Duc. ———— ½ Prov. — 1000 Duc. | vient 5 Duc. Provifion ⎤ font 6.
        6.   Et 1 Duc. Courtage. ⎦ Ducats.

124¼ Duc. ——— 100 ▽ —— 994 Duc. | vient 800 ▽. qu'il reçoit à Lion.
                              2 ▽. Prov. à ¼ pour Cent.

    1 ▽ ——— 78 ß fterl. ——— 798 ▽. | vient 62244 ß fterl.
                                      qu'il reçoit à Londres.

100 ——— ½ Prov.—— 62244 ß fterl. | vient Provifion 207¹⁷⁄₁₇ ß ⎤ font 244 ß
               244.   Courtage 36¹⁷⁄₁₇ ß ⎦ fterlings.

1 £ ft. — 36 ß ——— 62000 ß fterl. | vient fl. 2790. Reçoit ⎤ B. à Amfter-
                              fl. 2250. Paye ⎦ dam.

            Refte fl. 540. Gain, fait dans 8 mois.

                Par Régle de Cinq.

Capital.	Mois.	Gain.	Capital.	Mois.
2250 ——	8 ——	540 ——	100 ——	12.	Rép. 36. Gain.

CVII. A. de Londres ordonne à B. d'Amfterdam de tirer fur Venife, & de lui remettre ladite fomme. Le Change de Londres fur Venife eft à 54 ß fterlings par Ducat : & le Change d'Amfterdam fur Londres à 33 ß 4 ß de gros par £ fterling. Si Amfterdam & Venife ont chacun ½ pour Cent pour leur provifion, on demande à combien doit tirer B. d'Amfter-dam fur Venife. Réponfe, à 90¹⁶⁰⁰⁄₄₄₄₄ ß par Ducat, qui eft près de 90½ ß.
                                                    1 £

1 £ ſter. ——— 33⅓ ß ——— 54 ß ſter. | vient 90 ß, Paye B. pour A. pour
　　　　　　　　　　　　　　　　　　54 ß ſterling.

100 ——— 100½ ——— 90 ß de gros | vient 90₂⅖ ß, Paye B. pour A.
　　　　　　　　　　　　　　　　　avec la Proviſion de Veniſe.

100 ——— 100½ ——— 90₂⅖ ß | Rép. 90⁴⁶⁰⁰⁄₅₅₅₀ ß, que B. doit recevoir
　　　　　　　　　　　　　　　pour chaque Ducat qu'il tire ſur
Veniſe, y compris ſa Proviſion à ½ pour cent, s'il remet la partie
à A. à 33⅓ ß, & qu'il paye pour lui la Proviſion de Veniſe.

CVIII. B. d'Anvers ordonne à A. d'Amſterdam de tirer ſur Londres à
34 ß de gros par Livre ſterling, & de lui remettre la même ſomme ſur
Anvers. Si le Change d'Anvers ſur Londres eſt à 33⅓ ß par Livre ſterling,
on demande combien A. doit payer pour Cent qu'il remettra ſur Anvers ;
s'il compte de même que Londres, chacun ½ pour Cent de Proviſion. Ré-
ponſe, 100|¹²³⁴⁄₅₆₇ . d'Amſterdam pour 100 d'Anvers, qui eſt près de 101.

33⅓ ß ——— 34 ß ——— 100 | vient 102. pour cent, que A. peut payer
　　　　　　　　　　　　　ſur Anvers ſans Proviſion.

100½ ——— 100 ——— 102 | vient 101²³⁄₇ . pour cent, que A. peut payer
　　　　　　　　　　　　ſur Anvers, après avoir retenu la Pro-
　　　　　　　　　　　　viſion de Londres à ½ pour cent.

100½ ——— 100 ——— 101¹¹⁄₇₇ | Rép. 100|¹¹²⁄₇₆₇ pour cent, que A. doit
　　　　　　　　　　　　payer ſur Anvers, après avoir retenu
　　　　　　　　　　　　ſa Proviſion à ½ pour cent.

Queſtions plus ſavantes.

CIX. Si un Rixdaler d'Amſterdam fait à Dantzic 3 florins de Pologne
de 30 gros chacun ; on trouve 6 gros de Pologne ſur chaque livre de gros
d'Amſterdam, plus profitable d'envoyer de l'argent en eſpeces que par
Change. On demande le cours du Change ſur Dantzic. Réponſe, à 210
gros de Pologne, par livre de gros.

5o ſ. —— 90 gros P. —— 120 ſ. | vient 216 gros P. par eſpeces.
6 gros P. profit par eſpeces
—— plus que par Change.
Rép. 210 gros P. par Change.

CX. A. d'Amſterdam doit à B. de Francfort 1000 florins de 65 Crutzers. Si A. paye ſa dette en envoyant des Ducats de 5 florins piece, il trouve payer 75 florins plus que s'il le payoit en remettant par Change à 85 § par florin de 65 Crutzers. On demande à combien de Crutzers revient un Ducat à Francfort. Réponſe, à 147$\frac{8}{11}$ Crutzers.

1 fl. —— 85 § —— 1000 fl. | vient fl. 2125 Paye par Change.
fl. 75 Plus par eſpeces.
fl. 2200 Paye par eſpeces.

5 fl. —— 1 Duc. —— 2200 fl. | vient 440 Ducats.
1000 fl. d'Allem.
à 65. Crutzers.

440 Duc. —— 65000 Crutz. —— 1 Duc. | Rép. 147$\frac{8}{11}$ Crutzers.

CXI. A. d'Amſterdam tire ſur Paris 400 Ecus à 80 §; leſquels Paris retire ſur A. avec $\frac{1}{2}$ pour cent proviſion. Si par ce rechange A. pert ſur toute la partie fl. 24. 2 ſols, on demande à combien par Ecu a retiré Paris. Réponſe, à 82 §.

1 ▽ —— 80 § —— 400 ▽ | vient fl. 800 - Reçoit.
fl. 24 - 2. Perte.
fl. 824 - 2. Paye A.

400 ▽
2 ▽ Proviſion.
402 ▽ —— fl. 824$\frac{1}{10}$ —— 1 ▽ | Rép. 82 §.

CXII. Venife tire fur A. d'Amfterdam , & par fon ordre remet fur Lisbonne à 800 Rés par Ducat, ayant retenu ¼ pour cent pour fa provifion. Si le Change d'Amfterdam fur Lisbonne revient à 45 $\frac{1}{20}$ ß par cruzade de 400 Rés, on demande à combien Venife a tiré fur Amfterdam. Réponfe, à 90 ß par Ducat.

400 Rés ——— 45 $\frac{1}{20}$ ß ——— 800 Rés | vient 90 $\frac{1}{10}$ ß, avec ¼ pour cent provifion.

100¼ ——— 100 ——— 90 $\frac{1}{10}$ ß | Rép. 90 ß.

CXIII. A. de Londres ordonne à fon Ami de Lion de lui tirer certaine fomme, & de la remettre d'abord fur Seville, & de Seville fur Amfterdam. Lion tire fur Londres à 78 ß fterling par Ecu d'or fol; & remet fur Seville à 390 Maravadis par Ecu, & Seville fur Amfterdam, à 118 ß par Ducat de 375 Maravadis. Si A. de Londres tire fur Amfterdam ladite fomme, & qu'il trouve y perdre 8½ pour 100, fans compter frais ni provifion, on demande à combien il a tiré par livre fterling. Réponfe, à 34 ß 5 ß de gros.

390 Ms. ——— 78 ß fter. ——— 375 Ms. | vient 75 ß fterling. Paye A. pour un Ducat de 118 ß.

75 ß fterl. —— 118 ß ——— 1 ₤ fterl. | vient 31 $\frac{7}{15}$ ß, que A. pourroit tirer fur Amfterdam, s'il ne perdoit pas : mais comme il perd, il faut qu'il tire plus haut.

        100
Perte   8½
Reçoit   91½ ——— 100 Paye ——— 31 $\frac{7}{15}$ ß | Rép. à 34 ß 5 ß, que A. tire fur Amft.; ou qu'il y paye par livre fterling.

Autre-

Autrement par Regle Conjointe.

Paye. Reçoit.

18 ß sterl.————— 1 ∇

1 ∇ ————— 340 Ms. 8. Paye.

348 Ms.———— 118 ß A. ———— 1 ₤ sterl. | vient 31⅞ ß, reçoit A. à
18   20 ß   Amft. par ₤ sterling, qu'il
15   4   peut tirer, s'il ne perd pas;
                    mais comme il pert 8⅔ pour
                    cent, il faut qu'il paye plus
                    à Amsterdam en tirant plus
                    haut.

100
 8⅔ perte.

91⅓ Reçoit ———— 100 Paye ———— 31⅞ ß | Rép. 34 ß 5 ⅘.

CXIV. A. d'Amsterdam tire sur Hambourg à 33½ sols par Daelder de
32 sols lubs, lesquels Hambourg (par ordre) retire sur Lisbonne à 24 sols
lubs par cruzade de 400 Rés; & Lisbonne les tire sur A. d'Amsterdam à
45 ß par cruzade. On demande combien A. a gagné ou perdu. Réponse,
il a gagné 11⅔. pour Cent.

Reçoit. Paye.
33½ A ———— 32 H.
     4
67
24 ·· H.———— 22½ A. Les 22½ sols font 45 ß.
3
        45
        15

67. Reçoit.   60
60. Paye.

60 ——— 7. Gain ——— 100 | Rép. 11⅔. Gain.

CXV. A. d'Amſterdam donne en Change ſur Bayonne à 80 ß par Ecu, à uſo. On demande à combien doit être le retour à uſo, pour y gagner 10 pour cent par an. Réponſe, à 81⅓ ß par Ecu, ſans compter aucun jour de faveur.

Par Régle de Cinq.

Capital.	Mois.	Gain.	Capital.	Mois.	
100	12	10	80 ß	2	vient 1⅓ ß, Gain.
10.	6.		2.		80 ß, Capital.
	3.		4.		Rép. 81⅓ ß, par Ecu.

$$\frac{(1}{6} \Big| 1\tfrac{1}{3}.$$

Les nombres ſont abregez juſqu'à 3. aux 2 termes du Diviſeur, & 4. aux 3. termes des multiplicateurs.

CXVI. A. de Londres reçoit ordre d'Amſterdam de remettre ſur Lion, à 35 ß ſterlings par Ecu, & de tirer ſur Anvers à 34¼ ß de gros par £ ſterling. Londres trouve le cours ſur Anvers à 35 ß; & ſur Lion à 34¼ ß ſterlings. S'il tire & remet de même, on demande s'il a ſuivi ſon ordre. Réponſe, oui, ſans gain ni perte, ne comptant point de Proviſion.

Par Régle de Trois indirecte.

Tire.	Remet.	Tire.	
34¼ ß	35 ß ſter.	35 ß	Rép. 34¼ ß ſterling, qu'il doit remet-
35.		34¼.	tre à proportion de l'ordre, ce qui eſt égal au Cours.

CXVII. A. de Hambourg ordonne à Amſterdam de lui remettre à 33 ſols par Daelder de 32 ſols Lubs, ou ſur Francfort à 84 ß par florin dudit lieu. Amſterdam ne peut (ſuivant le cours) remettre ſur Francfort qu'à 85 ß: auquel prix il trouve qu'il donne $\frac{1}{11}$ ß moins par florin de Francfort (ſelon ſon ordre) qu'à remettre au cours trouvé ſur Hambourg. On demande quel eſt le cours ſur Hambourg. Réponſe, à 33½ ſols par Daelder de 32 ſols Lubs.

$$85\ ß.$$
$$0\tfrac{1}{11}\ ß.$$

84 ß	33 ſ.	85$\frac{1}{11}$ ß	Rép. 33½ ſols.

CXVIII.

CXVIII. A. d'Amſterdam remet ſur Anvers (à uſo) 600 ℒ de gros; paye pour Courtage $\frac{1}{12}$ pour cent: & il ordonne à Middelbourg de tirer à l'écheance ladite ſomme ſur Anvers, ce qu'il fait avec 2½ pour cent de ſon avance; & enſuite la remet ſur Amſterdam (à 2 uſances) avec 1½ pour cent avance; ayant retenu pour ſa Proviſion & Courtage 1 ℒ 5 ß. Si Amſterdam trouve avoir gagné par an 6$\frac{22}{37}$ pour cent, on demande à quel prix il avoit remis ſur Anvers. Réponſe, à 2 pour cent avance pour Anvers, ou perte pour A. d'Amſterdam.

Anv. Mid.   Anv.

100 ———— 102½ ———— 600 L. | vient 615 L. Reçoit A. à Middelbourg.
           1½ L. Proviſion & Courtage.

          Reſte 613¼ L. Remet Middelbourg à A.
            ſur Amſterdam, à 1½ pour
            cent de ſon avance.

Mid. Amſt. Mid.

100 ———— 101½ ———— 613¼ L. | vient 622$\frac{111}{60}$ L. Reçoit A. à Amſterdam,
            avec le Gain de 6$\frac{22}{37}$ pour
            cent par an, qu'il faut ré-
            duire comme ſuit.

Mois. Gain. Mois. 100. Capital ⎫
12 ———— 6$\frac{22}{37}$ ———— 3 | vient 1$\frac{22}{60}$ Gain ⎭
        ———— Capit. Cap. & Gain. Capital.
     101$\frac{22}{60}$ ———— 100 ———— 622$\frac{111}{60}$ L. | vient 612½ L.

  Vient 612½ L. Paye A. avec le Courtage.
  0½ L. Courtage des 600 L. à $\frac{1}{12}$ pour cent.

  Reſte 612 L. Paye A. à Amſterdam en Banque pour avoir
            600 L. à Anvers.

  600 L. Reçoit A. à Anvers.

600 L. ———— 12 L. Perte ———— 100 | Rép. 2. Perte pour cent pour
            A. ou avance pour Anvers.

Cette Perte eſt proprement avance pour Anvers, ſur la Remiſe de 600. L. car ſuivant l'uſage d'Amſterdam on tire ſur le Cent fixe d'Anvers. Si c'eſt avec avance, on paye ici plus que le Cent, & ſi c'eſt à Perte on paye moins que le Cent d'Anvers. Sur cette explication c'eſt ſur les 600. L. qu'on perd les 12. L., ce qui fait 2. pour Cent avance pour la Lettre de Change, ou pour le Tireur.

CXIX. A. d'Amſterdam envoye à Dantzic 30 Pieces de Drap, qui lui coûtent d'achat 21 ℓ de gros Piece : il paye pour frêt & autres frais 220. florins d'Hollande. On demande à combien de florins de Pologne ils lui reviennent à Dantzic, ſi 1 ℓ de gros y vaut 216 gros de Pologne, & un florin de Pologne 30 gros. Réponſe, 4800 florins de Pologne.

30 Pieces.

à 21 ℓ.

———

630 ℓ.

6 fl.

———

3780 fl. Achat.

220 fl. Frais.

6 fl. ————— 216 gros P. ——— 4000 fl. | vient 144000 gros de Pologne.

30 gros P. ——— 1 fl. P. ——— 144000 gros P. | Rép. 4800. florins de Pologne.

———————————————

CXX. A. d'Amſterdam envoye à Londres quelques Pieces de Toile qui lui coutent 14 ſols l'aune, & les frais reviennent à 1 ſol par aune. Si 5 aunes d'Amſterdam en font 3 de Londres, & que le Change ſoit à 33 ß 4 § de gros par ℓ ſterling, on demande à combien lui revient l'aune à Londres. Réponſe, à 2½ ß, ou 30 deniers ſterlings.

14 ſols, achat ⎫

1 ſol, frais ⎬ l'aune.

            ⎭

———

15 ſols.

Par 5 aunes d'Hollande.

3 aunes d'Ang. ——— 75 ſols ——— 1 aune | vient 25 ſols d'Hollande, que revient l'aune d'Angleterre.

33⅓ ß de gros ——— 1 ℓ ſterl. ——— 25 ſols | Rép. 2½ ß, ou 30 deniers ſterling.

CXXI.

CXXI. Un Facteur de Londres envoye à son Maître A. d'Amsterdam, 20. Pieces de Drap qui lui coûtent 11¼ ₤ sterling la piece : il paye pour frais jusqu'à bord 5 ß sterling par piece. Si A. fait à Amsterdam 50 Rixdaeles de frais, & que le Change soit à 35 ß de gros par ₤ sterling, on demande à combien lui revient chaque piece à Amsterdam. Réponse, à 132 florins 5 sols.

$$\left. \begin{array}{l} ₤\ 11.\ 15.\ ß\ \text{achat} \\ ₤\ 0.\ 5.\ ß\ \text{frais} \end{array} \right\} \text{à Londres.}$$

1 ₤ sterl.——35 ß——₤ 12. sterl. | vient fl. 126. - Achat⎱
20 Pieces——50 Rix.——1 Piece. | vient fl. 6. 5. Frais.⎰ à Amst.

Rép. fl. 132. 5. sols, Piece.

CXXII. A. de Bourdeaux a acheté pour compte de B. d'Amsterdam, & à lui envoyé 60 Tonneaux de Vin, à 105 ₤ tournois chacun : il passe pour sa provision 2 pour cent, & pour frais faits 174 livres tournois. A. tire sur B. toute la partie à 80 ß par Ecu de 60 sols tournois ; outre cela B. paye à Amsterdam pour frêt & autres frais 730 florins. S'il trouve sur la partie 3. Tonneaux de coulage, on demande à combien lui revient chaque Tonneau de Vin à Amsterdam. Réponse, à 15 livres de gros.

60 Tonneaux.
à 105 Livres.

6300 Liv. Achat.
126 L. Provision à 2 p⅗.
174 L. Frais.

3 ₤——80 ß——6600 ₤ | vient fl. 4400. Achat.⎱
fl. 730. frêt & frais⎰ à Amst.

fl. 5130. Paye en tout.

Tonneaux
60.
3. Coulage.

Reste 57. net——5130 fl.——1 Ton. | Rép. 90 florins, ou 15 Livres de gros.

CXXIII.

CXXIII. Un Marchand d'Amſterdam fait acheter à Dantzic 24 Laſt de Froment, à 104 florins de Pologne le Laſt. L'Ami de Dantzic le charge pour Amſterdam, pour où il paye de frêt 16 florins de Pologne par Laſt, qu'il paye d'avance à Dantzic; outre cela le Marchand paye à Amſterdam 20. Rixdales en frais. Si 6 Laſt de Dantzic en font 7 à Amſterdam, & que 3 florins de Pologne faſſent 50 ſols, on demande combien de florins d'or il doit vendre le Laſt à Amſterdam pour y ga-gner 12 pour cent. Réponſe, à 70 florins d'or, qui valent chacun 28 ſols argent courant.

104 Achat.
16 Frêt.
————
120 fl. P.
Par 24 Laſt.

3 fl. P. ——— 1 Rix. ——— 2880 fl. P. | vient 960 Rix. Achat & Frêt.
　　　　　　　　　　　　　　　　　　　20 Rix. Frais à Amſt.
　　　　　　　　　　　　　　　　　　　————
　　　　　　　　　　　　　　　　　　　980 Rixdales, Paye en
　　　　　　　　　　　　　　　　　　　tout.

6 L. D. ——— 7 L. A. ——— 24 L. D. | vient 28 Laſt d'Amſterdam.

28 Laſt ——— 980 Rix. ——— 1 Laſt. | vient 35 Rixd., Achat 1 Laſt.

Achat　　　Vente　　　Achat
L 100 ——— 112 ——— 35 Rix. | Rép. 70 florins d'or, qu'il doit
　　　　　　　　　　　　　　　　vendre le Laſt à Amſterdam
　　　　　　　　　　　　　　　　pour y gagner 12 pour cent.

————————————————————

CXXIV. Un Marchand de Harlem envoye à Amſterdam, pour y être chargées pour Rouën, cent Pieces de Toile fine, qui lui coûte avec les frais 50 ſols de Banque l'aune. Si 7 aunes de Harlem ne font que 4 aunes de Rouën; & que le Change ſoit à 77 ⅝ de gros par Ecu de 60. ſols tournois, on demande combien il doit vendre l'Aune à Rouën, pour y gagner 10 pour cent. Réponſe, à 7½ Livres tournois.

Par Regle Conjointe.

4 aunes R. ——— ꝑ aunes H.
1 aune H. ——— ꝑꝏ ₰, ou 50 fols.
ꝑꝑ ₰ ——— 3 Livres.
ꝑꝏ ——— ꝑꝑꝓ ——— 1 aune R. | Rép. 7½ Livres Tournois.
10.
3.
(2 30.
3ꝓ|7½.
4

___

CXXV. A. d'Anvers envoye à Francfort 5400 ℔ de Poivre, à 25 ₰; il paye pour voiture & autres frais 40 ꝑ. 5 β 10 ₰ de gros. L'Ami de Francfort paye encore 239½ florins de 60 Crutzers, de frais; & il a 2. pour cent pour fa Provifion. Si 27 ℔ d'Anvers font 25 ℔ de Francfort, & que le Change foit à 85 ₰ par florin de 65 Crutzers, on demande combien on doit vendre la Livre à Francfort pour y gagner 20. pour cent. Réponfe, à 30⅕ Crutzers la Livre de Francfort.

1 ℔ – 25 ₰ – 5400 ℔ | vient 135000 ₰, Achat, ⎫ à Anvers.
9670 ₰, Frais ⎭

85 ₰ ——— 65 Crutz. ——— 144670 ₰, | vient 110630. Crutz. Achat ⎫ à Franc-
14370. Crutz. Frais ⎭ fort.

En tout 125000. Crutzers.

27 ℔ Anv. ——— 25 ℔ Franc. ——— 5400 ℔ Anv. | vient 5000 ℔ de Francfort.

5000 ℔ ——— 125000 Crutz. ——— 1 ℔ | vient 25 Crutz. Achat la ℔ de Francfort.

Achat   Vente   Achat
100 ——— 120 ——— 25 Crutz. | vient 30 Crutz. Vente nette avec Gain, la Provifion déduite.

100.
2. Prov.

98 ——— 100 ——— 30 Crutz. | Rép. 30⅕. Crutzers, que l'Ami de Francfort y doit vendre la Livre de Poivre.

Xxx x   CXXVI.

CXXVI. Un Marchand achéte à Nantes une partie de vin à 54 ℓ tournois la Barique, & pour frais jusqu'à bord paye 6 ℓ par Barique. Il les envoye à Amſterdam, où il paye encore 8 florins par Barique pour fret & autres frais. Si le Change y eſt à 84 ⅝ par Ecu de 3 ℓ tournois, on demande à combien il y doit vendre la Barique à 6 mois de terme, pour y gagner 15 pour cent par an. Réponſe, à 53¼ florins.

$$54 \text{ L. Achat.}$$
$$6 \text{ L. frais.}$$
_____

3 L. ——— 84 ⅝ ——— 60 L. | vient fl. 42. Achat⎫ à Amſterdam.
                                        fl. 8. Frais. ⎭

Paye fl. 50. en tout.

Capital.	Mois.	Gain.	Capital.	Mois.
100	12	15	50	6 | Rép. fl. 3. 15. Gain.
2.	2.			fl. 50. - Achat.
	2.	(3		
		15 | 3¼.	Rép. fl. 53. 15. Vente.
	4.			
		4		

_____

CXXVII. A. d'Amſterdam envoye à Dantzic 30 Pieces de Drap, qui lui coûtent 21 ℓ de gros Piece ; & pour teindre & autres frais paye 420 florins ſur le tout : il paye encore à Dantzic pour frêt &c. 540 florins de Pologne. Si chaque Piece s'y vend 200 florins de Pologne, avec 2 pour cent de Proviſion pour le Facteur, & que le Change ſoit à 225 gros de Pologne par livre gros, on demande combien il a gagné ou perdu ſur cette partie. Réponſe, 12 livres de gros, ou 72 florins, de Gain.

1 Piece ——— 21 L. ——— 30 Pieces | vient 630 L. Achat.
                                                    70 L. Frais.

700 L. Paye à Amſterdam.

1 Piece ———— 200 fl. P. ———— 30 Pieces | vient 6000 fl. P. Vente
deduit 120 fl. P. Provifion à 2 p⅘.

Refte 5880 fl. P.
deduit 540 fl. P. Frais à Dantzic.

Refte 5340 fl. P. net.
à 30 gros P. chacun.

225 gros P. ———— 1 L. ———— 160200 § P.|vient 712 £ Vente.
700 £ Achat.

Rép. 12 £ Gain.

CXXVIII. Un Marchand achete à Nantes une partie de Vin à 54 livres tournois la Barique, & pour frais jufqu'à bord paye 6 livres par Barique. Il les envoye à Amfterdam, où il paye encore 8. florins par Barique, pour frêt &c., & les vend audit lieu à fl. 53. 15. fols la Barique
l'une dans l'autre, à 6 mois de terme. Si le Change eft à 84 § par Ecu
de 3 livres tournois, on demande combien il a gagné ou perdu pour 100.
par an. Réponfe, 15. pour cent de Gain.

54 L. Achat.
6 L. Frais.

3 L ———— 84 § ———— 60 L. | vient fl. 42 Achat ⎫
fl. 8 Frais ⎬ à Amfterd.
⎭

fl. 50 Achat.

fl. 53¼ Vente.
fl. 50 - Achat.

Capital	Mois.		Capital.	Mois.	
50	6	3¼ Gain.	100	12	Rép. 15 Gain.
4			2	2	

15

LE NEGOCE

CXXIX. A. de Harlem envoye à Londres 40 Pieces de Toile, contenant 2160 aunes à 14½ fols l'aune : il paye d'avance pour frêt & frais 54 florins, & encore à Londres pour frais L. 2. 11⅞ ß, outre la Provifion du Facteur à 2 pour cent. Il les vend à 2⅓ ß fterlings la garde, dont les 3 font 4 aunes d'Hollande. Si le Change y eft à 36 ß 8 ß. par Livre fterling, on demande combien il a gagné ou perdu pour cent. Réponfe, 12 2/4 pour cent Gain.

```
1 aune ——— 14½ f. ——— 2160 aunes | vient fl. 1566 Achat.
                                    fl.   54 Frais.
                                   ─────────────────
                                    fl. 1620 Achat, en tout.


4 aunes ——— 3 Gardes ——— 2160 aunes | vient 1620 Gardes.

1 Garde ——— 2⅓ ß fterl. ——— 1620 Gardes | vient 171 L. fter. Vente.

100 ——— 2 Prov. ——— 171 L. | vient Prov. L. 3.  8⅔ ⎫
                             Frais L. 2. 11⅞   ⎭  6 L. fterl. Frais.
                                              ─────────────────
                                       Refte 165 L. fterl. Vente
                                                           nette.

1 L. ft. ——— 36½ ß ——— 165 L. ft. | vient fl. 1815 Vente ⎫ à Harlem.
                                   fl. 1620 Achat ⎭
                                   ─────────────────
                       1620 ——— 195 Gain ——— 100 | Rép. 12 2/4
                                                     Gain.
```

CXXX. A. d'Amfterdam envoye à B. de Hambourg 40 Pieces de Drap, favoir 10 pieces à 25 L. de gros piece, 20 pieces à 30 L, & le refte à 32 L. Chaque piece lui coûte pour teindre 47 florins ; & paye pour Droits & autres frais 280 florins fur toute la partie. B. envoye compte de la vente, où il paroît qu'il les a vendues (l'une dans l'autre) à 325 marcs Lubs, & qu'il a payé pour frêt & autres frais 115. marcs Lubs, outre la Provifion à 1½ pour cent. Si le Change eft à 34 fols argent de Banque d'Amfterdam, par Daelder de 32 fols, ou 2 marcs Lubs, on demande combien A. a gagné ou perdu pour cent. Réponfe, 17½ pour cent Gain.

1	—— 25 L.	—— 10 P.	vient fl.	1500.	
1	—— 30 L.	—— 20 P.	vient fl.	3600.	
1	—— 32 L.	—— 10 P.	vient fl.	1920.	

fl. 7020. Achat.

1 —— 47 fl. —— 40 P. | vient fl. 1880. Teindre.
fl. 280. Frais.

fl. 9180. Achat en tout.

1 —— 325. Ms. Lubs —— 40 P. | vient 13000 Ms. Vente.
Provifion à 1½ p²: 195 }
Frêt & Frais - - 115 } . 310 Ms. Frais.

12690. Vente nette.

2 Ms. - 34 fols - 12690. M. | vient fl. 10786½. Vente nette.
fl. 9180. Achat.

9180 —— 1606½. Gain —— 100 | Rép. 17¼ Gain.

CXXXI. A. de Dantzic a acheté pour compte d'un Marchand d'Amfterdam 60 Laft de froment de Pruffe, à 200 florins de Pologne le Laft ;
& pour fa provifion & frais jufqu'à bord il compte en tout 1260 florins
de Pologne. Le Marchand fait affurer fur le froment 9000 florins, à 3.
pour cent de prime. A. envoyant la faĉture en tire le montant fur le Marchand à 225 gros de Pologne par £. de gros ; lequel fait encore divers
autres frais à l'arrivée du froment à Amfterdam, montant enfemble 1022
florins. Le Marchand envoye le froment à B. de Lisbonne, & paye encore en frais jufqu'à bord à Amfterdam 900 florins. B. de Lisbonne
l'ayant vendu en envoye le compte, qui monte de net provenu 16000.
Crufades ; lefquelles le Marchand d'Amfterdam tire fur B. à 45 ⅝ par
Cruzade de 400 Rés. On demande combien le Marchand a gagné ou
perdu dans ce Negoce. Réponfe, il a gagné 5200 florins.

1 L. — 200 fl. P. — 60 L. | vient 12000 fl. P. Achat.
               1260 fl. P. Frais.
             ————————————
             13260 fl. P.
         à   30 gros.

225 Gros P. ———— 6 fl. ———— 397800 Gros. | vient fl. 10608. Achat.
100 ————————— 3 Prime —— 9000 flor. | vient fl.   270. Aſſurance.
                               à l'arrivée fl. 1022 ⎫
                               au départ fl.   900 ⎬ Frais.

                 monte fl. 12800. Achat en tout.

1 ※ ———— 45 ß ———— 16000 ※ | vient fl. 18000. Vente.
                                      fl. 12800. Achat.

                       Rép. fl. 5200. Gain.

CXXXII. A. de Londres a acheté pour compte de B. d'Amſterdam, 20 pieces de Drap, à 11¼ £. ſterling piece; & paye pour frais juſqu'à bord 5 ß pour chaque piece. B. recevant le Drap paye pour frêt & autres frais 50 Rixdales. Si la piece lui revient à 132 florins 5 ſols, on demande à combien eſt compté le Change par £ ſterling. Réponſe, à 35 ß de gros par Livre ſterling.

                           fl. 132 - 5. Achat & Frais.
20 P. ———— 50 Rix. ———— 1 P. | vient fl. - 6 - 5. Frais.

                     Reſte fl. 126. - - Achat, la Pièce.

Achat 11¼ ⎫
Frais 0¼ ⎬ £. ſter.

     12 £. ſter. ———— 126 fl. ———— 1 £. ſter. | Rép. 35 ß de Gros.

CXXXIII. Un Marchand Hollandois achete à Dantzic 24. Laſt de Seigle à 104. florins de Pologne le Laſt; il les envoye à Amſterdam pour où il paye de frêt 16. florins de Pologne par Laſt. Il les y vend à 68⅘. florins d'or le Laſt d'Amſterdam, & y trouve gagner 12. pour cent. Si 3. florins de Pologne font 50 ſols d'Amſterdam, on demande quelle proportion a le Laſt de Dantzic contre le Laſt d'Amſterdam. Réponſe, 7. Laſt d'Amſterdam, contre 6. Laſt de Dantzic.

                                            104.

104. Achat.
16. Frêt.

3 fl. P. ———— 2½ fl. A. ———— 120 fl. P. | vient 71½, florins d'or, coûte d'Achat 1.
Laſt de Dantzic.

Achat.   Vente.   Achat.
100 ———— 112 ———— 71 ½. fl. | vient 80. florins d'or, Vente de 1 Laſt
de Dantzic, avec le Gain de
12. pour cent.

Vente.   Vente.
68⁴⁄₇ ———— 1 L. A. ———— 80 | Rép. 1⅓ Laſt d'Amſterdam, pour 1 Laſt
de Dantzic, qui eſt 7. contre 6.

Autrement.

104. Achat.
16. Frêt.

1 L. ———— 120 fl. P. ———— 24 Laſt. | vient 2880 florins de Pologne.
3 fl. P. ———— 2½ fl. A. ———— 2880 fl. P. | vient 2400 florins d'Hollande,
Achat les 24 Laſt de Dantzic.

Vente.   Achat.   Vente
112 ———— 100 ———— 68⁴⁄₇ fl. d'or | vient 85⁵⁄₇ florins, Achat le Laſt
d'Amſterdam.

Achat.   Achat.
85⁵⁄₇. ———— 1 L. A. ———— 2400 | Rép. 28 Laſt d'Amſterdam, pour 24.
Laſt de Dantzic, qui eſt 7 contre 6.

———————————————————————————————

CXXXIV. Un Marchand d'Amſterdam envoye à ſon Facteur à Hambourg 40 pieces de Drap, qui lui coûtent d'achat 8900 florins, & pour autres droits & frais juſqu'à bord il paye 280 florins. Le Facteur les ayant vendues porte en compte pour frêt & frais 115 Mars Lubs, outre ſa Proviſion à 1½. pour 100. Si le Change eſt à 34 ſols par Daelder de 32 ſols Lubs, ou 2 marcs Lubs; & que le Marchand trouve ſur la partie 27½ pour cent de Gain, on demande à combien de Marcs Lubs le Facteur a vendu chaque piece. Réponſe, à 325. Mares Lubs.

8900

8900 fl. Achat.
 280 fl. Frais.

34 f. ———— 2 Ms. ———— 9180 fl. | vient 10800. Ms. Lubs, Achat.

Achat.   Vente.   Achat.

100 ———— 117¼ ———— 10800. Ms. | vient 12690. Ms. Lubs, Vente nette
                                           avec Gain.
                           115. Ms. Lubs, Frais.

                         12805. Ms. Lubs, Vente avec
                               les Frais, la Pro-
                               vifion déduite.

100.
 1½ Prov.

98½ ———— 100 ———— 12805 | vient 13000. Ms. Lubs, Vente premiere.

40 P. ———— 13000 Ms. — 1 P. | Rép. 325. Marcs Lübs.

CXXXV. Meſſieurs A. P. & Fils, Banquiers d'Amſterdam, voulant
employer trente-trois mille ſept cens cinquante florins de Banque, en Change, les remettent ſur Lisbonne, en trente mille Cruzades, dans le tems
que le Change étoit à 45 § de gros par Cruzade de 400. Rés. De Lisbonne ils les font remettre ſur Madrid, à 200 Cruzades' pour 100 Ducats
de 375. Maravadis, Monnoye nouvelle. L'Ami de Madrid leur remet la
partie ſur Paris à 300 Maravadis par Ecu de 60. ſols tournois. Celui de
Paris la remet ſur Londres, à 48. deniers ſterling par Ecu. Il leur en
coûte pour Proviſion, Courtage & Port de Lettres, dans les Places où
les Remiſes ont paſſé, 900. florins de Banque. Si au bout de 8 mois de
tems ils tirent la partie ſur Londres, à 33 ß 4 § de gros par Livre ſterling, on demande s'ils ont plus gagné que s'ils avoient mis leur argent
à Intérêt, à raiſon de 6. pour cent par an: & combien ils ont gagné ſur
toute la Partie. Réponſe, oui, de 1500. florins qu'ils ont plus gagné
par le retour des Remiſes, que par l'Intérêt de leur argent à 6. pour
cent par an: & ils ont gagné ſur la Partie de 33750. florins, la ſomme de 2850 florins de Banque.

Par Regle Conjointe.

Donne.	Reçoit.
200 ✳ ———	100 Duc.
1 Duc. ———	375 Ms.
300 Ms. ———	1 ▽
1 ▽ ———	48 ⅝ ſterl.

Donne.

——— 30000 ✳ | Vient 3750 £. ſterl., qu'il reçoit à Londres pour les 30000. Cruzades.

Par Regle de Trois.

Vente de la Remiſe.

1 L. ſterl. ——— 33½ ß A. ——— 3750 L. ſterl. | Vient 37500 florins, Reçoit.
Deduit   900 fl. de Frais.
_____
Achat de la Remiſe.   Reſte 36600 fl. Reçoit net.

1 ✳ ——— 45⅝ A. ——— 30000 ✳ | Vient 33750 fl. florins Paye.

Rép.   2850 fl. Gain, fait par le retour de la Remiſe.

Par Regle de Cinq.

Capital.	Mois.	Interêt.	Capital.	Mois.
100 ———	12 ———	6 ———	33750 ———	8	Vient 1350 fl. Interêt.

Vient 2850 fl. Gain par la Remiſe ⎫
Plus   1350 fl. Gain par l'Interêt. ⎬ en 8. mois.
_____   ⎭

Rép.   1500 fl. Gain fait par la Remiſe, plus que par l'Interêt de l'Argent à 6. pour cent par an.

J'ai compoſé cette Queſtion le premier Fevrier 1710.

FIN DES CHANGES.

Yyy y   NOU-

NOUVEAUX ARBITRAGES

Pour le Commerce du Change.

IL y a dans ce nouveau Traité des Arbitages, des Propofitions, ou Queftions, qui ne font pas dans les premiers Arbitrages ci-devant, & qui font très-utiles pour le Commerce du Change. Je me flate qu'on en fera content, & d'autant plus qu'il n'y en a jamais eu de femblables imprimées dans aucun Livre, que je fache. Les Propofitions font mifes dans la veritable pofition de la Regle Conjointe, de laquelle je donne ci-après un nouvelle explication pour la pouvoir aprendre très-facilement. Le principal des Arbitrages, ainfi que d'autres Propofitions d'Arithmetique, eft de favoir faire la veritable pofition de l'ouvrage, comme le fondement folide du Bâtiment; après quoi le refte eft facile, fur tout dans la Regle Conjointe pour les Arbitrages & les autres Queftions du Change; car la pofition des Regles étant bien faite, le refte n'eft que Multiplication & Divifion.

Je dirai ici, par occafion, que j'ai revu & travaillé les Traitez des Arbitrages, & des Changes, qui étoient dans la premiere Edition de ce Livre. J'y ai fait des changemens neceffaires par raport au Commerce. Il y a des Queftions nouvelles en place d'autres, & qui font expliquées tout autant qu'il le faut. Comme il y avoit dans quelques Propofitions des lignes entieres obmifes, avec leurs nombres, ou chiffres, par la faute de l'Imprimeur, cela les faifoit trouver obfcures & inexplicables, quoique l'ouvrage fe trouvât bien travaillé. Ces fautes ont fait dire à quelques-uns, qu'on n'entendoit pas les Propofitions; ainfi on les foudroyoit à outrance. Surquoi je dirai que s'ils avoient vu l'ouvrage qui fuivoit, ils auroient jugé charitablement, que c'étoit des fautes d'impreffion. Après ces explications neceffaires, je veux bien declarer avoir vu, travaillé, & corrigé tout l'ouvrage de nouveau, & avec autant d'attention qu'il m'a été poffible. Que fi prefentement quelques mauvais Critiques viennent encore dire qu'ils n'entendent pas les Propofitions des Arbitrages & des Changes, je leur répondrai franchement que ce n'eft point ma faute, mais que la fcience pour les comprendre leur manque.

ARBITRAGE DE CHANGE

Entre Paris, Londres, & Amſterdam,

Pour trouver leur Proportion reciproque.

1. SI le Change eſt à Londres ſur Paris à 24 ß ſterling par Ecu , & ſur Amſterdam, à 35 ß de Gros de Hollande par Livre ſterling; à combien revient le Change d'Amſterdam ſur Paris , à proportion des prix ci-deſſus. Réponſe, à 42 ß de Gros par Ecu de 3. Livres.

Paris w. 1 ————— 24 ß ſter. Londres.
Londres 20 ß ſt. — 35 ß de Gros A. —— 1. w. Paris. | Rép. 42 ß Amſterd.

$$\frac{84|0}{42\,ß}$$

Explication. Multipliez les 24 ß ſterling par les 35 ß de Gros, il vient 840. qu'il faut diviſer par les 20 ß ſterling, qui ſont au Diviſeur, pour avoir 42 ß de Gros.

Mais diviſer les 840. par 20. ou bien couper le dernier chifre des 840. (qui eſt le 0.) & prendre la moitié des deux chifres reſtans qui ſont 84. c'eſt la même choſe, car il viendra toûjours 42 ß pour la Réponſe.

On pourroit demander, mais d'où vient qu'on multiplie les 24 (qui ſont des Deniers ſterling) par les 35. qui ſont des Schelings de Gros d'Amſterdam, & que le produit pour la Réponſe ſont des Deniers de Gros. Cela provient de ce qu'on peut voir d'un point de veuë, qui eſt que les 20. au Diviſeur ſont des Schelings ; & les 35. qui ſont au premier Multiplicateur ſont auſſi des Schelings. Mais comme les 24 (qui ſont auſſi au premier Multiplicateur dela Regle Conjointe ci-deſſus, qui eſt comme une Regle de Trois) ſont des Deniers de Gros, il faut neceſſairement que les 42. qui ſont la Réponſe, ſoient auſſi des Deniers de Gros. Par cette explication , on voit que dans la Queſtion ci-deſſus avec ſa Réponſe, il y a ſix nombres, ſavoir 2. fois, des Ecus, des Schelings, & des Deniers de Gros; ce qui eſt égal. Voila des explications qu'on voudroit bien avoir pour toutes les Queſtions des Arbitrages & des Changes qui ſont dans ce Livre. Mais je dirai, en paſſant, que ce Livre n'eſt pas pour des Enfans, que je veuille inſtruire juſqu'à leur apprendre la Multiplication & la Diviſion. Un tel ouvrage eſt deſtiné pour des Banquiers, Marchands, Commis de Comptoir & Amateurs

Y y y y 2　　　　　　　　　　　　du

du Commerce & des Changes: ainſi que pour des perſonnes qui ont quitté les Ecoles des premieres inſtructions. Pour entendre & comprendre les Regles des Changes & des Arbitrages, il faut ſavoir la Regle de Trois, puisqu'elles ſont toutes travaillées, & expliquées juſqu'à ladite Regle, qu'on doit ſavoir pour pouvoir entrer dans un Comptoir. Car ſi j'avois travaillé les Regles de Trois, où il n'y a qu'à multiplier & diviſer, les Amateurs du Commerce, pour qui ce Livre eſt deſtiné, auroient cru que je voulois m'ériger en Maître d'Ecole, & leur apprendre ce qu'ils doivent ſavoir dès l'age de dix ans.

---

2. Le Change à Paris eſt ſur Londres à 24 ß ſterling par Ecu, & ſur Amſterdam à 42 ß de Gros, auſſi par Ecu, on demande, ſur cette proportion, le change d'Amſterdam ſur Londres, pour une Livre ſterling, valant 20 ß ou 240 ß ſterling.

Réponſe, à 35 ß de Gros d'Hollande, ou d'Amſterdam, par Livre ſterling.

Londres 24 ß ſt. ——— 1. w. Paris.
Paris   1 w. ——— 42 Amſt. ß — 240. ß ſt. Londres | Rép. 35 ß d'Amſt.

---

3. Le Change eſt à Amſterdam ſur Paris à 42 ß de Gros par Ecu, & ſur Londres à 35 ß de Gros par Livre ſterling, on demande, ſur cette proportion, le Change de Paris ſur Londres par Ecu. Rép. 24 ß ſterling par Ecu de 3. Livres.

Paris   1. w. ——— 42 ß d'Amſterdam.
Amſt.   35 ß de gros —— 20 ß ſterl. Londres — 1. w Paris |Rép. 24. ß ſterling de Londres.

Ces 3. Queſtions N. 1. 2. 3. pour ſavoir les Changes reciproques entre Paris, Londres & Amſterdam, ſont preuves l'une de l'autre. Elles ſont d'une grande utilité pour bien comprendre le fondement des Arbitrages, par la Regle Conjointe, & peuvent ſervir de modéle pour en trouver & compoſer d'autres ſur les principales Villes de l'Europe.

Autres Queſtions d'Arbitrage, entre Paris, Amſterdam &
Hambourg, differentes des premieres, à cauſe que
Paris change à tant pour Cent ſur Hambourg.

4. Si le Change à Amſterdam eſt à 44 § ſur Paris, par Ecu de 3. Livres, & ſur Hambourg à 33. ſols de Banque, pour 1. Daelder ou 2.
Marcs Lubs, valant 32. ſols Lubs à Hambourg, on demande à combien
de Livres doit être le change à Hambourg ſur Paris, pour 100. Marcs
Lubs dudit Hambourg. Réponſe, à 225. Livres.

H. 2. Ms. Lubs.———— 33. Sols. A.
A. 44 §. ———— ———— 3. Liv. P.——— 100. Ms. Lubs, H.

                    Rép. 225. Livres de Paris.

---

5. Si le Change eſt à Paris à 225. Livres pour 100. Marcs Lubs de
Hambourg, & ſur Amſterdam à 44 § de gros par Ecu de 3. Livres, on
demande à combien revient le change d'Amſterdam ſur Hambourg. Réponſe, à 33. ſols, pour 2. Marcs ou 32. ſols Lubs de Hambourg.

H. 100. Ms. Lubs.———— 225. Livres P.
P.   3 L. ———— 44 § A.——— 32. ſols Lubs, H.

                    Rép. 33. ſols d'Amſterdam.

---

6. Si le Change à Hambourg eſt ſur Amſterdam à 33. ſols de Banque
d'Amſterdam par Daelder de 2. Marcs, ou 32. ſols Lubs, & ſur Paris à
225. Livres, pour 100. Marcs Lubs de Hambourg, on demande la proportion du Change d'Amſterdam ſur Paris. Réponſe, à 44 § de gros par
Ecu de 3. Livres.

P. 225 Livres ———— 100. Marcs Lubs, H.
H. 2 Ms. Lubs———— 33 ſols A. ———— 3 L. P.

                    Rép. 44 § de Gros d'Amſterdam.

Ces 3. Queſtions Nº. 4. 5. 6. ſont preuves l'une de l'autre.

7. Un Banquier d'Amſterdam remet à ſon ami de Londres, une Lettre de Change, ſur Cadix, de 1360. Ducats, pour la lui negocier audit lieu. Si l'Ami de Londres la negocie à 50 ₰ ſterling par Piaſtre de 272. Maravadis, on demande combien ladite Remiſe a produit. Réponſe, 390⅛. Livres ſterling.

1. Ducat 375 } Maravadis, à Cadix.
1. Piaſtre 272 }
1. Livre ſterling, fait 20 ß, ou 240 ₰ ſterlings, à Londres.

Poſition de la Regle Conjointe.

Ducat	1 ———	375 Maravadis.		
Ms.	272 ———	1 Piaſtre.		
Pe.	1 ———	50 ₰ ſterling.		
₰ ſter.	240 ———	1 L. ſter.	———	1360 Ducats.

Réponſe, 390⅛. Livres ſterling.

---

8. Un Banquier de Paris remet à B. de Londres une Lettre de Change ſur Lisbonne, de Cinq Mille Cruzades, pour la negocier à Londres, & du produit lui en acheter de l'Etain d'Angleterre. S'il la negocie à 5 ß 6 ₰ ſterling pour 1000. Rés, on demande combien cette Remiſe a produit à Londres. Réponſe, 550. Livres ſterling.

Nota. 1. Cruzade de Portugal s'y compte en Change pour 400. Rés.

✻ 1.	———	400. Rés.		
1000. Rés	———	5½ ß ſter.	———	5000. ✻. | Rép. 550 Livres ſterling.

---

9. A. de Lion ordonne à B. d'Amſterdam de lui tirer à 68 ₰. & de lui remettre ſur Madrid, à tel prix que la Piaſtre, de 340. Maravadis, ni lui revienne à Lion qu'à 75. ſols tournois, on demande à quel prix il lui remettra ſur Madrid. Réponſe, à 93¾ ₰.

Par

Par Regle Conjointe.

Reçoit 340. Ms. ———— 75. fols, Donne. Reçoit.
Donne 60. fols. ———— 68 § Reçoit ———— 375 Ms. | Réponfe, 93¼ §.

Autrement, par Deux Régles de Trois.

Donne.   Reçoit.   Donne   Reçoit.
75 fols ———— 340 Ms. ———— 60 fols | vient 272. Maravadis.

Reçoit.   Donne.   Reçoit.   Donne.
272 Ms. ———— 68 § ———— 375 Ms. | Réponfe, 93¼ §.

---

10. B. d'Amfterdam reçoit de Bourdeaux une remife fur Hambourg de 2200. Ecus à 34. fols Lubs. Il la negocie, par Arbitrage à 32½ fols de Banque par Daelder de 32 fols Lubs, à condition d'en prendre la valeur fur Bourdeaux à 68¾ §. par Ecu, on demande de quelle fomme doit être la Lettre de Remife pour le retour, fur dit Bourdeaux. Réponfe, de 2200. Ecus.

Pour 1. ▽ ———————— 34. fols Lubs H.
H.   32. fols Lubs ———— 32½. fols A.
A.   68¾ §. ————————— 1 ▽. B. ———— 2200 ▽ | Réponfe 2210. ▽.

---

11. C. de Barcelonne tire fur Amfterdam une Lettre de Change de 567. Livres 5. fols & 10. deniers (£ 567--5--10) à 96 § par Ducat, mais en Monnoie nouvelle, on demande combien cela fait à Amfterdam. Réponfe, f. 881 - 14⅔. net.

Nota 1. Piaftre y fait 14 Reaux, ou 28 fols, ou 340 Maravadis monnoie
    1. Livre . . . 10 . . . . . . 20 . . . . 242⅚.   nouvelle.
    1. Real . . . . 1 . . . . . . 2.

Pofition

Pofition de la Régle, qui s'abrege jufqu'à 3. au Divifeur.

$\mathcal{L}$　1 ———— 20 fols.
Sols　28 ———— 1 Piaftre.
Pe.　1 ———— 340 Maravadis.
Ms. 375 ———— 1 Ducat.　　　　$\mathcal{L}$
Duc.　1 ———— 96 § A. ———— 567$\frac{7}{4}$ | Réponfe, f. 881 - 14$\frac{1}{4}$.

---

12. Quel eft plus profitable de faire remettre de Londres fur Paris à 47 §. fterling par Ecu de 3. Livres, ou de tirer d'Amfterdam fur Londres à 35 ß de gros par Livre fterling, & d'en remettre la valeur fur Paris à 83 § par Ecu.

Réponfe, il vaut mieux faire remettre de Londres, puisque le Change d'Amfterdam fur Paris ne revienderoit (par voie de Londres) qu'à 82¼ § par Ecu : au lieu qu'à Amfterdam il en faut payer 83 §.

Sur la propofition ci-deffus il vient encore (en renverfant la Queftion) que par voie d'Amfterdam, on payeroit à Londres 47⅞ § fterling pour un Ecu de Paris : au lieu que de Londres fur Paris, on n'y paye à droiture que 47 §. fterling par Ecu.

Pour avoir la Premiere Réponfe.

20.ß. fter. ———— 35 ß de gros A. —— 47 § fter. | Rép. 82¼ § par Ecu.

Pour la feconde Réponfe.

35.ß. de gros ———— 20. ß. fter. ———— 83 § de gros| Rép. 47⅞ § fter. par Ecu.

---

13. Le Change à Madrid, y eft fur Amfterdam, à 102 § de gros par Ducat, & fur Londres, à 52 § fterling par Piaftre. Et le Change à Londres, y eft fur Amfterdam, à 35 ß de gros.par Livre fterling. Si fur ces prix de Change un Banquier d'Amfterdam vouloit fe faire remettre de Madrid directement, ou par voie de Londres, on demande lequel lui eft le plus avantageux, fans compter ni Commiffion ni fraix.

Réponfe, par Madrid directement de 1$\frac{11}{17}$ § de gros par Ducat.

Nota.

Nota. à Madrid, 1. Ducat eſt 375 ⎱ Maravadis.
⠀⠀⠀⠀⠀⠀⠀⠀⠀⠀1. Piaſtre⠀⠀340 ⎰

A Londres, 1. Livre ſterling fait 20. Schelings ou 240. ß ſterling.

Poſition, par Règle Conjointe.

M. 340 Ms. ———— 52 ß ſter. L.
L.⠀20 ß ſter. ————35 ß A. ————375 Ms. M. | vient 100¼¾ ß par Ducat
⠀⠀⠀⠀⠀⠀⠀⠀⠀⠀⠀⠀⠀⠀⠀⠀⠀⠀⠀⠀⠀⠀⠀⠀⠀⠀⠀⠀⠀⠀⠀⠀par voie de Londres.

Par Madrid à droiture on reçoit 102. ß ⎱ par Ducat.
Et par voie de Londres on reçoit 100¾⁷ ⎰

⠀⠀⠀⠀⠀⠀⠀⠀⠀Réponſe 1¹¹⁄₇₇. Gain par Madrid directe-
⠀⠀⠀⠀⠀⠀⠀⠀⠀⠀⠀⠀⠀⠀ment, plus que par voie de
⠀⠀⠀⠀⠀⠀⠀⠀⠀⠀⠀⠀⠀⠀Londres.

───────────────────────────────

14. A. d'Amſterdam achete par ordre de ſon ami de Paris, 1110. Louïs d'or vieux, à fl. 9-8. Argent Courant la Piece. Il prend pour ſa Commiſſion & frais fl. 55-10. L'ami de Paris les aiant reçus par la Poſte, les porte à la Monnoie, qui les lui paye à raiſon de 600. Livres le Marc. Si leſdits 1110. Louïs d'or peſent 30. Marcs, & que l'Agio de l'Argent de Banque d'Amſterdam y vaille 5. pour Cent plus que l'Argent Courant : on demande à quel prix de Change reviennent ces Eſpeces, d'Amſterdam ſur Paris, par Ecu de 3. Livres ſuivant l'uſage. Réponſe, 66¹⁄₇ ß.

⠀⠀⠀⠀⠀⠀⠀⠀Achat⠀1110. Louïs d'or.
⠀⠀⠀⠀⠀⠀⠀⠀⠀à⠀⠀⠀⠀9-8.
⠀⠀⠀⠀⠀⠀⠀⠀───────────────
⠀⠀⠀⠀⠀⠀⠀⠀fl. 10434- Achat.
⠀⠀⠀⠀⠀⠀⠀⠀⠀⠀55-10. Proviſion & frais.
⠀⠀⠀⠀⠀⠀⠀⠀───────────────
⠀⠀⠀⠀⠀⠀⠀⠀fl. 10489-10. Achat & frais en Argent Courant.

Courant.⠀Banco.⠀Courant.⠀⠀⠀Banco.
105 ——— 100 ——— 10489½ | vient 9990. Achat en Argent de Banque.

⠀⠀⠀⠀⠀⠀⠀⠀⠀Z z z z⠀⠀⠀⠀⠀⠀⠀⠀⠀30 Marcs.

30. Marcs.
à　600 £

	valent		combien	
18000 £	————	9990. fl.	————	3. £. | Réponse, 66⅔ ß.

---

*Les Cinq Propofitions d'Arbitrage , depuis 15. jufqu'à 19. entre Paris,
Amfterdam , & Cadix, font preuves l'une de l'autre ; on y voit tous les raports
des Changes , & le gain fait , en renverfant cinq fois les Nombres de la premiere Propofition.*

15. A. de Paris y achete une Lettre de Change fur Cadix de 2500.
Piaftres, à raifon de L. 12 - 10. par Piftole d'or.
Il la remet à B. d'Amfterdam, avec ordre de la negocier & de lui en
faire le retour fur Paris.
B. negocie la remife fur Cadix, à 120 ß.
Et prend la valeur fur Paris, à 80 ß par Ecu de 3. Livres. On de-
mande de combien fera la Remife du retour fur Paris, & combien il y
gagne pour cent.
Réponfe, de w. 2720. & il gagne 4 17/24 p⅓.

Nota. 1. Piftole eft 4. Piaftres ou 1088.⎫
　　　 1. Piaftre　-　　-　　-　272.⎬Maravadis, à Cadix.
　　　 1. Ducat, en change　- - 375.⎭

Paye.	Reçoit.		
Ps.　 1	———— 272. Ms.		
Ms. 375	———— 120. ß	Paye.	
ß. 80	———— 1. w.	———— 2500 Ps. | Réponfe, 2720 w. Reçoit.	

Pour favoir le gain fait fur la Remife.

Ps.	L.	Piaftres.
4	———— 12½ ————	2500. | vient 2604¼ w. Paye.

2720. Reçoit.
2604¼. Paye.

Capital.		Capital.
2604¼	———— 115⅖. Gain ————	100 | Réponfe, 4 17/24. Gain.

16. B.

16. B. d'Amsterdam Remet à Paris 2720. Ecus, qui lui coûtent au Change de 80 ß. par Ecu ; il ordonne à son Ami de Paris de lui acheter, pour sa Remise, une Lettre de Change sur Cadix, ce qu'il fait.   Si B. peut negocier la lettre sur Cadix à 120 ß par Ducat, on demande de combien de Pistoles elle sera.

Réponse, de 625. pistoles.

```
Reçoit.          Paye.
  1 w.———80 ß
120 ß. ——— 1. Ducat.
  1. Ducat — 375. Maravadis.    Reçoit.              Paye.
1088. Ms. ——— 1. Pistole——— 2720 w. | Réponse, 625. Pistoles.
```

---

17. C. de Paris remet à Amsterdam, une Lettre de Change sur Cadix de 2500. Piastres, qui lui ont coûté 8160. Livres. Si l'Ami d'Amsterdam y négocie les 2500. Piastres à 120 ß par Ducat de 375. Maravadis, on demande à combien revient le Change de Paris sur Amsterdam.

Réponse, à 80 ß. par Ecu de 3. Livres.

```
  Paye.       Reçoit.
L. 8160 ——— 2500. Piastres.
P.   1  ——— 272. Maravadis.    Paye.
Ms. 375 ——— 120 ß A. ——— 3. Livres. | Réponse, 80 ß.
```

---

18. D. d'Amsterdam a reçu de son Ami de Paris, une Lettre de Change sur Cadix, de 2500. Piastres.   Il la negocie à 120 ß par Ducat de 375. Maravadis, & en remet la valeur sur Paris en 2720. Ecus de 3. Livres, à 80 ß par Ecu. S'il gagne sur cette Negociation 4 $\frac{11}{16}$ pour Cent, on demande combien lui coûte à Paris cette Remise sur Cadix, par Pistole d'or d'Espagne, y valant 4. Piastres.

Réponse, 12½ Livres.

100. Achat.
4$\frac{16}{124}$. Gain.   Achat.   Vente.   Achat.

104$\frac{16}{124}$. Vente ——— 100 ——— 2720 w. | vient 2604$\frac{1}{2}$ Ecus, égal aux 2500
                                                                            Piaftres.

Piaftres.   Ecus.   Piaftres.
2500 ————— 2604$\frac{1}{2}$ ————— 4. | Rép. 4$\frac{1}{2}$. Ecus, ou 12$\frac{1}{2}$. Livres.

---

19. E. de Paris ordonne à M. d'Amfterdam, de lui acheter une Lettre de Change de 2500.$\frac{1}{4}$Piaftres fur Cadix, & de lui en tirer le montant, fans compter ni provifion ni frais : ce qu'il fait, & lui tire pour icelle 2720. Ecus de 3. Livres, à 80 $ par Ecu. On demande à combien revient la Piftole, valant 4 Piaftres; & auffi à combien revient à Amfterdam le Change fur Cadix, par Ducat de 375. Maravadis.

Réponfe, la Piftole lui coûte 13$\frac{7}{123}$ Livres, & le Change fur Cadix lui coûte à Amfterdam, à 120 $. par Ducat.

Piaftres.   Piftole.   Piaftres.
       font   combien
4 —————— 1 —————— 2500 | Vient 625. Piftoles

Piftoles.   Livres.   Piftole.
625 ————— 8160.————— 1 | Réponfe, 13$\frac{7}{123}$ Livres.

Pour avoir la feconde Réponfe.

Reçoit   Paye.
Ms. 272 ——— 1 Piaftre.
Ps. 2500 ——— 2720. Ecus.   Reçoit   Paye.
w. 1 ——— 80 $ A. ——— 375 Ms. | Réponfe, 120 $.

Preuve des deux Reponfes.

Premiere Réponfe.

Piftole.   Livres.   Piftoles.
    coûte   combien
1 ——— 13$\frac{7}{123}$ ——— 625 | vient L. 8160. égal aux 2720. Ecus.

Pour

Pour favoir combien les 2500. Piaftres fur Cadix font de Ducats.

Piaftre 1 ————— 272. Maravadis.
Ms. 375 ————— 1 Ducat ————— 2500 P. | vient 1813⅓ Ducats.

Preuve de la feconde Réponfe.

Florins.

1 Ducat ————— 120 ⅘ ————— 1813⅓ Ducats | Vient 5440. ⎫
1 Ecu ————— 80 ⅘ ————— 2720. Ecus. | Vient 5440. ⎭ Egal.

Ces cinq Propofitions de 15. à 19. font preuves l'une de l'autre.

Voici la derniere Propofition des nouveaux Arbitrages, pour faire remet-
tre 4000. Ducats, de Ville en Ville, par cinq differentes Places. On doit
examiner cet ouvrage avec attention.

20. A. d'Amfterdam remet à fon Ami de Venife 4000. Ducats à 90 ⅘.
par Ducat, avec ordre de les remettre fur Genes, à 104. fols de Venife, pour un Ecu (imaginaire) de 4. Livres Genoifes. De Genes il
les fait remettre fur Madrid, à 564. Maravadis Monnoie vieille, faifant
705. Maravadis Monnoie nouvelle, par Ecu d'or de Marc de 9. Livres, 8.
fols; & de Madrid fur Paris, à 13. Livres tournois, par Piftole d'or de
1360. Maravadis Monnoie nouvelle. De Paris fur Hambourg, à 124. Livres, pour 100. Marc Lubs. L'Ami de Hambourg les remet à A. fur
Amfterdam, à 34. fols d'Hollande, par Daelder de 32. fols Lubs, ou de
2. Marc Lubs. S'il en coûte à A. pour port de Lettres, Provifion &
Courtage, 275. florins, on demande combien de gain il a fait fur les
4000. Ducats; s'il en a reçu le retour en Banque, au bout de 6. mois
de tems. Réponfe, 100. florins.

Nota. 1. Ducat vaut à Venife 124. fols, ou 6. Livres 4. fols Venitiens:
ou 24. gros de Banque de Venife.

Par Regle Conjointe,

Donne.   Reçoit.
104. fols V. ——— 4 Liv. G.
9⅔. Liv. G. ——— 705. Mar. M.
1360. Mar. M. ——— 13. Liv. P.
124. Liv. P. ——— 100 Marcs. H.
2. Ms. H. ——— 34. fols A. ✳——— 4000. Ducat.

Achat de la Remife.

                     Il vient 9375. fl. Reçoit.
                     Deduit   275. fl. Fraix.

                          9100. fl. Reçoit nét.
1. Ducat ——— 90⅞ ———— 4000 Duc.|vient 9000. fl. Paye.

                   Refte   100. fl. Gain.

Tous les nombres ci-deffus s'abregent tellement, qu'il ne refte rien au Divifeur, & aux Multiplicateurs il ne refte que 15. 5. 5. & 500. fols qu'il faut multiplier l'un par l'autre, pour avoir 9375. florins.

Par Cinq Regles de Trois.

Pour reduire le tout en Livres de Venife.

4. L. G. —— 5⅐. L. V. —— 9⅔ L. G. | Vient 12¼. L. valeur des 705.
                                Maravadis, de Madrid.

705. Ms. M. — 12¼. L. V. —1360 Ms. M. | Vient 23⁴³⁄₇₇ L. valeur des 13.
                                Livres, de Paris.

13. L. P. —— 23⁴³⁄₇₇ L. V. — 124 L. P. | Vient 224⁶⁴⁄₇₇ L. valeur des 100.
                                Marcs, de Hambourg.

100. M. H. — 224⁶⁴⁄₇₇ L. V. —— 2. M. H. | Vient 4²¹²⁄₁₇₇₇ L. valeur des 34.
                                fols, d'Amfterdam.

Venife.   Amfterdam.   Venife.
4²¹²⁄₁₇₇₇. Liv. —— 34. fols. —— 4000. Ducs.|Vient fl. 9375. Reçoit à Amfterd.
                              275. Frais à deduire.

                             fl. 9100. Reçoit net.

Le refte comme ci-deffus.

                                                     Achat

Autrement, par Cinq Regles de Trois,

Pour faire paffer les 4000. Ducats de Ville én Ville.

		4000. Ducats 6⁴⁄₇. Livres	
5⁴⁄₇. L. V. —— 4. L. G. ——		24800. L. V.	Vient 19076¹⁴⁄₂₁. Livres, à Genes.
9⁴⁄₇. L. G. ——705. Ms. M. ——		19076¹⁴⁄₂₁ L. G.	Vient 1430769¹⁄₃. Maravadis, à Madrid.
1360. Ms. M.——13. L. P. ——		1430769¹⁄₃ Ms. M.	Vient 13676⁵⁄₁₇ Livres, à Paris.
124. L. P. ——100. M. H. ——		13676⁵⁄₁₇ L. P.	Vient 11029⁷⁄₁₇ Marcs, à Hambourg.
2. M. H. —— 34. fols A. ——		11029⁷⁄₁₇ M. H.	Vient 9375. florins, à Amfterdam.

Le refte comme ci-deffus.

C'eft dans une femblable Propofition, qu'on peut voir la différence qu'il y a, de la faire par des Regles de Trois, ou par Regle Conjointe, & de la favoir abreger. Les abreviations des Nombres, qui fe font par ceux du Divifeur, contre ceux des deux Multiplicateurs de la Regle de Trois (qui n'eft que le Parallele de la Régle Conjointe) fe peuvent faire très-fouvent dans les Propofitions des Changes, & des Arbitrages du Change.

De la Regle Conjointe.

Cette Regle fe nomme Conjointe, parce qu'elle joint dans une, autant de Regles de Trois qu'on veut ; car par une feule Regle Conjointe, on peut faire une telle Queftion de Change ou d'Arbitrage, qu'on ne pourroit faire autrement que par plufieurs Regles de Trois.

La

La principale beauté de cette Regle confiste en ce qu'il n'y a qu'une feule Divifion à faire, au lieu que chaque Regle de Trois en requiert une.

Comme la Regle Conjointe eft proprement une Regle de Trois, mais compofée de plus de nombres, il faut (de même que dans la Regle de Trois) que le premier terme réponde au troifième, & celui du milieu au quatrième. Mais comme il y a plufieurs nombres au premier Terme, il les faut multiplier enfemble pour avoir un produit, qui fera le premier terme de la Regle de Trois, ou le Divifeur.

Il faut multiplier de même (l'un par l'autre) tous les nombres du fecond terme, & le produit qui en viendra, fera le fecond terme de la Regle de Trois, qu'il faut multiplier par le troifième terme (qui eft un nombre feul, & la demande de la Queftion propofée) pour avoir le nombre à divifer.

Exemple.

1. Si 3. Verges de Londres font 4. Aunes d'Hollande, & que 7. aunes d'Hollande faffent autant que 4. aunes de Paris, on demande combien d'aunes de Paris [contiendra une piece de Drap d'Angleterre, qui a communement 42. Verges de Londres. Réponfe, 32. Aunes de Paris.

Par Regle Conjointe.

Divifeur.   Multiplicateur.
font

3 Londres ——— 4 Hollande   Multiplicateur.
                       combien

7 Hollande ——— 4 Paris ——— 42 Londres | Rép. 32. Paris.
                                     16

21.   16.

                              672.

$$\left.\begin{array}{c} 4 \\ 672 \\ \hline 21 \end{array}\right\} 32.$$

Explication de la Regle Conjointe, fur cette Propofition.

Les 3. Verges de Londres font multipliées par les 7. Aunes d'Hollande, & produifent 21. qui eft le Divifeur, ou le premier terme de la Regle.

Les 4. Aunes d'Hollande font auffi multipliées par les 4. Aunes de Paris,
                                           &

& font 16. c'eſt le ſecond terme de la Regle, ou le premier des deux Multiplicateurs.

Multipliez le produit 16. par les 42. Verges de Londres, ou le contraire (qui veut dire les 42. par 16.) cela fait 672.

Diviſez les 672. par 21. il vient 32. qui eſt la Réponſe. Quand les Multiplications des nombres, qui font au premier & ſecond terme, ſont faites, pour lors la Regle Conjointe eſt une ſimple Regle de Trois, & peut s'exprimer ainſi.

Si 21. ⸻ font 16. ⸻ combien 42. | Réponſe, 32.

La demande de la Queſtion eſt pour ſavoir combien d'aunes de Paris feront les 42. verges de Londres, aux conditions poſées, qui ſont que 3. verges de Londres ſont égales à 4. aunes d'Hollande, & que 7. aunes d'Hollande ſont égales à 4. aunes de Paris.

Remarquez que dans la Queſtion, il y a deux fois verges de Londres, qui ſont 3. au premier terme & 42. au troiſième.

Il y a auſſi deux fois aunes d'Hollande, ſavoir 4. pour le premier nombre du ſecond terme, & 7. pour le ſecond nombre du premier terme.

Mais il n'y a qu'une fois les aunes de Paris, qui ſont 4. au ſecond nombre du ſecond terme. Ainſi pour égaliſer la Balance des autres nombres, il faut pour Réponſe, des aunes de Paris. La Réponſe, eſt donc 32. aunes de Paris.

Autre Explication de la Regle Conjointe.

Par le Point (.), ou par le Zero (o).

La Regle Conjointe ſe poſe ordinairement comme celle ci-deſſus, qui eſt de mettre de ſuite les nombres connus, pour chercher le nombre inconnu, le dernier, qui eſt la Réponſe. Il y a cependant une autre méthode plus generale, qui eſt qu'on peut commencer la poſition de la Regle par tel nombre qu'on veut, pourvu que pour le nombre inconnu on mette un Point, (.) ou un Zero (o) & que tous les nombres, tant les connus que l'inconnu, ſoient mis & placez dans l'ordre methodique requis dans la Regle Conjointe. Cela établi, mettez tous les Nombres ſur deux Colomnes, & multipliez les Nombres de chaque Colomne en particulier. Comme le produit de la Multiplication de la Colomne où eſt le Point, ou le Zero (qui eſt le nombre inconnu qu'on cherche) ſera

toůtoûjours le moindre , par la raifon qu'on a multiplié avec un Nombre de moins que dans l'autre Colomne complete, il faut prendre le grand produit de la Multiplication, & le divifer par le petit produit, pourlors le nombre qui viendra au quotient de la Divifion, fera celui de la Réponfe, qu'on demandoit par la propofition.

Explication & ouvrage de la Regle Conjointe ci-deffûs, en renverfant la propofition, pour y mettre le nombre inconnu, & favoir quel eft ce nombre qu'on cherche.

Si 42. aunes de Londres en font o (Nombre inconnu) de Paris.
Et 4. de Paris en font . . . . . 7 de Hollande.
Et 4. de Hollande en font . . 3 de Londres.

Sur cette pofition & explication on veut favoir quel eft le nombre des aunes de Paris (inconnu) qu'on cherche.

$$
\text{Multipliez}
\begin{cases}
\text{Colomne.} \\
42.\ \text{L.} \\
4.\ \text{P:} \\
4.\ \text{H.}
\end{cases}
\begin{array}{c}
\text{Colomne.} \\
\text{o. P.} \\
\text{7. H.} \\
\text{3. L.}
\end{array}
\Bigg\}\text{Multipliez.}
$$

672. Divifer par 21.

$$
\frac{\cancel{672}}{.21} \quad \Big| \quad 32. \text{ aunes de Paris, pour le nombre inconnu.}
$$

Pour preuve, multipliez le 32. (nombre trouvé) par le 21. ou le contraire, qui veut dire les 21. par les 32. il viendra un produit de 672. qui eft égal à celui de la premiere Colomne.

Autre pofition, en mettant le o (nombre inconnu) fur la premiere Colomne.

3. L ———— 4. H.
7. H ———— 4. P.
o. P ———— 42. L.

Divifeur 21.   672. Nombre à divifer.

Ainfi en divifant les 672. par les 21. il vient toûjours 32. pour le nombre inconnu des aunes de Paris, qu'on cherchoit.

Par ces deux Exemples, on voit clair que dans quel endroit qu'on place le nombre inconnu (ou o) c'eft la même chofe, pourvû qu'on obferve

ve de faire fuivre les Nombres de la Propofition, par l'ordre methodique
de la Regle Conjointe: ainfi que je l'ai dit dans cette explication fur ladite Regle par le Point (.) ou le Zero (o).

Pour encore mieux comprendre le fondement de la Regle Conjointe,
par les deux Colomnes ci-deffus, il faudroit favoir toutes les Proportions de la Regle de Trois, que j'ai expliquées dans un Traité d'Arithmetique Nouveau, que j'ai fait pour mon plaifir. Il eft travaillé & expliqué, tant pour les Marchands & Banquiers, que pour les Amateurs de
cette Science. Mais comme j'ai refolu d'y joindre nombre de chofes cu-
rieufes pour le Commerce de cette Ville d'Amfterdam, & de l'Europe;
& auffi pour celui des Indes Orientales & Occidentales, je le finirai quand
je pourrai.

Des Jours de Faveur, ou de Grace, qu'on donne aux Lettres de Change, après leur écheance, fur les principales Villes de l'Europe.

Genes, République en Italie, on a 30. jours, fans que le
Porteur de la Lettre de Change fe prejudicie : mais faute
de Payement il la peut renvoier, avec le Proteft, par la
premiere Pofte après l'écheance; auquel cas le Tireur dans
un Pays étranger eft obligé de la rembourfer. - - 30. Jours.

Madrid } & toute l'Efpagne, excepté l'Andaloufie 14.
Bilbao }

Stockholm, en Suede - - - - - 12.

Hambourg } Villes Anfeatiques, en Allemagne - 12.
Lubeck }

Paris, Rouën, St. Malo, Nantes, La Rochelle, Bourdeaux,
Bayonne, Marfeille, Dunquerque, & toute la France, excepté Lion - - - - - - - 10.

Copenhague, en Danemarc - - - - 10.

Dantzic, Ville Anféatique, dans la Pruffe Royale 10.

Naples, en Italie - - - - - 8.

Milan, en Italie - - - - - 8.

Riga, en Livonie - - - - - 8.

Venife, République, en Italie - - - 6.

Cadix } & toute l'Andaloufie, en Efpagne - 6.
Seville }

Lisbonne, en Portugal - - - - - 6. Jours

Bruxelles ⎱ en Brabant - - - - - 6.
Anvers ⎰

Gand ⎱ en Flandres - - - - - 6.
Bruges ⎰

Lille, dans la Flandre Françoise. - - - 6.

Amsterdam ⎱ & toute la Hollande - - - 6.
Roterdam ⎰

Middelbourg, & toute la Zélande - - - 6.

Breslau, en Silesie - - - - 6.

Coningsbergen, dans la Prusse Ducale. - - 6.

Leipsic, en Saxe, hors des 3. Foires - - 5.

Francfort, sur le Mein, Ville Imperiale d'Allemagne, hors
des 2. Foires. - - - - - 4.

Londres, & toute l'Angleterre - - - 3.

Geneve, Republique libre, en Savoie - - 3.

St. Gal, en Suisse - - - - 3.

Lion, hors des 4. Payemens il n'y a point de Jours de faveur,
mais après la fin de chaque Payement il y en a pour le
Contrôle - - - - - 3.

Livorne, Ville de la Toscane, en Italie. Il n'y a point de Jours
de faveur reglé ; mais faute d'Acceptation, ou de Payement, on peut envoier le Protest par le premier Courrier
après l'écheance de la Lettre de Change.

Archangel, en Moscovie. Il n'y a point de Jours de faveur
pour les Moscovites ; mais les Marchands Etrangers y suivent l'usage de leur Patrie. Comme, par Exemple, les Hollandois y suivent les 6. Jours qu'il y a à Amsterdam. Les
Anglois les 3. Jours de Londres : & ainsi des autres Nations. Chaque Nation y a un Notaire de son Pays, pour
faire les Protests des Lettres de Change, qui valident solide-
ment dans leur Patrie.

Prix

Prix Courant des Changes d'Amſterdam, ſur les principales Villes de l'Europe, établi ſur le Pair des
Eſpeces, qui eſt le fondement des Changes & du Commerce.

*Prix incertains à Amſterdam. Cela veut dire que le Change
y varie, & que l'Eſpece (pour le Cours du Change)
eſt fixe dans les Villes ſuivantes.*

Amſterdam change ſur Paris, Rouën, Nantes, La Rochelle, Bour-
deaux, & Bayonne, à 96 ǥ (plus ou moins) par Ecu (ancien) de 3.
Livres, ou 60. ſols, ſuivant l'uſage. Et ordinairement à 2. uſances, qui
eſt 2. Mois chacun de 30. Jours, conforme aux Loix de France.
Sur Lion, en France, à 96 ǥ par Ecu de 3. Livres, en Payement.
Sur Madrid & Bilbao, en Eſpagne, à 105$\frac{44}{77}$. ǥ par Ducat de 375.
Maravadis (imaginaire) Monnoie nouvelle: à uſo, qui eſt 2. Mois de
datte.
Sur Cadix & Seville, en Eſpagne, à 132$\frac{19}{5}$ ǥ par Ducat de 375. Maravadis (imaginaire) Monnoie Vieille, (qui vaut 25. pour Cent plus
que la Monnoie nouvelle) à uſo, qui eſt 2. Mois de datte.
Sur Lisbonne, en Portugal, à 50 ǥ par Cruſade de 400. Rés, (ima-
ginaire) à uſo, qui eſt 2. Mois de datte.
Sur Veniſe, République, à 91$\frac{1}{7}$ ǥ par Ducat de 24. Gros de Banco,
à uſo; qui eſt 2. Mois de datte.
Sur Livorne, en Toſcane, à 96 ǥ par Piaſtre de 6. Livres, à uſo,
qui eſt 2. Mois de datte.
Sur Genes, République, à 96 ǥ par Piaſtre de 5. Livres, à uſo, qui
eſt 2. Mois de datte.
Sur Geneve, République, à 96 ǥ par Ecu de 60. ſols ou 3. Livres;
à 2. uſances, qui eſt 2. Mois de datte.
Sur Londres, en Angleterre, à 35$\frac{5}{7}$. Schelings de Gros (chacun de
6. ſols) par Livre Sterling: à 2. uſo, qui eſt 2. Mois de datte.
Sur Hambourg, Ville Anſéatique, en Allemagne, à 33$\frac{1}{3}$ ſols, par Daelder de 32. ſols Lubs, à veuë.
Sur Leipſic, en Saxe, à 40. ſols Argent Courant, par Rixdale de
24. bons Gros: (imaginaire) en foire
Sur Breſlau, en Sileſie, à 36. ſols de Banque, par Rixdale de

30. Gros Imperiaux, (faifant 90. Crutfers) à 6. Semaines de datte.
Sur Bruxelles & Anvers, dans le Brabant, & fur Gand & Bruges, en Flandres. On tire à veuë, & au Pair, en Argent de Change desdites Villes, pour Argent de Banque d'Amfterdam. Mais le plus fouvent les Lettres de Change perdent, en ce que le Tireur reçoit moins qu'il ne fait payer ausdits lieux, qui ont toûjours le Cent fixe.

Prix certains à Amfterdam. Cela veut dire que l'Efpece (pour le Cours du Change) y eft fixe : au lieu qu'il varie fur les Villes fuivantes.

Sur Francfort, Ville Imperiale, fur le Mein. Le Change doit être à 120. Rixdales d'Allemagne, pour 100. Rixdales Argent Courant de Hollande. On tire en Foire, & auffi à ufo, qui eft à 14. Jours de veuë.

Sur Conisbergen, ou Koningsbergen, Ville Capitale de la Pruffe Ducale, à 216. Gros de Pologne, par Livre de gros de 6. florins, Argent Courant; (imaginaire) à 41. Jours de datte.

Sur Dantfic, Ville Anfeatique, dans la Pruffe Royale, à 226¼. Gros de Pologne, par Livre de Gros, de 6. florins, Argent de Banque : (imaginaire) à 40. Jours de datte.

Sur Lille, dans la Flandre Françoife. On doit tirer à 125. Livres de France, chacune de 20. fols tournois, pour 100. florins de Banque. On tire à veuë, ou à Court Terme.

CHAPITRE XL.

Questions Curieuses & Savantes, d'Arithmetique,

DE JACQUES MONDOTEGUY.

APrès avoir fini le Traité des Changes, & des Arbitrages, j'ai trouvé à propos de metre ici un petit Recueil de quelques Questions dignes des Amateurs de l'Arithmetique. Je ne les ai pas travaillées expressément, parce que je les garde pour ma curiosité : ceux qui les voudront savoir se doivent donner autant de peine que je me suis donné pour les resoudre.

On demande la solution de toutes les Questions Curieuses par simple Arithmetique, sans aucun secours d'Algebre.

Exemple.

I. Il y a une Regle de Trois, dont le premier nombre est 5. & le troisième 8. Si le deuxième nombre multiplié par le quatriéme (qui est la Réponse) fait $78\frac{2}{5}$. On demande les deux nombres inconnus, qui sont le second & le quatrième. Réponse, 7. & $11\frac{1}{5}$.

II. Il y a une Regle de Trois, dont le premier nombre est 3. & le second 5. Si le troisième multiplié par le quatrième fait $81\frac{2}{3}$. on demande les deux nombres inconnus. Réponse, 7. & $11\frac{2}{3}$.

III. Il y a une Regle de Trois, dont le premier nombre est 3. & le second 7. Si le troisième & le quatrième, additionnez ensemble, font 30. on demande les deux nombres inconnus. Réponse, 9. & 21.

IV. Il y a une Regle de Trois, dont le premier nombre est 6. & le troisième 14. Si le deuxième & le quatrième, additionnez ensemble, font 30. on demande les deux nombres inconnus. Réponse, 9. & 21.

V.

V. Il y a une Regle de Trois, dont les 3. nombres enſemble font 20. Si vous faites la Regle directe, il vient pour Réponſe, ou pour quatrième nombre $15\frac{3}{4}$: mais ſi vous la faites indirecte, il viendra $5\frac{1}{7}$. On demande les 3. nombres. Réponſe, le premier 4. le ſecond 9. & le troiſième 7.

VI. Il y a une Regle de Trois, dont les 3. nombres enſemble font 110. celui du milieu (ou le ſecond) eſt 15. Si vous faites la Regle directe il vient pour Réponſe, *Cherchez la* : mais ſi vous la faites indirecte, il viendra *Trouvez la*. Si la Réponſe de la Regle directe, étant diviſée par celle de l'indirecte, produiſent 81. on demande le premier & le troiſième nombre. Réponſe, $9\frac{1}{2}$. & $85\frac{1}{2}$.

VII. Il y a une Regle de Trois, dont les 3. nombres font enſemble, *Cherchez les pour votre honneur*. Si vous faites la Regle directe, il vient pour Réponſe, *Trouvez la* : & ſi vous la faites indirecte il viendra, *Attrapez la*. Mais ſi vous multipliez la Réponſe de la Régle Directe par celle de l'Indirecte, il vient pour produit $11\frac{1}{3}$. Si le premier nombre eſt proportionné avec le troiſième, comme 1. à 3. & que les 3. nombres de la Regle montent autant que les Réponſes des deux Regles Directe & Indirecte additionnées enſemble font. On demande les 3. nombres. Réponſe, le premier $1\frac{7}{18}$. le ſecond $3\frac{1}{3}$. & le troiſième $5\frac{1}{6}$.

VIII. A. Certain nombre de Maîtres ayant chacun 14. Garçons, ont entrepris de creuſer la moitié d'un foſſé dans $9\frac{1}{3}$. mois de tems, chacun de 28. jours. B. ſont 16. Maîtres, ayant chacun autant de Garçons l'un que l'autre, qui veulent entreprendre l'autre moitié du foſſé dans un certain tems inconnu : mais ils promettent que ſi tous les Garçons des Maîtres A. étoient joints aux leurs, ils le finiroient 3. mois plûtôt qu'ils ne pourroient faire ſans leur ſecours. On demande le nombre des Maîtres de A. & des Garçons de B. Réponſe, 6. Maîtres A. & chaque Maître de B. avoit 7. Garçons.

Comme la Queſtion eſt impoſſible à reſoudre, ſi le tems que les Garçons de B. mettroient à faire ſeuls leur moitié n'eſt pas connu. Je vous dirai par maniere de Réponſe, qu'il leur faut 7. mois de tems : mais il eſt défendu de s'en ſervir autrement que comme Réponſe, & non comme fondement de la Queſtion.

IX.

IX. Deux Amis ont chacun une certaine fomme d'argent. L'un nommé A. dit à B. fi vous me donniez le tiers de votre argent, j'aurois avec le mien cent florins. B. lui répond, & moi j'en aurois auffi cent, fi vous vouliez feulement me donner les $\frac{2}{5}$. du vôtre. On demande combien chacun avoit. Réponfe, A. 72. & B. 84. florins.

X. A. B. C. ont chacun certaine fomme d'Argent. Celle de A, avec la $\frac{1}{2}$. de celle de B, font 100 florins. Celle de B, avec le $\frac{1}{3}$. de C, auffi 100. Et celle de C, avec le $\frac{1}{4}$. de A, font auffi 100. On demande combien chacun avoit. Réponfe, A, 64. B. 72. & C, 84. florins.

XI. Trois Marchands font Compagnie, & accordent d'y mettre chacun 260. Livres de gros, de Capital : mais il fe trouve qu'ils y mettent tous 3. moins : favoir A. y met autant moins des 260. L. que montent les $\frac{1}{4}$. de ce que B, & C, y mettent. B. autant moins que les $\frac{2}{7}$. de A, & C. Et C. autant moins que les $\frac{1}{5}$. de A, & B. On demande combien chacun y a mis. Réponfe, A, 140. B, 100. & C, 60. Livres de gros.

XII. A. B. C. ont enfemble 260. florins. Si on met 15. florins avec l'Argent de A. fa fomme fera égale au $\frac{1}{4}$. de celles de B, & C. Et fi on met 40. florins avec celui de A, & C. leur fomme égalera 3. fois celle de B. mais fi de l'Argent de C. vous en tirez 30. florins, le refte fera égal aux fommes de A, & B. enfemble. On demande combien chacun avoit. Réponfe, A, 40. B, 75. & C, 145. florins.

XIII. Quatre Marchands font Compagnie, où ils mettent chacun certaine fomme inconnuë : mais le Capital de A, B, C. multipliez l'un par l'autre, produifent 7500. Celui de B, C, D. 3000. Celui de C, D, A. 3750. & celui de D, A, B. 5000. Ils ont été un certain temps enfemble dans la Compagnie; favoir les Mois de A, B, C. enfemble additionnez, font 9. Ceux de B, C, D. 12. Ceux de C, D, A. 11. & ceux de D, A, B. 10. mois. S'ils ont gagné autant que monte le capital de A, & B. enfemble, on demande le capital que chacun a mis dans la

Com-

Compagnie; les Mois que chacun y a resté; & le Gain que chacun y a fait.

Réponse
Capital.	Mois.	Gain.
A. 25. fl. ——— 2. ———		$10\frac{1}{22}$. florins.
B. 20. ——— 3. ———		$12\frac{3}{11}$.
C. 15. ——— 4. ———		$12\frac{1}{11}$.
D. 10. ——— 5. ———		$10\frac{1}{11}$.

45. Qui est autant que la mise de A. & B.

XIV. Quatre Marchands achetent ensemble un Navire, de telle maniere que la somme de A. avec la $\frac{1}{2}$. de B, C, D. fait la valeur du Navire. Comme fait aussi celle de B. avec le $\frac{1}{3}$. de A, C, D. ainsi que celle de C. avec le $\frac{1}{4}$. de A, B, D. & aussi celle de D. avec le $\frac{1}{5}$. de A, B, C. Si le Navire a coûté d'achat 3600. florins, on demande la somme que chacun avoit : & combien tous ensemble.

Réponse
A.	$97\frac{17}{37}$. florins.
B.	$1848\frac{24}{37}$.
C.	$2432\frac{16}{37}$.
D.	$2724\frac{12}{37}$.

Réponse, $7102\frac{16}{37}$. florins, ensemble.

XV. Un Marchand de Bayonne achete une Piece de Velours, pour 567. Livres; & faisant son compte il trouve que les $5\frac{1}{4}$. aunes lui ont coûté 3. fois autant de Livres que la Piece contenoit d'aunes. On demande combien d'Aunes avoit la Piece, & combien a coûté chaque aune. Réponse, $31\frac{1}{2}$. aunes la Piece, & l'aune a coûté 18. Livres.

XVI. Un Pere met pour son fils qui vient de naître, dix mille florins à Rente Viagere, aux conditions suivantes. Les 4. premieres Années il tirera 14. pour cent. Depuis la 4. jusqu'à la 7. Année, 12. pour cent. Et depuis la 7. jusqu'à la 10. Année, 10. pour cent. Mais le reste de

sa

fa vie il tirera 9. pour cent. S'il a tiré de cette maniere autant par deſſus les dix mille florins, que s'il les avoit mis à ſimple Interêt, à raiſon de 4. pour cent par An, on demande combien d'Années l'Enfant a vécu. Réponſe, 13¾. Ans.

XVII. Un Marchand met à Interêt 100. florins au denier 16. (qui eſt 6¼. pour Cent) par an. Il compte Interêt ſur Interêt chaque année. On demande combien il recevra pour Capital & Interêt au bout de 32. ans.

Réponſe, f. 695 - 17 - 5 $\frac{44697664602189991234617246729170171}{11328278957849178730316760668280144776}$. Cette Réponſe eſt bien près de f. 695 - 17 - 5⅓ Penning.

Pour 100. ans, les 100. florins mis à 6¼ pour Cent Interêt, mais Interêt ſur Interêt chaque année, produiſent fl. 42943 - 2 - 15⅛. penning, à peu de choſe près.

Pour 200. ans, aux mêmes conditions ils produiſent fl. 18441140 · 5 · 14⅓ penning, un peu plus.

Si on mettoit les 100. florins, à 5. pour Cent Interêt par an & à compter Interêt ſur Interêt chaque année.

Au bout de ⎰ 100. Ans produiſent fl. 13150 - 2 - 8$\frac{3}{124}$. à peu de choſe près.
⎱ 200. Ans . . . . fl. 1729257 - 18 - 4⅔. bien près.
⎰ 400. Ans . fl. 299033293252 - 5 - 15$\frac{3}{44}$. bien près.

La Réponſe de la Propoſition ci-deſſus de fl. 695 - 17 - 5. &c. eſt travaillée juſte par la Methode ordinaire, ainſi la fraction eſt la veritable.

Pour les autres Réponſes, j'ai travaillé l'ouvrage par les Tables d'Interêt les plus exactes & les plus correctes, mais qui ne peuvent jamais demontrer la veritable fraction.

XVIII. Un Marchand achete un Cheval pour une certaine ſomme. Il le revend pour 104. florins 19⅓ ſols: & par cette Vente il trouve gagner autant pour cent comme le Cheval lui a coûté d'achat. On demande l'achat du Cheval. Réponſe, 64. florins.

Pren-

Preuve.

fl. 104 - 19½. Vente.
64 - - - Achat.

Sur 64 ———— 40 - 19½. Gain ———— 100 | Réponse, 64. Gain, qui est
égal à l'achat.

XIX. Un Homme entreprend de creuser un Puits de 50. pieds de profondeur, pour 265. florins : mais après avoir creusé 30. pieds, il tombe malade. On demande combien il doit avoir pour ce qu'il a fait. Réponse, 99. florins.

Tous les Auteurs jusqu'à présent, ont travaillé cette Question fausse.

XX. A. & B. font Compagnie, & y mettent ensemble 10100. florins. A. y reste 5. mois, & B. 8. mois. A la fin ils trouvent avoir reçu pour Capital & gain 13300. florins, dont A. reçoit pour sa part 7000. florins. On demande la mise de chacun. Réponse, A. 5600. & B. 4500. florins.

Belle Question d'Arithmetique, si elle étoit faisable sans Algébre.

Preuve, par Arithmetique.

Le Capital connu, trouver le Gain de A. & B. chacun en particulier.

Capital.	Mois.	Produit.		A. & B.
A. 5600 —	5	28000	7 }	13300. Capit. & Gain.
B. 4500 —	8	36000	9 }	10100. Capital.

Propor. Gain.
16 ———— 3200. Gain ———— { 7 | 1400. A.
{ 9 | 1800. B.

XXI. Un Marchand achete 2. Barils Eaux de Vie, qui contiennent ensemble 15. Pots, lesquels coûtent fl. 30. 1¼. sol. Le plus grand Baril
étant

étant plein d'Eau de Vie du Rhin, coûte 9¾. florins plus que le petit plein de celle de France. Mais si le plus grand Baril est plein de celle de France, & le petit de celle du Rhin, ils coûtent autant l'un que l'autre. On demande combien de Pots chaque Baril contient, & combien le Pot de chaque sorte d'Eau de Vie coûte. Réponse, le grand Baril 8¼. Pots, & le petit 6¼. l'Eau de Vie du Rhin à 45¼. sols, & celle de France à 32½. sols le Pot.

XXII. Un Libraire a du Papier de 3¼. & plus petit de 2½. florins la Rame. S'il fait imprimer sur le grand, il paye 7½. florins pour les frais de l'Impression : mais s'il le fait sur le petit, il ne paye que 5½. florins par Rame. Si la Page du grand Papier a 4. Pouces de longueur sur 2¼. de largeur ; & le petit 3. Pouces de longueur, sur 1¼. de largeur, on demande quel est le plus profitable pour faire imprimer. Réponse, sur le grand de 24 7/9. pour Cent.

XXIII. Un homme riche de trente-six mille florins, fait son Testament, laissant sa femme enceinte. Il ordonne que si elle accouche d'un Garçon, il aura les ⅔. de son Capital, & la Mère l'autre ⅓. mais si c'est une Fille, elle aura le ⅓. & la Mère les ⅔. Il arrive qu'elle accouche d'un Garçon & d'une Fille ensemble. On demande la part que chacun doit avoir, pour effectuer la volonté du Testateur. Réponse, le Garçon 16000. la Mère 12000. & la Fille 8000. florins.

La plûpart des Auteurs ont travaillé cette Question fausse, parce qu'ils ont donné les proportions de la Mere & des Enfans fausses. Ils ont mis lesdites proportions, 4. pour le Garçon, 2. pour la Mere, & 1. pour la Fille : au lieu qu'elles doivent être 4. pour le Garçon, 3. pour la Mere, & 2. pour la Fille.

Ceux qui chercheront lesdites proportions avec attention, les trouveront justes comme je les indique.

XXIV. Quatre Personnes frettent un Chariot, de Leide pour Amsterdam, pour 9½. florins, avec condition que si dans le chemin quelqu'un y veut entrer, cet Argent sera pour eux. Etant arrivé à Alsmeer, qui est à 3. lieuës d'Amsterdam, il y entre deux Marchands qui promettent de payer à proportion des autres. Si la distance de Leide à Amsterdam

est

eſt de 8. lieuës, on demande combien les 4. premiers, & les 2. derniers doivent payer chacun à part. Réponſe, les 4. chacun $41\frac{7}{8}$. ſols: & les 2. chacun $11\frac{1}{4}$. ſols.

Cette Queſtion a été donnée par le Profeſſeur en Mathematique à Leiden, Mr. François van Schooten, qui l'a travaillée fauſſe dans ſon. Traité des Mathematiques, imprimé à Amſterdam en 1659. *ainſi qu'a fait Mr.* Abraham de Graaf, *qui l'a miſe & expliquée d'une maniere fauſſe dans ſon Livre inutilé,* Principia Arithmeticæ Theoreticæ & Practicæ, imprimé à Amſterdam en 1661. *dans la* 109. *Queſtion de la Regle de Compagnie; comme je le puis demontrer.*

Ouvrage & Explication de la 24. Propoſition.

Lieuës.
8.
Florins.
3.
$9\frac{1}{2}$.

Lieuës.   Florins.

8 ———— $9\frac{1}{2}$ ———— 5. | Vient $5\frac{11}{16}$ juſqu'à Alsmeer pour les 4. perſonnes.

Reſte $3\frac{13}{16}$. à payer juſqu'à Amſterdam, pour les 6. parce que les 2. ſont entrées à Alsmeer.

Perſonnes.
4.
2.
———— Florins.   Perſonnes.   Florins.

6 ———— $3\frac{13}{16}$ ———— 2 | Réponſe $1\frac{11}{16}$. pour les 2. ou chacun $11\frac{1}{4}$. ſols.

Florins.   Perſonnes.

Vient $3\frac{13}{16}$. pour les 6 ⎫
Plus $1\frac{11}{16}$. pour les 2 ⎭ Souſtraire.

Reſte $2\frac{1}{8}$. pour les 4. depuis Alsmeer juſqu'à Amſterdam.
Plus $5\frac{11}{16}$. pour les 4. depuis Leiden juſqu'à Alsmeer.

4 ———— $8\frac{1}{16}$ ———— 1 | Réponſe, $41\frac{7}{8}$ ſols, pour chacun.

XXV. Un Marchand a 2. Pieces de Toile, qui contiennent enſemble 130. aunes. Si les $\frac{1}{4}$ de l'une eſt 5. aunes moins que les $\frac{5}{7}$ de l'autre Piece, on demande combien d'aunes avoit chaque Piece. Réponſe, 60. & 70. aunes.

XXVI.

XXVI. Un homme peut boire un certain Tonneau de Vin dans $1\frac{1}{7}$ mois de tems. Si pendant le tems qu'il le boit, on y en remet autant, que le Tonneau étant vuide on le peut remplir dans $2\frac{2}{3}$. mois de tems. On demande combien de tems il lui faudroit pour le boire. Réponse, 2. mois.

XXVII. Un Marchand a deux parties de grains A. & B. dont il vend la premiere A. qui eſt de 15. Laſt, à 92. florins d'or, & l'autre partie B. à 70. florins d'or le Laſt. Il trouve de gain ſur les deux parties $33\frac{1}{3}$. Rixdales, à 50. ſols piece. On demande de combien de Laſt étoit la partie B. ſi le profit fait ſur chaque Laſt de la partie A. eſt en proportion avec la perte faite ſur chaque Laſt de la partie B. comme 6. à 5. Réponſe, 12. Laſt.

XXVIII. Un Marchand de Grains a deux ſortes de Froment, ſavoir A. & B. dont les deux parties meſurées enſemble contiennent 28. Laſt. Il vend la premiere A. à 110. florins d'or, de 28. ſols piece; & la ſeconde B. à 85. florins d'or le Laſt. Si bien qu'il gagne en tout ſur les deux parties 203. florins, de 20. ſols piece. On demande de combien de Laſt étoit chaque partie, ſi le profit fait ſur chaque Laſt de la partie A. eſt en proportion avec la perte faite ſur chaque Laſt de la partie B. comme 3. à 2. Réponſe, A. 17. & B. 11. Laſt.

XXIX. Trois Marchands en Compagnie négocient enſemble un an de temps. A, y met 350. florins plus que B. mais B, & C. y mettent enſemble 840. florins. Ils trouvent de Gain à la fin de l'année 660. florins : dont C. reçoit pour ſa part 210. florins. On demande la miſe de chacun dans la Compagnie. Réponſe, A, 700. B, 350. & C, 490. florins, de capital.

XXX. Un Navire qui part pour Bayonne, a 3. Voiles capitales, nommées A. B. C. Par A, & B. enſemble il peut faire le Voyage dans $6\frac{2}{7}$. jours. Avec B, & C. dans $8\frac{2}{3}$. jours. Et par C, & A. dans $7\frac{1}{2}$. jours. S'il mettoit les 3. Voiles enſemble, on demande dans combien de temps il feroit

roit le voyage; & auffi avec chaque Voile en particulier. Réponfe, avec les 3. Voiles enfemble dans 5. jours. Par A. feule, dans 12. Par B. dans 15. Et par C. dans 20. jours.

XXXI. Une Fontaine a 4. Robinets, A. B. C. D. Il y a au deffous de ladite Fontaine un Réfervoir, qui fe remplit par le Robinet A. feul ouvert, dans 4. heures de temps. Par B. dans 6. Par C. dans 8. & par D. dans 10. heures. Ledit Réfervoir a 4. Trous, nommez E. F. G. H. Il fe peut vuider par le Trou E. feul ouvert, dans 5. heures de temps. Par F. dans 4. Par G. dans 3. Et par H. dans 2. heures. Si ledit Réfervoir étoit plein d'Eau, & qu'on ouvrît à la fois les 4. Robinets de la Fontaine pour y faire entrer l'Eau; & les 4. Trous dudit Réfervoir pour la laiffer fortir. On demande dans combien de temps le Réfervoir fe vuide-roit. Réponfe, dans 1. heure, 33. minutes, & $33\frac{13}{77}$ fecondes d'heure.

XXXII. Trois Marchands A. B. C. font Compagnie. A. y met 300. florins, & y refte 5. mois. B. y met. $33\frac{1}{3}$. Bariques de Vin, & y refte 9. mois; & C. y met 200. florins : mais le temps qu'il a refté dans la Com-pugnie eft inconnu. Ils ont gagné enfemble 262. florins, qu'ils partagent en telle forte que fi A. en prend 5. B. en prend 6. & fi B. en prend 7. C. en prend 9. On demande le Gain de chacun. Combien chaque Barique de Vin, que B a mis, vaut. Et combien C. a refté dans la Compagnie. Réponfe, A. 70. B. 84. & C. 108. florins de Gain. Cha-que Barique de Vin de B. vaut 6. florins. Et C. a refté $11\frac{1}{9}$. mois dans la Compagnie.

XXXIII. Un Marchand de Bayonne a trois fils, A. B. C. Il leur donne à chacun une certaine fomme inconnuë : mais A. reçoit 200. Li-vres tournois plus que B. Et B. 600. Livres plus que C. Ils vont à Bourdeaux, où ils achetent une partie de Vin de Pontac, qu'ils payent, fa-voir de l'argent de A. la Moitié. De B. le Tiers Et de C. le Quart : fur lequel ils trouvent 20. pour cent de Gain. Enfuite ils vont à la Ro-chelle acheter des Eaux de Vie de Cognac pour le refte de leur Ar-gent, qu'ils envoyent à Amfterdam où elles font venduës avec 25. pour cent de profit. Ils mettent leur Gain enfemble, & le partagent à pro-portion du capital que chacun a reçu du Pere. S'ils trouvent de Capi-

tal

tal & Gain 28330. Livres tournois. On demande combien chacun doit avoir de Capital & de Gain. Réponse, A. 8000. B. 7800. & C. 7200 Livres de Capital. Et A. 1853$\frac{2}{13}$. B. 1807$\frac{11}{13}$. & C. 1668$\frac{4}{13}$. Livres de Gain.

XXXIV. Un homme achete dans une Boutique 16. aunes de Damas, & 18. aunes de Satin, enfemble pour 126. florins ; & dans une autre Boutique 10. aunes de Damas, & 12. aunes de Satin, enfemble pour 81$\frac{1}{2}$. florins. Si le Damas des deux Boutiques eft d'égal prix, & le Satin de même, on demande le prix de l'aune de chaque Etoffe. Réponse, le Damas à 3$\frac{3}{4}$. & le Satin à 3$\frac{3}{5}$. florins l'aune.

XXXV. Un Tonneau plein de Vin du Rhin a 3. fontaines A. B. C. qui étant ouvertes enfemble font vuider le Tonneau dans 6. heures de tems. Par la fontaine B. feule ouverte, il fe peut vuider dans les $\frac{3}{4}$. du tems de celle de A. Et par la fontaine C. aufli feule ouverte, il fe vuidera dans le tems de celle de B. moins 5. heures. On demande dans combien d'heures il fe peut vuider par les fontaines A. B. C. chacune à part. Réponse, par A. dans 14$\frac{1}{2}$. plus la Racine de 112$\frac{1}{2}$. Par B. dans 10$\frac{3}{4}$. plus la Racine de 63$\frac{9}{16}$. Et par C. dans 5$\frac{3}{4}$. plus la Racine de 63$\frac{9}{16}$. heures.

Si vous favez trouver la Réponfe de cette Queftion par un nombre fimple & connu, foyez feur que votre fortune eft faite ; puifque vous trouverez le fecret, jufqu'à préfent inconnu, de pouvoir tirer la Racine d'un nombre Irrationel, qui vous conduira à la découverte de la Quadrature du Cercle, & de la Longitude : connoiffances pour lefquelles divers Princes de l'Europe ont promis de grandes recompenfes à ceux qui les découvriront.

XXXVI. A. d'Amfterdam achete un Navire de 20. Pieces de Canon, pour une certaine fomme argent comptant. Comme il lui furvient une perte confiderable, il fe trouve obligé de revendre le Navire dans le moment, à condition de le lui payer, le tiers comptant, le tiers dans un an, & l'autre tiers dans deux ans. Mais comme il a befoin d'argent comptant, il propofe pour l'avoir, de rabattre les deux Payemens, ou de les excompter en maniere de Rabat. S'il les rabat au denier 16. par an,

Ccc cc   à

à compter Intérêt fur Intérêt chaque année, il trouve gagner fur le Navire 68$\frac{1}{17}$ florins; mais s'il les rabat au denier 15. par an, à compter auffi Intérêt fur Intérêt chaque année, il y perd 18$\frac{1}{4}$. florins. On demande combien le Navire a coûté d'achat, & combien il l'a vendu. Réponfe, 23000. florins pour l'achat, & il l'a vendu 24480. florins.

Comme je ne fai point l'Algebre, je demande la folution de cette Queftion par fimple Arithmetique fans aucun fecours d'Algebre, ainfi que je l'ai trouvée.

J'ai compofé cette Queftion & la fuivante, le 1. Fevrier 1710.

Preuve.

La vente eft 24480. florins, dont le Tiers fait 8160.

Rabat au Denier 16.

17 —— 16 —— 8160	Vient 7680. dans 1. an.
17 —— 16 —— 7680	Vient 7228$\frac{1}{17}$. dans 2. ans.
	8160. Comptant.

23068$\frac{1}{17}$. Reçoit, après le Rabat des Deux Tiers du Payement au Denier 16. qui eft 6$\frac{1}{4}$. pour Cent.

23000. Paye, pour l'Achat.

Refte 68$\frac{1}{17}$. Gain.

Rabat au Denier 15.

16 —— 15 —— 8160	Vient 7650. dans 1. an.
16 —— 15 —— 7650	Vient 7171$\frac{1}{4}$. dans 2. ans.
	8160. Comptant.

22981$\frac{1}{4}$. Reçoit, après le Rabat des deux Tiers du Payement au Denier 15. qui eft 6$\frac{2}{3}$. pour Cent.

Paye

Paye pour l'Achat fl. 23000. ⎫
Reçoit pour la vente après le Rabat au ⎬
Denier 15. des ¾. du Payement - - fl. 22981¾. ⎭

Refte fl. 18¼. Perte.

XXXVII. Le 2. Fevrier 1697. un de mes Amis me demanda par curiofité, quel âge je pouvois avoir? Je lui répondis, fi vous multipliez la
Moitié, le Tiers, le Quart, le Sixième & le Huitième de mes ans l'un
par l'autre, il en viendra la fomme de 6912. Je vous demande mon âge.
Réponfe 24. ans.

Si vous favez tirer, Radix Surfolidum,
Vous aurez pour produit, Réponfe à la Queftion.

Multipliez ½. ⅓. ¼. ⅙. ⅛. I Vient ₁₁₅₂⁄₁. Surfolide, égaux à 6912 ⎫ Multiplier.
1152 ⎭

```
 4#⎤
 7 9|8 7 8 7 4.
─────────
Rép. 2    4.

 # # 8 7 8 7 4.
```

```
        13824
        34560
         6912
         6912
      ─────────
      7962624. Tirez de ce nom-
             bre la Racine
             Surfolide.
```

Racine.	Quarré.	Cube.	Quarré-Quarré.	Surfolide.
2 ——	4 ——	8 ——	16 ——	32.
5.	10.	10.	5.	
10.	40.	80.	80.	

Surfolide.
1024 —— 256 —— 64 —— 16 —— 4. Racine.

```
2560.   2560.   1280.    320.
                        1280.
                        2560.
                        2560.
                        1024.
                      ─────────
                      4762624.
```

Ccc cc 2   XXXVIII.

XXXVIII. Un Marchand de Bayonne a chargé 2. Vaiffeaux, de Vin de Turfan, pour Copenhague: dans l'un il y a 120. & dans l'autre 180. Tonneaux de Vin. Arrivant à Elfeneur le premier Vaiffeau paye de paffage, un Tonneau de Vin ; mais on lui rend 44. florins. Le fecond Vaiffeau y paye auffi un Tonneau de Vin, & encore 14. florins en argent. On demande la valeur de chaque Tonneau de Vin. Réponfe, 160. florins.

XXXIX. Un Marchand donne à Intérêt dix mille florins, à 5. pour cent par an, à compter Intérêt fur Intérêt. Si on lui paye au bout d'un tems, pour Capital & Intérêt 11162$\frac{16}{16}$. florins, on demande combien de tems fon argent a refté à Intérêt. Réponfe, 2. ans & 3. mois.

Pour finir ce Traité, je mettrai pour les Amateurs la Queftion fuivante, que j'ai compofée fur mon âge le 2. Fevrier 1710. Comme elle eft auffi belle que curieufe, on me difpenfera de la démontrer. Cherchez la autant que moi, & l'attrape qui pourra.

XL. Si le nombre de mes ans étoient Cubés, & qu'à ce Produit vous y ajoûtiez encore mon âge, vous les connoîtrez par la fomme qu'ils produifent, de 300533. dans la proportion que je vous indique, & dont je me fers pour la faire, qui eft que 7. font 10. & que 25. ne font que 34. Si cela vous furprend, foyez affuré que dans la même proportion 202. ne font que 100. Je demande mon âge. Réponfe, 37. ans.

J'avertis ici que tous les nombres qui font dans la Queftion, font les veritables, & qu'il n'y a aucune faute d'Impreffion.

PROPOSITION, que j'ai inventée en 1711. & dont le Sr. Nicolas Struyck a trouvé la maniere fuivante pour la refoudre. La méthode eft belle, courte & digne de lui : cela s'entend pour trouver le Capital, & non le tems.

XLI. Un homme met à Intérêt 1200. florins de Capital à 4. p$\frac{o}{o}$. par an ; & autres 1200. florins à Rente Viagere, ou Rente à Vie, (qui eft le Capital perdu) à 10. p$\frac{o}{o}$. de Rente par an : Et comme ce Capital eft perdu, il met fa Rente annuelle au même Intérêt de 4. p$\frac{o}{o}$. par an. Voilà donc les 1200. fl. à 4 p$\frac{o}{o}$. Intérêt par an, & fa Rente annuelle de 10. p$\frac{o}{o}$. (qui font 120. fl. par an) auffi mis à Intérêt de 4. p$\frac{o}{o}$. par an.

S'il compte des deux côtés Intérêt fur Intérêt chaque année, on demande dans combien d'années il recevra autant d'un côté que de l'autre, & quelle fomme il aura à la fin du terme demandé.

Répon-

Réponfe, il recevra 2000. fl. de chaque côté, autant des 1200. mis à Intérêt à 4. p$\frac{s}{2}$. par an, que du côté des 1200. fl. mis à fonds perdu à 10 p$\frac{s}{2}$. par an, mais placé cette même Rente à 4 p$\frac{s}{2}$. par an. Et cela au bout de 13. ans, 0. mois, 8. jours, 18$\frac{7411}{16447}$. heures, fuivant les Tables d'Intérêt; ou dans 13. ans 0. mois, 8. jours 18$\frac{1611}{17917}$. heures, fuivant les Tables des Logarithmes.

Pour trouver la fomme, ou Capital & Intérêt, provenant des 1200. florins, placez en deux differentes manieres.

10. Rente.
4. Intérêt.
_____
6. Difference, pour les divifer dans les 10. de Rente annuelle. Cela fait 1$\frac{s}{2}$. fois le Capital 1200. fl., qui fait 2000. fl. Capital & Intérêt.

Pour trouver le Tems, par les Tables d'Intérêt.

Cap.	produit	Cap. & Int.	combien	Racine.
1200.	———	2000.	———	10000000 | Vient 16666666$\frac{s}{2}$.

Cherchez dans les Tables d'Intérêt, à 4. p$\frac{s}{2}$. par an, la fomme qui aproche le plus des 16666666$\frac{s}{2}$. mais qui foit moindre; & vous trouverez dans les Tables des payemens avec gain, que 13. ans démontrent le Nombre 16650735. qui eft le plus aprochant, mais pourtant moindre: ce qui fait voir qu'il y a plus de 13. ans. Car fi le nombre 16650735. produit 13. ans, il faut neceffairement que le nombre 16666666$\frac{s}{2}$. en produife plus, puis qu'il eft plus grand. Il faut chercher le furplus des 13. ans comme fuit.

Pour 13. ans	vient de	Racine.	combien	Pour un tems inconnu.
16650735	———	10000000	———	16666666$\frac{s}{2}$.

Vient 10009568. Pour un tems inconnu.
Deduit 10000000. Pour 13. ans.
_____
Refte   9568. Pour un tems inconnu.

Cherchez dans les mêmes Tables d'Intérêt, à 4. p$\frac{s}{2}$. par an, un nombre dans les Jours du Mois, avec gain, qui aproche le plus du nombre 9568. ci-deffus; & vous trouverez que fur la Racine 10000000. les 10. premiers Jours du Mois démontrent une différence de 10901. Cela connu, je dis par une Regle de Trois.

Diffé-

Différence.   *Jours.*   *Différence.*

       font   combien

10901 ——————— 10 ——————— 9568 | Vient 8$\frac{8474}{10901}$ Jours, qui font

                                                    8. Jours & 18$\frac{7448}{10901}$ heures.

Pour trouver le Tems, par les Tables des Logarithmes.

Prenez 1$\frac{2}{3}$. fois le Capital, & le mettez en nombres entiers, qui est 5. & 3.

5. dont le Logarithme est 0. 6989700 $\Big\}$ qu'il faut déduire.

3. dit - - - - 0. 4771212

Pour   1$\frac{2}{3}$ ——————— Reste   0. 2218488. Nombre à diviser par le Logarithme de l'Intérêt.

Autrement.

Capital & Intérêt 2000. fl. dont le Logarithme est 3. 3010300 $\Big\}$ qu'il faut déduire.

Capital 1200. fl. dit ——————— 3. 0791812

Reste   0. 2218488. Nombre à diviser.

Capital & Intérêt, d'un an 104. fl. dont le Logarithme est 2. 0170333 $\Big\}$ Déduire.

Capital - - - 100. fl. dit ——————— 2. 0000000

Reste   170333. Diviseur.

2218488 $\Big\{$ Vient 13. ans, 0. Mois, 8. jours, & 18$\frac{142810}{170333}$. heures.

Par 170333

Voici les Réponses par trois manieres.

Réponse $\begin{cases} \\ \\ \end{cases}$
13. ans, 0. mois, 8$\frac{8474}{10901}$. Jours, par les Tables d'Intérêt.

13. ——— 0. ——— 8$\frac{14610}{170333}$. — par les Tables des Logarithmes.

13. ——— 0. ——— 9$\frac{2455101468141231371113}{5777619508364812140846}$. Par la Méthode ordinaire, que j'ai calculée exactement. Je voi par ces Réponses, que celle trouvée par les Tables des Logarithmes aproche plus de la veritable, que celle qui vient par les Tables des Intérêts.

FIN DES QUESTIONS SAVANTES.

CH A-

CHAPITRE XLVII.

Des Poids de l'Or & de l'Argent, & comment l'un & l'autre se vend.

J'Ai obmis en parlant des Poids d'Amsterdam, à la page 19. de dire quels sont les Poids de l'or & de l'argent, & comment les marcs bruts se reduisent en marcs fin, tant parce que j'en étois alors peu instruit, que parce que plusieurs personnes à qui je l'avois demandé, n'avoient pas su, ou n'avoient pas voulu me donner tout l'éclaircissement necessaire pour en parler juste. Mais comme plusieurs bons Negocians de cette ville ont trouvé à propos de me faire dire de ne pas le passer sous silence, & qu'heureusement depuis peu il m'en est passé plusieurs bonnes parties par les mains, qui m'ont donné lieu de m'en instruire à fond, j'ajoute ce Chapitre à cet ouvrage avec d'autant plus de plaisir, que je sai que cela en fera à ceux qui l'ont souhaité, & à tous les autres qui voudront s'en instruire.

Avant d'entrer en matiere je serai bien aise de fortifier la remarque que j'ai faite, page 22. au sujet des differences surprenantes qui se trouvent assez souvent entre les Poids de certaines Villes, par les observations que j'ai faites sur 4. differentes parties de Pignes d'argent venuës d'Espagne, dont on compte ordinairement que les 100. marcs font 93¼. marcs à Amsterdam, mais après les avoir fait peser avec toute l'exactitude possible j'ai trouvé,

Que 817. marcs 5. onces d'Espagne, ont pesé ici 763. marcs, 1. once, ce qui revient à 93. marcs, 2. onces 13$\frac{144}{817}$. Engels, pour 100. marcs d'Espagne.

Que 304. marcs, 3. onces, ont pesé ici 284. marcs, 7. onces, 10. Engels, ce qui revient à 93. marcs, 4. onces, 18$\frac{11}{77}$ Engels, pour 100. marcs d'Espagne.

Que 535. marcs, 1. once, ont pesé 500. marcs, 5. onces, ce qui revient à 93. marcs, 4. onces, 8$\frac{1291}{4271}$ Engels, pour 100. marcs d'Espagne.

Que 498. marcs, 6. onces, ont pesé 466. marcs, 7. onces, ce qui revient à 93. marcs, 4. onces, 5$\frac{1731}{3591}$ Engels, pour 100. marcs d'Espagne.

On voit par ce calcul, qu'il n'y a pas une seule partie, qui se raporte juste à l'autre, & on peut en conclure facilement, que puisqu'il se trouve de la difference sur le Poids de l'argent, qu'on pese toûjours aussi juste qu'on peut, il ne faut pas s'étonner si l'on trouve des differen-

CC3

ces de 2, 3. à 4. pour cent fur des marchandifes groffieres, qui fe pefent avec beaucoup moins d'exactitude.

DE L'OR.

L'Or fe vend au marc fin de 24. Carats ou Karats. Le marc fin en eft reglé, en Hollande, par les Loix, à 355. florins argent courant.

Le Marc fe divife en 24. Carats.

Le Carat en 12. grains, & le grain en 24. vingt-quatrièmes.

L'Or le plus fin eft nommé de l'or à 24. Carats, parce que fi on met une once de cet or à l'épreuve, elle ne diminuë de rien : mais fi une once d'or diminuë d'un fcrupule dans l'épreuve, ce n'eft plus que de l'or à 23. Carats ; s'il diminuë de 2. ou de 3. fcrupules, ce n'eft que de l'or à 22. ou à 21. Carats, & ainfi de fuite. Il y a plufieurs Effayeurs jurez à Amfterdam, pour effayer l'or & l'argent; leur falaire eft reglé à 30. fols par lingot pour l'effai de l'or, & à 10. fols par lingot pour l'ef-fai de l'argent.

On appelle Or brut celui dont la fineffe, le titre, ou l'aloi n'atteint pas 24. Carats, & le poids s'en exprime par marcs, par onces, par en-gels, demi, quart, & huitième d'engels.

Le Marc eft de 8. onces.

L'Once de 20 Engels.

Et comme le poids de l'or fin ne s'exprime pas de même, puisque, comme je l'ai déja infinué, il s'exprime par Marcs, Carats & Grains, il eft neceffaire, lorfque l'on a, par exemple, un lingot d'or brut du poids de 12. marcs, 6. onces, 10. engels, & du titre de 22. Carats 6. grains, de re-duire ces 12. marcs, 6. onces, 10. engels, en marcs fin, ce qui fe fait en multipliant les marcs, les onces & les engels, par les Carats & les grains du Titre, & en divifant le produit par les 24. Carats qui font le marc fin, comme dans l'exemple fuivant.

Le lingot d'or brut fuppofé pefe - - 12 marcs, 6. onces, 10. engels.

Multipliez les par le Titre qui eft - 22 Carats, 6. grains.

$$\begin{array}{r} 24 \\ 24 \end{array}$$

Pour 6. grains prenez la $\frac{1}{2}$ des 12. marcs - 6

p. 4. onces prenez la $\frac{1}{2}$ des Carats & des grains 11 - 3

p. 2. onces prenez la $\frac{1}{2}$ du produit des 4. onces 5 - 7$\frac{12}{24}$

p. 10. engels prenez le $\frac{1}{4}$ du produit de 2 onces 1 - 4$\frac{21}{24}$

Vient - - - - 288 - 3$\frac{22}{24}$ qu'il faut divifer par les

24.

24. carats qui font le marc fin, & il viendra 12. marcs, o carats 3¼ grains d'or fin. Il faut obferver, en faifant ces fortes de reductions, que les marcs multipliez par les carats, produifent des carats, des grains & des vingt-quatrièmes de grain, & qu'au contraire le total des carats, qui eft ci-deffus 288. divifé par 24. produit des marcs; que s'il refte quelque chofe de la divifion, ce font des carats; mais que les grains & les parties d'iceux reftent comme ils fe trouvent au produit de la multiplication. Comme il n'eft pas fort difficile, quand on a fu reduire ainfi les marcs brut, en marcs fin, de faire le calcul de ce à-quoi ils montent en les multipliant par le prix fixé de 355. florins le marc, je ne m'amuferai pas à en donner d'exemple, & je dirai feulement, qu'il y a un Agio fur l'or, qui roule au deffus dudit prix depuis 3. ou 4. jufques à 6. ou 7. pour cent fuivant la rareté ou l'abondance de l'or.

DE L'ARGENT.

Le prix de l'Argent fin n'eft pas fixé comme celui de l'or, car il varie pour l'ordinaire, depuis 24. jufques à 26. florins argent courant. Le marc, le titre, la fineffe, ou l'aloi ne s'en exprime pas, comme celui de l'or, par carats, mais par deniers & par grains. Le titre le plus fin qu'on peut donner à l'argent, eft 12. deniers, & quoique plufieurs Effayeurs foutiennent qu'il foit prefque impoffible de l'affiner jufques à ce point, il ne fe vend que fur le pied de 12. deniers de fin au marc.

Le marc fe divife en 12. deniers, le denier en 24. grains, & le grain en 24. vingt-quatrièmes, mais il fe pefe, comme l'or, par marcs, par onces & par engels, de forte que pour reduire, par exemple, un lingot qui pefe brut 159. marcs, 4. onces, 10. engels du titre de 11. deniers, 15. grains, en marcs fin, de 12. deniers, il faut multiplier les marcs, les onces & les engels, par le titre, & divifer le produit par 12. deniers qui font le marc fin, comme dans l'exemple fuivant.

Le Lingot d'Argent fuppofé pefe - - 159 marcs, 4. onces, 10. engels.
Multipliez les par le titre qui eft de - - 11 deniers, 15. grains.

159
159

Pour 12. grains prenez la ½ des marcs - - 79 - 12
Pour 3. grains prenez le ¼ du produit des 12. grains 19 - 21
Pour 4. onces prenez la ⅓ des 11. deniers 15. grains 5 - 19¼⁄₄
Pour 10. engels prenez le ½ des 4. onces - - 0 - 17²⁄₄ ¼ ½

Vient - - - - 1854 - 21²⁄₄ & ½ qu'il faut divi-

fer par les 12. deniers qui font le marc fin, viendra 154. marcs, 6.

deniers,

deniers, 21. grains, & 21. & demi vingt-quatrièmes d'argent fin, ou $\frac{43}{48}$:
mais je dis 21. & demi vingt-quatrièmes pour m'accommoder à l'ufage
de ceux qui font ce commerce, qui ne parlent que par vingt-quatrièmes
& parties d'iceux.

Il faut obferver, en faifant cette reduction, que les marcs, les onces &
les engels, multipliez par les deniers, & les grains du titre, produifent
des deniers, des grains & parties d'iceux, & que les deniers divifez par
12. qui font le marc fin, produifent par confequent des marcs fin; ce
qui refte de la divifion font des deniers, & les grains & parties d'iceux
reftent tels qu'ils font produits par la multiplication.

Je donne cette explication de la reduction de l'argent, auffi bien que
celle de l'or, que je croi affez intelligible pour ceux qui n'entendent que
mediocrement l'Arithmetique, & je croi auffi avoir fatisfait, dans ce Chapitre, au defir de ceux qui ont fouhaitté d'y pouvoir trouver le moyen
de reduire le brut de l'or & de l'argent en fin; & comme j'efpere que
cette Edition fera debitée dans peu de tems, & qu'il en faudra bien-tôt
faire une nouvelle, je prie tous les Amateurs du Commerce, qui trouveront que j'aye fait quelque faute ou obmis quelque chofe d'effentiel, de
vouloir me faire le plaifir de m'en avertir, foit de bouche ou par écrit,
je payerai avec plaifir le port des lettres, que ceux des Pays étrangers voudront bien m'écrire, foit pour corriger les fautes, qu'ils pourront trouver dans cet ouvrage, foit pour ajoûter à la premiere Edition qui s'en
pourra faire.

F I N.

T A-

TABLE
DES MATIERES.

Ddd dd 2   Archan-

DES MATIERES.

Ddd dd 3   ont

TABLE

DES MATIERES.

Eee ee   Nu-

DES MATIERES.

A la page 373. *Argent de Banque*, *qui fe trouve placé à côté des chifres eft une fante d'impreffion*, *il doit y avoir feulement florins.*

F I N.

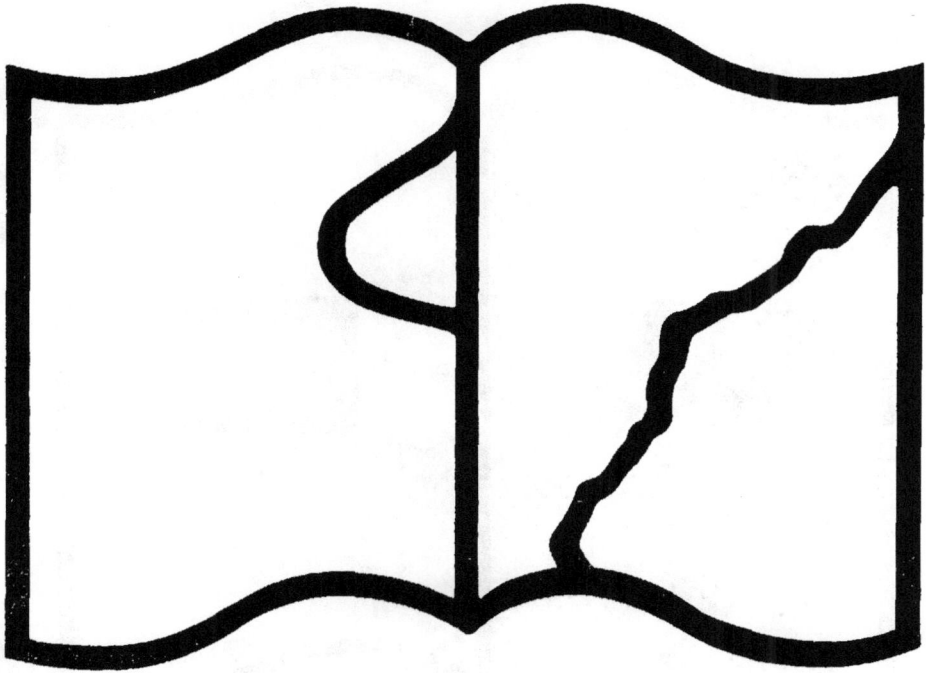

Texte détérioré — reliure défectueuse

NF Z 43-120-11

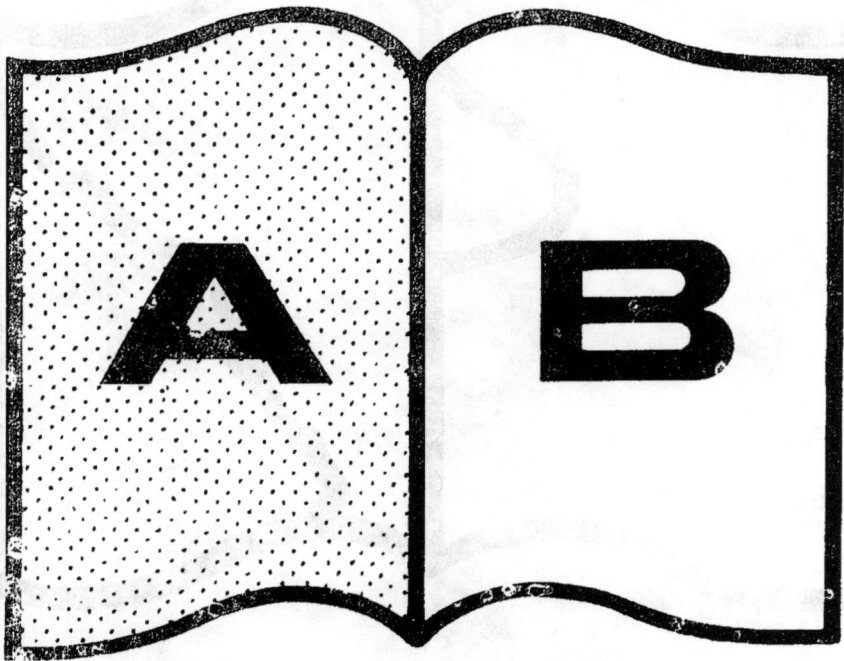

Contraste insuffisant

NF Z 43-120-14